# Der unbefugte Gebrauch von Kraftfahrzeugen und Fahrrädern – § 248b StGB

Dear Andrew,

thank you and Claire for your kind hospitali in ...

All the best,

# Schriften zum Strafrecht und Strafprozeßrecht

Herausgegeben von Manfred Maiwald
und Carsten Momsen

Band 114

# Lea Boller

# Der unbefugte Gebrauch von Kraftfahrzeugen und Fahrrädern – § 248b StGB

**Bibliografische Information der Deutschen Nationalbibliothek**
Die Deutsche Nationalbibliothek verzeichnet diese Publikation in
der Deutschen Nationalbibliografie; detaillierte bibliografische
Daten sind im Internet über http://dnb.d-nb.de abrufbar.

Zugl.: Heidelberg, Univ., Diss., 2012

Gedruckt auf alterungsbeständigem,
säurefreiem Papier.

D 16
ISSN 0938-6181
ISBN 978-3-631-64072-2
© Peter Lang GmbH
Internationaler Verlag der Wissenschaften
Frankfurt am Main 2013
Alle Rechte vorbehalten.
PL Academic Research ist ein Imprint der Peter Lang GmbH

www.peterlang.de

# Vorwort

Die vorliegende Arbeit wurde im Jahr 2012 von der Juristischen Fakultät der Ruprecht-Karls-Universität in Heidelberg als Dissertation angenommen. Danken möchte ich zunächst meinem Doktorvater, Herrn Prof. Dr. Dr. h.c. Thomas Hillenkamp, auf dessen Anregung das Thema dieser Arbeit zurückgeht und dem ich für die schnelle Korrektur sehr dankbar bin. Herrn Prof. Dr. Gerhard Dannecker danke ich für die zügige Erstellung des Zweitgutachtens.

Herrn Prof. Dr. Manfred Maiwald gilt mein Dank für die Aufnahme der Arbeit in die Reihe „Schriften zum Strafrecht und Strafprozeßrecht".

Danken möchte ich weiterhin denjenigen, die mich während der Promotionszeit auf vielfältige Art und Weise unterstützt haben. Insbesondere bedanken möchte ich mich bei meinem Vater, Dieter Beorchia, und bei Oliver Schmakowski für das Korrekturlesen der Arbeit. Außerdem gilt mein Dank namentlich PD Dr. Jens Bülte und Dr. Thomas Henn für die inhaltlichen Anregungen und netten Gespräche. Ohne die zahlreichen Mittags- und Kaffeepausen wäre die Promotionszeit nicht das gewesen, was sie war – vielen Dank an alle, die mit mir in diesen Stunden gegessen, getrunken, geredet und gelacht, aber auch inhaltlich diskutiert haben.

Für den rechtsvergleichenden Teil dieser Arbeit habe ich an der Bodleian Law Library der University of Oxford recherchiert. Für ihre wunderbare Gastfreundschaft während meines Aufenthalts dort möchte ich mich bei Andrew und Claire Pote bedanken.

Mein ganz besonderer Dank gilt meinen Eltern, Elke Boller und Dieter Beorchia, die mich auf vielfältige Weise unterstützt haben. Ihnen ist diese Arbeit gewidmet.


Frankfurt, Dezember 2012                                    Lea Boller

# Inhaltsverzeichnis

# A. Einleitung

§ 248b StGB[1] stellt den unbefugten Gebrauch von Kraftfahrzeugen und Fahrrädern unter Strafe. Weshalb gerade der unbefugte Gebrauch dieser Gegenstände strafrechtlich erfasst wird und welche Reichweite die Norm hat, ist allerdings bis heute nicht abschließend geklärt. Im Rahmen der vorliegenden Arbeit sollen daher zunächst die Probleme, die sich im Rahmen der Anwendung des § 248b ergeben, näher beleuchtet werden. Sodann soll der weitergehenden Frage, inwiefern die (punktuelle) Strafbarkeit der bloßen Gebrauchsanmaßung bei Kraftfahrzeugen und Fahrrädern erklärt werden kann, nachgegangen werden.

Der unbefugte Gebrauch von Kraftfahrzeugen und Fahrrädern bezeichnet die Situation, in der sich eine Person – umgangssprachlich ausgedrückt – ein Auto oder Fahrrad ohne vorherige Rücksprache mit dem Berechtigten „leiht", und dieses „Entleihen" nicht von dem Berechtigten gebilligt wird. In strafrechtlichen Termini handelt es sich um den Fall, dass ein Kraftfahrzeug oder Fahrrad gegen den Willen des Berechtigten in Gebrauch genommen wird. Der Tatbestand ist dabei auch dann erfüllt, wenn der Berechtigte nicht dauerhaft aus seiner Eigentümerstellung verdrängt werden soll und es deshalb an der für § 242 und § 246 nötigen Zueignung (-sabsicht) – speziell an der Enteignungskomponente – fehlt.[2] Der Tatbestand des § 248b erfasst daher auch und vor allem den bloßen „Gebrauchsdiebstahl".

Dabei ist § 248b auf strafrechtsdogmatischer Ebene schon insofern eine untersuchungswürdige Norm, als bereits umstritten ist, welches Rechtsgut sie überhaupt schützt. Ersichtlich kommen vor dem Hintergrund des tatbestandsimmanenten Eingriffs in das Gebrauchsrecht, das klassischerweise vom Eigentum umfasst wird,[3] vor allem das Eigentum oder aber ein gegenüber dem Eigentum verselbstständigtes Nutzungs- und Gebrauchsrecht in Betracht; angesichts der Beschränkung der Tatobjekte allein auf typische für den Straßenverkehr vorgesehene Fortbewegungsmittel kann aber auch die Verkehrssicherheit als geschütztes Rechtsgut nicht ausgeschlossen werden. Auf der Tatbestandsebene ist wiederum fraglich, ob der Begriff der „Ingebrauchnahme" nur den Beginn

---

1    Alle §§ sind, soweit nicht anders angegeben, solche des StGB.
2    Handelt der Täter mit Zueignungsabsicht bzw. eignet er sich das Fahrzeug vorsätzlich zu, so tritt § 248b aufgrund seiner Subsidiarität hinter § 242 bzw. § 246 Abs. 2 – ggf. auch § 246 Abs. 1 – zurück. Siehe zum Verhältnis des § 248b zu den Zueignungsdelikten unten unter C. IV. 3. und zur Reichweite der Subsidiaritätsklausel unten unter C. IV. 1.
3    Siehe § 903 S. 1 BGB: Der Eigentümer einer Sache kann, soweit nicht das Gesetz oder Rechte Dritter entgegenstehen, mit der Sache nach Belieben verfahren und andere von jeder Einwirkung ausschließen.

des Gebrauchs bezeichnet oder auch ein Ingebrauchhalten umfasst und inwiefern sich eine Strafbarkeit aus § 248b auch bei der zeitlichen oder inhaltlichen Überschreitung eines bestehenden Nutzungsrechts ergeben kann. Auch die Auslegung der Formulierung „gegen den Willen des Berechtigten" und die damit zusammenhängende Frage nach der Strafbarkeit der Rückführung eines Fahrzeugs an den Berechtigten ist klärungsbedürftig.

Von besonderem Interesse ist das Verhältnis des § 248b zu den Zueignungsdelikten, da dieses aufgrund der Subsidiarität des § 248b für den praktischen Anwendungsbereich der Vorschrift entscheidend ist.

Nach Untersuchung dieser Problembereiche soll ein Vergleich der deutschen Vorschrift des § 248b mit vergleichbaren Regelungen in anderen Staaten, insbesondere in England, Aufschlüsse über Gemeinsamkeiten und Unterschiede geben und dabei dazu beitragen, ein besseres Verständnis des § 248b zu erlangen und Rückschlüsse für dessen Auslegung aufzuzeigen.

Im letzten Teil der Arbeit wird schließlich die Frage nach der Daseinsberechtigung des § 248b aufgeworfen. Ist der unbefugte Gebrauch von Kraftfahrzeugen und Fahrrädern strafbedürftig und strafwürdig? Das *furtum usus* ist im deutschen Recht weitgehend straflos; so ist beispielsweise der bloße unbefugte Gebrauch eines Computers nicht mit Strafe bedroht. Insbesondere im Hinblick auf den fragmentarischen Charakter und die subsidiäre Natur des Strafrechts, nach der das Strafrecht als *ultima ratio* unter den dem Gesetzgeber zur Verfügung stehenden Mitteln zu verstehen ist, stellt sich die Frage, wie sich diese Ausnahme in Bezug auf Kraftfahrzeuge und Fahrräder erklären lässt. Die Fragwürdigkeit der Norm zeigt sich auch in der Pönalisierung typischen „vertraglichen Unrechts": Nach überwiegender Ansicht macht sich bspw. auch derjenige nach § 248b strafbar, der ein ihm eingeräumtes Gebrauchsrecht zeitlich überschreitet – ein Fahrzeug folglich länger als erlaubt gebraucht. Ob ein solches Verhalten der Strafe bedarf und diese verdient, gilt es zu untersuchen.

Andererseits führt die bloße Existenz einer Strafvorschrift für einen bestimmten Fall der Gebrauchsanmaßung dazu, dass sich die Frage stellt, ob nicht umgekehrt ein Bedürfnis besteht, das *furtum usus* noch weitergehend – u.U. ganz allgemein – unter Strafe zu stellen.

Ein erster Anhaltspunkt für die praktische Relevanz des § 248b könnte sich in diesem Zusammenhang aus einem Blick in amtliche Statistiken ergeben. Nach der Polizeilichen Kriminalstatistik (PKS) wurden im Jahr 2009 433.039 Fälle von Fahrzeugdiebstahl einschließlich unbefugtem Fahrzeuggebrauch nach § 248b erfasst.[4] Diese *prima facie* beeindruckende Zahl an „Fahrzeugentzie-

---

4    PKS 2009, S. 174. Laut *Gilka*, Diebstahl und Gebrauchsentwendung von Kfz, S. 6 ff. liegen die Ursachen für die hohe Zahl der Kraftfahrzeugentwendungen in den guten

hungsdelikten" sagt freilich noch nichts über das zahlenmäßige Verhältnis von Fahrzeugdiebstahl und Taten nach § 248b aus.[5] Hierfür mag von Interesse sein, dass es 2010 lediglich 649 Verurteilungen wegen eines Vergehens nach § 248b gab.[6] Diese Zahl zeigt allerdings weniger die praktische Relevanz von § 248b, sondern wirft vielmehr die Frage auf, inwiefern eine Regelung notwendig ist, die ausnahmsweise auch die bloße Gebrauchsanmaßung unter Strafe stellt, aber die offenbar nur selten zu einer Verurteilung führt. Auch die Tatsache, dass die Anzahl der nach § 248b Verurteilten seit Jahren – wohl aufgrund des zunehmenden Einbaus von Wegfahrsperren in Kraftfahrzeuge[7] – stetig sinkt[8] und der hohe Anteil Jugendlicher und Heranwachsender an den Tatverdächtigen und Abgeurteilten[9] lässt Zweifel an der Strafbedürftigkeit des unbefugten Fahrzeuggebrauchs aufkommen. Im Zusammenhang mit der der Beantwortung der Frage nach der Strafbedürftigkeit und Strafwürdigkeit der Gebrauchsanmaßung von

---

Entwendungsmöglichkeiten, der Tatsache, dass viele Leute ein Kraftfahrzeug tatsächlich führen können, dass Kraftfahrzeuge oftmals nicht ausreichend gesichert seien, dass der Motor sich auch ohne Zündschlüssel in Gang setzen lasse, dass man mit einem Kraftfahrzeug schnell und unauffällig wegfahren könne und dass sich Kraftfahrzeuge „zu den verschiedensten Zwecken gut gebrauchen lassen." Die Motive für den unbefugten Gebrauch von Kraftfahrzeugen sieht *Gilka* u.a. in „ungezügelter Begehrlichkeit", „übertriebenem Geltungsdrang" und „reiner Freude am Wagnis und an der Geschwindigkeit".

5   Die PKS fasst die Fälle des Fahrzeugdiebstahls und die des unbefugten Fahrzeuggebrauchs nach § 248b zusammen.

6   Im Jahr 2009 waren es 657 Verurteilte. Ein direkter Vergleich mit den wegen Fahrzeugdiebstahls Verurteilten ist nicht möglich, da die Strafverfolgungsstatistik nur die Zahl der wegen Diebstahls insgesamt Verurteilten erfasst, nicht hingegen gesondert aufführt, bei wie vielen Fällen es sich um Fahrzeugdiebstahl handelt. Im Jahr 2010 gab es 110.223 wegen Diebstahls nach § 242 Verurteilte (2009: 113.597) und 22.692 wegen besonders schweren Diebstahls nach §§ 242, 243 (inkl. § 244 Abs. 1 Nr. 3) Verurteilte (2009: 23.439). Hinzu kamen 7.169 wegen Unterschlagung Verurteilte (2009: 7.714), Lange Reihen Strafverfolgungsstatistik 2010, S. 5.

7   So *Arzt/Weber/Heinrich/Hilgendorf*, BT, § 13, Rn. 140.

8   Siehe zum Sinken der absoluten Zahl von Verurteilten von 1970 bis 2009 (im früheren Bundesgebiet einschließlich West-Berlin, seit 1995 einschließlich Gesamt-Berlin) Lange Reihen Strafverfolgungsstatistik (früheres Bundesgebiet), S. 17.

9   Im Jahr 2010 waren 48,17 % der nach § 248b Abgeurteilten (43,6 % der Verurteilten) Jugendliche und Heranwachsende, Strafverfolgungsstatistik 2010, S. 34 f. 39,9 % der Tatverdächtigen eines „Kraftwagenentziehungsdelikts" (Diebstahl und unbefugter Gebrauch gem. § 248b) im Jahr 2009 waren Kinder, Jugendliche oder Heranwachsende; in Bezug auf Mopeds und Krafträder waren 77,5 % der Tatverdächtigen Kinder, Jugendliche oder Heranwachsende und bezüglich Fahrrädern 59,1 %, PKS 2009, S. 175.

Kraftfahrzeugen und Fahrrädern wird wieder ein Blick auf andere Rechtsordnungen geworfen und untersucht, wie sich die Existenz entsprechender Vorschriften dort erklären lässt.

Methodisch nähert sich die Arbeit den dargelegten Themen, indem im ersten Teil zunächst die historische Entwicklung der Strafbarkeit der unbefugten Ingebrauchnahme von Fahrzeugen dargestellt und anschließend im zweiten Teil der für das Verständnis der Norm maßgebenden Frage nachgegangen wird, welches Rechtsgut § 248b schützt. Im Folgenden werden die einzelnen Tatbestandsmerkmale und die dort auftretenden Probleme sowie Fragen im Bereich von Rechtswidrigkeit, Schuld, Konkurrenzen, Antragserfordernis, Strafmaß und Verjährung behandelt.

Der dritte Teil der Arbeit beschäftigt sich dann im Rahmen eines Rechtsvergleichs mit verwandten Vorschriften im deutschen, romanischen, skandinavischen und *common law* - Rechtskreis. Dabei wird insbesondere auf die entsprechende Regelung in England eingegangen. Die Frage nach der Daseinsberechtigung des § 248b wird schließlich im vierten Teil der Arbeit aufgeworfen und untersucht.

# B.   Ein historischer Überblick

§ 248b wurde erst 1953 in das StGB aufgenommen. Zu untersuchen ist deshalb, wie sich die rechtliche Lage davor darstellte und inwiefern § 248b seit seiner Aufnahme in das StGB verändert wurde. In diesem Zusammenhang ist auch von Interesse, wie die Rechtslage in der DDR aussah.

Die *bloße* Gebrauchsanmaßung ist nach heutigem Recht nicht als Diebstahl strafbar, weil es an der erforderlichen Zueignungsabsicht – konkret: dem Enteignungsvorsatz – fehlt. Sieht das deutsche Recht keine gesonderte Vorschrift – wie im Fall des unbefugten Gebrauchs von Kraftfahrzeugen und Fahrrädern den § 248b – vor, so ist die Gebrauchsanmaßung straflos.[10]

## I.   Die Strafbarkeit des unbefugten Gebrauchs vor Inkrafttreten des StGB von 1871

Im römischen Recht bezeichnete der Begriff *furtum* den Diebstahl, wobei *furtum* nicht exakt dem heutigen Rechtsbegriff des Diebstahls entsprach. Das römische *furtum* stellte das „unredliche Antasten einer Sache in gewinnsüchtiger Absicht"[11] oder „jede widerrechtliche, gewinnsüchtige Entwendung einer fremden beweglichen Sache"[12] dar. Neben dem Sachdiebstahl, dem sog. *furtum rei*, waren auch das *furtum usus* und das *furtum possessionis*[13] strafbar.[14] Das römische *furtum* umfasste auch die heutige Unterschlagung, den Raub, bestimmte Betrugsfälle, den vertragswidrigen Gebrauch einer entliehenen Sache, die Besitzen-

10   Auch § 290 stellt einen Fall der Gebrauchsanmaßung unter Strafe. Nach § 290 ist der unbefugte Gebrauch von Pfandsachen durch öffentliche Pfandleiher strafbar.
11   So *Honsell*, Römisches Recht, § 59, S. 164.
12   So *v. Liszt*, StR, S. 432. Sowohl *Honsell*, Römisches Recht, § 59, S. 164 als auch *v. Liszt*, StR, S. 432 beziehen sich bei ihrer Definition des römischen *furtum* auf *Paulus*, D. 47, 2, 1, 3: *Furtum est contrectatio rei fraudulosa lucri faciendi gratia vel ipsius rei vel etiam usus eius possessionisve.* Übersetzung nach *Honsell*: Diebstahl ist jedes unredliche Antasten in gewinnsüchtiger Absicht, sei es der Sache selbst oder sei es auch des Gebrauchs oder des Besitzes. Übersetzung nach *Walter*, Betrugsstrafrecht, S. 10: Der Diebstahl ist die betrügerische, in gewinnsüchtiger Absicht geschehene Entwendung einer Sache, und zwar entweder dieser selbst, oder ihres Gebrauchs, oder deren Besitzes.
13   Unter *furtum possessionis* war der Diebstahl einer Sache durch den Eigentümer zu verstehen, insbesondere die Wegnahme einer verpfändeten Sache durch den Eigentümer. Siehe dazu *Honsell*, Römisches Recht, § 59, S 165. Heute ist die Pfandkehr in § 289 unter Strafe gestellt.
14   *Wagner*, Komm. NotVO, S. 8; *ders.*, JW 1932, 3679, 3679; vgl. auch *Maiwald*, Zueignungsbegriff, S. 20.

tziehung und mit dem *furtum usus* eben auch die Gebrauchsanmaßung.[15] Mithin
wäre, wenn es zu dieser Zeit bereits Kraftfahrzeuge und Fahrräder gegeben hätte, deren unbefugter Gebrauch strafbar gewesen.

Die germanischen Volksrechte hingegen unterschieden deutlich zwischen
der Gebrauchsanmaßung und dem Diebstahl: Während die Gebrauchsanmaßung
nur mir einer Geldstrafe bestraft wurde,[16] wurde der Diebstahl „mit großer
Strenge" behandelt und mit hohen Geldstrafen, teilweise sogar der Todesstrafe,
belegt.[17]

Aus Art. 22 des III. Buches des Sachsenspiegels geht hervor, dass das *furtum usus* generell nicht als Diebstahl strafbar war. Art. 22 besagte, dass jemand,
der „einem anderen ein Pferd oder Kleider bis zu einem bestimmten Tage leiht
und jener es über den Tag hinaus behält und deshalb beklagt wird", die verliehe-
nen Dinge sofort zurückerhalten und einen etwaigen Schaden ersetzt bekommen
soll. „Wegen Diebstahl oder Raubes kann man jenen indes nicht belangen."[18] Im
deutschen Mittelalter waren einzelne Fälle der Gebrauchsanmaßung als besondere Vergehen strafbar. Vergleichbar mit der heutigen Strafbarkeit des unbefugten Gebrauchs von Kraftfahrzeugen und Fahrrädern waren die Strafbarkeit der
Benutzung eines fremden Pferdes (sog. Raubritt) und eines fremden Kahns.[19]

Die Constitutio Criminalis Carolina von 1532 stellte zwar den Diebstahl und
verschiedene Privilegierungen und Qualifizierungen unter Strafe, enthielt aber
keine Beschreibung des Tatbestands des Diebstahls; welche subjektiven Merkmale der Täter aufweisen musste, ging folglich nicht aus der Constitutio Criminalis Carolina hervor. Art. 170 der Constitutio Criminalis Carolina enthielt folgende Regelung: „Item welcher mit eyns andern güttern, die jm inn gutem glauben zubehalten und verwaren gegeben sein, williger und gefehrlicher weiss dem
gläubiger zu schaden handelt, sollich missethat ist eynem Diebstal gleich zu
straffen." Unter diese Vorschrift fiel auch der „den Gläubiger schädigende Gebrauchsdieb".[20] Allerdings betraf dies nicht die durch Wegnahme begründete
Gebrauchsanmaßung und somit fiel der „klassische" Fall der Ingebrauchnahme
eines Fahrzeugs – der Gebrauch eines auf öffentlicher Straße oder öffentlichem

---

15   Siehe dazu *Honsell*, Römisches Recht, § 59, S. 164; *v. Liszt*, StR, § 126, S. 432 und
     § 129, S. 447.
16   Teilweise gab es sogar nur einen Zivilersatz, so im westgotischen Gesetzbuch, *ten
     Hompel*, ZStW 19 (1899), 795, 795. Siehe auch *His*, StR Mittelalter II, § 36 V, der er-
     wähnt, dass „[d]er unbefugte Gebrauch fremder Fahrnissachen" bereits in einzelnen
     Volksrechten behandelt werde.
17   *Ten Hompel*, ZStW 19 (1899), 795, 795 f.
18   Siehe dazu *ten Hompel*, ZStW 19 (1899), 795, 797.
19   Vgl. *v. Liszt*, StR, § 129, S. 447.
20   *Ten Hompel*, ZStW 19 (1899), 795, 797.

Platz abgestellten Fahrzeugs – nicht unter Art. 170 der Constitutio Criminalis Carolina.

Im Allgemeinen Landrecht für die Preußischen Staaten von 1794 war das Strafrecht im „Zweyten Theil" unter dem zwanzigsten Titel „Von den Verbrechen und deren Strafen" geregelt. Eine allgemeine Vorschrift zur Strafbarkeit des *furtum usus* gab es nicht. Im vierzehnten Abschnitt, dort unter der Überschrift „Von Beschädigungen des Vermögens überhaupt und von Entwendung insonderheit", fand sich § 1358, der folgende Regelung enthielt: „Wer von Sachen, die bey ihm in Verwahrung oder als Pfand niedergelegt, ohne ausdrückliche Einwilligung des Eigenthümers Gebrauch macht; der hat dadurch Gefängnißstrafe auf drey bis vierzehn Tage, oder verhältnißmäßige Geldstrafe verwirkt."[21] Dies entspricht in etwa dem heute in § 290 geregelten unbefugten Gebrauch von Pfandsachen; die Gebrauchsanmaßung wurde dadurch also nur für einen ganz bestimmten Fall unter Strafe gestellt. Im vierzehnten Abschnitt fanden sich außerdem die Regelungen zum Diebstahl. § 1108 lautete: „Wer um seines Gewinns, Vortheils, oder Genusses willen, eine bewegliche Sache aus dem Besitze eines Andern ohne dessen Vorbewußt(!) oder Einwilligung entwendet, der macht sich eines Diebstahls schuldig." Strafbar war danach die Entwendung einer Sache aus Gewinnsucht. Darunter ließe sich nach heutigem Verständnis u.U. auch die Gebrauchsanmaßung subsumieren, sofern sie in Form einer Entwendung erfolgt und der Gebrauch als „Vortheil" im Sinne der Vorschrift anzusehen wäre.

Je mehr sich der heutige Diebstahlsbegriff entwickelte, desto schwieriger war es jedoch, die Gebrauchsanmaßung darunter zu fassen.[22] Im von *Feuerbach* entworfenen Strafgesetzbuch für das Königreich Bayern aus dem Jahre 1813 in seiner Fassung von 1861 war Diebstahl in Art. 271 unter Strafe gestellt. Diebstahl i.S.d. Art. 271 setzte die Wegnahme einer fremden beweglichen Sache in der Absicht rechtswidriger Zueignung voraus. Die bloße Gebrauchsanmaßung konnte somit mangels Zueignungsabsicht nicht unter Art. 271 subsumiert werden.[23] Eine speziell das *furtum usus* betreffende Vorschrift gab es nicht. Anders gestaltete sich die rechtliche Lage beispielsweise im thüringischen Strafgesetzbuch aus dem Jahre 1850; es enthielt eine spezielle Regelung in Bezug auf das *furtum usus*. Art. 280 lautete: „Die widerrechtliche Benutzung einer fremden

---

21  Das ALR enthielt in den §§ 1359 ff. auch noch qualifizierende Formen des unbefugten Gebrauchs von Verwahrungs- und Pfandsachen.

22  *V. Liszt*, StR, § 129, S. 447.

23  *Ten Hompel*, ZStW 19 (1899), 795, 799 geht davon aus, dass das *furtum usus* im Königreich Bayern generell bestraft wurde: Art. 211 (die Diebstahlsregelung in der Fassung des bayerischen Strafgesetzbuches aus dem Jahre 1813) berühre das *furtum usus* zwar nicht direkt, erfasse es aber mit „und dergleichen" indirekt.

Sache, wider den Willen des Eigentümers oder des Besitzers, ist auf Antrag des Beteiligten mit Gefängnis bis zu 4 Wochen oder verhältnismäßiger Geldstrafe zu ahnden." Auch im Königreich Sachsen war die Gebrauchsanmaßung strafbar: Zwar konnte das *furtum usus* nicht unter den Diebstahl nach Art. 272 des Strafgesetzbuches[24] subsumiert werden, aber Art. 330 Abs. 3 enthielt folgende Regelung: „War die Absicht auf zeitweilige Benutzung der Sache gerichtet, so besteht die Strafe in Geldbuße bis zu einhundert und fünfzig Thalern oder Gefängnis bis zu sechs Wochen."[25] Nach diesen Vorschriften konnte das *furtum usus* generell bestraft werden; darunter fiel auch der unbefugte Gebrauch von Fahrzeugen. Ob die bloße Gebrauchsanmaßung strafbar war, hing somit davon ab, ob die einzelnen Länder selbstständige Strafandrohungen für das *furtum usus* vorsahen.[26]

Auch andere Länder beschäftigten sich im 19. Jahrhundert mit der Frage der Bestrafung des Gebrauchsdiebstahls und lösten dieses Problem teilweise sehr unterschiedlich: Von der Straflosigkeit des *furtum usus*, über die Strafbarkeit spezieller Gebrauchsanmaßungen und der generellen, aber bzgl. der Strafrahmen im Vergleich zum Diebstahl milderen Strafbarkeit des Gebrauchdiebstahls, bis hin zur Gleichstellung mit dem Diebstahl.[27]

---

24   Strafgesetzbuch für das Königreich Sachsen vom 11. August 1855 mit den damit in Verbindung stehenden Gesetzen bis zum Schlusse des Jahres 1961.

25   Eine Bestrafung für die „widerrechtliche Benutzung einer fremden Sache" gab es im Königreich Sachsen bereits in Art. 287 CrGB. Die Bestrafung der Gebrauchsanmaßung beruhte auf dem Gedanken der Strafbarkeit des *furtum usus* im römischen Recht, vgl. *Siebdrat*, Komm. Sachsen StGB, S. 219.

26   Siehe die Auflistung bei *ten Hompel*, ZStW 19 (1899), 795, 799.

27   Im japanischen Strafgesetzbuch von 1880 und im Vorentwurf zu einem Strafgesetzbuch für die Schweiz von 1896 war das *furtum usus* nicht unter Strafe gestellt. Das niederländische Strafgesetzbuch von 1881 hingegen enthielt in Art. 387 eine spezielle Strafvorschrift bzgl. des unbefugten Gebrauchs eines Schiffes. In Art. 426 Abs. 2 des italienischen Strafgesetzbuches von 1889 wurde der unbefugte Gebrauch eines fremden Grundstücks durch das Weidenlassen von Tieren unter Strafe gestellt. Nach § 421 des ungarischen Strafgesetzbuchs von 1878 wurde die widerrechtliche Inbesitznahme fremden unbeweglichen Vermögens als Vergehen bestraft. Der Entwurf des österreichischen Strafgesetzbuches von 1891 enthielt einen § 517, der das *furtum usus* generell unter Strafe stellte. Wer eine fremde Sache wissentlich unbefugt gebrauchte, konnte danach auf eine erhobene Privatklage hin mit Geldstrafe bestraft werden. Nach Art. 488 des venezolanischen Strafgesetzbuches von 1891 (*Codigo Penal Reformado*) war das „Stehlen" zum „zeitweiligen Gebrauch" einer Sache mit Arrest von einem bis zu drei Monaten oder mit Geldstrafe zu bestrafen. In New York unterschied das Strafgesetzbuch von 1881 nicht zwischen „klassischem" Diebstahl und bloßem Gebrauchsdiebstahl: § 528 bestimmte, dass sowohl der „klassische" Dieb als auch der Gebrauchsdieb des Diebstahls schuldig seien.

## II. Der Zeitraum zwischen dem Inkrafttreten des StGB und dem Erlass der Notverordnung von 1932

Als das StGB 1871 in Kraft trat, enthielt es nur bezüglich der Gebrauchsanmaßung durch öffentliche Pfandleiher (§ 290) und durch den Eigentümer an seiner eigenen Sache (§ 289) Strafvorschriften.[28] Eine Regelung speziell zur Bestrafung des unbefugten Gebrauchs von Kraftfahrzeugen und Fahrrädern wurde 1932 durch eine Notverordnung eingeführt. Zu untersuchen ist, wie bis zu diesem Zeitpunkt mit den Fällen umgegangen wurde, in denen der Täter von vornherein die Absicht hatte, ein Fahrzeug nur vorübergehend zu benutzen. Fraglich ist insbesondere, inwiefern eine solche Tat von § 242 erfasst werden konnte bzw. immer noch erfasst werden kann.

Um Fälle der unbefugten Nutzung von Fahrzeugen nicht straflos zu lassen, ging die Rechtsprechung vor allem zwei Wege: Zum einen wurde beim unbefugten Gebrauch von Kraftfahrzeugen auf den damit verbundenen Verbrauch des Benzins und anderer Betriebsstoffe abgestellt und der Täter wurde wegen Diebstahls oder Unterschlagung am Treibstoff verurteilt,[29] zum anderen wurde der Täter wegen Diebstahls am Fahrzeug verurteilt, wenn er das Fahrzeug zwar nur vorübergehend nutzen, es aber nach der Nutzung dem beliebigen Zugriff Dritter preisgeben wollte.[30] Eine dritte Möglichkeit, den unbefugten Gebrauch von Fahrzeugen zu bestrafen, war eine Verurteilung wegen Sachbeschädigung nach § 303. Dies war allerdings nur dann möglich, wenn das Fahrzeug durch den unbefugten Gebrauch beschädigt wurde. Aber selbst im Falle einer Beschädigung scheiterte eine Bestrafung meist daran, dass der Täter das Fahrzeug nicht

---

Siehe zu all diesen Beispielen und weiteren *ten Hompel*, ZStW 19 (1899), 795, 818 f., 826 ff.

28  § 289 setzt dabei allerdings die Wegnahme der Sache voraus.
Einzelne Landespolizeigesetze stellten bestimmte Formen des Gebrauchdiebstahls unter Strafe. So wurde z.B. im württembergischen Polizeistrafgesetzbuch in Art. 34 Nr. 4 und in § 28 des preußischen Feld- und Forstpolizeigesetzes die unbefugte Benutzung fremder auf dem Feld stehender Ackergerätschaften unter Strafe gestellt, siehe dazu *ten Hompel*, ZStW 19 (1899), 795, 800. Dies betrifft aber nicht den hier interessierenden generellen Umgang mit dem unbefugten Gebrauch von Kraftfahrzeugen und Fahrrädern, auch wenn eine Ackergerätschaft u.U. auch ein Fahrzeug sein kann.

29  Siehe RG GA 54 (1907), 420, 420; RGSt 64, 259, 260.

30  RGSt 64, 259, 260.

vorsätzlich beschädigte. Eine Bestrafung des unbefugten Gebrauchs von Fahrzeugen über § 303 kam daher nur selten vor.[31]

Die erste Konstruktion – die Verurteilung wegen Diebstahls oder Unterschlagung am Treibstoff – brachte mehrere Probleme mit sich: Auf der einen
Seite widersprach sie dem natürlichen Rechtsempfinden, denn als strafwürdig
wurde der Gebrauch des Kraftfahrzeugs gegen den Willen des Berechtigten
empfunden, nicht der damit verbundene Treibstoffdiebstahl.[32] Auf der anderen
Seite konnten dadurch laut *Rohling* die als strafwürdig empfundenen Fälle auch
nur teilweise erfasst werden, da die Konstruktion dann versagte, wenn der Täter
nicht den fremden Treibstoff benutzte, sondern eigenen nachfüllte.[33] Dem letzten Argument ist allerdings zu widersprechen. Fälle, in denen eine Bestrafung an
dem genannten Punkte scheiterte, dürfte es nicht gegeben haben, da der Täter,
wenn er eigenen Brennstoff später nachfüllte, trotzdem erst einmal den fremden
Brennstoff verbrauchte und dadurch – bei Vorliegen der entsprechenden subjektiven Merkmale – Diebstahl bzw. Unterschlagung an diesem beging. Selbst
wenn er aber den fremden Brennstoff abfüllte, eigenen einfüllte und später den
fremden Brennstoff zurückfüllte, so liegt neben dem Brennstoffverbrauch auch
ein Verbrauch von fremdem Öl und Schmiermitteln vor. Insbesondere die Benutzung eigener Schmiermittel dürfte praktisch schwierig sein. Mithin trägt das
zweite Argument von *Rohling* zumindest in der Praxis nicht.[34] Allerdings wies
die von der Rechtsprechung gewählte Konstruktion noch eine andere Problematik auf: Sie erfasste Fahrzeuge nicht, die keinen Brennstoff oder ähnliches zum
Betrieb benötigen.[35] Der unbefugte Gebrauch von Fahrrädern konnte somit auch

31    Siehe dazu *Wagner*, Komm. NotVO, S. 9.
32    *Rohling*, DJ 1938, 301, 301; *Vogler*, in: FS Bockelmann, 715, 731; vgl. auch *Paulus*,
      Sachzueignung, S. 53; *Seibert*, DAR 1955, 298, 299, der von einem „konstruktiven
      Notbehelf" spricht. *Olshausen*, DJZ 1907, 1072, 1073 hingegen vergleicht die Bestra-
      fung wegen Diebstahls am Treibstoff mit der Situation, dass jemand ein Pferd hat, aber
      keine Kutsche und sich für eine Fahrt unbefugt die Kutsche eines anderen samt eines
      gefüllten Futtersacks nimmt und sein Pferd davor spannt. Während der Fahrt füttert er
      dann sein Pferd mit dem fremden Futter. In einem solchen Fall stehe die Strafbarkeit
      des Täters wegen Diebstahls am Futter „außer Zweifel". Als weiteren Fall nennt *Ols-
      hausen* den unbefugten Gebrauch eines fremden Gewehrs unter Verbrauch der sich im
      Gewehr befindlichen Munition.
33    *Rohling*, DJ 1938, 301, 301.
34    Ebenfalls auf die Möglichkeit der Benutzung eigener Treibstoffe abstellend *Olshausen*,
      DJZ 1907, 1072, 1073; *Wagner*, Komm. NotVO, S. 10; *ders.*, JW 1932, 3679, 3679.
35    *Wagner*, Komm. NotVO, S. 10; *ders.*, JW 1932, 3679, 3679 nennt als besonderes Prob-
      lem der Konstruktion der Bestrafung über den Diebstahl oder die Unterschlagung der
      Betriebsstoffe, dass der unbefugte Gebrauch elektrisch betriebener Kraftfahrzeuge nicht
      erfasst werde, weil in diesen Fällen mangels Treibstoffverbrauch § 242 oder § 246 aus-

nicht über diese Konstruktion bestraft werden. Laut *Wagner* lag ein weiteres Problem darin, dass sich der Täter der Bestrafung wegen Treibstoffdiebstahls u.U. dadurch entziehen konnte, dass er unwiderlegbar behauptete, er habe während des Gebrauchs nur an die Benutzung des Fahrzeugs selbst gedacht, nicht aber an den damit verbundenen Treibstoffverbrauch. Deshalb habe er den Treibstoff nicht „bewusstermaßen" weggenommen und es fehle somit auch an der Zueignungsabsicht bezüglich des Treibstoffs.[36]

Der andere Weg der Rechtsprechung, die Strafbarkeit wegen Diebstahls – oder u.U. Unterschlagung – am Fahrzeug, hat sich bis heute gehalten.[37] Die Rechtsprechung des Reichsgerichts legte den Begriff der Zueignung so aus, dass auch Fälle des unbefugten Fahrzeuggebrauchs unter § 242 subsumiert werden konnten. Das Reichsgericht führte aus, dass mit der Zueignungsabsicht nicht der Wille des Täters verbunden sein müsse, den Gegenstand dauernd für sich zu behalten.[38] Der Täter begeht danach einen Diebstahl am Fahrzeug, wenn er bei der Wegnahme des Fahrzeugs die Absicht hat, das Fahrzeug zunächst für seine Zwecke zu gebrauchen und es dann irgendwo zurückzulassen und es dem Zugriff Dritter preiszugeben.[39] Das Bayerische Oberste Landesgericht führte in einer Entscheidung aus, dass der Täter selbst dann Zueignungsabsicht habe, „wenn es insgeheim sein Wunsch" sei, dass das Fahrzeug an den Eigentümer zurückgelange.[40] Laut *Wagner* bringt die Bestrafung der unbefugten Ingebrauchnahme als Diebstahl oder ggf. Unterschlagung allerdings Probleme mit sich, die zur Straflosigkeit des Täters führen können: Wenn der Täter bereits während der Fahrt gestellt werde, könne er behaupten, er habe das Fahrzeug an

---

scheide und die Tat auch nicht unter das Elektrizitätsgesetz vom 9. April 1900 (RGBl. S. 228) falle. So auch *Olshausen*, DJZ 1907, 1072, 1073.

36　*Wagner*, Komm. NotVO, S. 9; *ders.*, JW 1932, 3679, 3679; *ders.*, JR 1932, 253, 253; vgl. auch *Meili*, Automobilrecht, S. 141; *Paulus*, Sachzueignung, S. 53; so geschehen in RG JW 1928, 238, 238: Der Angeklagte sei sich nicht bewusst gewesen, einen Diebstahl an dem im Kraftfahrzeug befindlichen Treibstoff zu begehen. Er habe nur an die Benutzung des Wagens, nicht aber an den damit verbundenen Verbrauch des Benzins gedacht. Deshalb fehle ihm die erforderliche Zueignungsabsicht. Dagegen *Lichtigfeld*, Schwarzfahrt, S. 31, der meint, dass der Täter wisse, dass ein Kraftfahrzeug nur unter Verbrauch der Betriebsstoffe genutzt werden könne; „auf diesen Verbrauch ist naturnotwendig seine Absicht gerichtet".

37　Siehe dazu *Richter*, JW 1935, 3389, 3389, der drei Jahre nach Inkrafttreten der NotVO von 1932 bemerkt, dass die NotVO nichts an dem dieser Rechtsprechung zugrunde liegenden Zueignunsbegriff ändere.

38　Siehe dazu bereits RGSt 52, 147, 147.

39　RGSt 64, 259, 260; BayObLG DJZ 1928, 742, 742; *Rohling*, DJ 1938, 301, 301; *Wagner*, Komm. NotVO, S. 10; *ders.*, JW 1932, 3679, 3679; *ders.*, JR 1932, 253, 253.

40　BayObLG DJZ 1928, 742, 742. Zustimmend *Lichtigfeld*, Schwarzfahrt, S. 31.

seinen ursprünglichen Standort zurückbringen wollen. Außerdem könne der Täter, wenn er die Rechtsprechung kenne, sich gegen eine Bestrafung wegen Diebstahls schützen, indem er nach Beendigung der Fahrt den Eigentümer oder die
Polizei anrufe und ihnen mitteile, wo das Fahrzeug zu finden sei. Im Ergebnis
könne eine Verurteilung wegen Diebstahls deshalb in den Fällen des unbefugten
Gebrauchs nur stattfinden, wenn der Täter das Fahrzeug nach Abschluss der
Fahrt tatsächlich aussetze.[41]

## III. Der Hintergrund des Erlasses der Notverordnung von 1932

Bevor es 1932 zum Erlass der Notverordnung kam, gab es bereits mehrere Ver-
suche, den unbefugten Gebrauch von Kraftfahrzeugen und Fahrrädern unter
Strafe zu stellen.

Als 1908 der Entwurf eines Gesetzes über den Verkehr mit Kraftfahrzeugen
im Reichstag beraten wurde, diskutierte man auch darüber, ob und ggf. wie ein
heimlicher, ohne Wissen und Willen des Halters erfolgender Gebrauch des
Fahrzeugs bestraft werden könnte. Eine spezielle Regelung wurde allerdings
nicht in das Gesetz aufgenommen. Die Reichsregierung erklärte, dass in solchen
Fällen eine Bestrafung wegen Sachbeschädigung oder wegen Diebstahls am
Benzin in Frage komme. In allen anderen Fällen läge strafloser Gebrauchsdiebstahl vor.[42]

Bei den Beratungen des Reichstags über die am 21. Juli 1923 ergangene
Novelle zum Kraftfahrzeuggesetz wurde der Antrag gestellt, eine Sondervorschrift betreffend den unbefugten Gebrauch von Fahrzeugen in das Kraftfahr-
zeugsgesetz aufzunehmen. Der Antrag fand allerdings im Reichstag keine
Mehrheit und wurde daher abgelehnt.[43]

Im Januar 1930 wurde dem Reichstag ein Antrag von *Dr. Wunderlich, Dr.
Bell, Hergt, Emminger, Ehlermann, Dr. Jörissen* und Genossen vorgelegt.[44] Der
Antrag wurde von sämtlichen Parteien von der Sozialdemokratie bis zu den

---

41  *Wagner*, Komm. NotVO, S. 11; *ders.*, JW 1932, 3679, 3679. Es ist allerdings nicht be-
    kannt, dass Fälle der Benachrichtigung der Polizei oder des Berechtigten tatsächlich
    häufiger vorgekommen sind. Inwiefern solche Fälle (d.h., Fälle fehlender Zueignungs-
    absicht) überhaupt strafbedürftig und strafwürdig sind, ist fraglich. Siehe dazu unten un-
    ter E. I. Zum Verhältnis des unbefugten Gebrauchs nach § 248b zu den Zueignungsde-
    likten siehe unten unter C. IV. 3.
42  Siehe dazu *Wagner*, Komm. NotVO, S. 13; *ders.*, JR 1932, 253, 253.
43  Siehe dazu *Wagner*, Komm. NotVO, S. 13; *ders.*, JR 1932, 253, 253; *ders.*, JW 1932,
    3679, 3679.
44  RT-Drucks. Nr. 1582/1928 (IV. Wahlperiode von 1928).

Deutschnationalen eingebracht. Es sollte ein neuer § 20a in das Gesetz über den Verkehr mit Kraftfahrzeugen eingefügt werden. Der Gesetzestext sollte folgendermaßen lauten: „Wer ein Kraftfahrzeug ohne Wissen und Willen des Fahrzeughalters in Benutzung nimmt, wird mit Geldstrafe oder mit Gefängnis bis zu sechs Monaten bestraft." Infolge der Reichstagsauflösung im Sommer 1930 aufgrund von Art. 25 WRV unterblieb allerdings eine sachliche Beratung des Antrags und der Antrag wurde gegenstandslos.[45]

Laut *Wagner* hatten die zuständigen Zentralbehörden mit Rücksicht auf den Antrag von 1930 Überlegungen angestellt, im Rahmen eines Entwurfs eines Änderungsgesetzes zum Kraftfahrzeuggesetz auch eine Sondervorschrift gegen die unbefugte Ingebrauchnahme von Kraftfahrzeugen vorzuschlagen. Dieser Plan sei durch die am 20. Oktober 1932 erlassene Verordnung überholt worden.[46]

# IV. Die Notverordnung vom 20. Oktober 1932

Die „Verordnung des Reichspräsidenten gegen unbefugten Gebrauch von Kraftfahrzeugen und Fahrrädern" vom 20. Oktober 1932 trat am 1. November 1932 in Kraft und wurde im RGBl. I S. 496 veröffentlicht. Die Notverordnung wurde auf der Grundlage des Art. 48 Abs. 2 WRV erlassen. § 1 lautet:

1. Wer ein Kraftfahrzeug oder ein Fahrrad gegen den Willen des Berechtigten in Gebrauch nimmt, wird, sofern die Tat nicht nach anderen Vorschriften mit schwererer Strafe bedroht ist, mit Gefängnis bis zu drei Jahren bestraft.
2. Der Versuch ist strafbar.
3. Die Verfolgung tritt nur auf Antrag ein. Die Zurücknahme des Antrags ist zulässig.
4. Wer die Tat gegen seinen Ehegatten oder gegen einen Verwandten absteigender Linie begeht, ist straffrei.
5. Kraftfahrzeuge im Sinne dieser Verordnung sind die Fahrzeuge, die durch Maschinenkraft bewegt werden, Landkraftfahrzeuge nur insoweit, als sie nicht an Bahngleise gebunden sind.

Im Vergleich zum Antrag von 1930 fällt auf, dass in der NotVO statt der Formulierung „ohne Wissen und Willen des Fahrzeuginhabers" die Formulierung „gegen den Willen des Berechtigten" gewählt wurde,[47] dass die NotVO neben

---

45  Siehe dazu *Wagner*, Komm. NotVO, S. 13; *ders.*, JR 1932, 253, 253; *ders.*, JW 1932, 3679, 3679.
46  *Wagner*, Komm. NotVO, S. 13 f.
47  Siehe zum Unterschied von „gegen" und „ohne" unten unter C. II. 2. b) bb) (1).

Kraftfahrzeugen auch Fahrräder erfasste und dass die Höchststrafe[48] nach der NotVO wesentlich höher als im Antrag von 1930 war.[49] Die Einbeziehung von Fahrrädern in die NotVO begründet *Wagner* damit, dass sich die „tatsächlichen Verhältnisse" bei Fahrrädern ähnlich wie bei Kraftfahrzeugen darstellen. Außerdem könne dem Fahrrad als dem „Auto des kleinen Mannes" nicht der strafrechtliche Schutz versagt werden, der dem Kfz zukomme.[50]

Die Ausübung der dem Reichspräsidenten durch Art. 48 Abs. 2 WRV eingeräumten Machtbefugnisse setzte voraus, dass die öffentliche Sicherheit und Ordnung im Deutschen Reich erheblich gestört oder gefährdet wurde. Der Reichspräsident selbst hatte nach pflichtgemäßem Ermessen zu entscheiden, ob diese Voraussetzung erfüllt war. Hielt er sie für erfüllt, so konnten zur Wiederherstellung der öffentlichen Sicherheit und Ordnung auch Rechtsverordnungen mit Strafandrohung erlassen werden.[51] Das sog. Notverordnungsrecht des Reichspräsidenten aus Art. 48 Abs. 2 WRV ermächtigte ihn, unter den genannten Voraussetzungen alle Vorschriften zu erlassen, für die ein einfaches, nicht die Verfassung änderndes Reichsgesetz erforderlich und ausreichend war. Art. 7 Nr. 2 WRV regelte, dass Strafvorschriften im Wege der einfachen Gesetzgebung erlassen werden konnten. Die Regelung der NotVO vom 20. Oktober 1932 war ihrem Inhalt nach strafrechtlicher Natur und fiel somit unter Art. 7 Nr. 2 WRV und konnte deshalb vom Reichspräsidenten im Wege der Notverordnung nach Art. 48 Abs. 2 WRV erlassen werden, wenn die öffentliche Sicherheit oder Ordnung durch die unbefugte Ingebrauchnahme von Kraftfahrzeugen und Fahrrädern gestört oder gefährdet wurde.[52] Die NotVO bezweckte die Schließung einer „seit langem schmerzlich empfundenen Lücke des deutschen Strafrechts".[53] Aufgrund der zunehmenden Motorisierung des Verkehrs kam es zu einer erheblichen Zunahme der Autodiebstähle und Schwarzfahrten.

---

48    Siehe zum Strafmaß unten unter C. VI.

49    Dass in der NotVO statt „in Benutzung nimmt" „in Gebrauch nimmt" steht, dürfte hingegen keinen inhaltlichen Unterschied machen. Beides meint wohl die Nutzung bzw. den Gebrauch des Fahrzeugs zu Fortbewegungszwecken, siehe dazu unten unter C. II. 2. a).

50    *Wagner*, JW 1932, 3679, 3680; in JR 1932, 253, 254 hingegen schreibt *Wagner*, dass bei Fahrrädern „das Bedürfnis, den Gebrauchsdiebstahl unter Strafe zu stellen, nicht in dem Maße hervorgetreten" sei wie bei Kfz, aber auch bei Fahrrädern „Fälle eines strafwürdigen *furtum usus* nicht ausgeschlossen" seien.

51    So RGSt 56, 177, 189.

52    Siehe dazu *Wagner*, Komm. NotVO, S. 20 f.; soweit sich die NotVO auf Kraftfahrzeuge bezog, ergab sich die einfache Gesetzgebungskompetenz auch aus Art. 7 Nr. 19 WRV und somit ergab sich das Notverordnungsrecht des Reichspräsidenten aus Art. 48 Abs. 2 WRV auch aus der Gesetzgebungskompetenz aus Art. 7 Nr. 19 WRV.

53    *Wagner*, Komm. NotVO, S. 3.

In Berlin wurden im Jahr 1930 1200, 1931 schon 2400 Kraftfahrzeuge entwendet und 1932 waren es monatlich im Durchschnitt 200 Kfz. Das Fehlen einer entsprechenden Sonderstrafandrohung für Fälle des unbefugten Fahrzeuggebrauchs sei – so wurde gesagt – „nicht ohne Schuld an diesen Verhältnissen".[54] Auch verschiedene ausländische Staaten, die ähnliche „Schwierigkeiten" hatten, erließen in den vorangegangen Jahren Strafvorschriften gegen den unbefugten Gebrauch von Fahrzeugen.[55] Laut *Wagner* war der unbefugte Gebrauch von Kraftfahrzeugen und Fahrrädern zu einer „wahren Stadt- und Landplage" geworden; das Bedürfnis nach „durchgreifenden Abwehrmaßen strafrechtlicher Art" stelle sich als unabweisbar heraus und begründe die Gefährdung und Störung der öffentlichen Sicherheit und Ordnung durch den unbefugten Fahrzeuggebrauch.[56] Somit lagen die Voraussetzungen des Art. 48 Abs. 2 WRV vor.[57]

Neben der Wiederherstellung der öffentlichen Sicherheit und Ordnung, die die NotVO erreichen sollte, gab es laut *Wagner* noch weitere kriminalpolitische Erwägungen, die für den Erlass einer Sondervorschrift zur Bestrafung des unbefugten Gebrauchs von Kraftfahrzeugen und Fahrrädern mitbestimmend waren: präventive Verbrechensverhütung, strafrechtliche Bekämpfung von Autodiebstählen und damit allgemein repressive Verbrechensbekämpfung, Schutz der Privatrechtsordnung als solcher und Schutz des einzelnen, der seine Rechte aus ihr herleitet, Schutz der Verkehrssicherheit und Schutz der unbeteiligten Öffentlichkeit vor den Betriebsgefahren des Kraftfahrzeugverkehrs und Schutz des öffentlichen Vertrauens.[58]

---

54  Siehe *Wagner*, JW 1932, 3679, 3679; *ders.*, JR 1932, 253, 253.
55  *Wagner*, Komm. NotVO, S. 14; *ders.*, JW 1932, 3679, 3680 verweist dabei auf Schweden, wo bereits 1916 eine ähnliche Vorschrift erlassen wurde und England, wo 1930 mit dem Road Traffic Act eine entsprechende Regelung in Kraft trat. Des Weiteren verweist *Wagner* auf verschiedene Staaten der USA (Illinois, Wisconsin und Connecticut) und einige Kantone der Schweiz, die ebenfalls die unbefugte Benutzung von Fahrzeugen unter Strafe stellten. Das Gesetz des Kantons Genf bezweckte dabei zwar in erster Linie die Bestrafung des unbefugten Gebrauchs von Kraftfahrzeugen, erfasste aber das *furtum usus* an beweglichen Sachen allgemein.
Siehe zur Strafbarkeit des Gebrauchdiebstahls in ausländischen Staaten im 19. Jahrhundert bereits oben unter B. I. Zur Strafbarkeit des unbefugten Gebrauchs von Kraftfahrzeugen und Fahrrädern heute speziell in England, Österreich und der Schweiz siehe unten unter D. mit Verweisen auf weitere Rechtsordnungen.
56  *Wagner*, Komm. NotVO, S. 15.
57  Wenn man das Vorliegen der Voraussetzungen des Art. 48 Abs. 2 WRV verneint, wurde § 248b jedenfalls durch das 3. StRÄndG ordnungsgemäß in das StGB aufgenommen.
58  *Wagner*, Komm. NotVO, S. 15 ff. Siehe dazu auch BGHSt 47, 49. Siehe dazu außerdem unten unter C. I.

## V.  Die Einfügung und Entwicklung des § 248b

### 1.  Einfügung des § 248b

Der Straftatbestand der Notverordnung wurde als § 248b durch das 3. StRÄndG, welches am 1. Oktober 1953 in Kraft trat, ohne sachliche Änderungen in das StGB aufgenommen und im BGBl. I S. 735, 736 veröffentlicht.[59] Im gleichen Zuge wurde die Notverordnung des Reichspräsidenten vom 20. Oktober 1932 aufgehoben.[60]

Durch das 1. StrRG vom 25. Juni 1969 (BGBl. I S. 645) wurde der Wortlaut nur marginal verändert – aus Gefängnis wurde Freiheitsstrafe.[61] Der Wortlaut der Fassung des 1. StrRG lautete:

(a) Wer ein Kraftfahrzeug oder ein Fahrrad gegen den Willen des Berechtig-ten in Gebrauch nimmt, wird, sofern die Tat nicht nach anderen Vor-schriften mit schwererer Strafe bedroht ist, mit Freiheitsstrafe bis zu drei Jahren bestraft.

(b) Der Versuch ist strafbar.

(c) Die Verfolgung tritt nur auf Antrag ein. Die Zurücknahme des Antrags ist zulässig.

(d) Wer die Tat gegen seinen Verwandten absteigender Linie oder gegen seinen Ehegatten begeht, bleibt straflos.

(e) Kraftfahrzeuge im Sinne dieser Vorschrift sind die Fahrzeuge, die durch Maschinenkraft bewegt werden, Landkraftfahrzeuge nur insoweit, als sie nicht an Bahngleise gebunden sind.

Im Entwurf von 1959 (E 1959) war ein anderer Wortlaut vorgesehen. Die Vor-schrift sollte in § 250 stehen und Absatz 1 sollte lauten: „Wer ein Kraftfahrzeug, ein anderes durch Maschinenkraft bewegtes Fahrzeug, ein Luftfahrzeug, ein Boot oder ein Fahrrad gegen den Willen des Berechtigten gebraucht, wird mit Gefängnis bis zu einem Jahr, mit Strafhaft oder mit Geldstrafe bestraft, wenn die Tat nicht in anderen Vorschriften mit schwererer Strafe bedroht ist."[62] Interes-sant an dieser Fassung sind mehrere Formulierungen: Zum einen war der Kreis möglicher Tatobjekte ein anderer. Bei Luftfahrzeugen und Booten kam es nicht

---

59    Art. 1 Nr. 25 des 3. StRÄndG (BGBl. I, S. 735, 736 von 1953).

60    Art. 8 Nr. 2 des 3. StRÄndG (BGBl. I, S. 735, 749 von 1953).

61    Art. 2 des 1. StrRG (BGBl. I, S. 645, 657 von 1969).

62    E 1959, S. 607 f. Siehe auch die entsprechende Vorschrift im Entwurf von 1962 – § 244 (E 1962, S. 51). § 244 E 1962 entsprach bis auf zwei Unterschiede dem § 250 E 1959: Die Tathandlung lautete „in Gebrauch nimmt" und das Strafmaß sah neben Strafhaft und Geldstrafe bis zu zwei Jahren Gefängnis vor.

darauf an, ob sie durch Maschinenkraft bewegt wurden. Eine Rückausnahme für nicht an Schienen gebundene Landkraftfahrzeuge gab es nicht.[63] Des Weiteren ist bemerkenswert, dass die Tathandlung anderes formuliert wurde: Statt „in Gebrauch nimmt" hieß es „gebraucht". Damit dürfte fraglich sein, ob § 250 Abs. 1 E 1959 voraussetzte, dass das Fahrzeug als Fortbewegungsmittel benutzt wurde und außerdem hätte sich der grundsätzliche Streit wohl erübrigt, ob die Ingebrauchnahme auch das Ingebrauchhalten umfasst, da „gebrauchen" schon vom Wortlaut her keinen Anlass gibt, nur den Beginn des Gebrauchs als erfasst anzusehen.[64]

Ein weiterer interessanter Unterschied ist das Strafmaß: Während § 248b eine Höchststrafe von drei Jahren vorsieht, enthielt § 250 E 1959 nur eine Höchststrafe von einem Jahr. Die mögliche Höchststrafe unterschied sich damit deutlicher vom Diebstahl als bei § 248b und auch von der einfachen Unterschlagung nach § 246 Abs. 1, die auch im E 1959 mit einer Höchststrafe von drei Jahren bedroht war.

Das Verwandtenprivileg gab es auch im Rahmen des § 250 E 1959. Dort wurde allerdings im Unterschied zu § 248b Abs. 4 nicht auf die Verwandtschaft absteigender Linie und den Ehegatten abgestellt, sondern § 250 Abs. 4 lautete: „Wer die Tat gegen einen Angehörigen begeht, mit dem er in häuslicher Gemeinschaft lebt, ist straffrei." Entscheidendes Kriterium war somit neben der Angehörigenstellung das Zusammenleben in häuslicher Gemeinschaft.

## 2. Streichung des Angehörigenprivilegs

Bis 1975 war der unbefugte Gebrauch von Kraftfahrzeugen und Fahrrädern durch Verwandte aufsteigender Linie und Ehegatten straflos. Mit Wirkung zum 1. Januar 1975 wurde dieses ehemals in § 248b Abs. 4 normierte Angehörigenprivileg gestrichen.[65] Die Streichung erfolgte im Zuge der Streichung des Ange-

---

63   Siehe die Begründung zur Erweiterung des Kreises der geschützten Tatobjekte im E 1962, S. 413: Die technische Entwicklung lege diese Erweiterung nahe und die in § 248b enthaltene Begriffsbestimmung des Kraftfahrzeugs, die nur für diese Vorschrift gelte und von der allgemeinen abweiche, solle vermieden werden.

64   § 244 E 1962 hielt hingegen an der Formulierung „in Gebrauch nimmt" fest; die Begründung führt dazu aus, dass die Formulierung „gebrauchen" den Streit zugunsten einer Einbeziehung des Ingebrauchhaltens entschieden hätte, die Fassung des § 244 E 1962 diese Frage aber ausdrücklich offen lassen solle, E 1962, S. 413. Zum Streit bezüglich der Frage, ob die Ingebrauchnahme auch das Ingebrauchhalten erfasst, siehe unten unter C. II. 2. a) aa). Die Frage, welche Fallkonstellationen die Tathandlung „gebrauchen" in § 250 Abs. 1 E 1959 genau umfassen sollte, hätte sich allerdings genauso gestellt wie im Rahmen der heutigen Fassung, siehe dazu unten unter C. II. 2. a) bb) und b) bb) (4).

65   BT-Drucks. 7/550, S. 24.

hörigenprivilegs in § 247 Abs. 2. Die Begründung des Bundestages verweist für
die Streichung des Angehörigenprivilegs im Rahmen des § 248b auf die Erwägungen, die zur entsprechenden Streichung im Rahmen des § 247 geführt haben.
Dort wird ausgeführt, dass es nicht gerecht erscheine, den Enkel zu bestrafen,
der seinen Großvater bestehle, den Großvater, der das Vermögen seines Enkels
unterschlage, hingegen nicht. Auch sei es nicht gerecht, jeden Diebstahl oder
jede Unterschlagung unter Ehegatten straflos zu lassen. Zwar könnten oftmals
die Eigentumsverhältnisse in einem gemeinschaftlichen Haushalt nicht geklärt
werden, aber wenn dies möglich sei, gebe es keinen Grund, warum auf Wunsch
des Verletzten keine Strafverfolgung bei Diebstahl oder Unterschlagung möglich sein sollte. Die Argumentation, dass eine Strafverfolgung die Ehe zerstören
könne, sei verfehlt, da in Situationen, in denen „Vermögensstreitigkeiten zwischen Eheleuten mittels Diebstahls und Unterschlagung ausgetragen werden"
und ein Ehegatte sich aufgrund dessen zum Strafantrag entschließe, die Ehe
nicht erst durch ein Strafverfahren zerstört werde. Und in den Fällen, in denen
ein Strafantrag übereilt gestellt werde, könne er nach § 77d zurückgenommen
werden.[66]

Die Übertragung dieser Erwägungen auf den unbefugten Gebrauch von
Kraftfahrzeugen und Fahrrädern ist einfach und einleuchtend: Auch im Rahmen
des § 248b ist nicht einzusehen, warum beispielsweise der Enkel auf einen
Strafantrag hin bestraft werden muss, wenn er das Kraftfahrzeug seines Großva-
ters unbefugt in Gebrauch nimmt, der Großvater aber den Wagen seines Enkels
auch gegen dessen Willen straflos gebrauchen darf. Bezüglich der Ehegatten
gelten die gleichen Erwägungen: Wenn nur einer der Ehegatten Berechtigter
i.S.d. § 248b ist, erscheint es nicht gerecht, dass der andere das Kraftfahrzeug
oder Fahrrad des berechtigten Ehegatten gegen dessen Willen nutzen kann, ohne
sich strafbar zu machen, auch wenn der Berechtigte die Strafverfolgung
wünscht. Entschließt sich ein Ehegatte, gegen den anderen Ehegatten aufgrund
des unbefugten Gebrauchs seines Kraftfahrzeugs oder Fahrrads Strafantrag zu
stellen, ist die Ehe offensichtlich bereits so zerrüttet, dass nicht erst der Strafantrag sie zum Scheitern bringt und somit auch das Argument, die Strafverfolgung
könne die Ehe zerstören, nicht trägt.

Somit tragen die sachlichen Gründe zur Streichung des Angehörigenprivilegs im Rahmen des § 247 auch die Streichung des Angehörigenprivilegs im
Rahmen des § 248b. Darüber hinaus liegt wohl bereits der Grund für die Aufnahme des Angehörigenprivilegs in § 1 Abs. 4 der NotVO und in § 248b Abs. 4
darin begründet, dass es eine entsprechende Regelung bezüglich des Diebstahls
und der Unterschlagung in § 247 Abs. 2 gab. Da Diebstahl und Unterschlagung

---

66   BT-Drucks. 7/550, S. 247.

eines Fahrzeugs gegenüber dem in § 247 Abs. 2 bezeichneten Personenkreis straflos waren, wäre es problematisch gewesen, die unbefugte Ingebrauchnahme eines Fahrzeugs gegenüber dem gleichen Personenkreis zu bestrafen.[67] Damit wäre eine Umgehungsmöglichkeit der in § 247 Abs. 2 gesetzlich angeordneten Straflosigkeit geschaffen worden. Mit der Streichung des § 247 Abs. 2 ist diese Notwendigkeit entfallen.

# VI. Die Strafbarkeit des unbefugten Gebrauchs in der DDR

Auch in der DDR war der unbefugte Gebrauch von Fahrzeugen strafbar. Im Besonderen Teil des StGB der DDR befand sich § 201, der die Überschrift „Unbefugte Benutzung von Fahrzeugen" trug. § 201 StGB-DDR lautete:[68]

(1) Wer Kraftfahrzeuge, Wasser-, Luft- oder Schienenfahrzeuge, zu deren Führung eine Erlaubnis erforderlich ist, gegen den Willen des Berechtigten benutzt, wird von einem gesellschaftlichen Organ der Rechtspflege zur Verantwortung gezogen oder mit öffentlichem Tadel, Geldstrafe, Verurteilung auf Bewährung oder mit Freiheitsstrafe bis zu einem Jahr bestraft.

(2) Wurde der Täter bereits wegen unbefugter Benutzung von Fahrzeugen bestraft oder innerhalb des letzten Jahres von einem gesellschaftlichen Organ der Rechtspflege strafrechtlich zur Verantwortung gezogen, kann er mit Freiheitsstrafe bis zu zwei Jahren bestraft werden.

(3) Der Versuch ist strafbar.

Der unbefugte Gebrauch von Fahrzeugen wurde, sofern kein öffentliches Interesse bestand, nur auf Antrag des Geschädigten verfolgt.[69]

Die Regelung in der DDR war somit dem § 248b sehr ähnlich. Der größte inhaltliche Unterschied bestand darin, dass § 201 StGB-DDR Fahrräder und andere Fahrzeuge, zu deren Führung keine Erlaubnis erforderlich war, nicht erfasste. Die Benutzung solcher Fahrzeuge konnte aber als Ordnungswidrigkeit geahndet werden.

Ein weiterer Unterschied bestand in der systematischen Stellung des § 201 StGB-DDR. § 201 StGB-DDR war im Besonderen Teil des StGB im

---

67  *Wagner*, JR 1932, 253, 256 geht davon aus, dass es nicht sein könne, dass die unbefugte Ingebrauchnahme als „der schwächere Eingriff in die Rechtssphäre" strafbar sei, während Diebstahl gegenüber dem in § 247 Abs. 2 bezeichneten Personenkreis straflos sei. Deshalb habe die NotVO in § 1 Abs. 4 die Regelung des § 247 Abs. 2 übernommen.

68  Fassung vom 12. Januar 1968; in der Neubekanntmachung vom 19. Dezember 1974 wurde in § 201 Abs. 1 nach dem Wort „Geldstrafe" das Wort „Haftstrafe" eingefügt.

69  *Ruß*, in: LK (11. Aufl.), § 248b, Rn. 14.

7. Kapitel unter der Überschrift „Straftaten gegen die allgemeine Sicherheit" und dort im 3. Abschnitt unter der Überschrift „Straftaten gegen die Sicherheit im Bahn- und Straßenverkehr, der Luftfahrt und der Schiffahrt" angesiedelt. § 248b hingegen steht im StGB im Besonderen Teil im 19. Abschnitt unter der Überschrift „Diebstahl und Unterschlagung". Im StGB der DDR bekam die Regelung aufgrund ihrer systematischen Stellung eine andere Bedeutung: Gerade im Hinblick auf das geschützte Rechtsgut dürfte die Stellung im Kapitel über Straftaten gegen die allgemeine Sicherheit ein wichtiger Hinweis sein. Es ist davon auszugehen, dass aufgrund der systematischen Stellung das Schutzgut eher die öffentliche (Verkehrs-) Sicherheit als ein individuelles Gebrauchsrecht oder gar das Eigentum war.[70] Auch die Tatsache, dass § 201 StGB-DDR kein Angehörigenprivileg enthielt, stützt die Annahme, dass eher die öffentliche Sicherheit geschützt wurde, als ein privates Gebrauchsrecht. Dagegen spricht allerdings, dass die Tat in der Regel nur auf Antrag des Geschädigten verfolgt wurde. Auf der anderen Seite war ein solcher Antrag nicht erforderlich, wenn ein öffentliches Interesse an der Strafverfolgung bestand.[71]

Ein weiterer Unterschied bestand im Strafrahmen. Während § 248b Freiheitsstrafe bis zu drei Jahren vorsieht, sah § 201 Abs. 1 StGB-DDR nur Freiheitsstrafe bis zu einem Jahr vor. Lediglich für Wiederholungstäter wurde die mögliche Höchststrafe erhöht: § 201 Abs. 2 StGB-DDR sah für Täter, die bereits wegen unbefugter Benutzung von Fahrzeugen bestraft oder innerhalb des letzten Jahres von einem gesellschaftlichen Organ der Rechtspflege strafrechtlich zur Verantwortung gezogen worden waren, Freiheitsstrafe bis zu zwei Jahren vor. Aber auch dieser Strafrahmen reichte nicht an den des § 248b heran.

---

70  Zur Frage, welches Rechtsgut § 248b schützt, siehe unten unter C. I.
71  *Ruß*, in: LK (11. Aufl.), § 248b, Rn. 14.

# C. Die Strafvorschrift des § 248b StGB

Im Folgenden soll die Strafvorschrift des § 248b StGB *de lege lata* untersucht werden. Die dabei zu erörternden Auslegungsfragen richten sich nach dem Schutzbereich der Norm und somit maßgeblich nach dem durch § 248b geschützten Rechtsgut,[72] weshalb die Bestimmung des geschützten Rechtsgut den Anfang dieses Abschnitts bildet.

## I. Die Frage nach dem von § 248b geschützten Rechtsgut

Nach herrschender Meinung bezweckt das Strafrecht Rechtsgüterschutz.[73] Der Begriff des Rechtsguts[74] und seine Funktion – insbesondere die Frage, ob diesem eine systemkritische i.S.e. strafrechtsbegrenzenden Funktion zukommt –, sind umstritten.[75] Jedenfalls eignet sich das Rechtsgut „als Chiffre für den Zweck oder das Schutzgut eines bestimmten (bestehenden) Straftatbestandes."[76] Dabei ist das Rechtsgut von dem realen Handlungs- bzw. Angriffsobjekt zu unterscheiden.[77] § 248b stellt den unbefugten Gebrauch von Kraftfahrzeugen und

---

72 Neben dem geschützten Rechtsgut wird der Schutzbereich einer Norm auch durch spezifische Handlungsvoraussetzungen bestimmt, *Roxin*, AT I, § 10, Rn. 56. In Bezug auf § 248b bedeutet dies, dass das im folgenden herauszuarbeitende Rechtsgut nicht umfassend geschützt wird, sondern nur, wenn das Kraftfahrzeug oder Fahrrad gegen den Willen des Berechtigten zur Fortbewegung in Gebrauch genommen wird. Siehe zur Tathandlung unten unter C. II. 2.

73 *Baumann/Weber/Mitsch*, AT, § 3, Rn. 10 ff.; *Freund*, in: MüKo, Vorbem. §§ 13 ff., Rn. 42; *Günther*, JuS 1978, 8, 9; *Hassemer*, in: AK, Vor § 1, Rn. 255 ff.; *Heinrich*, in: FS Roxin, 131, 132; *Jescheck/Weigend*, AT, § 1, S. 7; *Kindhäuser*, AT, § 2, Rn. 6; *Lampe*, in: FS Schmitt, 77, 84; *Maurach/Zipf*, AT I, § 19, Rn. 4; *Polaino Navarette*, in: FS Roxin, 169, 182; *Roxin*, AT I, § 2, Rn. 1, 7; *Rudolphi*, in: SK, Vor § 1, Rn. 2; *ders.*, in: FS Honig, 151, 163; *Sax*, in: Bettermann/Nipperdey/Scheuner, Die Grundrechte, Bd. III/2, 909, 911; *Spendel*, in: FS Weber, 3, 3; *Wessels/Beulke*, AT, Rn. 6 ff.

74 Zur Geschichte des Rechtsgutsbegriffs siehe *Amelung*, Rechtsgüterschutz, S. 15 ff.

75 *Rönnau*, JuS 2009, 209, 211 f. Siehe zur Kritik an der Lehre vom Rechtsgüterschutz allgemein BVerfGE 120, 224, 241 f.; *Jakobs*, AT, 2. Abschn., Rn. 22 ff.; *Stratenwerth*, in: FS Lenckner, 377, 388 ff. Zur Kritik an der Legitimierungsfunktion des Rechtsgutsbegriffs siehe *Appel*, Verfassung und Strafe, S. 381 ff.; *Walter*, in: LK, Vor § 13, Rn. 9 m.w.N. Siehe außerdem unten unter E. I.

76 So *Weigend*, in: LK, Einl., Rn. 8.

77 *Baumann/Weber/Mitsch*, AT, § 3, Rn. 18; *Hassemer*, in: AK, Vor § 1, Rn. 263 f.; *Lenckner/Eisele*, in: Schönke/Schröder, Vorbem. §§ 13 ff., Rn. 9; *Maurach/Zipf*, AT I, § 19, Rn. 14 ff.; *Roxin*, AT I, § 2, Rn. 65; *Tiedemann*, Tatbestandsfunktionen, S. 116;

Fahrrädern unter Strafe. Fraglich ist, welches Rechtsgut dadurch geschützt wird. § 248b könnte dem Schutz des Eigentums dienen, das zu den elementaren Lebensgütern gehört, die durch den Staat mittels des Strafrechts geschützt werden können.[78] Gem. § 903 BGB kann der Eigentümer einer Sache mit dieser nach Belieben verfahren und andere von jeder Einwirkung ausschließen. Das Eigentumsrecht umfasst somit das Recht zum Besitz und zum Gebrauch der Sache.[79] § 248b könnte deshalb auch den Schutz dieses Gebrauchsrechts bezwecken. Da § 248b im Gegensatz zu anderen Tatbeständen gerade nicht auf die Fremdheit der Sache – konkret: des Fahrzeugs – abstellt, könnte ein vom Eigentum unabhängiges Nutzungs- und Gebrauchsrecht Schutzgut des § 248b sein. Ein weiteres mögliches Schutzgut ist aufgrund der Beschränkung der Tatobjekte auf typische für den Straßenverkehr vorgesehene Fahrzeuge die allgemeine Verkehrssicherheit.[80] Die Frage, welches Rechtsgut § 248b StGB schützt, soll anhand der Auslegung des § 248b StGB nach Wortlaut, Historie, Systematik und Telos beantwortet werden.

## 1.  Wortlaut

Nach § 248b Abs. 1 macht sich strafbar, „wer ein Kraftfahrzeug oder Fahrrad gegen den Willen des Berechtigten in Gebrauch nimmt". Der Wortlaut stellt auf die Ingebrauchnahme gegen den Willen des Berechtigten ab, sagt aber nichts über die Eigentumsverhältnisse des betroffenen Kraftfahrzeugs oder Fahrrads aus. Interessant ist der Wortlaut in Bezug auf das, was er nicht enthält: Im Gegensatz zu § 242 und § 246 enthält § 248b gerade nicht das Merkmal „fremd".[81] Dies spricht dafür, dass § 248b – anders als § 242 und § 246 – nicht das Eigentum als solches schützt. Stattdessen wird die Ingebrauchnahme gegen den Willen „des Berechtigten" unter Strafe gestellt; somit ist der Wille des Berechtigten, nicht des Eigentümers maßgebend.[82] Der Wortlaut des § 248b Abs. 1 spricht

---

*Walter*, in: LK, Vor § 13, Rn. 14; *Weigend*, in: LK, Einl., Rn. 8; *Wessels/Beulke*, AT, Rn. 8. Siehe auch *Amelung*, Rechtsgüterschutz, S. 198 ff.

78   *Freund*, AT, § 1, Rn. 16; *Jescheck/Weigend*, AT, § 1, S. 7.

79   *Säcker*, in: MüKo-BGB, § 903, Rn. 6: Wesentlicher Inhalt des Eigentums ist ein alle Personen ausschließendes Verfügungs- und Nutzungsrecht.

80   Die Verkehrssicherheit ist weitestgehend als Rechtsgut anerkannt, siehe bspw. *König*, in: LK, § 315, Rn. 4 m.w.N.; außerdem *Fischer*, § 316, Rn. 2, 3; *Sternberg-Lieben/Hecker*, in: Schönke/Schröder, § 315, Rn. 1, § 316, Rn. 1. *Jescheck/Weigend*, AT, § 1, S. 7, führen die Verkehrssicherheit als eines der „elemtaren Lebensgüter" an.

81   Nach *Maurach/Schroeder/Maiwald*, BT I, § 37, Rn. 5 verzichtet § 248b „demonstrativ auf die Fremdheit der Sache".

82   So auch *Vogel*, in: LK, § 248b, Rn. 2.

folglich dafür, dass § 248b das Gebrauchsrecht des Berechtigten unabhängig vom Eigentum schützt.[83]

## 2.  Historie

Wie oben bereits dargestellt, beruht § 248b auf § 1 der NotVO des Reichspräsidenten vom 20. Oktober 1932. Durch das 3. StRÄndG vom 4. August 1953 wurde die Regelung als § 248b in das StGB aufgenommen.[84]

Welches Rechtsgut der historische Gesetzgeber mit der NotVO und später mit § 248b schützen wollte, wird unterschiedlich beurteilt. *Wagner* führt in seinem Kommentar zu § 1 der NotVO aus, dass das Rechtsgut dieser Vorschrift die „Befugnis des Berechtigten zum Gebrauch des Fahrzeugs und sein Interesse an diesem Gebrauch" sei. Durch die unbefugte Ingebrauchnahme werde das Gebrauchsrecht oder das Gebrauchsinteresse des Berechtigten angegriffen. Dieses Gebrauchsrecht qualifiziert *Wagner* als ein „dem Besitzrecht nahestehendes, geldwertes Recht".[85] Ob dieses Gebrauchsrecht ein gegenüber dem Eigentum selbstständiges Recht darstellt, sagt *Wagner* nicht explizit; es ergibt sich aber aus der Definition des Berechtigten. Berechtigter i.S.v. § 1 der NotVO sei der Gebrauchsberechtigte. Die Gebrauchsberechtigung könne sich aus dinglichen, obligatorischen, familienrechtlichen, erbrechtlichen oder sonstigen rechtlichen Befugnissen ergeben. Der Eigentümer könne Berechtigter sein, „soweit er das Gebrauchsrecht nicht anderen Personen eingeräumt" habe.[86] Die Ausführungen *Wagners* zeigen deutlich, dass er ein vom Eigentum losgelöstes Gebrauchsrecht als Schutzgut der Vorschrift ansieht. Allerdings lassen sich aus *Wagners* Ausführungen durchaus auch andere Schutzgüter ableiten, auch wenn er selbst das Gebrauchsrecht als „Rechtsgut" der Vorschrift bezeichnet. Grund für den Erlass der NotVO sei die „Gefährdung und Störung der öffentlichen Sicherheit und Ordnung" durch die unbefugte Ingebrauchnahme von – insbesondere – Kraftfahrzeugen. Weitere für den Erlass der NotVO mitbestimmende „kriminalpolitische Erwägungen" seien die präventive Verbrechensverhütung, die strafrechtliche Bekämpfung der Autodiebstähle und damit allgemein die repressive Verbrechensbekämpfung, der Schutz der Privatrechtsordnung als solcher und des Einzelnen, der seine Rechte aus ihr herleite, die Verkehrssicherheit und der Schutz der unbeteiligten Öffentlichkeit vor den Betriebsgefahren des Kraftfahrzeugverkehrs und der Schutz des öffentlichen Vertrauens, der für ein geordnetes Zu-

---

83  *Duttge*, in: HK-GS, § 248b, Rn. 1; *Fischer*, § 248b, Rn. 2; *Kudlich*, in: Satzger/Schmitt/Widmaier, § 248b, Rn. 1; *Maurach/Schroeder/Maiwald*, BT I, § 37, Rn. 5.

84  Siehe zur Entstehungsgeschichte des § 1 NotVO bzw. § 248b oben unter B.

85  *Wagner*, Komm. NotVO, S. 22.

86  *Wagner*, Komm. NotVO, S. 50.

sammenleben der Städter und Großstädter nötig sei.[87] Präventive Verbrechensverhütung und repressive Verbrechensbekämpfung liegen dem Erlass sämtlicher
Strafvorschriften zugrunde. Der Schutz der Privatrechtsordnung und der daraus
abgeleiteten Rechte des Einzelnen sind wohl auch nach *Wagner* keine eigenständigen Schutzgüter der NotVO, sondern ergeben sich mittelbar durch den
Schutz des Gebrauchsrechts: Dieses Gebrauchsrecht habe einen („häufig beträchtlichen") Vermögenswert und die zivilrechtlichen Schadensersatzansprüche
könnten oftmals wegen Vermögenslosigkeit des Schuldners nicht verwirklicht
werden und seien deshalb kein hinreichender Schutz des Gebrauchsrechts.[88] Interessant ist aber die Erwähnung der Verkehrssicherheit. Laut *Wagner* sind mit
der unbefugten Ingebrauchnahme „geradezu zwangsläufig gefahrerhöhende
Umstände" verbunden, die einem befugten Gebrauch fehlen. Vor diesen besonderen Gefahren (schnelles, unbesonnenes Fahren, Trunkenheit am Steuer) solle
die Öffentlichkeit geschützt werden.[89] Aus diesen Ausführungen lässt sich
schließen, dass *Wagner* – obwohl er nur in Bezug auf das Gebrauchsrecht ausdrücklich das Wort „Rechtsgut" verwendet – auch die allgemeine Verkehrssicherheit als von der NotVO geschütztes Rechtsgut ansieht und damit neben einem Individualrechtsgut zusätzlich ein Rechtsgut der Allgemeinheit.

Der BGH übernimmt in seiner Entscheidung BGHSt 11, 47 viele von *Wagner* bereits angesprochene Zwecke der Bestrafung der unbefugten Ingebrauchnahme: Schwarzfahrten würden als „Gefährdung und Störung der öffentlichen
Sicherheit"[90] empfunden und die NotVO solle deshalb abschreckend und vor-
beugend wirken. Außerdem solle sie „der Verkehrssicherheit dienen", das „öffentliche Vertrauen auf die Sicherheit der auf den Straßen abgestellten Fahrzeuge stärken", die „Privatrechtsordnung als solche" und den Einzelnen schützen,
der aus der Privatrechtsordnung seine Rechte herleitet.[91] Der BGH geht folglich
davon aus, dass die Bestrafung des unbefugten Fahrzeuggebrauchs mehrere
Rechtsgüter schütze, ohne sich auf ein bestimmtes Rechtsgut als primär geschütztes festzulegen.[92] Auf der einen Seite soll die Verkehrssicherheit in Form
eines Rechtsguts der Allgemeinheit geschützt werden, wobei – wohl als Spezial-
fall dieser allgemeinen Verkehrssicherheit – auch das Vertrauen darauf geschützt wird, dass auf den Straßen abgestellte Fahrzeuge nicht von Unbefugten

---

87   *Wagner*, Komm. NotVO, S. 15 ff.
88   Vgl. *Wagner*, Komm. NotVO, S. 17.
89   *Wagner*, Komm. NotVO, S. 17.
90   So auch *Wagner*, JW 1932, 3679, 3680.
91   BGHSt, 11, 47, 49.
92   Anders der BGH in BGHZ 22, 293, 297: „Das Rechtsgut, das der eigenmächtige Benut-
     zer eines Kraftfahrzeugs oder Fahrrads verletzt, ist die Befugnis des Berechtigten zum
     Gebrauch des Fahrzeugs und sein Interesse an diesem Gebrauch."

gebraucht werden. Auf der anderen Seite soll die NotVO und der ihr folgende § 248b die Privatrechtsordnung schützen und die Rechte, die der Einzelne daraus herleitet. Damit ist allerdings – im Gegensatz zu den Ausführungen *Wagners* – nicht gesagt, ob dies den Schutz des Eigentums oder den eines dem Eigentum gegenüber verselbstständigten Gebrauchsrechts an Fahrzeugen meint. Aus der Entscheidung des BGH ist somit nur zu entnehmen, dass der BGH die allgemeine Verkehrssicherheit als Schutzgut ansieht, allerdings nicht als einziges.

Auch *Rohling* geht davon aus, dass der „Hauptzweck" der NotVO der Schutz der Verkehrssicherheit sei. Die NotVO ziele auf die Verhinderung von Schwarzfahrten durch „unbefugte und des Fahrens mehr oder weniger unkundige Personen", da diese Fahrten mit einer großen Gefahr für die Allgemeinheit verbunden seien. Auch solle der Einzelne, der sein Fahrzeug „im Vertrauen auf die Verkehrssicherheit" auf der Straße abstelle, davor geschützt werden, dass jemand das Fahrzeug unbefugt in Gebrauch nehme. Eigentumsschutz bezwecke die NotVO hingegen nur „in zweiter Linie". Es sei „bedauerlich", dass das Gesetzgeber die strafrechtliche Verfolgung des unbefugten Gebrauchs von einem Strafantrag des Berechtigten abhängig gemacht habe[93] und somit nicht deutlich zum Ausdruck gebracht habe, dass die Verkehrssicherheit – und nicht das Eigentum – der „Hauptzweck" der NotVO sei.[94]

Auch *Wersdörfer* sieht die Verkehrssicherheit als Schutzgut des § 248b an. Allerdings sei das nicht immer so gewesen. Die Strafbarkeit des unbefugten Gebrauchs von Fahrzeugen habe ursprünglich dem Schutz des Eigentümers oder sonstigen Berechtigten gedient, sich allerdings aufgrund der durch die unbefugte Nutzung hervorgetretenen Gefahren für die Öffentlichkeit zu einem Delikt gegen die Interessen der Allgemeinheit gewandelt.[95] Ob ursprünglich das Eigentum oder ein vom Eigentum verselbstständigtes Nutzungsrecht Schutzgut war, bleibt offen.

*Janiszweski* ist der Meinung, dass die NotVO zum Schutze der Verkehrssicherheit geschaffen worden sei – die Beweisschwierigkeiten im Rahmen des Nachweises der Zueignungsabsicht beim Diebstahl nach § 242 hätten dazu geführt, dass „unfallträchtige" Schwarzfahrten oftmals straflos blieben –, auch

---

93  § 1 Abs. 3 NotVO vom 20. Oktober 1932.
94  *Rohling*, DJ 1938, 301, 303.
95  *Wersdörfer*, NJW 1958, 1031, 1032. Anders zur „Entwicklung" des Schutzzwecks der NotVO bzw. des § 248b *Figgener*, Akzeptanz neuerer Strafnormen durch die Rspr., S. 8 f., demzufolge die NotVO „zunächst der Verkehrssicherheit dienen" sollte, der „Schutzzweck des heutigen § 248b [...] dagegen allein" darin liege, „die Gebrauchsanmaßung von Fahrzeugen [...] unter Strafe zu stellen."

wenn er als Schutzgut des § 248b „in erster Linie das Eigentum sowie das zivilrechtliche Interesse des Gebrauchsberechtigten" bezeichnet.[96]

## 3.   Systematik

*Linien* weist auf den ehemaligen Absatz 4 des § 248b hin und geht aufgrund dieser Regelung davon aus, dass sowohl der Gesetzgeber von 1932 als auch der von
1953 die Strafbarkeit der unbefugten Ingebrauchnahme von Kraftfahrzeugen
und Fahrrädern als Eigentumsdelikt angesehen haben. Dieser Einordnung sei
auch die *Große Strafrechtskommission* gefolgt.[97] Dies ergebe sich u.a. daraus,
dass sowohl die NotVO, wie auch § 248b und mehrere Entwürfe der *Großen
Strafrechtskommission* je eine Regelung enthalten haben, wonach der Täter
straffrei bleibe, wenn die Tat gegen einen Angehörigen begangen werde.[98]

Ein weiteres systematisches Argument bildet die Stellung des § 248b im
StGB: Die Vorschrift steht im 19. Abschnitt des StGB unter der Überschrift
„Diebstahl und Unterschlagung". Somit steht § 248b bei den gegen das Eigentum gerichteten Delikten des Diebstahls und der Unterschlagung. Die systematische Stellung spricht deshalb dafür, dass Schutzgut des § 248b das Eigentum
ist.[99] Diesem Argument tritt *Franke* – obwohl er im Ergebnis in § 248b ein Ei-

---

96   *Janiszewski*, Verkehrsstrafrecht, Rn. 572 f. Die öffentliche Ordnung und die Verkehrs-
       sicherheit werden laut *Janiszewski* aber „zwangsläufig" mitgeschützt.

97   *Linien*, NJW 1960, 1438, 1438.

98   So *Linien*, NJW 1960, 1438, 1438. Die NotVO enthielt in § 1 Abs. 4 ein Angehörigen-
       privileg; auch der 1953 in das StGB eingefügte § 248b enthielt bis 1975 in Abs. 4 eine
       entsprechende Regelung. Auch die *Große Strafrechtskommission* sah eine Privilegie-
       rung für eine gegen Angehörige begangene Tat vor: § 244 E 1959 II enthielt einen ent-
       sprechenden Abs. 4 (siehe dazu *Linien*, NJW 1960, 1438, 1438) und auch § 250 E 1959
       (siehe dazu E 1959, S. 607 f.).
       Die Straffreiheit einer gegen einen Angehörigen begangenen Tat entsprach dem ehema-
       ligen § 247 Abs. 2, der eine entsprechende Straffreiheit beim Diebstahl und der Unter-
       schlagung vorsah. Anders aber im Entwurf der *Großen Strafrechtskommission* von
       1959: Während § 250 Abs. 4 E 1959 für den unbefugten Fahrzeuggebrauch vorsah, dass
       straffrei bleibt, wer die Tat gegen einen Angehörigen begeht, mit dem er in häuslicher
       Gemeinschaft lebt, sah § 247 E 1959 für Diebstahl oder Unterschlagung eine andere
       Regelung vor: Danach kam Straffreiheit nach § 247 Abs. 3 E 1959 nur in Betracht,
       wenn die Tat gegen den mit dem Täter in häuslicher Gemeinschaft lebenden *Ehegatten*
       begangen wurde und der Schaden für den Verletzten nicht ins Gewicht fiel.
       § 247 Abs. 1 und Abs. 2 E 1959 sahen für andere Näheverhältnisse Antragserfordernis-
       se und die Möglichkeit des Gerichts vor, von Strafe abzusehen oder sie zu mildern (sie-
       he E 1959, S  607 f.).

99   *Hohmann*, in: MüKo, § 248b, Rn. 2. **A.A.** BGHZ 22, 293, 297: Dass die Vorschrift des
       § 248b „dem Schutz des Gebrauchsberechtigten dient und dienen soll, kommt auch da-
       rin zum Ausdruck, da[ss] sie in den Abschnitt des Strafgesetzbuches eingefügt worden

gentumsdelikt erblickt und deshalb das Eigentum als Schutzgut ansieht[100] – entgegen: Das StGB folge in seiner Systematik nicht immer „der sachlichen Notwendigkeit". Die systematische Stellung des § 248b könne deshalb kein „Beweis", sondern allenfalls ein „Indiz" für die Einordnung des § 248b als Eigentumsdelikt sein.[101] Noch entschiedener tritt *Vogel* dem Argument entgegen, die systematische Stellung im 19. Abschnitt des StGB spreche dafür, dass Schutzgut des § 248b das Eigentum sei: Die Vorschrift gegen den unbefugten Gebrauch von Kraftfahrzeugen und Fahrrädern sei außerhalb des StGB geschaffen und später in dieses eingefügt worden. Die Eingliederung in das StGB habe dabei nichts am Inhalt der Vorschrift und damit auch nichts am Schutzgut (welches *Vogel* als das Gebrauchsrecht an Fahrzeugen ansieht) ändern sollen. Auch § 248c, der ebenfalls im 19. Abschnitt stehe, sei keine Straftat gegen das Eigentum.[102]

*Otto* hingegen ist der Meinung, dass die systematische Stellung des § 248b diesen in den Bereich der „Delikte gegen die umfassende Sachherrschaftsposition einer Person" stelle. Diese Position werde durch den unbefugten Gebrauch verletzt.[103] Schutzgut sei diese umfassende Sachherrschaftsposition einer Person über ein Kraftfahrzeug oder Fahrrad, nicht hingegen das Gebrauchs- und Nutzungsrecht als solches.[104] Auch wenn unmittelbar ein Dritter durch die Tat betroffen werde (z.B. der Mieter eines Kfz), sei der Inhaber der umfassenden Sachherrschaftsbefugnis der Verletzte des Delikts, da das Rechtsgut der umfassenden Sachherrschaft des Berechtigten durch die Tat betroffen sei.[105] Auch wenn *Otto* nicht das Eigentum als geschütztes Rechtsgut des § 248b nennt, entspricht seine Ansicht im Ergebnis derjenigen, die das Eigentum als Schutzgut des § 248b ansieht.[106]

Im Rahmen der Systematik ist auch ein Blick auf eine weitere Vorschrift des StGB zu werfen. § 289, der im mit „Strafbarer Eigennutz" überschriebenen 25. Abschnitt des StGB steht, erfasst Verletzungen des Gebrauchsrechts an einer Sache, die durch den Eigentümer selbst oder zugunsten des Eigentümers begangen werden. Dabei sieht § 289 den gleichen Strafrahmen wie § 248b vor – Freiheitsstrafe bis zu drei Jahren oder Geldstrafe. Daraus wird gefolgert, dass § 248b

---

ist, der die Vermögensdelikte enthält." Der BGH stellt folglich auf den Schutz des *Gebrauchsberechtigten* ab.
100  Vgl. *Franke*, NJW 1974, 1803, 1804.
101  *Franke*, NJW 1974, 1803, 1804.
102  *Vogel*, in: LK, § 248b, Rn. 2.
103  *Otto*, StR, § 48, Rn. 1.
104  *Otto*, Jura 1989, 200, 206; vgl. auch *ders.*, JK 1986, StGB § 248b/1.
105  Vgl. *Otto*, StR, § 48, Rn. 11.
106  So auch *Otto* selbst in StR, § 48, Rn. 12 und Rn. 1, Fn. 245.

nur dort einen selbstständigen Anwendungsbereich habe, wo es sich um Gebrauchsrechtsverletzungen zulasten des Eigentümers handle. Deshalb stelle § 248b ein reines Eigentumsdelikt dar. Die Ausweitung des Schutzbereichs des § 248b auf ein vom Eigentum verselbstständigtes Gebrauchsrecht unterlaufe das in § 289 für den Schutz der Gebrauchsrechte statuierte Wegnahmeerfordernis.[107] Die von § 289 erfassten Gebrauchsrechte können dinglicher oder persönlicher, gesetzlicher oder vertraglicher und privatrechtlicher oder öffentlich-rechtlicher Natur sein,[108] so dass – falls man ein vom Eigentum verselbstständigtes Nutzungs- und Gebrauchsrecht als Schutzgut des § 248b ansieht und in konsequenter Anwendung dieser Ansicht deshalb der Eigentümer als Täter des § 248b in Betracht kommt – beispielsweise Fälle, in denen ein Eigentümer sein vermietetes Kraftfahrzeug gegen den Willen des Mieters in Gebrauch nimmt und diese Ingebrauchnahme im Wege der Wegnahme[109] geschieht, den Tatbestand des § 289 erfüllen. Das Verhältnis der beiden Tatbestände wäre dann auf der Konkurrenzebene zu klären.

## 4.   Telos

Im Rahmen der teleologischen Auslegung ist zu untersuchen, welches Schutzgut sich aus dem Sinn und Zweck der Bestrafung des unbefugten Gebrauchs nach § 248b ermitteln lässt. Auf der einen Seite wird vertreten, dass bereits der historische Gesetzgeber die NotVO vom 20. Oktober 1932 aus Eigentumsschutzgesichtspunkten erlassen habe und der Gesetzgeber von 1953 dem gefolgt sei.[110] Zweck des § 248b sei deshalb der Schutz des Eigentums und das Eigentum folglich das von § 248b geschützte Rechtsgut.

Auf der anderen Seite wird vertreten, dass Sinn und Zweck des § 248b der Schutz des Gebrauchs- und Nutzungsrechts an Kraftfahrzeugen und Fahrrädern und § 248b deshalb gerade kein reines Eigentumsdelikt sei.[111] § 248b schütze zwar auch das Eigentum,[112] soweit aber ein dingliches oder schuldrechtliches Gebrauchsrecht reiche, gehe dieses dem Eigentum vor.[113] Schutzgut sei im Er-

---

107  *Hoyer*, in: SK, § 248b, Rn. 2 f.
108  *Mitsch*, BT 2/2, § 5, Rn. 123; *Schünemann*, in: LK, § 289, Rn. 7.
109  Zum Begriff der Wegnahme im Rahmen des § 289 siehe *Schünemann*, in: LK, § 289, Rn. 10 ff. m.w.N.
110  *Linien*, NJW 1960, 1438, 1438.
111  *Mitsch*, BT 2/2, § 1, Rn. 2.
112  Anders *Kindhäuser*, in: NK, § 248b, Rn. 1, der meint, dass das Eigentum durch den Gebrauchsdiebstahl nicht in Frage gestellt werde und deshalb auch nicht das durch § 248b geschützte Rechtsgut sein könne.
113  *Mitsch*, BT 2/2, § 1, Rn. 16.

gebnis ein aus dem Eigentum abgeleitetes,[114] aber diesem gegenüber verselbstständigtes Nutzungs- und Gebrauchsrecht an Kraftfahrzeugen und Fahrrädern.[115]
Für ein verselbstständigtes Nutzungsrecht als Schutzgut spreche auch die
Schutzwürdigkeit weiterer Gebrauchsberechtigter neben dem bzw. auch gegenüber dem Eigentümer.[116] Insbesondere bei Kraftfahrzeugen fielen Eigentum und
Gebrauchsrecht oftmals auseinander, z.b. aufgrund von Eigentumsvorbehalts-
käufen oder Leasingverträgen.[117] Einem dem Eigentum gegenüber verselbstständigten Gebrauchsrecht als Schutzgut des § 248b wird entgegengehalten, dass
die mögliche Täterschaft des Eigentümers (als Konsequenz eines solchen
Schutzguts) dazu führe, dass „bloße Vertragsverletzungen" pönalisiert würden;
für eine solche Pönalisierung bestünde aber kein „kriminalpolitisches Bedürfnis".[118]

Nach wieder anderer Ansicht bezweckt § 248b den Schutz der Verkehrssicherheit.[119] Die Zahl der Verkehrsunfälle sei beim unbefugten Gebrauch von
Fahrzeugen besonders groß[120] und die übrigen Verkehrsteilnehmer müssten insbesondere davor geschützt werden, dass der unbefugte Fahrer die Fahrten oftmals ohne oder nach entzogener Fahrerlaubnis unternehme und dadurch eine
Gefahr für andere Verkehrsteilnehmer darstelle.[121] Teilweise wird dieser
Schutzzweck eingeschränkt: „Schwarzfahrten" seien zwar oftmals gefahr- und
unfallträchtig und § 248b schütze somit *auch* die Verkehrssicherheit, dieser

---

114  *Kindhäuser*, in: NK, § 248b, Rn. 1 spricht vom Nutzungsrecht als „Ausfluss des Eigentums".

115  *Duttge*, in: HK-GS, § 248b, Rn. 1; *Gössel*, BT II, § 18, Rn. 18; *Hohmann/Sander*, BT I,
§ 4, Rn. 2; *Kindhäuser*, LPK, § 248b, Rn. 1; *ders.*, BT II, § 9, Rn. 1;
*Maurach/Schroeder/Maiwald*, BT I, § 37, Rn. 5; vgl. auch BGHZ 22, 293, 296 (§ 248b
diene dem Schutz des Gebrauchsberechtigten; dieser sei *meistens* der Eigentümer oder
Halter); a.A. *Lackner/Kühl*, § 248b, Rn. 1, demzufolge zwar auch ein aus dem Eigentum abgeleitetes Gebrauchsrecht Schutzgut des § 248b sein könne, dieses Gebrauch-
recht aber gegenüber dem Eigentum nicht verselbstständigt sei und deshalb nicht gegenüber dem Eigentümer geschützt werde.

116  *Duttge*, in: HK-GS, § 248b, Rn. 1; vgl. auch *Wessels/Hillenkamp*, BT II, Rn. 433.

117  *Fischer*, § 248b, Rn. 2; *Vogel*, in: LK, § 248b, Rn. 2.

118  *Roth*, Eigentumsschutz, S. 27.

119  Vgl. BGHSt 11, 47, 49. *König*, in: Hentschel/Dauer/König, § 248b, Rn. 1; *Kudlich*, in:
Satzger/Schmitt/Widmaier, § 248b, Rn. 1; *Wagner*, JR 1932, 253, 253: Aufgrund der
Unfallträchtigkeit von Schwarzfahrten schütze die Vorschrift *auch* die Verkehrssicher-
heit.

120  BGHSt 11, 47, 49.

121  So *König*, in: Hentschel/Dauer/König, § 248b, Rn. 1. Wie *König* allerdings selbst erkennt, spricht gegen dieses Argument die Tatsache, dass auch der unbefugte Gebrauch
von Fahrrädern strafbar ist, obwohl man für diese keine Fahrerlaubnis benötigt.

Schutz sei allerdings nicht Zweck des § 248b, sondern lediglich ein Rechtsreflex des § 248b.[122] Deshalb werde die Verkehrssicherheit allenfalls mittelbar geschützt.[123]

Wieder andere sehen den Zweck des § 248b – zumindest auch – im Schutz des Berechtigten vor der mit der unbefugten Ingebrauchnahme verbundenen Wertminderung der Kraftfahrzeuge und Fahrräder.[124] Schutzgut wäre danach wohl der dem Eigentum innewohnende Wert des Fahrzeugs. Auch dies wird von anderer Seite wieder dahingehend eingeschränkt, dass die Erhaltung des Werts der Kraftfahrzeuge und Fahrräder nicht Schutzgut des § 248b sei, sondern durch die Regelung zur Strafbarkeit der unbefugten Ingebrauchnahme allenfalls mittelbaren Schutz erfahre.[125]

## 5. Stellungnahme

Die Auslegungsmethoden führen zu keinem eindeutigen Ergebnis; im Folgenden sind deshalb die einzelnen Argumente genauer zu untersuchen.

Die grammatikalische Auslegung spricht dafür, dass nicht das Eigentum als solches Schutzgut des § 248b ist, da der Wortlaut nicht das Merkmal „fremd" enthält. Gleichzeitig steht der Wortlaut einer Auslegung, die nur das Eigentum als Schutzgut ansieht, nicht entgegen, da der Wortlaut nur die äußerste Auslegungsgrenze bildet.[126]

Historisch gesehen ist vor allem im Hinblick auf die Ausführungen *Wagners* davon auszugehen, dass die NotVO das Gebrauchsrecht an Kraftfahrzeugen und Fahrrädern schützen sollte und zwar unabhängig vom Eigentum.[127] Daneben scheint aber auch der Schutz der Verkehrssicherheit ein wichtiger Aspekt gewesen zu sein, da die NotVO erlassen wurde, um den Gefahren für die öffentliche Sicherheit und Ordnung zu begegnen, die durch die unbefugte Ingebrauchnahme

122 *Duttge*, in: HK-GS, § 248b, Rn. 1; vgl. auch *Janiszewski*, Verkehrsstrafrecht, Rn. 573, der der Meinung ist, die Verkehrssicherheit werde „zwangsläufig" mitgeschützt; siehe außerdem BGHZ 22, 293, 299, wo der BGH ausführt, dass § 248b (bzw. die NotVO) „zugleich" (d.h., neben dem Schutz Gebrauchsrecht des Berechtigten) der Verkehrssicherheit diene. Diese Wirkung des § 248b wird als „tatsächliche Wirkung" bezeichnet, derer sich der Gesetzgeber zwar bewusst gewesen sei, die aber nicht den Zweck des § 248b darstelle.
123 *Hohmann*, in: MüKo, § 248b, Rn. 3; *Hohmann/Sander*, BT I, § 4, Rn. 2.
124 BGH GA 1963, 344, 344; OLG Düsseldorf VerkMitt 19 (1972), Nr. 79; *Figgener*, Akzeptanz neuerer Strafnormen durch die Rspr., S. 9; *König*, in: Hentschel/König/Dauer, § 248b, Rn. 1; *Ruß*, in: LK (11. Aufl.), § 248b, Rn. 1.
125 *Hohmann*, in: MüKo, § 248b, Rn. 3.
126 Zum Wortlaut als äußerste Auslegungsgrenze siehe BVerfGE 92, 1, 12; BGHSt 43, 237, 238; 47, 243, 244.
127 *Wagner*, Komm. NotVO, S. 22.

insbesondere von Kraftfahrzeugen hervorgerufen werden.[128] Diese Gefahren ergeben sich klassicherweise bei der Entwendung von auf der Straße abgestellten Fahrzeugen, wobei die „Spazierfahrten" – so wird jedenfalls vermutet – oftmals betrunken ausgeführt werden.[129] Der Aussage *Wersdörfers*, die Verkehrssicherheit sei erst im Laufe der Zeit Schutzgut der unbefugten Ingebrauchnahme geworden, ist zu widersprechen. Unabhängig davon, ob sich ein Schutzgut überhaupt ändern kann, geht jedenfalls aus den Ausführungen *Wagners* hervor, dass die Gefährdung der Öffentlichkeit durch Schwarzfahrten bereits bei Erlass der NotVO bekannt und (mit) ausschlaggebend für den Erlass einer strafrechtlichen Regelung über die unbefugte Ingebrauchnahme von Fahrzeugen war. Geht man folglich davon aus, dass die Verkehrssicherheit Schutzgut des § 248b bzw. der NotVO ist, so war dies von Anfang an der Fall.

Des Weiteren sollte die NotVO auch gerade die Fälle erfassen, in denen dem Täter die Zueignungsabsicht bezüglich des Fahrzeugs nicht nachzuweisen und deshalb eine Bestrafung wegen Diebstahls nicht möglich war.[130] Die NotVO sollte hier als eine Art Ersatz- oder Verdachtsstrafe für den Diebstahl dienen.[131] Da Schutzgut des Diebstahls jedenfalls auch das Eigentum ist,[132] stützt dies die These, dass (zumindest auch) das Eigentum Schutzgut der Vorschrift ist.

Im Rahmen der systematischen Auslegung ist zunächst auf *Liniens* Argumentation einzugehen, der inzwischen gestrichene § 248b Abs. 4 (Straffreiheit für Angehörige) belege, dass der unbefugte Gebrauch von Kraftfahrzeugen und Fahrrädern als Eigentumsdelikt anzusehen sei. Die Straffreiheit einer gegen einen Angehörigen begangenen Tat entsprach dem ehemaligen § 247 Abs. 2, der eine entsprechende Straffreiheit beim Diebstahl und der Unterschlagung vorsah. Die Tatsache, dass die Tat gegen einen bestimmten Personenkreis sowohl bei der unbefugten Ingebrauchnahme als auch beim Diebstahl und der Unterschlagung ursprünglich straffrei war, spricht zwar dafür, dass § 1 der NotVO und

---

128  *Wagner*, Komm. NotVO, S. 15.

129  Vgl. *Wagner*, Komm. NotVO, S. 15, 17. Den Fall einer „Spazierfahrt" mit auf öffentlichen Straßen abgestellten Fahrzeugen hat wohl auch der BGH in BGHSt 11, 47, 49 vor Augen, wenn er formuliert, dass „das öffentliche Vertrauen auf die Sicherheit der auf den Straßen abgestellten Fahrzeuge" gestärkt werden solle.

130  Siehe dazu *Wagner*, JR 1932, 253, 253; so auch *Janiszewski*, Verkehrsstrafrecht, Rn. 572.

131  Siehe dazu auch unten unter F. I.

132  Umstritten ist, ob *neben* dem Eigentum auch der Gewahrsam Schutzgut des § 242 ist; **dafür:** RGSt 54, 280, 282; BGHSt 10, 400, 401; OLG Hamburg MDR 1947, 35, 35; OLG Hamm NJW 1964, 1427, 1428; *Lackner/Kühl*, § 242, Rn. 1; *Maurach/Zipf*, AT I, § 19, Rn. 21; **dagegen:** *Eser/Bosch*, in: Schönke/Schröder, § 242, Rn. 1/2; *Kindhäuser*, in: NK, Vor §§ 242 bis 248c, Rn. 3; *Rönnau*, JuS 2009, 1088, 1088; *Wessels/Hillenkamp*, BT II, Rn. 70.

§ 248b eine ähnliche Schutzrichtung aufweisen wie § 242 und § 246, bedeutet aber nicht zwingend, dass der unbefugte Gebrauch als Eigentumsdelikt zu qualifizieren ist. Es wäre widersprüchlich gewesen, wenn Diebstahl und Unterschlagung an einem Fahrzeug gegenüber dem in § 247 Abs. 2 bezeichneten Personenkreis straflos gewesen wären, die unbefugte Ingebrauchnahme eines solchen Fahrzeugs aber strafbar. Damit wäre es möglich gewesen, die vom Gesetz vorgeschriebene Straflosigkeit solcher Diebstähle und Unterschlagungen zu umgehen, indem in solchen Fällen immer wegen unbefugten Gebrauchs bestraft worden wäre.[133]

Trotzdem spricht die systematische Auslegung auf den ersten Blick dafür, das Eigentum als Schutzgut des § 248b anzusehen, da der § 248b im 19. Abschnitt des StGB unter der Überschrift „Diebstahl und Unterschlagung" angesiedelt ist. Selbst wenn § 248b primär das Rechtsgut Eigentum schützen sollte, muss dies allerdings nicht heißen, dass dieser Schutz auf das Eigentum als solches beschränkt ist. § 248b kann vielmehr auch die aus dem Eigentum abgeleitete berechtigte Nutzung eines Kfz oder Fahrrads schützen.[134] Ob dieser Schutz dann auch gegenüber dem Eigentümer besteht und § 248b somit ein vom Eigentum unabhängiges Nutzungs- und Gebrauchsrecht schützt, lässt sich nicht aus der Stellung des § 248b im 19. Abschnitt des StGB herleiten. Außerdem kann die systematische Stellung des § 248b nicht losgelöst von einem Wortlautvergleich mit § 242 und § 246 zur Argumentation herangezogen: Die Tatbestände des Diebstahls und der Unterschlagung im gleichen Abschnitt enthalten jeweils das Merkmal „fremd", das bei § 248b gerade fehlt. Dieser Aspekt überwiegt die Stellung des § 248b im selben Abschnitt wie § 242 und § 246,[135] zumal zu beachten ist, dass die Vorschrift des § 248b ohne Änderung aus der Not-VO übernommen und in das StGB eingefügt wurde.

Auch das im Rahmen der systematischen Auslegung angeführte Argument, dass die Tatbestände des § 248b und des § 289 sich überschneiden, wenn von § 248b auch Gebrauchsrechtsverletzungen, die durch den Eigentümer selbst oder zugunsten des Eigentümers begangen werden, erfasst sind, führt nicht zwingend dazu, diese Überschneidung durch eine einschränkende Interpretation des § 248b[136] zu verhindern. Während § 289 als Tatobjekte bewegliche Sachen im

---

133   Siehe dazu auch oben unter B. V. 2.
134   So auch *Hohmann/Sander*, BT I, § 4, Rn. 2.
135   So auch *Duttge*, in: HK-GS, § 248b, Rn. 1, der meint, dass aus der systematischen Stellung des § 248b kein „überzeugendes Gegenargument gewonnen" werden könne.
136   Eine einschränkende Interpretation, die nicht ein vom Eigentum verselbstständigtes Nutzungs- und Gebrauchsrecht als geschütztes Rechtsgut des § 248b ansieht, sondern das Eigentum selbst und der zur Folge der Eigentümer deshalb nicht Täter des § 248b sein kann.

Allgemeinen erfasst und als Tathandlung eine Wegnahme verlangt, ist § 248b in Bezug auf mögliche Tatobjekte auf Kraftfahrzeuge und Fahrräder beschränkt und sieht als Tathandlung die unbefugte Ingebrauchnahme vor. Man könnte folglich auch umgekehrt argumentieren, dass Kraftfahrzeuge und Fahrräder im Wege der teleologischen Reduktion aus dem Tatbestand des § 289 ausgeschlossen werden müssen, da sonst das in § 248b statuierte Erfordernis der Ingebrauchnahme[137] unterlaufen würde. Letzendlich lässt sich aus der möglichen Überschneidung der beiden Tatbestände kein brauchbares Argument für die Frage gewinnen, welches Rechtsgut § 248b schützt.

Bezüglich des Sinns und Zwecks des § 248b ist als erstes festzuhalten, dass § 248b sicherlich nicht bezweckt, Wertminderungen zu verhindern, die durch den unbefugten Gebrauch von Kraftfahrzeugen und Fahrrädern entstehen. Der Tatbestand stellt auf die Tathandlung des Ingebrauchnehmens ab und nicht auf gegebenenfalls eintretende Wertminderungen. Eine eingetretene Wertminderung ist auch nicht Voraussetzung für die Strafbarkeit nach § 248b. Somit scheidet der Wert der Fahrzeuge als Schutzgut aus.

Auch das Schutzgut der Verkehrssicherheit ist, auch wenn die durch Schwarzfahrten entstehende Gefahr für die öffentliche Sicherheit und Ordnung bereits Grund für den Erlass der NotVO von 1932 war,[138] abzulehnen. Gegen ein solches Schutzgut spricht vor allem, dass der unbefugte Gebrauch sowohl nach § 1 der NotVO, als auch nach § 248b ein Antragsdelikt ist. Somit hängt die Verfolgung der Tat vom Strafantrag des Verletzten ab.[139] Dies wäre widersinnig, wenn § 248b die Verkehrssicherheit schützen sollte, die ein Schutzgut der Allgemeinheit darstellt.[140] Des Weiteren spricht dagegen, dass § 248b nicht als Schutzgesetz zugunsten der Verkehrsteilnehmer im Rahmen des § 823 Abs. 2 BGB anerkannt ist[141] und dass § 248b bei seiner Eingliederung in

---

137  Siehe zur Ingebrauchnahme unten unter C. II. 2. a).
138  Wobei eine solche Gefahr nicht empirisch belegt wurde.
139  Siehe zum Strafantrag unten unter C. V.
140  Siehe zum Schutzgut der „Sicherheit des Verkehrs" als einem Universalrechtsgut u.a. *König*, in: LK, § 315, Rn. 4 m.w.N.
141  *König*, in: Hentschel/Dauer/König, § 248b, Rn. 17. Siehe die ausführliche Begründung des BGH in BGHZ 22, 293, 296 = BGH NJW 1957, 500, 500 f., die darlegt, warum § 248b kein Schutzgesetz zugunsten der Verkehrsteilnehmer darstellt. Der BGH argumentiert u.a. mit der Entstehungsgeschichte des § 248b bzw. der NotVO vom 20. Oktober 1932: „Zweifellos diente die Strafvorschrift gegen Schwarzfahrten *zugleich* [neben dem Schutz des Berechtigten vor Gebrauchsanmaßungen] der Verkehrssicherheit." Auch sei sich der Gesetzgeber dieser tatsächlichen Wirkung der Strafvorschrift bewusst gewesen. Dies führe aber nicht zu dem Schluss, der Gesetzgeber habe „dem einzelnen Verkehrsteilnehmer einen besonderen Schutz zuteil werden" lassen wollen; eine solche Annahme sei „bedenklich." Die Strafvorschrift solle die Lücke in den Fällen schließen, in denen

das StGB systematisch nicht bei den Verkehrsdelikten eingeordnet wurde.[142] Die Verkehrssicherheit wird daher höchstens mittelbar durch § 248b geschützt.[143]

Die häufig zu findende Formulierung, es sei Zweck des § 248b, „Schwarzfahrten zu verhindern",[144] führt bei der Bestimmung des Schutzguts des § 248b nicht weiter. Wenn der Zweck der Bestrafung der unbefugten Ingebrauchnahme von Fahrzeugen die Verhinderung von Schwarzfahrten ist, stellt sich die Frage, was unter „Schwarzfahrt" zu verstehen ist. Die Beantwortung erfordert die Auslegung des Begriffs „Schwarzfahrt" und im Rahmen dieser Auslegung ist wiederum zu klären, was das von § 248b geschützte Rechtsgut ist. Den Zweck des § 248b mit der Verhinderung von Schwarzfahrten zu erklären, führt folglich nicht weiter.

Letztendlich bleiben damit als mögliche Schutzgüter nur das Eigentum als solches oder ein vom Eigentum verselbstständigtes Nutzungs- und Gebrauchsrecht. Nach § 903 BGB kann der Eigentümer einer Sache mit dieser nach Belieben verfahren. Somit umfasst das Eigentum grundsätzlich auch das Recht zur Nutzung einer Sache. Der Eigentümer kann das Recht zur Ausübung der Gebrauchsbefugnis an einer ihm gehörenden Sache an Dritte übertragen; eine solche Übertragung ist nicht automatisch mit einer Eigentumsübertragung verbunden,[145] sondern kann beispielsweise im Wege der Vermietung erfolgen. Fraglich ist, ob dieses Nutzungsrecht im Rahmen des § 248b so verselbstständigt ist, dass

---

§ 242 nicht zur Anwendung komme. „Es wäre abwegig, wollte sich der Verletzte auf § 242 StGB als ein zu seinen Gunsten erlassenes Schutzgesetz berufen, um damit die Haftung des Diebes nach § 823 Abs. 2 BGB zu begründen." Der Gesetzgeber habe dem Verkehrsteilnehmer durch den Erlass der NotVO keinen weitergehenden zivilrechtlichen Schutz für den Fall gewähren wollen, dass ein „Schwarzfahrer" i.S.d. NotVO ihn verletze. Außerdem spreche die Einbeziehung von Fahrrädern als mögliche Tatobjekte der NotVO bzw. des § 248b gegen die Annahme eines Schutzgesetztes i.S.d. § 823 Abs. 2 BGB zugunsten von Verkehrsteilnehmern.
§ 248b stellt aber ein Schutzgesetz i.S.d. § 823 Abs. 2 BGB zugunsten des Fahrzeughalters dar, wenn dieser Berechtigter i.S.d. § 248b ist, vgl. LG Landau VersR 1970, 288, 288.

142   Vgl. zur Problematik einer auf die systematische Stellung des § 248b in einem bestimmten Abschnitt des StGB bezogenen Argumentation oben unter C. I. 3. Insbesondere ist in diesem Zusammenhang zu beachten, dass die Strafvorschrift des unbefugten Fahrzeuggebrauchs außerhalb des StGB geschaffen wurde und ihre Eingliederung das geschütze Rechtsgut nicht tangieren sollte, vgl. *Vogel*, in: LK, § 248b, Rn. 2.

143   Siehe zur Verkehrssicherheit als mögliches Schutzgut einer Vorschrift über die Bestrafung des unbefugten Gebrauchs von Kraftfahrzeugen und Fahrrädern auch unten unter E. II. 2.

144   So bspw. *Gilka*, Diebstahl und Gebrauchsentwendung von Kfz, S. 57; *Ruß*, in: LK (11. Aufl.), § 248b, Rn. 3, 4, 6; siehe auch BGHSt 11, 47, 49.

145   *Mitsch*, BT 2/2, § 1, Rn. 16; vgl. auch *Joecks*, § 248b, Rn. 10.

es ein eigenes Schutzgut darstellt, das auch gegenüber dem Eigentümer selbst geschützt ist. Dies ist im Ergebnis zu bejahen. Ausschlaggebend dafür ist erstens, dass der Wortlaut der Vorschrift aufgrund des Fehlens des Wortes „fremd" und der Tatsache, dass auf den entgegenstehenden Willen des „Berechtigten" abgestellt wird, dies nahelegt. Zweitens ist gerade in der heutigen Zeit das Auseinanderfallen von Eigentum und Gebrauchsrecht – insbesondere bei Kraftfahrzeugen – eher die Regel als die Ausnahme. Aufgrund von Ratenkäufen mit Eigentumsvorbehalt oder Leasingverträgen kommt es praktisch häufig vor, dass der Gebrauchsberechtigte nicht gleichzeitig der Eigentümer des Fahrzeugs ist. In solchen Konstellationen wird das Nutzungs- und Gebrauchsrecht und damit der Gebrauchsberechtigte beeinträchtigt, wenn das Fahrzeug unbefugt in Gebrauch genommen wird. Dieses Nutzungs- und Gebrauchsrecht soll von § 248b geschützt werden. Es ist dabei dem Eigentum gegenüber so verselbstständigt, dass es auch gegenüber dem Eigentümer geschützt wird.[146]

## II.  Analyse des Tatbestands des § 248b

## 1.  Das Tatobjekt

Nach § 248b Abs. 1 macht sich strafbar, wer „ein Kraftfahrzeug oder ein Fahrrad" gegen den Willen des Berechtigten in Gebrauch nimmt; damit sind die möglichen Tatobjekte abschließend festgelegt. Gegenstände, die zwar eine ähnliche Funktion haben, aber nicht unter die Begriffe „Kraftfahrzeug" oder „Fahrrad" subsumiert werden können, werden von § 248b nicht erfasst. Dies gilt insbesondere für Wasser- oder Luftfahrzeuge ohne Motor, für Tiere, die als Fortbewegungsmittel dienen und für Wagen, die von Tieren oder Menschen gezogen werden (z.B. eine Kutsche).[147] Diese Einschränkung möglicher Tatobjekte kann nicht mit dem von § 248b bezweckten Schutz des Gebrauchsrechts[148] erklärt werden, denn dieses ist auch bei den gerade genannten Fahrzeugen betroffen.[149]

---

146  So im Ergebnis auch *Arzt/Weber/Heinrich/Hilgendorf*, BT, § 13, Rn. 141; *Duttge*, in: HK-GS, § 248b, Rn. 1; *Eisele*, BT II, Rn. 264; *Fischer*, § 248b, Rn. 2; *Kindhäuser*, in: NK, § 248b, Rn. 1; *Kudlich*, in: Satzger/Schmitt/Widmaier, § 248b, Rn. 1; *Mitsch*, BT 2/2, Rn. 15 f.; *Vogel*, in: LK; § 248b, Rn. 2; *Wessels/Hillenkamp*, BT II, Rn. 433; *Wittig*, in: BK, § 248b, Rn. 1.

147  *Mitsch*, BT 2/2, § 1, Rn. 10.

148  Zum geschützten Rechtsgut siehe oben unter C. I.

149  *Vogel*, in: LK, § 248b, Rn. 3. Nach *Vogel* weist die Einschränkung möglicher Tatobjekte durch das Gesetz darauf hin, dass der Gesetzgeber besondere (Unfall-) Gefahren im Auge gehabt habe, die seines Erachtens bei bspw. durch Tiere bewegten oder schienengebundenen Fahrzeugen nicht in gleicher Weise gegeben seien. Im Einzelfall könne aber auch vom unbefugten Gebrauch von Zügen oder Pferdekutschen große (Unfall-)

Da das Gesetz die möglichen Tatobjekte aber ausdrücklich nennt und in § 248b Abs. 4 legaldefiniert, was ein Kraftfahrzeug im Sinne dieser Vorschrift ist, verstößt jedes weitere Verständnis in Betracht kommender Tatobjekte gegen den Wortlaut und damit gegen die äußerste Auslegungsgrenze.[150]

Da Rechtsgut des § 248b ein vom Eigentum verselbstständigtes Nutzungs- und Gebrauchsrecht ist, sind die Eigentumsverhältnisse des betroffenen Kraftfahrzeugs oder Fahrrads unerheblich.[151]

## a) „Kraftfahrzeug"

Nach der Legaldefinition des § 248b Abs. 4 sind Kraftfahrzeuge Fahrzeuge, die durch Maschinenkraft bewegt werden, Landkraftfahrzeuge aber nur insoweit, als sie nicht an Bahngleise gebunden sind.

Voraussetzung für ein Kraftfahrzeug ist folglich, dass es durch Maschinenkraft bewegt wird. Dabei muss es sich um eigene Maschinenkraft handeln und nicht nur um Zugkraft wie etwa bei Anhängern.[152] Auf die Antriebsart kommt es nicht an. Deshalb fallen beispielsweise sowohl mit Benzin-, Elektro- oder Hybridmotor als auch mit Gasturbine betriebene Fahrzeuge unter den Tatbestand.[153] Auch die Fortbewegungsmodalität – z.B. auf Rädern, Ketten oder Kufen – ist unerheblich.[154] Aus § 248b Abs. 4 S. 2 ergibt sich, dass neben Landkraftfahrzeugen auch Wasser- und Luftkraftfahrzeuge erfasst sind.

Kraftfahrzeuge im Sinne des § 248b Abs. 4 sind somit namentlich Autos, Busse, Lkw, Motorräder, Mofas, Zweiwegefahrzeuge, Krankenfahrstühle, Motorboote, Flugzeuge, Elektrokarren und Hubschrauber, sofern sie durch Maschinenkraft bewegt werden.[155] Nicht erfasst sind hingegen beispielsweise Anhä-

---

Gefahr ausgehen. Bzgl. der Einschränkung auf nicht-gleisgebundene Kraftfahrzeuge siehe nachfolgend unter C. II. 1. a).
Auch wenn man das Eigentum als Schutzgut des § 248b ansieht, kann dies die vom Gesetz vorgenommene Einschränkung möglicher Tatobjekte nicht erklären.

150 Zum Wortlaut als äußerste Auslegungsgrenze siehe BVerfGE 92, 1, 12; BGHSt 43, 237, 238; 47, 243, 244.
151 *Duttge*, in: HK-GS, § 248b, Rn. 6.
152 *Duttge*, in: HK-GS, § 248b, Rn. 4; *Hoyer*, in: SK, § 248b, Rn. 5; vgl. auch *Eser/Bosch*, in: Schönke/Schröder, § 248b, Rn. 3; *Hohmann*, in: MüKo, § 248b, Rn. 7.
153 Vgl. *Duttge*, in: HK-GS, § 248b, Rn. 4; *Eser/Bosch*, in: Schönke/Schröder, § 248b, Rn. 3; *Hohmann*, in: MüKo, § 248b, Rn. 7; *Hoyer*, in: SK, § 248b, Rn. 5; *Kindhäuser*, in: NK, § 248b, Rn. 2.
154 *Mitsch*, BT 2/2, § 1, Rn. 8.
155 Siehe hierzu die beispielhaften Aufzählungen bei *Duttge*, in: HK-GS, § 248b, Rn. 4; *Gilka*, Diebstahl und Gebrauchsentwendung von Kfz, S. 30; *Gössel*, BT II, § 18, Rn. 20; *Janiszewski*, Verkehrsstrafrecht, Rn. 577; *König*, in: Hentschel/König/Dauer, § 248b, Rn. 2, *Wessels/Hillenkamp*, BT II, Rn. 432.

nger, Segelflugzeuge, Segelboote und Fuhrwerke, da sie nicht mit eigener Maschinenkraft bewegt werden.

Des Weiteren nimmt § 248b Abs. 4 S. 2 Landkraftfahrzeuge aus, die an Bahngleise gebunden sind. Dies sind namentlich Lokomotiven, Straßenbahnen und Triebwagen. Dieser Einschränkung liegt der Gedanke zu Grunde, dass solche Fahrzeuge dem Machtbereich des Berechtigten aufgrund ihrer konstruktionsbedingten Gebundenheit an eine vorgegebene Fahrstrecke nur bedingt entzogen werden können. Aufgrund ihrer eingeschränkten Beweglichkeit und Reichweite können solche Fahrzeuge leichter wiedergefunden und an den Berechtigten zurückgeführt werden.[156] Die eingeschränkte Beweglichkeit und die aufgrund der vorgegebenen Fahrstrecke beschränkte Reichweite treffen auch auf andere, beispielsweise an Oberleitungen gebundene, Fahrzeuge zu. Der Rechtsgedanke des § 248b Abs. 4 S. 2 lässt sich deshalb auf alle Fahrzeuge übertragen, die konstruktionsbedingt an eine vorgegebene Fahrstrecke gebunden sind.[157] Da die Übertragung dieses Rechtsgedankens zu einer Einschränkung des Tatbestandes führt, handelt es sich auch nicht um eine nach Art. 103 Abs. 2 GG und § 1

---

156  *Gössel*, BT II, § 18, Rn. 20; *Hohmann*, in: MüKo, § 248b, Rn. 8; *Hoyer*, in: SK, § 248b, Rn. 4; *Kindhäuser*, in: NK, § 248b, Rn. 2. Trotz der leichteren Wiederauffindbarkeit wird das Gebrauchs- und Nutzungsrecht des Berechtigten natürlich auch beim unbefugten Gebrauch von gleisgebundenen Landkraftfahrzeugen verletzt. § 248b Abs. 4 S. 2 schränkt deshalb den Schutz des Gebrauchsrechts ein.
*Gilka*, Diebstahl und Gebrauchsentwendung von Kfz, S. 31 geht davon aus, dass der Ausschluss der schienengebundenen Landkraftfahrzeuge auf der historischen Entwicklung des Tatbestandes beruhe: Wie oben unter B. III. ausgeführt, sollte der unbefugte Gebrauch von Kraftfahrzeugen ursprünglich im Automobilgesetz unter Strafe gestellt werden. Außerdem hält *Gilka* es für denkbar, dass der Gesetzgeber die Bestrafung des unbefugten Gebrauchs von schienengebundenen Landkraftfahrzeugen nicht für nötig gehalten habe, weil ein solcher unbefugter Gebrauch selten vorkomme und weil es die Tatbestände der §§ 315, 315a StGB gebe.
Siehe dazu auch § 244 E 1962, nach dem der unbefugte Gebrach eines Kraftfahrzeugs, eines anderen durch Maschinenkraft bewegten Fahrzeugs, eines Luftfahrzeugs, eines Boots und eines Fahrrads strafbar sein sollte. Die Vorschrift erweiterte somit den Kreis möglicher Tatobjekte und nahm an Schienen gebundene Landkraftfahrzeuge nicht aus. Dies wurde damit begründet, dass „[d]er unbefugte Gebrauch solcher Fahrzeuge [...] zwar selten sein [wird, ...] aber schon vorgekommen" sei.

157  *Hohmann*, in: MüKo, § 248b, Rn. 8; *Hoyer*, in: SK, § 248b, Rn. 4; *Kindhäuser*, in: NK, § 248b, Rn. 2; vgl. auch *Duttge*, in: HK-GS, § 248b, Rn. 4; *Kindhäuser*, LPK, § 248b, Rn. 5; *Kudlich*, in: Satzger/Schmitt/Widmaier, § 248b, Rn. 2; **a.A.:** *Gössel*, BT II, § 18, Rn. 20, Fn. 34, der der Meinung ist, dass die Einschränkung nicht auf Landkraftfahrzeuge übertragen werden könne, die nicht an Gleise gebunden seien. Der Übertragung auf Seil- und Schwebebahnen sowie Oberleitungsbusse stehe der gesetzliche Wortlaut entgegen.

verbotene Analogie zulasten des Täters. Somit stellen Schwebe-, Magnet- Hänge- und Seilbahnen sowie Oberleitungs-[158] und Überleitungsbusse keine Kraftfahrzeuge im Sinne des § 248b dar.[159]

## b)      „Fahrrad"

Für Fahrräder enthält § 248b keine Legaldefinition. Nach allgemeinem Verständnis sind Fahrräder radgebundene Fahrzeuge ohne Motor, die durch Muskelkraft mit den Füßen oder Händen bewegt werden.[160]

Als Fahrräder im Sinne des § 248b sind neben dem klassischen Zweirad auch Sonderformen anzusehen, wie Dreiräder, Tandems, Liegefahrräder und Fahrradrikschas, nicht aber klassische Rikschas, da diese nur gezogen werden. Soweit Fahrräder einen (Hilfs-) Motor haben, gelten sie als Kraftfahrzeuge im Sinne dieser Vorschrift.[161] Außerdem wird mehrheitlich vertreten, dass auch Krankenfahrstühle als Fahrräder i.S.d. § 248b zu verstehen seien.[162] Diese weite Auslegung des Begriffs „Fahrrad" geht allerdings über den möglichen Wortsinn hinaus und ist daher abzulehnen.[163] Im Rahmen des § 1 der NotVO von 1932

---

158  A.A. bzgl. Oberleitungsbussen *Gilka*, Diebstahl und Gebrauchsentwendung von Kfz, S. 31, der meint, dass Oberleitungsbusse (im Gegensatz zu bspw. Schwebe- oder Seilbahnen) Kraftfahrzeuge i.S.d. § 248b seien, da die Oberleitung nur als Energiezufuhr, nicht aber zur Lenkung diene.

159  *Duttge*, in: HK-GS, § 248b, Rn. 4; *Eser/Bosch*, in: Schönke/Schröder, § 248b, Rn. 3; *Hohmann*, in: MüKo, § 248b, Rn. 8; *Hoyer*, in: SK, § 248b, Rn. 5; *Joecks*, § 248b, Rn. 4; *Kindhäuser*, in: NK, § 248b, Rn. 2; *ders.*, LPK, § 248b, Rn. 5; *Kudlich*, in: Satzger/Schmitt/Widmaier, § 248b, Rn. 2; *Maurach/Schroeder/Maiwald*, BT I, § 37, Rn. 9; *Mitsch*, BT 2/2, § 1, Rn. 8.

160  *Duttge*, in: HK-GS, § 248b, Rn. 5; *Gössel*, BT II, § 18, Rn. 21; *Hohmann*, in: MüKo, § 248b, Rn. 9; *Hoyer*, in: SK, § 248b, Rn. 6; *Kindhäuser*, in: NK, § 248b, Rn. 2; *ders.*, BT II, § 9, Rn. 3; *König*, in: Hentschel/König/Dauer, § 248b, Rn. 3; *Kudlich*, in: Satzger/Schmitt/Widmaier, § 248b, Rn. 3; *Mitsch*, BT 2/2, § 1, Rn. 9.

161  *Duttge*, in: HK-GS, § 248b, Rn. 5; *Eser/Bosch*, in: Schönke/Schröder, § 248b, Rn. 3; *Gössel*, BT II, § 18, Rn. 21; *Hohmann*, in: MüKo, § 248b, Rn. 9; *Kindhäuser*, in: NK, § 248b, Rn. 2.

162  *Hohmann*, in: MüKo, § 248b, Rn. 9; *Kindhäuser*, in: NK, § 248b, Rn. 2; *ders.*, LPK, § 248b, Rn. 6; *König*, in: Hentschel/König/Dauer, § 248b, Rn. 3; *Kudlich*, in: Satzger/Schmitt/Widmaier, § 248b, Rn. 3; *Ruß*, in: LK (11. Aufl.), § 248b, Rn. 2.

163  So auch *Vogel*, in: LK, § 248b, Rn. 3, der meint, die Einbeziehung von Krankenfahr- und Rollstühlen „strapaziert die Wortlautgrenze der Auslegung und bezieht kuriose Fälle ein". So mache sich nach dieser Auslegung ein „Kranker" nach § 248b strafbar, der „den Rollstuhl eines anderen Kranken gegen dessen Willen" benutze. Zum Wortlaut als äußerster Auslegungsgrenze siehe BVerfGE 92, 1, 12; BGHSt 43, 237, 238; 47, 243, 244.

setzte der Begriff des „Fahrrads" voraus, dass ein Fahrzeug von der Verkehrsauffassung als Fahrrad anerkannt wurde. Dies dürfte bezüglich Krankenfahrstühlen problematisch sein.[164]

## 2. Die Tathandlung

Die Tathandlung ist nach § 248b die Ingebrauchnahme eines Kraftfahrzeugs oder Fahrrads gegen den Willen des Berechtigten.

### a)    Ingebrauchnahme

Ingebrauchnahme meint die Nutzung des Fahrzeugs zu seinem bestimmungsgemäßen Zweck als Fortbewegungsmittel[165] und ist deshalb nicht mit „Gebrauchen" oder „Benutzen" gleichzusetzen.[166] Im Gegensatz zu letzteren umfasst die Ingebrauchnahme nur eine Nutzung, die dem Zweck der Fortbewegung dient und bei der der Täter Herrschaftsgewalt über das ganze Kraftfahrzeug oder

---

Soweit Krankenfahrstühle einen (Hilfs-) Motor haben, gelten sie allerdings als Kraftfahrzeuge im Sinne des § 248b, *Hohmann*, in: MüKo, § 248b, Rn. 9; *Kindhäuser*, in: NK, § 248b, Rn. 2; *Ruß*, in: LK (11. Aufl.), § 248b, Rn. 2.

164   *Wagner*, JR 1932, 253, 254; *ders.*, JW 1932, 3679, 3680.

165   RGSt 76, 176, 177; BGHSt 11, 47, 50; OLG Hamm DAR 1961, 92, 92; *Arzt/Weber/Heinrich/Hilgendorf*, BT, § 13, Rn. 142; *Duttge*, in: HK-GS, § 248b, Rn. 7; *Eisele*, BT II, Rn. 267; *Eser/Bosch*, in: Schönke/Schröder, § 248b, Rn. 4a; *Gilka*, Diebstahl und Gebrauchsentwendung von Kfz, S. 57 f.; *Gössel*, BT II, § 18, Rn. 22; *Haft/Hilgendorf*, BT I, S. 28; *Heghmanns*, BT, Rn. 1175; *Hohmann*, in: MüKo, § 248b, Rn. 10; *Hohmann/Sander*, BT I, § 4, Rn. 7; *Hoyer*, in: SK, § 248b, Rn. 7; *Janiszewski*, Verkehrsstrafrecht, Rn. 577; *Joecks*, § 248b, Rn. 6; *Kindhäuser*, in: NK, § 248b, Rn. 3; *ders.*, BT II, § 9, Rn. 4; *Krey/Hellmann*, BT II, Rn. 148; *Küper*, BT, S. 222; *Mitsch*, BT 2/2, § 1, Rn. 11; *Otto*, StR, § 48, Rn. 3; *Rengier*, BT I, § 6, Rn. 5; *Vogel*, in: LK, § 248b, Rn. 4; *Wessels/Hillenkamp*, BT II, Rn. 434; **a.A.** *Wagner*, Komm. NotVO, S. 42 ff., der davon ausgeht, dass der Täter das Fahrzeug zum „Zwecke bestimmungsmäßiger Verwendung" gebrauchen müsse. Dies könne neben der Fortbewegung bei Arbeitsmaschinen auch der Gebrauch als „Arbeitserzeugungsmittel" sein. So stelle bspw. auch der unbefugte Gebrauch eines Motorrasenmähers zum Mähen einer Wiese eine unbefugte Ingebrauchnahme dar.

166   *Wagner*, JR 1932, 253, 254; *ders.*, JW 1932, 3679, 3680; **a.A.** *Dreher*, in: Niederschriften Große Strafrechtskommission, Bd. 6, S. 73. Siehe allgemein die Diskussion der Großen Strafrechtskommission zur Frage, ob „in Gebrauch nehmen" oder „gebrauchen" als Formulierung vorzuziehen sei; am Ende der Diskussion entschied sich die Kommission für die Formulierung „in Gebrauch nehmen", Niederschriften Große Strafrechtskommission, Bd. 6, S. 71 f. *Bockelmann*, in: Niederschriften Große Strafrechtskommission, Bd. 6, S. 72 schlägt „fährt" vor; *Fritz*, in: Niederschriften Große Strafrechtskommission, Bd. 6, S. 71 plädiert für „in Bewegung setzen".

Fahrrad ausübt.[167] Das Nächtigen in einem Fahrzeug, das Benutzen eines auf
dem Fahrzeug montierten Hebekrans, des Radios, der Standheizung oder der
Scheinwerfer sowie das Anhängen eines Fahrrads oder Kraftfahrzeugs an ein
Kraftfahrzeug sind somit nicht tatbestandsmäßig.[168] Auch das bloße Wegschie-
ben, -ziehen oder -tragen ist keine Ingebrauchnahme i.S.d. § 248b Abs. 1.[169] Es
ist allerdings nicht erforderlich, dass die Ingebrauchnahme des Fahrzeugs mittels
der dazu vorgesehenen Antriebsmittel erfolgt (z.b. durch das Ingangsetzen des
Motors). Ausreichend ist vielmehr auch das Rollenlassen im Leerlauf auf abschüssiger Straße, soweit es der Fortbewegung dient.[170] Eine andere Ansicht
wird von *Wagner* zu § 1 der NotVO von 1932 vertreten. Er geht davon aus, dass
eine Ingebrauchnahme nur vorliege, wenn der Täter die „bestimmungsmäßigen
Triebkräfte" auf das Fahrzeug einwirken lasse, um es seiner bestimmungsgemäßen Verwendung nach zu benutzen und dabei eine ihm nicht zustehende Herrschaftsgewalt über das ganze Fahrzeug ausübe.[171] Die Notwendigkeit der Nutzung der dem technischen Wesen des Fahrzeugs entsprechenden Triebkräfte ergebe sich daraus, dass die Zunahme der unbefugten Ingebrauchnahmen von
Fahrzeugen vor allem darauf beruhe, dass Fahrzeuge, die mittels ihrer bestimmungsgemäßen Triebkräfte in Gang gesetzt werden, „eine erhöhte Geschwindigkeit entwickeln und deshalb in der Regel rasch, leicht und ohne großes Risiko für den Täter aus der Herrschaftsgewalt des Berechtigten entführt werden
können."[172] Bei Kraftfahrzeugen liege daher nur eine Ingebrauchnahme vor,
wenn sie kraft ihrer „Maschinenkraft" in Bewegung gesetzt werden, bei Fahrrädern nur, wenn sie durch „Tretbewegungen" fortbewegt werden.[173] Das Inbewe-

---

167  Vgl. BGHSt 11, 47, 50; OLG Hamm DAR 1961, 92, 92; *Vogel*, in: LK, § 248b, Rn. 4.
168  Siehe zu den Beispielen und weiteren u.a. BGHSt 11, 47, 49; *Duttge*, in: HK-GS,
     § 248b, Rn. 7; *Gössel*, BT II, § 18, Rn. 23; *Hohmann/Sander*, BT I, § 4, Rn. 7; *Küper*,
     BT, S. 222; *Maurach/Schroeder/Maiwald*, BT I, § 37, Rn. 9; *Mitsch*, BT 2/2, § 1,
     Rn. 14; *Otto*, StR, § 48, Rn. 3; *Rengier*, BT I, § 6, Rn. 5; *Wessels/Hillenkamp*, BT II,
     Rn. 434; *Wittig*, in: BK, § 248b, Rn. 3.1.
169  *Gilka*, Diebstahl und Gebrauchsentwendung von Kfz, S. 59; *Joecks*, § 248b, Rn. 6;
     *Kindhäuser*, BT II, § 9, Rn. 4; *Mitsch*, BT 2/2, § 1, Rn. 11; *Vogel*, in: LK, § 248b,
     Rn. 4; *Wessels/Hillenkamp*, BT II, Rn. 434; *Wittig*, in: BK, § 248b, Rn. 3.1.
170  *Eisele*, BT II, Rn. 267; *Eser*, StR IV, Fall 6, Rn. A 10; *Gilka*, Diebstahl und Ge-
     brauchsentwendung von Kfz, S. 59; *Kindhäuser*, LPK, § 248b, Rn. 7; *Kudlich*, in: Satz-
     ger/Schmitt/Widmaier, § 248b, Rn. 4; *Rengier*, BT I, § 6, Rn. 5; *Vogel*, in: LK, § 248b,
     Rn. 4.
171  *Wagner*, Komm. NotVO, S. 43.
172  *Wagner*, Komm. NotVO, S. 42.
173  *Wagner*, Komm. NotVO, S. 44. So stelle bspw. das Wegrudern eines Bootes, das einen
     Außenbordmotor habe, keine Ingebrauchnahme i.S.d. § 1 der NotVO dar, da das Boot

gungsetzen durch die eigene Schwerkraft des Fahrzeugs – bspw. das oben genannte Rollenlassen im Leerlauf – wäre demzufolge keine Ingebrauchnahme i.S.d. der NotVO.[174]

Eine dahingehende Einschränkung der Ingebrauchnahme ist abzulehnen. Weder der Wortlaut „in Gebrauch nehmen" gibt einen Anlass zu dieser Einschränkung, noch die von *Wagner* vorgebrachte Argumentation: Die Gefahr, dass Kraftfahrzeuge und Fahrräder leicht aus dem Herrschaftsbereich des Berechtigten entfernt werden können, steht in keinem notwendigen Zusammenhang zur Nutzung der technischen Antriebsmittel der Fahrzeuge. Insbesondere ein Fahrrad kann durch schlichtes Rollenlassen auf abschüssiger Straße sehr schnell aus dem Herrschaftsbereich des Berechtigten entfernt werden und dabei in gleicher Weise der Fortbewegung wie auf gerader Straße durch Treten dienen.[175]

Allein das Betätigen des Motors oder anderer Antriebskräfte des Fahrzeugs erfüllt den Tatbestand des § 248b (noch) nicht. Erforderlich ist stets die Ingebrauchnahme zum Zwecke der Fortbewegung.[176] Allerdings kann das Anlassen des Motors u.U. einen Versuch darstellen.[177]

§ 248b setzt voraus, dass der Täter eine ihm nicht zustehende Herrschaftsgewalt über das ganze Fahrzeug ausübt.[178] Beim Mitfahren als „blinder Passagier" nutzt dieser das Fahrzeug nicht zur selbstständigen Fahrt;[179] er „benutzt" das Fahrzeug zwar, nimmt es aber nicht „in Gebrauch". Schon aus dem Wortsinn von „in Gebrauch nehmen" folgt, dass zur Erfüllung dieses Tatbestandsmerkmals die Ergreifung einer Herrschaftsgewalt über das ganze Fahrzeug erforderlich ist.[180] *Mitsch* begründet die Notwendigkeit dieser Herrschaftsgewalt damit, dass die Ingebrauchnahme des Fahrzeugs durch den Täter zugleich den Berechtigten vom Gebrauch ausschließen müsse. Dazu verweist er auf einen Vergleich von § 242 und § 246 mit § 248b: Auch bei § 248b korrespondiere die Anmaßungskomponente[181] mit einer Verdrängungskomponente[182]. Der Berech-

nicht mittels seiner bestimmungsgemäßen Triebkraft – dem Motor – in Gang gesetzt werde, *ders.*, JR 1932, 253, 254.

174  Vgl. *Wagner*, JW, 1932, 3679, 3680; *ders.*, JR 1932, 253, 254.

175  Siehe hierzu BGHSt 11, 44, 45 f.

176  *Vogel*, in: LK, § 248b, Rn. 4.

177  *Hoyer*, in: SK, § 248b, Rn. 7. Zum Versuch im Allgemeinen siehe unten unter C. II. 5.

178  BGHSt 11, 47, 50; OLG Hamm DAR 1961, 92, 92; *Janiszewski*, Verkehrsstrafrecht, Rn. 577; *Vogel*, in: LK, § 248b, Rn. 4; *Wagner*, Komm. NotVO, S. 43, 46 f.; *ders.*, JR 1932, 253, 254.

179  *Kindhäuser*, in: NK, § 248b, Rn. 3; *ders.*, LPK, § 248b, Rn. 7; *Kudlich*, in: Satzger/Schmitt/Widmaier, § 248b, Rn. 4.

180  *Wagner*, JR 1932, 253, 254; siehe auch *ders.*, Komm. NotVO, S. 46 f.

181  Das ist nach *Mitsch* die Aneignungskomponente bei § 242 und § 246.

tigte müsse deshalb die Herrschaft über das Fahrzeug verlieren bzw. zur Tatzeit schon verloren oder übertragen haben.[183] Zur Ausübung der Herrschaftsgewalt über ein Fahrzeug bedarf es zwar nicht der eigenhändigen Lenkung,[184] aber dem „blinden Passagier" fehlt jegliche Herrschaftsgewalt,[185] weshalb eine Strafbarkeit nach § 248b ausscheidet. In Betracht kommt aber u.U. eine Strafbarkeit nach § 265a.[186]

Eine erhebliche Ortsveränderung wird für die Ingebrauchnahme i.S.d. § 248b nicht vorausgesetzt,[187] so dass auch das Fahren von kurzen Strecken bereits tatbestandsmäßig ist. Fraglich ist aber, ob auch das Einparkenüben, das Rangieren an Ort und Stelle oder das Im-Kreis-Fahren eine Ingebrauchnahme darstellt. Problematisch könnte hier das Erfordernis der Ingebrauchnahme zum Zwecke der *Fortbewegung* sein. Da aber auch beim Einparkenüben oder Im-Kreis-Fahren eine Fortbewegung stattfindet, das Fahrzeug zumindest auch zu diesem Zwecke in Gang gesetzt wird und es nicht erforderlich ist, dass der bestimmungsgemäße Zweck der Verwendung des Fahrzeugs als Fortbewegungsmittel der einzige Zweck oder der Endzweck ist,[188] ist auch in diesen Fällen eine Ingebrauchnahme zu bejahen.[189]

Die Frage nach der Benutzung des Fahrzeugs gerade zum Zwecke der Fortbewegung stellt sich auch, wenn das Fahrzeug lediglich als Transportmittel für Gegenstände genutzt wird. Der BGH wirft diese Frage in BGHSt 11, 44, 47 zwar auf, beantwortet sie aber nicht. Schiebt der Täter bspw. ein Fahrrad und transportiert dabei Gegenstände auf dem Rad, so nutzt er es nicht als Fortbewegungsmittel für sich selbst. Entgegen der Ansicht *Gössels*[190] ist der Tatbestand des § 248b in einem solchen Fall nicht einschlägig. Es mag zwar für den Ge-

---

182   Dies stellt nach *Mitsch* die Enteignungskomponente bei § 242 und § 246 dar.
183   *Mitsch*, BT 2/2, § 1, Rn. 12.
184   RGSt 76, 176, 177; OLG Hamm DAR 1961, 92, 92.
185   Zur Frage ob und unter welchen Voraussetzungen eine täterschaftliche Begehung auch im Falle des nicht eigenhändigen Lenkens vorliegen kann, siehe unten unter C. II. 3.
186   BGHSt 11, 47, 49; *Hoyer*, in: SK, § 248b, Rn. 9; *Kindhäuser*, BT II, § 9, Rn. 4; *Maurach/Schroeder/Maiwald*, BT I, § 37, Rn. 9; *Mitsch*, BT 2/2, § 1, Rn. 12; *Otto*, StR, § 48, Rn. 3; *Wessels/Hillenkamp*, BT II, Rn. 434.
187   *Eser/Bosch*, in: Schönke/Schröder, § 248b, Rn. 4a; *Hohmann*, in: MüKo, § 248b, Rn. 10; *Hoyer*, in: SK, § 248b, Rn. 7; *Kindhäuser*, in: NK, § 248b, Rn. 3; *ders.*, BT II, § 9, Rn. 4; *Kudlich*, in: Satzger/Schmitt/Widmaier, § 248b, Rn. 4.
188   *Wagner*, Komm. NotVO, S. 45 f.
189   Vgl. *Eser/Bosch*, in: Schönke/Schröder, § 248b, Rn. 4a; *Hohmann*, in: MüKo, § 248b, Rn. 10; *Hoyer*, in: SK, § 248b, Rn. 7; *Kindhäuser*, in: NK, § 248b, Rn. 3; *Kudlich*, in: Satzger/Schmitt/Widmaier, § 248b, Rn. 4; **a.A.** *König*, in: Hentschel/König/Dauer, § 248b, Rn. 5.
190   *Gössel*, BT II, § 18, Rn. 23.

schädigten keinen Unterschied machen, ob der Täter das Fahrzeug selbst als Fortbewegungsmittel nutzt oder „nur" Gegenstände damit transportiert, gleiches gilt aber auch dann, wenn der Täter das Fahrzeug „nur" wegschiebt. Letztendlich ist entscheidend, dass er es nicht zur bestimmungsgemäßen Verwendung als Fortbewegungsmittel nutzt, wobei es auf die Nutzung zum Zwecke der Fortbewegung für einen Menschen ankommt.

*aa)    Inganghalten*

Umstritten ist, ob § 248b Abs. 1 auch das unbefugte Inganghalten eines Fahrzeuges umfasst oder ob nur das unbefugte Ingangsetzen strafbar ist. Zunächst ist zu klären, ob das unbefugte Ingebrauchhalten, wie beispielsweise die Fortsetzung des Gebrauchs trotz Bemerkens der Unbefugtheit[191] oder die inhaltliche oder zeitliche Überschreitung eines Gebrauchsrechs[192] – z.B. das Fahren eines privaten Umwegs durch einen angestellten Fahrer oder der Weitergebrauch eines Kfz nach dem Ende der Mietzeit –, grundsätzlich unter § 248b subsumiert werden kann. Dann ist zu untersuchen, welche strafbaren Fallkonstellationen das unbefugte Ingebrauchhalten gegebenenfalls umfasst.

Aufgrund des Wortlauts („in Gebrauch nimmt") wird teilweise davon ausgegangen, dass nur das unbefugte Ingangsetzen strafbar ist.[193] Der alltägliche Sprachgebrauch verstehe unter der Formulierung „in Gebrauch nimmt", dass jemand „etwas zu verwenden beginnt".[194] Die Ingebrauchnahme setze somit vorherigen Nichtgebrauch voraus.[195] Diese Bedeutung sei auch in der juristischen Sprache zugrunde zu legen, da es dort keine davon abweichende Bedeutung gebe.[196] Außerdem habe der Gesetzgeber in § 1 Abs. 1 NotVO und dem folgend in § 248b Abs. 1 statt der „einfachen" Formulierung „Wer ein Kraftfahrzeug ... gegen den Willen des Berechtigten gebraucht" die „umständlichere" „Wer ein Kraftfahrzeug ... gegen den Willen des Berechtigten in Gebrauch nimmt" gewählt und dadurch gerade auf den Beginn des Gebrauchs abgestellt. Deshalb sei der Moment des Beginns des Gebrauchs entscheidend und bereits

---

191   Siehe dazu unten unter C. II. 2. a) bb) (1).
192   Siehe dazu unten unter C. II. 2. a) bb) (2) und b) bb) (4).
193   AG München, NStZ 1986, 458, 459; *Ebert*, DAR 1954, 291, 291 f.; *Hohmann*, in: MüKo, § 248b, Rn. 17; *Hoyer*, in: SK, § 248b, Rn. 13; *König*, in: Hentschel/König/Dauer, § 248b, Rn. 6; so wohl auch *Duttge*, in: HK-GS, § 248b, Rn. 8. So auch *Baldus*, in: Niederschriften Große Strafrechtskommission, Bd. 6, S. 71, der davon ausgeht, dass die Formulierung „in Gebrauch nehmen" sicherstellen solle, dass nur Fälle erfasst werden, in denen „der Täter schon zum Beginn des Gebrauchens den bösen Wille" gehabt habe.
194   AG München, NStZ 1986, 458, 459.
195   *König*, in: Hentschel/König/Dauer, § 248b, Rn. 6.
196   AG München, NStZ 1986, 458, 459.

das Ingangsetzen müsse „gegen den Willen des Berechtigten" erfolgen.[197] *Franke* meint sogar, dass es sich sowohl bei den Wortpaaren Ingebrauchnehmen und Ingebrauchhalten als auch bei Ingangnehmen und Inganghalten um „bedeutungsverschiedene, logisch gesehen also konträre Begriffe" handle.[198]

Dem wird entgegenhalten, dass das Wortlautargument jedenfalls in den Fällen, in denen der unbefugte Weitergebrauch nach einer Fahrtunterbrechung erfolgt, nicht überzeuge.[199] Außerdem gebe es in der allgemeinen Gesetzessprache keinen feststehenden Begriff der Ingebrauchnahme.[200] Aus der Formulierung „in Gebrauch nimmt" könne nicht geschlossen werden, dass nur der Gebrauchsbeginn gemeint sei. Die Formulierung könne im Rahmen des § 248b auch das erneute Ingebrauchnehmen und damit das Inganghalten erfassen.[201] Ziel der Formulierung sei es, die gesamte Gebrauchsanmaßung zu bezeichnen.[202] Die Formulierung „in Gebrauch nimmt" solle lediglich sicherstellen, dass nur die Benutzung des Fahrzeugs als Fortbewegungsmittel von § 248b erfasst werde.[203]

Weiter wird argumentiert, auch ein Vergleich mit dem Wortlaut des § 290, der die unbefugte Ingebrauchnahme (,,unbefugt in Gebrauch nehmen") von in Pfand genommenen Gegenständen durch öffentliche Pfandleiher unter Strafe stellt, führe nicht weiter, da erstens auch im Rahmen des § 290 nicht gesagt sei, dass eine unbefugte Ingebrauchnahme nur dann vorliege, wenn der Pfandleiher bei Beginn des Gebrauchs wisse, dass dieser gegen den Willen des Verpfänders erfolge und zweitens aufgrund der Andersartigkeit der Straftatbestände des § 290 und des § 248b aus der Auslegung des § 290 nichts Entscheidendes für die

---

197  BayObLG NJW 1953, 193, 193; *Ebert*, DAR 1954, 291, 291 f.
198  *Franke*, NJW 1974, 1803, 1804.
199  Vgl. *Rengier*, BT I, § 6, Rn. 7; *Vogel*, in: LK, § 248b, Rn. 5 geht davon aus, dass das Wortlautargument für die Fälle, in denen die Gebrauchsberechtigung während einer ununterbrochenen Fahrt wegfalle oder überschritten werde, überzeuge. Dies sei aber ein Ausnahmefall; meistens liege ein Weiterfahren nach einer Fahrtunterbrechung vor, was als erneutes Ingebrauchnehmen anzusehen sei. Letzteres überschreite die Wortlautgrenze nicht.
200  BGHSt 11, 47, 48.
201  Vgl. *Schmidhäuser*, NStZ 1986, 460, 460. *Schmidhäuser* scheidet das Inganghalten in NStZ 1986, 460, 460 aus anderen Gründen (erforderlich sei ein Gewahrsamsbruch) aus dem Tatbestand des § 248b aus. In NStZ 1990, 341, 341 korrigiert er seine Ansicht; das Inganghalten falle unabhängig von der Frage nach einem Gewahrsamsbruch unter § 248b, wenn das Fahrzeug von vornherein nicht gebraucht werden durfte.
202  RGSt 68, 216, 217.
203  BGH GA 1963, 344, 344. Nach BGHSt 11, 47, 50 umfasst das Wort „Benutzung" jede Art der Verwendung, während „Ingebrauchnahme" nur die Benutzung zum bestimmungsgemäßen Zweck der Fortbewegung meine..

Auslegung des § 248b gewonnen werden könne.[204] Tatsächlich ist die Auslegung des Merkmals der unbefugten Ingebrauchnahme i.S.d. § 290 umstritten. Wie auch im Rahmen des § 248b gibt es Stimmen, die als Tathandlung nur den Beginn des Gebrauchs verstehen und deshalb davon ausgehen, dass der Gebrauch unbefugt begonnen werden müsse, um tatbestandsmäßig zu sein[205] und solche, die unter „in Gebrauch nehmen" jede „nutzbare Verwendung des Pfandgegenstandes" verstehen.[206] Die Auslegung des Merkmals der unbefugten Ingebrauchnahme im Rahmen des § 290 führt somit nicht weiter.[207]

Aus dem Wortlaut lässt sich kein Argument für oder gegen die Einbeziehung des Inganghaltens in den Tatbestand des § 248b gewinnen.[208] Es liegen keine Anhaltspunkte dafür vor, dass die Formulierung „in Gebrauch nimmt" in § 1 Abs. 1 NotVO und anschließend in § 248b Abs. 1 StGB bewusst gewählt wurde, um nur den Gebrauchsbeginn zu erfassen.

Die Ausführungen *Wagners* zur NotVO von 1932 zeigen deutlich, dass historisch gesehen neben dem Beginn des Gebrauchs auch das Ingebrauchhalten erfasst sein sollte.[209] Auch das Reichsgericht ging davon aus, dass der Ausdruck „in Gebrauch nimmt" die gesamte Gebrauchsanmaßung und nicht nur den Be-

---

204  BGHSt 11, 47, 49.
205  So *Hoyer*, in: SK, § 290, Rn. 5; differenzierend *Wohlers*, in: NK, § 290, Rn. 6.
206  So *Schünemann*, in: LK, § 290, Rn. 8; vgl. auch *Heine*, in: Schönke/Schröder, § 290, Rn. 3; *Mitsch*, BT 2/2, § 5, Rn. 188; *Wessels/Hillenkamp*, BT II, Rn. 443. Die genannten Autoren äußern sich teilweise nicht zu dem Streitstand, aber ihrer Definition ist zu entnehmen, dass sie nicht nur Fälle unter die Tathandlung subsumieren, in denen der Täter den Gebrauch unbefugt beginnt.
207  Es ist zweifelhaft, ob dem BGH (BGHSt 11, 47, 49) bzgl. der Aussage, dass angesichts der verschieden gearteten Straftatbestände aus § 290 nichts Entscheidendes für die Auslegung des § 248b gewonnen werden könne, zuzustimmen ist. Gäbe es bei § 290 eine feststehende Auslegung, die besagt, dass der Pfandleiher den Gebrauch der Pfandsache bereits unbefugt beginnen muss, wäre jedenfalls erhöhter Begründungsaufwand nötig, um die doch sehr ähnliche Formulierung in § 248b anders auszulegen, zumal § 290 der ältere Tatbestand ist, der einen Fall des *furtum usus* unter Strafe stellt. Da aber im Rahmen des § 290 keinesfalls feststeht, dass die Strafbarkeit des öffentlichen Pfandleihers nur begründet wird, wenn er den Gebrauch unbefugt beginnt, ist eine weitergehende Auseinandersetzung mit der Argumentation des BGH nicht notwendig.
208  Der BGH stellt in BGHSt 11, 47, 49 fest, dass der Gesetzeswortlaut nicht eindeutig sei. Dem ist zuzustimmen. So auch *Figgener*, Akzeptanz neuerer Strafnormen durch die Rspr., S. 43.
209  *Wagner*, Komm. NotVO, S. 44: Neben dem erstmaligen Ingangsetzen falle auch das spätere Inganghalten des Fahrzeugs unter die Ingebrauchnahme. So auch *ders.*, JR 1932, 253, 255, der hier betont, dass auch die unbefugte fortgesetzte Fahrt eine Ingebrauchnahme darstelle.

ginn der Nutzung umfasst.[210] Als § 248b 1953 durch das 3. StRÄndG in das
StGB aufgenommen wurde, geschah dies unter Beibehaltung der Formulierung
aus der NotVO und unter dem Eindruck der bestehenden Rechtsprechung des
Reichsgerichts. Dies spricht dafür, dass der Gesetzgeber von 1953 nichts am
bisherigen Verständnis des Ausdrucks „in Gebrauch nimmt" ändern wollte.
Auch in § 244 E 1962[211] wurde an der Formulierung „in Gebrauch nimmt" fest-
gehalten. Im Rahmen der Begründung wurde allerdings deutliche Zurückhaltung
in Bezug auf das Verständnis dieses Begriffs an den Tag gelegt; es wurde ausgeführt, dass die Formulierung „gebrauchen" den Streit zugunsten einer Einbeziehung des Ingebrauchhaltens entschieden hätte, die Fassung des § 244 E 1962
diese Frage aber ausdrücklich offen lassen solle.[212]

Mit systematisch-vergleichendem Blick wird argumentiert, ein Vergleich
mit § 123 Abs. 1 spreche dafür, das Inganghalten aus dem Tatbestand des
§ 248b auszuschließen, da im § 123 Abs. 1 das unbefugte Verweilen („ohne Befugnis darin verweilt") explizit genannt sei.[213] Das Fehlen des Ingebrauchhaltens
in § 248b Abs. 1 zeige deshalb, dass hier gerade nur der Gebrauchsbeginn erfasst sei. Der Vergleich zwischen § 123 Abs. 1 und § 248b Abs. 1 begegnet allerdings Bedenken: Nach § 123 Abs. 1 wird bestraft, wer in eine geschützte Örtlichkeit widerrechtlich eindringt oder wer sich, wenn er ohne Befugnis darin
verweilt, auf die Aufforderung des Berechtigten hin nicht entfernt. Damit wird
das unbefugte Verweilen zwar explizit genannt, strafbar macht sich der unbefugt
Verweilende nach § 123 Abs. 1, 2. Var. aber nur, wenn er sich trotz Aufforderung des Berechtigten nicht entfernt, nicht hingegen durch das Verweilen alleine. Im Rahmen des § 123 Abs. 1 wird teilweise vertreten, dass sich der Täter,
der nachträglich erkenne, dass er den geschützten Ort gegen den Willen des Berechtigten betreten habe oder der gerechtfertigt eingetreten sei, den Ort aber
nach Erkennen der Sachlage oder nach Wegfall des Rechtfertigungsgrunds nicht
verlasse oder der eine bestehende Aufenthalterlaubnis zeitlich überschreite, nach
§ 123 Abs. 1, 1. Var. strafbar mache; es handle sich dann um einen Fall des Ein-
dringens durch Unterlassen (§ 13).[214] Diese Fälle werden folglich gar nicht unter

---

210  RGSt 68, 216, 217.
211  Anders in § 250 E 1959, wo die Tathandlung mit „gebraucht" beschrieben wurde,
     E S. 607 f.
212  E 1962, S. 413.
213  *Duttge*, in: HK-GS, § 248b, Rn. 8.
214  Vgl. BGHSt 21, 224, 225 f. = BGH JR 1967, 303, 304 mit zustimmender Anm.
     *Schröder*, JR 1967, 304, 304 f.; *Heinrich*, JR 1997, 89, 94; *Kindhäuser*, LPK, § 123,
     Rn. 25; *Lenckner/Sternberg-Lieben*, in: Schönke/Schröder, § 123, Rn. 13, *Schäfer*, in:
     MüKo, § 123, Rn. 26; *Schröder*, NJW 1966, 1001, 1002; *Wessels/Hettinger*, BT I,
     Rn. 592. Entsprechendes gilt auch für den im nach § 20 schuldunfähigen Zustand ein-

das echte Unterlassungsdelikt des § 123 Abs. 1, 2. Var. subsumiert. Übertragen auf § 248b bedeutet dies, dass die Tatsache, dass § 123 Abs. 1 noch eine zweite Tatvariante enthält, nicht zwingend dagegen spricht, dass Fälle, in denen der Täter erst später merkt, dass der Gebrauch gegen den Willen des Berechtigten erfolgt, er ihn aber trotzdem fortsetzt oder Fälle der zeitlichen Überschreitung eines bestehenden Nutzungsrechts[215] u.U. gleichwohl unter die in § 248b Abs. 1 genannte Tatmodalität subsumiert werden können. Ob dies unter dem Stichwort des Ingebrauchhaltens geschieht oder ob auf eine Ingebrauchnahme durch Unterlassen abzustellen ist, kann hier zunächst dahinstehen. Aber auch wenn man davon ausgeht, dass im Rahmen des § 123 Abs. 1 die genannten Fälle nicht unter die erste Tatvariante subsumiert werden können,[216] so ist zu beachten, dass das unbefugte Verweilen in § 123 Abs. 1, 2. Var. zwar explizit genannt ist, eine Strafbarkeit sich aber nur für die Fälle ergibt, in denen sich der Täter auf Aufforderung des Berechtigten hin nicht entfernt. Damit könnte die Aufnahme der zweiten Tatvariante im § 123 Abs. 1 auch dahin gehend interpretiert werden, dass das Verweilen alleine gerade nicht ausreicht, sondern neben dem Verweilen noch die Aufforderung zum Entfernen notwendig ist. Die Möglichkeit, Fälle des Verweilens u.U. bereits unter § 123 Abs. 1, 1. Var. zu subsumieren oder aber die eben erwähnte Deutungsmöglichkeit für die Aufnahme der zweiten Tatvariante in § 123 Abs. 1 zeigen, dass der Vergleich von § 248b mit § 123 jedenfalls nicht dazu führt, das Inganghalten aus dem Tatbestand des § 248b auszuscheiden.

Das *AG München* argumentiert, dass die systematische Stellung des § 248b im 19. Abschnitt des StGB gegen die Annahme spreche, dass dieser auch bloße Vertragsverletzungen – als solche wird das Inganghalten gewertet – erfasse.[217] *Schmidhäuser* widerlegt dieses Argument allerdings zutreffend, indem er aufzeigt, dass erstens von einer „bloßen Vertragsverletzung" erst gesprochen wer-

---

gedrungenen Täter, der nach Wiedererlangung seiner Schuldfähigkeit in den geschützten Räumlichkeiten bleibt. Einschränkend *Fischer*, § 123, Rn. 26, der davon ausgeht, dass Eindringen durch Unterlassen gem. §§ 123 Abs. 1, 1. Var., 13 nur möglich sei, wenn von Anfang an ein entgegenstehender Wille des Berechtigten bestanden habe, der Täter diesen aber nicht gekannt habe oder ein zunächst bestehender Rechtfertigungsgrund später wegfalle und *Janiszewski*, JA 1985, 570, 571, der den Fall der zeitlichen Überschreitung einer Aufenthaltserlaubnis explizit nicht unter §§ 123 Abs. 1, 1. Var., 13 fasst.
Siehe zu den einzelnen Fallkonstellationen ausführlich *Kareklás*, in: FS Lenckner, 459, 468 ff.

215 Zu den einzelnen Fällen des Inganghaltens siehe unten C. II. 2. a) bb) und b) bb) (4).

216 So *Bernsmann*, Jura 1981, 403, 405; *Geppert*, Jura 1989, 378, 382; *Herzberg/Hardtung*, JuS 1994, 492, 493; *Joecks*, § 123, Rn. 29; *Lilie*, in: LK, § 123, Rn. 58; *Ostendorf*, in: NK, § 123, Rn. 27; *Rengier*, BT II, § 30, Rn. 17.

217 AG München, NStZ 1986, 458, 459.

den könne, wenn festgestellt sei, dass neben der Vertragsverletzung nicht zugleich auch eine Straftat vorliege. Eine Vertragsverletzung könne nämlich durchaus auch eine Straftat darstellen.[218] Und zweitens habe das Argument der „bloßen Vertragsverletzung" nichts mit der systematischen Stellung zu tun. Die systematische Stellung des § 248b – *nach* § 242 und § 246 – spreche *eher* dafür, dass dieser die Tatmodalitäten des § 242 und § 246 und damit auch das Ingebrauchhalten erfasse.[219] Letztendlich kann aus der systematischen Stellung des § 248b aber keine Aussage darüber getroffen werden, ob auch das Inganghalten eine taugliche Tathandlung ist.[220]

Entscheidend für die Frage, ob auch das Inganghalten unter § 248b fällt, ist damit der Sinn und Zweck der Vorschrift.[221] § 248b bezweckt den Schutz des gegenüber dem Eigentum verselbstständigten Nutzungsrechts des Berechtigten an einem Fahrzeug. Die Gebrauchsanmaßung ist im deutschen Strafrecht grundsätzlich straflos. Als Ausnahmevorschrift ist § 248b deshalb prinzipiell restriktiv zu interpretieren.[222] Dies bedeutet allerdings nicht automatisch, dass das Ingebrauchhalten nicht unter den Tatbestand zu subsumieren ist.[223]

---

218  Als Beispiele führt *Schmidhäuser*, NStZ 1986, 460, 460 den Erfüllungsbetrug (§ 263), die Untreue (§ 266) und die veruntreuende Unterschlagung (§ 246 Abs. 2) an. *Schmidhäuser* zustimmend *Figgener*, Akzeptanz neuerer Strafnormen durch die Rspr., S. 44. Vgl. auch *Vogel*, in: LK, § 248b, Rn. 5, der feststellt, dass es ein „Rechtsprinzip, dass Vertragsverletzungen nicht kriminalisiert werden dürften, [...] in dieser Gestalt nicht" gebe.

219  Vgl. *Schmidhäuser*, NStZ 1986, 460, 460.

220  *Ebert*, DAR 1954, 291, 292 geht davon aus, dass die systematische Stellung des § 248b im 19. Abschnitt des StGB – statt eine Aufnahme der Vorschrift in den 25. Abschnitt des StGB – belege, dass die Ingebrauchnahme „im Sinne eines Gewahrsamsbruch verstanden werden" müsse. Siehe zur Frage nach dem Erfordernis eines Gewahrsamsbruchs weiter unten im selben Abschnitt.

221  Zwar spricht die historische Auslegung dafür, auch das Inganghalten unter die Ingebrauchnahme zu fassen, da dies aber nicht explizit aus den Gesetzgebungsmaterialien hervorgeht und da die herrschende Ansicht den objektiven Gesetzeswillen – den Willen und Sinn des Gesetzes aus heutiger Sicht – für ausschlaggebend hält (*Rengier*, AT, § 5, Rn. 11), ist im vorliegend Fall letztendlich die teleologische Auslegung ausschlaggebend.

222  *Franke*, NJW 1974, 1803, 1804.

223  *Krey/Hellmann*, BT II, Rn. 149 gehen davon aus, dass es dem Charakter des Strafrechts als *ultima ratio* im System staatlicher Sozialkontrolle widerspreche, neben dem Ingangsetzen auch das Inganghalten unter den Tatbestand des § 248b fallen zu lassen. Es sei nicht Zweck des Strafrechts, „bloße Vertragsverletzungen" unter Strafe zu stellen. Auf den konkreten Zweck des § 248b wird dabei nicht eingegangen. Unklar bleibt, ob nur die Fälle des Ingebrauchhaltens gemeint sind, bei denen das Ingangsetzen selbst befugt erfolgte.

Das aufgeführte Argument, es sei nicht Zweck des § 248b, vertragswidriges Verhalten zu pönalisieren,[224] wurde bereits oben als systematisches Argument widerlegt. Dieses Argument läuft leer, da es gerade um die Frage geht, ob das unbefugte Ingebrauchhalten neben einem zivilrechtlichen Vertragsbruch auch eine Straftat darstellt.[225]

Des Weiteren wird argumentiert, dass der Strafrahmen des § 248b dafür spreche, das Inganghalten grundsätzlich nicht unter den Tatbestand zu fassen. Als bloßes Aneignungsdelikt habe § 248b den gleichen Strafrahmen – Geldstrafe oder Freiheitsstrafe bis zu drei Jahren – wie § 246 Abs. 1 als Zueignungsdelikt.[226] Daraus lasse sich schlussfolgern, dass bei § 248b neben der Verletzung des Gebrauchsrechts des Berechtigten ein weiteres Unrechtselement hinzu kommen müsse. Dieses Element könne in einer Wegnahme bestehen, da dadurch zusätzlich das Rechtsgut Gewahrsam verletzt werde. Dass die Rechtsverletzung durch eine Wegnahme gesteigert werde, zeige der Strafrahmenvergleich von § 242 Abs. 1 und § 246 Abs. 1.[227] Das zusätzliche Element könne aber auch die Verletzung eines besonderen Vertrauensverhältnisses sein, wenn dem Täter also das Fahrzeug anvertraut worden sei. Ein Vergleich von § 246 Abs. 1 und § 246 Abs. 2 zeige, dass die Verletzung eines solchen Vertrauensverhältnisses zu einer Unrechtssteigerung führe.[228] Eine Ingebrauchnahme i.S.d. § 248b Abs. 1 liege daher nur vor, wenn ein täterschaftlich bewirkter Bewegungsvorgang im Rahmen einer Wegnahme oder im Rahmen eines besonderen Vertrauensverhältnisses stattfinde.[229] *Schmidhäuser* hingegen ist der Auffassung, dass die Ingebrauchnahme i.S.d. § 248b Abs. 1 zwingend einen Gewahrsamsbruch voraussetze.[230] Gewahrsamsbruch und Gebrauch müssen zusammenkommen,[231] wobei es nicht erforderlich sei, dass der Täter des § 248b den Ge-

---

224  So OLG Hamm NJW 1966, 2357, 2360; *Hohmann*, in: MüKo, § 248b, Rn. 18.

225  Dass vertragswidriges Verhalten gleichzeitig einen Straftatbestand erfüllen kann, zeigen die bereits oben aufgeführten Beispiele von *Schmidhäuser*, NStZ 1986, 460, 460 (§§ 263, 266, 246 Abs. 2). *Vogel*, in: LK, § 248b, Rn. 5 stellt klar, dass es kein Rechtsprinzip gibt, das besagt, dass Vertragsverletzungen nicht kriminalisiert werden dürfen.

226  *Hoyer*, in: SK, § 248b, Rn. 13; so auch *Schmidhäuser*, NStZ 1986, 460, 460 f.

227  *Hoyer*, in: SK, § 248b, Rn. 13.

228  *Hoyer*, in: SK, § 248b, Rn. 14.

229  *Hoyer*, in: SK, § 248b, Rn. 15.

230  So auch *Figgener*, Akzeptanz neuerer Strafnormen durch die Rspr., S. 46 ff.: „Ingebrauchnahme" sei gleichbedeutend mit „Wegnahme zum Gebrauch." Ebenfalls einen Gewahrsamsbruch verlangend: *Ebert*, DAR 1954, 291, 292.

231  *Schmidhäuser*, NStZ 1986, 460, 461 betont, dass Gewahrsamsbruch und Gebrauch zusammen kommen müssen, da der unbefugte Gebrauch kein Dauer-, sondern ein Augenblicksdelikt wäre, wenn die Wegnahme allein das entscheidende Merkmal wäre.

wahrsam selbst breche, solange er im Bewusstsein des vorausgegangenen Gewahrsambruchs handle.[232]

Dem wird entgegenhalten, dass § 248b neben der diebstahlsanalogen Gebrauchsanmaßung (Gebrauchsanmaßung mit vorangehendem oder gleichzeitigem Gewahrsamsbruch) auch die unterschlagungsanaloge Gebrauchsanmaßung[233] erfasse.[234] Weder aus dem Wortlaut des § 248b noch aus seiner systematischen Stellung ließen sich Anhaltspunkte dafür gewinnen, dass § 248b einen Gewahrsamsbruch voraussetze und damit lediglich die diebstahlsanaloge Gebrauchsanmaßung erfasse.[235] Die unterschlagungsanaloge Variante setze dabei auch keinen besonderen Vertrauensbruch voraus. Insbesondere aus dem Vergleich mit § 290 ergebe sich, dass § 248b keine Wegnahme verlange.[236]

*Franke* geht davon aus, dass eine Gleichsetzung von Inganghalten mit Ingangsetzen nur unter einem gemeinsamen normativen Aspekt möglich sei. Ein solcher Aspekt könne nur in der Verhinderung von Schwarzfahrten liegen. „Die Interpretation des Tatbestandsmerkmals Ingebrauchnehmen erweist sich damit letztendlich als ein Definitionsproblem des Begriffes Schwarzfahrt." Problematisch dabei sei, dass der Begriff der Schwarzfahrt umgangssprachlich sehr weit interpretiert werde und beispielsweise auch Fälle des Fahrens ohne Führerschein erfasse. Auf juristischer Ebene sei daher entscheidend, welche Arten von Schwarzfahrten § 248b erfasse. Laut *Franke* verstehe die herrschende Meinung unter Schwarzfahrten i.S.d. § 248b solche Fahrten, die gegen den Willen des Berechtigten erfolgen. Mit diesem Begriffsverstänis ließe sich das Ingebrauchnehmen mit dem Ingebrauchhalten gleichsetzen, da Beginn und Ende der Schwarzfahrt von dem entgegenstehenden Willen des Berechtigten bestimmt würden. Eine solche Interpretation sei aber fehlerhaft, da der Wille des Berech-

---

232  *Schmidhäuser*, NStZ 1986, 460, 461; in NStZ 1990, 341, 341 korrigiert *Schmidhäuser* seine Ansicht aus NStZ 1986, 460, 461 dahingehend, dass ein Gewahrsamsbruch zur Erfüllung des Tatbestandes des § 248b Abs. 1 nicht grundsätzlich notwendig sei. Unter § 248b falle der unbefugte Gebrauch von Kraftfahrzeugen und Fahrrädern, die von vornherein nicht gebraucht werden durften und ohne oder mit vorangehendem Gewahrsamsbruch ohne Enteignungsabsicht gebraucht worden seien. Nicht vom Tatbestand erfasst sei der Gebrauch eines Fahrzeugs, das zum befugten Gebrauch überlassen worden sei und nach Ablauf der Befugnis ohne Gewahrsamsbruch und ohne Enteignungsabsicht weiter gebraucht werde. Zu den verschiedenen Konstellationen des Weitergebrauchs bzw. Ingebrauchhaltens siehe unten unter C. II. 2. a) bb) und b) bb) (4).

233  Vom OLG Schleswig NStZ 1990, 340, 340 als „Gebrauchsunterschlagung" bezeichnet.

234  OLG Schleswig NStZ 1990, 340, 340; *Kindhäuser*, in: NK, § 248b, Rn. 6; *ders.*, BT II, § 9, Rn. 7.

235  *Kindhäuser*, in: NK, § 248b, Rn. 6.

236  *Maurach/Schroeder/Maiwald*, BT I, § 37, Rn. 9. Im Ergebnis auch klar gegen das Erfordernis einer Wegnahme: *Vogel*, in: LK, § 248b, Rn. 6.

tigten in die Definition der Ingebrauchnahme einfließe. Damit würde der Wille des Berechtigten seiner eigentlichen Funktion als selbstständiges Tatbestandsmerkmal beraubt.[237] Der Fehler in *Frankes* Argumentation liegt bereits in ihrem Ausgangspunkt, eine Gleichsetzung von Inganghalten und Ingangsetzen sei nur unter einem gemeinsamen normativen Aspekt möglich. Hierbei wird vorausgesetzt, dass es sich bei Ingangnehmen und Inganghalten um konträre Begriffe handelt. Wie die Wortlautauslegung gezeigt hat, ist der Wortlaut des § 248b mit „in Gebrauch nimmt" aber keinesfalls eindeutig. Vom Wortlaut her bestehen deshalb keine Bedenken, auch ein Inganghalten unter den Tatbestand zu subsumieren. Damit fehlt aber die Notwendigkeit der Suche nach einem gemeinsamen normativen Aspekt, unter welchem die beiden Begriffe gleichgesetzt werden könnten. Mithin beruht *Frankes* Argumentation auf einer zweifelhaften Grundlage.

Im Ergebnis ist festzuhalten, dass – obwohl bereits die historische Auslegung dafür spricht, auch das Inganghalten unter den Begriff der Ingebrauchnahme zu fassen – das entscheidende Argument letztendlich der Charakter des § 248b als Dauerdelikt ist.[238] § 248b ist zwar mit dem Beginn der Ingebrauchnahme vollendet, aber erst durch das Ende des Gebrauchens beendet.[239] Die „immer wieder erneuerten Kräfte zur Fortbewegung wirken bis zur Außerbetriebnahme weiter" und auch die Herrschaftsgewalt des Täters setzt sich nach dem Ingangsetzen fort.[240] Folglich wirkt die Ingebrauchnahme bis zur Außerbetriebnahme fort.[241] Der Täter verwirklicht also den Tatbestand des § 248b, solange er das Fahrzeug gebraucht. Erst wenn die Benutzung des Fahrzeugs als Fortbewegungsmittel endet, ist das tatbestandsmäßige Verhalten abgeschlossen.[242] Dies bedeutet, dass § 248b Abs. 1 grundsätzlich auch das unbefugte Ingebrauchhalten erfasst.

---

237 *Franke*, NJW 1974, 1803, 1804. Zustimmend *Figgener*, Akzeptanz neuerer Strafnormen durch die Rspr., S. 45.
238 Ebenfalls auf den Charakter des § 248b als Dauerdelikt abstellend: *Eser/Bosch*, in: Schönke/Schröder, § 248b, Rn. 4a.
239 RGSt 68, 216, 217; *Hohmann/Sander*, BT I, § 4, Rn. 7; *Mitsch*, BT 2/2, § 1, Rn. 13.
240 BGHSt 11, 47, 50.
241 *Mitsch*, BT 2/2, § 1, Rn. 13; *Ruß*, in: LK (11. Aufl.), § 248b, Rn. 4; auch *Joecks*, § 248b, Rn. 9 argumentiert in diese Richtung, wenn auch ohne auf den Charakter des § 248b als Dauerdelikt abzustellen: Nicht der Besitz des Fahrzeugs als solcher sei strafbar, sondern dessen unbefugte funktionsgerechte Nutzung.
242 *Mitsch*, BT 2/2, § 1, Rn. 13.

## bb)  Fallgruppen des Inganghaltens

Nun ist zu untersuchen, welche Fallkonstellationen unter das unbefugte Inganghalten fallen.[243] Dabei ist insbesondere zu prüfen, inwiefern bestimmte Fälle vom Sinn und Zweck des § 248b erfasst sind – inwieweit sie also noch unter den Schutzzweck der Norm fallen.

### (1)  Fortsetzung des Gebrauchs trotz Bemerkens der Unbefugtheit

Einerseits ist der Fall denkbar, dass der Täter zwar bereits bei Gebrauchsbeginn objektiv nicht zum Gebrauch befugt ist, aber subjektiv zunächst davon ausgeht, zum Gebrauch des Fahrzeugs berechtigt zu sein. Erst während des Gebrauchs merkt er, dass er das Fahrzeug gegen den Willen des Berechtigten benutzt, setzt den Gebrauch aber gleichwohl fort. Der Sachverhalt in BGHSt 11, 47, 47 ff. stellte sich beispielsweise folgendermaßen dar: Der Angeklagte lieh sich ein Kfz von einem Bekannten, um dieses für Besorgungen zu benutzen. Während der Fahrt bemerkte er, dass im Handschuhfach des Wagens eine Vielzahl verschiedenartiger Schlüssel lag. Aus dieser Tatsache schloss er, dass sein Bekannter nicht der rechtmäßige Besitzer des Kfz ist und damit die Fahrt gegen den Willen des eigentlich Berechtigten erfolgt. Trotzdem setzte er die Fahrt mit dem Wagen fort. Unterwegs wurde er dann von der Polizei gestellt.[244] Bei Gebrauchsbeginn macht sich der Täter in dieser Konstellation nicht strafbar, da er seinen Bekann-

---

243  Eine Differenzierung zwischen verschiedenen Fallkonstellationen wird in Literatur und Rechtsprechung häufig nicht vorgenommen. Oftmals wird allgemein diskutiert, ob das Ingebrauchhalten unter den Tatbestand des § 248b fällt. Zwischen einzelnen Fallkonstellationen wird dann nicht mehr differenziert. So z.B. *Rengier*, BT I, § 6, Rn. 6 f., der eine Vielzahl möglicher Fallkonstellationen des Ingebrauchhaltens aufzählt und anschließend allgemein diskutiert, ob § 248b auch den Weitergebrauch erfasst. Dies ist aber zu undifferenziert. Auch nachdem festgestellt wurde, dass „in Gebrauch nimmt" grundsätzlich auch ein Ingebrauchhalten erfassen kann, ist damit nicht gesagt, dass alle theoretisch möglichen Fallkonstellationen auch wirklich unter den Tatbestand fallen. Andere Autoren differenzieren zwar, bilden aber andere Fallgruppen oder beziehen sich nur auf einzelne Fallkonstellationen. Da dies nicht einheitlich geschieht, können in der vorliegenden Arbeit nicht alle einzelnen Ansichten dargestellt werden.

244  Einen ähnlich gelagerten Fall, in dem der Täter sich bei Ingangsetzen des Fahrzeugs nicht strafbar macht, den Gebrauch aber später fortsetzt, beschreibt *Mitsch*, BT 2/2, § 1, Rn. 13: T entwendet mit 3 ‰ Blutalkoholgehalt – im nach § 20 schuldunfähigen Zustand – ein Kfz und fährt damit umher. Nach einer Stunde Fahrt ist seine Alkoholisierung soweit abgeklungen, dass er gem. § 21 vermindert schuldfähig ist. T fährt noch eine halbe Stunde weiter und bringt das Kfz dann zurück. Bei Beginn der Fahrt macht T sich allenfalls nach § 323a (i.V.m. §§ 248b, 316) strafbar. Nach Abklingen der Alkoholisierung setzt er die Fahrt allerdings fort. Dadurch könnte er sich nach § 248b Abs. 1 strafbar gemacht haben, wenn das weitere Inganghalten des Kfz unter den Tatbestand zu subsumieren ist.

ten für den Berechtigten hält und deshalb davon ausgeht, das Fahrzeug nicht gegen den Willen des Berechtigten zu gebrauchen; er unterliegt somit einem Tatbestandsirrtum nach § 16 Abs. 1 S. 1.[245] Fraglich ist aber, ob sich der Täter strafbar macht, indem er das Fahrzeug weiterbenutzt, obwohl er erkennt, dass dies gegen den Willen des Berechtigten geschieht.

Es macht keinen Unterschied, ob sich der Täter bei Ingangsetzen eines Fahrzeugs, das er von vornherein nicht gebrauchen durfte, weil der Wille des Berechtigten dem Gebrauch entgegensteht, dessen bewusst ist oder ob er nach Bemerken seiner Unbefugtheit den Gebrauch trotzdem fortsetzt. In beiden Fällen steht der Wille des Berechtigten der Benutzung von Anfang an entgegen und dem Täter ist die Benutzung des Fahrzeugs generell nicht gestattet. Deshalb fallen beide Konstellationen unter den Tatbestand des § 248b.[246]

*Otto* vergleicht diesen Fall mit der Möglichkeit der Zueignung einer Sache, über die der Täter zunächst gutgläubig Sachherrschaft erlangt hat. In einem solchen Fall sei eine rechtswidrige Zueignung möglich, nachdem der Täter bemerke, dass er die Sache nicht rechtmäßig erlangt habe. Das Gleiche müsse für die unbefugte Ingebrauchnahme gelten: Bemerke der Täter, nachdem er das Fahrzeug zunächst gutgläubig oder in schuldunfähigem Zustand benutzt habe, dass er zur Benutzung nicht befugt sei, nutze das Fahrzeug aber trotzdem weiter, so mache er sich nach § 248b strafbar.[247] Dem ist zuzustimmen. Während im Falle der Zueignung gegebenenfalls aus einer mangels Vorsatz nicht möglichen Bestrafung nach § 242 eine Bestrafung nach § 246 wird,[248] bleibt es aufgrund der oben festgestellten Tatsache, dass das Tatbestandsmerkmal „in Gebrauch nimmt" grundsätzlich sowohl das Ingangsetzen als auch das Inganghalten umfasst, bei der bloßen unbefugten Ingebrauchnahme bei § 248b.

Somit ist die Fallkonstellation des Fortsetzens der unbefugt begonnenen Ingebrauchnahme nach Erkennen der Unbefugtheit nach § 248b strafbar.

---

245  Zum subjektiven Tatbestand siehe auch unten unter C. II. 4.
246  Im Ergebnis ebenfalls **für** eine Strafbarkeit nach § 248b in diesen Fällen: BGHSt 11, 47, 50; BGH GA 1963, 344, 344; *Eser*, StR IV, Fall 6, Rn. A 13; *Kindhäuser*, in: NK, § 248b, Rn. 6; *ders.*, BT II, § 9, Rn. 8; *Lackner/Kühl*, § 248b, Rn. 3; *Maurach/Schroeder/Maiwald*, BT I, § 37, Rn. 9; *Otto*, StR, § 48, Rn. 7; *Rengier*, BT I, § 6, Rn. 6 f.; *Wessels/Hillenkamp*, BT II, Rn. 435; siehe auch *Hoyer*, in: SK, § 248b, Rn. 15, der davon ausgeht, dass jede bösgläubige Weiterbenutzung des Fahrzeugs dessen (nochmalige) Ingebrauchnahme darstelle; **gegen** eine Strafbarkeit nach § 248b: *Hohmann*, in: MüKo, § 248b, Rn. 17; *Hohmann/Sander*, BT I, § 4, Rn. 11.
247  *Otto*, StR, § 48, Rn. 7.
248  Auch aus einer mangels Vorsatz *nicht strafbaren* Unterschlagung kann eine *strafbare* Unterschlagung werden.

(2)      Zeitliche oder inhaltliche Überschreitung eines bestehenden
         Gebrauchsrechts

Andererseits sind Fälle denkbar, in denen der Täter ein ihm eingeräumtes Gebrauchsrecht zeitlich oder inhaltlich überschreitet. Fraglich ist hier, inwiefern
der Verstoß gegen die vom Berechtigten auferlegten Beschränkungen des Nutzungsrechts zu einer Strafbarkeit nach § 248b führen kann. Dies hängt davon ab,
ob sich das Handeln gegen den Willen des Berechtigten nur auf den Gebrauch
als solchen bezieht oder auch auf die Modalitäten des Gebrauchs.[249] Aufgrund
des Bezugs zum Willen des Berechtigten wird diese Problematik unter dem
Gliederungspunkt „Gegen den Willen des Berechtigten" diskutiert.[250]

Einen Sonderfall stellt in diesem Zusammenhang die zeitliche Überschreitung einer zunächst bestehenden Gebrauchs*berechtigung* aufgrund eines Rechtfertigungsgrundes dar.[251] Fraglich ist, ob sich der Täter, der bei Beginn der Ingebrauchnahme des Fahrzeugs gerechtfertigt war, das Fahrzeug aber nach dem
Wegfall des Rechtfertigungsgrundes gegen den Willen des Berechtigten weiter
nutzt, nach § 248b strafbar macht. Diese Situation ist nicht mit dem Fall vergleichbar, dass der Täter das Fahrzeug mit dem Willen des Berechtigten in Gebrauch nimmt und sein ihm eingeräumtes Gebrauchsrecht in zeitlicher Hinsicht
überschreitet. Folglich hängt die Frage nach der Strafbarkeit dieses Falles auch
nicht damit zusammen, ob sich das Handeln gegen den Willen des Berechtigten
nur auf den Gebrauch als solchen oder auch auf die Modalitäten des Gebrauchs
bezieht, da in dieser Situation bereits der Gebrauch an sich gegen den Willen des
Berechtigten erfolgt. Das unbefugte Ingebrauchhalten nach dem Wegfall eines
Rechtfertigungsgrundes ist aufgrund der Tatsache, dass der Gebrauch von Anfang an gegen den Willen des Berechtigten erfolgt – und lediglich wegen eines
Rechtfertigungsgrundes zunächst nicht strafbar ist – unter den Tatbestand des
§ 248b zu subsumieren.

b)       Gegen den Willen des Berechtigten

Die Ingebrauchnahme muss gegen den Willen des Berechtigten erfolgen. Deshalb ist zu klären, wer Berechtigter i.S.d. § 248b ist, wie die Formulierung „gegen den Willen des Berechtigten" zu verstehen ist, inwieweit in diesem Zusammenhang einem Einverständnis oder einer mutmaßlichen Zustimmung des Berechtigten eigenständige Bedeutung zukommt und welche Anforderungen an
diese zu stellen sind, inwieweit sich die Willenswidrigkeit auch auf die zeitli-

---

249   *Joecks*, § 248b, Rn. 11.
250   Siehe dazu unten unter C. II. 2. b) bb) (4).
251   Zu möglichen Rechtfertigungsgründen siehe unten unter C. III. 1.

chen und inhaltlichen Modalitäten des Gebrauchs bezieht und wie die Rückführung des unbefugt in Gebrauch genommen Fahrzeugs zu beurteilen ist.

*aa)    Berechtigter*

Das von § 248b geschützte Rechtsgut ist, wie oben festgestellt, ein vom Eigentum getrennt zu denkendes und in diesem Sinne aus ihm zwar abgeleitetes, aber doch von ihm losgelöstes Nutzungs- und Gebrauchsrecht an Fahrzeugen.[252] Aus der Rechtsgutsbestimmung ergibt sich, dass Berechtigter i.S.d. der Vorschrift jeder ist, dem das Recht zur Verfügung über den Gebrauch des Fahrzeugs zusteht. Dieses Recht wohnt grundsätzlich dem Eigentum inne.[253] Berechtigter ist deshalb oftmals der Eigentümer, muss es aber nicht sein.[254] Der Eigentümer kann das Recht zur Ausübung der Gebrauchsbefugnis auch einem anderen einräumen, ohne zugleich das Eigentum zu übertragen.[255] Berechtigter kann somit jeder sein, der kraft dinglichen, obligatorischen oder sonstigen Rechts berechtigt ist, das Fahrzeug zu Fortbewegungszwecken zu nutzen.[256] Eine aus einem Rechtfertigungsgrund abgeleitete Gebrauchsberechtigung ist hingegen nicht ausreichend.[257] Berechtigter i.S.d. § 248b kann u.a. der Mieter, der Entleiher, der Nießbraucher, der Eigentumsvorbehaltskäufer, der Halter, der Verkaufsbeauftragte und der angestellte Fahrer sein.[258] Soweit ein solches Recht zum Ge-

---

252   Siehe dazu oben unter C. I.
253   *Mitsch*, BT 2/2, § 1, Rn. 16.
254   A.A. *Hohmann*, in: MüKo, § 248b, Rn. 13; *Hoyer*, in: SK, § 248b, Rn. 16, die nur den Fahrzeugeigentümer als Berechtigten ansehen. Dieser könne sich allerdings bei der Einverständniserklärung bzgl. der Nutzung des Fahrzeugs durch einen anderen vertreten lassen.
255   *Mitsch*, BT 2/2, § 1, Rn. 16; vgl. auch *Joecks*, § 248b, Rn. 10.
256   *Duttge*, in: HK-GS, § 248b, Rn. 10; *Fischer*, § 248b, Rn. 6; *Gilka*, Diebstahl und Gebrauchsentwendung von Kfz, S. 61; *Küper*, BT, S. 222; siehe auch *Lackner/Kühl*, § 248b, Rn. 4.
257   Siehe dazu unten unter C. II. 2. a) bb) (2).
258   Siehe zu diesen und weiteren Beispielen *Duttge*, in: HK-GS, § 248b, Rn. 10; *Fischer*, § 248b, Rn. 6; *Lackner/Kühl*, § 248b, Rn. 4; *Wagner*, Komm. NotVO, S. 50 f.; *Wessels/Hillenkamp*, BT II, Rn. 433. Umstritten ist, ob auch der Besitzdiener i.S.v. § 855 BGB Berechtigter i.S.d. § 248b sein kann. *König*, in: Hentschel/König/Dauer, § 248b, Rn. 7 hält dies nicht für möglich. *Ruß*, in: LK (11. Aufl.), § 248b, Rn. 6 hingegen geht davon aus, dass der Besitzdiener Berechtigter sein könne, wenn ihm entsprechende Vollmachten eingeräumt seien. In der Rechtsprechung wird der Arbeitnehmer bzgl. seines Dienstwagens, den er nicht auch privat nutzen darf, als Besitzdiener angesehen (OLG Karlsruhe NJW-RR 2005, 1344, 1344; OLG Düsseldorf NJW 1986, 2513, 2513). In einem solchem Fall kann der Arbeitnehmer auch Berechtiger i.S.d. § 248b sein. Im Ergebnis ist deshalb die Möglichkeit der Berechtigtenstellung des Besitzdieners zu bejahen.

brauch des Fahrzeugs reicht, geht es dem Eigentum vor.[259] Der Berechtigte hat damit auch gegenüber dem Eigentümer die Befugnis zum Gebrauch des Fahrzeugs und kann diesen vom Gebrauch ausschließen. Der Eigentümer kann deshalb selbst Täter des § 248b sein, wenn er das Fahrzeug gegen den Willen des Berechtigten nutzt.[260] Da § 248b das Recht zur Ingebrauchnahme eines Fahrzeugs schützt, muss der Berechtigte ein Recht zum Gebrauch des Fahrzeugs *zum Zwecke der Fortbewegung* haben. Alle Rechte an einem Fahrzeug, die nicht das Recht zum Gebrauch als Fortbewegungsmittel beinhalten, führen daher nicht zu einer Berechtigung i.S.d. § 248b. Dies gilt beispielsweise für den Inhaber eines Pfandrechts, da diesem das Pfandrecht nur als Sicherheit dient, ihn aber nicht zum Fahren mit dem Fahrzeug berechtigt.[261]

Der Berechtigte muss das Fahrzeug nicht tatsächlich oder rechtlich zu Fortbewegungszwecken nutzen können. Wurde dem Berechtigten beispielsweise nach § 69 Abs. 1 die Fahrerlaubnis entzogen oder kann er aufgrund einer Erkrankung oder eines Unfalls das Fahrzeug tatsächlich nicht fahren, so bleibt er doch Berechtigter i.S.d. § 248b.[262]

Steht mehreren die Befugnis zum Gebrauch eines Fahrzeugs zu Fortbewegungszwecken zu, so ist jeder von ihnen gegenüber jedem Dritten Berechtigter i.S.d. § 248b Abs. 1. Ein Mitberechtigter ist hingegen grundsätzlich nicht Berechtigter gegenüber einem anderen Mitberechtigten.[263] Eine Berechtigtenstellung eines Mitberechtigten gegenüber einem anderen kann sich aber aus dem zwischen den Mitberechtigten bestehenden Rechtsverhältnis ergeben.[264]

---

259  Dies ist darin begründet, dass das von § 248b geschützte Rechtsgut nicht das Eigentum als solches ist, sondern ein verselbstständigtes Nutzungs- und Gebrauchsrecht.

260  *Arzt/Weber/Heinrich/Hilgendorf*, BT, § 13, Rn. 141; *Gilka*, Diebstahl und Gebrauchsentwendung von Kfz, S. 62; *Kindhäuser*, in: NK, § 248b, Rn. 1; *ders.*, BT II, § 9, Rn. 1; *Küper*, BT, S. 22; *Kudlich*, in: Satzger/Schmitt/Widmaier, § 248b, Rn. 6; *Maurach/Schroeder/Maiwald*, BT I, § 37, Rn. 5; *Mitsch*, BT 2/2, § 1, Rn. 16; *Wagner*, Komm. NotVO, S. 48; *Wessels/Hillenkamp*, BT II, Rn. 433 (*Hillenkamp* weist treffend auf die Parallele zu § 123 hin, wo ebenfalls der Eigentümer Täter sein kann); a.A.: *Eser/Bosch*, in: Schönke/Schröder, § 248b, Rn. 1; *Hohmann*, in: MüKo, § 248b, Rn. 1; *Hoyer*, in: SK, § 248b, Rn. 3; *Lackner/Kühl*, § 248b, Rn. 1; *Otto*, Jura 1989, 200, 206; *Roth*, Eigentumsschutz, S. 27. *Roth* meint, dass die mögliche Täterschaft des Eigentümers dazu führe, dass „bloße Vertragswidrigkeiten" bestraft werden, „für deren strafrechtliche Sanktionierung jedenfalls kein dringendes kriminalpolitisches Bedürfnis geltend gemacht werden" könne.

261  *Mitsch*, BT 2/2, § 1, Rn. 17.

262  *Mitsch*, BT 2/2, § 1, Rn. 18.

263  Vgl. *Janiszewski*, Verkehrsstrafrecht, Rn. 576; *Wagner*, Komm. NotVO, S. 51.

264  Vgl. *Wagner*, Komm. NotVO, S. 51.

## bb)    Entgegenstehender Wille

Der Wille des Berechtigten muss der Ingebrauchnahme entgegenstehen. Der entgegenstehende Wille des Berechtigten ist damit objektives Tatbestandsmerkmal; er kann ausdrücklich erklärt werden, kann sich aber auch aus den Umständen ergeben.[265]

(1)    Bedeutung von „gegen den Willen"

Zunächst ist zu klären, wie die Formulierung „gegen den Willen" zu verstehen ist. Einerseits könnte sie so verstanden werden, dass die Ingebrauchnahme des Fahrzeugs gegen den Willen des Berechtigten erfolgt, wenn der Berechtigte nicht ausdrücklich damit einverstanden ist. „Gegen den Willen" wäre dann als „ohne (tatbefürwortenden) Willen" zu lesen.[266] Andererseits könnte sie so verstanden werden, dass die Ingebrauchnahme erst durch den entgegenstehenden Willen des Berechtigten zu einer tatbestandsmäßigen Handlung i.S.d. § 248b wird und deshalb ein entgegenstehender Wille zur Erfüllung des Tatbestands vorausgesetzt wird.[267] Auch im Rahmen des § 123 Abs. 1 wird diskutiert, ob das Tatbestandsmerkmal „eindringen" ein Handeln gegen oder ohne den Willen des Berechtigten verlangt.[268] Nach überwiegender Meinung setzt „eindringen" ein Betreten *gegen* den Willen des Berechtigten voraus, während es nach anderer

---

265  Vgl. *Eser/Bosch*, in: Schönke/Schröder, § 248b, Rn. 7; *Fischer*, § 248b, Rn. 6; *Ruß*, in: LK (11. Aufl.), § 248b, Rn. 7.

266  So ausdrücklich *Mitsch*, BT 2/2, § 1, Rn. 22.

267  So *Ludwig/Lange*, JuS 2000, 446, 449, die betonen, dass sich der entgegenstehende Wille auch aus den Umständen ergeben könne. Sie verwenden einen aus dem Verwaltungsrecht bekannten Begriff und beschreiben die Regelung des § 248b als „Erlaubnis mit Verbotsvorbehalt" (gegen den Vergleich zum Verwaltungsrecht und die Ansicht von *Ludwig/Lange* allgemein *Disput*, (Mutmaßliche) Zustimmung des Rechtsgutsträgers, S. 64 ff.). Siehe auch *Fischer*, Vor § 32, Rn. 4a, der in Bezug auf § 123 die Ansicht vieler Autoren bezweifelt, die das Betreten fremder Wohnungen zur Abwendung von Gefahren bei Abwesenheit des Berechtigten als Fall der Rechtfertigung durch mutmaßliche Einwilligung ansehen, obwohl schon der objektive Tatbestand des § 123 einen *entgegenstehenden* Willen des Berechtigten voraussetze. Auch *Eisele*, BT II, Rn. 268 und *Küper*, BT, S. 222 stellen fest, dass die Ingebrauchnahme nur „gegen den Willen des Berechtigten" erfolge, wenn der ausdrückliche oder mutmaßliche Wille des Berechtigten entgegenstehe. Allerdings scheinen sie das Fehlen eines tatbefürwortenden Willens dann doch zur Erfüllung des Tatbestandsmerkmals „gegen den Willen" ausreichen zu lassen.

268  *Wagner*, JR 1932, 253, 255 verweist bezüglich der Auslegung des Merkmals „gegen den Willen" in § 1 der NotVO von 1932 sogar auf die Rechtsprechung zu § 123, da er davon ausgeht, dass das Erfordernis des Handelns gegen den Willen des Berechtigten im Rahmen der NotVO genauso auszulegen sei wie im Rahmen des § 123.

Ansicht ein Betreten *ohne* den Willen des Berechtigten voraussetzt.[269] Dieser Streit wird teilweise als „reine Frage des Geschmacks" bezeichnet.[270] Dem ist insofern zuzustimmen, als sich die beiden Ansichten anscheinend im Ergebnis nicht unterscheiden: Da auch diejenigen, die ein Betreten des geschützten Ortes „gegen den Willen" des Berechtigten verlangen, den objektiven Tatbestand bereits als erfüllt ansehen, wenn der Täter den Ort *ohne* eine ausdrücklich oder konkludent erteilte Erlaubnis betritt,[271] scheint es sich um einen Streit um die Formulierung zu handeln.[272] Im Ergebnis entfällt der objektive Tatbestand bei § 123 Abs. 1 nach beiden Ansichten nur beim Vorliegen einer ausdrücklichen oder konkludenten Zustimmung.[273] Auf theoretischer Ebene bezeichnet „gegen" aber durchaus etwas anderes als „ohne" und die Tatsache, dass der objektive Tatbestand des § 123 Abs. 1 im Ergebnis nach beiden erwähnten Ansichten unter den gleichen Voraussetzungen nicht erfüllt ist, bedeutet keinesfalls, dass es – insbesondere im Rahmen des § 248b – dahinstehen kann, ob eine Handlung „gegen" oder „ohne" den Willen des Berechtigten zu erfolgen hat.[274]

---

269 **Gegen den Willen**: *Fischer*, § 123, Rn. 14; *Lackner/Kühl*, § 123, Rn. 5; *Lenckner/Sternberg-Lieben*, in: Schönke/Schröder, § 123, Rn. 11; *Lilie*, in: LK, § 123, Rn. 45; *Rengier*, BT II, § 30, Rn. 8; *Schäfer*, in: MüKo, § 123, Rn. 27; *Wessels/Hettinger*, BT I Rn. 584; **ohne den Willen**: *Amelung*, NStZ 1985, 457, 457; *Amelung/Schall*, JuS 1975; 565, 567; *Rudolphi/Stein*, in: SK, § 123, Rn. 13; *Schröder*, JR 1967, 304, 305.

270 Vgl. *Seier*, JA 1978, 622, 622. *Seier* bezeichnet den Streit als „reine Frage des Geschmacks"; er sei nur für die Subsumtion entscheidend, verändere aber nicht das Ergebnis der Strafbarkeit. Dem wird von *Ludwig/Lange*, JuS 2000, 446, 448 entgegen gehalten, dass die Subsumtion als solche bereits wichtig sei. Zudem bestehe ein großer dogmatischer Unterschied zwischen beiden Ansichten.

271 So ausdrücklich *Lenckner/Sternberg-Lieben*, in: Schönke/Schröder, § 123, Rn. 14/15.

272 So auch *Lilie*, in: LK, § 123, Rn. 47; *Schäfer*, in: MüKo, § 123, Rn. 27 und *Wessels/Hettinger*, BT I, Rn. 584, die darauf hinweisen, dass sich die beiden Ansichten mehr in der Formulierung als im praktischen Ergebnis unterscheiden. Siehe dazu auch *Fischer*, § 123, Rn. 14; *Hanack*, JuS 1964, 352, 354 („Scheinproblem"); *Ostendorf*, in: NK, § 123, Rn. 29; *Rudolphi/Stein*, in: SK, § 123, Rn. 13; *Schröder*, JR 1969, 467, 467 f. Das BayObLG hat in BayObLG JR 1969, 466, 467 die Frage, ob das Eindringen gegen oder ohne den Willen des Berechtigten zu erfolgen habe, mit dem Argument offen gelassen, dass es nach beiden Ansichten auf den mutmaßlichen Willen des Berechtigten ankomme.

273 A.A. *Ludwig/Lange*, JuS 2000, 446, 448.

274 Siehe *Bohnert*, GA 1983, 1, 10, der in seinen Ausführungen, die sich auf § 123 beziehen, darlegt, dass im Recht „ohne" und „gegen" den Willen „zumeist zweierlei" sei. Es sei schwierig, das Verhältnis von „gegen" und „ohne" den Willen des Berechtigten zu bestimmen. Damit „ohne" überhaupt einen Sinn ergebe, müsse unterstellt werden, dass „ohne" auch die Fälle des entgegenstehenden Willens erfasse (davon gehen die Vertreter dieser Ansicht auch offensichtlich aus). Dies sei schon fragwürdig, denn „ohne" sei

*Mitsch* geht davon aus, dass im Rahmen des § 248b „gegen den Willen" als „ohne den Willen" des Berechtigten zu lesen sei, da auch eine Ingebrauchnahme strafbar sei, während deren Vollzugs der Berechtigte überhaupt keinen aktuellen Willen bezüglich der Fahrzeugbenutzung habe. Es sei „absurd", wenn der Täter, während der Berechtigte schlafe und deshalb keinen Willen bilden könne, straflos eine Fahrt mit dessen Wagen unternehmen könne.[275] Diesem Ergebnis ist zwar zuzustimmen, allerdings führt dies nicht automatisch dazu, auch der Argumentation zu folgen, denn auch wenn „gegen den Willen" einen entgegenstehenden Willen erfordert, könnte der Täter nicht einfach straflos ein Fahrzeug benutzen, während der Berechtigte keinen aktuellen Willen bilden kann. Im Rahmen des § 248b ist ein *aktueller* Wille genauso wenig erforderlich wie im Rahmen des Herrschaftswillens bei § 242. Dort verlangt die Wegnahme das Bestehen fremden Gewahrsams. Gewahrsam wiederum setzt nach überwiegender Ansicht voraus, dass ein tatsächliches Herrschaftsverhältnis, getragen von einem natürlichen Herrschaftswillen, besteht.[276] Bezüglich dieses Herrschaftswillens ist anerkannt, dass ein einmal erworbener Gewahrsam an einer Sache auch dann fortbesteht, wenn der Gewahrsamsinhaber nicht mehr an die Sache denkt. Es genügt ein mitbewusster oder potentieller Herrschaftswille.[277] Auch Schlafende

---

nicht der Oberbegriff von „gegen". Aber davon abgesehen müsse es überhaupt Fälle geben, in denen das Eindringen nicht „gegen", sondern nur „ohne" den Willen möglich sei. Dies ist laut *Bohnert* nur in der Situation denkbar, in der es keinen Berechtigten gibt (er verweist auf ein herrenloses Schiff) oder, in der der Berechtigte kundtut, er habe keinen Willen, „etwa bei einem Gartenhaus, das ihn nicht mehr interessiert, weil ihm alles gleich ist." Dringe jemand in diese Räumlichkeiten ein, so geschehe dies „ohne" den Willen. Allerdings seien dies auch keine Fälle des § 123, weil es gerade an der Willensbarriere des Berechtigten fehle. *Bohnert* kommt deshalb zu dem Ergebnis, dass „die „Ohne"-Formel daher nicht nur [...] überflüssig, sondern [...] unrichtig" sei. A.A. *Disput*, (Mutmaßliche) Zustimmung des Rechtsgutsträgers, S. 66, die eine „Unterscheidung zwischen den Begriffen" für „unzweckmäßig" hält.

275 *Mitsch*, BT 2/2, § 1, Rn. 22.
276 *Eser/Bosch*, in: Schönke/Schröder, § 242, Rn. 23; *Lackner/Kühl*, § 242, Rn. 8a. Neben dem von einem Herrschaftswillen getragenen tatsächlichen Herrschaftsverhältnis berücksichtigt die h.M. auch die Verkehrsanschauung, siehe dazu BGH wistra 1994, 95, 99 f.; *Lackner/Kühl*, § 242, Rn. 9. *Hillenkamp* betont das letztgenannte Element besonders und stellt statt auf die tatsächliche Sachherrschaft auf die „sozial-normative Zurodnung der Sache zur Herrschaftssphäre einer Person" ab, verlangt aber gleichfalls einen Gewahrsamswillen, *Wessels/Hillenkamp*, BT II, Rn. 82, 87. Siehe zu den verschiedenen in der Literatur vertretenen Gewahrsamsbegriffen *Vogel*, in: LK, § 242, Rn. 54 m.w.N.
277 *Eser/Bosch*, in: Schönke/Schröder, § 242, Rn. 30; *Vogel*, in: LK, § 242, Rn. 67.

und Bewusstlose[278] behalten danach den Gewahrsam. Die bloße zeitliche Unterbrechung des Herrschaftswillens führt nicht zum Gewahrsamsverlust.[279] Übertragen auf § 248b bedeutet dies, dass der entgegenstehende Wille nicht ständig *aktualisiert* werden und *bewusst* bestehen muss, sondern ein *genereller* bzw. *potentieller entgegenstehender* Wille ausreicht.[280] Damit liegt in den von *Mitsch* angesprochenen Fällen ein entgegenstehender Wille vor.

Das von *Mitsch* angeführte Argument für die Interpretation als „ohne den Willen" kann folglich nicht überzeugen. Ein Vergleich mit der Auslegung des

---

278 Auch Bewusstlose, die vor Wiedererlangung des Bewusstseins sterben, behalten nach überwiegender und richtiger Ansicht während ihrer Bewusstlosigkeit den Gewahrsam, BGH NJW 1995, 1911, 1911; *Eser/Bosch*, in: Schönke/Schröder, § 242, Rn. 30; *Fischer*, § 242, Rn. 13; *Kindhäuser*, in: NK, § 242, Rn. 36; *Wessels/Hillenkamp*, BT II, Rn. 87; anderenfalls käme es zu einem rechtlichen Schwebezustand, der u.U. Wochen oder Monate andauern könnte. A.A. BayObLGSt 1960, 329, 330 f.; *Seelmann/Pfohl*, JuS 1987, 199, 202.

279 BGHSt 4, 210, 211; BGH NJW 1985, 1911, 1911 mit kritischer Anm. *Seelmann/Pfohl*, JuS 1987, 199, 199 ff.; *Eser/Bosch*, in: Schönke/Schröder, § 242, Rn. 30; *Fischer*, § 242, Rn. 13; *Gropp*, JuS 1999, 1041, 1042; *Kindhäuser*, in: NK, § 242, Rn. 36; *ders.*, BT II, § 2, Rn. 34; *Maurach/Schroeder/Maiwald* BT I, § 33, Rn. 18; *Mitsch*, BT 2/1, § 1, Rn. 59; *Rengier*, BT I, § 2, Rn. 21; *Vogel*, in: LK, § 242, Rn. 69. Vgl. auch BGHSt 20, 32, 33.

280 Vgl. *Marlie*, JA 2007, 112, 117, Fn. 66 der in Bezug auf § 123 anmerkt, dass es „wie beim Gewahrsam bei § 242 nicht auf einen ständig aktualisierten Willen ankommen" könne. Vielmehr müsse „ein genereller [...] Wille ausreichen." Vgl. auch *Vogel*, in: LK, § 248b, Rn. 7: Eine Ingebrauchnahme *ohne* den Willen des Berechtigten reiche zwar nicht aus, dies führe jedoch nicht zur Tatbestandslosigkeit einer Ingebrauchnahme ohne Wissen und Willen des Berechtigten, sondern „der dem Gewahrsam des Berechtigten zugrunde liegende *generelle Herrschaftswille*" reiche „als entgegenstehender Wille" aus. Nach *Vogel* gibt es folglich nicht einen generellen Herrschaftswillen und einen generellen entgegenstehenden Willen, sondern der generelle Herrschaftswille im Rahmen des Gewahrsamsbegriffs dient zugleich als entgegenstehender Wille i.S.d. § 248b. Dies ist eine gute Idee und die Lösung ähnelt im Ergebnis sehr der hier vertretenen Ansicht. Allerdings gibt es auch Fälle, in denen ein Gebrauch gegen den Willen des Berechtigten möglich ist, ohne dass dabei der Herrschaftswille des Berechtigten tangiert wird, da der Gewahrsam nicht betroffen ist. Denkbar ist etwa die Situation, dass der Täter auf einem großen umzäunten Firmengelände ein Fahrzeug seines Arbeitgebers zu Fortbewegungszwecken gebraucht, obwohl dies dem Willen des Arbeitgebers widerspricht. Da der Gebrauch aber nur innerhalb des Firmengeländes stattfindet, bleibt der Gewahrsam des Berechtigten unberührt. In einem solchen Fall reicht der dem Gewahrsam zugrunde liegende generelle Herrschaftswille als entgegenstehender Wille nicht aus. Siehe auch *Bohnert*, GA 1983, 1, 10, Fn. 31, der die Bedeutung eines nicht aktuellen oder nicht aktualisierten Willens im Rahmen des § 123 betont. Der Wille trete nur in seltenen Fällen als „aktuell-konkreter" hervor, ebenda, S. 19.

Merkmals „eindringen" i.S.d. § 123 Abs. 1 spricht eher dafür, „gegen den Willen" als „ohne (tatbefürwortenden) Willen" zu interpretieren, obwohl die überwiegende Ansicht im Rahmen des § 123 ein Betreten der geschützten Örtlichkeit *gegen* den Willen des Berechtigten fordert; dies wird aber im Ergebnis als Betreten *ohne* ausdrückliche oder konkludente Zustimmung interpretiert. Ein Vergleich hingegen mit dem Antrag von Dr. Wunderlich und Genossen aus dem Jahre 1930 zur Abänderung des Gesetztes über den Verkehr mit Kraftfahrzeugen durch Einfügen eines neuen § 20a[281] legt nahe, dass das Merkmal „gegen den Willen" einen *entgegenstehenden* Willen erfordert. § 20a sah vor, die Benutzung eines Kraftfahrzeuges „*ohne* Wissen und Willen" des Fahrzeuginhabers unter Strafe zu stellen. Die zwei Jahre später erlassene NotVO hingegen enthielt die Formulierung „gegen den Willen", die auch in § 248b übernommen wurde. Da der Verzicht auf das Erfordernis des „Wissens" bewusst erfolgte,[282] ist davon auszugehen, dass auch die Verwendung der Formulierung „gegen" statt „ohne" nicht versehentlich geschah.

Letztendlich entscheidend ist aber der Wortlaut des § 248b Abs. 1: „Gegen den Willen" des Berechtigten ist nicht gleich bedeutend mit „ohne den Willen".[283] Dies zeigt auch ein Vergleich mit § 236 a.F.: § 236 a.F. bedrohte denjenigen mit Strafe, der „eine Frau *wider ihren Willen* durch List, Drohung oder Gewalt entführt, um sie zur Unzucht zu bringen [oder] um die Entführte zur Ehe zu bringen". „Wider ihren Willen" ist dabei gleichbedeutend mit „gegen ihren Willen"[284] und kann deshalb als Vergleich für die Auslegung des Merkmals „gegen den Willen" herangezogen werden. Im Rahmen des § 236 a.F. reichte ein Handeln „ohne Willen" nicht aus;[285] die bloße mangelnde Zustimmung ge-

---

281 RT-Drucks. Nr. 1582/1928 (IV. Wahlperiode von 1928). Siehe dazu auch oben unter B. III.

282 *Wagner*, JR 1932, 253, 255: „Abweichend von dem [...] Antrag Dr. Wunderlich und Gen. legt die Verordnung auf das Wissen des Berechtigten von der Gebrauchsanmaßung kein Gewicht; [...]."

283 Vgl. auch *Bohnert*, GA 1983, 1, 10: „*Ohne* und *gegen* den Willen ist im Recht zumeist zweierlei." (Hervorhebung nicht im Originaltext).
Vgl. auch den Wortlaut der Parallelvorschrift im österreichischen Strafgesetzbuch: § 136 Abs. 1 enthält die Formulierung „*ohne* Einwilligung". So auch Section 12 Abs. 1 Theft Act 1968 im englischen Recht: „*without* having the consent of the owner".

284 *Frank*, § 236, Anm. II. 1 („entgegenstehende[r] Wille[...]"), Anm. III. („gegen den Willen"); *Petters/Preisendanz*, § 236, Anm. 3 („gegen ihren Willen"); *Schaefer*, in: LK (8. Aufl.), § 236, Anm. II. 1 („widerstrebenden Willen").

285 *Freiesleben*, in: Olshausen, § 236, Anm. 4, demzufolge es „unzulässig ist [...], anstelle von „wider ihren Willen" „ohne ihren Willen" zu setzen"; *Schwarz*, § 236, Anm. 2 B.: „Ein Handeln ohne den Willen genügt nicht."

nügte deshalb nicht zur Erfüllung des Tatbestandes.[286] Auch der BGH entschied in diesem Zusammenhang, dass das Merkmal „wider [den] Willen" „sinnverschieden[...]" von dem Merkmal „ohne Einwilligung" sei; eine dahingehende Umdeutung sei daher unzulässig.[287]

Eine Auslegung des Merkmals „gegen den Willen" als „ohne den Willen" würde den Tatbestand zu Lasten des Täters ausdehnen: Der objektive Tatbestand wäre dann bereits erfüllt, wenn keine ausdrücklich oder konkludent erteilte Zustimmung des Berechtigten vorläge;[288] ein – wenn auch u.U. nicht aktueller – entgegenstehender Wille wäre hingegen nicht erforderlich. Eine Auslegung von „gegen den Willen" als „ohne den Willen" wäre somit eine Analogie zu Lasten des Täters. Dies ist im Hinblick auf Art. 103 Abs. 2 GG und § 1 nicht zulässig.[289] Der „mögliche Wortsinn" einer Vorschrift bildet die „äußerste Grenze zulässiger richterlicher Interpretation" und damit die äußerste Auslegungsgrenze.[290] Diese Grenze würde mit der von *Mitsch* vorgeschlagenen Auslegung und der Übertragung der im Rahmen des § 123 Abs. 1 von den meisten Autoren vertretenen Auslegung[291] zulasten des Täters überschritten.[292] Auch der Gedankengang *Rönnaus* kann im Hinblick auf den eindeutigen Wortlaut des § 248b nicht überzeugen: *Rönnau* argumentiert, dass es einen Bruch mit der „bewährten Gesetzgebungstechnik", wertvolle Rechtsgüter abstrakt-generell und damit unabhängig vom Individualwillen des Betroffenen unter strafrechtlichen Schutz zu stellen und nur im Einzelfall durch eine Einwilligung eine Dispensmöglichkeit

---

286  *Freiesleben*, in: Olshausen, § 236, Anm. 4.
287  BGHSt 23, 1, 3. So auch *Schaefer*, in: LK (8. Aufl.), § 236, Anm. II. 1. „Einwilligung" ist in diesem Zusammenhang nicht als *rechtfertigende* Zustimmung zu verstehen, sondern als Zustimmung zu einer Handlung im allgemeinen Sinne.
288  Anders dann, wenn man im Rahmen der willensbezogenen Delikte ein tatbestandsausschließendes mutmaßliches Einverständnis anerkennt. Dazu unten unter C. II. 2. b) bb) (3). Siehe dazu *Disput*, (Mutmaßliche) Zustimmung des Rechtsgutsträgers, S. 96 ff., 149 ff.
289  Siehe zum Analogieverbot allgemein *Dannecker*, in: LK, § 1, Rn. 238 ff.
290  BVerfGE 47, 109, 121; 71, 108, 115; 82, 236, 269; 92, 1, 12; BGHSt 3, 300, 303; 4, 144, 148; 43, 237, 238; 47, 243, 244; *Dannecker*, in: LK, § 1, Rn. 250 ff. m.w.N.
291  Dort stellt sich die Situation im Hinblick auf einen möglichen Verstoß gegen Art. 103 Abs. 2 GG und § 1 allerdings anders dar, da der Wortlaut des § 123 Abs. 1 nicht das Betreten *gegen* den Willen des Berechtigten verlangt, sondern nur von „eindringen" spricht. Der mögliche Wortsinn ist hier nicht überschritten, wenn man „eindringen" als Betreten des geschützten Ortes *ohne* den Willen des Hausrechtsinhabers interpretiert.
292  Siehe dazu auch BGHSt 23, 1, 3, wo festgestellt wird, dass es unzulässig sei, „das Merkmal „wider Willen" in das *sinnverschiedene* Merkmal „ohne Einwilligung" umzudeuten." (Hervorhebung nicht im Originaltext).

von diesem strafrechtlichen Verbot zu schaffen, darstelle, wenn man den Aufbau des Strafrechtsschutzes an den erklärten oder mutmaßlichen Willen des Berechtigten knüpfe. Dies hätte „erhebliche Schutzlücken" zur Folge und würde die betroffenen Individualrechtsgüter „ein Stück weit sozialisier[en]". Im Rahmen des § 123 sei das Betreten der geschützten Orte nicht vom Grundsatz her gestattet[293] und erst ein (ausdrücklicher oder mutmaßlicher) entgegenstehender Wille des Berechtigten mache das „Eindringen" strafbar, sondern jeder Aufenthalt in den geschützten Örtlichkeiten, der ohne den Willen des Berechtigten erfolge, sei bereits verboten.[294] Unabhängig davon, inwiefern dies in Bezug auf § 123 überzeugend ist, kann es jedenfalls nicht für § 248b gelten: Der Wortlaut des § 248b spricht ausdrücklich von „*gegen* den Willen des Berechtigten" und deshalb hat der Gesetzgeber bei der unbefugten Ingebrauchnahme gerade nicht abstrakt-generell und unabhängig vom Individualwillen das Gebrauchsrecht strafrechtlich geschützt, sondern den strafrechtlichen Schutz ausdrücklich von einem *entgegenstehenden* Willen des Berechtigten abhängig gemacht.[295] Dies überrascht im Rahmen des § 248b auch nicht: Die Regelung stellt eine Ausnahmevorschrift dar, die ausnahmsweise die im deutschen Recht grundsätzlich straflose Gebrauchsanmaßung unter Strafe stellt. Dass der Gesetzgeber bei der Ausnahmeregelung zum ansonsten straflosen *furtum usus* einen entgegenstehenden Willen des Berechtigten fordert, unterstreicht letztendlich nur den Ausnahmecharakter des § 248b.

Im Ergebnis ist „gegen den Willen" deshalb so zu verstehen, dass die Ingebrauchnahme erst durch den entgegenstehenden Willen des Berechtigten zu einer tatbestandsmäßigen Handlung i.S.d. § 248b wird.[296] Ein genereller bzw. po-

---

293  So aber *Ludwig/Lange*, JuS 2000, 446, 450.

294  *Rönnau*, in: LK, Vor § 32, Rn. 216.

295  Siehe *Disput*, (Mutmaßliche) Zustimmung des Rechtsgutsträgers, S. 67, 111, die zwar der Meinung ist, dass zwischen der Formulierung „gegen und ohne den Willen" kein Unterschied bestehe, aber gleichzeitig feststellt, dass „das Erfordernis des entgegenstehenden Willens" selten „so klar wir bei § 248b" in das StGB aufgenommen worden sei.

296  So wohl neben *Ludwig/Lange*, JuS 2000, 446, 449 auch *Wagner*, JW 1932, 3679, 3681, der ausführt, dass die Ingebrauchnahme gegen den Willen des Berechtigten erfolge, wenn sie gegen den ausdrücklich erklärten Willen erfolge oder wenn der entgegenstehende Wille sich aus den Umständen ergebe. In JR 1932, 253, 255 verweist *Wagner* auf die Rechtsprechung zum Merkmal „eindringen" im Rahmen des § 123 Abs. 1. In RGSt 39, 440, 441 spricht das Reichsgericht von „wider dessen Willen". *Wider* den Willen ist vom Wortlaut her gleichbedeutend mit *gegen* den Willen. Allerdings lässt sich daraus noch kein Schluss auf die Bedeutung von „wider den Willen" ziehen, da auch die heutige Lehre überwiegend davon ausgeht, dass ein Betreten *gegen* den Willen des Berechtigten erfolgen müsse, der objektive Tatbestand des § 123 Abs. 1 aber trotzdem nur beim Vorliegen einer ausdrücklichen oder konkludenten Zustimmung entfalle (dazu

tentieller entgegenstehender Wille ist in diesem Zusammenhang ausreichend.[297] Daraus folgt, dass – ebenso wie in Bezug auf den Herrschaftswillen beim Gewahrsam im Rahmen des § 242 – auch Schlafende und Bewusstlose einen der Ingebrauchnahme entgegenstehenden Willen haben können. Dieser wird durch die zeitliche Unterbrechung nicht endgültig beseitigt.[298] Der „entgegenstehende Wille kann aus äußeren Umständen nach Maßgabe der Sozialüblichkeit geschlossen werden."[299] Bereits *Wagner* ging in Bezug auf das Merkmal „gegen den Willen des Berechtigten" in § 1 der NotVO von 1932 davon aus, dass sich in der Mehrzahl der Fälle der entgegenstehende Wille aus den Umständen ergebe. Nach der allgemeinen Lebenserfahrung sei nicht davon auszugehen, dass der Berechtigte damit einverstanden sei, dass ein Dritter das entsprechende Fahrzeug in Gebrauch nehme, wenn nicht „ganz besondere Umstände" vorlägen.[300] Dies entspricht dem dargelegten generellen bzw. potentiellen entgegenstehenden Willen. Insbesondere kann ein entgegenstehender Wille auch durch äußerliche Vorkehrungen wie beispielsweise Schlösser zum Ausdruck gebracht werden.[301] Kraftfahrzeuge und Fahrräder sind meistens abgeschlossen bzw. verschlossen und bei Kraftfahrzeugen liegt häufig auch eine Wegfahrsperre vor.

---

oben). Somit ist aus dem Verweis *Wagners* auf die Rechtsprechung des RG zu § 123 Abs. 1 nichts für die Interpretation des Merkmals „gegen den Willen des Berechtigten" im Rahmen des § 248b gewonnen.

Siehe auch *Marlie*, JA 2007, 112, 115, der feststellt, dass es bei der Frage, ob ein entgegenstehender Wille vorliegt, „um nicht mehr und nicht weniger als die Frage, ob ein Tatbestandsmerkmal [...] vorliegt, oder nicht" gehe. Der entgegenstehende Wille habe für die Erfüllung der Tatbestandes „konstituierende Wirkung".

297   Siehe *Gilka*, Diebstahl und Gebrauchsentwendung von Kfz, S. 63, der davon ausgeht, dass i.d.R. die heimliche Ingebrauchnahme eines Kfz „gegen den Willen des Berechtigten" erfolge.

298   Vgl. *Vogel*, in: LK, § 242, Rn. 69 und Angaben oben in Fn. 279. Vgl. dazu auch *Frank*, § 236, Anm. II. 1 zum Merkmal „wider ihren Willen" im Rahmen des § 236 a.F. (siehe außerdem *Freiesleben*, in: Olshausen, § 236, Anm. 4; *Schaefer*, in: LK (8. Aufl.), § 236, Anm. II. 1; *Schwarz*, § 236, Anm. 2 B.). Dies gilt auch für Bewusstlose, die vor Wiedererlangung des Bewusstseins sterben; vgl. dazu oben Fn. 278. Tote hingegen können in Bezug auf ein Fahrzeug, dessen „Berechtigte" i.S.d. § 248b sie zu Lebzeiten waren, keinen der Ingebrauchnahme entgegenstehenden Willen mehr haben, da der Wille mit dem Tod endgültig erlischt, vgl. RGSt 58, 228, 229; BGHR StGB § 242 Abs. 1 Gewahrsam 1; *Eser/Bosch*, in: Schönke/Schröder, § 242, Rn. 30; *Vogel*, in: LK, § 242, Rn. 68.

299   So *Hartmann*, in: HK-GS, § 123, Rn. 15 in Bezug auf § 123.

300   *Wagner*, Komm. NotVO, S. 52 f.

301   Vgl. *Hartmann*, in: HK-GS, § 123, Rn. 15.

Für den entgegenstehenden Willen ist eine natürliche Willensfähigkeit des Berechtigten ausreichend;[302] betätigt dieser einen natürlichen Willen in ablehnender Weise, so wird durch die Ingebrauchnahme dieser Wille tatsächlich überwunden.

Steht der Wille des Berechtigten der Ingebrauchnahme des Fahrzeugs entgegen, so ist der Gebrauch durch den Täter auch dann tatbestandsmäßig, wenn der Berechtigte ihn dulden muss. Eine Duldungspflicht ändert nichts an der objektiven Tatbestandsmäßigkeit des Verhaltens, solange dadurch die Berechtigtenstellung nicht aufgehoben wird. Allerdings wird das der Duldungspflicht korrespondierende Nutzungsrecht des Täters i.d.R. dazu führen, dass das Handeln gerechtfertigt ist.[303]

Geht der Täter irrtümlich davon aus, dass der Wille des Berechtigten der Ingebrauchnahme nicht entgegensteht, so liegt ein vorsatzausschließender Tatbestandsirrtum gem. § 16 Abs. 1 S. 1 vor.[304] Hält der Täter hingegen einen entgegenstehenden Willen für gegeben, obwohl der Wille des Berechtigten dem Fahrzeuggebrauch nicht entgegensteht, so liegt ein untauglicher Versuch vor.[305]

(2)    Einverständnis

Nach dem gerade dargelegten Verständnis des Merkmals „gegen den Willen des Berechtigten" kommt einem tatsächlichen Einverständnis keine eigenständige Bedeutung mehr zu, weil im Rahmen des § 248b nicht nach einem zustimmenden Willen des Berechtigten zu fragen ist, sondern nach einem entgegenstehenden.[306] Liegt ein Einverständnis des Berechtigten vor, fehlt es am entgegenstehenden Willen und damit an einem objektiven Tatbestandsmerkmal. Da ein Einverständnis aber auch tatbestandsausschließende Wirkung hat, wenn man „ge-

---

302  Vgl. BGHSt 23, 1, 3 zum Merkmal „wider ihren Willen" im Rahmen des § 236 a.F., wo auf den natürlichen Willen abgestellt wird.

303  *Mitsch*, BT 2/2, § 1, Rn. 23. A.A. *König*, in: Hentschel/König/Dauer, § 248b, Rn. 8, der ausführt, dass „Nichtbilligung" nicht gegen eine Ingebrauchnahme aufgrund von Notwehr oder rechtfertigendem Notstand in Betracht komme.

304  *Vogel*, in: LK, § 248b, Rn. 10; vgl. auch OLG Köln JMBl. NRW 1964, 91, 91; *Duttke*, in: HK-GS, § 248b, Rn. 11; *Hohmann*, in: MK, § 248b, Rn. 19; *Kindhäuser*, in: NK, § 248b, Rn. 8; *Lackner/Kühl*, § 248b, Rn. 5; *Wessels/Hillenkamp*, BT II, Rn. 437. Zum subjektiven Tatbestand allgemeine siehe unten unter C. II. 4.

305  Vgl. *Fischer*, § 248b, Rn. 7; *Lackner/Kühl*, § 248b, Rn. 5; *Rönnau*, in: LK, Vor § 32, Rn. 160; *Wessels/Beulke*, AT, Rn. 369.

306  Vgl. auch *Marlie*, JA 2007, 112, 115, der in Bezug auf § 123 anmerkt, dass auch diejenigen, die „eindringen" als ein Betreten des geschützten Ortes gegen den Willen des Berechtigten verstehen, auf einen zustimmenden Willen abstellen, obwohl sie eigentlich einen entgegenstehenden Willen verlangen. Der Grund für das Abstellen auf einen zustimmenden Willen bleibe dabei „meist unklar".

gen den Willen" als „ohne (tatbefürwortenden) Willen" versteht, schließt ein Einverständnis des Berechtigten nach allen Auffassungen den Tatbestand aus.[307] Im Folgenden sind die Voraussetzungen zu erläutern, die ein Einverständnis erfüllen muss. Nach wohl überwiegender Ansicht gibt es keine allgemeinen Wirksamkeitsvoraussetzungen für ein tatbestandsausschließendes Einverständnis; die Voraussetzungen ergeben sich aus dem jeweiligen Tatbestand und dem dort geschützten Rechtsgut.[308] Welchen Voraussetzungen das Einverständnis im Rahmen des § 248b unterliegt, ist streitig. Dabei geht es insbesondere um die Frage, ob das Einverständnis erklärt werden muss, ob eine besondere Einsichtsfähigkeit erforderlich ist und ob bzw. wie sich Willensmängel auswirken.

Einerseits wird vertreten, dass das Einverständnis weder ausdrücklich noch konkludent erklärt werden müsse; es bedürfe keiner Entäußerung.[309] Allerdings müsse das Einverständnis als innere Zustimmung zur Tat auch eine solche *bewusste* Zustimmung darstellen. Ein bloßes Geschehenlassen oder ein passives Erdulden beispielsweise aus Furcht vor Gewalt oder aufgrund von Drohung durch den Täter sei kein Einverständnis, da es am tatbefürwortenden Willen – der inneren Zustimmung – fehle. Auch wenn der Berechtigte aufgrund von Gewalt oder Drohung durch den Täter ausdrücklich oder konkludent seine Zustimmung erkläre, die Ingebrauchnahme aber innerlich ablehne, liege kein wirk-

---

307   *Eser/Bosch*, in: Schönke/Schröder, § 248b, Rn. 7; *Fischer*, § 248b, Rn. 6; *Hohmann*, in: MüKo, § 248b, Rn. 15; *Hoyer*, in: SK, § 248b, Rn. 16; *Rengier*, AT, § 23, Rn. 4; *Ruß*, in: LK (11. Aufl.), § 248b, Rn. 7. Ein Einverständnis des Betroffenen schließt generell dann bereits den Tatbestand aus, wenn der deliktische Charakter der Tathandlung gerade darauf beruht, dass sie gegen oder ohne den Willen des Verletzten erfolgt, *Fischer*, Vor § 32, Rn. 3b; *Kühl*, AT, § 9, Rn. 25; *Rengier*, AT, § 23, Rn. 3; *Wessels/Beulke*, AT, Rn. 362, 366. Ob auch die Einwilligung tatbestandsausschließende Wirkung hat, kann hier dahin stehen, siehe zum Meinungsstand u.a. *Kühl*, AT, § 9, Rn. 21 f. m.w.N.

308   Vgl. *Lackner/Kühl*, Vor § 32, Rn. 11; *Lenckner*, ZStW 72 (1960), 446, 448; *Lenckner/Sternberg-Lieben*, in: Schönke/Schröder, Vorbem. §§ 32, Rn. 32; *Rönnau*, in: LK, Vor § 32, Rn. 158; *Stratenwerth/Kuhlen*, AT I, § 9, Rn. 11; **a.A.** *Geerds*, GA 1954, 262, 264 ff.; wohl auch *Kühne*, JZ 1979, 241, 241 ff.
Im Rahmen des § 248b kann aufgrund der Ähnlichkeit von Struktur und Funktion der beiden Tatbestände (bei beiden Tatbeständen geht es um die Disposition über ein Recht – bei § 248b das Gebrauchsrecht des Berechtigten, bei § 123 das Hausrecht) auf die zum Einverständnis bei § 123 herausgearbeiteten Grundsätze zurückgegriffen werden. Hilfsweise ist außerdem auf allgemeine Überlegungen zum Einverständnis abzustellen.

309   Vgl. BayObLG NJW 1979, 729, 729; OLG Düsseldorf NJW 1988, 83, 83 f.; *Fischer*, § 123, Rn. 23; *Geerds*, GA 1954, 262, 266; *Gropp*, AT, § 6, Rn. 62; *Ludwig/Lange*, JuS 2000, 446, 447; *Wessels/Beulke*, AT, Rn. 368.
Vertreter, die eine Kundgabe der Zustimmung nie – auch nicht bei der Einwilligung – für nötig halten: *Joecks*, Vor § 32, Rn. 21; *Rönnau*, Jura 2002, 665, 666; *Schlehofer*, in: MüKo, Vor § 32, Rn. 120; *Stratenwerth/Kuhlen*, AT, § 9, Rn. 29.

sames Einverständnis vor.[310] Das Einverständnis müsse dem Täter nicht bekannt sein.[311] Aufgrund seines rein tatsächlichen Charakters sei nur die natürliche Willensfähigkeit des Betroffenen entscheidend; auf eine besondere Einsichtsfähigkeit komme es hingegen nicht an.[312] Aufgrund seiner rein tatsächlichen Natur sei das Einverständnis auch bei Willensmängeln grundsätzlich beachtlich.[313] Entscheidend sei nur, dass das Einverständnis freiwillig zustande gekommen sei. Auch ein durch Täuschung erschlichenes Einverständnis[314] oder ein Einverständnis, das auf sittenwidrigen Erwägungen beruhe, sei deshalb wirksam.[315] Kenne der Berechtigte bei Erteilung des Einverständnisses alle tatbestandsrelevanten Tatsachen, irre sich aber über die Begleitumstände oder das Motiv der Ingebrauchnahme, sei dieser Irrtum unbeachtlich. Sein Wille stehe in diesem Fall der Ingebrauchnahme nicht entgegen.[316]

---

310  Vgl. RGSt 68, 306, 307; *Fischer*, § 123, Rn. 23; *Lilie*, in: LK, § 123, Rn. 55; *Mitsch*, BT 2/2, § 1, Rn. 19; *Vogel*, in: LK, § 248b, Rn. 8; *Wessels/Beulke*, AT, Rn. 368; differenzierend: *Lenckner/Sternberg-Lieben*, in: Schönke/Schröder, Vorbem. §§ 32, Rn. 32 und § 123, Rn. 22: Bei einer Drohung im Rahmen des § 123 (entsprechendes gelte für § 248b) komme es darauf an, ob der Berechtigte, ohne seinen entgegenstehenden Willen aufzugeben, infolge der Drohung das Betreten des Raums durch den Täter lediglich dulde, ein Einverständnis also schon gar nicht vorliege, oder ob er dem anderen, wenn auch nur gezwungenermaßen, den Zutritt erlaube: Während es sich im ersten Fall um ein „Eindringen" handle, komme im zweiten Fall nur § 240 in Betracht.

311  BayObLG NJW 1979, 729, 729; *Rengier*, AT, § 23, Rn. 46; vlg. OLG Düsseldorf NJW 1988, 83, 83 f.

312  Vgl. *Gropp*, AT, § 6, Rn. 61; *Lenckner*, ZStW 72 (1960), 446, 449 f.; *Otto*, in: FS Geerds, 603, 606; *Rengier*, AT, § 23, Rn. 45; vgl. auch BGHSt 23, 1, 3.

313  *Fischer*, Vor § 32, Rn. 3b; *Gropp*, AT, § 6, Rn. 62; *Mitsch*, BT 2/2, § 1, Rn. 19; *Wessels/Beulke*, AT, Rn. 367.

314  Vgl. BGHSt 18, 221, 222 f.; BGH VRS 48, 175, 176; *Fischer*, § 123, Rn. 23; *Gropp*, AT, § 6, Rn. 62; *Herzberg*, JA 1980, 385, 391; *Lenckner/Sternberg-Lieben*, in: Schönke/Schröder, Vorbem. §§ 32, Rn. 32, § 123, Rn. 22; *Lilie*, in: LK, § 123, Rn. 50; *Otto*, in: FS Geerds, 603, 606; *Wessels/Beulke*, AT, Rn. 367. Etwas anderes kann u.U. dann gelten, wenn durch Identitätstäuschung ein Verbot zum Gebrauch eines Kraftfahrzeugs oder Fahrrads umgangen wird. Dies dürfte aber – im Gegensatz zum parallel gelagerten Fall der Umgehung eines Hausverbots im Rahmen des § 123 – praktisch kaum vorkommen, vgl. *Fischer*, § 123, Rn. 23.

315  *Wessels/Beulke*, AT, Rn. 367.

316  *Mitsch*, BT 2/2, § 1, Rn. 21. Als Beispiel nennt *Mitsch* den Fall, dass O dem T die Benutzung des Fahrrads zu einer Fahrt in den Nachbarort gestattet. O geht davon aus, dass T dort seine Freundin besuchen möchte. T fährt aber in den Nachbarort, um dort um Geld Karten zu spielen. Hätte O dies gewusst, hätte er dem T die Benutzung nicht gestattet. Da es sich hierbei um einen bloßen Motivirrtum handle, liege trotzdem ein tatbestandsausschließendes Einverständnis vor.

Andererseits wird argumentiert, dass die Wirksamkeit des Einverständnisses bei § 248b voraussetze, dass es kundgegeben werde[317] und der Berechtigte eine natürliche Einsichts- und Urteilsfähigkeit habe. Täuschungsbedingte Willensmängel seien beachtlich, da das Einverständnis dann nicht dem „wahren Willen des Berechtigten" entspreche.[318] Nach einer vor allem von *Kindhäuser* vertretenen Ansicht, die sich im Ergebnis mit dem zuletzt Gesagten deckt, umfasst das Einverständnis unterschiedliche Formen der Zustimmung, die unterschiedlichen Wirksamkeitsvoraussetzungen unterliegen. Das Einverständnis im Rahmen des § 248b falle dabei unter die Gruppe der Zustimmung, die einen Eingriff in eine Rechtsposition betreffe. Der Gebrauch eines Fahrzeugs gegen den Willen des Berechtigten verletze dessen Gebrauchsrecht.[319] In diesem Fall entspreche das Einverständnis einer Einwilligung und deshalb seien auch die gleichen Anforderungen daran zu stellen. Bezüglich der Frage, ob das Einverständnis einer Kundgabe bedürfe, führe dies dazu, dass eine ausdrückliche oder konkludente Kundgabe nötig sei.[320] Auch in Bezug auf die Anforderungen an die Einsichtsfähigkeit gebe es keinen sachlichen Unterschied zwischen Einverständnis und Einwilligung. Das Einverständnis im Rahmen des § 248b sei keinesfalls rein faktischer Natur, da der Berechtigte, indem er den Eingriff in sein Gebrauchsrecht gestatte, ein ihm zustehendes Recht wahrnehme. Deshalb müsse der Berechtigte in der Lage sein, Art und Umfang des Rechtsgutseingriffs zu überblicken.[321]

---

317 So allgemein für das Einverständnis *Roxin*, AT I, § 13, Rn. 76 f.
318 OLG München NJW 1972, 2275, 2275 (zu § 123); *Amelung/Schall*, JuS 1975, 565, 567, nach denen nur die rechtsgutsbezogene Täuschung beachtlich ist; vgl. dazu auch *Bernsmann*, NZV 1989, 49, 52 ff. (zu § 142) und *Nitz*, JR 1998, 211, 212, die nur rechtsgutsbezogene Willensmängel für beachtlich halten; siehe auch *Rengier*, AT, § 23, Rn. 43, der davon ausgeht, dass eine Täuschung „wohl auch" bei § 248b beachtlich sei.
319 *Kindhäuser*, AT, § 12, Rn. 35 ff.
320 *Kindhäuser*, AT, § 12, Rn. 57 f. *Kindhäuser* beschreibt die Situation, dass der Täter, wenn er die Sache des Eigentümers verändere und dieser damit einverstanden sei, seine Zustimmung aber nicht äußere, eine vollendete Sachbeschädigung nach § 303 Abs. 1 oder 2 begehe, während der Täter, der das Fahrzeug des Berechtigten in Gebrauch nehme, ohne dass der Berechtigte, der mit der Ingebrauchnahme einverstanden sei, seine Zustimmung aber nicht äußere, nur eine versuchte unbefugte Ingebrauchnahme nach §§ 248b Abs. 1 und 2, 22, 23 Abs. 1 begehe. Für solche Differenzierung bestehe kein plausibler Grund.
321 *Kindhäuser*, AT, § 12, Rn. 45 f. Auch hier zieht *Kindhäuser* zur Erläuterung einen Vergleich zwischen § 248b und § 303: Die Sachbeschädigung sei ein Eingriff in fremdes Eigentum, die Gebrauchsanmaßung in das Gebrauchsrecht. Umgekehrt nehme der Berechtigte, der diesen Eingriff gestatte, gleichermaßen ein ihm zustehendes Recht wahr. Deshalb sei die Gleichsetzung von Einverständnis (bei § 248b) und Einwilligung (bei

Wird das Einverständnis einer Einwilligung gleichgesetzt, stellt sich darüber hinaus die Frage, ob bei einer Zustimmung zu Vermögens- und Eigentumsverletzungen – wie sie hier aufgrund der Tangierung des Gebrauchs- und Nutzungsrechts vorliegt – die §§ 104 ff. BGB entsprechend anzuwenden sind und deshalb Geschäftsfähigkeit zu verlangen ist.[322] Dies ist abzulehnen, da es sich bei der Zustimmung in eine Vermögens- und Eigentumsverletzung nicht um ein Rechtsgeschäft handelt und die Anwendung der §§ 104 ff. BGB deshalb nicht passt. Des Weiteren würde die Anwendung zu dem schwer verständlichen Ergebnis führen, dass ein Jugendlicher zwar in die Verletzung seines Körpers einwilligen könnte, nicht aber in die Verletzung seiner Vermögenswerte.[323]

Bezüglich der Wirksamkeit eines Einverständnisses, das dem Betroffenen durch Gewalt oder Drohung abgenötigt wurde, besteht Einigkeit zwischen den aufgeführten Ansichten – ein solches ist unwirksam.[324] Geht man davon aus, dass das Einverständnis im Rahmen des § 248b einer Einwilligung entspricht, kommt man aber entgegen der erstgenannten Ansicht zu dem Ergebnis, dass auch täuschungsbedingte Willensmängel von Bedeutung sind. Das aufgrund einer Täuschung erklärte Einverständnis ist deshalb nach dieser Ansicht unwirksam.[325]

Die zuletzt dargestellte Ansicht ist abzulehnen. § 248b Abs. 1 verlangt eine Ingebrauchnahme „gegen den Willen des Berechtigten". Wenn dieser der Ingebrauchnahme zustimmt, so geschieht sie nicht gegen seinen Willen, unabhängig davon, ob er diesen Willen ausdrücklich oder konkludent geäußert hat. Das Erfordernis der Kundgabe des Einverständnisses ist somit abzulehnen. So wie für den entgegenstehenden Willen des Berechtigten ein „natürlicher" entgegenste-

---

§ 303) sachgerecht. Dass § 248b im Gegensatz zu § 303 tatbestandlich ausdrücklich ein Handeln gegen den Willen des Rechtsinhabers verlange, sei hingegen nur ein formaler Unterschied.

322 Siehe zu diesem Streit *Hillenkamp*, AT, 6. Problem m.w.N.

323 So im Ergebnis auch *Fischer*, Vor 32, Rn. 3c; *Lackner/Kühl*, Vor §§ 32 ff., Rn. 16; jetzt auch *Lenckner/Sternberg-Lieben*, in: Schönke/Schröder, Vorbem. §§ 32 ff., Rn. 39 f. A.A. *Schlehofer*, in: MünchKomm, Verbem. §§ 32 ff., Rn. 122.

324 Siehe dazu bereits oben; *Kindhäuser*, AT, § 12, Rn. 52; *Mitsch*, BT 2/2, § 1, Rn. 19; *Wessels/Beulke*, AT, Rn. 368.

325 *Kindhäuser*, AT, § 12, Rn. 54. So auch *Rengier*, AT, § 23, Rn. 43, auch wenn er nicht grundsätzlich der Ansicht *Kindhäusers* folgt und die gleichen Wirksamkeitsvoraussetzungen an ein Einverständnis wie an eine Einwilligung knüpft. Er geht aber davon aus, dass das Einverständnis bezüglich seiner Wirksamkeit bei Willensmängeln wie eine Einwilligung zu beurteilen sei, wenn es rechtsgeschäftlichen Charakter habe. Zu dieser Gruppe zählt er das Einverständnis im Rahmen des § 248b und hält deshalb ein aufgrund einer Täuschung erlangtes Einverständnis für unwirksam.

hender Wille genügt,[326] ist auch als Voraussetzung für die Wirksamkeit des Einverständnisses die natürliche Willensfähigkeit des Betroffenen ausreichend. Betätigt der Berechtigte einen natürlichen Willen zustimmend, so wird durch den
Fahrzeuggebrauch kein entgegenstehender Wille des Berechtigten überwunden.[327] Auch ein durch Täuschung erlangtes Einverständnis ist grundsätzlich
wirksam, da es „allein auf den wirklichen, nicht auf den „richtigen" Willen des
Berechtigten" ankommt.[328] Stimmt der Berechtigte der Ingebrauchnahme innerlich zu, so fehlt es an einem „real entgegenstehenden Willen", der überwunden
werden könnte.[329]

Hält der Täter das erforderliche Einverständnis irrtümlich für gegeben, liegt
ein Tatbestandsirrtum nach § 16 Abs. 1 S. 1 vor.[330] Kennt der Täter das Einverständnis nicht und geht davon aus, dass die Ingebrauchnahme gegen den Willen
des Berechtigten erfolgt, so handelt er vorsätzlich in Bezug auf das Tatbestandsmerkmal „gegen den Willen"; es liegt ein untauglicher Versuch vor.[331]

(3)    Mutmaßlicher Wille

Fraglich ist, ob im Rahmen des § 248b ein mutmaßlicher Wille des Berechtigten
noch eine eigenständige Bedeutung haben kann, da bereits der generelle bzw.

---

326  Siehe oben unter C. II. 2. b) bb) (1).
327  Vgl. *Geerds*, GA 1954, 262, 265, der allgemein zur Willensfähigkeit im Rahmen des
     Einverständnisses feststellt, dass es tatsächlich an einer Überwindung des Willens fehle,
     wenn „der Verletzte einen natürlichen Willen zustimmend" betätige.
328  So *Fischer*, § 123, Rn. 23 für das Einverständnis im Rahmen des § 123. *Bohnert*, GA
     1983, 1, 19 f., insbes. Fn. 56, geht noch weiter: Der Berechtigte möge sich wünschen,
     einen „wahrhaften" Willen zu haben, er habe ihn aber nicht und könne ihn auch nicht
     haben. Auf einen „wahrhaften" Willen abzustellen wäre die „Ersetzung jeglicher Sub-
     jektivität des Willens" und damit im Ergebnis die „Ersetzung des Willens". Würde man
     auf einen „wahrhaften" Willen abstellen, so bräuchte man keinen Berechtigten mehr.
329  Vgl. *Wessels/Hettinger*, BT I, Rn. 587 für das Einverständnis um Rahmen des § 123.
     Siehe auch die treffende Kritik von *Wessels/Hettinger*, BT I, Rn. 588 an der Gegenmei-
     nung des OLG München NJW 1972, 2275, 2275 und *Amelung/Schall*, JuS 1975, 565,
     567, die auf den „wahren Willen" des Berechtigten zurückgreifen wollen: Für einen
     Rückgriff auf den mutmaßlichen oder hypothetischen *wahren* Willen sei kein Raum,
     wenn der Berechtigte seinen wirklichen Willen ausdrücklich erklärt habe. Die Zustim-
     mung sei – auch wenn der Berechtigte getäuscht worden sei – bewusst und auch freiwil-
     lig, da sie nicht abgenötigt sei.
330  *Duttge*, in: HK-GS, § 248b, Rn. 11; *Hohmann*, in: MK, § 248b, Rn. 19; *Kindhäuser*, in:
     NK, § 248b, Rn. 8; *Lackner/Kühl*, § 248b, Rn. 5; *Wessels/Hillenkamp*, BT II, Rn. 437;
     siehe auch OLG Köln JMBl. NRW 1964, 91, 91.
331  *Fischer*, § 248b, Rn. 7; *Lackner/Kühl*, § 248b, Rn. 5; vgl. auch *Rönnau*, in: LK,
     Vor § 32, Rn. 160; *Wessels/Beulke*, AT, Rn. 369.

potentielle entgegenstehende Wille in gewissem Maße eine Mutmaßung enthalten kann bzw. enthält.

Ein sich aus den Umständen ergebender genereller bzw. potentieller *entgegenstehender* Wille des Berechtigten, bei dessen Ermittlung gerade auch auf die allgemeine Verkehrsanschauung und die Sozialüblichkeit abgestellt wird, lässt im Ergebnis keinen Raum mehr für einen eigenständigen mutmaßlichen entgegenstehenden Willen, denn der generelle entgegenstehende Wille enthält bereits ein Moment der Mutmaßlichkeit.[332] Es sind praktisch keine Fälle denkbar, in denen zwar kein genereller bzw. potentieller Wille des Berechtigten, wohl aber sein mutmaßlicher Wille dem Gebrauch entgegensteht.[333] Ein mutmaßlicher entgegenstehender Wille geht folglich bereits in einem generellen bzw. potentiellen entgegenstehenden Willen auf.

Fraglich ist aber, ob bzw. welche Wirkung einem mutmaßlichen *zustimmenden* Willen des Berechtigten zukommt. Auch hier ist – wie im Rahmen des tatsächlichen Einverständnisses – davon auszugehen, dass einem mutmaßlichen zustimmenden Willen (in Form eines mutmaßlichen Einverständnisses oder ei-

---

332  *Marlie*, JA 2007, 112, 115 geht davon aus, dass ein mutmaßlicher entgegenstehender Wille auf der Tatbestandsebene keine Bedeutung habe. Tatbestandsmerkmale müssten „im Strafrecht tatsächlich vorliegen"; der entgegenstehende Wille als objektives Tatbestandsmerkmal könne deshalb nicht gemutmaßt werden.

333  Ähnlich *Bohnert*, GA 1983, 1, 21, insbes. Fn. 61 zu § 123: Bereits der wirkliche Wille finde sich mit „Momenten der Mutmaßlichkeit durchsetzt" und deshalb könne der mutmaßliche Wille auf der Tatbestandsebene keine eigene Rolle mehr spielen. Die „wechselseitige Durchdringung" von wirklichem und mutmaßlichem Willen nennt *Bohnert* „Typizität". Diese „Typizität" des Hausrechtswillens ersetze im Rahmen des § 123 den mutmaßlichen Willen auf der Tatbestandsebene. Das von *Bohnert* als „Typizität" des Hausrechtswillens Bezeichnete ähnelt im Ergebnis sehr dem generellen bzw. potentiellen entgegenstehenden Willen im Rahmen des § 248b.
*Lilie*, in: LK, § 123, Rn. 46 und *Wessels/Hettinger*, BT I, Rn. 585 gehen in Bezug auf das Merkmal „eindringen" im Rahmen des § 123 Abs. 1 – das als „Betreten *gegen* den Willen des Berechtigten" verstanden wird – davon aus, dass sich der entgegenstehende Wille auch aus dem *mutmaßlichen Willen* ergeben könne (**a.A.** *Lenckner/Sternberg-Lieben*, in: Schönke/Schröder, § 123, Rn. 14/15, die davon ausgehen, dass der *mutmaßliche Wille* nur im Sinne eines mutmaßlichen zustimmenden Willens, nicht aber im Sinne eines mutmaßlichen entgegenstehenden Willens von Bedeutung sei, wenn es an einer ausdrücklich oder konkludent erklärten Zustimmung fehle). Siehe auch BGHSt 25, 237, 237 f. In der Entscheidung zu § 237 a.F. geht der BGH davon aus, dass für das objektive Tatbestandsmerkmal „wider ihren Willen" ein mutmaßlicher entgegenstehender Wille ausreiche. Im Ergebnis dürften die Ansichten *Lilies*, *Wessels/Hettingers* und des BGH der hier vertretenen Ansicht entsprechen, da sie zwar dem mutmaßlichen entgegenstehenden Willen eine eigenständige Bedeutung zumessen, dafür aber kein dem generell bzw. potentiell entgegenstehenden Willen entsprechendes Institut kennen.

ner mutmaßlichen Einwilligung) keine eigene Bedeutung zukommt, da im Rahmen des § 248b nicht nach einem (mutmaßlichen) *zustimmenden* Willen des Berechtigten zu fragen ist, sondern nach einem *entgegenstehenden* Willen.[334] Liegt
ein mutmaßlicher zustimmender Wille des Berechtigten vor, so fehlt es an einem
entgegenstehenden Willen und damit an einem objektiven Tatbestandsmerkmal.[335] Entscheidend in einem solchen Fall ist folglich das Fehlen des entgegenstehenden Willens, nicht aber das Vorhandensein einer mutmaßlichen Zustimmung.[336] Auch *Ludwig/Lange* kommen zu dem Ergebnis, dass eine mutmaßliche
Zustimmung des Berechtigten keine eigenständige Bedeutung hat. Allerdings
stellen sie dabei maßgeblich auf einen mutmaßlichen entgegenstehenden Willen
ab, anstatt auf einen generellen bzw. potentiellen entgegenstehenden Willen.
Wenn ein entgegenstehender Wille nicht ausdrücklich oder konkludent geäußert
werde, sei anhand des mutmaßlichen Willens des Berechtigten zu ermitteln, ob
die Ingebrauchnahme gegen seinen Willen erfolge. Dieser mutmaßliche Wille
führe nicht zu einem mutmaßlichen Einverständnis, sondern es verbleibe dann –
wenn festgestellt werde, dass der mutmaßliche Wille der Ingebrauchnahme nicht
entgegenstehe – mangels entgegenstehenden Willens bei der Straflosigkeit der
Ingebrauchnahme. Dies ergebe sich daraus, dass der entgegenstehende Wille des
Berechtigten maßgebend sei und es sich deshalb um eine „Erlaubnis mit Verbotsvorbehalt" handle. Die Frage nach einem der mutmaßlichen Einwilligung
entsprechenden mutmaßlichen Einverständnis könne sich nur bei einem „Verbot
mit Befreiungsvorbehalt" stellen, nicht aber im vorliegenden Fall.[337]
    Zum gleichen Ergebnis kommt man, wenn man einem mutmaßlichen zu-
stimmenden Willen als   „mutmaßliches Einverständnis" tatbestandsausschlie-

---

334   So auch *Ludwig/Lange*, JuS 2000, 446, 449 f.
335   Vgl. dazu auch *Fischer*, Vor § 32, Rn. 4a, bezogen auf § 123: Bereits der objektive Tat-
      bestand setze einen *entgegenstehenden* Willen voraus und deshalb komme es schon für
      die Frage der Tatbestandsmäßigkeit darauf an, ob ein ausdrücklich oder konkludent er-
      klärter oder mutmaßlicher entgegenstehender Wille bestehe. *Eisele*, BT II, Rn. 268, 270
      geht davon aus, „gegen den Willen des Berechtigten" setze voraus, dass ein erkennbar
      oder mutmaßlich entgegenstehender Wille vorliege, misst aber der mutmaßlichen Ein-
      willigung des Berechtigten nur rechtfertigende Wirkung zu. Setzt die Erfüllung des
      Merkmals „gegen den Willen" aber einen ausdrücklichen oder mutmaßlichen entgegen-
      stehenden Willen voraus, dann ist dieses Merkmal im Falle einer mutmaßlichen Zu-
      stimmung des Berechtigten gerade nicht erfüllt. Damit fehlt es an einem objektiven Tat-
      bestandsmerkmal und es ist nicht ersichtlich, warum dieses Fehlen erst auf der Rechtfer-
      tigungsebene wirken soll.
336   Eine mutmaßliche Zustimmung ist bei Vorliegen eines entgegenstehenden Willens nicht
      denkbar.
337   *Ludwig/Lange*, JuS 2000, 446, 449 f.

ßende Wirkung beimisst.[338] Geht man hingegen davon aus, dass der mutmaßliche zustimmende Wille erst als Rechtfertigungsgrund „mutmaßliche Einwilligung" die Rechtswidrigkeit ausschließt,[339] ist der Tatbestand in diesen Fällen erfüllt. Die Frage, ob man der mutmaßlichen Zustimmung tatbestandsausschließende Wirkung in Form eines „mutmaßlichen Einverständnisses" beimisst oder aber rechtfertigende Wirkung in Form einer „mutmaßlichen Einwilligung", stellt sich nur, wenn man „gegen den Willen" als „ohne (tatbefürwortenden) Willen" versteht. Geht man hingegen richtigerweise davon aus, dass „gegen den Willen" einen entgegenstehenden Willen erfordert, so ist in einem solchen Fall – wie gerade dargestellt – bereits der objektive Tatbestand nicht erfüllt, ohne dass es eines Rückgriffs auf die Figur des „mutmaßlichen Einverständnisses" bedarf.

Legt man nun die Ansicht zugrunde, dass im Rahmen des § 248b „gegen den Willen" eigentlich als „ohne den Willen" zu verstehen sei, stellt sich die gerade aufgeworfene Frage, ob eine Zustimmung bereits auf der Tatbestandsebene gemutmaßt werden kann. Nach einer Ansicht soll dies möglich sein; die mutmaßliche Zustimmung des Berechtigten schließe deshalb bereits den Tatbestand aus.[340] Die mutmaßliche Zustimmung sei genauso zu behandeln wie die ausdrücklich oder konkludent erteilte Zustimmung, weil der mutmaßliche Wille den tatsächlichen Willen „in jeder Hinsicht vollwertig" ersetze.[341] Nach überwiegender Ansicht hingegen kommt der Mutmaßung des Willens nicht die gleiche Wirkung wie einer ausdrücklich oder konkludent erklärten Zustimmung zu, weshalb die mutmaßliche Zustimmung nur rechtfertigend wirke. Das mutmaßliche Einverstandensein des Berechtigten stelle eine mutmaßliche Einwilligung

---

338  Vgl. *Fischer*, Vor § 32, Rn. 4a; *Joecks*, § 248b, Rn. 6; *Kindhäuser*, in: NK, § 248b, Rn. 10; *Lackner/Kühl*, § 248b, Rn. 3.
     Siehe zur Frage, ob ein tatbestandsausschließendes mutmaßliches Einverständnis anzuerkennen ist *Disput*, (Mutmaßliche) Zustimmung des Rechtsgutträgers, S. 96 ff., 149 ff. *Disput* bejaht die Möglichkeit eines mutmaßlichen Einverständnisses im Ergebnis. Auch *Odenwald*, Einwilligungsfähigkeit, S. 228, Fn. 1196 ist der Meinung, dass „ein mutmaßliches Einverständis [...] anzuerkennen" sei.
339  *Mitsch*, BT 2/2, § 1, Rn. 23; *Rengier*, AT, § 23, Rn. 48; *ders.*, BT I, § 6, Rn. 4a; *ders.*, BT II, § 30, Rn. 9a; *Rönnau*, in: LK, Vor § 32, Rn. 216; *Wessels/Hillenkamp*, BT II, Rn. 437 f.. Siehe auch *Krey/Hellmann*, BT II, Rn. 49.
340  Vgl. *Fischer*, Vor § 32, Rn. 4a; *Joecks*, § 248b, Rn. 6; *Kindhäuser*, in: NK, § 248b, Rn. 10; *Lackner/Kühl*, § 248b, Rn. 3, wobei nicht ganz deutlich wird, ob die Genannten „gegen den Willen" als *ohne* (tatbefürwortenden) Willen interpretieren. Ausdrücklich für ein tatbestandsausschließendes mutmaßliches Einverständnis *Disput*, (Mutmaßliche) Zustimmung des Rechtsgutträgers, S. 96 ff., 149 ff.
341  *Disput*, (Mutmaßliche) Zustimmung des Rechtsgutträgers, S. 97.

dar und wirke erst auf der Rechtswidrigkeitsebene.[342] Dies liege in der fakti-
schen Natur des Einverständnisses begründet: Tatbestandsmerkmale müssen tatsächlich vorliegen,[343] weshalb nur ein ausdrücklich oder konkludent erklärtes
Einverständnis zum Wegfall des entsprechenden Tatbestandsmerkmales führen
könne.[344] Die mutmaßliche Zustimmung sei mit der tatsächlichen nicht vergleichbar, da der Rechtsgutsträger bei letzterer über das Rechtsgut disponiere,
bei der mutmaßlichen Zustimmung aber gerade keine Disposition über das
Rechtsgut treffe.[345]

Das tatsächliche Einverständnis hat auch dann tatbestandsausschließende
Wirkung, wenn man „gegen den Willen" als „ohne (tatbefürwortenden) Willen"
auslegt.[346] Die mutmaßliche Zustimmung des Berechtigten ersetzt eine nicht
vorhandene tatsächliche Zustimmung. Dass eine solche Ersetzung auf der gleichen Ebene des Deliktaufbaus – dem Tatbestand – erfolgt, ist konsequent, da es
sich um eine „gleichwertige Ersetzung" handelt. Die tatbestandsausschließende
Wirkung des tatsächlichen Einverständnisses beruht auf dem Selbstbestimmungsrecht des Betroffenen. Im Rahmen der mutmaßlichen Zustimmung kann
der Betroffene sein Selbstbestimmungsrecht nicht selbst ausüben; an die Stelle
seines tatsächlichen Willens tritt der mutmaßliche Wille „als Ausdruck der eigenen Selbstbestimmung."[347] Deshalb ist davon auszugehen, dass – wenn man
dem mutmaßlichen zustimmenden Willen des Berechtigten entgegen vorzugs-
würdiger Ansicht überhaupt eine eigenständige Bedeutung zukommen lässt –
die mutmaßliche Zustimmung des Berechtigten als mutmaßliches Einverständnis bereits den Tatbestand des § 248b ausschließt. In diesem Zusammenhang ist
nun zu klären, welchen Wirksamkeitsvoraussetzungen ein solches mutmaßliches
Einverständnis unterliegt. Die Frage nach einer Kundgabe des Einverständnisses
und nach eventuellen Willensmängeln stellt sich für das mutmaßliche Einverständnis nicht, da der Berechtigte keinen Willen hat und diesen deshalb weder

---

342   So *Eisele*, BT I, Rn. 641; *ders.*, BT II, Rn. 270; *Lenckner/Sternberg-Lieben*, in: Schön-
      ke/Schröder, § 123, Rn. 14/15; Vorbem. § 32, Rn. 54; *Mitsch*, BT 2/2, § 1, Rn. 23; *Ren-*
      *gier*, AT, § 23, Rn. 47 f.; *Rönnau*, in: LK, Vor § 32, Rn. 216; *Wessels/Hillenkamp*,
      BT II, Rn. 437 f.
343   Ganz deutlich *Marlie*, JA 2007, 112, 115: „Tatbestandsmerkmale aber müssen im Straf-
      recht immer tatsächlich vorliegen und können nicht gemutmaßt werden."
344   *Rengier*, AT, § 23, Rn. 48. Ebenfalls auf die faktische Natur des Einverständnisses ab-
      stellend: *Eisele*, BT I, Rn. 641.
345   *Marlie*, JA 2007, 112, 116.
346   Siehe dazu oben unter C. II. 2. b) bb) (2).
347   *Disput*, (Mutmaßliche) Zustimmung des Rechtsgutsträgers, S. 96 ff.; vgl. auch *Hufen*,
      NJW 2001, 849, 852.

kundgeben noch sich in Bezug darauf irren kann.[348] Für die mutmaßliche Zustimmung des Berechtigten im Rahmen des mutmaßlichen Einverständnisses gelten die gleichen Voraussetzungen wie im Rahmen der mutmaßlichen Einwilligung.[349] Das bedeutet, dass das mutmaßliche Einverständnis gegenüber dem tatsächlichen Einverständnis subsidiär ist.[350] Liegt folglich ein tatsächliches Einverständnis vor oder besteht die (zumutbare) Möglichkeit, ein solches einzuholen, ist kein Platz für ein mutmaßliches Einverständnis.[351] Außerdem muss der mutmaßliche Wille des Berechtigten ermittelt werden. Der Eingreifende hat „den individuellen Willen des Berechtigten in Bezug auf den konkreten Eingriff" – im Rahmen des § 248b folglich in Bezug auf den Gebrauch des Fahrzeugs als Fortbewegungsmittel – zu erforschen.[352] Maßgeblicher Zeitpunkt für die Mutmaßung ist dabei der Tatzeitpunkt.[353] Das mutmaßliche Einverständnis kommt, wie die mutmaßliche Einwilligung, in zwei Fallgruppen in Betracht: als Handeln im materiellen Interesse des Betroffenen und als Handeln zugunsten des Täters oder eines Dritten bei mangelndem Interesse des Betroffenen.[354] Ein Beispiel für die erste Fallgruppe ist im Rahmen des § 248b die Situation, dass der Täter einen Bewusstlosen im Wald findet und diesen mit dessen Pkw ins Krankenhaus fährt. Für die zweite Gruppe wird der Fall genannt, dass der Täter das Fahrrad eines abwesenden Freundes gebraucht, um rechtzeitig zum Bahnhof zu gelangen.[355]

---

348   Vgl. *Disput*, (Mutmaßliche) Zustimmung des Rechtsgutsträgers, S. 193; vgl. auch *Rengier*, AT, § 23, Rn. 50, der feststellt, dass Willensmängel „allein im Zusammenhang mit einer vorhandenen Erklärung Bedeutung erlangen" können.

349   So *Rengier*, AT, § 23, Rn. 48.

350   Vgl. *Lenckner/Sternberg-Lieben*, in: Schönke/Schröder, Vorbem. §§ 32 ff., Rn. 54; *Rengier*, AT, § 23, Rn. 50.

351   Vgl. *Rengier*, AT, § 23, Rn. 50. Umstritten (in Bezug auf die mutmaßliche Einwilligung) ist, ob in Fällen, in denen die Zustimmung zwar eingeholt werden könnte, aber davon auszugehen ist, dass der Betroffene auf eine Befragung keinen Wert legt, eine mutmaßliche Zustimmung Geltung beansprucht. In diesem Sinne *Lenckner/Sternberg-Lieben*, in: Schönke/Schröder, Vorbem. §§ 32 ff., Rn. 54 m.w.N. *Rönnau*, in: LK, Vor § 32, Rn. 222 ist der Meinung, dass es sich bei diesem Streit „im wesentlichen um ein Scheinproblem" handle.

352   Vgl. *Rönnau*, in: LK; Vor § 32, Rn. 223.

353   Vgl. *Lenckner/Sternberg-Lieben*, in: Schönke/Schröder, Vorbem. §§ 32 ff., Rn. 59; *Rengier*, AT, § 23, Rn. 51; *Rönnau*, in: LK; Vor § 32, Rn. 223.

354   Vgl. *Lenckner/Sternberg-Lieben*, in: Schönke/Schröder, Vorbem. §§ 32 ff., Rn. 55; *Rengier*, AT, § 23, Rn. 52 ff.; *Rönnau*, in: LK, Vor § 32, Rn. 218; *Wessels/Beulke*, AT, Rn. 380 ff.

355   Siehe dazu *Rengier*, AT, § 23, Rn. 54 und *Rönnau*, in: LK, Vor § 32, Rn. 218, die dieses Beispiel jeweils im Rahmen der mutmaßlichen Einwilligung nennen.

Geht der Täter irrtümlich von einem mutmaßlichen Einverständnis aus, so unterliegt er – wie im Rahmen des tatsächlichen Einverständnisses – einem Tatbestandsirrtum gem. § 16 Abs. 1.[356]

Zusammenfassend lässt sich sagen, dass dem mutmaßlichen Willen im Rahmen des § 248b nach richtiger Ansicht keine eigenständige Bedeutung zukommt, da bereits der generell bzw. potentiell entgegenstehende Wille ein Moment der Mutmaßung enthält und für einen eigenständigen mutmaßlichen entgegenstehenden Willen deshalb kein Raum ist. Dem mutmaßlichen zustimmenden Willen kommt keine eigenständige Bedeutung zu, da nicht nach einem zustimmenden, sondern nach einem entgegenstehenden Willen des Berechtigten zu fragen ist. Im Falle eines mutmaßlichen zustimmenden Willens fehlt es an einem entgegenstehenden Willen und damit an einem objektiven Tatbestandsmerkmal. Geht man allerdings entgegen dieser Ansicht davon aus, dass „gegen den Willen" im Rahmen des § 248b als „ohne (tatbefürwortender) Wille" zu verstehen ist, so kommt einer mutmaßlichen Zustimmung des Berechtigten als mutmaßlichem Einverständnis tatbestandsausschließende Wirkung zu.

(4)     Überschreitung der Grenzen eines bestehenden Gebrauchsrechts

Fraglich ist, ob sich der entgegenstehende Wille nur auf den Gebrauch als solchen bezieht oder ob er auch die zeitlichen und inhaltlichen Grenzen des Gebrauchs definiert.

(a)     Zeitlicher Aspekt – Dauer der Nutzung

Eine zeitliche Überschreitung der Nutzungsbefugnis ist gegeben, wenn der Täter das Fahrzeug zunächst befugt gebraucht und dann nach Ablauf seiner Befugnis weiter nutzt. Diese Situation liegt beispielsweise vor, wenn der Täter einen Mietwagen nach Ablauf der Mietzeit weiter gebraucht.[357] Ob es sich bei der

---

356  *Disput*, (Mutmaßliche) Zustimmung des Rechtsgutsträgers, S. 195.

357  **Grds. für** eine Strafbarkeit in diesen Fällen: BGH GA 1963, 344, 344; OLG Düsseldorf VerkMitt 22 (1975), Nr. 79; KG Berlin GA 1972, 277, 277 f. („regelmäßig" § 248b); *Eser*, StR IV, Fall 6, Rn. A 13; *Fischer*, § 248b, Rn. 3; *Gössel*, BT II, § 18, Rn. 29; *Heghmanns*, BT, Rn. 1175; *Kindhäuser*, in: NK, § 248b, Rn. 6; *ders.*, LPK, § 248b, Rn. 12; *ders.*, BT II, § 9, Rn. 8; *Kudlich*, in: Satzger/Schmitt/Widmaier, § 248b, Rn. 7; *Lackner/Kühl*, § 248b, Rn. 3; *Rengier*, BT I, § 6, Rn. 6 f.; *Wessels/Hillenkamp*, BT II, Rn. 435; **gegen** eine Strafbarkeit: BayObLG NJW 1953, 193, 193 f.; *Arzt/Weber/Heinrich/Hilgendorf*, BT, § 13, Rn. 142; *Baldus*, in: Niederschriften Große Strafrechtskommission, Bd. 6, S. 71; *Franke*, NJW 1974, 1803, 1804; *Hoyer*, in: SK, § 248b, Rn. 14 (anders nur, wenn das Fahrzeug nach Fortfall der Nutzungsbefugnis zunächst wieder in den Gewahrsam des Berechtigten zurückkehre, bevor es der Täter durch Wegnahme erneut erlange); *König*, in: Hentschel/König/Dauer, § 248b, Rn. 8; *Koffka*, in: Niederschriften Große Strafrechtskommission, Bd. 6, S. 72; *Krey/Hellmann*,

Weiterbenutzung des Fahrzeugs nach Ablauf der Nutzungsbefugnis um eine erneutes Ingangsetzen[358] oder um ein Inganghalten[359] handelt, ist unerheblich, da
oben bereits festgestellt wurde, dass grundsätzlich auch ein Ingebrauchhalten
den Tatbestand erfüllen kann. Damit ist aber noch nicht gesagt, dass diese spezielle Fallkonstellation, die auch unter dem Schlagwort „Nicht-mehr-Berechtigter"
behandelt wird,[360] unter § 248b subsumiert werden kann. Der Wortlaut ist zur
Beantwortung dieser Frage unergiebig. Die Entstehungsgeschichte zeigt, dass
§ 1 der NotVO und ihm nachfolgend § 248b vor allem bezwecken sollte bzw.
soll, dass Kraftfahrzeuge und Fahrräder, die aufgrund der Tatsache, dass sie
meist auf öffentlichen Plätzen wie Straßen abgestellt werden, besonders leicht
und ohne großes Risiko auf Seiten des Täters gegen den Willen des Berechtigten
in Gebrauch genommen werden können, besonderen strafrechtlichen Schutz erfahren.[361] Der Schutz des Nutzungs- und Gebrauchsrechts des Berechtigten wäre
natürlich umfassender, wenn § 248b auch Fälle des unbefugten Gebrauchs erfassen würde, bei denen die ursprüngliche Ingebrauchnahme mit Willen des Berechtigten erfolgte, aber der Gebrauch dann nach Ablauf der Nutzungsbefugnis
fortgesetzt wird. Der Aspekt des größtmöglichsten Schutzes würde folglich für
eine Einbeziehung dieser Fälle in den Anwendungsbereich des § 248b sprechen.[362] Andererseits stellt die Situation der zeitlichen Überschreitung eines ursprünglich bestehenden Gebrauchsrechts gerade nicht die typische Gefahrensi-
tuation dar, der Kraftfahrzeuge und Fahrräder im Vergleich zu anderen Gegenständen in besonderem Maße ausgesetzt sind und der § 248b entgegen wirken
will. Die Gefahr der zeitlichen Überschreitung einer Nutzungsbefugnis stellt

BT II, Rn. 149; *Küper*, BT, S. 222; *Maurach/Schroeder/Maiwald*, BT I, § 37, Rn. 9; *Otto*, JZ 1993, 559, 567; *ders.*, StR, § 48, Rn. 6; *Schmidhäuser*, NStZ 1990, 341, 341.
BGH GA 1963, 344, 344; OLG Düsseldorf VerkMitt 22 (1975), Nr. 79 und *Janiszewski*, Verkehrsstrafrecht, Rn. 578 gehen davon aus, dass nicht *jede* zeitliche Überschreitung des Mietvertrages ein unbefugter Gebrauch i.S.d. § 248b sei. Entscheidend
sei vielmehr der Einzelfall; ein unbefugter Gebrauch i.S.d. Vorschrift sei jedenfalls
dann anzunehmen, wenn die Nutzung „völlig aus dem Rahmen des vertragsgemäßen
Gebrauchs" falle.
358  So *Gössel*, BT II, § 18, Rn. 29; *Hohmann*, in: MüKo, § 248b, Rn. 18; *Hohmann/Sander*,
BT I, § 4, Rn. 9.
359  So BayObLG NJW 1953, 193, 194: Nicht jeder einzelne Gebrauch innerhalb einer Dau-
erbenutzung stelle eine neue Ingebrauchnahme dar.
360  So *Fischer*, § 248b, Rn. 4; *Hoyer*, in: SK, § 248b, Rn. 11.
361  Vgl. BGHSt 11, 44, 45 f.
362  Siehe zum Aspekt des größtmöglichsten Schutzes allgemein *Kühl*, in: FS Tiedemann,
29, 37, der feststellt, dass „dem Gedanken des Rechtsgüterschutzes [...] eher eine Sog-
wirkung eigen [ist], die fordert, alles bei Strafe zu verbieten, was sich als Rechtsgutsverletzung oder auch nur als Rechtsgutsgefährdung verstehen lässt."

sich bei jedem Miet- und Leihvertrag sowie allen anderen Verträgen, die ein Nutzungsrecht gewähren.[363] Es entspricht auch nicht dem Sinn und Zweck des § 248b, das Gebrauchsrecht an Kraftfahrzeugen und Fahrrädern gegen die zeitliche Überschreitung eines bestehenden Gebrauchsrechts zu schützen.[364] Somit sind diese Fälle nicht vom Schutzzweck der Norm erfasst.[365] Auch im Rahmen der Diskussion der Großen Strafrechtskommission zur Strafbarkeit des unbefugten Fahrzeuggebrauchs wurde vertreten, dass die zeitliche Überschreitung eines bestehenden Gebrauchsrechts nicht erfasst werden soll.[366] Des Weiteren ist auch fraglich, ob solche Fälle gerade bei Kraftfahrzeugen und Fahrrädern strafbedürftiges und strafwürdiges Unrecht darstellen oder ob die einschlägigen zivilrechtlichen Regelungen hier nicht ausreichend sind.[367] Da kein Grund ersichtlich ist, warum Kraftfahrzeuge und Fahrräder in einem solchen Fall im Gegensatz zu anderen Gegenständen neben dem zivilrechtlichen auch noch strafrechtlichen

363 Anders als in Deutschland wird deshalb in einigen Staaten in den USA die vorsätzliche Überschreitung eines zeitlich beschränkten Nutzungsrechts grundsätzlich unter Strafe gestellt. In Wisconsin bspw. wird sie als Diebstahl bestraft (Section 943.20 Abs. 1 (e)), in Florida stellt sie eine eigene Straftat gem. Section 812.155 Abs. 3 Criminal Code – „Failure to redeliver hired or leased personal property" – dar. In Arizona ist sie in Section 13-1806 Criminal Code als „Unlawful failure to return rented or leased property" unter Strafe gestellt. Die genannten Regelungen finden sich im Anhang unter XIII. 2., 4. und 6.

364 Siehe die bei *Wagner*, JW 1932, 3679, 3680 aufgeführten Fälle: Er berichtet u.a. von Fällen, in denen es dem Täter um eine billige Schwarzfahrt ging und der Eigentümer seinen Wagen später „verschmutzt, mit Zigarettenstummeln besät oder gar schwer beschädigt" zurückbekam. Laut *Wagner*, JR 1932, 253, 253 diente die NotVO von 1932 in einem „wesentlichen Teil" dazu, in Fällen, in denen ein Diebstahl vermutet wurde, der Nachweis der Zueignungsabsicht aber nicht gelang, trotzdem zu einer Strafbarkeit zu gelangen. Diese Fälle sind nicht vergleichbar mit der zeitlichen Überschreitung eines bestehenden Gebrauchsrechts: Bei letzteren macht der Berechtigte gerade von seinem Recht, über die Nutzung des Fahrzeugs zu verfügen, Gebrauch, indem er einem anderen die Nutzung des Fahrzeugs gestattet.

365 So im Ergebnis auch *Hohmann*, in: MüKo, § 248b, Rn. 18.

366 So *Baldus*, in: Niederschriften Große Strafrechtskommission, Bd. 6, S. 71, dem die Ausweitung auf solche Fälle „sehr bedenklich" erscheint und der meint, dass „nicht alles bestraft werden" müsse. Auch *Koffka*, in: Niederschriften Große Strafrechtskommission, Bd. 6, S. 72 ist gegen die Einbeziehung solcher Fälle in die Strafbarkeit des unbefugten Fahrzeuggebrauchs. „Solche Fälle verdienen" ihres „Erachtens keine kriminelle Strafe."

367 Siehe dazu *Figgener*, Akzeptanz neuerer Strafnormen durch die Rspr., S. 46, der feststellt, dass die unbefugte zeitliche Überschreitung eines Gebrauchsrechts „i.d.R. eine Vertragsverletzung darstellt und Schadensersatzansprüche nach sich zieht, die insbesondere bei Kraftfahrzeugen im Hinblick auf Nutzungsausfallentschädigungen in der Höhe nicht unerheblich sein dürften."

Schutz erfahren sollten[368] und da die zeitliche Überschreitung eines bestehenden Gebrauchsrechts nicht unter den Schutzzweck des § 248b fällt, kommt dem Nutzungs- und Gebrauchsrecht im Falle der zeitlichen Überschreitung kein strafrechtlicher Schutz zu. Insofern ist diese Fallkonstellation im Vergleich zum unbefugten Gebrauch anderer Gegenstände nicht strafbedürftiger und strafwürdiger.[369] Dieses Ergebnis wird auch durch den Ausnahmecharakter des § 248b bestätigt: Da § 248b eine Ausnahme der grundsätzlichen Straffreiheit der bloßen Gebrauchsanmaßung darstellt, ist die Norm grundsätzlich restriktiv auszulegen. Wie *Otto* richtig feststellt, besteht auch kein Bedürfnis, die Überschreitung der vertraglich vereinbarten Nutzungsdauer schlechthin zu pönalisieren.[370] Auch hat diese Auslegung des § 248b keine gravierenden Strafbarkeitslücken zur Folge, da bei einer zeitlich besonders langen Nutzung über das bestehende Gebrauchsrecht hinaus eine Strafbarkeit nach § 246 (oder – falls dies bereits im Zeitpunkt der Wegnahme geplant war – nach § 242) in Betracht kommt.[371]

Anders stellt sich die Situation dann dar, wenn das Fahrzeug nach der befugten Benutzung wieder in den Gewahrsam des Berechtigten zurückkehrt und der Täter es dann erneut erlangt und unbefugt gebraucht.[372] In diesem Fall verwirklicht sich gerade die typische Gefahr für das Nutzungs- und Gebrauchsrecht an Kraftfahrzeugen und Fahrrädern, der § 248b vorbeugen will. Folglich fällt ein solcher Fall unter § 248b, allerdings nicht unter dem Aspekt der zeitlichen Über-

---

368  In Connecticut (USA) wird explizit die vorsätzliche zeitliche Überschreitung eines Mietvertrages über eine Kraftfahrzeug als Diebstahl (*larceny*) bestraft (Section 53a-119 Abs. 10 Penal Code: *conversion of a motor vehicle*). Allerdings ist auch die zeitliche Überschreitung eines Mietvertrages über andere Sachen in Section 53a-119 Abs. 13 Penal Code (*conversion of leased property*) als Diebstahl unter Strafe gestellt. Letztere unterliegt aber engeren Tatbestandsvoraussetzungen als die als Diebstahl strafbare zeitliche Überschreitung eines Kraftfahrzeugmietvertrages. Die genannten Regelungen finden sich im Anhang unter XIII. 3.
Siehe *Schmidhäuser*, NStZ 1990, 341, 341, der die Frage aufwirft (und im Ergebnis verneint), ob es „im Gesamtgefüge des Besonderen Teils unseres Strafrechts irgendeinen einsichtigen Grund [gibt], die Überschreitung der zeitlichen Grenzen eines Mietvertrags unter Strafe gestellt zu sehen, und dies auch noch ausgerechnet nur bei Kraftfahrzeugen und Fahrrädern".

369  Siehe allgemein zur Frage nach der Strafbedürftigkeit und der Strafwürdigkeit unten unter E. I.

370  *Otto*, StR, § 48, Rn. 6.

371  *Hohmann*, in: MüKo, § 248b, Rn. 18; siehe auch *Figgener*, Akzeptanz neuerer Strafnormen durch die Rspr., S. 45. Das OLG Braunschweig, OLGSt StGB § 246 Nr. 1, stellt fest, dass „nicht in jedem Fall" der zeitlichen Überschreitung eines Fahrzeugsmietvertrages gegen den Willen des Berechtigten eine Unterschlagung vorliege. Siehe dazu allgemein unten unter C. IV. 3.

372  So auch *Hoyer*, in: SK, § 248b, Rn. 14.

schreitung eines bestehenden Gebrauchsrechts; vielmehr handelt es sich dann um eine von Anfang an unbefugte Ingebrauchnahme. Deshalb gibt es keinen Grund, die vom Schutzzweck des § 248b nicht gedeckten Fälle der zeitlichen Überschreitung eines bestehenden Gebrauchsrechts unter den Tatbestand des § 248b zu subsumieren.

(b)     Inhaltlicher Aspekt – Art der Nutzung

Eine inhaltliche Überschreitung des Gebrauchsrechts liegt vor, wenn der Täter zwar zum Gebrauch berechtigt ist,[373] aber dieses Gebrauchsrecht inhaltlich beschränkt ist und er das Fahrzeug über diese Beschränkung hinaus nutzt. Dies ist bspw. der Fall, wenn ein angestellter Kraftfahrer mit dem Wagen einen Umweg zu privaten Zwecken fährt oder der Mieter eines Kraftfahrzeugs eine im Mietvertrag ausdrücklich untersagte Strecke fährt, die vereinbarte Kilometerzahl überschreitet oder entgegen der Vereinbarung Mitfahrer oder Waren transportiert oder das Fahrzeug in fahruntüchtigem Zustand steuert.

Die Gemeinsamkeit der aufgezählten Beispiele besteht in dem bestehenden Gebrauchsrecht. Dem Täter ist die Nutzung des Fahrzeugs grundsätzlich gestattet – die Ingebrauchnahme erfolgt deshalb grundsätzlich nicht gegen den Willen des Berechtigten – und er überschreitet lediglich die Grenzen des an sich bestehenden Nutzungsrechts. Diese Situation wird auch unter dem Schlagwort des „Nicht-so-Berechtigten" diskutiert.[374] Trotz dieser Gemeinsamkeit werden die verschiedenen Fallkonstellationen der inhaltlichen Überschreitung eines an sich bestehenden Gebrauchsrechts sehr unterschiedlich beurteilt.[375] Teilweise wird

---

373   Eine inhaltliche Überschreitung eines Gebrauchsrechts liegt hingegen nicht vor, wenn der Täter ein Fahrzeug, dass ihm zu anderen als Gebrauchszwecken anvertraut wurde, gegen den Willen des Berechtigten gebraucht. In solchen Fällen besteht kein Recht zum Gebrauch des Fahrzeugs als Fortbewegungsmittel und somit liegt eine unbefugte Ingebrauchnahme i.S.d. § 248b vor. Vgl. dazu *Vogel*, in: LK, § 248b, Rn. 6.

374   So *Fischer*, § 248b, Rn. 4; *Hoyer*, in: SK, § 248b, Rn. 11.

375   Verallgemeinernd lässt sich sagen, dass BGHSt 11, 47, 50 f.; *Kindhäuser*, in: NK, § 248b, Rn. 6; *ders.*, LPK, § 248b, Rn. 12; *ders.*, BT II, § 9, Rn. 8; *Kudlich*, in: Satzger/Schmitt/Widmaier, § 248b, Rn. 7; *Rengier*, BT I, § 6, Rn. 6 f. **für** eine Strafbarkeit plädieren, während LG Mannheim NJW 1965, 1929, 1929 f.; *Arzt/Weber/Heinrich/Hilgendorf*, BT, § 13, Rn. 142; *Eser*, StR IV, Fall 6, Rn. A 14; *Fischer*, § 248b, Rn. 3; *Franke*, NJW 1974, 1803, 1804; *Heghmanns*, BT, Rn. 1175; *Hoyer*, in: SK, § 248b, Rn. 14; *König*, in: Hentschel/König/Dauer, § 248b, Rn. 6 und 8; *Küper*, BT, S. 222; *Lackner/Kühl*, § 248b, Rn. 6; *Maurach/Schroeder/Maiwald*, BT I, § 37, Rn. 9; *Otto*, StR, § 48, Rn. 4; *Welzel*, StR, § 49 V. 3. b. **gegen** eine Strafbarkeit solcher Fälle plädieren. Gegen eine Strafbarkeit wohl auch *Koffka*, in: Niederschriften Große Strafrechtskommission, Bd. 6, S. 72. *Janiszewski*, Verkehrsstrafrecht, Rn. 578 stellt auf den den Einzelfall ab; bei der Überschreitung der vereinbarten Kilometerzahl

beispielsweise das Fahren in fahruntüchtigem Zustand (z.B. unter Alkoholeinfluss) nicht unter § 248b subsumiert, auch wenn es explizit vertraglich untersagt ist,[376] während das Fahren ohne Fahrerlaubnis entgegen der Vereinbarung im Mietvertrag als unbefugte Ingebrauchnahme i.S.d. § 248b angesehen wird.[377] Warum aber das Fahren ohne Fahrerlaubnis entgegen der vertraglichen Vereinbarung anders behandelt werden soll als das Fahren in fahruntüchtigem Zustand – ebenfalls entgegen der vertraglichen Vereinbarung –, ist nicht ersichtlich.[378] Deshalb und aus Gründen der besseren Darstellung erfolgt hier eine gemeinsame Behandlung der möglichen Fallkonstellationen der inhaltlichen Überschreitung eines bestehenden Gebrauchsrechts.

Fraglich ist, ob eine Subsumtion dieser Fälle unter den Tatbestand des § 248b dem Sinn und Zweck der Vorschrift entspricht. Wie bereits dargestellt, wurde der Tatbestand der unbefugten Ingebrauchnahme vor allem eingeführt, um den Fällen zu begegnen, in denen zum Parken abgestellte Fahrzeuge von Fremden ohne oder zumindest ohne nachzuweisende Zueignungsabsicht zu vorübergehenden Fahrten genutzt wurden.[379] Diese Gefahr besteht bei Kraftfahr-

---

bspw. komme es darauf an, „ob der Mehrgebrauch völlig aus dem Rahmen des Vereinbarten" falle.

376  *Ruß*, in: LK (11. Aufl.), § 248b, Rn. 3, 7; *Wessels/Hillenkamp*, BT II, Rn. 437.

377  *Wessels/Hillenkamp*, BT II, Rn. 437; vgl. auch *Ruß*, in: LK (11. Aufl.), § 248b, Rn. 7.

378  So auch *Joecks*, § 248b, Rn. 11.
Zwar liegt ein Unterschied zwischen den beiden aufgeführten Fällen darin, dass bei Fehlen der als vorhanden zugesagten Fahrerlaubnis der „wahre" Wille des Vermieters bzw. Entleihers von Anfang an der Ingebrauchnahme entgegensteht, was bei dem Verbot des Fahrens in fahruntüchtigem Zustand nicht der Fall ist. Aber auf diesen „wahren" Willen kommt es im Rahmen des § 248b nicht an. Wie oben unter C. II. 2. b) bb) (2) dargestellt, hindert eine Täuschung nicht die Wirksamkeit eines Einverständnisses. Gestattet der Vermieter bzw. Entleiher den Gebrauch, so gibt es keinen real entgegenstehenden Willen, der überwunden werden kann. Beschränkt er die Gestattung dahin gehend, dass der Mieter bzw. Entleiher eine Fahrerlaubnis besitzen muss und liegt diese Fahrerlaubnis nicht vor, so wird – auch wenn die Fahrerlaubnis von Anfang an fehlt – lediglich eine inhaltliche Beschränkung des Gebrauchsrechts überschritten. Die Strafbarkeit desjenigen, der ein Kraftfahrzeug ohne die erforderliche Fahrerlaubnis führt, ergibt sich in einem solchen Fall aus § 21 StVG, nicht aber aus § 248b. Dass das Fahren eines Kraftfahrzeuges ohne Fahrerlaubnis für den Halter ggf. unter versicherungsrechtlichen Aspekten problematisch ist, spielt im Rahmen des § 248b keine Rolle. Letzteres gilt im Übrigen auch für Fahrten auf untersagten Strecken, wie bspw. vertraglich nicht gestatteten Auslandsfahrten.

379  Siehe dazu bspw. *Wagner*, JW 1932, 3679, 3680, der zur Begründung des Erlasses der NotVO aufführt, wie viele Kraftfahrzeuge jeden Monat „zeitweilig oder für dauernd verschwunden" und von Fahrzeugen berichtet, die „von der Straße weg entführt" worden seien. Dies macht deutlich, dass die Beweggründe für den Erlass der NotVO wohl

zeugen und Fahrrädern im Vergleich zu anderen Gegenstände in einem erhöhten
Maße, da Fahrzeuge „leicht, rasch und ohne besonderes Risiko für den Täter aus
der Herrschaftsgewalt des Berechtigten entfernt"[380] und in Gebrauch genommen
werden können. Dies ist darauf zurückzuführen, dass auf Straßen und Plätzen
abgestellte Fahrzeuge sehr leicht zugänglich sind. Der Erlass der Strafvorschrift
sollte in diesen Fällen eine Bestrafung zum Schutze des Gebrauchsrechts des
Berechtigten ermöglichen. Dieser „klassische" Fall ist bei der inhaltlichen Überschreitung eines bestehenden Nutzungsrechts nicht gegeben. Fraglich ist, ob diese Konstellation trotzdem dem Schutzzweck des § 248b unterfällt. Dies ist zu
verneinen, da dem Nutzer in diesen Fällen der Gebrauch des Fahrzeugs gestattet
ist und ihm nur eine bestimmte Art der Nutzung ausdrücklich oder konkludent
untersagt ist. Er müsste aber zum Gebrauch des Fahrzeugs als Fortbewegungsmittel insgesamt nicht berechtigt sein, damit davon gesprochen werden kann,
dass der Gebrauch gegen den Willen des Berechtigten erfolgt.[381] Des Weiteren
greift auch hier wieder die bereits im Rahmen der zeitlichen Überschreitung eines bestehenden Gebrauchsrechts dargelegte Argumentation: § 248b stellt eine
Ausnahmevorschrift dar, die in Bezug auf Kraftfahrzeuge und Fahrräder die
bloße Gebrauchsanmaßung unter Strafe stellt. Als Ausnahmevorschrift ist die
Norm grundsätzlich restriktiv auszulegen und Fallkonstellationen, die zwar vom
Wortlaut der Vorschrift her erfasst werden könnten, nicht aber dem eigentlichen
Schutzzweck der Norm unterfallen, sind nicht unter den Tatbestand zu subsu-
mieren.

Besonders problematisch ist die u.a. von *Wagner* vorgenommene Differenzierung betreffend des Gebrauchs eines Wagens durch den angestellten Chauffeur: Grundsätzlich solle der „unerlaubte Abstecher" von der erlaubten Dienst-
fahrt strafbar sein, im Einzelfall komme es dann aber darauf an, ob es sich nur
um eine „geringfügige Abweichung" handle, die nach den „Gepflogenheiten des
Verkehrs als erlaubt angesehen werden" müsse. Bei letzterer fehle es an der
Rechtswidrigkeit.[382] Dies kann – selbst wenn man die inhaltliche Überschreitung
eines bestehenden Gebrauchsrechts als von § 248b erfasst ansieht – nicht überzeugen. Eine Differenzierung zwischen strafbaren und „geringfügigen" Abweichungen von einem bestehenden Gebrauchsrecht findet weder im Wortlaut noch
im Sinn und Zweck des § 248b eine Stütze. Zwar kann Bagatellunrecht bereits

---

nicht in der Pönalisierung von inhaltlichen Überschreitungen eines an sich bestehenden
Nutzungsrechts bestanden, auch wenn bereits *Wagner*, JR 1932, 253, 255; *ders.*, JW
1932, 3679, 3681 den Chauffeur, der eine eigenmächtige Fahrt mit dem Wagen seines
Dienstherrn unternahm, für strafbar nach § 1 der NotVO hielt.
380  So BGHSt 11, 44, 45.
381  Vgl. *Heghmanns*, BT, Rn. 1175.
382  *Wagner*, JW 1932, 3679, 3681. Siehe auch *ders.*, JR 1932, 253, 255.

auf der Tatbestandsebene ausgeschlossen werden, wie das Beispiel der körperlichen Misshandlung in § 223 zeigt. Die körperliche Misshandlung ist eine üble, unangemessene Behandlung, die das körperliche Wohlbefinden oder die körperliche Unversehrtheit nicht nur unerheblich beeinträchtigt.[383] Durch das Erheblichkeitsmoment werden im Rahmen des § 223 geringfügige Beeinträchtigungen des körperlichen Wohlbefindens oder der körperlichen Unversehrtheit ausgeschlossen.[384] Das Erheblichkeitsmoment ist dabei Bestandteil der Definition der körperlichen Misshandlung. Abgesehen davon, dass es im Rahmen des § 248b schwer fällt, ein solches Erheblichkeitserfordernis in das Tatbestandsmerkmal „gegen den Willen des Berechtigten" hinein zu lesen, ist dies zum Ausschluss von Bagatellunrecht auch nicht erforderlich, da sich der entgegenstehende Wille, wie gerade dargelegt, nicht auf die Modalitäten des Gebrauchs bezieht. *Wagner* selbst stützt die Straflosigkeit einer unerheblichen Abweichung auf deren fehlende Rechtswidrigkeit. Es ist allerdings nicht ersichtlich, warum bei einer „geringfügigen" Abweichung die Rechtswidrigkeit entfallen sollte, denn das würde bedeuten, dass eine „geringfügige Abweichung" von einem Rechtfertigungsgrund gedeckt wäre. In Betracht käme hier nur der gewohnheitsrechtlich anerkannte Rechtfertigungsgrund der mutmaßlichen Einwilligung. Wie aber bereits oben dargelegt, kommt der mutmaßlichen Zustimmung im Rahmen des § 248b keine eigenständige Bedeutung zu, da es in solchen Fällen am objektiven Tatbestandsmerkmal des entgegenstehenden Willens fehlt und deshalb bereits der Tatbestand nicht erfüllt ist. Selbst wenn man entgegen der vorzugswürdigen Ansicht „gegen den Willen" als „ohne (tatbefürwortenden) Willen" auslegt, wirkt die mutmaßliche Zustimmung des Berechtigten nicht als mutmaßliche Einwilligung rechtfertigend, sondern als mutmaßliches Einverständnis tatbestandsausschließend.[385] Ein Ausschluss des objektiven Tatbestands mangels entgegenstehenden Willens kann bei der Fahrt eines privaten Umwegs im konkreten Fall vorliegen – wenn man inhaltliche Überschreitungen eines bestehenden Gebrauchsrechts grundsätzlich unter § 248b subsumiert –, lässt sich aber nicht generalisierend für „geringfügige Abweichungen" annehmen.

Das LG Mannheim hatte einen Fall zu entscheiden, bei dem der Angeklagte (T) keinen Führerschein besaß und deshalb im Mietvertrag mit der Autovermieterin ein anderer (B) als Fahrer eingetragen wurde. Trotz dieser Vereinbarung übernahm der Angeklagte das Steuer. Das LG Mannheim verneinte eine Straftat

---

383   *Eser/Sternberg-Lieben*, in: Schönke/Schröder, § 223, Rn. 2; *Fischer*, § 223, Rn. 3a; *Lackner/Kühl*, § 223, Rn. 4; *Paeffgen*, in: NK, § 223, Rn. 8.

384   Die Erheblichkeit bestimmt sich im Rahmen des § 223 aus der Sicht eines objektiven Betrachters, nicht nach dem subjektiven Empfinden des Opfers der Tat, *Eser/Sternberg-Lieben*, in: Schönke/Schröder, § 223, Rn. 4a; *Fischer*, § 223, Rn. 3a.

385   Siehe dazu oben unter C. II. 2. b) bb) (1) – (3).

nach § 248b mit folgender Argumentation: Die Vereinbarung diene lediglich dazu, eine zivil- oder strafrechtliche Verantwortlichkeit der Vermieterin auszuschließen und diesen Ausschluss beweisbar zu machen. Sie stelle hingegen keine i.S.d. § 248b relevante Einschränkung der Berechtigung des Angeklagten zur Benutzung des Fahrzeugs dar. T sei somit Berechtigter i.S.d. § 248b und der Berechtigte könne nicht gleichzeitig Täter sein. Diese Interpretation decke sich auch mit dem Zweck des § 248b, denn dieser schütze vor der Entziehung der Verfügungsmacht durch fremde Gebrauchsanmaßung und gegen die Fortsetzung dieser Entziehung, nicht dagegen gegen jede vertragswidrige Nutzung des Fahrzeugs. Durch die vertragswidrige Nutzung des Fahrzeugs durch T werde nicht unbefugt in die Verfügungsgewalt der Vermieterin eingegriffen, da die von der Vermieterin selbst geschaffene Rechtslage hinsichtlich des Fahrzeugs dadurch nicht verändert werde.[386] In diesem Fall ist zunächst fraglich, ob T Berechtigter i.S.d. § 248b ist. Berechtigter ist, wem das Recht zum Gebrauch des Fahrzeugs zu Fortbewegungszwecken zusteht.[387] Laut Mietvertrag ist nicht T, sondern B zum Fahren des Mietwagens berechtigt. T steht somit nicht das Recht zum Gebrauch des Fahrzeugs als Fortbewegungsmittel zu und deshalb ist er nicht Berechtigter i.S.d. § 248b.[388] Berechtigter ist vielmehr B, weil dieser aufgrund des Mietvertrages befugt ist, das Fahrzeug zu Fortbewegungszwecken zu benutzen. Allerdings ist dieses Recht inhaltlich beschränkt; B ist nicht befugt, dass Fahrzeug anderen zum Gebrauch zu überlassen. Indem er T das Steuer überließ, hat er diese inhaltliche Beschränkung seines Gebrauchsrechts überschritten. Wie eben dargestellt, ist die inhaltliche Überschreitung eines bestehenden Gebrauchsrechts nicht vom Schutzzweck des § 248b erfasst und somit nicht tatbestandsmäßig. Fraglich ist aber, ob sich T wegen unbefugter Ingebrauchnahme nach § 248b strafbar gemacht hat, indem er das Fahrzeug in Gebrauch nahm, obwohl er wusste, dass B zur Überlassung des Fahrzeugs an Dritte nicht befugt war und sein Gebrauch deshalb entgegen dem Willen der Autovermieterin erfolgte. Bei dieser Frage geht es nicht um die Überschreitung eines bestehenden Gebrauchsrechts, sondern darum, ob auf den Willen der Autovermieterin abgestellt werden kann, wenn das abgeleitete Gebrauchsrecht des Berechtigten (im vorliegenden Fall B) inhaltlich in der Hinsicht beschränkt ist, dass er das Fahrzeug nicht an Dritte weitergeben darf. Da § 248b auf den entgegenstehenden

386  LG Mannheim NJW 1965, 1929, 1929 f.
387  *Lackner/Kühl*, § 248b, Rn. 4; siehe außerdem oben unter C. II. 2. b) aa).
388  Falls man davon ausgeht, dass sich aus dem Mietvertrag die Berechtigtenstellung des T ergibt, da er das Fahrzeug zwar nicht als Fahrer steuern darf, aber als Mietvertragspartei trotzdem zum Gebrauch des Fahrzeugs als Fortbewegungsmittel berechtigt ist (als Beifahrer), so ist der Argumentation des LG Mannheim zu folgen: T als Berechtigter kann nicht gleichzeitig Täter des § 248b sein.

Willen des „Berechtigten" abstellt, müsste die Autovermieterin, um die aufgeworfene Frage zu bejahen, Berechtigte bzw. Mitberechtigte i.S.d. Vorschrift sein. Da die Berechtigtenstellung die Befugnis voraussetzt, das Fahrzeug als Fortbewegungsmittel zu benutzen, ist die Berechtigteneigenschaft der Autovermieterin zu verneinen, denn sie ist nicht dazu befugt, das Fahrzeug als Fortbewegungsmittel zu gebrauchen.[389] Somit hat sich T durch den gegen den Willen der Autovermieterin erfolgten Gebrauch des Fahrzeugs nicht gem. § 248b strafbar gemacht. Eine Strafbarkeit des T nach § 248b käme nur dann in Betracht, wenn der Gebrauch des Fahrzeugs gegen den Willen des B erfolgte. Im Ergebnis ist damit dem LG Mannheim zuzustimmen, auch wenn die Begründung des LG fehlerhaft ist.

Zusammenfassend lässt sich sagen, dass sich der entgegenstehende Wille nur auf den Gebrauch als solchen bezieht, nicht aber auch die zeitlichen oder inhaltlichen Grenzen des Gebrauchs definiert.

(5)   Rückführung

Liegt ein ausdrückliches Einverständnis des Berechtigten in die Rückführung des Fahrzeugs vor, ist diese unstreitig tatbestandslos.[390] Umstritten ist aber, ob die Rückführung nach § 248b strafbar ist, wenn der Berechtigte sich nicht ausdrücklich oder konkludent mit ihr einverstanden erklärt hat. Da der Täter sich selbst schon wegen der Ingebrauchnahme des Fahrzeugs vor der Rückführung strafbar gemacht hat, ist die Frage nach der Strafbarkeit der Rückführung auf ihn bezogen in tatsächlicher Hinsicht nur in Bezug auf den Beginn der Verjährungsfrist von Bedeutung.[391] Relevant wird sie vor allem dann, wenn ein Mitfahrer später hinzu steigt und das Fahrzeug zurückführt oder die Rückführung verursacht oder unterstützt. Die Frage wird unterschiedlich beantwortet: Auf der einen Seite wird vertreten, dass die Rückführung nicht strafbar sei, da sie dem (mutmaßlichen) Willen des Berechtigten entspreche[392] oder aber nicht vom Normzweck erfasst werde.[393] Zum Teil wird auch über eine Anwendung des

---

389   Dieses Recht hat die Vermieterin durch den Abschluss des Mietvertrages auf B (bzw. T, falls man diesen als Berechtigten ansieht) übertragen.

390   Sowie der objektive Tatbestand ganz allgemein unstreitig nicht erfüllt ist, wenn der Berechtigte der Ingebrauchnahme zustimmt – unabhängig davon, wie man „gegen den Willen" auslegt, siehe dazu oben unter C. II. 2. b) bb) (1) und (2).

391   Diese beginnt erst mit Beendigung des Delikts. Siehe dazu unten unter C. VII.

392   OLG Düsseldorf NStZ 1985, 413, 413; *Joecks*, § 248b, Rn. 6; *Kindhäuser*, in: NK, § 248b, Rn. 10; *Lackner/Kühl*, § 248b, Rn. 3; *Ruß*, in: LK (11. Aufl.), § 248b, Rn. 7.

393   *Gössel*, BT II, § 18, Rn. 33; *Hohmann*, in: MüKo, § 248b, Rn. 12; *Kindhäuser*, in: NK, § 248b, Rn. 10; *Ruß*, in: LK (11. Aufl.), § 248b, Rn. 7. *Otto*, Jura 1989, 200, 206 geht davon aus, dass durch die Rückführung das geschützte Rechtsgut nicht beeinträchtigt werde.

Gedankens der Risikoverringerung auf diesen Fall nachgedacht.[394] Auf der anderen Seite wird die Straflosigkeit der Rückführung mit der Begründung abgelehnt, dass die sie stützenden Argumente die Abgrenzung zwischen Gebrauchsanmaßung und Zueignung nicht beachten.[395]

Das OLG Düsseldorf[396] hat sich in seiner Entscheidung besonders ausführlich mit der vorgenannten Frage beschäftigt und im Ergebnis die Strafbarkeit der Rückführung nach § 248b verneint. § 248b als Dauerdelikt bestehe aus zwei Phasen, der Entführung und der Rückführung. Die Rückführung des Fahrzeugs falle in die Phase zwischen Vollendung und Beendigung des § 248b. Diese Phase sei dadurch gekennzeichnet, dass sie der Wiedererlangung der Sachherrschaft durch den Berechtigten diene. Der Täter habe sich bereits aufgrund der Vollendung der Ingebrauchnahme in der Entführungsphase strafbar gemacht. Die Rückführungsphase werde hingegen nicht mehr vom Tatbestand des § 248b erfasst, sondern sei lediglich Voraussetzung dafür, dass dem Täter die Privilegierung des § 248b gegenüber dem § 242 (geringere Strafandrohung, Strafantragsdelikt) zugute komme.[397] Sie sei dabei nicht nach § 248b strafbar, da sie im Zweifel nicht mehr gegen den Willen des Berechtigten erfolge. Das OLG Düsseldorf zieht sodann einen Vergleich zwischen Diebstahl und unbefugtem Fahrzeuggebrauch: Wenn schon im Rahmen des § 242 die Betätigung und Aufrechterhaltung des Herrschaftswillens durch den weiteren Gebrauch des Fahrzeugs nach Beendigung des Diebstahls tatbestandslos sei, weil es sich lediglich um eine Ausnutzung der durch den Diebstahl erlangten Herrschaftsstellung handle, die keinen Straftatbestand erfülle, so müsse die Rückführung des Fahrzeugs im Rahmen des § 248b, die die Wiederherstellung der Sachherrschaft des Berechtigten bezwecke, erst recht tatbestandslos sein. Bezüglich eines später zustei-

---

394   Vgl. *Wessels/Hillenkamp*, BT II, Rn. 438. Allerdings gelte diese Überlegung nur, wenn ein tatsächliches Einverständnis nicht einholbar sei.

395   *Fischer*, § 248b, Rn. 6; vgl. auch *Duttge*, in: HK-GS, § 248b, Rn. 9.

396   OLG Düsseldorf NStZ 1985, 413, 413.

397   Es kann nicht überzeugen, die Rückgabe als Voraussetzung für das Eingreifen des § 248b anstelle des § 242 anzusehen, da nicht die Rückführung selbst die Voraussetzung dafür darstellt, dass § 242 nicht verwirklicht ist, sondern der Wille zur Rückgabe bei Beginn der Ingebrauchnahme. Denn wenn der Täter bei Beginn der Ingebrauchnahme beabsichtigt, das Fahrzeug zurückzugeben, fehlt der für einen Diebstahl nötige Enteignungsvorsatz. Der Wille zur Rückgabe muss aber auch während der Ingebrauchnahme andauern, da sonst Unterschlagung nach § 246 in Betracht kommt. Dem OLG Düsseldorf ist aber insofern zuzustimmen, dass *praktisch* gesehen in den meisten Fällen wohl die Rückgabe selbst Voraussetzung ist, da sie als Indiz für den fehlenden Enteignungsvorsatz des Täters gilt. Siehe zu den Beweiszeichen, auf die sich die Rechtsprechung bei der Frage, ob der Täter mit Zueignungsabsicht handelt, bezieht, unten unter C. IV. 3.

genden Mitfahrers führt das OLG Düsseldorf an, dass ein später zusteigender Mitfahrer, der allein die Rückführung des Fahrzeugs an den Berechtigten veranlasse, schon objektiv keine Beihilfehandlung begehe. Dies ergebe sich daraus, dass bereits der zusteigende Mitfahrer, der die Fahrt weder verursacht noch unterstützt habe, objektiv keine Beihilfehandlung begehe. Dies müsse dann erst recht für den die Rückführung veranlassenden Mitfahrer gelten. Außerdem fehle es bereits am Gehilfenvorsatz, wenn der Gehilfe allein die Rückführung an den Berechtigten bezwecke, da sein Wille dann nicht auf die Vollendung der Haupttat gerichtet sei.[398]

Die vorangestellte Argumentation des OLG Düsseldorf ist im Folgenden genauer zu untersuchen. Die Annahme, dass § 248b als Dauerdelikt aus mehreren Phasen bestehe, ist zutreffend, auch wenn die Aufteilung in „Entführung" und „Rückführung" bereits problematisch ist, da sie suggeriert, die „Entführung" stelle lediglich die Vollendung dar und die „Rückführung" die gesamte Beendigungsphase. Da das Delikt bereits mit dem Beginn der Ingebrauchnahme vollendet ist,[399] bezeichnet die vom OLG Düsseldorf „Entführung" genannte Phase die Vollendung und den größten Teil der Beendigungsphase (den Gebrauch bis zum Beginn der Rückführung). Die „Rückführung" hingegen ist nur der Teil der Beendigungsphase, der tatsächlich der Rückführung dient. Die Tatsache, dass der Täter sich bereits durch die Vollendung des Delikts strafbar gemacht hat, erklärt noch nicht, warum die Rückführung nicht von § 248b erfasst sein soll. Der Wille des Täters, dem Berechtigten wieder die Möglichkeit der Ausübung seines Gebrauchsrechts über das Fahrzeug einzuräumen, ist gerade charakteristisch für die Strafbarkeit nach § 248b und begründet deshalb nicht die Tatbestandslosigkeit der Rückführung.[400] Auch der vom OLG Düsseldorf gezogene Vergleich zwischen Diebstahl und unbefugtem Gebrauch kann nicht überzeugen, da § 242 mit der Sicherung des Gewahrsams bereits beendet ist,[401] während § 248b als Dauerdelikt erst mit dem Ende der Ingebrauchnahme beendet

398  OLG Düsseldorf NStZ 1985, 413, 413.
399  *Fischer*, § 248b, Rn. 9; *Lackner/Kühl*, § 248b, Rn. 3; *Hohmann/Sander*, BT I, § 4, Rn. 7; *Wessels/Hillenkamp*, BT II, Rn. 438.
400  Vgl. dazu auch *Otto*, JK 1986, StGB, § 248b/1. Hat der Täter keinen Rückführungswillen, sondern möchte er den Berechtigten aus dessen Eigentümerstellung dauerhaft verdrängen, so verwirklicht er zwar auch § 248b, dieser ist dann aber subsidiär gegenüber § 242. Deshalb liegt in den Fällen, in denen der Täter nach § 248b *bestraft* wird, immer der Wille vor, dem Berechtigten wieder die Möglichkeit der Ausübung seines Gebrauchsrechts über das Fahrzeug einzuräumen.
401  BGHSt 8, 390, 391; 20, 194, 196; BGH VRS 60 (1981), 294, 295 f.; BGH NJW 1987, 2687, 2687; BGH NStZ 2001, 88, 89; *Fischer*, § 242, Rn. 54; *Vogel*, in: LK, § 242, Rn. 197; *Wessels/Hillenkamp*, BT II, Rn. 131.

ist.[402] Folglich vergleicht das OLG Düsseldorf die Beendigungsphase der unbefugten Ingebrauchnahme mit der Phase *nach* Beendigung beim Diebstahl. Da es sich bei § 248b um ein Dauerdelikt handelt, erstreckt sich die Strafbarkeit grundsätzlich bis zur Beendigung des Delikts. Dies ist die Beendigung der Ingebrauchnahme, das heißt die Außerbetriebnahme des Fahrzeugs, nicht der Beginn der Rückführung. Auch der Erst-recht-Schluss des OLG Düsseldorf bezüglich der Straflosigkeit eines später zusteigenden Mitfahrers ist problematisch: Es ist zwar richtig, dass der zusteigende Mitfahrer, der die Fahrt weder verursacht noch die Weiterfahrt bewusst unterstützt, bereits objektiv keine Beihilfehandlung begeht. Dies bedeutet aber nicht, dass dies „erst recht" für den die Rückfahrt veranlassenden und unterstützenden Zusteigenden gilt, denn dieser unterstützt ja gerade den Gebrauch des Fahrzeugs. Auch das Argument, der Gehilfe, der nur die Rückführung zum Berechtigten wolle, habe keinen Beihilfevorsatz, da sein Wille nicht auf die Vollendung der Haupttat gerichtet sei, kann als solches eine Straflosigkeit des Zusteigenden nicht begründen. Die Tat ist zum Zeitpunkt des später Zusteigenden bereits vollendet, so dass es sich um einen Fall der sukzessiven Beihilfe zwischen Vollendung und Beendigung handelt. Nach herrschender Meinung ist auch in dieser Phase Beihilfe möglich.[403] Mithin taugen die vom OLG Düsseldorf aufgeführten Argumente nicht zur Begründung der Tatbestandslosigkeit der Rückführung als solcher und der Beihilfe dazu im Besonderen.

Einzugehen ist allerdings noch auf das vom OLG nicht weiter ausgeführte Argument, die Rückführung sei nicht tatbestandsmäßig, weil sie nicht „gegen den Willen" des Berechtigten erfolge.[404] Wie oben bereits festgestellt, ist die Rückführung und die Unterstützung derselben nicht tatbestandsmäßig, wenn ein tatsächliches Einverständnis des Berechtigten vorliegt, weil sie dann nicht gegen dessen Willen erfolgt. Fraglich ist, wie die Fälle zu behandeln sind, in denen kein tatsächliches Einverständnis in die Rückführung des Fahrzeugs vorliegt. Teilweise wird vertreten, dass auch in solchen Fällen der Tatbestand des § 248b nicht erfüllt sei, weil die Rückführung dem mutmaßlichen Willen des Berechtigten entspreche.[405] Dem wird entgegengehalten, dass die Straflosigkeit der Rück-

---

402 So auch *Otto*, JK 1986, StGB, § 248b/1. Zur Beendigung durch Ende bzw. Einstellung des Gebrauchs: *Fischer*, § 248b, Rn. 9; *Hohmann/Sander*, BT I, § 4, Rn. 7; *Lackner/Kühl*, § 248b, Rn. 3; *Wessels/Hillenkamp*, BT II, Rn. 438.

403 Siehe dazu unten unter C. II. 3. c).

404 OLG Düsseldorf NStZ 1985, 413, 413.

405 Vgl. *Joecks*, § 248b, Rn. 6; *Kindhäuser*, in: NK, § 248b, Rn. 10; *Lackner/Kühl*, § 248b, Rn. 3. So ist wohl auch die Formulierung des OLG Düsseldorf, NStZ 1985, 413, 413 zu verstehen, wenn es heißt, die Rückführung des Fahrzeugs sei nicht tatbestandsmäßig, weil sie „im Zweifel" nicht mehr gegen den Willen des Berechtigten erfolge. Diese An-

führung[406] die Abgrenzung zwischen Gebrauchsanmaßung und Zueignung nicht beachte.[407] § 248b bestrafe die vorübergehende Gebrauchsanmaßung eines Fahrzeugs, nicht die Zueignung in Form einer dauerhaften Entziehung. § 248b schütze damit das Gebrauchsrecht des Berechtigten und es widerspreche diesem Schutzzweck, wenn davon ausgegangen werde, die Rückführung des Fahrzeugs durch einen – i.d.r. unbekannten – Täter entspreche dem (mutmaßlichen) Willen des Berechtigten.[408] Keine der beiden Ansichten lässt sich im Ergebnis halten, da sie beide mit Verallgemeinerungen arbeiten. Die Straflosigkeit der Rückführung lässt sich also nicht damit begründen, dass sie stets dem (mutmaßlichen) Willen des Berechtigten entspreche. Aber auch das Argument, die Straflosigkeit der Rückführung widerspreche dem Schutzzweck des § 248b, ist zweifelhaft: Die Rückführung dient gerade der Wiedererlangung der Sachherrschaft über das Fahrzeug und diese Sachherrschaft ist in tatsächlicher Hinsicht Voraussetzung für die Ausübung des Gebrauchsrechts. Deshalb kann nicht generell gesagt werden, dass die Rückführung dem (mutmaßlichen) Willen widerspricht. Wie oben dargestellt, ist der objektive Tatbestand des § 248b nur erfüllt, wenn die Ingebrauchnahme gegen den Willen des Berechtigten erfolgt, nicht bereits dann, wenn das Fahrzeug ohne den Willen des Berechtigten in Gebrauch genommen wird.[409] Im Falle der Rückführung ist deshalb für jeden einzelnen Fall zu fragen, ob der Rückführung des Fahrzeugs der Wille des Berechtigten entgegensteht, wobei ein genereller bzw. potentieller entgegenstehender Wille ausreicht. In der Regel wird der Rückführung des Fahrzeugs nicht der Wille des Berechtigten entgegenstehen, selbst wenn die Rückführung durch eine ihm unbekannte Person erfolgt. Denn die Rückführung eröffnet dem Berechtigten erst wieder die Möglichkeit, über die Gebrauchsmöglichkeiten an dem Fahrzeug zu verfügen. Allerdings ist dies kein zwingendes Ergebnis. Bestehen im Einzelfall Anhaltspunkte dafür, dass die Rückführung gegen den Willen des Berechtigten erfolgt und lässt sich deshalb aus den Umständen ein entgegenstehender Wille entnehmen, so ist die Rückführung nicht tatbestandslos. Geht der Täter irrigerweise davon aus, dass der Rückführung nicht der Wille des Berechtigten entgegensteht, so unterliegt er einem Tatbestandsirrtum gem. § 16 Abs. 1 S. 1.

Auch das Argument, der „Respekt gegenüber dem Bestimmungsrecht des Berechtigten" gebiete es, vor der Rückführung des Fahrzeugs dessen Einverständnis einzuholen und deshalb könne man nicht auf den mutmaßlichen Willen

---

sicht setzt natürlich voraus, dass der mutmaßlichen Zustimmung tatbestandsausschließende Wirkung zugesprochen wird.
406  Unabhängig davon, ob die Rückführung bereits tatbestandslos oder gerechtfertigt ist.
407  *Fischer*, § 248b, Rn. 6.
408  Vgl. *Duttge*, in: HK-GS, § 248b, Rn. 9.
409  Siehe dazu oben unter C. II. 2. b) bb) (1).

des Berechtigten abstellen,[410] spricht nicht für die grundsätzliche Strafbarkeit der Rückführung. Denn auch hier gilt, dass unabhängig von der Möglichkeit, ein tatsächliches Einverständnis des Berechtigten einzuholen, bereits ein objektives Tatbestandsmerkmal fehlt, wenn der Wille des Berechtigten der Rückführung *nicht* entgegen steht. Aber auch, wenn man – entgegen der vorzugswürdigen Ansicht – „gegen den Willen" als „ohne (tatbefürwortenden) Willen" auslegt, trägt das oben genannte Argument nicht. Liegen die Voraussetzungen des mutmaßlichen Einverständnisses vor – zu denen u.a. die Subsidiarität des mutmaßlichen Einverständnisses gehört: Es kann deshalb nur dort eingreifen, wo keine zumutbare Möglichkeit besteht, ein tatsächliches Einverständnis einzuholen[411] – , so ersetzt dieses das tatsächliche Einverständnis vollwertig und durch diese Ersetzung wird das Selbstbestimmungsrecht des Berechtigten gewahrt.[412]

Auch die Tatsache, dass eine mögliche Straflosigkeit der Rückführung zu Abgrenzungsschwierigkeiten und Beweisschwierigkeiten führen kann,[413] spricht nicht dagegen, eine solche anzuerkennen. Es mag in praktischer Hinsicht Schwierigkeiten bei der Beurteilung geben, wann eine Rückführung vorliegt. Dies ändert aber nichts daran, dass die Rückführung des Fahrzeugs oftmals nicht gegen den Willen des Berechtigten erfolgt und es somit in diesen Fällen an dem für den objektiven Tatbestand erforderlichen entgegenstehenden Willen fehlt.

Die Argumentation, die Rückführung sei deshalb straflos, weil sie nicht vom Normzweck des § 248b erfasst werde,[414] ist abzulehnen. § 248b bezweckt den Schutz des Nutzungs- und Gebrauchsrechts des Berechtigten. Zwar führt, wie eben dargestellt, die Rückführung des Fahrzeugs zur Wiedererlangung der Sachherrschaft des Berechtigten und damit zur *tatsächlichen* Möglichkeit, über das Gebrauchsrecht zu verfügen, aber falls der Wille des Berechtigten der Rückführung entgegensteht, wird seine Befugnis, über das Gebrauchsrecht zu verfügen, gerade dadurch geschützt, dass die Rückführung in diesen Fällen strafbar ist.

---

410  *Duttge*, in: HK-GS, § 248b, Rn. 9.

411  Anders nur, wenn man annimmt, dass in Fällen, in denen die Zustimmung zwar eingeholt werden könnte, aber davon auszugehen ist, dass der Betroffene auf eine Befragung keinen Wert legt, eine mutmaßliche Zustimmung auch dann Geltung beansprucht, wenn der Betroffene nicht gefragt wird   (so *Lenckner/Sternberg-Lieben*, in: Schönke/Schröder, Vorbem. §§ 32 ff., Rn. 54, m.w.N. für die mutmaßliche Einwilligung) und die Rückführung eines unbefugt in Gebrauch genommenen Fahrzeugs als solcher Fall angesehen wird.

412  Siehe dazu oben unter C. II. 2. b) bb) (3).

413  So *Duttge*, in: HK-GS, § 248b, Rn. 9; *Fischer*, § 248b, Rn. 6.

414  So *Ruß*, in: LK (11. Aufl.), § 248b, Rn. 7; siehe auch *Gössel*, BT II, § 18, Rn. 33; *Hohmann*, in: MüKo, § 248b, Rn. 12; *Kindhäuser*, in: NK, § 248b, Rn. 10.

Im Ergebnis ist festzuhalten, dass der fehlende entgegenstehende Wille des Berechtigten zu einer Straflosigkeit der Rückführung des Fahrzeugs führen kann.[415] Dies bedeutet aber nicht, dass das Fehlen eines entgegenstehenden Willens in Bezug auf die Rückführung zwingend und die Rückführung damit automatisch straflos ist, sondern es ist im Einzelfall zu klären, ob der Rückführung der (generelle bzw. potentielle) Wille des Berechtigten entgegensteht. Der Gehilfe, der die Rückführung veranlasst oder unterstützt, macht sich dann nicht strafbar, wenn die Rückführung durch den Täter aufgrund des fehlenden entgegenstehenden Willens des Berechtigten bereits nicht tatbestandsmäßig ist. Es fehlt dann an der nach § 27 Abs. 1 erforderlichen vorsätzlichen und rechtswidrigen Haupttat. Ist die Rückführung durch den Täter strafbar, weil der Rückführung der (generelle bzw. potentielle) Wille des Berechtigten entgegensteht und der Täter diesbezüglich auch vorsätzlich handelt, so kann der Gehilfe trotzdem straflos sein, wenn er meint, dass der Rückführung nicht der Wille des Berechtigten entgegensteht. Es fehlt dann am Vorsatz bezüglich der vorsätzlichen und rechtswidrigen Haupttat. Das Hinzuziehen des Gedankens der Risikoverringerung, der Täter und Gehilfen bei der Rückführung entlasten könne, wenn ein tatsächliches Einverständnis nicht einholbar sei,[416] ist nicht notwendig. Es besteht aufgrund der eben dargelegten Argumentation kein Grund, eine ohnehin umstrittene Rechtsfigur heranzuziehen, um Täter und Gehilfen bei der Rückführung zu entlasten: Steht der Rückführung nicht der Wille des Berechtigten entgegen, so sind sie ohnehin straflos, da es dann am objektiven Tatbestandsmerkmal des entgegenstehenden Willens fehlt. Und auch wenn man dieser zutreffenden Ansicht nicht folgt, so ergibt sich die Straflosigkeit der Rückführung dann – wenn die Rückführung dem mutmaßlichen Willen des Berechtigten entspricht – aufgrund des mutmaßlichen Einverständnisses. Ein Bedürfnis für das Zurückgreifen auf den Gedanken der Risikoverringerung bestünde danach nur in den Fällen, in denen die Rückführung nicht dem mutmaßlichen Willen des Berechtigten entspricht. In diesen Fällen ist aber kein Grund ersichtlich, warum Täter und Gehilfe entlastet werden sollten.

c)     Ingebrauchnahme durch Unterlassen

Fraglich ist, ob der Tatbestand des § 248b Abs. 1 auch durch Unterlassen (§ 13) erfüllt werden kann.[417] Die Strafbarkeit aufgrund eines unechten Unterlassungsdelikts setzt generell voraus, dass der Täter einen Erfolg nicht abwendet, obwohl

---

415   Fehlt ein dem Gebrauch entgegenstehender Wille, bleibt die Möglichkeit der Strafbarkeit wegen versuchter unbefugter Ingebrauchnahme bestehen.

416   *Wessels/Hillenkamp*, BT II, Rn. 438. Siehe zur Risikoverringerung allgemein *Roxin*, AT I, § 11, Rn. 53 ff.; *Wessels/Beulke*, AT, Rn. 193 ff., jeweils m.w.N.

417   Bejahend *Kindhäuser*, in: NK, § 248b, Rn. 10; *ders.*, LPK, § 248b, Rn. 3.

er rechtlich dafür einzustehen hat, dass der Erfolg nicht eintritt. Der Täter muss als Garant zur Erfolgsabwendung verpflichtet sein und das Unterlassen muss einem aktiven Tun entsprechen.[418] Erfolg i.S.d. § 13 ist weit zu verstehen und umfasst nicht nur den Erfolg i.S.v. Erfolgsdelikten, sondern jedes tatbestandsmäßige Geschehen. Neben den Erfolgsdelikten können deshalb grundsätzlich auch Tätigkeitsdelikte durch Unterlassen begangen werden.[419] Im Rahmen des § 248b Abs. 1 bedeutet eine Tatbegehung durch Unterlassen, dass der Täter die Ingebrauchnahme gegen den Willen des Berechtigten nicht verhindert bzw. abbricht, obwohl er eine Garantenstellung innehat.

Eine Garantenstellung kann sich aus besonderen Schutz- bzw. Obhutspflichten für bestimmte Rechtsgüter (sog. Beschützergarant) oder aus der Verantwortlichkeit für bestimmte Gefahrenquellen (sog. Überwachergarant) ergeben.[420] Im Rahmen des § 248b kann sich eine solche Garantenstellung entweder aus einer Schutzpflicht gegenüber dem Gebrauchsrecht eines anderen,[421] aus der Verantwortlichkeit für andere Personen[422] oder aus Ingerenz[423] ergeben.

Da, wie oben dargestellt, die Ingebrauchnahme i.S.d. § 248b grundsätzlich auch das Ingebrauchhalten erfasst, stellt sich die Frage der Ingebrauchnahme durch Unterlassen im Rahmen einer Garantenstellung aus Ingerenz im Gegensatz zu § 123[424] nicht in den Fällen, in denen der Täter erst nachträglich erkennt, dass er das Fahrzeug gegen den Willen des Berechtigten in Gebrauch genommen hat[425] oder in denen er ein zeitlich begrenztes Nutzungsrecht überschreitet[426]. Fälle der Garantenstellung aus Ingerenz dürfte es damit praktisch nicht geben.

---

418 Vgl. *Stree/Bosch*, in: Schönke/Schröder, § 13, Rn. 2 und 4; *Wessels/Beulke*, AT, Rn. 697.

419 *Rengier*, AT, § 49, Rn. 7; vgl. auch *Stree/Bosch*, in: Schönke/Schröder, § 13, Rn. 3.

420 *Fischer*, § 13, Rn. 9; *Rengier*, AT, § 50, Rn. 4 ff.; *Stree/Bosch*, in: Schönke/Schröder, § 13, Rn. 9; *Wessels/Beulke*, AT, Rn. 716.

421 Zur Garantenstellung aus vertraglicher oder faktischer Übernahme einer Schutzpflicht allgemein siehe *Fischer*, § 13, Rn. 20 ff.; *Rengier*, AT, § 50, Rn. 28 ff.; *Stree/Bosch*, in: Schönke/Schröder, § 13, Rn. 26 ff.; *Wessels/Beulke*, AT, Rn. 720.

422 Vgl. zur Garantenstellung aus der Pflicht zur Beaufsichtigung Dritter allgemein *Rengier*, AT, § 50, Rn. 62 ff.; *Stree/Bosch*, in: Schönke/Schröder, § 13, Rn. 51 ff.; *Wessels/Beulke*, AT, Rn. 724.

423 Vgl. zur Garantenstellung aus Ingerenz allgemein *Fischer*, § 13, Rn. 27 ff.; *Rengier*, AT, § 50, Rn. 70 ff.; *Stree/Bosch*, in: Schönke/Schröder, § 13, Rn. 32 ff.; *Wessels/Beulke*, AT, Rn. 725 ff.

424 Zur Diskussion im Rahmen des § 123 siehe oben unter C. II. 2. a) aa).

425 Dieser Fall des Ingebrauchhaltens ist strafbar, siehe dazu oben C. II. 2. a) aa) (1).

426 Dieser Fall des Ingebrauchhaltens ist nicht strafbar, siehe dazu oben unter C. II. 2. b) bb) (4) (a). Eine Strafbarkeit aufgrund einer Ingebrauchnahme durch Unterlassen

In Betracht kommt eine Strafbarkeit durch Unterlassen nach §§ 248b, 13, wenn ein Garant die zu überwachende Person nicht an der Ingebrauchnahme hindert;[427] des Weiteren dann, wenn eine Person aus Vertrag oder aus tatsächlicher Übernahme von Schutzpflichten verpflichtet ist, den unbefugten Gebrauch der ihr anvertrauten Fahrzeuge zu verhindern (z.b. ein Parkplatzwächter).[428]

## 3.   Täterschaft und Teilnahme bei § 248b

a)   Täterschaft

Täter kann – außer dem Berechtigten selbst - grundsätzlich jeder sein,[429] nach der hier vorgenommenen Rechtsgutsbestimmung auch der Eigentümer.[430]

§ 248b ist kein eigenhändiges Delikt;[431] deshalb kann auch ein Beteiligter Täter sein, der das Kraftfahrzeug oder Fahrrad nicht selbst steuert.[432] Der Täter muss aber bei der Nutzung des Fahrzeugs zu Fortbewegungszwecken eine ihm

---

kommt ebenfalls nicht in Betracht, da ansonsten die Straflosigkeit dieser Form des Ingebrauchhaltens umgangen werden würde.

427  Vgl. zur parallelen Situation im Rahmen des § 123 (ein Garant hindert die zu überwachende Person nicht am aktiven Eindringen in die geschützte Örtlichkeit) *Bernsmann*, Jura 1981, 404, 404 f.; *Geppert*, Jura 1989, 378, 382; *Joecks*, § 123, Rn. 29; *Lenckner/Sternberg-Lieben*, in: Schönke/Schröder, § 123, Rn. 13; *Rengier*, BT II, § 30, Rn. 14; *Wessels/Hettinger*, BT I, Rn. 592; **a.A.** *Lilie*, in: LK, § 123, Rn. 59.

428  Vgl. dazu *Lilie*, in: LK, § 123, Rn. 59. Allerdings liegt nach *Lilie* keine Unterlassenstäterschaft, sondern Beihilfe durch Unterlassen zum Hausfriedensbruch (auf § 248b übertragen: zur unbefugten Ingebrauchnahme) vor.

429  Siehe zur Abgrenzung von Täterschaft und Teilnahme u.a. *Hillenkamp*, AT, 19. Problem; *Schünemann*, in: LK, § 25, Rn. 33 ff., jeweils m.w.N.

430  Die Täterqualität des Eigentümers ist umstritten. Ob der Eigentümer Täter des § 248b sein kann, hängt davon ab, welches Rechtsgut man als von § 248b geschützt ansieht. Nach zutreffender Ansicht ist Schutzgut des § 248b ein vom Eigentum verselbstständigtes Nutzungs- und Gebrauchsrecht, so dass auch der Eigentümer selbst Täter sein kann. Siehe dazu bereits oben unter C. I. *König*, in: Hentschel/König/Dauer, § 248b, Rn. 14 schließt den Vermieter, der das vermietete Fahrzeug gegen den Willen des Mieters nutzt, als Täter aus. Eine solche Nutzung sei nach dem Sinn und Zweck des § 248b nicht strafbar.

431  *Duttge*, in: HK-GS, § 248b, Rn. 13; *Eisele*, BT II, Rn. 264; *Eser/Bosch*, in: Schönke/Schröder, § 248b, Rn. 10; *Fischer*, § 248b, Rn. 8; *Hohmann*, in: MüKo, § 248b, Rn. 20; *Hoyer*, in: SK, § 248b, Rn. 9; *Kindhäuser*, in: NK, § 248b, Rn. 10; *ders.*, LPK, § 248b, Rn. 3; *Kudlich*, in: Satzger/Schmitt/Widmaier, § 248b, Rn. 10; *Mitsch*, BT 2/2, § 1, Rn. 33; *Ruß*, in: LK (11. Aufl.), § 248b, Rn. 11; *Wessels/Hillenkamp*, BT II, Rn. 436; *Wittig*, in: BK, § 248b, Rn. 9.

432  Siehe u.a. RGSt 76, 176, 177; *Eisele*, BT II, Rn. 264; *Hohmann*, in: MüKo, § 248b, Rn. 20.

nicht zustehende Herrschaftsgewalt ausüben.[433] Mangels Herrschaftsgewalt über das Fahrzeug scheidet ein „blinder Passagier" deshalb als Täter des § 248b aus.[434]

Mittäterschaft kommt im Rahmen des § 248b nach den allgemeinen Grundsätzen[435] in Betracht.[436] Auch mittelbare Täterschaft ist aufgrund der Tatsache, dass es sich nicht um ein eigenhändiges Delikt handelt, möglich.[437]

Das RG hat in Bezug auf die Regelung der unbefugten Ingebrauchnahme nach § 1 der NotVO von 1932 entschieden, dass derjenige Täter sei, der sich von einem anderen fahren lasse und zu diesem Zweck die Fahrt verursache, die anderenfalls nicht stattgefunden hätte. Der Fahrer selbst könne in dieser Konstellation je nach Willensrichtung Mittäter oder Gehilfe sein.[438] Problematisch an der Entscheidung des RG ist, dass das bloße Veranlassen der Fahrt die Täterschaft begründen soll. Die bloße Veranlassung der Fahrt führt aber weder zu einer Beherrschung über die Benutzung des Fahrzeugs zum Zwecke der Fortbewegung, noch zu einer Mitbeherrschung im Rahmen einer mittäterschaftlichen Begehung.[439] Deshalb ist eine täterschaftliche Begehung in dieser Konstellation abzulehnen; es handelt sich vielmehr um eine Anstiftung nach § 26. Anders stellt sich das Ganze dar, wenn der Fahrer als Werkzeug genutzt wird – dann kommt mittelbare Täterschaft in Betracht. Liegen ein gemeinsamer Tatplan und eine gemeinsame Tatausführung vor, so ist eine mittäterschaftliche Begehung möglich. Denn wie bereits festgestellt, kann auch ein Beteiligter (Mit-) Täter sein, der das Fahrzeug nicht selbst steuert.

---

433  OLG Hamm DAR 1961, 92, 92.

434  Siehe dazu bereits oben unter C. II. 2. a). Der „blinde Passgier" macht sich u.U. nach § 263a strafbar.

435  Siehe zur Mittäterschaft allgemein u.a. *Fischer*, § 25, Rn. 11 ff.; *Heine*, in: Schönke/Schröder, § 25, Rn. 61 ff.; *Schünemann*, in: LK, § 25, Rn. 155 ff., jeweils m.w.N.

436  *Gössel*, BT II, § 18, Rn. 32; *Hohmann*, in: MüKo, § 248b, Rn. 20; *Kindhäuser*, in: NK, § 248b, Rn. 10.

437  *Gössel*, BT II, § 18, Rn. 33; *Hohmann*, in: MüKo, § 248b, Rn. 20; *Hoyer*, in: SK, § 248b, Rn. 9; *Kindhäuser*, in: NK, § 248b, Rn. 10; *Kudlich*, in: Satzger/Schmitt/Widmaier, § 248b, Rn. 10; *Mitsch*, BT 2/2, § 1, Rn. 33; *Ruß*, in: LK (11. Aufl.), § 248b, Rn. 11; *Wessels/Hillenkamp*, BT II, Rn. 436.
     Siehe zur mittelbaren Täterschaft allgemein u.a. *Fischer*, § 25, Rn. 4 ff.; *Heine*, in: Schönke/Schröder, § 25, Rn. 6 ff.; *Schünemann*, in: LK, § 25, Rn. 60 ff., jeweils m.w.N.

438  RGSt 76, 176, 177.

439  Vgl. *Küper*, BT, S. 224; *Lackner/Kühl*, § 248b, Rn. 3. Auch *Wessels/Hillenkamp*, BT II, Rn. 436 und *Wittig*, in: BK, § 248b, Rn. 9 lassen die bloße Veranlassung der Fahrt für eine täterschaftliche Begehung nicht ausreichen.

Bei einer Begehung in mittelbarer Täterschaft nach § 25 Abs. 1, 2. Alt. muss
der mittelbare Täter nicht selbst im Fahrzeug mitfahren.[440] Grundsätzlich kann
auch der Rechtsgutsinhaber Werkzeug gegen sich selbst sein, wenn der Hinter-
mann ihn durch Täuschung oder Nötigung zum Tatmittler macht.[441] Dies ist aber
nur möglich, wenn der tatbestandsmäßige Erfolg auch eintreten kann, wenn
Werkzeug und Opfer personenidentisch sind. Im Rahmen des § 248b geht es um
die Verletzung des Nutzungs- und Gebrauchsrechts des Berechtigten. Deshalb
ist es Bestandteil des Rechtsgutsverletzungserfolgs, dass der Nutzungsberechtigte durch die unbefugte Ingebrauchnahme vorübergehend von dem Gebrauch des
Fahrzeugs ausgeschlossen wird. Agiert der Nutzungsberechtigte als Fahrer, so
wird er nicht von der Ausübung des ihm zustehenden Gebrauchsrechts ausgeschlossen. Mithin kann der Berechtigte nicht Werkzeug i.S.d. § 25 Abs. 1,
2. Alt. sein.[442] Mittelbare Täterschaft kommt vor allem dann in Betracht, wenn
ein Dritter zur unbefugten Benutzung veranlasst wird, indem er über seine fehlende Gebrauchsbefugnis getäuscht wird,[443] z.B., wenn der Garageninhaber das
bei ihm eingestellte Fahrzeug einem Dritten ausleiht.[444]

## b)    Teilnahme[445]

Anstiftung nach § 26 und Beihilfe nach § 27 zur unbefugten Ingebrauchnahme
folgen den allgemeinen Regeln.[446]

Anstiftung meint das vorsätzliche Bestimmen eines anderen zu dessen vorsätzlich und rechtswidrig begangener Haupttat. Bezogen auf den unbefugten
Gebrauch von Kraftfahrzeugen und Fahrrädern muss also der Anstifter einen

---

440  *Fischer*, § 248b, Rn. 8; *Mitsch*, BT 2/2, § 1, Rn. 33.
441  *Mitsch*, BT 2/2, § 1, Rn. 33; *Wessels/Beulke*, AT, Rn. 537; vgl. auch *Straten-
     werth/Kuhlen*, AT, § 12, Rn. 68 ff.
442  *Mitsch*, BT 2/2, § 1, Rn. 33. Dies liegt darin begründet, dass es Bestandteil der durch
     § 248b erfassten Rechtsgutsverletzung ist, dass dem Berechtigten (vorübergehend) die
     Fahrzeugnutzung unmöglich gemacht wird. § 248b schützt das Nutzungs- und Ge-
     brauchsrecht an Fahrzeugen (siehe dazu oben unter C. I.) – dieses Rechtsgut wird nicht
     beeinträchtigt, wenn der Berechtigte selbst das Fahrzeug nutzt. Deshalb ist der Berech-
     tigte auch dann kein taugliches Werkzeug i.S.d. § 25 Abs. 1, 2. Alt., wenn er bspw.
     durch Täuschung zu einem Fahrzeuggebrauch veranlasst wird.
443  Vgl. *Fischer*, § 248b, Rn. 8; *Hoyer*, in: SK, § 248b, Rn. 9; *Joecks*, § 248b, Rn. 13;
     *Kindhäuser*, in: NK, § 248b, Rn. 21.
444  *Eser/Bosch*, in: Schönke/Schröder, § 248b, Rn. 10; *Kindhäuser*, in: NK, § 248b, Rn. 21.
445  Siehe die Beispiele bei *Mitsch*, BT 2/2, § 1, Rn. 34 zur Teilnahme an der unbefugten
     Ingebrauchnahme.
446  *König*, in: Hentschel/König/Dauer, § 248b, Rn. 14; *Mitsch*, BT 2/2, § 1, Rn. 34. Siehe
     allgemein zu Anstiftung und Beihilfe u.a. *Heine*, in: Schönke/Schröder, § 26, Rn. 1 ff.,
     § 27, Rn. 1 ff.; *Schünemann*, in: LK, § 26, Rn. 1 ff., § 27, Rn. 1 ff., jeweils m.w.N.

anderen vorsätzlich dazu bestimmen, ein Fahrzeug unbefugt in Gebrauch zu nehmen.[447] Auch die Anstiftung zur versuchten unbefugten Ingebrauchnahme ist strafbar, nicht aber die versuchte Anstiftung, da es sich bei § 248b nicht um ein Verbrechen handelt (§ 30 Abs. 1).

Beihilfe setzt Hilfeleistung zu einer fremden, vorsätzlich und rechtswidrig begangenen Tat voraus.[448] Ein Mitfahrer, der weder die Fahrt verursacht, noch (die Weiterfahrt) unterstützt, sondern nur die Ingebrauchnahme eines Dritten ausnutzt, macht sich nicht strafbar.[449] Es liegt bereits objektiv keine Beihilfehandlung zur Ingebrauchnahme des Fahrzeugs vor.[450]

## c)     Die Sonderproblematik der sukzessiven Beteiligung[451]

§ 248b ist bereits mit dem Beginn der Ingebrauchnahme vollendet, aber erst mit dem Abschluss des Gebrauchs beendet. § 248b hat somit eine kurze Vollendungsphase, aber eine – je nach Tatablauf – sehr lange Beendigungsphase.[452] Eine Beteiligung bis zur Vollendung einer Tat ist unstreitig möglich, während

---

447   Fordert der „Anstifter" den unmittelbaren Täter auf, statt der geplanten Ingebrauchnahme nur eine wesentlich kürzere Strecke zu fahren, und folgt der Fahrer dieser Aufforderung, so ist der „Anstifter" trotzdem nicht nach §§ 248b, 26 strafbar, weil seine Einwirkung auf den Tatentschluss des Fahrers zu einer Unrechtsverringerung geführt hat (sog. „Abstiftung"), *Mitsch*, BT 2/2, § 1, Rn. 33.

448   Zum Streitstand, ob die Beihilfe kausal für die Tatbestandsverwirklichung sein muss oder ob eine Förderung der Haupttat ausreicht, siehe *Hillenkamp*, AT, 27. Problem m.w.N.

449   Vgl. RGSt 76, 176, 177; BGH VRS 19 (1960), 288, 288; OLG Hamm DAR 1961, 92, 92; *Eser/Bosch*, in: Schönke/Schröder, § 248b, Rn. 10; *Hartung*, JR 1963, 428, 428; *Hohmann*, in: MüKo, § 248b, Rn. 20; *Kindhäuser*, in: NK, § 248b, Rn. 10; *Kudlich*, in: Satzger/Schmitt/Widmaier, § 248b, Rn. 10; *Mitsch*, BT 2/2, § 1, Rn. 34; *Ruß*, in: LK (11. Aufl.) § 248b, Rn. 11.

450   Vgl. OLG Düsseldorf NStZ 1985, 413, 413; siehe auch BayObLGSt 63, 111, 111 (mit Anm. *Hartung*, JR 1963, 428, 428 f.), das im Rahmen einer Entscheidung zum „Gebrauchmachen" nach § 25 Abs. 2 StVG betont, dass ein Mitfahrer nur dann von einem Kraftfahrzeug Gebrauch mache, wenn er die Fahrt veranlasse oder in anderer Weise dazu beitrage. Die bloße Teilnahme an einer Fahrt, die der Führer des Wagens ohnehin unternommen hätte, stelle dagegen kein „Gebrauchmachen" i.S.d. § 25 Abs. 2 StVG dar.

451   Siehe allgemein zur sukzessiven Beteiligung u.a. *Heine*, in: Schönke/Schröder, § 25, Rn. 91 ff., § 27, Rn. 17; *Roxin*, AT II, § 25, Rn. 219 ff., § 26, Rn. 257 ff.; *Schünemann*, in: LK, § 25, Rn. 197 ff., § 27, Rn. 39 ff.

452   Siehe zur Beendigungsphase allgemein *Hillenkamp*, in: LK, Vor § 22, Rn. 19 ff., speziell zur Beendigungsphase bei Dauerdelikten Rn. 27, 35 f.

eine Beteiligung nach Tatbeendigung nicht mehr möglich ist.[453] Fraglich ist, ob auch in der Beendigungsphase noch eine strafbare Beteiligung möglich ist. Während die Rechtsprechung eine sukzessive Beteiligung zwischen Vollendung und Beendigung grundsätzlich anerkennt,[454] wird diese Möglichkeit von einer Vielzahl der Literaturstimmen abgelehnt.[455] Im Rahmen des § 248b besteht aber die Besonderheit, dass es sich um ein Dauerdelikt handelt. Bei Dauerdelikten wird der Angriff auf das betroffene Rechtsgut während der Beendigungsphase aufrechterhalten, weil die Tat auch in dieser Phase noch weiter ausgeführt wird.[456] Im Rahmen des § 248b dauert die Beeinträchtigung des Nutzungs- und Gebrauchsrechts des Berechtigten während des Gebrauchs des Fahrzeugs fort und endet erst mit Abschluss des Gebrauchs. Eine Beteiligung ist deshalb auch zwischen Vollendung und Beendigung noch möglich.[457] Sukzessive Beteiligung

---

453 Vgl. BGH StV 1981, 127, 127; *Fischer*, § 25, Rn. 21, § 27, Rn. 6; *Heine*, in: Schönke/Schröder, § 27, Rn. 17; *Ingelfinger*, in: HK-GS, § 25, Rn. 47, § 27, Rn. 17; *Joecks*, in: MüKo, § 25, Rn. 178; *Kindhäuser*, LPK, § 25, Rn. 51 ff.; *Roxin*, AT II, § 25, Rn. 219 und 223; *Schünemann*, in: LK, § 25, Rn. 197, § 27, Rn. 41, 43.
454 RGSt 71, 193, 194; BGHSt 2, 344, 346; 3, 40, 43 f.; 4, 132, 133; 6, 248, 251; 19, 323, 325; BGH StV 1981, 127, 127; BGH NStZ-RR 1997, 319, 319; BGH NStZ-RR 1999, 208, 208; BGH VRS 16 (1959), 267, 267; OLG Hamm JZ 1961, 94, 94 f.; OLG Köln NJW 1956, 154, 154.
455 *Geppert*, Jura 1999, 266, 272; *Gössel*, in: FS Jescheck, 537, 537 ff.; *Ingelfinger*, in: HK-GS, § 25, Rn. 47; *Joecks*, in: MüKo, § 25, Rn. 182; *Kindhäuser*, LPK, § 25, Rn. 53; *Kühl*, AT, § 20, Rn. 126 ff.; *ders.*, JuS 2002, 729, 733 f.; *Lackner/Kühl*, § 25, Rn. 12; *Otto*, Jura 1987, 246, 253; *Roxin*, AT II, § 25, Rn. 221, § 26, Rn. 260 ff.; *Rudolphi*, in: FS Bockelmann, 369, 377 ff.; *Schünemann*, in: LK, § 25, Rn. 197; *Seher*, JuS 2009, 793, 797.
456 Vgl. *Kühl*, AT, § 20, Rn. 126; *ders.*, in: FS Roxin, 665, 679 ff.
457 *Hohmann*, in: MüKo, § 248b, Rn. 20; *Kindhäuser*, in: NK, § 248b, Rn. 10; *Ruß*, in: LK (11. Aufl.), § 248b, Rn. 11. *Eser/Bosch*, in: Schönke/Schröder, § 248b, Rn. 10 erwähnen nur die sukzessive Mittäterschaft. Vgl. allgemein zur Möglichkeit der sukzessiven Beteiligung an Dauerdelikten BGH NStZ 2004, 44, 45; BayObLG NJW 2002, 1663, 1664; *Fischer*, § 27, Rn. 8; *Geppert*, Jura 1999, 266, 272; *Heine*, in: Schönke/Schröder, § 27, Rn. 17; *Ingelfinger*, in: HK-GS, § 27, Rn. 17; *Jakobs*, AT, 22. Abschn., Rn. 40; *Kindhäuser*, LPK, § 25, Rn. 53; *König*, NJW 2002, 1623, 1624; *Krack*, JuS 1995, 585, 589; *Kühl*, AT, § 20, Rn. 126 und 235; *ders.*, in: FS Roxin, 665, 679 und 681; *ders.*, JuS 2002, 729, 733 f.; *Lackner/Kühl*, § 27, Rn. 3; *Rudolphi*, in: FS Jescheck, 559, 565 ff.; *Schünemann*, in: LK, § 27, Rn. 46.

kann sowohl in Form der sukzessiven Mittäterschaft[458] als auch in Form der sukzessiven Beihilfe erfolgen.[459]

## 4.    Der subjektive Tatbestand

Gem. § 15 muss der Täter mit Vorsatz handeln, wenn das Gesetz nicht fahrlässiges Handeln ausdrücklich unter Strafe stellt. Vorsatz bedeutet Wissen und Wollen der Tatbestandsverwirklichung zum Zeitpunkt der Tat.[460] Vorsatz kann in Form der Absicht, des direkten Vorsatzes und des bedingten Vorsatzes vorliegen.[461] Wenn sich aus dem Gesetz nichts anderes ergibt, ist bedingter Vorsatz, also Eventualvorsatz, ausreichend.[462]

Im Rahmen des § 248b muss der Täter folglich wissentlich und willentlich ein Kraftfahrzeug oder Fahrrad gegen den Willen des Berechtigten in Gebrauch nehmen; fahrlässige unbefugte Ingebrauchnahme ist nicht mit Strafe bedroht. Als Vorsatzform ist *dolus eventualis* ausreichend.[463] Der Vorsatz muss sich dabei insbesondere auch auf den entgegenstehenden Willen des Berechtigten be-

---

458    Nach *Eser/Bosch*, in: Schönke/Schröder, § 248b, Rn. 10 ist sukzessive Mittäterschaft in den Fällen denkbar, in denen jemand nach Ingebrauchnahme durch einen anderen das Fahrzeug bediene oder das Ausmaß des weiteren Gebrauchs mitbestimme.

459    Zur Frage, ob und unter welchen Umständen sich ein später zusteigender Mitfahrer, der die Rückführung des Fahrzeugs veranlasst oder unterstützt, strafbar macht, siehe bereits oben unter C. II. 2. b) bb) (5).

460    So die übliche Kurzformel, vgl. RGSt 51, 305, 311; BGH NStZ 1988, 175, 175; BGH NJW 1989, 781, 784; *Fischer*, § 15, Rn. 3; *Geppert*, Jura 2001, 55, 56; *Heinrich*, AT I, Rn. 264; *Kühl*, AT, § 5, Rn. 6, 20; *Lackner/Kühl*, § 15, Rn. 3; *Rengier*, AT, § 14, Rn. 5, 55; *Roxin*, AT I, § 10, Rn. 62; *Sternberg-Lieben*, in: Schönke/Schröder, § 15, Rn. 9; als „Wille zur Verwirklichung eines Straftatbestandes in Kenntnis aller seiner objektiven Tatumstände" beschrieben von *Joecks*, § 15, Rn. 6 und *Wessels/Beulke*, AT, Rn. 203; sehr ähnlich BGHSt 19, 295, 298; *Rengier*, AT, § 14, Rn. 5, 55. Kritisch zu diesem Verständnis des Vorsatzes, insbes. des Willenselements, *Schmidhäuser*, in: FS Oehler, 135, 135 ff., insbes. 156 ff. Siehe zum Vorsatz auch *Janzarik*, ZStW 104 (1992), 65, 65 ff. Zum Vorsatz und den verschiedenen Formen des Vorsatzes allgemein: *Vogel*, in: LK, § 15, Rn. 73 ff.

461    *Rengier*, AT, § 14, Rn. 6; *Wessel/Beulke*, AT, Rn. 210.

462    BGHSt 5, 245, 246; *Fischer*, § 15, Rn. 5; *Heinrich*, AT I, Rn. 285; *Vogel*, in: LK, § 15, Rn. 96 f., der die Bezeichnung „einfacher Vorsatz" vorzieht.

463    *Duttge*, in: HK-GS, § 248b, Rn. 11; *Eser/Bosch*, in: Schönke/Schröder, § 248b, Rn. 8; *Fischer*, § 248b, Rn. 7; *Hohmann*, in: MüKo, § 248b, Rn. 19; *Hoyer*, in: SK, § 248b, Rn. 17; *Joecks*, § 248b, Rn. 12; *Kindhäuser*, in: NK, § 248b, Rn. 8; *ders.*, LPK, § 248b, Rn. 13; *ders.*, BT II, § 9, Rn. 9; *König*, in: Hentschel/König/Dauer, § 248b, Rn. 12; *Kudlich*, in: Satzger/Schmitt/Widmaier, § 248b, Rn. 8; *Lackner/Kühl*, § 248b, Rn. 5; *Maurach/Schroeder/Maiwald*, BT I, § 37, Rn. 9; *Mitsch*, BT 2/2, § 1, Rn. 26; *Vogel*, in: LK, § 242, Rn. 10; *Wittig*, in: BK, § 248b, Rn. 6.

ziehen. Liegt objektiv ein der Ingebrauchnahme entgegenstehender Wille des
Berechtigten vor, meint der Täter aber, er handle nicht gegen den Willen des
Berechtigten, so unterliegt er einem vorsatzausschließenden Tatbestandsirrtum
nach § 16 Abs. 1 S. 1 und ist deshalb straflos.[464] Dies gilt grundsätzlich unabhängig davon, ob der Täter den Irrtum selbst verschuldet hat oder ihn hätte erkennen und vermeiden können.[465]

Fraglich ist, ob der subjektive Tatbestand des § 248b neben der vorsätzlichen Ingebrauchnahme eines Fahrzeugs gegen den Willen des Berechtigten *negativ* voraussetzt, dass der Täter ohne Zueignungsabsicht handelt. Zueignungsabsicht setzt sich aus einem Aneignungs- und einem Enteignungselement zusammen, wobei für die Aneignungskomponente Absicht im technischen Sinne
nötig ist, während für die Enteignungskomponente jede Form von Vorsatz genügt.[466] Nimmt jemand ein Fahrzeug gegen den Willen des Berechtigten in Gebrauch, hat er jedenfalls Aneignungsabsicht.[467] Oftmals wird er daneben auch
Enteignungsvorsatz[468] haben, zumal für letzteren bedingter Vorsatz ausreicht.
Vereinzelt gehen Stimmen in der Literatur davon aus, dass Zueignungsabsicht
bei (Beginn) der Ingebrauchnahme den Tatbestand des § 248b ausschließt. *Statt
dessen* liege je nach Sachverhalt Diebstahl (§ 242) oder Unterschlagung (§ 246)
vor.[469] Der Wortlaut des § 248b enthält keinerlei Anhaltspunkte dafür, dass eine

---

464  Vgl. *Duttge*, in: HK-GS, § 248b, Rn. 11; *Fischer*, § 248b, Rn. 7; *Hohmann*, in: MüKo,
     § 248b, Rn. 19; *Joecks*, § 248b, Rn. 12; *Kindhäuser*, in: NK, § 248b, Rn. 8; *ders.*, LPK,
     § 248b, Rn. 13; *ders.*, BT II, § 9, Rn. 9; *König*, in: Hentschel/König/Dauer, § 248b,
     Rn. 12; *Kudlich*, in: Satzger/Schmitt/Widmaier, § 248b, Rn. 8; *Lackner/Kühl*, § 248b,
     Rn. 5; *Mitsch*, BT 2/2, § 1, Rn. 26; *Vogel*, in: LK, § 248b, Rn. 10; *Wessels/Hillenkamp*,
     BT II, Rn. 437; *Wittig*, in: BK, § 248b, Rn. 6; siehe auch OLG Köln JMBl. NRW 1964,
     91, 91.
     Die nach § 16 Abs. 1 S. 2 grundsätzlich verbleibende Möglichkeit der Strafbarkeit we-
     gen Fahrlässigkeit kommt im Rahmen des § 248b nicht in Betracht, da die fahrlässige
     unbefugte Ingebrauchnahme nicht strafbar ist.
465  Vgl. *Fischer*, § 16, Rn. 10; *Joecks*, § 16, Rn. 13; *Vogel*, in: LK, § 16, Rn. 2; *Wes-
     sels/Beulke*, AT, Rn. 244.
466  *Lackner/Kühl*, § 242, Rn. 25; *Wessels/Hillenkamp*, BT II, Rn. 164.
467  *Wessels/Hillenkamp*, BT II, Rn. 439. D.h., der Täter hat die Absicht, unter Anmaßung
     einer eigentümerähnlichen Verfügungsgewalt das Fahrzeug – wenn auch u.U. nur vo-
     rübergehend – seinem Vermögen zuzuführen, vlg. *Lackner/Kühl*, § 242, Rn. 21, 25;
     *Wessels/Hillenkamp*, BT II, Rn. 150, 164.
468  Enteignungsvorsatz liegt vor, wenn der Täter das Fahrzeug dem Berechtigten dauerhaft
     entziehen – den Berechtigten dauerhaft aus dessen bisheriger Position verdrängen –
     möchte, vgl. *Joecks*, Vor § 242, Rn. 22; *Lackner/Kühl*, § 242, Rn. 21.
469  So *Kindhäuser*, LPK, § 248b, Rn. 14; *König*, in: Hentschel/König/Dauer, § 248b, Rn. 9;
     vgl. auch *Fischer*, § 248b, Rn. 4, der Ingebrauchnahme als „das vorübergehende eigen-
     mächtige Ingangsetzen" definiert; „sonst" (= wenn das Ingangsetzen nicht nur vorüber-

unbefugte Ingebrauchnahme ausgeschlossen sein soll, wenn der Täter dabei mit Zueignungsabsicht handelt. Zwar wurde die Vorschrift eingeführt, um Fälle zu erfassen, in denen der Täter ohne Zueignungsabsicht (konkret: ohne Enteignungsvorsatz) handelt oder eine solche ihm jedenfalls nicht nachgewiesen werden kann, sie setzt aber nicht voraus, dass *keine* Zueignungsabsicht vorliegt. Diejenigen, die als negative Voraussetzung des subjektiven Tatbestandes des § 248b das Fehlen der Zueignungsabsicht verlangen, verkennen, dass es sich bei der Frage nach dem Verhältnis von § 248b zu den Zueignungsdelikten um eine Konkurrenzfrage, nicht um eine Abgrenzung zwischen den Tatbeständen handelt. Nimmt der Täter ein fremdes Kraftfahrzeug unter Gewahrsamsbruch gegen den Willen des Berechtigten in Gebrauch und handelt er dabei mit Zueignungsabsicht, so verwirklicht er sowohl den Tatbestand des Diebstahls nach § 242 als auch den der unbefugten Ingebrauchnahme gem. § 248b. Zwischen den beiden Delikten besteht in einem solchen Fall Gesetzeskonkurrenz. Der subsidiäre (§ 248b Abs. 1 a.E.) unbefugte Fahrzeuggebrauch tritt hinter den Diebstahl zurück.[470]

## 5. Die Strafbarkeit des Versuchs[471]

Gem. § 248b Abs. 2 ist der Versuch der unbefugten Ingebrauchnahme eines Fahrzeuges strafbar. Der Versuch einer Straftat kennzeichnet sich ganz allgemein dadurch, dass subjektiv alle Voraussetzungen vorliegen, während der objektive Tatbestand nicht (vollständig) erfüllt ist.[472] Eine Straftat ist gem. § 22 versucht, wenn der Täter nach seiner Vorstellung von der Tat zur Verwirklichung des Tatbestandes unmittelbar ansetzt. Der Tatentschluss[473] des Täters

---

gehend ist) läge § 242 vor. Während *Otto*, JK 1996, StGB, § 248b/3 erkennt, dass der Wortlaut des § 248b auch den Gebrauch eines Fahrzeugs in Zueignungsabsicht erfasst und deshalb die Frage nach dem Verhältnis von § 248b zu den Zueignungsdelikten auf der Konkurrenzebene zu lösen ist, nimmt er in JK 1986, StGB, § 248b/1 an, dass der Wille des Täters, dem Berechtigten nach dem Gebrauch die Sachherrschaft über das Fahrzeug wieder einzuräumen, Tatbestandsvoraussetzung des § 248b sei. Die Konsequenz dieser Annahme ist aber, dass der Täter § 248b nicht erfüllt, wenn er mit Zueignungsabsicht handelt.

470  *Küper*, BT, S. 224; vgl. auch *Mitsch*, BT 2/2, § 1, Rn. 36. Auch *Hillenkamp* betont in *Wessels/Hillenkamp*, BT II, Rn. 439, dass es um die Frage geht, inwiefern *neben* § 248b auch der Tatbestand eines Zueignungsdeliktes vorliege. Siehe dazu unten unter C. IV. 3.

471  Im Jahr 2010 wurden 10 der insgesamt 649 nach § 248b Verurteilten wegen einer versuchten Straftat verurteilt, Strafverfolgungsstatistik 2010, S. 132 f.

472  *Eser*, in: Schönke/Schröder, § 22, Rn. 1 ff.; *Rengier* AT, § 33, Rn. 1; *Wessels/Beulke*, AT, Rn. 595.

473  Der Betätigung des Willens muss *Tatentschlossenheit* zugrunde liegen. Dies bedeutet, dass der Täter sich zur Verwirklichung der Tat entschlossen haben muss, ohne einen in-

muss sich im Rahmen des § 248b darauf beziehen, ein Kraftfahrzeug oder Fahrrad gegen den Willen des Berechtigten in Gebrauch zu nehmen. Auch hier ist *dolus eventualis* ausreichend.[474] Außerdem muss der Täter unmittelbar zur Verwirklichung des Tatbestandes, d.h. zur unbefugten Ingebrauchnahme, ansetzen. Nach der Rechtsprechung und der überwiegenden Ansicht in der Literatur setzt der Täter unmittelbar an, wenn er subjektiv die Schwelle zum „Jetzt-geht's-los" überschreitet und objektiv zur tatbestandsmäßigen Handlung ansetzt. Das Verhalten des Täters muss nach seinem Tatplan bei ungestörtem Fortgang unmittelbar zur Verwirklichung des gesamten Tatbestands führen oder in unmittelbarem räumlichen und zeitlichen Zusammenhang mit der Tatbestandsverwirklichung stehen und ohne weitere wesentliche Zwischenakte in die Tatbestandsverwirklichung münden.[475] Der Versuch ist dabei von der bloßen Vorbereitungshandlung abzugrenzen. Letztere ist grundsätzlich straflos und liegt dann vor, wenn die Handlung die spätere Tat nur ermöglichen oder erleichtern soll.[476] Außerdem ist der Versuch von der Vollendung abzugrenzen; § 248b ist bereits mit dem Anfahren des Fahrzeugs vollendet.[477]

Auf § 248b übertragen führen die genannten Kriterien dazu, dass bei der Annäherung an ein bestimmtes Kraftfahrzeug oder Fahrrad noch kein unmittelbares Ansetzen vorliegt.[478] Das Aufbrechen des Türschlosses,[479] das Außerkraft-

---

neren Vorbehalt bezogen auf die mit der Tat verbundene Rechtsgutsverletzung zu haben, *Hillenkamp*, in: LK, § 22, Rn. 40.
474 Siehe dazu oben unter C. II. 4.
475 Vgl. u.a. BGHSt 26, 201, 201 f. (= BGH NJW 1976, 58, 58); BGHSt 28, 162, 162 (= BGH NJW 1979, 378, 378); BGHSt 30, 363, 364 f. (= BGH NJW 1982, 1164, 1164); BGHSt 48, 34, 35 f. (= BGH NJW 2003, 150, 153); BGH NStZ 1981, 99, 99; BGH NJW 1991, 1963, 1963; BGH NStZ 1997, 83, 83; BGH NStZ 2002, 309, 309 f.; BGH NStZ 2004, 38, 38 f.; BGH NStZ 2008, 209, 209 (= BGH NStZ-RR 2008, 139, 139); *Fischer*, § 22, Rn. 10; *Rengier*, AT, § 34, Rn. 22; *Wessels/Beulke*, AT, Rn. 601; im Ergebnis ähnlich *Hillenkamp*, in: LK, § 22, Rn. 85, der eine modifizierte Zwischenaktstheorie vertritt und davon ausgeht, dass ein Versuch vorliege, wenn der Täter eine Handlung vorgenommen habe und nach seiner Vorstellung von der Tat keine wesentlichen Zwischenschritte mehr zwischen dieser Handlung und der eigentlichen Tatbestandshandlung liegen und wenn sich der durch die Handlung eingetretene Zustand als unmittelbare Gefahr der Tatbestandsverwirklichung beschreiben lasse. Siehe zum unmittelbaren Ansetzen allgemein *Hillenkamp*, in: LK, § 22, Rn. 54 ff. m.w.N.
476 *Wessels/Beulke*, AT, Rn. 602.
477 *Duttge*, in: HK-GS, § 248b, Rn. 12; *Kindhäuser*, in: NK, § 248b, Rn. 9; *König*, in: Hentschel/König/Dauer, § 248b, Rn. 13; *Vogel*, in: LK, § 248b, Rn. 13; *Wessels/Hillenkamp*, BT II, Rn. 438.
478 *Duttge*, in: HK-GS, § 248b, Rn. 12; *Hohmann*, in: MüKo, § 248b, Rn. 21; *Vogel*, LK, § 248b, Rn. 13.

setzen einer Wegfahrsperre,[480] das Einsteigen in das Fahrzeug,[481] das Einnehmen des Fahrersitzes,[482] das Einstecken des Zündschlüssels[483] und das Anlassen des Motors[484] können hingegen das unmittelbare Ansetzen begründen, soweit sie zum Zwecke der Fortbewegung erfolgen und nicht etwa um das Radio oder die Heizung anzuschalten. Bei einem Fahrrad liegt mit Aufsteigen auf den Sattel ein unmittelbares Ansetzen vor, wenn dies geschieht, um sich damit fortzubewegen.[485] Umstritten ist hingegen, ob bereits das Rütteln an den Rädern zwecks Prüfung der Lenkradsperre und damit der Benutzbarkeit des Fahrzeugs ein unmittelbares Ansetzen darstellen kann.[486] Erfolgt die Ingebrauchnahme unter gleichzeitigem Gewahrsamsbruch, so sind für die Abgrenzung zur Vorbereitungshandlung die für den Diebstahl geltenden Grundsätze anwendbar.[487] Der BGH führt dazu aus, dass das Rütteln an den Vorderrädern, um festzustellen, ob das Lenkrad durch ein Schloss versperrt ist, dann ein unmittelbares Ansetzen darstelle, wenn der Täter bereits entschlossen sei, das konkrete Kraftfahrzeug für eine geplante Fahrt wegzunehmen und sich beim Fehlen einer Lenkradsperre unmittelbar nach dem Rütteln des Fahrzeugs bemächtigen wolle. Hier bestehe ein enger zeitlicher und räumlicher Zusammenhang zwischen dem Rütteln an den Rädern und der geplanten Entwendung des Fahrzeugs. Anders läge der Fall, wenn sich der Täter noch nicht für ein Kfz entschieden habe, sondern mehrere Fahrzeuge zur Wahl stünden und durch das Rütteln an den Rädern ein besonders geeignetes Fahrzeug gefunden werden solle. Dies sei nur als Vorbereitungshand-

479  *Duttge*, in: HK-GS, § 248b, Rn. 12; *Eser/Bosch*, in: Schönke/Schröder, § 248b, Rn. 9; *Hoyer*, in: SK, § 248b, Rn. 17; *Kudlich*, in: Satzger/Schmitt/Widmaier, § 248b, Rn. 9.
480  *Duttge*, in: HK-GS, § 248b, Rn. 12; *Hohmann*, in: MüKo, § 248b, Rn. 21; *Vogel*, in: LK, § 248b, Rn. 13.
481  *König*, in: Hentschel/König/Dauer, § 248b, Rn. 13.
482  *Duttge*, in: HK-GS, § 248b, Rn. 12; *Hoyer*, in: SK, § 248b, Rn. 17.
483  *Joecks*, § 248b, Rn. 14; *König*, in: Hentschel/König/Dauer, § 248b, Rn. 13; *Vogel*, in: LK, § 248b, Rn. 13.
484  *Gössel*, BT II, § 18, Rn. 34; *Hohmann*, in: MüKo, § 248b, Rn. 21; *Janiszewski*, Verkehrsstrafrecht, Rn. 580; *Joecks*, § 248b, Rn. 14; *Kindhäuser*, in: NK, § 248b, Rn. 9; *Kudlich*, in: Satzger/Schmitt/Widmaier, § 248b, Rn. 9; *Wessels/Hillenkamp*, BT II, Rn. 438; *Wittig*, in: BK, § 248b, Rn. 7.
485  *Duttge*, in: HK-GS, § 248b, Rn. 12.
486  **Bejahend**: BGHSt 22, 80, 81 f.; *König*, in: Hentschel/König/Dauer, § 248b, Rn. 13; *Vogel*, in: LK, § 248b, Rn. 13; **verneinend**: *Hohmann*, in: MüKo, § 248b, Rn. 21; *Hoyer*, in: SK, § 248b, Rn. 17; wohl auch *Kindhäuser*, in: NK, § 248b, Rn. 9; *Wittig*, in: BK, § 248b, Rn. 7.
487  *Duttge*, in: HK-GS, § 248b, Rn. 12; *Fischer*, § 248b, Rn. 9; vgl. auch BGHSt 20, 80, 81.

lung zu beurteilen.[488] Dem wird richtigerweise entgegengehalten, dass nach der Prüfung, ob eine Lenkradsperre vorhanden ist, noch weitere wesentliche Zwischenakte wie beispielsweise das Aufbrechen des Fahrzeugs und das Anlassen des Motors nötig seien und deshalb durch das bloße Rütteln an den Rädern das Unmittelbarkeitserfordernis des § 22 nicht erfüllt sei.[489]

Geht der Täter irrig davon aus, dass der Ingebrauchnahme der Wille des Berechtigten entgegensteht, so liegt ein untauglicher Versuch vor.[490] Auch der untaugliche Versuch ist strafbar,[491] wie sich aus § 23 Abs. 3 ergibt.[492]

## III. Fragestellungen im Bereich von Rechtswidrigkeit und Schuld

Selbst wenn der Täter den objektiven Tatbestand des § 248b vorsätzlich verwirklicht hat, ist er nur dann strafbar, wenn er auch rechtswidrig und schuldhaft gehandelt hat. Letzteres ist dann nicht der Fall, wenn das Handeln des Täters gerechtfertigt oder entschuldigt ist. Ob ein Rechtfertigungs- oder Entschuldigungsgrund vorliegt, bestimmt sich dabei nach den allgemein geltenden Grundsätzen.

### 1.    Die Rechtswidrigkeit der Ingebrauchnahme

#### a)    Einwilligung

Die Einwilligung in eine Tat ist ihrem Wesen nach ein Verzicht auf Rechtsschutz und ist deshalb nur dann möglich, wenn ein disponibles Rechtsgut vorliegt.[493] Geht man davon aus, dass eine Einwilligung rechtfertigend wirkt, so kommt sie nur dann in Betracht, wenn nicht bereits der Tatbestand ein Handeln

---

488    Vgl. BGHSt 22, 80, 82; dem BGH zustimmend *Janiszewski*, Verkehrsstrafrecht, Rn. 580.

489    *Hohmann*, in: MüKo, § 248b, Rn. 21; ebenso *Hillenkamp*, in: LK, § 22, Rn. 103 in Bezug auf ein unmittelbares Ansetzen zur Wegnahme beim Diebstahl eines Pkw.

490    *Kindhäuser*, in: NK, § 248b, Rn. 9; *König*, in: Hentschel/König/Dauer, § 248b, Rn. 13; siehe auch BGHSt 4, 199, 200; *Duttge*, in: HK-GS, § 248b, Rn. 11; *Fischer*, § 248b, Rn. 7; *Lackner/Kühl*, § 248b, Rn. 5; *Wittig*, in: BK, § 248b, Rn. 6. *Kindhäuser*, in: NK, § 248b, Rn. 9: Wegen des Antragserfordernisses praktisch irrelevant.

491    *Eser*, in: Schönke/Schröder, § 22, Rn. 60; *Roxin*, JuS 1973, 329, 330.

492    Nach *Kühl*, AT, § 15, Rn. 87 ergibt sich die Strafbarkeit des untauglichen Versuchs zudem aus § 22, da dieser auf die Vorstellung des Täters abstelle und somit auch die irrige Vorstellung des Täters von der Tauglichkeit seiner Handlung als Versuch anzusehen sei. So auch *Roxin*, JuS 1973, 329, 330.

493    *Wessels/Beulke*, AT, Rn. 370.

gegen oder ohne den Willen des Berechtigen voraussetzt.[494] Im Rahmen des
§ 248b ist der entgegenstehende Wille des Berechtigten bereits objektives Tatbestandsmerkmal, so dass eine Rechtfertigung aufgrund einer Einwilligung des
Berechtigten nicht in Betracht kommt. Ist der Berechtigte mit der Ingebrauchnahme einverstanden, fehlt es am entgegenstehenden Willen und somit ist der
objektive Tatbestand in diesen Fällen nicht erfüllt.

Nach *Mitsch*[495] ist eine Rechtfertigung durch Einwilligung u.U. trotzdem
möglich, wenn man der – von ihm selbst abgelehnten – Ansicht folgt, dass eine
durch Drohung erlangte Einwilligung nur dann unwirksam sei, wenn die Drohung die Grenzen der verwerflichen Nötigung nach § 240 überschreite.[496] Dann
könne sich der Fall ergeben, dass die Voraussetzungen, die an ein wirksames
Einverständnis auf der Tatbestandsebene zu stellen seien, nicht erfüllt seien,
gleichzeitig aber eine wirksame Einwilligung vorliege. Diese Konstellation könne entstehen, wenn ein tatbestandsausschließendes Einverständnis aufgrund einer Drohung unwirksam sei,[497] der Drohungsinhalt aber kein „empfindliches
Übel" i.S.d. § 240 darstelle und daher die Einwilligung auf der Rechtfertigungsebene nicht unwirksam mache.[498] Ob es eine Konstellation gibt, in der das Einverständnis unwirksam, die Einwilligung aber wirksam ist, ist sehr zweifelhaft.

---

494   Siehe zur Diskussion um die Wirkung der Einwilligung u.a. *Wessels/Beulke*, AT,
      Rn. 361 ff. m.w.N.
495   *Mitsch*, BT 2/2, § 1, Rn. 27.
496   Der Grad der Drohung, ab welchem die Einwilligung unwirksam wird, ist umstritten.
      Die wohl herrschende Ansicht geht davon aus, dass die Einwilligung erst dann unwirk-
      sam werde, wenn der Maßstab der Nötigung gem. § 240 einschließlich der Verwerflich-
      keit erreicht sei. So *Kühl*, AT, § 9, Rn. 36; *Lackner/Kühl*, § 228, Rn. 8; *Lenck-
      ner/Sternberg-Lieben*, in: Schönke/Schröder, Vorbem. § 32, Rn. 48; *Roxin*, AT I, § 13,
      Rn. 113; siehe auch *Amelung*, NStZ 2006, 317, 319; **a.A.** *Joecks*, Vor § 32, Rn. 26, der
      den Maßstab des § 35 als Grenze sieht (siehe auch *Rudolphi*, ZStW 86 (1974), 68, 85,
      der erwägt, § 52 a.F. als Maßstab zu nehmen). Nach *Mitsch*, BT 2/2, § 1, Rn. 27 hinge-
      gen reicht auch eine Drohung unterhalb der Schwelle des § 240 zur Unwirksamkeit der
      Einwilligung.
497   Nach der hier vertretenen Ansicht kommt es im Rahmen der Tatbestandsmäßigkeit nicht
      auf die Frage an, ob ein tatbestandsausschließendes Einverständnis vorliegt, sondern da-
      rauf, ob der Wille des Berechtigten der Ingebrauchnahme entgegensteht. Erklärt der Be-
      rechtigte aufgrund einer Drohung, dass er mit der Ingebrauchnahme einverstanden sei,
      lehnt die Ingebrauchnahme aber innerlich ab, so steht sein Wille der Ingebrauchnahme
      entgegen.
498   *Mitsch*, BT 2/2, § 1, Rn. 27 schildert dazu folgenden Beispielsfall: T droht dem krank-
      haft ehrgeizigen Schüler O, dessen Eltern zu verraten, dass O in einer Klausur ein „gut"
      statt dem üblichen „sehr gut" erzielt hat, falls O dem T nicht eine Spazierfahrt mit dem
      Fahrrad des O erlaube. Aus Angst vor drohender Denunziation erlaubt O dem T mit
      dem Fahrrad zu fahren.

Welche Anforderungen an ein Einverständnis zu stellen sind, ist zwar streitig, aber unabhängig davon, ob man an ein Einverständnis generell geringere Anforderungen als an eine Einwilligung stellt[499] oder ob man die Voraussetzungen für die Wirksamkeit eines Einverständnisses für jeden Tatbestand gesondert bestimmt,[500] so ist nicht ersichtlich, dass die an die Wirksamkeit eines Einverständnisses (generell oder im Einzelfall) zu stellenden Voraussetzungen *höher* sind als diejenigen, die an die Wirksamkeit einer Einwilligung zu stellen sind.[501] Des Weiteren ist bereits fraglich, ob man die Zustimmung des Opfers auf der Tatbestands- *und* auf der Rechtfertigungsebene berücksichtigen kann.

Die von *Mitsch* geschilderte Fallkonstellation existiert somit nicht und es bleibt deshalb dabei, dass es im Rahmen des § 248b keine rechtfertigende Einwilligung gibt.

## b)    Mutmaßliche Einwilligung

Die mutmaßliche Einwilligung ist ein gewohnheitsrechtlich anerkannter Rechtfertigungsgrund.[502] Nach der hier vertretenen Auffassung, dass der objektive Tatbestand des § 248b erst dann erfüllt ist, wenn der Wille des Berechtigten der Ingebrauchnahme entgegensteht und nicht bereits dann, wenn die Ingebrauchnahme ohne Willen des Berechtigten erfolgt, kommt einer mutmaßlichen Zustimmung keine eigenständige Bedeutung zu – weder auf der Tatbestandsebene als mutmaßliches Einverständis, noch auf Rechtswidrigkeitsebene als mutmaßliche Einwilligung.[503] Entscheidend ist allein, ob ein – u.U. genereller bzw. potentieller – Wille des Berechtigten dem Gebrauch entgegensteht. Aber auch, wenn man „gegen den Willen" als „ohne den Willen" versteht, wirkt die mutmaßliche Zustimmung des Berechtigten nicht rechtfertigend; ihr kommt vielmehr – wie oben bereits festgestellt – tatbestandsausschließende Wirkung zu.[504] Es liegt dann ein mutmaßliches Einverständnis vor. Für eine rechtfertigende mutmaßliche Einwilligung besteht kein Raum mehr.

---

499   So wohl *Wessels/Beulke*, AT, Rn. 368.
500   *Lackner/Kühl*, Vor § 32, Rn. 11; *Lenckner/Sternberg-Lieben*, in: Schönke/Schröder, Vorbem. §§ 32 ff., Rn. 32; *Rönnau*, in: LK, Vor § 32, Rn. 158.
501   Vgl. dazu *Roxin*, AT I, § 13, Rn. 117: Prinzipiell gelten für ein durch Drohung erlangtes Einverständnis die gleichen Voraussetzungen wie bei einer Einwilligung. Die von *Roxin* aufgezählten Beispiele, bei denen dies nicht der Fall ist (§§ 177, 178 und § 242), betreffen jeweils Fälle, bei denen an die Wirksamkeit des Einverständnis *weniger hohe* Voraussetzungen zu stellen sind als generell bei der Einwilligung.
502   *Lackner/Kühl*, Vor § 32, Rn. 19; *Paeffgen*, in: NK, Vor §§ 32 ff., Rn. 157.
503   Siehe dazu oben unter C. II. 2. b) bb).
504   Siehe dazu oben unter C. II. 2. b) bb) (3).

## c)   Handeln in Notwehr

Notwehr und Nothilfe nach § 32 ist nach den allgemeinen Grundsätzen möglich. Dazu muss als objektives Rechtfertigungselement ein gegenwärtiger, rechtswidriger Angriff vorliegen und die unbefugte Ingebrauchnahme muss sich gegen den Angreifer richten und zur Verteidigung geeignet, erforderlich und geboten sein. Als subjektives Verteidigungselement ist Verteidigungswille erforderlich.[505]

## d)   Rechtfertigender Notstand

Wird ein Kraftfahrzeug oder Fahrrad als Mittel zur Abwendung einer Gefahr unbefugt in Gebrauch genommen, kommt eine Rechtfertigung durch Notstand in Betracht. Dabei ist im Rahmen des § 248b insbesondere der rechtfertigende Notstand nach § 904 BGB von Bedeutung.[506] Nach § 904 BGB ist der Eigentümer einer Sache nicht berechtigt, die Einwirkung eines anderen auf seine Sache zu verbieten, wenn die Einwirkung zur Abwendung einer gegenwärtigen Gefahr notwendig und der drohende Schaden gegenüber dem aus der Einwirkung dem Eigentümer entstehenden Schaden unverhältnismäßig groß ist. Der Eigentümer eines Fahrzeugs, der gleichzeitig Berechtigter i.S.d. § 248b ist, darf folglich die Ingebrauchnahme seines Fahrzeugs nicht verbieten, wenn der Gebrauch zur

---

505   Ob Verteidigungswille vorliegen muss, welche Anforderungen an diesen zu stellen sind und welche Konsequenzen sein Fehlen hat, ist umstritten. Siehe dazu *Kühl*, AT, § 7, Rn. 124 ff. m.w.N. Siehe außerdem *Hillenkamp*, AT, 4. Problem m.w.N.
Eine Rechtfertigung aufgrund von Notwehr nach § 32 kommt bspw. in folgendem Fall in Betracht: Spaziergänger T wird von X im Wald angegriffen. X bedroht T mit einer Pistole. Um sich in Sicherheit zu bringen, flieht T zum Wagen des X und fährt mit diesem davon. T verwirklicht in diesem Fall den Tatbestand des § 248b. Seine Handlung ist aber nach § 32 gerechtfertigt, weil ein gegenwärtiger, rechtswidriger Angriff des X auf das Leben des T vorliegt und die Ingebrauchnahme des Fahrzeugs eine geeignete, erforderliche und gebotene Notwehrhandlung darstellt, die mit Verteidigungswille erfolgt.
506   Vgl. *Eisele*, BT II, Rn. 270; *Mitsch*, BT 2/2, § 1, Rn. 29; *Rengier*, AT, § 19, Rn. 10, 46, § 20, Rn. 6; *Wessels/Hillenkamp*, BT II, Rn. 437.
Eine Rechtfertigung über § 228 BGB ist hingegen mangels denkbarer praktischer Fälle nicht möglich (§ 228 BGB setzt voraus, dass die Gefahr von der Sache ausgeht; im Falle des § 248b müsste der Täter folglich ein Fahrzeug unbefugt in Gebrauch nehmen, um eine Gefahr abzuwenden, die von dem Fahrzeug ausgeht).
Im Rahmen des rechtfertigenden Notstandes ist zu beachten, dass § 34 gegenüber speziellen Regelungen wie § 904 BGB zurücktritt, *Wessels/Beulke*, AT, Rn. 287, vgl. auch *Rengier*, AT, § 20, Rn. 1 ff.

Abwendung einer gegenwärtigen Gefahr notwendig ist und das geschützte Interesse das Nutzungs- und Gebrauchsrecht des Eigentümers überwiegt.[507] Geht man davon aus, dass auch der sog. Nötigungsnotstand als rechtfertigender Notstand nach § 34 anzuerkennen ist, so kann eine unbefugte Ingebrauchnahme auch in solchen Fällen gerechtfertigt sein. Lehnt man im Falle des Nötigungsnotstandes eine Rechtfertigung ab, so kommt eine Entschuldigung nach § 35 in Betracht.[508]

## e)   Selbsthilferecht, § 229 BGB

Wer zum Zwecke der Selbsthilfe eine Sache wegnimmt, handelt gem. § 229 BGB nicht rechtswidrig, wenn obrigkeitliche Hilfe nicht rechtzeitig zu erlangen ist und ohne sofortiges Eingreifen die Gefahr besteht, dass die Verwirklichung des Anspruchs vereitelt oder wesentlich erschwert wird. Durch das Selbsthilferecht nach § 229 BGB kann auch die mit der Wegnahme eines Fahrzeugs verbundene Fortbewegung mit diesem gerechtfertigt sein. Allerdings darf der Gebrauch des Fahrzeugs dabei nicht über den Sicherungszwecks des § 229 BGB hinaus gehen.[509]

---

507   Siehe dazu das Beispiel bei *Rengier*, AT, § 19, Fall 2 (Lösung § 19, Rn. 10, 46): Die Fußgänger A und B sehen den schwer verletzten Radfahrer R; sofortige ärztliche Hilfe ist erforderlich, was A und B auch erkennen. Autofahrer F hält an, weigert sich aber, sein Auto für den Transport des R zur Verfügung zu stellen. B fährt den R trotzdem mit dem Auto des F ins Krankenhaus. Durch die Fahrt mit dem Auto des F hat B den Tatbestand des § 248b erfüllt. Allerdings ist er nach § 904 BGB gerechtfertigt. Siehe auch *Kretschmer*, Jura 2005, 662, 663.

508   Siehe dazu *Mitsch*, BT 2/2, § 1, Rn. 29 mit folgendem Fallbeispiel: T hat einen Bus in seine Gewalt gebracht und den Busfahrer getötet. Unter Todesandrohung zwingt er den Fahrgast F, sich ans Steuer zu setzen und den Bus zu fahren. F hat den Bus in diesem Fall in Gebrauch genommen, um eine gegenwärtige Gefahr für sein Leben abzuwenden. Er handelte somit im rechtfertigenden Notstand, wenn man § 34 beim Nötigungsnotstand anerkennt.

Zum Streit über die rechtliche Einordnung des Nötigungsnotstandes siehe u.a. *Lackner/Kühl*, § 34, Rn. 2; *Perron*, in: Schönke/Schröder, § 34, Rn. 41b; *Rengier*, AT, § 19, Rn. 51 ff., jeweils m.w.N. zu den verschiedenen Ansichten.

509   Vgl. dazu den Fall bei *Mitsch*, BT 2/2, § 1, Rn. 30: T hat gegen O ein rechtskräftiges Urteil wegen eines Zahlungsanspruchs i.H.v. EUR 2.500,- erstritten. Bevor T einen Gerichtsvollzieher beauftragen kann, will O sich und sein gesamtes Vermögen endgültig ins Ausland absetzen. T erfährt zufällig davon und kann „in letzter Sekunde" ein Fahrrad des O im Wert von EUR 3.000,- an sich bringen. T fährt mit dem Fahrrad nach Hause und bewahrt es dort auf. Objektiv und subjektiv erfüllt die Handlung des T den Tatbestand des § 248b. Da aber obrigkeitliche Hilfe nicht rechtzeitig zu erlangen war, ohne sofortiges Eingreifen die Gefahr bestand, dass der Zahlungsanspruch des T vereitelt würde und die mit der Ingebrauchnahme verbundene Wegnahme des Fahrrads nur

## f)     Festnahmerecht, § 127 StPO

Nach § 127 Abs. 1 S. 1 StPO ist jedermann befugt, jemanden, der auf frischer Tat betroffen oder verfolgt wird, auch ohne richterliche Anordnung vorläufig festzunehmen, wenn er der Flucht verdächtig ist oder seine Identität nicht sofort festgestellt werden kann. § 127 Abs. 1 S. 1 StPO rechtfertigt somit in erster Linie Eingriffe in die persönliche Bewegungsfreiheit des Betroffenen.[510] Daneben sind aber auch weniger einschneidende Maßnahmen gerechtfertigt, wie beispielsweise die Wegnahme des Zündschlüssels eines Kraftfahrzeugs.[511] Eine weniger belastende Maßnahme kann in diesem Zusammenhang u.U. auch die unbefugte Ingebrauchnahme eines Kraftfahrzeugs oder Fahrrads sein, die dann gem. § 127 Abs. 1 S. 1 StPO gerechtfertigt ist.[512]

---

der Sicherung des Zahlungsanspruchs diente, sind die Voraussetzungen des § 229 BGB erfüllt und T ist deshalb gerechtfertigt.

510  Insbesondere kann durch § 127 Abs. 1 S. 1 StPO eine Nötigung und eine Freiheitsberaubung gerechtfertigt sein. Aber auch eine Körperverletzung leichterer Art oder eine Sachbeschädigung kann gerechtfertigt sein, soweit sie Begleiterscheinung des Festnahmeaktes ist. Siehe dazu *Beulke*, StPO, Rn. 237; *Bülte*, ZStW 121 (2009), 377, 405; *Wankel*, in: KMR-StPO, § 127, Rn. 10.

511  *Wankel*, in: KMR-StPO, § 127, Rn. 10; *Wessels/Beulke*, AT, Rn. 355.

512  Siehe dazu das Beispiel bei *Mitsch*, BT 2/2, § 1, Rn. 32: T beobachtet, wie O aus dem Geschäft des L kommt, in das er gerade eingebrochen war, um einen Diebstahl zu begehen. Aufgeschreckt durch die Alarmanlage brach O seinen Diebstahlsversuch ab und wandte sich – ohne Beute – zur Flucht. T erkennt, dass O sein vor dem Laden abgestelltes Fahrrad zur Flucht nutzen möchte. Da T sich nicht auf eine körperliche Auseinandersetzung mit dem starken O einlassen, aber dennoch dazu beitragen möchte, dass ein Strafverfahren gegen O eingeleitet wird, setzt sich T auf das Fahrrad des O und fährt langsam damit los. T rechnet damit, dass O ihn verfolgen wird, um ihm das Fahrrad wieder abzunehmen. T fährt daher nur in einem solchen Tempo, dass O ihm zu Fuß folgen kann, ihn aber nicht einholt. Ohne dass O dies bemerkt, fährt T zur nächsten Polizeistation. Dort alarmiert T einen Polizisten, der den O festnimmt. T hat in diesem Fall den Tatbestand des § 248b erfüllt, indem er das Fahrrad gegen den Willen des O in Gebrauch nahm. Die Tat ist auch nicht durch Nothilfe nach § 32 gerechtfertigt, da der Angriff auf das Eigentum des L nach dem Scheitern des Diebstahls nicht mehr gegenwärtig war. T hat den O zwar nicht festgenommen, aber die unbefugte Ingebrauchnahme des Fahrrads verfolgte den gleichen Zweck (die Herbeiführung eines Verfahrenssicherungserfolges) und ist somit als mildere Maßnahme als bspw. eine Fesselung von § 127 Abs. 1 S. 1 StPO gedeckt. T hat sich somit nicht nach § 248b strafbar gemacht, da seine Handlung nach § 127 Abs. 1 S. 1 StPO gerechtfertigt ist.

## g)  Besonderheiten bei bestehendem Anspruch auf Eigentumsübertragung

Im Rahmen des Diebstahls nach § 242 ist die beabsichtigte Zueignung nicht rechtswidrig, wenn der Täter einen fälligen und einredefreien Anspruch auf Übereignung der weggenommenen Sache hat.[513] Dies gilt auch in Bezug auf die Wegnahme eines Kraftfahrzeugs oder Fahrrads, wenn der Täter einen Anspruch auf Übertragung des Eigentums an dem entsprechenden Fahrzeug hat. Für die Straflosigkeit des Diebstahls ist es bedeutungslos, wie der Täter die Wegnahme ausführt. Die Strafbarkeit nach § 242 entfällt somit auch, wenn er das Fahrzeug durch Wegfahren wegnimmt. Allerdings erfüllt der Täter in solchen Fällen den Tatbestand des § 248b, da er das entsprechende Fahrzeug gegen den Willen des Berechtigten in Gebrauch nimmt.[514] Die Bestrafung nach § 248b scheitert in einem solchen Fall auch nicht an der Subsidiaritätsklausel, da der Täter nicht nach § 242 strafbar ist. Der Anspruch auf Übertragung des Eigentums kann im Rahmen des § 248b – anders als bei § 242 – nicht auf der Ebene des subjektiven Tatbestandes verwertet werden, weil bei § 248b ein entsprechendes Merkmal fehlt. Allerdings wäre es ein Wertungswiderspruch, wenn die Strafbarkeit nach § 242 aufgrund des Eigentumsübertragungsanspruches ausscheidet, die Strafbarkeit nach § 248b aber trotzdem bestehen bliebe. Mangels Anknüpfungspunkt im objektiven oder subjektiven Tatbestand muss der strafbarkeitsausschließende Übereignungsanspruch deshalb auf der Ebene der Rechtswidrigkeit berücksichtigt werden. Hat der Täter einen Anspruch auf Übereignung des unbefugt in Gebrauch genommenen Fahrzeugs, so schließt dieser Anspruch die Rechtswidrigkeit der unbefugten Ingebrauchnahme aus. Dies gilt allerdings nur, sofern der Anspruchsschuldner der Eigentumsübertragung auch Berechtigter i.S.d. § 248b ist. Hat der Eigentümer das Kraftfahrzeug oder Fahrrad beispielsweise vermietet, so ist der Mieter Berechtigter i.S.d. § 248b. Verkauft der Eigentümer dieses Fahrzeug nun und nimmt der Käufer, der einen Anspruch aus § 433 Abs. 1 BGB auf Eigentumsübertragung gegen den Verkäufer hat, dieses Fahrzeug in Gebrauch, so greift er in die Rechte des Mieters ein. Der Anspruch auf Übereignung gegen den Eigentümer gibt dem Käufer aber nicht das Recht zum Eingriff in die Rechte des Mieters. Eine Rechtfertigung aufgrund des Eigentumsübertragungsanspruches scheidet deshalb in einem solchen Fall aus.[515]

---

513  BGHSt 17, 87, 88 f.; *Eser/Bosch*, in: Schönke/Schröder, § 242, Rn. 59; *Fischer*, § 242, Rn. 50; *Lackner/Kühl*, § 242, Rn. 27; *Wessels/Hillenkamp*, BT II, Rn. 200.

514  Allein der Anspruch auf Übertragung des Eigentums macht den Täter nicht zum Berechtigten i.S.d. § 248b, *Mitsch*, BT 2/2, § 1, Rn. 31.

515  *Mitsch*, BT 2/2, § 1, Rn. 31. Siehe auch die Beispiele bei *Mitsch*, ebenda.

## 2. Schuld

Der Täter handelt schuldhaft, wenn er schuldfähig ist und kein Entschuldigungsgrund vorliegt. Die Schuldfähigkeit richtet sich bei § 248b nach den allgemeinen Grundsätzen.[516] Im Rahmen des § 248b kann insbesondere die Schuldunfähigkeit nach § 20 aufgrund eines Alkoholrausches (als krankhafte seelische Störung)[517] relevant sein. Außerdem ist eine Entschuldigung aufgrund des entschuldigenden Notstandes nach § 35 möglich.[518]

## IV. Konkurrenzprobleme

Im Folgenden ist das Verhältnis des § 248b zu anderen Delikten zu untersuchen. Dabei ist insbesondere die Reichweite der Subsidiaritätsklausel, das Verhältnis der unbefugten Ingebrauchnahme zu den Zueignungsdelikten generell und zum oftmals mit dem unbefugten Gebrauch verbundenen Verbrauch von Treib- und Schmierstoffen speziell von Interesse.

## 1. Zur Bedeutung und Reichweite der Subsidiaritätsklausel

§ 248b Abs. 1 enthält im letzten Halbsatz die Regelung „wenn die Tat nicht in anderen Vorschriften mit schwererer Strafe bedroht ist". Die Strafbarkeit des unbefugten Gebrauchs von Kraftfahrzeugen und Fahrrädern ist eine Ausnahmevorschrift und hat als solche eine „lückenschließende Auffangfunktion". Aufgrund dieser Funktion tritt sie dort zurück, „wo [sie] zur Befriedigung eines Be-

---

516  Nach § 19 sind Kinder unter 14 Jahren schuldunfähig. Bei Jugendlichen (nach § 1 Abs. 2 JGG ist Jugendlicher, wer zur Tatzeit 14, aber noch nicht 18 Jahre alt ist) kommt es nach § 3 JGG darauf an, ob sie nach ihrer sittlichen und geistigen Entwicklung reif genug sind, das Unrecht der Tat einzusehen und nach dieser Einsicht zu handeln, was insbesondere bei jungen Jugendlichen bei einem Fahrradgebrauch zweifelhaft sein kann (siehe *Eisenberg*, JGG, § 3, Rn. 22, der eine Verneinung der Voraussetzungen des § 3 JGG für um so eher vertretbar hält, je weniger der Betroffene bei der Tatbegehung bereits von dem Übergang der Kindheit entfernt war, insbesondere also bei 14- und 15-Jährigen). Für alle anderen Personen gilt, dass sie schuldfähig sind, wenn sich nicht ausnahmsweise aus § 20 etwas anderes ergibt.

517  Alkoholrausch als krankhafte seelische Störung i.S.d. § 20: BGHSt 43, 66, 69; BGH NStZ-RR 1997, 163, 163; *Kindhäuser*, AT, § 22, Rn. 8; *Lackner/Kühl*, § 20, Rn. 4; *Rengier*, AT, § 24, Rn. 8; *Roxin*, AT I, § 20, Rn. 10.

518  Siehe dazu oben das Beispiel zum Nötigungsnotstand. Erkennt man im Fall des Nötigungsnotstandes eine Rechtfertigung nach § 34 nicht an, so ist der entschuldigende Notstand nach § 35 zu prüfen.

strafungsbedürfnisses nicht erforderlich ist, weil diese Funktion schon von einer anderen Strafvorschrift erfüllt wird."[519]

Die Subsidiaritätsklausel ist eine Konkurrenzregelung;[520] sie kommt daher nur dann zur Anwendung, wenn eine Tat die Strafbarkeitsvoraussetzungen des § 248b und zugleich die einer „anderen Vorschrift" erfüllt.[521] Nicht die bloße Existenz einer anderen Vorschrift mit höherem Strafrahmen führt dazu, dass § 248b als subsidiär zurücktritt, sondern nur der Schuldspruch aus einer anderen, mit höherer Strafe bedrohten Norm.[522] § 248b wird folglich nur als Verurteilungs- und Bestrafungsgrundlage ausgeschlossen; die Subsidiaritätsklausel ändert hingegen nichts am Vorliegen von Tatbestandsmäßigkeit, Rechtswidrigkeit und Schuld.[523] Der Subsidiaritätsklausel liegt der materiell-rechtliche Tatbegriff zugrunde. § 248b ist daher nur dann subsidiär, wenn die unbefugte Ingebrauchnahme und die andere Straftat durch eine Handlung i.S.d. § 52 Abs. 1 verwirklicht werden.[524] Nicht alle gleichzeitig mit dem Dauerdelikt des § 248b begangenen Straftaten stellen eine Tat in diesem Sinne dar, da die bloße Gleichzeitigkeit nicht ausreichend ist. Vielmehr muss zumindest eine Teilidentität der Ausführungshandlungen vorliegen.[525]

Ob die Tat in einer anderen Vorschrift „mit schwererer Strafe bedroht" ist, richtet sich nach der abstrakten gesetzlichen Strafandrohung.[526] Da § 248b selbst einen Strafrahmen von bis zu drei Jahren Freiheitsstrafe oder Geldstrafe hat, ist eine andere Vorschrift „mit schwererer Strafe bedroht", wenn das angeordnete

---

519  *Mitsch*, BT 2/2, § 1, Rn. 35.
520  Vgl. *Cantzler/Zauner*, Jura 2003, 483, 483; *Freund/Putz*, NStZ 2003, 242, 245; *Küper*, BT, S. 496; *Mitsch*, BT 2/1, § 2, Rn. 69; *Lackner/Kühl*, Vor § 52, Rn. 23, 26.
521  Zwei Strafnormen können nur in Konkurrenz zueinander stehen, wenn beide Tatbestände verwirklicht sind, *Cantzler/Zauner*, Jura 2003, 483, 486.
522  *Cantzler/Zauner*, Jura 2003, 483, 486; *Mitsch*, BT 2/2, § 1, Rn. 40; vgl. auch *Stree/Sternberg-Lieben*, in: Schönke/Schröder, Vorbem. §§ 52 ff., Rn. 141.
523  *Mitsch*, BT 2/2, § 1, Rn. 36; vgl. auch *Mitsch*, BT 2/1, § 2, Rn. 68; *Vogel*, in: LK, § 248b, Rn. 16.
524  Vgl. *Duttge/Sotelsek*, Jura 2002, 526, 534.
525  Siehe allgemein zum Zusammentreffen eines Dauerdelikts mit weiteren Straftaten RGSt 32, 137, 139 f. (am Beispiel des Zusammentreffens von § 123 mit § 177); *Roxin*, AT II, § 33, Rn. 93 m.w.N.
526  Vgl. *Cantzler/Zauner*, Jura 2003, 483, 486; *Mitsch*, BT 2/2, § 1, Rn. 40; *Mitsch*, ZStW 111 (1999), 65, 97. Gegen die Bestimmung der „schwereren Strafe" nach dem konkreten Strafmaß spricht, dass dies in den Fällen nicht möglich wäre, in denen andersartige Sanktionen als Geld- oder Freiheitsstrafe verhängt werden oder wenn der Strafrahmen nicht dem verdrängenden Strafgesetz entnommen wird. Außerdem steht das konkrete Strafmaß erst mit dem Urteil fest und für die verdrängte Vorschrift müsste ein hypothetisches Strafmaß gebildet werden.

Strafmaß über drei Jahren möglicher Freiheitsstrafe liegt. Liegt der abstrakt vorgesehene Strafrahmen der anderen Vorschrift hingegen ebenfalls bei bis zu drei
Jahren Freiheitsstrafe, so sind die Strafrahmen gleich hoch und das Konkurrenzverhältnis wird nach den herkömmlichen Regeln bestimmt.[527]

§ 248b ist subsidiär, „wenn die Tat nicht in anderen Vorschriften mit schwererer Strafe bedroht ist." Identische Subsidiaritätsklauseln enthalten u.a. § 246
und § 125.[528] Fraglich ist, ob die angeordnete Subsidiarität sich auf alle anderen
Tatbestände erstreckt, die eine höhere Strafandrohung enthalten[529] oder nur auf
solche mit gleicher oder ähnlicher Schutzrichtung wie der des § 248b.[530] Der
Wortlaut der Subsidiaritätsklausel, der keine Beschränkung auf spezielle Delikte

---

527  Vgl. *Cantzler/Zauner*, Jura 2003, 483, 486; *Duttge/Sotelsek*, Jura 2002, 526, 533; *Mitsch*, BT 2/1, § 2, Rn. 85. Zur Frage, ob die Subsidiaritätsklausel auch bei einem strafbe-
freienden Rücktritt vom Versuch des mit schwererer Strafe bedrohten Delikts eine Bestrafung nach § 248b ausschließt, vgl. *Cantzler/Zauner*, Jura 2003, 483, 486; *Dutt-
ge/Sotelsek*, Jura 2002, 526, 534 (verneinend) und *Küper*, BT, S. 497 (bejahend). Im
Ergebnis ist letzteres abzulehnen: Erstens liegt in einem solchen Fall keine Konkurrenz
vor, weil der Täter sich ja gerade nicht aus der mit schwererer Strafe bedrohten Vorschrift strafbar gemacht hat, zweitens würde *Küpers* Ansicht im Ergebnis zu einem
Rücktritt vom vollendeten Delikt führen und drittens würde der Täter, der mehr tut als
nur ein Fahrzeug unbefugt zu gebrauchen, besser gestellt, als derjenige, der nur eine unbefugte Fahrzeugingebrauchnahme begeht.

528  Des Weiteren enthalten § 107b, § 109f und § 265a Subsidiaritätsklauseln, die ihrem
Wortlaut nach der des § 248b entsprechen.

529  So BGHSt 43, 237, 238 zur Subsidiaritätsklausel des § 125; BGHSt 47, 243, 244 (=
BGH   NJW   2002,   2188,   2188)   zur   Subsidiaritätsklausel   des   § 246;
*Arzt/Weber/Heinrich/Hilgendorf*, BT, § 13, Rn. 147 (anders in § 15, Rn. 42 zu § 246);
*Heghmanns*, BT, Rn. 1164 f.; *Heghmanns*, JuS 2003, 954, 956 ff.; *Hohmann/Sander*,
BT I, § 4, Rn. 16; *Lackner/Kühl*, Vor § 52, Rn. 26, § 246, Rn. 14 und § 248b, Rn. 6; *Otto*, NStZ 2003, 87, 88 (noch unklar in Jura 1998, 550, 551); *Sander/Hohmann*, NStZ
1998, 273, 276, Fn. 74; *Stree/Sternberg-Lieben*, in: Schönke/Schröder, Vorbem.
§§ 52 ff., Rn. 106; *Wagner*, in: FS Grünwald, 797, 799 f.; wohl auch *Vogel*, in: LK,
§ 248b, Rn. 17.

530  So *Arzt/Weber/Heinrich/Hilgendorf*, BT, § 15, Rn. 42 (anders in § 13, Rn. 147); *Cantzler*, JA 2001, 567, 571 f.; *Cantzler/Zauner*, Jura 2003, 483, 484 ff.; *Duttge*, in: HK-GS,
§ 248b, Rn. 15; *Duttge/Sotelsek*, Jura 2002, 526, 533 f.; *Duttge/Sotelsek*, NJW 2002,
3756, 3757 f.; *Eisele*, BT II, Rn. 274; *Eser/Bosch*, in: Schönke/Schröder, § 248b,
Rn. 13; *Fischer*, § 246, Rn. 23a; *Hoyer*, JR 2002, 517, 518; *Hoyer*, in: SK, § 248b,
Rn. 18; *Jäger*, JuS 2000, 1167, 1171; *Kindhäuser*, in: NK, § 248b, Rn. 12; *ders.*, LPK,
§ 248b, Rn. 14; *König*, in: Hentschel/König/Dauer, § 248b, Rn. 16; *Kudlich*, in: Satz-
ger/Schmitt/Widmaier, § 248b, Rn. 11; *Küpper*, JZ 2002, 1115, 1115 f.; *Mitsch*, BT 2/2,
§ 1, Rn. 39; *Mitsch*, ZStW 111 (1999), 65, 95; *Rengier*, BT I, § 6, Rn. 8; *Rudolphi*, JZ
1998, 471, 472 (zur Subsidiaritätsklausel des § 125); *Wessels/Hillenkamp*, BT II,
Rn. 440; *Wittig*, in: BK, § 248b, Rn. 11.

oder spezielle Deliktsgruppen enthält, spricht für eine weite Auslegung. Die Subsidiaritätsklausel beansprucht ihrer Formulierung nach umfassende Geltung gegenüber allen Delikten, die mit schwererer Strafe bedroht sind.[531] Eine Einschränkung auf Straftaten mit gleicher oder ähnlicher Schutzrichtung ist dem Wortlaut hingegen nicht zu entnehmen; eine solche Auslegung gerät deshalb in Konflikt mit Art. 103 Abs. 2 GG und § 1:[532] Der mögliche Wortsinn des Gesetzes bildet bei strafrechtlichen Vorschriften die äußerste Auslegungsgrenze zum Nachteil des Angeklagten.[533] Dem wird entgegengehalten, dass für die Frage, ob die enge Auslegung der Subsidiaritätsklausel mit dem Wortlaut vereinbar ist, der Begriff der „Tat" entscheidend sei. Der Tatbegriff sei dabei einer Auslegung zugänglich und eine solche sei auch erforderlich.[534] „[D]ie Tat" sei im Zusammenhang mit der Subsidiaritätsklausel als die „konkrete Zueignungstat" zu verstehen.[535] Entscheidend für das Verständnis des Wortlauts sei nämlich nicht der isolierte Wortsinn, sondern der Wortsinn der gesamten Strafvorschrift.[536] Was unter „die Tat" zu verstehen sei, ergebe sich aus dem ersten Halbsatz der Vorschrift und dem dort tatbestandlich verkörperten Unrecht.[537] Das in

---

531  Vgl. BGHSt 43, 237, 238; BGHSt 47, 243, 244; *Wagner*, in: FS Grünwald, 797, 800.

532  Vgl. *Heghmanns*, BT, Rn. 1164; *Hohmann/Sander*, BT I, § 3, Rn. 34; *Otto*, NStZ 2003, 87, 88. Siehe aber *Freund/Putz*, NStZ 2003, 242, 245, die – in Bezug auf die parallele Klausel in § 246 Abs. 1 – davon ausgehen, dass die Wortlautschranke des Art. 103 Abs. 2 GG nicht gelte. Es handle sich bei einer formellen Subsidiaritätsklausel weder um eine strafbarkeitsbegründende noch um eine strafbarkeitsbeschränkende Klausel; nur für solche Klauseln gelte aber die Wortlautschranke des Art. 103 Abs. 2 GG.

533  BVerfGE 92, 1, 12; BGHSt 43, 237, 238; 47, 243, 244; *Hohmann/Sander*, BT I, § 3, Rn. 34. *Duttge/Sotelsek*, NJW 2002, 3756, 3758 betonen, dass eine *eindeutige* Überschreitung des Wortsinnes nötig sei. Die vorliegende Formulierung (bezogen auf die wortgleiche Formulierung der Subsidiaritätsklausel des § 246) sei mehrdeutig; nur wenn sie explizit die Subsidiarität gegenüber „*sämtlichen* anderen Vorschriften" anordnen würde, widerspräche eine restriktive Auslegung dem möglichen Wortsinn.

534  Vgl. *Küpper*, JZ 2002, 1115, 1115.

535  So *Arzt/Weber/Heinrich/Hilgendorf*, BT, § 15, Rn. 42 und *Rengier*, BT I, § 5, Rn. 29 zur wortgleichen Subsidiaritätsklausel des § 246 Abs. 1.

536  Vgl. *Cantzler/Zauner*, Jura 2003, 483, 484.

537  Vgl. *Cantzler/Zauner*, Jura 2003, 483, 484; *Duttge/Sotelsek*, NJW 2002, 3756, 3758 gehen davon aus, dass der Tatbegriff im Zusammenhang mit dem sich in der konkreten Tathandlung manifestierenden Rechtsgutsangriff verstanden werden müsse; vgl. auch *Rudolphi*, JZ 1998, 471, 472, der den Tatbegriff als ein „Handlungsgeschehen" versteht, das „mehrere zumindest partiell gegen die gleichen Rechtsgüter gerichtete Tatbestandsverwirklichungen umfasst".

§ 248b Abs.1 beschriebene Unrecht ist das einer Gebrauchsanmaßung.[538] Somit wäre der Tatbegriff – der gerade dargestellten Ansicht folgend – auf solche Straftaten beschränkt, die das „Gebrauchsunrecht" des § 248b enthalten. Das wären die Zueignungsdelikte im weiteren Sinne.[539] Weiter wird argumentiert, dass der Tatbegriff im Rahmen des § 248b Abs. 1 gerade nicht so interpretiert werden müsse wie der der §§ 52 ff. Der Tatbegriff in § 248b Abs. 3 (wonach „[d]ie Tat" nur auf Antrag verfolgt wird) beziehe sich nicht auf alle zu § 248b in Idealkonkurrenz stehenden Delikte, sondern nur auf die konkrete Tatbestandsverwirklichung des § 248b Abs. 1. Somit sei der Tatbegriff i.S.d. § 248b Abs. 3 nicht identisch mit dem der Tateinheit i.S.d. § 52. Daraus folge, dass auch die Subsidiaritätsklausel des § 248b Abs. 1 nicht den konkurrenzrechtlichen Tatbegriff meine, sondern dass „die Tat" i.S.d. Tatbestandsverwirklichung zu verstehen sei.[540] Dem ist zu widersprechen. Unabhängig davon, dass der Tatbegriff nicht in allen Vorschriften des StGB gleich ausgelegt wird, kann „die Tat" i.S.d. Subsidiaritätsklausel des § 248b Abs. 1 nur als Tateinheit i.S.d. § 52 verstanden werden.[541] Dies folgt daraus, dass es sich bei der Subsidiaritätsklausel um eine konkurrenzrechtliche Regelung handelt;[542] deshalb muss der Tatbegriff auch konkurrenzrechtlich verstanden werden.

Des Weiteren enthält das StGB zahlreiche spezielle Subsidiaritätsklauseln.[543] Hätte der Gesetzgeber eine Beschränkung der Subsidiaritätsklausel ge-

---

538 Man könnte auch von einer *Aneignungs*tat (der Gebrauch als Aneignung) sprechen, nicht hingegen allgemein von einer Zueignungstat, da es u.U. an der Enteignungskomponente fehlt.

539 Da das Gebrauchsunrecht sich auch als Aneignungsunrecht qualifizieren lässt, ist es jedenfalls in den Zueignungsdelikten enthalten. Wie bzgl. des § 246 ist aber davon auszugehen, dass dieses Unrecht in den Zueignungsdelikten i.w.S., d.h. in den Eigentums- und Vermögensdelikten enthalten ist (vgl. *Eser/Bosch*, in: Schönke/Schröder, § 246, Rn. 32; *Fischer*, § 246, Rn. 23a).

540 *Hoyer*, JR 2002, 517, 518.

541 Vgl. dazu auch BGHSt 47, 243, 243: „Eine („die") Tat in diesem Sinne [= die wortgleiche Subsidiaritätsklausel des § 246 Abs. 1] liegt bei Tateinheit (§ 52 StGB) regelmäßig vor." Auch *Arzt/Weber/Heinrich/Hilgendorf*, BT, § 15, Rn. 42; *Mitsch*, BT 2/1, § 2, Rn. 71 und *Rengier*, BT I, § 5, Rn. 29, die im Ergebnis eine einschränkende Auslegung der Subsidiaritätsklausel vertreten, verstehen „Tat" im Sinne der Konkurrenzlehre als Tateinheit (§ 52).

542 Vgl. *Cantzler/Zauner*, Jura 2003, 483, 483; *Küper*, BT, S. 496; *Lackner/Kühl*, Vor § 52, Rn. 23, 26; *Mitsch*, BT 2/1, § 2, Rn. 69.

543 So z.B. § 265 Abs. 1, § 145 Abs. 2, § 145d Abs. 1, § 183a, § 202 Abs. 1 und § 316 Abs. 1. Die Strafbarkeit des unbefugten Gebrauchs von Kraftfahrzeugen und Fahrrädern wurde zwar außerhalb des StGB begründet, der Gesetzgeber hätte aber bei der Übernahme der Regelung in das StGB oder zumindest zu einem späteren Zeitpunkt den Wortlaut der Subsidiaritätsklausel ändern können.

wollt, hätte er dies im Gesetzestext zum Ausdruck bringen können. Auch wenn eine Aufzählung aller vorrangigen Tatbestände aufgrund der großen Anzahl schwierig gewesen wäre, hätte trotzdem eine engere Formulierung gewählt werden können.[544] *Heghmanns* schlägt in Bezug auf die identische Subsidiaritätsklausel des § 246 Abs. 1 vor, als Vorbild § 402 AktG heranzuziehen. Dort wird in Abs. 1 die subsidiäre Anwendung des § 402 AktG wie folgt formuliert: „wenn die Tat nicht in anderen Vorschriften über Urkundenstraftaten mit schwererer Strafe bedroht ist." Auf § 246 übertragen könnte eine solche eingeschränkte Subsidiaritätsklausel nach *Heghmanns* lauten: „wenn die Tat nicht in anderen Vorschriften über Eigentums- und Vermögensstraftaten  mit schwererer Strafe bedroht ist."[545] Dasselbe gilt für die in § 248b enthaltene Regelung.

Auch wenn das Ergebnis der Auslegung der Subsidiaritätsklausel aufgrund ihres eindeutigen Wortlauts bereits feststeht und eine die Strafbarkeit erweiternde Interpretation wegen Art. 103 Abs. 2 GG und § 1 ausscheidet, ist „hilfsweise" die historische, die systematische und die teleologische Auslegung heranzuziehen.

§ 248b beruht auf der NotVO vom 20. Oktober 1932. Im Rahmen des § 1 Abs. 1 der NotVO wurde die Subsidiaritätsklausel als umfassend verstanden.[546] Der Gesetzgeber hat die Anordnung der Subsidiarität ohne Änderung des Wortlauts übernommen und seitdem unverändert gelassen, obwohl das StGB durchaus spezielle Subsidiaritätsklauseln kennt.[547]  Somit spricht die Entstehungsgeschichte für ein weites Verständnis der Subsidiaritätsklausel.

---

Siehe auch *Gallas*, in: Niederschriften Große Strafrechtskommission, Bd. 6, S. 101, der in Bezug auf einen Tatbestand zur Bestrafung der Sachentziehung folgende Formulierung vorschlägt: „soweit auf die Tat nicht eine andere Vorschrift dieses Abschnitts anwendbar ist". „Abschnitt" bezeichnet in diesem Zusammenhang den Abschnitt „Straftaten gegen Vermögenswerte". Aus dieser Formulierung der Subsidiaritätsklausel ergibt sich, dass die Sachentziehung gegenüber jedem Vermögensdelikt subsidiär sein soll.

544  A.A. *Cantzler/Zauner*, Jura 2003, 483, 485 zur wortgleichen Subsidiaritätsklausel des § 246 Abs. 1. Nach *Cantzler/Zauner* ist eine einschränkende Formulierung der Subsidiaritätsklausel „unübersichtlich" und „unflexibel".

545  *Heghmanns*, BT, Rn. 1165.

546  Vgl. dazu *Wagner*, Komm. NotVO, S. 63 f. *Wagner* spricht von der „ausschließliche[n] Anwendbarkeit der mit der schwereren Strafandrohung ausgestatteten Strafvorschrift", ohne eine Einschränkung solcher Strafvorschriften vorzunehmen. Weiter heißt es, dass § 1 der NotVO „insbesondere" nicht zur Anwendung komme, wenn Diebstahl, Raub, Unterschlagung, Betrug, Erpressung oder Hehlerei vorliegen. Eine Beschränkung auf diese Straftaten wird aber nicht vorgenommen.

547  Siehe z.B. § 265 Abs. 1, § 145 Abs. 2, § 145d Abs. 1, § 183a, § 202 Abs. 1 und § 316 Abs. 1. Außerdem den bereits erwähnten § 402 AktG.

In systematischer Hinsicht sind einerseits die wortgleichen Subsidiaritätsklauseln anderer Vorschriften, insbesondere die des § 246 Abs. 1, heranzuziehen. Im Rahmen des § 246 Abs. 1 ist die Reichweite der Subsidiaritätsklausel
umstritten.[548] Die Entstehungsgeschichte zeigt, dass der Gesetzgeber beim Einfügen der Subsidiaritätsklausel in § 246 Abs. 1 durch das 6. StrRG 1998 den Unterschied zwischen einer generellen und einer speziellen Subsidiaritätsklausel
kannte: Die Subsidiaritätsklausel des § 246 Abs. 1 wurde zur gleichen Zeit eingefügt wie die des § 265 Abs. 1. Während die erstgenannte vom Wortlaut her
umfassende Geltung beansprucht, ist die zweite auf § 263 beschränkt.[549] Allerdings geht aus den Materialien hervor, dass der Gesetzgeber die Unterschlagung
als Auffangtatbestand für Zueignungsdelikte ansieht, der dann zurücktreten soll,
wenn das Zueignungsunrecht bereits in anderen Straftatbeständen, die eine
schwerere Strafe androhen, mit Strafe belegt ist.[550] Der Gesetzgeber hat dieses
Anliegen im Wortlaut des § 246 Abs. 1 aber nicht klar formuliert, so dass auch
hier eine restriktive Auslegung der Subsidiaritätsklausel an Art. 103 Abs. 2 GG
und § 1 scheitert.[551] Andererseits sind die eingeschränkten, gerade nicht wortgleichen Subsidiaritätsklauseln heranzuziehen. Die Tatsache, dass es spezielle
Subsidiaritätsklauseln gibt, deren Wortlaut keine umfassende Geltung gegenüber
allen Straftatbeständen mit höherer Strafandrohung beansprucht, sondern auf
bestimmte Delikte beschränkt ist, spricht dafür, dass eine allgemein formulierte
Subsidiaritätsklausel auch allgemein gilt.[552]

Die teleologische Auslegung hingegen spricht für ein restriktives Verständnis der Subsidiaritätsklausel: Im Rahmen des § 248b bezweckt die Subsidiaritätsklausel vor allem das Zurücktreten des § 248b für den Fall, dass der unbefugte Gebrauch des Kraftfahrzeugs oder Fahrrads gleichzeitig den Tatbestand des
§ 242 oder des § 246 erfüllt.[553] Des Weiteren wird argumentiert, dass nur in Fällen, in denen die „anderen Vorschriften" die gleiche oder eine ähnliche Schutzrichtung wie § 248b aufweisen, das Unrecht der unbefugten Ingebrauchnahme

---

548  Siehe zum Meinungsstand u.a. *Eser/Bosch*, in: Schönke/Schröder, § 246, Rn. 32 m.w.N.
549  Die Gegenüberstellung der Subsidiaritätsklauseln des § 246 und des § 265 bestätigt laut
     BGHSt 47, 243, 244 die bereits aus der Wortlauslegung gewonnene umfassende Gel-
     tung der Subsidiaritätsklausel des § 246. Dem BGH zustimmend: *Otto*, NStZ 2003, 87,
     88.
550  Siehe dazu BT-Drucks. 13/8587, S. 43 f.
551  So auch BGHSt 47, 243, 244 f.
552  *Wagner*, in: FS Grünwald, 797, 800; vgl. auch BGHSt 47, 243, 244; **a.A.** *Dutt-
     ge/Sotelsek*, NJW 2002, 3756, 3758: Der Gesetzgeber habe sich in den Fällen, in denen
     er allgemeine Subsidiaritätsklauseln verwendet, nicht auf den Kreis der verdrängenden
     Konkurrenzdelikte festlegen wollen. Deshalb könne man aus dem Wortlaut keinen
     Schluss auf die vom Gesetzgeber gewollte Reichweite ziehen.
553  Vgl. *Vogel*, in: LK, § 248b, Rn. 16.

auch in diesen Vorschriften zum Ausdruck komme.[554] Dies ergebe sich bereits aus dem Ausschöpfungsgebot, welches gebiete, möglichst alle unrechts- oder schuldrelevanten Umstände auszuschöpfen.[555] Nach *Küpper* ergibt sich eine einschränkende Auslegung der Subsidiaritätsklausel aus dem „Sinn der Subsidiarität überhaupt", denn eine subsidiäre Norm solle hinter eine andere Norm zurücktreten, die „Handlungen gleicher krimineller Angriffsrichtung" erfasse. Dies sei „der innere Grund für den Vorrang des primär anzuwendenden Gesetzes".[556] Auch wenn die teleologische Auslegung folglich eine restriktive Auslegung der Subsidiaritätsklausel stützt, ändert die Frage nach der Zweckmäßigkeit einer restriktiven, den Täter hier benachteiligenden Auslegung aber nichts an der durch den Wortlaut vorgegebenen umfassenden Subsidiarität des § 248b.[557]

Im Ergebnis ist deshalb festzuhalten, dass die Subsidiaritätsklausel des § 248b Abs. 1 umfassende Geltung gegenüber allen strafrechtlichen Vorschriften, die mit einer schwereren Strafe bedroht sind, beansprucht und § 248b deshalb als subsidiär hinter allen Straftaten mit höherer Strafandrohung zurücktritt. Dieses Ergebnis steht auch im Einklang mit der Tatsache, dass es sich bei § 248b um eine Ausnahmevorschrift handelt und die Vorschrift deshalb einen engen Anwendungsbereich haben sollte.

## 2. Allgemeine Konkurrenzen

Aufgrund der Subsidiaritätsklausel und deren Reichweite steht § 248b zu den meisten Delikten in Gesetzeseinheit (Gesetzeskonkurrenz). Wie oben dargestellt, tritt § 248b hinter allen mit schwererer Strafe bedrohten strafrechtlichen Vorschriften zurück. Dies gilt insbesondere für den Diebstahl nach § 242 und die veruntreuende Unterschlagung nach § 246 Abs. 2.[558] Fraglich ist, ob § 248b auch hinter der einfachen Unterschlagung nach § 246 Abs. 1 zurücktritt. Die einfache Unterschlagung nach § 246 Abs. 1 ist mit Freiheitsstrafe bis zu drei Jahren oder Geldstrafe bedroht; der gesetzliche Strafrahmen ist somit nicht höher als bei § 248b Abs. 1. Grundsätzlich tritt § 248b deshalb nicht als subsidiär hinter § 246 Abs. 1 zurück.[559] Richtet sich sowohl die unbefugte Ingebrauchnahme

554 Vgl. *Wessels/Hillenkamp*, BT II, Rn. 440.
555 Vgl. *Duttge/Sotelsek*, NJW 2002, 3756, 3756; *Rudolphi*, JZ 1998, 471, 471.
556 *Küpper*, JZ 2002, 1115, 1116. Siehe aber auch *Gössel*, JR 1976, 1, 3, der darauf hinweist, dass subsidiäre Vorschriften nicht notwendig dasselbe Rechtsgut wie das vorgehende Strafgesetz schützen.
557 Vgl. auch BGHSt 47, 243, 244.
558 In Bezug auf der Verhältnis zwischen der unbefugten Ingebrauchnahme und den mitverbrauchten Treibstoffen, siehe unten unter C. IV. 4.
559 *Lackner/Kühl*, § 246, Rn. 14; *Wessels/Hillenkamp*, BT II, Rn. 440; *Wittig*, in: BK, § 248b, Rn. 12; **a.A.** *Gössel*, JR 1976, 1, 3; *Kindhäuser*, in: NK, § 248b, Rn. 12.

nach § 248b als auch die Unterschlagung nach § 246 Abs. 1 gegen den Eigentümer des Fahrzeugs, stellt die Unterschlagung die intensivere Verletzungsform
dar,[560] was darin begründet ist, dass sich die Unterschlagung gegen das Eigentum als solches richtet, während die unbefugte Ingebrauchnahme sich nur gegen
das Gebrauchsrecht als Teil des Eigentumsrechts wendet.[561] Dies spricht dafür,
dass die unbefugte Ingebrauchnahme in solchen Fällen – trotz gleichen gesetzlichen Strafrahmens – hinter die Unterschlagung nach § 246 Abs. 1 zurücktritt.
Aufgrund des Wortlauts des § 248b, der anordnet, dass § 248b hinter alle Vorschriften mit schwererer Strafandrohung zurücktritt – § 246 Abs. 1 ist keine solche Vorschrift – und der Tatsache, dass sowohl § 248b Abs. 1 als auch
§ 246 Abs. 1 eine Subsidiaritätsklausel enthalten, kann § 248b aber nicht aufgrund der Subsidiaritätsklausel hinter § 246 Abs. 1 zurücktreten. Das Zurücktreten des § 248b hinter § 246 Abs. 1 könnte in diesen Fällen nur mit allgemeinen Erwägungen der Konkurrenzlehre begründet werden. § 248b könnte im
Wege der Konsumtion oder der materiellen Subsidiarität hinter § 246 Abs. 1 zurücktreten. Materielle Subsidiarität liegt vor, wenn ein Tatbestand erkennbar nur
dann gelten soll, wenn ein anderer Straftatbestand nicht eingreift,[562] Konsumtion
dann, wenn ein Delikt typischerweise oder regelmäßig Begleittat eines anderen
Delikts ist.[563] Im Falle des unbefugten Gebrauchs eines Fahrzeugs kann aufgrund eines normativen Stufenverhältnisses (zwischen § 248b und § 246 kann
ein normatives Stufenverhältnis derart angenommen werden, dass § 248b als
„Auffangtatbestand" hinter den primär anzuwendenden § 246 Abs. 1 zurücktritt)
materielle Subsidiarität angenommen werden,[564] aufgrund der Tatsache, dass der
unbefugte Fahrzeuggebrauch typischerweise Begleittat einer Zueignung i.S.d.
§ 246 Abs. 1 ist, kann aber auch auf ein Zurücktreten im Wege der Konsumtion

---

560  *Wessels/Hillenkamp*, BT II, Rn. 440, Fn. 28. *Cantzler/Zauner*, Jura 2003, 483, 487 ge-
     hen davon aus, dass der Unrechtsgehalt der Zueignung den des unbefugten Gebrauchs
     immer übersteige und deshalb bei gleichzeitig verwirklichter Zueignung § 248b immer
     von § 246 verdrängt werde.
561  § 248b schützt zwar ein vom Eigentum verselbstständigtes Gebrauchsrecht (dazu oben
     unter C. I.), so dass auch der Eigentümer selbst Täter des § 248b sein kann. Wenn aber
     dem Eigentümer selbst das Gebrauchsrecht zusteht, ist es Teil der ihm nach § 903 BGB
     aufgrund seiner Eigentümerstellung zustehenden Rechte.
562  Vgl. *Gropp*, AT, § 14, Rn. 16 f.; *Jakobs*, AT, Abschn. 31, Rn. 31; *Joecks*, Vor § 52,
     Rn. 18; *Rissing-van Saan*, in: LK, Vor § 52, Rn. 125.
563  *Fahl*, GA 1996, 476, 480; *Gropp*, AT, § 14, Rn. 14; *Rissing-van Saan*, in: LK, Vor § 52,
     Rn. 145.
564  Für das Zurücktreten aufgrund von Subsidiarität: *Gössel*, JR 1976, 1, 3; *Kindhäuser*, in:
     NK, § 248b, Rn. 12.

geschlossen werden.[565] Da die Annahme von materieller Subsidiarität für einen Fall, der von der formell angeordneten Subsidiarität nicht erfasst wird, schwierig erscheint, ist das Zurücktreten des § 248b im Wege der Konsumtion vorzuziehen. Richtet sich der unbefugte Gebrauch gem. § 248b gegen den Fahrzeugeigentümer, liegt aber gleichzeitig auch eine Unterschlagung gem. § 246 Abs. 1 vor, so tritt § 248b im Wege der Konsumtion hinter § 246 Abs. 1 zurück.[566] In den sonstigen Fällen steht § 248b zu § 246 Abs. 1 in Tateinheit.[567]

Fahren ohne Fahrerlaubnis nach § 21 StVG und unbefugter Fahrzeuggebrauch nach § 248b können in Tateinheit stehen.[568] Mehrere Taten des Fahrens ohne Fahrerlaubnis können bei andauerndem unbefugtem Gebrauch durch § 248b als Dauerdelikt zur Tateinheit zusammengefasst werden.[569] Tateinheit kann außerdem mit fahrlässiger Körperverletzung gem. § 229 bestehen.[570]

## 3. Das Verhältnis zu den Zueignungsdelikten

Wie bereits dargestellt, handelt es sich bei der Frage nach dem Verhältnis der unbefugten Ingebrauchnahme gem. § 248b zu den Zueignungsdelikten der §§ 242, 246 (ggf. auch § 249) nicht um eine Abgrenzungsfrage im eigentlichen Sinne, da der Tatbestand des § 248b nicht negativ voraussetzt, dass es an der Zueignungsabsicht fehlt, sondern § 248b lediglich bei bestehender Zueignungsabsicht als subsidiär hinter dem entsprechenden Zueignungsdelikt zurücktritt. Somit geht es bei dem Verhältnis dieser Delikte um eine Konkurrenzfrage.[571] Im Folgenden ist deshalb zu klären, wann der unbefugte Gebrauch eines Kraftfahrzeugs oder Fahrrads neben dem Vergehen des § 248b auch einen Diebstahl nach § 242 oder eine Unterschlagung nach § 246[572] darstellt.[573] Der Täter handelt auch bei der „bloßen" unbefugten Ingebrauchnahme mit Aneignungsabsicht, da er das Fahrzeug – zumindest vorübergehend – seinem Vermögen einverleiben

565 Für das Zurücktreten aufgrund von Konsumtion: *Stree/Sternberg-Lieben*, in: Schönke/Schröder, Vorbem. §§ 52 ff., Rn. 108.
566 A.A. wohl *Lackner/Kühl*, § 246, Rn. 14: Tateinheit.
567 Vgl. *Wessels/Hillenkamp*, BT II, Rn. 440, Fn. 28.
568 *Janiszewski*, Verkehrsstrafrecht, Rn. 583-604.
569 BGHR StGB § 52 Abs. 1 Handlung, dieselbe 3; *Vogel*, in: LK, § 248b, Rn. 17.
570 *Janiszewski*, Verkehrsstrafrecht, Rn. 583-604.
571 Siehe dazu bereits oben unter C. II. 4.; außerdem insbesondere *Küper*, BT, S. 224.
572 Bei einer einfachen Unterschlagung nach § 246 Abs. 1 tritt § 248b nur dann hinter § 246 Abs. 1 (im Wege der Konsumtion) zurück, wenn sich der unbefugte Gebrauch gegen den Eigentümer richtet. Siehe dazu bereits oben unter C. IV. 2.
573 Zur Frage der Anwendbarkeit des § 248b nach einer Zueignungstat siehe *Roth*, Eigentumsschutz, S. 140 ff.

will.[574] Für das Vorliegen der für § 242 erforderlichen Zueignungsabsicht bzw. der für § 246 erforderlichen Zueignung muss neben dem Aneignungselement noch ein Enteignungselement vorliegen.[575] Dieses Enteignungselement ist entscheidend für die Abgrenzung zwischen der bloßen Gebrauchsanmaßung einerseits und den Zueignungsdelikten andererseits.[576] Enteignung ist die auf Dauer[577] angelegte Verdrängung des Eigentümers aus seiner formalen Herrschaftsposition.[578] Bezüglich der Enteignung genügt – im Gegensatz zur Aneignung, die Absicht i.S.v. *dolus directus* ersten Grades voraussetzt – *dolus eventualis*.[579] Im Falle der Abgrenzung des § 242 von der bloßen Gebrauchsanmaßung ist danach entscheidend, ob der Täter bei der Wegnahme mit dem Willen handelt, die zeitweilig gebrauchte Sache so an den Berechtigten zurückzugelangen zu lassen,

---

574  Vgl. *Gilka*, Diebstahl und Gebrauchsentwendung von Kfz, S. 90 f.; *Heghmanns*, BT, Rn. 1057; *Schröder*, JR 1964, 229, 229; *Vogel*, in: LK, § 242, Rn. 153; *Wessels*, NJW 1965, 1153, 1155.

575  Für den Begriff der Zueignung sind zwei Elemente von „grundlegender Bedeutung" – das Merkmal der Aneignung und das Merkmal der Enteignung, *Wessels*, NJW 1965, 1153, 153. Des Weiteren *Binding*, BT I, § 70, S. 264 ff.; *Heubel*, JuS 1984, 445, 449; *Rudolphi*, GA 1965, 33, 38; *Schaffstein*, GA 1964, 97, 101.

576  Vgl. *Geppert*, JK 1987, StGB, § 248b/2; *Kindhäuser*, LPK, § 242, Rn. 105; *Küper*, BT, S. 224; *Schaffstein*, GA 1964, 97, 101; *Wessels*, NJW 1965, 1153, 1155; *Wessels/Hillenkamp*, BT II, Rn. 156. Siehe außerdem *Otto*, JK 1985, StGB, § 242/4, der die Enteignungskomponente als die Anmaßung der dem Berechtigten entzogenen „Eigenbesitzerstellung" beschreibt und dies als „Unterscheidungsmerkmal zum bloßen Gebrauchsdiebstahl" bezeichnet. Beim bloßen Gebrauchsdiebstahl veschaffe der Täter sich lediglich eine „Fremdbesitzerstellung".

577  Anders beim Aneignungselement: Im Rahmen der Aneignung ist die *vorübergehende* Einverleibung der fremden Sache in das Vermögen des Täters ausreichend. Siehe dazu *Wessels*, NJW 1965, 1153, 1155.

578  BGH NStZ 1981, 63, 63; *Binding*, BT I, § 70, S. 264 f.; *Duttge*, in: HK-GS, § 242, Rn. 45; *Eser/Bosch*, in: Schönke/Schröder, § 242, Rn. 47; *Heubel*, JuS 1984, 445, 449; *Kargl*, ZStW 103 (1991), 136, 151; *Schmitz*, in: MüKo, § 242, Rn. 110; *Wessels*, NJW 1965, 1153, 1155; *Wessels/Hillenkamp*, BT II, Rn. 150, 156.
     Es geht dabei nicht um einen Verlust des Eigentums in *zivilrechtlicher* Sicht (vgl. insbes. § 935 BGB), sondern darum, dass der Eigentümer die *tatsächliche* Möglichkeit verliert, über sein Eigentum nach § 903 BGB zu verfügen, *Mitsch*, BT 2/1, § 1, Rn. 105; *Wessels*, NJW 1965, 1153, 1154 f.; *Wittig*, in: BK, § 242, Rn. 30.

579  *Duttge*, in: HK-GS, § 242, Rn 45; *Gropp*, JuS 1999, 1041, 1043; *Kindhäuser*, in: NK, § 242, Rn. 123; *Küper*, BT, S. 476; *Lackner/Kühl*, § 242, Rn. 25; *Mitsch*, BT 2/1, § 1, Rn. 107; *Mylonopoulos*, in: FS Roxin, 917, 917; *Samson*, JA 1980, 285, 292; *Schaffstein*, GA 1964, 97, 104; *Ulsenheimer*, Jura 1979, 169, 172, **a.A.** *Schmitz*, in: FS Otto, 759, 773 ff.; *Seelmann*, JuS 1985, 454, 454 f.; kritisch zum Ausreichen des Eventualvorsatzes insbes. in Bezug auf die Dauerhaftigkeit der Enteignung *Vogel*, in: LK, § 242, Rn. 144 m.w.N.

dass dieser die ursprüngliche Verfügungsgewalt ohne besonderen Aufwand und nicht lediglich als Folge des Zufalls wieder ausüben kann.[580] Nach der Rechtsprechung handelt der Täter bei der unbefugten Ingebrauchnahme mit Zueignungsabsicht bzw. eignet sich das Fahrzeug zu, wenn er das Fahrzeug nach dem Gebrauch an einer beliebigen Stelle stehen lässt und es dem Zugriff Dritter preisgibt.[581] Der Täter überlasse es in solchen Fällen dem Zufall, ob, wann, wie und in welchem Zustand der Berechtigte das Fahrzeug zurückerlange.[582] Dieses Verhalten zeige, dass der Täter zumindest mit *dolus eventualis* handle, da er die dauerhafte Enteignung des Berechtigten für möglich halte und billigend in Kauf nehme. Diebstahl oder Unterschlagung liege allerdings nur dann vor, wenn der Täter die spätere Preisgabe des Fahrzeugs schon im Zeitpunkt der Wegnahme (§ 242) oder während der unbefugten Nutzung (§ 246) geplant habe.[583] Sei der Plan des Täters hingegen zunächst darauf gerichtet, das

---

580 BGH NStZ 1996, 38, 38; *Kindhäuser*, LPK, § 242, Rn. 105 f.; *Wessels*, NJW 1965, 1153, 1157 f.; *Wessels/Hillenkamp*, BT II, Rn. 157; *Wittig*, in: BK, § 242, Rn. 31; a.A. *Kargl*, ZStW 103 (1991), 136, 150 ff., der davon ausgeht, dass die zeitweilige Nutzung eines Fahrzeugs lediglich eine Gebrauchsanmaßung darstelle und die der Nutzung folgende Preisgabe nur – u.U. – als Sachbeschädigung strafbar sein könne. Aus der zeitlichen Aufeinanderfolge von Gebrauch und Preisgabe entstehe keine Zueignung. Zueignung setze nämlich Enteignung durch Aneignung voraus; die Enteignung müsse die unmittelbare Folge der Aneignung sein. Die Aneignung aber müsse dauerhaft sein, um eine Abgrenzung zum bloßen *furtum usus* zu ermöglichen.

581 Vgl. RGSt 64, 259, 260; BGHSt 5, 205, 206; BGHSt 13, 43, 44 (= BGH VRS 17 (1959), 56, 57); BGHSt 16, 190, 192 (= BGH NJW 1961, 2122, 2122); BGHSt 22, 45, 46; BGH NJW 1953, 1880, 1880; BGH GA 1960, 182, 182; BGH VRS 19 (1960), 441, 441; OLG Celle VRS 41 (1971), 271, 272.
Dies gilt auch dann, wenn es sich bei dem Fahrzeug um ein bereits gestohlenes und vom Dieb aufgegebenes Fahrzeug handelt. Der Täter, der in Kenntnis dieses Sachverhalts das Fahrzeug in Gebrauch nimmt und später an einem beliebigen Ort stehen lässt, begeht eine Unterschlagung, BGHSt 13, 43, 43 f. (= BGH VRS 17 (1959), 56, 56 f.).

582 BGH GA 1960, 82, 82; BayObLG VRS 19 (1960), 364, 365; OLG Celle VRS 41 (1971), 271, 272; OLG Hamm VRS 23 (1962), 125, 126. So auch *Arndt*, DAR 1954, 30, 30.

583 BGH VRS 14 (1958), 199, 201; BGH GA 1960, 182, 182; BayObLG VRS 19 (1960), 364, 365 (= BayObLG NJW 1991, 280, 281).
Nach *Schwab*, DAR 1983, 388, 388 „verdient die Rechtsprechung [zum Verhältnis von Diebstahl und unbefugter Ingebrauchnahme] Zustimmung." Allerdings formuliert *Schwab* selbst anders: Das ungesicherte Stehenlassen eines fremden Fahrzeuges an einer beliebigen Stelle und damit die Ermöglichung des ungehinderten Zugriffs Dritter stelle eine dauerhafte Verdrängung des Eigentümers aus dessen Position dar, da der Täter wie ein Eigentümer über das fremde Fahrzeug verfüge. Nicht erwähnt wird hingegen, dass der Täter dies bei Wegnahme bereits geplant haben muss, um das Vorliegen des § 242 bejahen zu können.

Fahrzeug nach dem unbefugten Gebrauch zurückzubringen und gebe er diesen
Plan erst nach Ende der Fahrt auf – z.B., weil eine Weiterfahrt mangels Benzin
nicht mehr möglich sei – und das Fahrzeug dann dem Zugriff Dritter preis, so
liege weder Diebstahl noch Unterschlagung vor.[584] § 242 scheide aus, weil bei
der Wegnahme kein Enteignungsvorsatz vorliege, § 246, weil die Preisgabe alleine keine Zueignung darstelle.[585] Habe der Täter keine Vorstellung davon, was
nach Gebrauch des Fahrzeugs mit diesem geschehen solle, so könne das Fehlen
des Willens, das Fahrzeug dem Berechtigten wieder zugänglich zu machen,
nicht den Nachweis des Enteignungsvorsatzes und damit der Zueignungsabsicht
ersetzen.[586] Auch wenn der Täter sich während des Gebrauchs keine Gedanken
darüber mache, was nach Ende der Nutzung mit dem Fahrzeug geschehen solle,
später vor Gericht aber äußere, er hätte es „wahrscheinlich" in einer anderen
Stadt stehen lassen, ersetze diese nachträgliche Angabe nicht die fehlende Zueignungsabsicht zum Zeitpunkt der Wegnahme.[587] Eine andere Ansicht vertritt
*Gilka*, der zwar in den zuletzt genannten Fällen mit der Rechtsprechung überein-
stimmt und die Zueignungsabsicht verneint,[588] dies aber auch dann tut, wenn der
Täter die spätere Aussetzung des Fahrzeugs plane und dabei für möglich halte,
dass der Eigentümer das Fahrzeug dauerhaft verliere. Halte der Täter bei der
Wegnahme des Fahrzeugs den dauerhaften Verlust für möglich, gleichzeitig
aber auch, dass der Eigentümer das Fahrzeug wiedererlangen könne, so genüge
dies nicht zur Bejahung des Diebstahls.[589]

---

584  Vgl. BayObLG VRS 19 (1960), 364, 365 (= BayObLG NJW 1991, 280, 281); *Wes-
      sels/Hillenkamp*, BT II, Rn. 161. Vgl. dazu auch BGH VRS 96 (1999), 273, 274, wo die
      Angeklagten angaben, dass sie das Fahrzeug dem Berechtigten nach Ende des Ge-
      brauchs wieder zurückgeben wollten (mindestens einer der Angeklagten kannte den Be-
      rechtigten). Zu einer Rückgabe kam es allerdings nicht, weil die Angeklagten nach einer
      Verfolgungsjagd mit der Polizei in eine Sackgasse gerieten und von dort zu Fuß flüchte-
      ten.
585  Vgl. zu letzterem BGH NJW 1953, 1880, 1880.
586  Vgl. BGH NStZ 1981, 63, 63; *Wessels/Hillenkamp*, BT II, Rn. 159.
587  Vgl. BGH VRS 14 (1958), 199, 201.
588  *Gilka*, Diebstahl und Gebrauchsentwendung von Kfz, S. 95.
589  *Gilka*, Diebstahl und Gebrauchsentwendung von Kfz, S. 94. Diebstahl liege im Falle der
      Gebrauchsentwendung eines Kraftfahrzeuges dann vor, wenn die Absicht des Täters
      dahin gehe, das Fahrzeug für immer zu behalten (S. 91), es solange als Kraftfahrzeug zu
      verwenden, wie es dafür brauchbar sei (S. 92), es „auszuschlachten" (S. 92) oder es
      nach dem Gebrauch auszusetzen und dabei sicher zu sein, dass der Eigentümer das
      Fahrzeug nicht wiedererhalte und dies auch zu wollen (S. 93 f.).

Lässt man bezüglich der Enteignungskomponente der Zueignung richtigerweise *dolus eventualis* ausreichen,[590] so ist der Rechtsprechung zuzustimmen.
Ein Täter, der – nach einem bereits im Zeitpunkt der Wegnahme gefassten Plan
– das Fahrzeug nach Beendigung der unbefugten Benutzung dem beliebigen Zugriff Dritter preisgibt und die dauerhafte Verdrängung des Berechtigten aus dessen Eigentümerstellung für möglich hält und diese Möglichkeit billigend in Kauf
nimmt, handelt mit Zueignungsabsicht.[591] Allerdings ist zu beachten, dass auch
in den Fällen, in denen der Täter das Fahrzeug nach Ende des Gebrauchs tatsächlich dem Zugriff Dritter preisgibt, zu untersuchen ist, ob er die dauerhafte
Enteignung des Eigentümers im Zeitpunkt der Wegnahme für möglich hielt und
billigend in Kauf nahm.[592] Die spätere Preisgabe des Fahrzeugs ist nur ein Indiz
für das Vorliegen eines Enteignungsvorsatzes.[593] *Schaffstein* weist daraufhin,
dass *dolus eventualis* bzgl. der dauernden Enteignung des Berechtigten von bewusster Fahrlässigkeit abzugrenzen sei.[594] Nicht jeder, der ein unbefugt ge-
brauchtes Fahrzeug an beliebiger Stelle stehen lasse und es damit dem Zugriff
Dritter preisgebe, handle mit *dolus eventualis*, selbst wenn er sich der damit ver-

---

590 So die herrschende Meinung, vgl. nur *Eser/Bosch*, in: Schönke/Schröder, § 242, Rn. 64;
*Gropp*, JR 1985, 518, 520; *ders.*, JuS 1999, 1041, 1043; *Heghmanns*, BT, Rn. 1049;
*Heubel*, JuS 1984, 445, 450; *Keller*, JR 1987, 343, 343; *Kindhäuser*, in: NK, § 242,
Rn. 123; *Lackner/Kühl*, § 242, Rn. 25; *Mitsch*, BT 2/1, § 1, Rn. 107; *Ranft*, JA 1984,
277, 279; *Samson*, JA 1980, 285, 292; *Schmitz*, in: MüKo § 242, Rn. 134; *Schramm*,
JuS 2008, 773, 775; *Tenckhoff*, JuS 1980, 723, 726; *Ulsenheimer*, Jura 1979, 169, 172;
*Wessels/Hillenkamp*, BT II, Rn. 164 f. Ähnlich im Ergebnis auch *Maiwald*, Zueignungsbegriff, S. 176 ff., der die Entziehungsseite des Diebstahls in einer Gefährdung
der Eigentümerposition sieht und es für die subjektive Seite als aureichend erachtet,
wenn der Täter die Umstände kennt, die diese Gefährdung ausmachen. Bzgl. der Gefährdung genüge somit *dolus directus* (zweiten Grades). Ähnlich im Ergebnis ebenfalls
*Dencker*, in: FS Rudolphi, 425, 430 ff.
591 Zum gleichen Ergebnis kommt *Schmidhäuser*, in: FS Bruns, 345, 354 f., ohne allerdings
mit dem Begriff des Eventualvorsatzes zu argumentieren. Die von ihm als „Enteignungsabsicht" bezeichnete Enteignungskomponente setzt voraus, dass der Täter die Sache (hier: das Fahrzeug) in der Absicht wegnimmt, „mit ihr so zu verfahren, dass dies
im Ergebnis auf eine dauernde Sachentziehung oder Sachentwertung gegenüber dem
Eigentümer hinauslaufen" kann. Diese Absicht sei dann zu bejahen, wenn der Täter in
der Absicht handle, „das wegzunehmende Auto später an beliebiger Stelle stehen zu lassen".
592 Für das Vorliegen des § 246 ist entscheidend, ob der Täter die dauernde Enteignung des
Berechtigten während des Gebrauchs für möglich hielt und billigend in Kauf nahm.
593 Siehe zur Problematik der „Preisgabe" des Fahrzeugs als Indiz für den Enteignungsvorsatz *Figgener*, Akzeptanz neuerer Strafnormen durch die Rspr., S. 33 ff.
594 Siehe zu den unterschiedlichen Ansichten, die zur Abgrenzung von *dolus eventualis* und
bewusster Fahrlässigkeit vertreten werden *Hillenkamp*, AT, 1. Problem m.w.N.

bundenen Gefahr bewusst sei.[595] Sei es dem Täter gleichgültig, ob der Berechtigte das stehengelassene Fahrzeug wiedererlange, so handle er mit Eventualvorsatz bzgl. der Enteignungskomponente, sei ihm die dauernde Enteignung hingegen „unerwünscht" und werde „ihre Gefahr nicht ernst genommen", sondern „in der leichtfertigen Hoffnung gehandelt, die Polizei werde schon das Ihre tun und dem Eigentümer den Wagen zurückstellen", so handle der Täter nicht mit *dolus eventualis*, sondern lediglich bewusst fahrlässig und ein Zueignungsdelikt scheide somit aus.[596]

Der BGH beschreibt die Abgrenzung von einer bloßen unbefugten Ingebrauchnahme eines Fahrzeugs zum Diebstahl in mehreren Urteilen folgendermaßen: Entscheidend sei, ob der Täter „über das fremde Fahrzeug selbstherrlich wie ein Eigentümer unter Ausschluss des Berechtigten verfügen und zu diesem Zwecke von vornherein den fremden Gewahrsam zugunsten des eigenen endgültig brechen will (Diebstahl) oder ob er sich von Beginn an mit der nur vorübergehenden eigenmächtigen Benutzung eines fremden Fahrzeugs und deshalb, soweit erforderlich, mit nur zeitweiliger Brechung fremden Gewahrsams begnügen, diesen also nach Beendigung seines Gebrauchs wiederherstellen will (unbefugte Ingebrauchnahme)".[597] Für die Annahme einer bloßen Gebrauchsanmaßung sei der Wille des Täters zur Rückführung des Fahrzeugs in den Herrschaftsbereich des bisherigen Gewahrsamsinhabers maßgeblich. Eine Rückführung setze voraus, dass der bisherige Gewahrsamsinhaber ohne besondere Mühe seine ursprüngliche Verfügungsgewalt über das Fahrzeug wieder ausüben könne.[598]

Als Beweiszeichen für die Frage, ob der Täter Rückführungswillen hatte, zieht die Rechtsprechung u.a. die Größe der Ortschaft heran, in der das Fahrzeug stehengelassen wurde.[599] Der Täter gebe das Fahrzeug dem beliebigen Zugriff Dritter preis und handle somit ohne Rückführungswillen, wenn er es nach der unbefugten Ingebrauchnahme in einer anderen Straße einer Großstadt stehen lasse. Auf die tatsächliche Entfernung des Abstellortes vom Wegnahmeort komme es dabei nicht an.[600] Auch in „größeren Mittelstädten" könne von einer Preisgabe des Fahrzeugs bereits dann gesprochen werden, wenn es in einer an-

595 *Schaffstein*, GA 1964, 97, 107.
596 *Schaffstein*, GA 1964, 97, 108.
597 BGHSt 22, 45, 46; BGH NStZ 1982, 420, 420; BGH NJW 1987, 266, 266; BGH NStZ 1996, 38, 38.
598 BGHSt 22, 45, 46; BGH NStZ 1982, 420, 420; BGH NJW 1987, 266, 266; BGH NStZ 1996, 38, 38; vgl. auch BGH Polizei 68 (1977), 29, 29 und 93, 93.
599 BGH VRS 13 (1957), 42; BGH VRS 14 (1958), 363, 363; BGH VRS 19 (1960), 441, 441.
600 BGH VRS 13 (1957), 41, 42; BGH VRS 14, (1958), 363, 363.

deren Straße der gleichen Stadt abgestellt werde, da die Verhältnisse in solchen Städten denjenigen der Großstadt angenähert seien.[601] In kleineren Orten hingegen werde der Täter, der das Fahrzeug nach der unbefugten Ingebrauchnahme in einer anderen Straße stehen lasse, in der Regel damit rechnen können, dass der Berechtigte die Verfügungsgewalt über das Fahrzeug bald wiedererlange.[602]

Die Größe der Ortschaft, in der das Fahrzeug nach der unbefugten Benutzung abgestellt wird, kann für die Frage, ob der Täter bezüglich der Enteignung zumindest mit *dolus eventualis* handelt, nicht ausschlaggebend sein.[603] Auch in der Rechtsprechung wird Kritik im Hinblick auf die Bedeutung der Größe der Ortschaft für das Abstellen geäußert: Die Größe allein könne nicht entscheidend sein.[604] Vielmehr gehe es um die Frage, ob das Fahrzeug so hinterlassen werde, dass es dem Berechtigten ohne ungewöhnlichen Aufwand und ohne Hilfe des reinen Zufalls möglich sei, seine Verfügungsgewalt an dem Fahrzeug wiederzuerlangen.[605]

*Werfsdörfer* geht davon aus, dass Zueignungsabsicht in der Regel nicht vorliege, wenn der Täter das Fahrzeug nach der vorübergehenden Nutzung in derselben „Gegend" stehen lasse. Entscheidend sei die Vorstellung des Täters bei Beginn der Ingebrauchnahme. Stelle der Täter das Fahrzeug später in einer belebten Straße ab, so „dürfte die Einlassung des Täters nicht zu widerlegen sein, er habe damit gerechnet, dass das Fahrzeug nach kurzer Zeit dem Eigentümer wieder zur Verfügung stehe." Auch die Praxis spreche für die Richtigkeit dieser Behauptung, denn die Polizei ermittle oftmals sehr schnell den Eigentümer des Fahrzeugs und dieser erhalte sein Fahrzeug dann zurück. „Wollte man den Anwendungsbereich des § 248b auf die Fälle beschränken, wo der Täter den in Gebrauch genommenen Wagen an den Tatort zurückbringt, so würde ihm zugemutet, sich der Gefahr der Festnahme auszusetzen. Eine solche Zumutung käme aber einer Pflicht zur Selbstgestellung gleich, die nirgendwo im Gesetz dem Delinquenten auferlegt wird. Davon abgesehen wird dem Täter mitunter der genaue Tatort später unbekannt und er schon aus diesem Grunde gezwungen sein, den Wagen in irgendeiner Straße zurückzulassen."[606]

---

601  BGH VRS 19 (1960), 441, 442.
602  BGH VRS 19 (1960), 441, 442.
603  So auch *Schramm*, JuS 2008, 773, 775.
604  BGHSt 22, 45, 46.
605  BGHSt 22, 45, 47.
606  *Wersdörfer*, NJW 1958, 1031, 1032. *Gilka*, Diebstahl und Gebrauchsentwendung von Kfz, S. 96 geht davon aus, dass Zueignungsabsicht nicht nur dann i.d.R. nicht vorliegt, wenn das Fahrzeug in derselben Gegend stehengelassen werde, sondern ganz allgemein, wenn das Fahrzeug „auf einer öffentlichen Straße, einem öffentlichen Weg oder einem öffentlichen Platz ausgesetzt" werde. Dem Grundsatz *in dubio pro reo* folgend müsse

*Werfsdörfer* und der BGH erwähnen einen wichtigen Punkt: Die Vorstellung des Täters muss nicht dahin gehen, dass er selbst das Fahrzeug dem Berechtigten zurückbringt. Enteignungsvorsatz ist deshalb nicht schon dann zu bejahen, wenn der Täter nicht den Willen hat, das Fahrzeug zurückzubringen.[607] Geht er davon aus, dass das Fahrzeug auf anderem Wege zum Berechtigten zurückgelangt und der Berechtigte deshalb nicht dauerhaft von seiner Verfügungsmöglichkeit ausgeschlossen wird, so ist dies ausreichend. Plant der Täter daher von vornherein, das Fahrzeug nur für eine bestimmte Zeit zu nutzen und geht sein Wille bei der Wegnahme dahin, dass der Berechtigte das Fahrzeug bald durch Dritte, insbesondere die Polizei,[608] wohlbehalten wieder erhalten soll, so hat er keinen auf dauerhafte Enteignung gerichteten Vorsatz und somit keine Zueignungsabsicht. Ob dies der Wille des Täters ist oder ob er mit (Eventual-) Vorsatz bezüglich der dauerhaften Enteignung handelt, ist eine Tatfrage.[609] Sowohl der Abstellort des Fahrzeugs, der u.U. für die Preisgabe des Fahrzeugs spricht, als auch die Preisgabe selbst, die u.U. ein Indiz für den Enteignungsvorsatz sein kann, sind nur Beweiszeichen. Sie können einen tatsächlich fehlenden Enteignungsvorsatz nicht ersetzen.[610]

Als weiteres Beweiszeichen für bzw. gegen einen Enteignungsvorsatz wird die Auffälligkeit des gebrauchten Fahrzeugs angesehen.[611] Sei aufgrund des Wagentyps oder des äußeren Erscheinungsbildes des Fahrzeugs davon auszugehen, dass das Fahrzeug bald nach dem Abstellen dem Eigentümer wieder zugeführt werde, spreche dies gegen Enteignungsvorsatz. So hat der BGH im Fall eines Hochdruckspülwagens die Zueignungsabsicht in Zweifel gezogen.[612] Der BGH führt dazu aus, dass es bei „einem so auffälligen Fahrzeug" in der Regel naheliege, dass „der Wille des Täters nur auf kurzfristigen Gebrauch gerichtet ist und er davon ausgeht, das Fahrzeug werde alsbald wieder in der Verfügungsgewalt des Berechtigten sein." Im Fall eines Feuerwehrfahrzeuges wurde die Zu-

---

man in solchen Fällen annehmen, dass der Täter damit gerechnet habe, dass das Fahrzeug an den Eigentümer zurückgeführt werde.

607  BGH GA 1960, 82, 82.

608  A.A. *König*, in: Hentschel/König/Dauer, § 248b, Rn. 11, der meint, dass es „[d]em Täter [...] nicht zugute [kommt], dass die Pol[izei] viele [Fahrzeuge] wieder auffindet". Dies scheint laut *König* unabhängig davon zu gelten, ob der Täter fest damit rechnet, dass der Berechtigte das Fahrzeug mit Hilfe der Polizei wiedererhält.

609  Vgl. BGH GA 1960, 82.

610  Vgl. auch *Janiszewski*, NStZ 1987, 112, 113 f.; *Wessels/Hillenkamp*, BT II, Rn. 439.

611  In BGH Polizei 68 (1977), 29, 29 und 93, 93 kombiniert der BGH die Indizien der Auffälligkeit des Fahrzeuges und der Entfernung zum Wegnahmeort: Bei „besonders auffälligen Fahrzeugen" könne, „jedenfalls wenn sie der Täter nicht allzu weit entfernt stehen" lasse, „der Wiederherstellungswille durchaus zu bejahen sein."

612  BGH VRS 51 (1976), 210, 211.

eignungsabsicht allerdings mit teilweise zweifelhafter Argumentation bejaht:[613] Das OLG Koblenz argumentiert, dass es der Einschaltung Dritter bedurft habe, um den Gewahrsamsinhaber von dem Fundort des Feuerwehrfahrzeuges zu verständigen. Dies habe die Wiedererlangung der Herrschaftsgewalt über den Wagen erschwert. Allein die Tatsache, dass Dritte eingeschaltet sind, spricht allerdings nicht für das Vorliegen von Enteignungsvorsatz, wie eben bereits dargelegt wurde. Wird ein Feuerwehrauto unbefugt in Gebrauch genommen, ist allein die Auffälligkeit des Fahrzeuges bereits ein Indiz dafür, dass der Täter davon ausgeht, dass das Fahrzeug bald wieder in die Herrschaftsgewalt des Berechtigten gelangen wird.[614] Dies kann auch bei einem Fahrzeug mit einer Reklameschrift der Fall sein.[615]

Auch hier gilt aber: Allein die äußere Auffälligkeit eines Fahrzeugs kann nicht dazu führen, Zueignungsabsicht zu bejahen oder zu verneinen. Allerdings kann die äußere Auffälligkeit eines Fahrzeugs ein Indiz dafür sein, dass der Täter davon ausging, dass der Eigentümer sein Fahrzeug alsbald wiedererlangt.[616] In einem solchen Fall handelt er ohne den Vorsatz der dauerhaften Enteignung des Berechtigten.

Ein weiteres Beweiszeichen ist die Sicherung des Fahrzeugs. Lässt der Täter das Fahrzeug ungesichert, d.h. unverschlossen oder mit zerbrochener Fensterscheibe stehen, so liegt die Annahme nahe, dass er es für möglich hält und billigend in Kauf nimmt, dass Dritte sich des Fahrzeugs bemächtigen und es nicht oder zumindest nicht in absehbarer Zeit in den Herrschaftsbereich des Berechtigten zurückkommt.

Im Ergebnis ist festzuhalten, dass sowohl der spätere Abstellort des Fahrzeugs als auch die äußere Auffälligkeit und die Sicherung des Fahrzeugs nur Beweiszeichen für oder gegen das Vorliegen eines Enteignungsvorsatzes sind. Auch wenn die Beweiszeichen dafür sprechen, dass der Täter im Hinblick auf die dauerhafte Verdrängung des Eigentümers aus dessen Herrschaftsposition zumindest mit *dolus eventualis* handelt, ist in jedem Einzelfall eine umfassende

---

613 OLG Koblenz VRS 46 (1974), 33, 34 f.

614 Siehe auch *Heghmanns*, BT, Rn. 1057, Fn. 71, der die Entscheidung des OLG Koblenz für „verfehlt" hält. Vgl. außerdem *Fischer*, § 242, Rn. 39, der in diesem Zusammenhang das Wort „zweifelhaft" verwendet und *Geppert*, JK 1987, StGB, § 248b/2, der die Entscheidung „bedenklich" findet.

615 BGH NStZ 1982, 420, 420: Allein der Umstand, dass das Fahrzeug mit einer Reklameschrift versehen sei, sichere seine Rückführung nicht.

616 Nach BGH VRS 51 (1976), 210, 211 ist bei auffälligen Fahrzeugen im Urteil auf Art, Größe und auffälliges Aussehen der Fahrzeuge einzugehen.

Prüfung nötig.[617] Die Feststellung, dass ein oder mehrere Indizien vorliegen, die für einen Enteignungsvorsatz sprechen, darf nicht zu einer formelhaften Begründung für die Bestrafung wegen Diebstahls genutzt werden.[618] Bei der Entwendung und dem Gebrauch von Kraftfahrzeugen und Fahrrädern dürfen keine geringeren Anforderungen an den Nachweis der Zueignungsabsicht gestellt werden als bei sonstigen Sachen.[619] Bleiben Zweifel bestehen, ob der Täter zumindest mit *dolus eventualis* in Bezug auf die Enteignungskomponente gehandelt hat, so ist er nach dem Grundsatz *in dubio pro reo* nicht wegen Diebstahls zu bestrafen.[620]

Einzugehen ist noch auf eine Entscheidung des AG Nürnberg, das in seinem Urteil vom 11.10.1937 zwei junge Männer, die mit Motorrädern Vergnügungsfahrten unternommen hatten und sie anschließend auf der Straße, teilweise in einer anderen Stadt, hatten stehen lassen, wegen unbefugter Ingebrauchnahme von Kraftfahrzeugen nach § 1 der NotVO vom 20.10.1932 verurteilte und das Urteil ausführlich begründete. Zu der Frage, ob die Täter zumindest mit *dolus eventualis* bzgl. der dauerhaften Verdrängung der Eigentümer aus deren Herrschaftspositionen handelten, nahm das AG nicht explizit Stellung. Statt dessen führte es aus, dass die Bestrafung wegen Diebstahls in solchen Fällen (wie es nach der herrschenden Lehre üblich sei) dem natürlichen Rechtsempfinden widerspreche. Im Falle der Zueignung eines Motorrads liege ein ganz anderer Vorsatz vor als im Falle einer unbefugten Benutzung. Dies sei in erster Linie darauf zurückzuführen, dass zwischen dem Dieb und dem bloßen Schwarzfahrer, was den Charakter der Tat betreffe, ein großer Unterschied bestehe. Der Motorraddieb handle „ehrlos wie jeder Dieb", während der Schwarzfahrer, der aus „Leidenschaft am Motorradfahren", aus „Leichtsinn, Frechheit und Übermut" ein fremdes Motorrad unbefugt in Gebrauch nehme, sich zwar strafbar mache, nicht aber ehrlos handle. „Rein gefühlsmäßig" sei der Diebstahlsvorwurf in solchen Fällen fehl am Platz. In solchen Fällen wegen Diebstahls zu bestrafen ergebe sich auch nicht aus dem Wortlaut der Diebstahlsvorschrift. Die Rechtsprechung des Reichsgerichts, nach der Diebstahl vorliege, wenn der Täter das Fahrzeug

---

617  Zu den praktischen Problemen bei der Feststellung des Enteignungsvorsatzes im Strafprozess siehe *Figgener*, Akzeptanz neuerer Strafnormen durch die Rspr., S. 29.

618  Vgl. BGH NStZ 1987, 71, 72; *Geppert*, JK 1987, StGB, § 248b/2; *Keller*, JR 1987, 343, 343; *Schaudwet*, JR 1965, 413, 414; *Wessels/Hillenkamp*, BT II, Rn. 158.

619  *Eser/Bosch*, in: Schönke/Schröder, § 242, Rn. 54; *Schramm*, JuS 2008, 773, 775; *Wessels/Hillenkamp*, BT II, Rn. 158, 439.

620  *Keller*, JR 1987, 343, 343; siehe *Figgener*, Akzeptanz neuerer Strafnormen durch die Rspr., S. 35, der meint, dass die „konkrete großzügige Verfahrensweise der Rechtsprechung [...] unter Missachtung des Grundsatzes „in dubio pro reo" den Anwendungsbereich des § 242 StGB zu Lasten das Anwendungsbereichs des § 248b StGB" erweitert.

nach der unbefugten Ingebrauchnahme dem beliebigen Zugriff Dritter preisgebe, sei eine „Rechtskonstruktion" und stamme aus einer Zeit, in der der bloße unbefugte Gebrauch von Kraftfahrzeugen und Fahrrädern noch nicht strafbar war. Durch diese Konstruktion sollte eine Lücke geschlossen werden, die nach Erlass der NotVO nicht mehr bestehe. Der praktische Anwendungsbereich der NotVO würde äußerst beschränkt, wenn man der höchstrichterlichen Rechtsprechung und herrschenden Lehre weiter folge, da Fälle, in denen der Täter das Fahrzeug nach Beendigung des unbefugten Gebrauchs zurück an den Ort der Entwendung bringe, sehr selten seien.[621]

Auch wenn die Argumentation des AG Nürnberg in manchen Teilen auf den ersten Blick überzeugend klingt, ist ihr zu widersprechen. Insbesondere scheint das AG nicht genau zwischen Vorsatz und Beweggrund zu unterscheiden. Die Motorleidenschaft eines Täters und dessen „Leichtsinn, Frechheit und Übermut" mögen die Beweggründe für den Gebrauch eines Fahrzeugs sein. Entscheidend für die juristische Beurteilung der Tat ist aber, ob der Täter bei der Ingebrauchnahme mit Zueignungsabsicht handelt, konkret, ob er Enteignungsvorsatz hat. Die Feststellung des Enteignungsvorsatzes hat nichts mit der Motorleidenschaft des Täters zu tun, sondern damit, ob er im Zeitpunkt der Wegnahme (oder während des Gebrauchs) mit der Möglichkeit rechnet und diese billigend in Kauf nimmt, dass der Eigentümer aus seiner Herrschaftsposition dauerhaft verdrängt wird. Dass der Wirkungsbereich der NotVO von 1932 und des heutigen § 248b dadurch in tatsächlicher Hinsicht sehr beschränkt wird, da aufgrund der Subsidiaritätsklausel immer dann wegen Diebstahls (oder ggf. Unterschlagung[622]) bestraft wird, wenn der Täter den Vorsatz hatte, das Fahrzeug nach Beendigung des Gebrauchs irgendwo stehen zu lassen, es dem beliebigen Zugriff Dritter preiszugeben und mit der Möglichkeit rechnete und diese billigend in Kauf nahm, dass der Eigentümer die Verfügungsmacht über das Fahrzeug nicht zurück erlangen werde, ist richtig. Allerdings ändert dies nichts am Vorliegen des Enteignungsvorsatzes in solchen Fällen und ist auch nicht verwunderlich, da § 1 der NotVO und ihm folgend § 248b nur die „Lücke" schließen sollte, die in den Fällen entstand, in denen ein Täter ohne Zueignungsabsicht handelte oder eine solche ihm jedenfalls nicht nachzuweisen war. Da *dolus eventualis* bzgl. der Enteignungskomponente der Zueignung ausreichend ist, spielt es keine Rolle, warum der Täter das Fahrzeug in Gebrauch nimmt oder warum er nach Beendi-

---

621 AG Nürnberg, Urt. v. 11.10.1937 aus *Rohling*, DJ 1938, 301, 301 f. Das Urteil des AG Nürnberg wurde durch das Berufungsgericht aufgehoben und die Angeklagten wurden wegen Diebstahls verurteilt.

622 Im Verhältnis zu § 246 greift die Subsidiaritätsklausel nur in Bezug auf § 246 Abs. 2. § 248b kann aber im Wege der Konsumtion hinter § 246 Abs. 1 zurücktreten. Siehe dazu oben unter C. IV. 2.

gung des Gebrauchs eine dauernde Enteignung des Berechtigten billigend in Kauf nimmt, solange er dies nur tut.

Neben den gerade genannten Abgrenzungsfällen der bloßen Gebrauchsanmaßung zu den Zueignungsdelikten, gibt es Fälle, in denen der Täter den Eigentümer nicht dauerhaft aus dessen Stellung verdrängen will, das Fahrzeug aber so lange oder so intensiv nutzt, dass die Nutzung einer Enteignung gleich oder zumindest nahe kommt. Die herrschende Ansicht geht richtigerweise davon aus, dass auch aufgrund der Intensität oder der Dauer der Nutzung eines fremden Fahrzeugs eine Zueignung vorliegen kann.[623] Da das Gesetz selbst der Gebrauchsanmaßung weder eine zeitliche Grenze setzt, noch auf die mit einer Abnutzung verbundene Wertminderung abstellt, ist auch in diesen Fällen die Abgrenzung zur bloßen Ingebrauchnahme an Hand des Enteignungselements der Zueignung vorzunehmen.[624] Zu fragen ist, ab wann davon gesprochen werden kann, dass der Täter dem Eigentümer – entsprechend seinem Plan – aufgrund der Länge oder der Intensität des Gebrauchs das Fahrzeug praktisch dauerhaft entzieht. Dass jemand, der ein fremdes Fahrzeug vorsätzlich jahrelang benutzt und dann dem Eigentümer völlig abgenutzt zurückbringt, je nach den Umständen einen Diebstahl oder eine Unterschlagung begeht, ist weitestgehend anerkannt.[625] Fraglich ist aber, wo bzw. wie die Grenze zwischen Zueignung und bloßer Gebrauchsanmaßung gezogen werden muss. *Fricke* beispielsweise verlangt für eine Zueignung eine Sachwertminderung von mehr als 50%,[626] das OLG Hamm eine „nicht ganz unbeträchtliche[...]" Substanz- oder Wertminde-

---

623  Vgl. BGHSt 34, 309, 312 (= BGH NJW 1987, 2242, 2243); OLG Hamm JMBl. NRW 1960, 230, 230; OLG Hamm JMBl. NRW 1960, 230, 230; OLG Hamm VRS 23 (1962), 125, 126 f. (= JMBl. NRW 1962, 110, 110 f.); OLG Köln JMBl. NRW 1962, 175, 175; *Fricke*, MDR 1988, 538, 539 f.; *Schmitz*, in: MüKo, § 242, Rn. 120, 125 f.; *Wessels/Hillenkamp*, BT II, Rn. 162; *Wittig*, in: BK, § 242, Rn. 33; einschränkend *Rudolphi*, GA 1965, 33, der die Entziehung einer Teilfunktion verlangt. **A.A.** *Kindhäuser*, in: FS Geerds, 655, 671 ff., der davon ausgeht, dass eine Wertminderung durch intensive Nutzung nicht zu einer Zueignung führe, wenn der Täter die Sache selbst dem Eigentümer zurückgeben wolle und damit dessen Herausgabeanspruch anerkenne. Auch die Dauer der Nutzung könne bei Anerkennung des Herausgabeanspruchs nicht zu einer Zueignung führen.

624  *Wessels/Hillenkamp*, BT II, Rn. 162.

625  *Arzt/Weber/Heinrich/Hilgendorf*, BT, § 13, Rn. 82 (als Beispiel wird dort eine Fahrt von Tübingen nach Indien genannt); *Seelmann*, JuS 1985, 288, 288. Selbst *Gilka*, Diebstahl und Gebrauchsentwendung von Kfz, S. 91 sieht die Fahrzeugentwendung mit anschließendem monate- oder jahrelangem Gebrauch als starkes Indiz für das Vorliegen eines Diebstahls nach § 242 an.

626  *Fricke*, MDR 1988, 538, 540.

rung,[627] *Rudolphi* die endgültige Entziehung einer Teilfunktion[628] und *Kargl* die Aufhebung der Gesamtfunktion[629].

Die Ansichten *Frickes*, *Rudolphis* und *Kargls* enthalten wichtige Aspekte und ziehen die Grenze zwischen bloßer Gebrauchsanmaßung und Zueignung mit der nötigen Bestimmtheit, sind aber für sich gesehen zu schematisch und erfassen nicht alle möglichen Aspekte der Abgrenzung zwischen bloßer Gebrauchsanmaßung und Zueignung. Eine Zueignung ist dann anzunehmen, wenn durch die Intensität oder Dauer des Gebrauchs eine wesentliche Wertminderung des Fahrzeugs entsteht. „Wesentlich" muss die Wertminderung sein, da jede Gebrauchsanmaßung mit einer Abnutzung verbunden ist und eine gewisse Wertminderung deshalb der (bloßen) Gebrauchsanmaßung immanent ist.[630] Problematisch an dem Kriterium einer Wertminderung ist die Gefahr, durch die Zueignungsdelikte das Vermögen als solches zu schützen. Da der Gebrauch einer Sache aber zu den nach § 903 BGB grundsätzlich dem Eigentümer vorbehaltenen Möglichkeiten zählt, ist es legitim, in Grenzfällen von bloßer Gebrauchsanmaßung zu Zueignungsdelikten wirtschaftliche Gesichtspunkte zu berücksichtigen.[631] Die Wertminderung eines Fahrzeugs ist wesentlich, wenn es durch die Nutzung den Gebrauchs- oder Verkehrswert für den Eigentümer verloren hat. Davon kann jedenfalls bei einem vollständigen Funktionsverlust des Fahrzeugs, u.U. aber auch bei der Aufhebung einer Teilfunktion oder bei einer reinen wesentlichen Werteinbuße (bei verbleibender Funktionsfähigkeit) gesprochen werden. Die Grenzen zwischen Zueignung und bloßer Gebrauchsanmaßung sind dabei fließend. Auch wenn es an einer erheblichen Wertminderung des Fahrzeugs fehlt, kann aufgrund der Dauer der Gebrauchsanmaßung eine Enteignung

---

627 OLG Hamm VRS 23 (1962), 125, 126 f. (JMBl. NRW 1962, 110, 111). Nach dem OLG Hamm muss die Differenz der Schätzwerte vor und nach der Ingebrauchnahme „wenigstens mehrere Prozent" des Wertes vor der unbefugten Nutzung ausmachen. Deshalb müsse die konkrete Fahrbelastung im Hinblick auf „Art und Zustand" des gebrauchten Fahrzeugs beurteilt werden. Das OLG Hamm liefert dazu auch gleich ein Rechenbeispiel und kommt zu dem Ergebnis, dass eine Fahrbelastung von 1.500 km bei einem „neuen Volkswagen", der mindestens 100.000 km fahren könne, einen Wertverlust von höchstens 2 % bedeute, während die gleiche Fahrbelastung bei einem gebrauchten Fahrzeug, das nur noch 10.000 km fahren könne, zu einem Wertverlust von 20 % führe. Eine Zueignung liege deshalb nur im letzteren Fall vor. Zur Kritik an der Rechtsprechung des OLG Hamm siehe *Fricke*, MDR 1988, 538, 539 f.

628 *Rudolphi*, GA 1965, 33, 46 ff. Zur Kritik an *Rudolphis* Lösung siehe *Fricke*, MDR 1988, 538, 539 f.

629 *Kargl*, ZStW 103 (1991), 136, 184.

630 Vgl. *Kargl*, ZStW 103 (1991), 136, 146, 150; *Schmitz*, in: MüKo, § 242, Rn. 126.

631 So auch *Arzt/Weber/Heinrich/Hilgendorf*, BT, § 13, Rn. 84.

vorliegen.[632] Dies ist dann der Fall, wenn ein objektiver Dritter den mit dem Gebrauch verbundenen Entzug des Fahrzeugs für den Eigentümer als endgültig ansehen und eine Ersatzbeschaffung durch den Eigentümer für nötig halten würde. Geht der Täter von einer solchen Situation aus (oder hält er sie zumindest für möglich und nimmt sie billigend in Kauf), so handelt er mit Enteignungsvorsatz.[633] Eine Abgrenzung zwischen bloßer Gebrauchsanmaßung und Zueignung kann somit sowohl in qualitativer Art als auch in quantitativer Art erfolgen.[634]

Zusammenfassend ist danach für die Abgrenzung der bloßen Gebrauchsanmaßung zum Diebstahl eines Fahrzeugs entscheidend, ob der Täter bei der Wegnahme mit dem Willen handelt, das zeitweilig gebrauchte Fahrzeug ohne wesentliche Wertminderung oder Substanzveränderung, ohne Identitätswechsel, ohne Eigentumsleugnung[635] und in angemessener Frist so an den Berechtigten zurückgelangen zu lassen, dass dieser die ursprüngliche Verfügungsgewalt ohne besonderen Aufwand und nicht lediglich als Folge des Zufalls wieder ausüben kann.[636] Ob der Täter die Rückführung selbst vornehmen oder ob er nichts dazu beitragen will, aber plant, dass es durch den Lauf der Dinge oder das Handeln Dritter zur Rückführung des Fahrzeugs kommt, spielt dabei keine Rolle.[637] Da für den Enteignungsvorsatz *dolus eventualis* ausreichend ist, muss der Wille des Täters, das Fahrzeug in den Herrschaftsbereich des Berechtigten zurückgelangen

---

632  A.A. *Kargl*, ZStW 103 (1991), 136, 146 f., nach dem eine Zueignung nie allein aufgrund der Länge der Nutzung bejaht werden kann.

633  Vgl. *Eisele*, BT II, Rn. 68; *Schmitz*, in: MüKo, § 242, Rn. 126; *Wessels/Hillenkamp*, BT II, Rn. 162.

634  A.A. *Arzt/Weber/Heinrich/Hilgendorf*, BT, § 13, Rn. 82 und *Rudolphi*, GA 1965, 33, 48, allerdings mit unterschiedlichen Ergebnissen: Während sich die Abgrenzung nach *Arzt/Weber/Heinrich/Hilgendorf* nur nach quantitativen Gesichtspunkten vollzieht, ist sie nach *Rudolphi* rein qualitativer Art.

635  Zueignung ist dann zu bejahen, wenn der Täter das Fahrzeug zwar zum Berechtigten zurückführt, dabei aber dessen Eigentum leugnet und es diesem „zurück verkauft", vgl. dazu RGSt 40, 10, 12; BGHSt 24, 115, 119; *Eser/Bosch*, in: Schönke/Schröder, § 242, Rn. 50; *Gribbohm*, NJW 1966, 191, 192; *Rudolphi*, GA 1965, 33, 43; *Tenckhoff*, JuS 1980, 723, 724; **a.A.** *Schröder*, JR 1965, 27, 27.

636  *Wessels*, NJW 1965, 1153, 1157 f.; *Wessels/Hillenkamp*, BT II, Rn. 157; *Wittig*, in: BK, § 242, Rn. 31; vgl. BGH NStZ 1996, 38, 38; *Kindhäuser*, LPK, § 242, Rn. 105 ff.; **a.A.** *Kargl*, ZStW 103 (1991), 136, 150 ff., der davon ausgeht, dass die zeitweilige Nutzung eines Fahrzeugs lediglich eine Gebrauchsanmaßung darstelle und die der Nutzung folgende Preisgabe nur – u.U. – als Sachbeschädigung strafbar sein könne. Aus der zeitlichen Aufeinanderfolge von Gebrauch und Preisgabe entstehe keine Zueignung. Zueignung setze nämlich Enteignung durch Aneignung voraus; die Enteignung müsse die unmittelbare Folge der Aneignung sein. Die Aneignung aber müsse dauerhaft sein, um eine Abgrenzung zum bloßen *furtum usus* zu ermöglichen.

637  Vgl. *Schröder*, JR 1964, 229, 229.

zu lassen, ein unbedingter sein.[638] Hält er den dauernden Verlust des Fahrzeugs für dessen Eigentümer für möglich und nimmt diesen billigend in Kauf, hält aber gleichzeitig auch die Rückführung für möglich und nimmt auch diese billigend in Kauf, so handelt er mit Enteignungsvorsatz.[639] Die von der Rechtsprechung angeführten Beweisanzeichen für das Vorliegen des Enteignungsvorsatzes stellen in diesem Zusammenhang lediglich Indizien dar und ersetzen nicht eine umfassende Prüfung der subjektiven Tatseite im konkreten Fall.[640]

## 4. Das Verhältnis von unbefugter Ingebrauchnahme und Treibstoffverbrauch

Beim unbefugten Gebrauch von Kraftfahrzeugen werden regelmäßig Treibstoff und Schmiermittel verbraucht. Typischerweise hat derjenige, der ein Kraftfahrzeug gegen den Willen des Berechtigten in Gebrauch nimmt, bezüglich der beim Gebrauch benutzten Betriebsstoffe Zueignungsabsicht, weil er sich die Betriebsstoffe aneignen und den Berechtigten dauerhaft enteignen möchte. Damit ist je nach den Umständen der Tatbestand des Diebstahls oder der Unterschlagung erfüllt und der Täter würde sich deshalb grundsätzlich nach § 242 oder § 246 strafbar machen. Problematisch dabei ist, dass § 248b aufgrund der Subsidiaritätsklausel weitestgehend leer laufen würde, wenn man eine Strafbarkeit wegen Diebstahls oder Unterschlagung des Benzins bejahen würde.[641]

Vor der Einführung der Strafbarkeit des unbefugten Gebrauchs von Fahrzeugen war weitestgehend anerkannt, dass der Verbrauch von Benzin und Schmiermitteln durch die unbefugte Benutzung eines Fahrzeugs zur Strafbarkeit nach § 242, gegebenenfalls § 246 führt.[642] Nach Einführung der Strafbarkeit des unbefugten Gebrauchs von Kraftfahrzeugen durch die NotVO 1932 sollte sich daran laut *Wagner* nichts ändern. Derjenige, der ein Kraftfahrzeug gebrauche

---

638 Vgl. *Gropp*, JR 1985, 518, 520; *Keller*, JR 1987, 343, 343; *Schröder*, JR 1964, 229, 229.
639 A.A. *Gilka*, Diebstahl und Gebrauchsentwendung von Kfz, S. 94.
640 Vgl. *Keller*, JR 1987, 343, 343; *Schaudwet*, JR 1965, 413, 414; *Wessels/Hillenkamp*, BT II, Rn. 158.
641 BGH GA 1960, 182, 183; BayObLG VRS 19 (1960), 364, 366 (= BayObLG NJW 1961, 280, 281); OLG Köln JMBl. NRW 1954, 204, 205; *Cantzler/Zauner*, Jura 2003, 483, 487; *Duttge*, in: HK-GS, § 248b, Rn. 15; *Eisele*, BT II, Rn. 274; *Eser/Bosch*, in: Schönke/Schröder, § 248b, Rn. 15; *v. Heintschell-Heinegg*, in: FS Jakobs, 131, 143; *Hohmann*, in: MüKo, § 248b, Rn. 22; *Hohmann/Sander*, BT I, § 4, Rn. 16; *Joecks*, § 248b, Rn. 15; *Kindhäuser*, in: NK, § 248b, Rn. 13; *ders.*, LPK, § 248b, Rn. 16; *Kudlich*, in: Satzger/Schmitt/Widmaier, § 248b, Rn. 12; *Rissing-van Saan*, in: LK, Vor § 52, Rn. 146; *Vogel*, in: LK, § 248b, Rn. 16; *Wessels/Hillenkamp*, BT II, Rn. 440.
642 Siehe RGSt 64, 259, 260; RG GA 54 (1907), 420, 420; *Olshausen*, DJZ 1907, 1072, 1072 f.

und dabei die im Fahrzeug befindlichen Betriebsstoffe verbrauche, solle auch
weiterhin wegen Diebstahls oder Unterschlagung an den Betriebsstoffen bestraft werden. Allerdings müsse die unbefugte Ingebrauchnahme bei der Strafzumessung u.U. strafschärfend berücksichtigt werden, um der Regelung der
NotVO gerecht zu werden. Der unbefugte Gebrauch des Fahrzeugs sei zwar an
sich durch die Bestrafung wegen Diebstahls abgegolten, die NotVO sehe aber
für die Gebrauchsanmaßung bis zu drei Jahre Gefängnis vor, wohingegen der
Diebstahl oftmals nur eine geringfügige und geringwertige Menge an Benzin
und Schmiermitteln betreffe, was an sich für ein mildes Strafmaß spräche.[643]

Diese Ansicht kann heute als überholt angesehen werden.[644] Dies ist zu be-
grüßen, da § 248b anderenfalls in den meisten Fällen des unbefugten Gebrauchs
von Kraftfahrzeugen aufgrund von § 248 Abs. 1 a.E. als subsidiär hinter den mit
schwererer Strafe bedrohten Diebstahl oder (zumindest) die veruntreuende Unterschlagung zurücktreten würde. Damit liefe die – im Verhältnis zu § 242 und
§ 246 Abs. 2 – privilegierende Wirkung des § 248b[645] weitestgehend leer. Deshalb ist davon auszugehen, dass der Unrechtsgehalt des Diebstahls oder der Unterschlagung am Benzin bereits durch die Bestrafung des unbefugten Gebrauchs
abgegolten ist. Fraglich ist allerdings, wie sich dieses Ergebnis begründen lässt.
Eine Ansicht geht davon aus, dass § 242 (und gegebenenfalls § 246) von § 248b
konsumiert werde; der Diebstahl an den Betriebsstoffen trete als typische und
notwendige Begleittat im Wege der Konsumtion hinter § 248b zurück.[646] Eine
andere Ansicht nimmt an, dass § 242 (und gegebenenfalls § 246) gegenüber
§ 248b subsidiär sei.[647] Wieder andere verneinen bezüglich des Betriebsstoff-

---

643  Vgl. *Wagner*, Komm. NotVO, S. 64.

644  Siehe nur BGHSt 14, 386, 388 (= BGH NJW 1960, 1729, 1729); BGH GA 1960, 182,
     182 f.

645  Das Strafmaß beträgt im Gegensatz zu § 242 und § 246 Abs. 2 statt bis zu fünf Jahren
     Freiheitsstrafe nur bis zu drei Jahren Freiheitsstrafe und die Tat wird nach
     § 248b Abs. 3 nur auf Antrag verfolgt.

646  *Duttge*, in: HK-GS, § 248b, Rn. 15; *Eisele*, BT II, Rn. 274; *Gilka*, Diebstahl und Ge-
     brauchsentwendung von Kfz, S. 105; *v. Heintschell-Heinegg*, in: FS Jakobs, 131, 143,
     Fn. 71; *Jakobs*, AT, Abschn. 31, Rn. 31; *Kindhäuser*, in: NK, § 248b, Rn. 13; *ders.*,
     LPK, § 248b, Rn. 16; *Kudlich*, in: Satzger/Schmitt/Widmaier, § 248b, Rn. 12; *Kühl*,
     AT, § 21, Rn. 62; *Lackner/Kühl*, § 248b, Rn. 6; *Rissing-van Saan*, in: LK, Vor § 52,
     Rn. 146; *Seher*, JuS 2004, 482, 483; *Welzel*, StR, § 49 V. 3. b.

647  *Eser/Bosch*, in: Schönke/Schröder, § 248b, Rn. 15; *Figgener*, Akzeptanz neuerer Straf-
     normen durch die Rspr., S. 18; *Fischer*, § 248b, Rn. 11; *König*, in: Hent-
     schel/König/Dauer, § 248b, Rn. 16; *Samson*, JuS 2003, 263, 264; *Stree/Sternberg-
     Lieben*, in: Schönke/Schröder, Vorbem. §§ 52 ff., Rn. 142; *Wittig*, in: BK, § 248b,
     Rn. 12.

verbrauchs bereits die Tatbestandsmäßigkeit des § 242;[648] Konkurrenzfragen stellen sich nach dieser Ansicht gar nicht. Die Tatbestandslosigkeit wird unterschiedlich begründet: Der Betriebsstoffverbrauch werde nicht von § 242 erfasst, weil es sich bei den Betriebsstoffen „nicht um eine selbstständige Sache, sondern lediglich um einen Bestandteil des gebrauchten Fahrzeugs" handle.[649] Nach *Vogler* hingegen ergibt sich die mangelnde Tatbestandsmäßigkeit im Wege einer „teleologischen Reduktion" aus der Entstehungsgeschichte und dem Sinn und Zweck des § 248b.[650] § 248b wolle offensichtlich die Fälle des Betriebsstoffverbrauchs aus dem Anwendungsbereich des § 242 herausnehmen. Der Tatbestand des § 242 werde deshalb um diese Fälle reduziert.[651] *Gössel* wiederum verneint den Tatbestand des Diebstahls mangels Zueignungsabsicht hinsichtlich des Benzins und der Schmiermittel.[652]

Die Tatbestandslosigkeit des Betriebsstoffverbrauchs hinsichtlich des § 242 ist abzulehnen. Die Argumentation, es handle sich bei Benzin und Schmiermitteln nicht um eine selbstständige Sache, sondern nur um einen Bestandteil des Kraftfahrzeugs, überzeugt nicht. Während das Kraftfahrzeug durch den Gebrauch nicht zugleich verbraucht wird, werden die Betriebsstoffe sehr wohl verbraucht. Das zeigt, dass es sich bei ihnen nicht lediglich um einen Bestandteil des Fahrzeugs handelt. Auch die pauschale Argumentation, dass es bezüglich der Betriebsstoffe an der Zueignungsabsicht fehle, ist nicht haltbar. Abgesehen davon, dass Zueignungsabsicht in solchen Fällen tatsächlich meistens vorliegen dürfte, wäre zumindest eine Prüfung in jedem Einzelfall erforderlich. Der Hinweis auf die mangelnde Zueignungsabsicht führt deshalb jedenfalls nicht dazu,

---

648  So *Gössel*, BT II, § 4, Rn. 33, § 18, Rn. 36; *Hohmann*, in: MüKo, § 248b, Rn. 22; *Hoyer*, in: SK, § 248b, Rn. 18; *Vogler*, in: FS Bockelmann, 715, 731; wohl auch BGH GA 1960, 182, 183 (der Verbrauch der Betriebsstoffe stelle einen „vom Tatbestand des § 248b mitumfassten Vorgang" dar, „der nicht von dem in dieser Strafvorschrift erfassten Gesamtgeschehen losgelöst einer gesonderten strafrechtlichen Würdigung unterliegen" könne) und *Arzt/Weber/Heinrich/Hilgendorf*, BT, § 13, Rn. 145.

649  *Hohmann*, in: MüKo, § 248b, Rn. 22; *Hoyer*, in: SK, § 248b, Rn. 18. Unklar *Arzt/Weber/Heinrich/Hilgendorf*, BT, § 13, Rn. 145, nach denen der Betriebsstoffverbrauch tatbestandlich von § 248b erfasst ist. Der unbefugte Gebrauch an Kraftfahrzeugen dürfe nicht über den „Umweg eines Diebstahls" am Benzin und den Schmiermitteln in einen Diebstahl umgedeutet werden.

650  *Vogler*, in: FS Bockelmann, 715, 731. Auch *Geilen*, JK 1983, StGB, § 242/3 nimmt eine teleologische Reduktion des § 242 an.

651  *Vogler*, in: FS Bockelmann, 715, 731; auch der BGH (GA 1960, 182, 183) verweist auf die Gründe für die Schaffung einer Vorschrift zur Bestrafung des unbefugten Gebrauchs von Fahrzeugen, um zu begründen, dass der Betriebsstoffverbrauch keiner „strafrechtlichen Würdigung" neben § 248b unterliegen könne.

652  *Gössel*, BT II, § 4, Rn. 33, § 18, Rn. 36.

dass der Diebstahlstatbestand grundsätzlich nicht auf das beim Gebrauch des
Fahrzeugs mitverbrauchte Benzin angewendet werden kann. Überzeugender ist
deshalb die Annahme einer teleologischen Reduktion des Tatbestandes. Dafür
gibt es allerdings keinen Anlass, falls die vorrangige Anwendbarkeit des § 248b
auch anders erklärt werden kann. Dazu bieten sich die oben bereits erwähnten
Mittel der Konkurrenzlehre an. Fraglich ist aber, ob § 242 und gegebenenfalls
§ 246 im Wege der Konsumtion oder aufgrund ihrer Subsidiarität hinter § 248b
zurücktreten. Subsidiarität liegt dann vor, wenn ein Tatbestand aufgrund ausdrücklicher gesetzlicher Anordnung oder sonst erkennbar nur dann gelten soll,
wenn ein anderer Straftatbestand nicht eingreift.[653] Eine ausdrückliche Subsidiarität gegenüber § 248b ordnen weder § 242 noch § 246 an. Dass § 242 (ggf.
§ 246) im Hinblick auf die mitverbrauchten Betriebsstoffe als subsidiär hinter
§ 248b zurücktritt, ist insbesondere aufgrund der Tatsache, dass § 242 und
§ 246 Abs. 2 einen höheren Strafrahmen vorsehen und dass zwischen den Tatbeständen kein normatives Stufenverhältnis besteht[654], schwer zu begründen. Konsumtion liegt vor, wenn ein Delikt typischerweise oder regelmäßig Begleittat
eines anderen Delikts ist.[655] Aus dem typischerweise oder regelmäßigen Zusammentreffen von Haupt- und Begleittat wird gefolgert, dass der Gesetzgeber
den Unrechtsgehalt der gleichzeitigen Verwirklichung dieser beiden Tatbestände
bereits bei der Aufstellung des Strafrahmens berücksichtigt habe.[656] Dabei
kommt es nicht auf den Strafrahmen der Begleittat an; der abstrakte Strafrahmen
der Begleittat kann höher als der der Haupttat sein.[657] Der durch den Verbrauch
von Treibstoffen und Schmiermitteln verwirklichte Tatbestand des § 242 (ggf.
§ 246) ist eine typische Begleittat der unbefugten Ingebrauchnahme von Kraft-

---

653  Vgl. *Gropp*, AT, § 14, Rn. 16 f.; *Jakobs*, AT, Abschn. 31, Rn. 31; *Joecks*, Vor § 52,
     Rn. 18; *Rissing-van Saan*, in: LK, Vor § 52, Rn. 125.
654  Zumindest besteht zwischen § 248b und § 242 (ggf. § 246) kein normatives Stufenver-
     hältnis in der Art, dass § 242 als „Auffangtatbestand" hinter den primär anzuwendenden
     § 248b als subsidiär zurücktritt.
655  *Fahl*, GA 1996, 476, 480; *Gropp*, AT, § 14, Rn. 14; *Rissing-van Saan*, in: LK, Vor § 52,
     Rn. 145.
656  *Geppert*, Jura 1982, 418, 425; *Rissing-van Saan*, in: LK, Vor § 52, Rn. 145; *Sams-
     on/Günther*, in: SK, Vor § 52, Rn. 97; *Seier*, Jura 1983, 225, 230; vgl. auch RGSt 59,
     321, 325 f.; BGH JZ 1977, 237, 237; OLG Frankfurt NJW 1970, 1333, 1333; *Warda*,
     JuS 1964, 81, 90. Explizit in Bezug auf den Verbrauch von Treibstoffen beim unbefug-
     ten Gebrauch von Kraftfahrzeugen: *Gilka*, Diebstahl und Gebrauchsentwendung,
     S. 105.
657  Vgl. *Jakobs*, AT, 31. Abschn., Rn. 30.

fahrzeugen.[658] Somit tritt § 242 (ggf. § 246) bezüglich der mitverbrauchten Betriebsstoffe im Wege der Konsumtion hinter § 248b zurück.

Fraglich ist, ob § 242 (ggf. § 246) auch dann hinter § 248b bezüglich der bei der unbefugten Ingebrauchnahme verbrauchten Betriebsstoffe zurücktritt, wenn es dem Täter gerade darauf ankommt, eigene Betriebsstoffe zu sparen. Die Frage, in welchem Verhältnis der unbefugte Gebrauch eines Fahrzeugs und der damit einhergehende Verbrauch von Benzin und Schmiermitteln stehen, stellt sich nur, wenn der Täter bezüglich der Betriebsmittel Zueignungsabsicht hatte. Geht man richtigerweise davon aus, dass § 242 bezüglich des Betriebsstoffverbrauchs im Wege der Konsumtion hinter § 248b zurücktritt, so muss dies deshalb auch dann gelten, wenn es dem Täter auf das Ersparen eigener Treibstoffe ankam.[659]

Nicht ganz zu Unrecht kritisiert *Mitsch* an den Bestrebungen, dem § 248b im Verhältnis zu den Zueignungsdelikten bezüglich des Verbrauchs der Betriebsstoffe den Vorrang zu geben, dass sich Wertungswidersprüche zu den Fällen ergeben, in denen der Täter „nur" Benzin entwende, um damit sein eigenes Fahrzeug in Gebrauch zu nehmen.[660] Diese Wertungswidersprüche sind nicht zu leugnen. Die Strafbarkeit der unbefugten Ingebrauchnahme umfasst zwar als Tatobjekte Kraftfahrzeuge und Fahrräder, wurde aber in erster Linie wegen der Kraftfahrzeuge eingeführt.[661] Um § 248b nicht (weitestgehend) seinen Anwendungsbereich bezüglich der Ingebrauchnahme von Kraftfahrzeugen zu nehmen, sind die Wertungswidersprüche hinzunehmen.[662]

---

658 *Gilka*, Diebstahl und Gebrauchsentwendung von Kfz, S. 105; *Jakobs*, AT, 31. Abschn., Rn. 31; *Rissing-van Saan*, in: LK, Vor § 52, Rn. 146.

659 A.A. *Eser/Bosch*, in: Schönke/Schröder, § 248b, Rn. 15; *Hohmann*, in: MüKo, § 248b, Rn. 22; *Kudlich*, in: Satzger/Schmitt/Widmaier, § 248b, Rn. 12. Auch *Maurach/Schroeder/Maiwald*, BT I, § 37, Rn. 11 gehen davon aus, dass der Täter nach § 242 (ggf. § 246) strafbar sei, wenn es ihm auf das Ersparen eigenen Treibstoffs ankomme. Allerdings ist diese Ansicht zumindest konsequent, da sie das grundsätzliche Zurücktreten der §§ 242, 246 bezüglich des verbrauchten Benzins und Schmiermittels ablehnen und immer auf die Zueignungsabsicht abstellen.

660 *Mitsch*, BT 2/2, § 1, Rn. 42.

661 Siehe dazu oben unter B. III. und IV.

662 *Arzt/Weber/Heinrich/Hilgendorf*, BT, § 13, Rn. 145 gehen davon aus, dass aus § 248b *zwingend* folge, dass die Bestrafung der unbefugten Ingebrauchnahme nicht über den „Umweg" der verbrauchten Betriebsstoffe erfolgen dürfe. Der Wertungswiderspruch kann dadurch abgemildert werden, dass in Fällen, in denen der Täter „nur" Betriebsstoffe entwendet, das Strafmaß des § 242 im Hinblick auf § 248b nicht voll ausgeschöpft wird. Vgl. dazu aber auch *Mitsch*, BT 2/2, § 1, Rn. 42, der anmerkt, dass dies in Fällen, in denen der Täter sich die Betriebsstoffe mit Gewalt oder Drohung verschaffe, aufgrund der gesetzlich vorgeschriebenen Strafrahmen nicht möglich sei.

# V.  Das Strafantragserfordernis

Die unbefugte Ingebrauchnahme von Kraftfahrzeugen und Fahrrädern gem.
§ 248b wird nach Absatz 3 nur auf Antrag verfolgt. § 248b ist somit ein absolu-
tes Antragsdelikt.[663] Gem. § 77 Abs. 1 ist der Verletzte antragsberechtigt. Der
Verletzte ist derjenige, der Träger des durch die Tat verletzten Rechtsguts ist.[664]
Nach zutreffender Ansicht schützt § 248b ein vom Eigentum verselbstständigtes
Nutzungs- und Gebrauchsrecht;[665] durch die unbefugte Ingebrauchnahme wird
somit dieses Nutzungs- und Gebrauchsrecht verletzt. Antragsberechtigter i.S.d.
§ 77 ist daher allein der Gebrauchsberechtigte.[666] Nach anderer Ansicht ist neben dem Gebrauchsberechtigten auch der Eigentümer antragsbefugt.[667] Dem ist
nicht zuzustimmen, da das von § 248b geschützte und damit das durch die unbefugte Ingebrauchnahme verletzte Rechtsgut ein gegenüber dem Eigentum *verselbstständigtes* Gebrauchsrecht ist. Wieder andere sehen nur den Eigentümer
oder Halter als „originär Verletzte" an, nicht aber den kraft abgeleiteten Rechts
Berechtigten und gestehen nur ersterem ein Antragsrecht zu.[668] Dies ist bereits
aufgrund des von § 248b geschützten Rechtsguts abzulehnen.

Nach § 77 Abs. 2 geht das Antragsrecht beim Tod des Verletzten auf die
dort genannten Personen über, wenn das Gesetz dies bestimmt. Da § 248b keine
Regelung bzgl. eines Übergangs des Antragsrechts enthält, geht das Antragsrecht im Todesfall nicht über. Nach § 77 Abs. 3 und § 77a können in den dort

---

663  *Duttge*, in: HK-GS, § 248b, Rn. 16; *Hohmann/Sander*, BT I, § 21, Rn. 7; *Joecks*,
     § 248b, Rn. 15. Zum Unterschied zwischen absolutem und relativem Antragsdelikt sie-
     he *Schmid*, in: LK, Vor §§ 77 ff., Rn. 6.

664  *Fischer*, § 77, Rn. 2; *Schmid*, § 77, Rn. 23.

665  Siehe zur Frage, welches Rechtsgut § 248b schützt, oben unter C. I.

666  *Vogel*, in: LK, § 248b, Rn. 15; *Wittig*, in: BK, § 248b, Rn. 10; vgl. auch *Kudlich*, in:
     Satzger/Schmitt/Widmaier, § 248b, Rn. 14. Bei Fahrzeugen, die unter Eigentumsvorbe-
     halt gekauft, sicherungsübereignet, geleast oder gemietet sind, kommt es folglich auf
     den Käufer, Sicherungsgeber, Leasingnehmer oder Mieter an. Dieser kann auch gegen
     den Willen des Eigentümers einen Strafantrag stellen.

667  *Kindhäuser*, in: NK, § 248b, Rn. 11; *ders.*, LPK, § 248b, Rn. 2; so wohl auch *Duttge*,
     in: HK-GS, § 248b, Rn. 16; *Janiszewski*, Verkehrsstrafrecht, Rn. 582; *Lackner/Kühl*,
     § 248b, Rn. 7; *Schmid*, in: LK, § 77, Rn. 30.

668  *König*, in: Hentschel/König/Dauer, § 248b, Rn. 15. Auch diejenigen, deren Ansicht
     nach das Eigentum Schutzgut des § 248b ist, sehen nur den Eigentümer als Verletzten
     i.S.d. § 77 Abs. 1 und damit als antragsberechtigt an; vgl. *Hoyer*, in: SK, § 248b,
     Rn. 17; ähnlich auch *Hohmann*, in: MüKo, § 248b, Rn. 24. *Eser/Bosch* , in: Schön-
     ke/Schröder, § 248b, Rn. 11/12 und *Haft/Hilgendorf*, BT I, S. 27 sehen neben dem Ei-
     gentümer auch den Gebrauchsberechtigten als antragsberechtigt an, aber nur, wenn sich
     letzterer mit dem Eigentümer abgestimmt habe.

genannten Fällen auch andere Personen den Strafantrag stellen. Sind mehrere Personen antragsberechtigt, so kann gem. § 77 Abs. 4 jeder den Antrag selbstständig stellen.

Der Strafantrag ist bei den in § 158 Abs. 1 StPO genannten Stellen anzubringen; gem. § 158 Abs. 2 StPO muss der Antrag bei Gericht und Staatsanwaltschaft schriftlich oder zu Protokoll gestellt werden, bei anderen Behörden in Schriftform. Inhaltlich muss der Antrag das Begehren eines strafrechtlichen Einschreitens, d.h. das Verlangen nach Strafverfolgung zum Ausdruck bringen. Eine rechtliche Qualifizierung der Tat ist hingegen nicht erforderlich, eine rechtlich falsche Bezeichnung schadet nicht.[669] Eine Diebstahlsanzeige kann mit einem vorsorglichen Strafantrag wegen unbefugter Ingebrauchnahme eines Fahrzeugs verbunden werden.[670] Ein wegen Sachbeschädigung gestellter Strafantrag kann auch den wegen unbefugter Ingebrauchnahme umfassen.[671]

Die Frist zur Stellung des Strafantrags beträgt nach § 77b Abs. 1 drei Monate. Die Frist beginnt gem. § 77b Abs. 2 mit dem Ablauf des Tages, an dem der Berechtigte Kenntnis von der Tat und der Person des Täters erlangt. Kenntnis der Tat setzt voraus, dass eine abgeschlossene Handlung vorliegt. Dies bedeutet, dass die Frist nach § 77b Abs. 1 nicht vor Abschluss der Rechtsgutverletzung beginnt; die Beendigung der Tat ist somit der früheste Fristbeginn.[672] Da es sich bei § 248b um ein Dauerdelikt handelt, bedeutet dies, dass die Antragsfrist frühestens mit Beendigung des rechtswidrigen Zustands, d.h. mit Abschluss des Fahrzeuggebrauchs beginnt.[673] Der Verletzte wird i.d.R. mit Wiedererlangung des Fahrzeugs Kenntnis von der Beendigung des unbefugten Gebrauchs erlan-

669 Vgl. *Fischer*, § 77, Rn. 24; *Schmid*, in: LK, § 77, Rn. 13.
670 OLG Hamm DAR 1960, 50, 50; *König*, in: Hentschel/König/Dauer, § 248b, Rn. 15. Dies geschieht auf die Frage der Polizei hin auch regelmäßig, *Vogel*, in: LK, § 248b, Rn. 15.
671 BGH VRS 34 (1968), 423, 424 f.; *König*, in: Hentschel/König/Dauer, § 248b, Rn. 15; *Schmid*, in: LK, § 77, Rn. 30; *Vogel*, in: LK, § 248b, Rn. 15.
672 *Jescheck*, in: FS Welzel, 683, 699; *Schmid*, in: LK, § 77b, Rn. 6.
673 *Duttge*, in: HK-GS, § 248b, Rn. 16; *Eser/Bosch*, in: Schönke/Schröder, § 248b, Rn. 11/12; *Hohmann*, in: MüKo, § 248b, Rn. 24; *Kindhäuser*, in: NK, § 248b, Rn. 11; *Vogel*, in: LK, § 248b, Rn. 15; siehe zum Fristbeginn bei Dauerdelikten bereits RGSt 43, 285, 286 f. Etwas anderes gilt nur für den Fristbeginn bzgl. eines Strafantrags wegen versuchter unbefugter Ingebrauchnahme, vgl. LG Konstanz NJW 1984, 1767, 1768; *Schmid*, in: LK, § 77b, Rn. 6.

gen.[674] Die Kenntnis des Täters setzt nicht voraus, dass der Täter dem Verletzten namentlich bekannt ist. Es ist ausreichend, dass er individualisierbar ist.[675] Gem. § 77d Abs. 1 S. 1 kann der Strafantrag zurückgenommen werden. Die Zurücknahme kann gem. § 77d Abs. 1 S. 2 bis zum rechtskräftigen Abschluss des Strafverfahrens erklärt werden. Gem. § 77d Abs. 1 S. 3 kann ein zurückgenommener Antrag nicht nochmals gestellt werden. Das Gesetz schreibt keine Form für die Rücknahme des Strafantrags vor. Der Antragssteller ist grundsätzlich rücknahmeberechtigt für den von ihm gestellten Antrag. Inhaltlich muss die Rücknahmeerklärung erkennen lassen, dass der Antragsteller die Verfolgung nicht mehr möchte.[676]

An dem Erfordernis eines Strafantrags wird in der Literatur teilweise Kritik geäußert. Sowohl *Gilka* als auch *Linien* und *Wersdörfer* sind der Meinung, dass es *de lege ferenda* wünschenswert wäre, das Strafantragserfordernis im Rahmen des § 248b zu streichen.[677] Zumindest, so *Linien*, sollte die Staatsanwaltschaft die Möglichkeit haben, die Tat beim Vorliegen eines besonderen öffentlichen Interesses auch ohne Strafantrag von Amts wegen zu verfolgen.[678] Dies wird damit begründet, dass die unbefugte Ingebrauchnahme von Kraftfahrzeugen und Fahrrädern überwiegend ein Verkehrsdelikt, d.h. eine Straftat gegen die „Interessen der Allgemeinheit" sei. Die Verletzung der Interessen des Eigentümers (oder sonst Berechtigten) sei hingegen höchstens zweitrangig. Rechtspolitisch sei es deshalb nicht vertretbar, die „Bekämpfung der mit dem unbefugten Gebrauch eines Fahrzeugs verbundenen erheblichen Gefahren" von der Stellung eines Strafantrags und damit letztendlich von der Person des Verletzten abhängig zu machen.[679] Die von *Linien* und *Wersdörfer* vorgebrachte Kritik am Straf-

---

674 *Duttge*, in: HK-GS, § 248b, Rn. 16; *Eser/Bosch*, in: Schönke/Schröder, § 248b, Rn. 11/12; *Kindhäuser*, in: NK, § 248b, Rn. 11; *König*, in: Hentschel/König/Dauer, § 248b, Rn. 15; *Wittig*, in: BK, § 248b, Rn. 10.

675 *Fischer*, § 77b, Rn. 5; *Schmid*, in: LK, § 77b, Rn. 9; vgl. auch BayObLG NStZ 1994, 86, 86.

676 *Fischer*, § 77d, Rn. 3 ff. In der NotVO von 1932 war die Möglichkeit der Rücknahme des Antrags explizit geregelt. § 1 Abs. 3 S. 2 lautete: Die Rücknahme des Antrags ist zulässig.

677 *Gilka*, Diebstahl und Gebrauchsentwendung von Kfz, S. 107 f.; *Linien*, NJW 1960, 1438, 1439; *Wersdörfer*, NJW 1958, 1031, 1032. Auch *Geerds*, Kriminalistik 14 (1960), 212, 213 und *Seibert*, DAR 1955, 298, 300, Fn. 2 und *ders.*, NJW 1958, 1222, 1222 sind für die Abschaffung des Strafantragserfordernisses.

678 So auch *Geerds*, Kriminalistik 14 (1960), 212, 213 in Fn. 92.

679 Vgl. *Linien*, NJW 1960, 1438, 1439; *Wersdörfer*, NJW 1958, 1031, 1032. *Gilka*, Diebstahl und Gebrauchsentwendung von Kfz, S. 108 bezeichnet die Verkehrssicherheit zwar nicht als Schutzgut des § 248b, sieht die Interessen der Allgemeinheit durch die unbefugte Ingebrauchnahme aber als „auch" verletzt an – neben denen des Berechtigten.

antragserfordernis stützt sich vor allem auf ihr Verständnis von Sinn und Zweck des § 248b. Sieht man in erster Linie die Verkehrssicherheit und damit die Interessen der Allgemeinheit als Schutzgut des § 248b an, so ist es konsequent, auf das Strafantragserfordernis verzichten zu wollen. Wie aber bereits dargestellt, ist Schutzgut des § 248b nach zutreffender Auffassung nicht die Verkehrssicherheit, sondern ein vom Eigentum verselbstständigtes Nutzungs- und Gebrauchsrecht.[680] Allein dieses wird durch die Strafbarkeit der unbefugten Ingebrauchnahme von Kraftfahrzeugen und Fahrrädern geschützt. Deshalb ist es legitim, die Strafverfolgung in diesem Fall von der Stellung eines Antrags des Verletzten abhängig zu machen.[681]

## VI. Zum Strafmaß

Nach § 248b Abs. 1 ist das Strafmaß für den unbefugten Gebrauch von Kraftfahrzeugen und Fahrrädern Freiheitsstrafe bis zu drei Jahren oder Geldstrafe. Die Grundlage der Strafzumessung bildet nach § 46 Abs. 1 S. 1 die Schuld des Täters. Da die Schuld als „Tatschuld" zu verstehen ist, sind die Tat und der Täter, der die Tat begangen hat, wesentliche Bewertungsgegenstände im Rahmen

---

*Wersdörfer* führt außerdem aus, dass es dem Ansehen des Gerichts schade, wenn in einem Verfahren eine Verurteilung wegen Diebstahls eines Fahrzeugs mangels nachweisbarer Zueignungsabsicht nicht möglich sei, eine Verurteilung wegen unbefugter Ingebrauchnahme aber mangels Vorliegens eines Strafantrags ausscheide. Auch dieses Argument kann nicht überzeugen. Abgesehen davon, dass das „Ansehen des Gerichts" kein Grund für eine strafrechtliche Regelung ist, kann in der Praxis die Anzeige eines Diebstahls von einem Kraftfahrzeug oder Fahrrad mit einem vorsorglichen Strafantrag wegen unbefugter Ingebrauchnahme verbunden werden (OLG Hamm DAR 1960, 50, 50; *König*, in: Hentschel/König/Dauer, § 248b, Rn. 15). Dies geschieht auf Nachfrage der Polizei auch regelmäßig (*Vogel*, in: LK, § 248b, Rn. 15). Dadurch kann verhindert werden, dass das Gericht den Angeklagten nicht verurteilen kann. Das gleiche Argument ist auch *Gilka*, Diebstahl und Gebrauchsentwendung von Kfz, S. 107 entgegenzuhalten, wenn er meint, dass ein Strafantrag oftmals „aus Unwissenheit" auf Seiten des Verletzten unterbleibe; bemerke der Verletzte sein Versäumnis, sei „meist die Antragsfirst verstrichen". Siehe dazu außerdem E 1962, S. 414, wo angeführt wird, dass sich die Staatsanwaltschaft rechtzeitig vergewissern müsse, ob der Verletzte Strafantrag gestellt habe, wenn sie ein Delikt anklage, das von Amts wegen zu verfolgen sei, es aber möglich sei, dass nur eine auf Antrag zu verfolgende Tat nachgewiesen werden könne.

680  Siehe dazu oben unter C. I.
681  Auch der § 244 E 1962 hielt an dem Strafantragserfordernis fest. In der Begründung heißt es dazu, dass der unbefugte Fahrzeuggebrauch „das öffentliche Interesse nicht in einem solchen Maße" berühre, dass „eine Strafverfolgung auch gegen den Willen des Verletzten möglich sein mü[ss]te." Siehe dazu E 1962, S. 414.

der Strafbemessung.[682] Die Handlung, die den gesetzlichen Tatbestand erfüllt, ist dabei nur ein Ausschnitt der Tat. Neben dieser konkreten Handlung gehören auch die dieser Handlung unmittelbar vorangehenden, sie begleitenden oder ihr unmittelbar folgenden Umstände zur Tat.[683] Außerhalb dieser Tat liegende Umstände (d.h., Umstände, die zeitlich weiter vor oder nach der unmittelbaren Tathandlung liegen, wie beispielsweise die allgemeine Lebensführung) dürfen nur dann bei der Strafzumessung zu Lasten des Angeklagten berücksichtigt werden, wenn sie aufgrund ihrer „engen Beziehung zur Tat" Rückschlüsse auf den Unrechtsgehalt der Tat ermöglichen.[684] Nach dem BGH sind „Grundlagen der Strafzumessung [...] die Schwere der Tat in ihrer Bedeutung für die verletzte Rechtsordnung und der Grad der persönlichen Schuld des Täters."[685] Dazu ist eine „Gesamtschau der Tatumstände im weitesten Sinne sowie der Persönlichkeit des Täters" erforderlich.[686] Der Katalog des § 46 Abs. 2 S. 2 zählt Umstände auf, die bei der Strafzumessung namentlich in Betracht kommen. Einerseits spielen nicht alle Umstände in jedem Fall eine Rolle, andererseits ist die Aufzählung aber auch nicht abschließend.[687] Ausgangspunkt der Strafzumessung im konkreten Fall ist die gesetzliche Strafandrohung. Der Richter muss sich an diesen durch den Gesetzgeber vorgegebenen Rahmen halten;[688] innerhalb dieses Rahmens steht ihm ein gewisser Spielraum zu, die schuldangemessene Strafe festzulegen.[689] § 248b sieht, wie bereits oben festgestellt, einen Strafrahmen von Freiheitsstrafe bis zu drei Jahren oder von Geldstrafe vor.[690] Im Rahmen dieser gesetzlichen Strafandrohung kann insbesondere der Beweggrund des Täters eine Rolle spielen. Eine spontane Tatbegehung oder eine Tatbegehung aufgrund von Verführung oder eine die Tat auslösende Gruppendynamik wirken sich oftmals strafmildernd aus.[691] Des Weiteren ist im Rahmen der Art der Tatausführung bei § 248b als Dauerdelikt die Dauer der Gebrauchsanmaßung zu beachten. Je länger der unbefugte Gebrauch dauert, desto größer ist i.d.R. das verschuldete Un-

---

682 *Stree/Kinzig*, in: Schönke/Schröder, § 46, Rn. 4.

683 *Theune*, in: LK, § 46, Rn. 6.

684 BGH StV 1984, 21, 21 f.; BGH NStZ-RR 2001, 295, 295; *Stree/Kinzig*, in: Schönke/Schröder, § 46, Rn. 4; *Theune*, in: LK, § 46, Rn. 7.

685 BGHSt 20, 264, 266; so auch BGH NJW 1987, 2685, 2686.

686 BGH NStZ 1981, 389, 389: „Ganzheitsbetrachtung von Tatgeschehen und Täterpersönlichkeit".

687 *Theune*, in: LK, § 46, Rn. 82.

688 Vgl. *Fischer*, § 46, Rn. 16; *Theune*, in: LK, § 46, Rn. 7.

689 BGHSt 20, 264, 266 f.

690 Freiheitsstrafe in Höhe von drei Jahren ist somit die Höchststrafe und darf nur bei „denkbar schwerster Schuld" verhängt werden, vgl. *Fischer*, § 46, Rn. 16.

691 Vgl. *Theune*, in: LK, § 46, Rn. 88 f.

recht.[692] Sieht man die inhaltliche Überschreitung eines bestehenden Gebrauchsrechts als nach § 248b Abs. 1 strafbare Handlung an, so kann das Ausmaß des
Abweichens von dem Gebrauchsrecht berücksichtigt werden.[693] Außerdem können evt. Bemühungen des Täters, das Fahrzeug an den Berechtigten zurückzuführen, Berücksichtigung finden. Neben den nach § 46 Abs. 2 S. 2 zu berück-
sichtigenden Umständen können der durch den Gebrauch entstandene Wertverlust des Fahrzeugs, der Wert der Benutzung für den Berechtigten und ein durch
den Gebrauch für den Berechtigten entstandener Schaden u.U. relevant sein.[694]

    In der Praxis dürfte bei Ersttätern häufig eine Verfahrenseinstellung gem.
§§ 153 ff. StPO in Erwägung zu ziehen sein.[695] Von insgesamt 389 nach allgemeinem Strafrecht nach § 248b Verurteilten im Jahr 2010 wurden 64 zu einer
Freiheitsstrafe verurteilt und 335 zu einer Geldstrafe.[696] Von den 64 Verurteilungen zu einer Freiheitsstrafe erfolgte bei 48 eine Strafaussetzung.[697] Die Zahl
der Tagessätze von den 335 zu einer Geldstrafe Verurteilten betrug meistens
zwischen 16 und 90 Tagessätzen.[698]

    Fraglich ist, ob neben einer Geld- oder Freiheitsstrafe auch ein Fahrverbot
nach § 44 verhängt werden und ob die Entziehung der Fahrerlaubnis nach den
§§ 69 ff. angeordnet werden kann.[699] § 44 und § 69 setzen voraus, dass jemand
wegen einer Straftat verurteilt wird,[700] die er „bei oder im Zusammenhang mit
dem Führen eines Kraftfahrzeuges oder unter Verletzung der Pflichten eines
Kraftfahrzeugführers" begangen hat. Das Führen eines Kraftfahrzeugs erfordert,
dass der Täter das Fahrzeug in Bewegung setzt oder es während der Fahrbewe-
gung unter Benutzung der technischen Vorrichtungen des Fahrzeugs lenkt.[701] Ist
das Tatobjekt im Rahmen des § 248b ein Kraftfahrzeug (Landkraftfahrzeug), so
besteht die Tathandlung i.d.R. im Führen dieses Kraftfahrzeuges. Das Führen

---

692  Vgl. *Kudlich*, in: Satzger/Schmitt/Widmaier, § 248b, Rn. 13; zu Dauerdelikten allge-
     mein *Theune*, in: LK, § 46, Rn. 128.

693  *Kudlich*, in: Satzger/Schmitt/Widmaier, § 248b, Rn. 13.

694  *Kudlich*, in: Satzger/Schmitt/Widmaier, § 248b, Rn. 13.

695  *Duttge*, in: HK-GS, § 248b, Rn. 16.

696  Strafverfolgungsstatistik 2010, S. 102. Daneben gab es im Jahr 2010 260 nach Jugend-
     strafrecht Verurteilte, Strafverfolgungsstatistik 2010, S. 103.

697  Strafverfolgungsstatistik 2010, S. 164.

698  Strafverfolgungsstatistik 2010, S. 210 (5 bis 15 Tagessätze erhielten 29 Verurteilte, 16
     bis 30 Tagessätze 122 Verurteilte, 31 bis 90 Tagessätze 152 Verurteilte, 91 bis 180 Ta-
     gessätze 21 Verurteilte und ein Verurteilter erhielt 181 bis 360 Tagessätze).

699  *Duttge*, in: HK-GS, § 248b, Rn. 14 sieht diese Fragen als bisher ungeklärt an. In der
     Praxis geschieht dies aber (siehe dazu die Angaben weiter unten im selben Abschnitt).

700  Oder nur deshalb nicht verurteilt wird, weil seine Schuldunfähigkeit erwiesen oder nicht
     auszuschließen ist, § 69 Abs. 1 S. 1.

701  *Fischer*, § 315c, Rn. 3a.

(gegen den Willen des Berechtigten) ist danach die Straftat. Im Rahmen der dritten Variante des § 44 Abs. 1 S. 1 und des § 69 Abs. 1 S. 1, der Begehung einer Straftat „unter Verletzung der Pflichten eines Kraftfahrzeugführers", kann die Straftat unproblematisch ein Vergehen nach § 248b sein, wenn der Täter die unbefugte Ingebrauchnahme unter Verletzung der Pflichten eines Kraftfahrers begeht.[702] Fraglich ist aber, ob dies auch bzgl. der ersten und zweiten Variante möglich ist. Dazu müsste ein Vergehen nach § 248b „bei oder im Zusammenhang mit dem Führen eines Kraftfahrzeuges" begangen werden. Problematisch ist hier, dass die Straftat (die unbefugte Ingebrauchnahme) selbst das Führen eines Kraftfahrzeugs darstellt. Die Tat wird folglich nicht „bei oder im Zusammenhang mit dem Führen eines Kraftfahrzeuges" begangen, sondern die Tat ist das Führen eines Kraftfahrzeugs. Dies könnte dafür sprechen, dass § 248b keine Straftat i.S.d. ersten oder zweiten Variante sein kann. Allerdings ist § 316 unzweifelhaft eine Straftat i.S.d. beiden Varianten, wie bereits die Erwähnung in § 44 Abs. 1 S. 2 und § 69 Abs. 1 Nr. 2 zeigt. Auch im Rahmen des § 316 besteht die Straftat im Führen eines Fahrzeuges; hinzukommen muss die Fahruntüchtigkeit infolge des Genusses alkoholischer Getränke oder anderer berauschender Mittel. Bei § 248b muss neben dem Führen des Fahrzeuges hinzukommen, dass das Führen (in Form des Ingebrauchnehmens) gegen den Willen des Berechtigten erfolgt. Mithin bestehen beide Tathandlungen aus dem Führen eines Fahrzeugs, weisen aber jeweils noch eine zusätzliche Bedingung auf. Da § 316 unstreitig eine Straftat sein kann, die „bei oder im Zusammenhang mit dem Führen eines Kraftfahrzeuges" begangen wird, muss dies auch für § 248b gelten. Neben Geld- oder Freiheitsstrafe kann also im Rahmen des § 248b grundsätzlich auch ein Fahrverbot nach § 44 verhängt oder die Entziehung der Fahrerlaubnis nach den §§ 69 ff. angeordnet werden, wenn die entsprechenden Voraussetzungen vorliegen.[703] Im Jahr 2010 wurde neben einer Geld- oder Freiheitsstrafe für eine Tat nach § 248b 24 mal ein Fahrverbot nach § 44 verhängt und 102 mal die Entziehung der Fahrerlaubnis nach den §§ 69 ff. angeordnet.[704]

*Linien* ist der Ansicht, dass der Strafrahmen des § 248b, insbesondere dessen Untergrenze, angehoben werden sollte. Die Straftat des § 248b habe sich im Laufe der Zeit aufgrund der Gefahren, die von der unbefugten Benutzung für die Allgemeinheit ausgehen, (überwiegend) zu einem Verkehrsdelikt entwickelt. Das Interesse der Allgemeinheit an der Bestrafung des Täters sei daher aufgrund

---

702 Siehe zur Verletzung der Pflichten eines Kraftfahrers *Fischer*, § 44, Rn. 11, § 69, Rn. 9 ff.

703 Im Rahmen der Entziehung der Fahrerlaubnis ist insbes. zu beachten, dass dies nur möglich ist, wenn sich aus der Tat ergibt, dass der Täter zum Führen von Kraftfahrzeugen ungeeignet ist.

704 Strafverfolgungsstatistik 2010, S. 338.

des Interesses der Verkehrssicherheit größer als das Interesse des Berechtigten. Außerdem treffe der unbefugte Gebrauch von Kraftfahrzeugen alle Schichten der Gesellschaft und gerade bei Kraftfahrzeugen von „Arbeitern und Angestellten" habe die unbefugte Ingebrauchnahme oftmals verheerende wirtschaftliche Folgen. Daraus folgert *Linien*, dass sowohl der Schuldgehalt der Tat gestiegen sei als auch die Wirkungen für den von der Tat Betroffenen.[705] Bereits *Liniens* Einordnung des § 248b als Verkehrsdelikt ist zu widersprechen,[706] aber auch seiner Einschätzung, dass der unbefugte Gebrauch von Fahrzeugen aufgrund seines gestiegenen Schuldgehalts nach einem höheren Strafrahmen verlange. Insbesondere das Anheben der Untergrenze ist im Hinblick darauf, dass die *bloße* Gebrauchsanmaßung aufgrund der fehlenden Zueignungsabsicht ein Minus zu den Zueignungsdelikten darstellt und gerade im Vergleich zum Strafrahmen des § 242, dessen Untergrenze nicht höher ist, nicht wünschenswert. Auch zeigt ein Vergleich zur Entwicklung der Strafbarkeit der unbefugten Ingebrauchnahme und zu Reformvorschlägen, dass das Strafmaß mit Freiheitsstrafe bis zu drei Jahren bereits verhältnismäßig hoch ist. Zwar war bereits in § 1 der NotVO von 1932 als Strafmaß eine Gefängnisstrafe bis zu drei Jahren vorgesehen. Art. 330 Abs. 3 des Strafgesetzbuches des Königreichs Sachsen von 1855 hingegen sah für bloße Gebrauchsanmaßung eine Geldbuße bis zu 150 Talern oder eine Gefängnisstrafe bis zu sechs Monaten vor. Im Antrag von *Wunderlich* und Genossen 1930, der auf die Einfügung eines neuen § 20a in das Automobilgesetz zielte und der Notverordnung von 1932 unmittelbar vorausging, sollte das Strafmaß Geldstrafe oder Gefängnisstrafe bis zu sechs Monaten lauten.[707] § 250 E 1959 sah eine Gefängnisstrafe bis zu einem Jahr vor, § 244 E 1962 bis zu zwei Jahren.[708] In § 201 Abs. 1 StGB-DDR war als Strafmaß vorgesehen, dass der Täter „von einem gesellschaftlichen Organ der Rechtspflege zur Verantwortung gezogen" wird oder mit öffentlichem Tadel, Geldstrafe, Verurteilung auf Bewährung oder mit Freiheitsstrafe bis zu einem Jahr bestraft wird. Eine Verschärfung des Höchststrafmaßes sah § 201 Abs. 2 StGB-DDR nur für

---

705  *Linien*, NJW 1960, 1438. *Gilka*, Diebstahl und Gebrauchsentwendung, S. 109 hingegen fordert keine Anhebung des Strafrahmens, sondern ist der Meinung, dass die Täter in der Praxis zu milde bestraft werden. Er tritt für die Verhängung „exemplarisch[er] Strafen" ein.

706  Dazu bereits oben unter C. I. 3. und 5.

707  RT-Drucks. Nr. 1582 der IV. Wahlperiode (1928). „Wer ein Kraftfahrzeug ohne Wissen und Willen des Fahrzeughalters in Benutzung nimmt, wird mit Geldstrafe oder mit Gefängnis bis zu sechs Monaten bestraft."

708  E 1959, S. 607; E 1962, S. 51.

Wiederholungstäter vor.[709] Diese konnten mit bis zu zwei Jahren Freiheitsstrafe bestraft werden.

*Geerds* tritt für eine Herabsetzung des Strafrahmens des § 248b ein; die Höchststrafe sei zu hoch und verleite in der Praxis zu einer zu hohen Strafzumessung.[710] In Bezug auf den bestehenden Strafrahmen fordert er dazu auf, die Strafhöhe an der unteren Grenze des gesetzlichen Strafrahmens zu orientierten, da die Bestrafung nach § 248b lediglich Denkzettelcharakter habe.[711] Beiden Vorschlägen *Geerds* ist zuzustimmen. Im Rahmen der bestehenden Regelungen mit ihrem Strafrahmen von bis zu drei Jahren Freiheitsstrafe sollte das Strafmaß keinesfalls voll ausgeschöpft werden.[712]

# VII. Zur Verjährung

Strafverfolgung und Strafvollstreckung einer Tat unterliegen grundsätzlich der Verjährung.[713] Die Verjährung der Strafverfolgung schließt gem. § 78 Abs. 1 S. 1 die Ahndung der Tat und die Anordnung von Maßnahmen aus. Die Verjährungsfrist bestimmt sich nach § 78 Abs. 3. Da der unbefugte Gebrauch von Kraftfahrzeugen und Fahrrädern gem. § 248b Abs. 1 mit Freiheitsstrafe bis zu drei Jahren bedroht ist und damit im Höchstmaß mit einer Freiheitsstrafe von mehr als einem Jahr bis zu fünf Jahren, beträgt die Verjährungsfrist gem. § 78 Abs. 3 Nr. 4 fünf Jahre.[714] Der Beginn der Verjährung richtet sich nach § 78a. Danach beginnt die Verjährung, sobald die Tat beendet ist. Dies ist der Abschluss des „auf Verwirklichung des Tatbestands gerichtete[n] Täterverhalten".[715] Der unbefugte Gebrauch eines Kraftfahrzeugs oder Fahrrads gem. § 248b ist ein Dauerdelikt;[716] bei Dauerdelikten ist für den Beginn der Verjäh-

---

709  *Gilka*, Diebstahl und Gebrauchsentwendung von Kfz, S. 108 fordert, eine strafschärfende Bestimmung für Wiederholungstäter des § 248b einzuführen (er schlägt eine Ausdehnung der §§ 244 f. a.f. – Strafschärfung für den Diebstahlstäter – vor). Dies begründet er damit, dass seiner Ansicht nach bei Tätern des § 248b eine große Wiederholungsgefahr bestehe.

710  *Geerds*, Kriminalistik 14 (1960), 212, 213 und 214.

711  *Geerds*, Kriminalistik 14 (1960), 171, 174.

712  Zur Herabsetzung des Strafrahmens aufgrund des – im Vergleich zu anderen Delikten – relativ niedrigen Unrechtsgehalts der Tat siehe unten unter E. I. 2. und unter F. I.

713  *Fischer*, Vor § 78, Rn. 2; *Schmid*, in: LK, Vor § 78, Rn. 1; *Sternberg-Lieben/Bosch*, in: Schönke/Schröder, Vorbem. §§ 78 ff., Rn. 1.

714  Anders wohl *Hohmann*, in: MüKo, § 248b, Rn. 24, der § 78 Abs. 3 Nr. 5 für einschlägig hält.

715  *Fischer*, § 78a, Rn. 3; *Sternberg-Lieben/Bosch*, in: Schönke/Schröder, § 78a, Rn. 1; vgl. auch BGHSt 11, 119, 121; 11, 345, 346 f.; 27, 342, 342; BGH NJW 1998, 2373, 2373.

716  *Eser/Bosch*, in: Schönke/Schröder, § 248b, Rn. 9 und 11/12.

rung die Beseitigung des rechtswidrigen Zustandes maßgebend.[717] Die Verjährung beginnt deshalb bei § 248b erst mit dem Ende des Gebrauchs, weil erst zu diesem Zeitpunkt der rechtswidrige Zustand (der Gebrauch gegen den Willen des Berechtigten) beendet ist.[718] Gem. § 78b und § 78c ist das Ruhen und die Unterbrechung der Verjährung möglich. Im Rahmen der Verjährung des § 248b ist zu beachten, dass das Fehlen des gem. § 248b Abs. 3 nötigen Strafantrages nicht zum Ruhen der Verjährung gem. § 78b Abs. 1 Nr. 2 führt.

Die Verjährung der Vollstreckung richtet sich nach den §§ 79 ff.

---

717 *Fischer*, § 78a, Rn. 12; *Sternberg-Lieben/Bosch*, in: Schönke/Schröder, § 78a, Rn. 11; vgl. auch BGHSt 20, 227, 228; *Schmid*, in: LK, § 78a, Rn. 11.
718 Vgl. *Hohmann*, in: MüKo, § 248b, Rn. 24.

# D. Eine rechtsvergleichende Betrachtung zur Strafbarkeit der unbefugten Ingebrauchnahme von Fahrzeugen

Um Bedeutung und Reichweite der deutschen Regelung zur Bestrafung des unbefugten Gebrauchs von Kraftfahrzeugen und Fahrrädern besser verstehen und einordnen zu können, erfolgt eine rechtsvergleichende Betrachtung. Nach einem allgemeinen Blick auf den deutschen, den romanischen, den skandinavischen und den *common law* - Rechtskreis, wobei ein Schwerpunkt auf Österreich und die Schweiz gelegt wird, wird die Regelung im englischen Recht genauer dargestellt und untersucht. Von Interesse ist insbesondere, ob die entsprechenden Länder spezielle Vorschriften für die Strafbarkeit des unbefugten Gebrauchs von Fahrzeugen haben und wie sich diese von der deutschen Regelung unterscheiden.

## I. Deutscher, romanischer, skandinavischer und *common law* - Rechtskreis[719]

## 1. Der deutsche Rechtskreis – zur Strafbarkeit vergleichbarer Fälle in Österreich und der Schweiz

Die spezialgesetzliche Regelung über die Bestrafung des unbefugten Gebrauchs von Kraftfahrzeugen und Fahrrädern in der BRD – § 248b – wurde bereits ausführlich dargestellt.[720] Auch die entsprechende Regelung in der DDR – § 201 StGB-DDR – und die Unterschiede zu § 248b wurden aufgezeigt.[721]

### a) Österreich

Auch in Österreich gibt es für den unbefugten Gebrauch von Fahrzeugen eine spezielle Vorschrift – § 136 öStGB;[722] der *bloße* unbefugte Gebrauch ist ansonsten grundsätzlich straflos.[723] Nach § 136 Abs. 1 öStGB[724] macht sich strafbar,

---

719 Im Text selbst bzw. in den Fußnoten sind nur die Vorschriften über die Strafbarkeit des unbefugten Fahrzeuggebrauchs in Österreich, der Schweiz und England wiedergegeben. Diese und alle anderen erwähnten Strafvorschriften finden sich (außerdem) im Anhang.

720 Siehe dazu oben unter C.

721 Siehe dazu oben unter B. VI.

722 Der unbefugte Fahrzeuggebrauch wurde in Österreich 1954 durch § 467b StG unter Strafe gestellt, siehe dazu *Triffterer*, in: Salzburger Kommentar, § 136, Rn. 1. Der unbefugte Gebrauch von Fahrzeugen wurde in Österreich folglich ungefähr zu der Zeit unter Strafe gestellt, als er in Deutschland als § 248b in das StGB eingefügt wurde.

723 *Bachner-Foregger*, öStGB, § 127, Anm. I; *Fabrizy*, öStGB, § 136, Rn. 1.

wer ein Fahrzeug, das zum Antrieb mit Maschinenkraft eingerichtet ist, ohne Einwilligung des Berechtigten in Gebrauch nimmt. Taugliches Tatobjekt ist jedes eigenständig mit Maschinenkraft fortzubewegende Fahrzeug, unabhängig von der Art der Fortbewegung und der Energiequelle. Somit sind auch an Schienen gebundene Landkraftfahrzeuge Fahrzeuge i.S.d. § 136 öStGB.[725] Unter der Ingebrauchnahme ist i.d.R. das Fahren des Fahrzeugs mit Hilfe seiner Maschinenkraft zu verstehen;[726] aber auch das Rollenlassen auf abschüssiger Straße stellt eine Ingebrauchnahme des Fahrzeugs dar.[727] Die Tathandlung setzt keinen Gewahrsamsbruch voraus.[728] Die Ingebrauchnahme muss aber „ohne Einwilligung des Berechtigten" erfolgen. Ist der Berechtigte mit dem Gebrauch einverstanden, so ist bereits der objektive Tatbestand nicht erfüllt.[729] Berechtigter i.S.d.

---

724 § 136 öStGB lautet:
(1) Wer ein Fahrzeug, das zum Antrieb mit Maschinenkraft eingerichtet ist, ohne Einwilligung des Berechtigten in Gebrauch nimmt, ist mit Freiheitsstrafe bis zu sechs Monaten oder mit Geldstrafe bis zu 360 Tagessätzen zu bestrafen.
(2) Wer die Tat begeht, indem er sich die Gewalt über das Fahrzeug durch eine der in den §§ 129 bis 131 geschilderten Handlungen verschafft, ist mit Freiheitsstrafe bis zu zwei Jahren zu bestrafen.
(3) Mit Freiheitsstrafe bis zu zwei Jahren ist der Täter zu bestrafen, wenn der durch die Tat verursachte Schaden am Fahrzeug, an der Ladung oder durch den Verbrauch von Betriebsmitteln insgesamt EUR 3 000,- übersteigt; wenn jedoch der Schaden EUR 50 000,- übersteigt, ist der Täter mit Freiheitsstrafe bis zu drei Jahren zu bestrafen.
(4) Der Täter ist nicht zu bestrafen, wenn die Berechtigung, über das Fahrzeug zu verfügen, seinem Ehegatten, einem Verwandten in gerader Linie, seinem Bruder oder seiner Schwester oder einem anderen Angehörigen zusteht, sofern er mit diesem in Hausgemeinschaft lebt, oder wenn ihm das Fahrzeug von seinem dazu berechtigten Dienstgeber anvertraut war. Eine bloß vorübergehende Berechtigung kommt nicht in Betracht. An einer solchen Tat Beteiligte (§ 12) sind ebenfalls nicht zu bestrafen.
725 *Triffterer*, in: Salzburger Kommentar, § 136, Rn. 7.
726 *Bertel*, in: Wiener Kommentar, § 136, Rn. 2; *Fabrizy*, öStGB, § 136, Rn. 2.
727 Vgl. *Fabrizy*, öStGB, § 136, Rn. 2 unter Bezugnahme auf die Rechtsprechung des OGH; **a.A.** *Bertel*, in: Wiener Kommentar, § 136, Rn. 2; *Triffterer*, in: Salzburger Kommentar, § 136, Rn. 13. *Triffterer* begründet seine enge Auslegung der Tathandlung damit, dass der „spezifische Unrechtsrechtsgehalt [...] gerade in dem Ingebrauchnehmen dieser Maschine, und zwar unter Ausnutzung ihrer Eigengesetzen unterliegenden speziellen Antriebskraft und Fortbewegungsmöglichkeiten" liege. Dies ist abzulehnen, da die Formulierung „zum Antrieb mit Maschinenkraft eingerichtet" sich nur auf mögliche Tatobjekte bezieht, nicht hingegen die Tathandlung „in Gebrauch nimmt" definieren soll.
728 *Bertel*, in: Wiener Kommentar, § 136, Rn. 5; *Triffterer*, in: Salzburger Kommentar, § 136, Rn. 15.
729 Siehe zur Einwilligung bzw. zum Einverständnis im Rahmen des § 136 öStGB *Scheil*, ZVR 1984, 129, 131 ff.

Vorschrift ist derjenige, dem die Nutzungsbefugnis zusteht.[730] Fallen Nutzungsbefugnis und Eigentum auseinander, so kann auch der Eigentümer Täter des
§ 136 öStGB sein.[731] Wie im deutschen Recht erfasst die Strafbarkeit der unbefugten Ingebrauchnahme grundsätzlich nicht nur den Beginn des Gebrauchs.[732]
Die Tathandlung ist mit dem Beginn der Ingebrauchnahme vollendet; sie dauert
aber solange an, wie der Täter das Fahrzeug in Gebrauch hat und ist deshalb erst
mit Ende der Fahrt beendet.[733] Wie bei § 248b handelt es sich bei § 136 öStGB
um ein Dauerdelikt.[734] Deshalb ist auch nach Vollendung (aber vor Beendigung)
des unbefugten Fahrzeuggebrauchs eine Beteiligung an § 136 öStGB möglich.[735]

Umstritten ist, ob auch die Überschreitung eines bestehenden Gebrauchsrechts unter den Tatbestand des § 136 öStGB subsumiert werden kann.[736] Wie
im Rahmen des § 248b ist dies auch hier abzulehnen. Benutzt bspw. der Mieter
das Fahrzeug über die vereinbarte Mietzeit hinaus, so erfüllt er nicht den Tatbestand des § 136 öStGB.[737]

---

730  Vgl. *Triffterer*, in: Salzburger Kommentar, § 136, Rn. 18.
731  *Triffterer*, in: Salzburger Kommentar, § 136, Rn. 4.
732  *Scheil*, ZVR 1984, 129, 131; zur Frage, ob § 248b auch den unbefugten Weitergebrauch
     bzw. das unbefugte Ingebrauchhalten erfasst, siehe oben unter C. II. 2. a) aa).
733  *Bertel*, in: Wiener Kommentar, § 136, Rn. 4 und 6; *Triffterer*, in: Salzburger Kommen-
     tar, § 136, Rn. 6.
734  *Scheil*, ZVR 1984, 129, 131; *Triffterer*, in: Salzburger Kommentar, § 136, Rn. 6.
735  *Triffterer*, in: Salzburger Kommentar, § 136, Rn. 6 und 41. Eine Beteiligung ist bis zur
     Beendigung des Delikts in allen drei Täterschaftsformen des § 12 öStGB möglich: als
     unmittelbarer Täter, Bestimmungstäter und Beitragstäter.
736  **Dafür:** *Bertel*, in: Wiener Kommentar, § 136, Rn. 5; **dagegen:** *Fabrizy*, öStGB, § 136,
     Rn. 2a; differenzierend *Scheil*, ZVR 1984, 129, 132 ff., der zwischen der Überschrei-
     tung einer „fremdnützigen Fahrerlaubnis" und einer „eigennützigen Fahrerlaubnis" un-
     terscheidet. Eine „fremdnützige Fahrerlaubnis" liege vor, wenn der Täter das Fahrzeug
     nur im Interesse des Berechtigten gebrauchen dürfe. Die Überschreitung einer solchen
     Fahrerlaubnis sei tatbestandsmäßig, wie sich aus einem Umkehrschluss des Strafaus-
     schließungsgrundes des § 136 Abs. 4 öStGB ergebe. Im Rahmen der Überschreitung ei-
     ner „eigennützigen Fahrerlaubnis" müsse hingegen zwischen der Überschreitung einer
     zeitlich beschränkten Fahrerlaubnis und der einer „zweckbeschränkten" Fahrerlaubnis
     differenziert werden: Entgegen der Rechtsprechung sei die Überschreitung einer zeitlich
     beschränkten Fahrerlaubnis tatbestandsmäßig. Ob die Überschreitung einer „zweckbe-
     schränkten" Fahrerlaubnis tatbestandsmäßig sei, hänge vom Einzelfall ab. Entscheidend
     sei, „welche Rechtsgutsbeeinträchtigung der Berechtigte durch die Beschränkung ver-
     hindern wollte". Habe der Täter durch die Überschreitung der „zweckbeschränkten"
     Fahrerlaubnis „erheblich stärker in das geschützte Rechtsgut eingegriffen [...], als es der
     Berechtigte ohnedies erlaubt hatte", so sei die Überschreitung tatbestandsmäßig.
737  So auch *Fabrizy*, öStGB, § 136, Rn. 21; **a.A.** *Bertel*, in: Wiener Kommentar, § 136,
     Rn. 11, der aber davon ausgeht, dass in solchen Fällen oftmals eine mutmaßliche Ein-

Die Absätze 2 und 3 enthalten qualifizierte Formen des unbefugten Fahrzeuggebrauchs, die darauf abstellen, ob sich der Täter die Gewalt über das Fahrzeug durch Einbruch oder mit Waffen oder gewerbsmäßig oder als Mitglied einer Bande verschafft hat oder Gewalt gegen eine Person oder eine Drohung mit einer gegenwärtigen Gefahr für Leib oder Leben angewendet hat, um die Gewalt über das Fahrzeug zu erhalten,[738] bzw. ob der durch die Tat verursachte Schaden am Fahrzeug, an der Ladung oder durch den Verbrauch von Betriebsmitteln insgesamt EUR 3.000,- bzw. EUR 50.000,- übersteigt. Letzteres stellt eine Erfolgsqualifikation dar.[739] Auch die durch die Ingebrauchnahme entstandene Abnutzung fällt unter § 136 Abs. 3 öStGB, entweder als Schaden am Fahrzeug[740] oder als Verbrauch von Betriebsmitteln.[741] Während des Gebrauchs fahrlässig verursachte Beschädigungen sind Schäden i.S.d. § 136 Abs. 3, 1. Var. öStGB.[742]

---

willigung des Berechtigten in Betracht komme und der Mieter deshalb gerechtfertigt sei (Rn. 15); *Scheil*, ZVR 1984, 129, 132, demzufolge die Strafbarkeit in solchen Fällen aber u.U. aus anderen Gründen ausgeschlossen sein kann: Der Berechtigte habe zwar oftmals eine zeitlich beschränkte Fahrerlaubnis erteilen wollen, objektiv aber eine zeitlich unbeschränkte Fahrerlaubnis erteilt und somit liege gar keine zeitliche Überschreitung der Fahrerlaubnis vor (maßgebend sei nämlich nur der „objektive Sinn des Verhaltens des Berechtigten"). Außerdem könne der Täter aufgrund eines vorsatzausschließenden „Tatbildirrtums" (im deutschen Recht der Tatbestandsirrtum) straflos sein oder aufgrund einer mutmaßlichen Einwilligung gerechtfertigt. Eine weitere Möglichkeit sei die Straflosigkeit aufgrund von § 8 öStGB (§ 8 öStGB sieht vor, dass der Täter nicht wegen eines Vorsatzdelikts bestraft werden kann, wenn die objektiven Voraussetzungen eines Rechtfertigungsgrundes zwar nicht vorliegen, der Täter diese aber irrtümlich für gegeben hält; da im Rahmen des unbefugten Gebrauchs nach § 136 öStGB fahrlässiges Handeln nicht unter Strafe gestellt ist, kann der Täter in einem solchen Fall nicht nach § 136 öStGB bestraft werden).

738   Da § 136 Abs. 2 öStGB auf die §§ 129 bis 131 öStGB und damit auf Diebstahlsqualifikationen verweist, kann dieser Verweis nur auf diebstahlsähnliche Handlungen angewendet werden, nicht hingegen bspw. auf den unbefugten Gebrauch eines anvertrauten Fahrzeugs, *Bertel*, in: Wiener Kommentar, § 136, Rn. 30.
739   *Triffterer*, in: Salzburger Kommentar, § 136, Rn. 21.
740   *Bertel*, in: Wiener Kommentar, § 136, Rn. 39.
741   So *Triffterer*, in: Salzburger Kommentar, § 136, Rn. 28 f. mit der Argumentation, dass der Variante „Verbauch von Betriebsmitteln" ansonsten keine praktische Bedeutung zukommen würde, da die Grenze von EUR 3.000,- bei der Ingebrauchnahme eines Pkw nur durch den Verbrauch von Treibstoff und Öl nicht erreicht werde. Die Subsumtion der Abnutzung unter den Begriff des Schadens am Fahrzeug passe auch nicht, da Schaden „nach dem normalen Sprachgebrauch eine außerhalb der üblichen Nutzung liegende Beeinträchtigung" sei.
742   *Bertel*, in: Wiener Kommentar, § 136, Rn. 39; *Triffterer*, in: Salzburger Kommentar, § 136, Rn. 24 ff.

Absatz 4 enthält einen persönlichen Strafausschließungsgrund für Angehörige, die mit dem Berechtigten in einer Hausgemeinschaft leben[743] und Angestellte, die das Fahrzeug von ihrem Dienstgeber anvertraut bekommen haben.[744] Die Privilegierung erstreckt sich auch auf die an einer solchen Tat Beteiligten. Angehörige einer Person sind ihre Verwandten und Verschwägerten in gerader Linie und die weiteren in § 72 öStGB genannten Personen. Eine Hausgemeinschaft setzt ein „gemeinsames Zuhause" voraus.[745] Dieses Erfordernis gilt nach dem Wortlaut der Norm nicht für den Ehegatten bzw. die Ehegattin, einen Verwandten in gerader Linie und Geschwister.[746] Ein Fahrzeug ist vom „Dienstgeber anvertraut", wenn der Täter dieses Fahrzeug zur Tatzeit aufgrund einer Erlaubnis des Dienstgebers benutzen durfte.[747]

Der mit dem unbefugten Fahrzeuggebrauch verbundene Verbrauch von Betriebsstoffen kann nicht als Diebstahl an den Betriebsstoffen bestraft werden, sondern wird durch § 136 öStGB konsumiert.[748] Der Wert der verbrauchten Be-

---

Ob auch vorsätzliche Beschädigungen des Fahrzeugs unter § 136 Abs. 3 öStGB fallen, ist umstritten. Laut *Fabrizy*, öStGB, § 136, Rn. 5 stellen vorsätzliche Beschädigungen keinen „Schaden" i.S.d. § 136 öStGB dar, sondern sind als Sachbeschädigung (§§ 125, 126 öStGB) zu bestrafen. *Triffterer*, in: Salzburger Kommentar, § 136, Rn. 45 ff. hingegen geht davon aus, dass für vorsätzlich herbeigeführte Schäden unter EUR 3.000,- keine Strafbarkeit nach § 125 öStGB in Betracht komme. § 136 Abs. 3 öStGB zeige, dass beim unbefugten Fahrzeuggebrauch nur Schäden über EUR 3.000,- erfasst werden sollen (so auch *Bertel*, in: Wiener Kommentar, § 136, Rn. 39). Für Schäden zwischen EUR 3.000,- und 50.000,- ergebe sich die Strafbarkeit aus § 136 Abs. 3 öStGB, nicht aus den §§ 125, 126 öStGB. Für vorsätzlich herbeigeführte Schäden über EUR 50.000,- hingegen sei der Strafrahmen des § 126 Abs. 2 öStGB höher als der des § 136 Abs. 3 öStGB und deshalb gehe § 136 Abs. 3 öStGB nicht vor. In solchen Fälle bestehe echte Idealkonkurrenz zwischen § 126 Abs. 2 und § 136 Abs. 3, 3. Var. öStGB.

743    Bis 1975 war der unbefugte Gebrauch von Kraftfahrzeugen und Fahrrädern durch Verwandte aufsteigender Linie und Ehegatten auch im deutschen Recht straflos, vgl. den ehemaligen § 248b Abs. 4; siehe dazu oben unter B. V. 2.

744    *Triffterer*, in: Salzburger Kommentar, § 136, Rn. 37.

745    *Fabrizy*, öStGB, § 136, Rn. 6.

746    *Fabrizy*, öStGB, § 136, Rn. 6; *Triffterer*, in: Salzburger Kommentar, § 136, Rn. 37.

747    *Bertel*, in: Wiener Kommentar, § 136, Rn. 15. Siehe auch *Triffterer*, in: Salzburger Kommentar, § 136, Rn. 38, demzufolge es sich um eine besonders umfangreiche Fahrerlaubnis handeln müsse, die dem Dienstnehmer nicht nur „fallweise oder vorübergehend" den Gebrauch des Fahrzeugs gestatte.

748    *Foregger/Kodek* (6. Aufl.), öStGB, § 136, Anm. IV. Siehe dazu OGH SSt. XXVIII 34, S. 102, 107: Erweisen sich Fahrten des Täters mit einem Kraftfahrzeug nicht als Diebstahl (oder versuchter Diebstahl), sondern nur als unbefugter Gebrauch, dann sei auch „die gesonderte Wertung des im Dienste der Hauptsache erfolgten Verbrauches des als

triebsstoffe kann aber im Rahmen des § 136 Abs. 3 öStGB Bedeutung haben; er führt zu einer erhöhten Bestrafung, wenn der Wert EUR 3.000,- bzw. 50.000,- übersteigt.[749]

Der Strafrahmen des § 136 öStGB beträgt grundsätzlich Freiheitsstrafe bis zu sechs Monaten oder Geldstrafe bis zu 360 Tagessätzen. Die qualifizierten Formen des unbefugten Fahrzeuggebrauchs i.S.d. Absätze 2 und 3 sehen ein Strafmaß von bis zu zwei bzw. drei Jahren Freiheitsstrafe vor.

Der unbefugte Gebrauch von Fahrzeugen gem. § 136 öStGB ist vom Diebstahl und von der dauernden Sachentziehung abzugrenzen. Nimmt der Täter ein fremdes Fahrzeug in Gebrauch und bricht dabei fremden Gewahrsam, so erfolgt die Abgrenzung allein anhand der subjektiven Tatseite.[750] Diebstahl gem. § 127 öStGB liegt vor, wenn der Täter sich (oder einen Dritten) durch die Zueignung des Fahrzeuges unrechtmäßig bereichern möchte. Dies ist anzunehmen, wenn der Täter das Fahrzeug verkaufen, vertauschen, verpfänden oder verschenken will; außerdem dann, wenn er es dauerhaft gebrauchen will.[751] Ein nur vorübergehender Gebrauch fällt dann unter den Diebstahlstatbestand, wenn er einen Verbrauch der Sache bedeutet.[752] Der vorübergehende Gebrauch eines Kraftfahrzeugs stellt i.d.R. keinen Verbrauch desselben dar.[753] Die mit der Benutzung eines fremden Fahrzeugs verbundene Ersparnis von Reisekosten ist eine „Begleiterscheinung" des unbefugten Gebrauchs und macht diesen nicht zum Diebstahl.[754]

Eine dauernde Sachentziehung gem. § 135 öStGB liegt dann vor, wenn der Täter einen anderen dadurch schädigt, dass er ihm dauernd den Gewahrsam an einer fremden beweglichen Sache entzieht, ohne die Sache sich oder einem Dritten zuzueignen. Die Entziehung der Sache stellt somit einen Gewahrsamsbruch

---

deren verbrauchbares Zubehör in den Wagen befindlichen Treibstoffes als Diebstahl nicht möglich, teilt doch dieses Zubehör das rechtliche Schicksal der Hauptsache."

749   *Bertel*, in: Wiener Kommentar, § 136, Rn. 42. Siehe dazu auch oben im selben Abschnitt.

750   OGH SSt. XXVIII 6, S. 21, 21, Fn. 1 und S. 24; OGH SSt. XXVIII 34, S. 102, 106; OGH SSt. XLIV 22, S. 76, 77; *Bertel*, in: Wiener Kommentar, § 136, Rn. 20; *Fabrizy*, öStGB, § 135, Rn. 7, § 136, Rn. 1; vgl. auch *Triffterer*, in: Salzburger Kommentar, § 136, Rn. 44.

751   *Bertel*, in: Wiener Kommentar, § 136, Rn. 21. Siehe *Fabrizy*, öStGB, § 127, Rn. 7, demzufolge der Zueignungsbegriff einen „auf nicht bloß vorübergehende [...] Entziehung" gerichteten Vorsatz verlange.

752   Vgl. *Bertel*, in: Wiener Kommentar, § 127, Rn. 32, 34; *Fabrizy*, öStGB, § 135, Rn. 6.

753   *Bertel*, in: Wiener Kommentar, § 127, Rn. 34, der betont, dass Kraftfahrzeuge keine „kurzlebigen Konsumgüter" darstellen.

754   *Bertel*, in: Wiener Kommentar, § 136, Rn. 24.

dar.[755] § 135 öStGB setzt keinen auf Zueignung und Bereicherung gerichteten Vorsatz voraus. Ob das Merkmal der Dauerhaftigkeit ausschließlich dem subjektiven Tatbestand angehört oder auch im objektiven Tatbestand berücksichtigt werden muss, ist umstritten.[756] Der Täter muss jedenfalls den Vorsatz haben, das Fahrzeug nicht an den Berechtigten zurückgelangen zu lassen.[757]

Nimmt der Täter ein fremdes Kraftfahrzeug ohne Einwilligung des Berechtigten in Gebrauch und bricht dabei dessen Gewahrsam, hat aber den Vorsatz, das Fahrzeug nach einem vorübergehenden Gebrauch auf einer öffentlichen Verkehrsfläche zurückzulassen, so scheiden i.d.R. sowohl Diebstahl als auch dauernde Sachentziehung aus, weil davon ausgegangen wird – insbesondere von der österreichischen Rechtsprechung[758] –, dass der Täter damit rechne und auch damit rechnen könne, dass das Fahrzeug von einem Dritten oder der Polizei gefunden und an den Berechtigten zurückgegeben werde.[759] Dies gilt unabhängig davon, ob das Fahrzeug in der Nähe des Wegnahmeortes oder an einem anderen Ort abgestellt wird.[760] Die Tatsache, dass der Täter damit rechnen konnte und

---

755   *Fabrizy*, öStGB, § 135, Rn. 5; *Wach*, in: Salzburger Kommentar, § 135, Rn. 17. Nach *Wach* (Rn. 21) ist die von § 135 öStGB verlangte Schädigung – in Form eines Vermögensschadens in Höhe des Wertes der Sache – eingetreten, sobald der Gewahrsamsbruch vollzogen ist.

756   Siehe zu den unterschiedlichen Meinungen: *Wach*, in: Salzburger Kommentar, § 135, Rn. 7 f. *Wach* selbst versteht „dauernd" als subjektives Tatbestandsmerkmal und ordnet es als „Gegenstand eines erweiterten Vorsatzes" ein.

757   *Bertel*, in: Wiener Kommentar, § 136, Rn. 25. Im österreichischen Strafrecht handelt gem. § 5 Abs. 1 öStGB vorsätzlich, „wer einen Sachverhalt verwirklichen will, der einem gesetzlichen Tatbild entspricht; dazu genügt es, dass der Täter diese Verwirklichung ernstlich für möglich hält und sich mit ihr abfindet." Grundsätzlich ist somit *dolus eventualis* ausreichend. Dies gilt laut *Wach*, in: Salzburger Kommentar, § 135, Rn. 28 auch für das Moment der Dauerhaftigkeit im Rahmen des § 135 öStGB.

758   Früher ging der Oberste Gerichtshof davon aus, dass „die Dereliktion durch nachträgliches Stehenlassen des entführten Fahrzeuges die Wegnahme zum Diebstahl stemple". Diese Rechtsprechung wurde in OGH SSt. XXVIII 6, S. 21, 21 ff. aufgegeben. So ausdrücklich die Entscheidung auf S. 21, Fn. 1.

759   OGH SSt. XXVIII 6, S. 21, 22; *Bertel*, in: Wiener Kommentar, § 136, Rn. 21, 25; *Wach*, in: Salzburger Kommentar, § 135, Rn. 29; siehe auch OGH SSt. XXX 31, S. 93, 94; **a.A.** wohl OGH SSt. XXXII 67, S. 170, 172.

760   OGH SSt. XXVIII 6, S. 21, 22; *Bertel*, in: Wiener Kommentar, § 136, Rn. 26. Anders die deutsche Rechtsprechung zu § 248b, siehe dazu bspw. BGH Polizei 68 (1977), 29, 29 und 93, 93: „Bei serienmäßigen Personenkraftwagen gleicher Bauart und größerer Ausstattung wird beim Stehenlassen an einem anderen Ort als dem der Entwendung die Wiedererlangung der Verfügungsgewalt durch den Berechtigten in der Regel so erschwert sein, da[ss] von einer Wiederherstellung des Gewahrsams, auch nach der Vorstellung des Täters, keine Rede sein kann."

darauf vertrauen durfte, dass das Kraftfahrzeug an den Berechtigten zurückgelangt, schließt sogar *dolus eventualis* bzgl. der Dauerhaftigkeit der Sachentziehung aus.[761]

## b)    Schweiz

In der Schweiz wird die Sachentziehung in Art. 141 sStGB unter Strafe gestellt.
Danach macht sich strafbar, wer dem Berechtigten ohne Aneignungsabsicht eine
bewegliche Sache entzieht und ihm dadurch einen erheblichen Nachteil zufügt.
Art. 141 sStGB erfasst auch die Fälle bloßer Gebrauchsanmaßung[762] und somit
von seinem Wortlaut her auch den unbefugten Gebrauch von Fahrzeugen. Allerdings enthält das schweizerische „Strassenverkehrsgesetz" (SVG) in Art. 94[763]
eine Sondernorm zur Strafbarkeit der „Entwendung zum Gebrauch" von Motor-
fahrzeugen und Fahrrädern.[764] Gem. Art. 94 Ziff. 4 SVG findet Art. 141 sStGB
in den von Art. 94 SVG erfassten Fällen keine Anwendung.

Nach Art. 94 Ziff. 1 SVG macht sich strafbar, wer ein Motorfahrzeug zum
Gebrauch entwendet und wer ein solches Fahrzeug führt oder darin mitfährt,
obwohl er bei Beginn der Fahrt Kenntnis von der Entwendung des Fahrzeuges
hatte. Die Tat wird mit Freiheitsstrafe bis zu drei Jahren oder mit Geldstrafe bestraft. Taugliches Tatobjekt ist nur ein Motorfahrzeug; ein Motorfahrzeug i.S.d.
SVG ist gem. Art. 7 Ziff. 1 SVG „jedes Fahrzeug mit eigenem Antrieb, durch
den es auf dem Erdboden unabhängig von Schienen fortbewegt wird." Der Be-

---

761  Vgl. *Wach*, in: Salzburger Kommentar, § 135, Rn. 28 f.

762  *Weissenberger*, in: Basler Kommentar, Art. 141, Rn. 12.

763  Art. 94 SVG lautet:

   1. Wer ein Motorfahrzeug zum Gebrauch entwendet und wer ein solches Fahrzeug führt
   oder darin mitfährt, obwohl er bei Antritt der Fahrt von der Entwendung Kenntnis hatte,
   wird mit Freiheitsstrafe bis zu drei Jahren oder Geldstrafe bestraft.
   Ist einer der Täter ein Angehöriger oder Familiengenosse des Halters und hatte der Führer den erforderlichen Führerausweis, so erfolgt die Bestrafung nur auf Antrag; die Strafe ist Busse.
   2. Wer ein ihm anvertrautes Motorfahrzeug zu Fahrten verwendet, zu denen er offensichtlich nicht ermächtigt ist, wird auf Antrag mit Busse bestraft.
   3.Wer ein Fahrrad unberechtigt verwendet, wird mit Busse bestraft. Ist der Täter ein
   Angehöriger oder Familiengenosse des Besitzers, so erfolgt die Bestrafung nur auf Antrag.
   4. Der Artikel 141 des Strafgesetzbuches findet in diesen Fällen keine Anwendung.

764  Art. 94 SVG ist am 1. Januar 1963 in Kraft getreten. Der unbefugte Gebrauch von Fahr-
   zeugen wurde aber in einigen Kantonen der Schweiz bereits vor 1932 – und damit vor
   Erlass der NotVO in Deutschland – unter Strafe gestellt (teilweise im Rahmen oder ver-
   bunden mit einer allgemeinen Strafbarkeit des *furtum usus* an beweglichen Sachen).
   Diese Regelungen werden von *Wagner*, Komm. NotVO, S. 14 f. als „Vorbilder" für die
   Schaffung eines deutschen Straftatbestandes genannt.

griff der Entwendung entspricht dem der Wegnahme im Rahmen der Diebstahlsvorschrift (Art. 139 sStGB); er setzt den Bruch fremden und die Begründung neuen Gewahrsams voraus.[765] Subjektiv muss der Täter mit der Absicht handeln, das Motorfahrzeug vorübergehend zu gebrauchen.[766] Auch der Eigentümer eines Fahrzeugs kann sich nach Art. 94 Ziff. 1 SVG strafbar machen, wenn er das Fahrzeug jemandem entwendet, der es aufgrund eines dinglichen oder obligatorischen Rechts in seinem Besitz hat.[767] Bzgl. des Führens und des Mitfahrens in einem entwendeten Motorfahrzeug verlangt das Gesetz, dass der Fahrzeugführer oder Mitfahrer bei Antritt der Fahrt von der Entwendung Kenntnis hatte. Erfährt er erst während der Fahrt von der Entwendung, so ist er nicht nach Art. 94 Ziff. 1 SVG strafbar, auch wenn er trotz Kenntnis weiterfährt bzw. mitfährt.[768] Der positiven Kenntnis steht das Kennenmüssen gleich: Musste der Fahrzeugführer oder Mitfahrer den Umständen nach von der Entwendung Kenntnis haben, so ist das ausreichend, da gem. Art. 100 Ziff. 1 SVG auch fahrlässiges Handeln strafbar ist.[769] Art. 94 Ziff. 1, Abs. 2 SVG enthält eine Privilegierung für den Fall, dass der Täter ein Angehöriger oder Familiengenosse des Halters des Fahrzeugs ist und der Führer den erforderlichen Führerschein hatte; der Täter ist nur auf Antrag zu bestrafen und die Bestrafung ist lediglich Buße. Angehörige einer Person sind gem. Art. 110 Abs. 1 sStGB der Ehegatte bzw. die Ehegattin, der bzw. die eingetragene/r Lebenspartner/in, Verwandte gerader Linie, „vollbürtige" und „halbbürtige" Geschwister, Adoptiveltern, Adoptivgeschwister und Adoptivkinder. Familiengenossen sind gem. Art. 110 Abs. 2 sStGB Personen, die in einem gemeinsamen Haushalt leben. Die Privilegierung gilt allerdings nur zugunsten Angehöriger oder Familiengenossen des Halters. Wurde das Fahrzeug einem anderen als dem Halter entwendet, so kommt den Angehörigen und Familiengenossen des „Entwendungsopfers" nicht die Privilegierung des Art. 94 Ziff. 1, Abs. 2 SVG zugute.[770]

Gem. Art. 16b Abs. 1 d) SVG stellt die Entwendung eines Motorfahrzeugs zum Gebrauch eine „mittelschwere Widerhandlung" dar, die – obligatorisch – zum Entzug des „Führerausweises" führt. Der „Führerausweisentzug" erfolgt auch dann, wenn der Täter den privilegierenden Tatbestand des Art. 94 Ziff. 1,

765 *Weissenberger*, SVG, Art. 94, Rn. 2; vgl. auch *Giger*, SVG, Art. 94, Rn. 2. Siehe zur Wegnahme i.S.d. Art. 139 sStGB *Niggli/Riedo*, in: Basler Kommentar, Art. 139, Rn. 11 ff.; *Trechsel/Crameri*, in: Trechsel, Art. 139, Rn. 3 ff.
766 *Giger*, SVG, Art. 94, Rn. 3; *Weissenberger*, SVG, Art. 94, Rn. 2.
767 *Giger*, SVG, Art. 94, Rn. 5.
768 *Giger*, SVG, Art. 94, Rn. 8.
769 *Giger*, SVG, Art. 94, Rn. 7 f.
770 *Giger*, SVG, Art. 94, Rn. 14.

Abs. 2 SVG erfüllt, auch wenn eine Strafverfolgung und Bestrafung mangels Strafantrag nicht stattfindet.[771]

Art. 94 Ziff. 2 SVG bedroht denjenigen mit Buße, der ein ihm anvertrautes Motorfahrzeug zu Fahrten verwendet, zu denen er offensichtlich nicht ermächtigt ist; die Tat wird nur auf Antrag bestraft. Entgegen dem Gesetzeswortlaut ist eine Fahrt ausreichend; es müssen nicht mehrere Fahrten vorliegen. Die Überschreitung der Gebrauchskompetenz muss „offensichtlich" sein. Diese Einschränkung dient dem Ausschluss von Bagatellfällen.[772] Der Begriff des Anvertrautseins entspricht dem der Veruntreuung gem. Art. 138 sStGB.[773] Unter Art. 94 Ziff. 2 SVG fallen vor allem angestellte Fahrer wie der Chauffeur.[774]

Nach Art. 94 Ziff. 3 SVG wird mit Buße bestraft, wer unberechtigt ein Fahrrad verwendet. Verwendung setzt – anders als Entwendung – keinen Gewahrsamsbruch voraus.[775] Absatz 2 privilegiert den Täter, der Angehöriger oder Familiengenosse ist; dieser wird nur auf Antrag hin bestraft.

Für die Abgrenzung zwischen Diebstahl bzw. unrechtmäßiger Aneignung und Entwendung zum Gebrauch gem. Art. 94 SVG ist entscheidend, ob der Täter mit Aneignungsabsicht handelt. Geschieht dies, dann macht er sich wegen Diebstahls nach Art. 139 sStGB oder unrechtmäßiger Aneignung gem. Art. 137 sStGB strafbar.[776] Aneignung ist das Einverleiben der Sache oder des Sachwerts in das Vermögen des Täters, um sie zu behalten, zu verbrauchen oder an einen Dritten zu veräußern.[777] Der Tatbestand des Art. 94 SVG ist dann nicht erfüllt, weil der Täter das Fahrzeug nicht nur vorübergehend gebrauchen will.[778]

---

771  *Schaffhauser*, Strassenverkehrsrecht III, Rn. 2479; *Weissenberger*, SVG, Art. 94, Rn. 5. Siehe zum Zweck des Enzuges der Fahrerlaubnis *Schaffhauser*, Strassenverkehrsrecht III, Rn. 2480 f.

772  *Giger*, SVG, Art. 94, Rn. 11.

773  *Weissenberger*, SVG, Art 94, Rn. 10; nach der Rechtsprechung des Bundesgerichts (BGE 120 IV 117, 119) „ist anvertraut, was jemand mit der Verpflichtung empfängt, es in bestimmter Weise im Interesse eines anderen zu verwenden, insbesondere es zu verwahren, zu verwalten oder abzuliefern. Eine solche Verpflichtung kann auf ausdrücklicher oder stillschweigender Abmachung beruhen." Siehe zum Begriff des Anvertrautseins und der Kritik an der Formel des Bundesgerichts *Niggli/Riedo*, in: Basler Kommentar, Art. 138, Rn. 36 ff.

774  *Giger*, SVG, Art. 94, Rn. 10.

775  Vgl. *Weissenberger*, SVG, Art. 94, Rn. 12: Bis 1989 war die Entwendung eines Fahrrads unter Strafe gestellt.

776  Neben der Aneignungsabsicht muss der Täter mit der Absicht handeln, sich oder einen anderen unrechtmäßig zu bereichern. Siehe zur Absicht unrechtmäßiger Bereicherung *Niggli*, in: Basler Kommentar, Vor Art. 137, Rn. 61 ff.

777  BGE 85 IV, 17, 19.

778  *Giger*, SVG, Art. 94, Rn. 3.

Zur Bejahung der Aneignungsabsicht genügt es nicht, dass der Täter das Fahrzeug nicht an den Eigentümer zurückgibt oder an den Entwendungsort zurückbringt bzw. dies nicht vorhat. Vielmehr wird in der Schweiz davon ausgegangen, dass hinlänglich bekannt sei, dass ein nach dem Gebrauch auf einer öffentlichen Straße stehen gelassenes Fahrzeug regelmäßig an den Berechtigten zurückgelange. In den Worten des Schweizerischen Bundesgerichts: „Übrigens weiss jedermann, dass ein entwendetes Fahrzeug, das nach kurzem Gebrauch auf öffentlicher Strasse stehen gelassen wird, regelmäßig wieder in die Verfügungsgewalt des Berechtigten gelangt, und damit rechnet der Strolchenfahrer auch."[779]

## 2.   Der romanische Rechtskreis[780]

In Frankreich gibt es keine Vorschrift, die speziell die Strafbarkeit des unbefugten Gebrauchs von Kraftfahrzeugen und Fahrrädern regelt. Fällt eine Gebrauchsanmaßung nicht unter den im französischen *Code Pénal* in den Art. 311-1 ff. geregelten Diebstahl, ist sie nicht mit Strafe bedroht. Ursprünglich verlangte der französische Diebstahlstatbestand, wie der deutsche, dass der Täter neben dem Vorsatz bezüglich der objektiven Tatbestandsmerkmale (*dol général*) einen speziellen Vorsatz (*dol spécial*) in Form von Zueignungsabsicht hatte. Die Zueignungsabsicht wurde als Wille definiert, „die Sache unter dauerndem Ausschluss des Berechtigten wie ein Eigentümer zu nutzen." Das Erfordernis der Zueignungsabsicht wurde aber von der Rechtsprechung „kontinuierlich abgebaut" und wird heute auch von der herrschenden Lehre nicht mehr verlangt.[781] Deshalb kann nun auch das *furtum usus* unter den Tatbestand des Diebstahls subsumiert werden.[782] Dies gilt namentlich für „Spritzfahrten" mit einem Fahrzeug und zwar auch dann, wenn das Fahrzeug bereits nach kurzer Zeit an den Eigentümer zurückgegeben wird.[783]

Auch das italienische Recht enthält keine spezielle Strafvorschrift bezüglich des unbefugten Gebrauchs von Fahrzeugen. Allerdings kann im italienischen Recht auch die (bloße) Gebrauchsanmaßung als Diebstahl bestraft werden. Der

---

779   BGE 85 IV, 17, 21; vgl. auch *Niggli*, in: Basler Kommentar, Art. 137, Rn. 25. Kritisch zu dieser Rechtsprechung *Weissenberger*, SVG, Art. 94, Rn. 2, der anmerkt, dass diese Rechtsprechung „aufgrund der gesellschaftlichen Veränderungen überholt" sein dürfte.

780   Die in diesem Abschnitt erwähnten strafrechtlichen Vorschriften aus Frankreich, Italien und Spanien finden sich im Anhang unter V., VI., XII.

781   *Walter*, Betrugsstrafrecht, S. 339 m.w.N.

782   Anders *Vogel*, in: LK, Vor §§ 242 ff., Rn. 71, der davon ausgeht, dass die bloße Gebrauchsanmaßung nach französischem Recht grundsätzlich straflos sei.

783   *Vogel*, in: LK, Vor §§ 242 ff., Rn. 71. Nach *Vogel* gilt dies in „Spritzfahrten"-Fällen, weil eine bloße Gebrauchsanmaßung dann als Diebstahl strafbar sei, wenn eine Sachentziehung zwecks „Augenblicksherrschaft" (*maitrise momentanée*) vorliege.

italienische *Codice Penale* stellt den Diebstahl in Art. 624 unter Strafe. Die Wegnahme muss dabei mit dem Ziel der Gewinnerzielung erfolgen. Als Gewinn gilt dabei nach der Rechtsprechung jeder Nutzen und jede Befriedigung, „die der Täter aus dem Besitz der Sache ziehen will." Somit kann auch die bloße Gebrauchsanmaßung und damit der unbefugte Gebrauch von Fahrzeugen – unabhängig davon, ob der Täter mit dem Vorsatz handelt, den Berechtigten dauerhaft aus dessen Eigentümerstellung zu verdrängen – unter den Tatbestand des Diebstahls subsumiert werden. Art. 626 Codice Penale privilegiert allerdings die bloße Gebrauchsanmaßung (*furto di uso*), wenn die Sache unmittelbar nach dem Gebrauch zurückgegeben wird.[784] Dies gilt somit auch für den unbefugten Gebrauch von Kraftfahrzeugen und Fahrrädern.

Das spanische Recht enthält in Art. 244 *Código Penal* einen Sondertatbestand des „Raubs oder Diebstahls des Fahrzeugsgebrauchs" (*robo y hurto de uso de vehículos*). Dieser Tatbestand ist für die Fälle des unbefugten Fahrzeuggebrauchs gedacht, in denen es an der Zueignungsabsicht (*ánimo de apropiarselo*) fehlt.[785]

## 3.    Der skandinavische Rechtskreis[786]

In Schweden wurde der unbefugte Gebrauch von Fahrzeugen bereits 1916 in einer Sondervorschrift unter Strafe gestellt;[787] heute enthält Kapitel 8, § 7 des schwedischen StGB (*Brottsbalk*) diese spezielle Strafvorschrift. Danach ist der unrechtmäßige Gebrauch eines fremden Kraftfahrzeuges als „Fahrzeugdiebstahl" (*tillgrepp av fortskaffningsmedel*) strafbar, wenn die Tat nicht unter eine vorherige Strafvorschrift des Kapitels 8 fällt, also vor allem keinen Diebstahl nach Kapitel 8, § 1 des schwedischen StGB darstellt. Die Höchststrafe beträgt zwei Jahre Gefängnis. Bei einer als geringfügig zu bewertenden Tat kann nur Geldstrafe verhängt werden; handelt es sich dagegen um einen schweren Fall von unbefugtem Fahrzeuggebrauch, beträgt der Strafrahmen Gefängnisstrafe von mindestens sechs Monaten und höchstens vier Jahren.

In Finnland behandelt Kapitel 28 des finnischen StGB (*Rikoslaki*) die Tatbestände des Diebstahls, der Unterschlagung und des unbefugten Gebrauchs. Kapitel 28, § 9a des finnischen StGB enthält eine spezielle Strafvorschrift für den unbefugten Gebrauch von Kraftfahrzeugen. Nach Absatz 1 dieser Vorschrift

---

784    Vgl. *Vogel*, in: LK, Vor §§ 242 ff., Rn. 72.

785    Außerhalb dieser Sondervorschrift ist die *bloße* Gebrauchsanmaßung im spanischen Recht, wie auch im deutschen Recht, grundsätzlich straflos. Siehe dazu *Vogel*, in: LK, Vor §§ 242 ff., Rn. 73.

786    Die in diesem Abschnitt erwähnten strafrechtlichen Vorschriften aus Schweden und Finnland finden sich im Anhang unter IV. und X.

787    *Wagner*, JW 1932, 3679, 3680.

macht sich wegen „Diebstahls eines Kraftfahrzeugs zum vorübergehenden Gebrauch" (*moottorikulkuneuvon käyttövarkaudesta*) strafbar, wer ohne Befugnis ein fremdes Kraftfahrzeug gebraucht. Das Strafmaß sieht Freiheitsstrafe bis zu 18 Monaten vor. Absatz 2 stellt den Versuch unter Strafe. Kapitel 28, § 9b des finnischen StGB enthält eine qualifizierte Form des unbefugten Kraftfahrzeuggebrauchs, Kapitel 28, § 9c eine privilegierte Form für geringfügige Straftaten.

## 4.    Der *common law* - Rechtskreis im Allgemeinen[788]

Im US-amerikanischen Recht differieren die Regelungen bzgl. der Strafbarkeit des unbefugten Gebrauchs von Fahrzeugen. Manche Einzelstaaten haben Sonderstraftatbestände für den unbefugten Gebrauch von Kraftfahrzeugen, so beispielsweise Alabama, Arizona, Connecticut, Virginia und Wisconsin.[789] Außerdem stellen die Einzelstaaten unterschiedliche Anforderungen an den Tatbestand des Diebstahls; auf der subjektiven Ebene verlangt z.b. Florida keinen auf dauerhafte Enteignung gerichteten Willen, sondern lässt den auf vorübergehende Enteignung gerichteten Vorsatz ausreichen.[790] In einem solchen Fall kann der unbefugte Gebrauch von Fahrzeugen – beim Vorliegen der sonstigen Voraussetzungen des Diebstahls – auch ohne den Vorsatz dauernder Enteignung unter den Tatbestand des Diebstahls subsumiert werden.

Das kanadische Recht enthält in Section 335 *Criminal Code* eine Sondervorschrift für die Bestrafung des unbefugten Gebrauchs von Fahrzeugen. Da Section 322 Abs. 1 (a) Criminal Code vorsieht, dass Diebstahl dann vorliegt, wenn der Täter den Willen hat, den Eigentümer vorübergehend oder dauerhaft von dessen Eigentum auszuschließen (*to deprive, temporarily or absolutely, the owner of it*), kann der bloße unbefugte Gebrauch von Fahrzeugen auch unter den

---

788    Die in diesem Abschnitt erwähnten strafrechtlichen Vorschriften aus einzelnen US-amerikanischen Staaten, aus Kanada, aus Neuseeland und aus den australischen Staaten finden sich im Anhang unter I., VII., VIII. und XIII.

789    Section 13A-8-11 Criminal Code Alabama, Section 13-1803 Criminal Code Arizona, Section 53a-119b Penal Code Connecticut, § 18.2-102 Code of Virginia, Section 943.23 Criminal Code Wisconsin.

790    Siehe zu Diebstahl und Gebrauchsanmaßung im US-amerikanischen Recht *Vogel*, in: LK, Vor §§ 242 ff., Rn. 80.
       In Florida verlangt Section 812.014 Criminal Code für den Diebstahl, dass der Täter mit der Absicht handelt, den Betroffenen vorübergehend oder dauerhaft von einem dem Eigentum innewohnenden Recht oder Vorteil auszuschließen (*the intention to, temporarily or permanently, deprive the other person of a right to the property or a benefit from the property*). In Wisconson hingegen setzt Diebstahl auf subjektiver Seite voraus, dass der Täter den Eigentümer dauerhaft enteignen will (*intent to deprive the owner permanently of possession of such property*), Section 943.20 Abs. 1 (a) Criminal Code.

Diebstahlstatbestand subsumiert werden, wenn die sonstigen Voraussetzungen der Section 322 Criminal Code vorliegen.

In Neuseeland bedroht Section 226 *Crimes Act 1961* den unbefugten Gebrauch von Fahrzeugen mit Strafe. Danach macht sich strafbar, wer – ohne einen Diebstahl zu begehen – ein Fahrzeug unehrlich (*dishonestly*) und ohne ein Recht dazu zu haben, gebraucht. Als Tatobjekte kommen dabei Autos, Schiffe oder Flugzeuge oder irgendeines ihrer Teile sowie Pferde in Betracht.

In Australien haben die verschiedenen Staaten unterschiedliche Regelungen in Bezug auf die Strafbarkeit des unbefugten Gebrauchs von Fahrzeugen. Während es in manchen Staaten spezielle Vorschriften gibt, die den unbefugten Gebrauch von Fahrzeugen als eigene Straftat unter Strafe stellen,[791] wird in Victoria, Western Australia und New South Wales der Diebstahlstatbestand in Bezug auf Fahrzeuge modifiziert. In Victoria wird der Nachweis, dass ein Fahrzeug ohne Einwilligung des Berechtigten in Gebrauch genommen wurde, als „zwingender Beweis" (*conclusive evidence*) dafür angesehen, dass der Täter den Berechtigten dauerhaft enteignen wollte.[792] In Western Australia und New South Wales wird der unbefugte Fahrzeuggebrauch dem Diebstahl gleichgestellt.[793]

# II.  Die Rechtslage in England im Besonderen[794]

Im Folgenden soll ein genauer Blick auf die Bestrafung des unbefugten Gebrauchs von Fahrzeugen im *Common law* - Rechtskreis geworfen werden. Dies geschieht durch eine Darstellung der Rechtslage in England. Die dortige Vorschrift wird in direkten Vergleich zur deutschen Regelung gestellt.

## 1.  Die Rechtslage in England: Zur Strafbarkeit des „*joy-ridings*"

Das Problem des unbefugten Fahrzeuggebrauchs ist in England unter dem Schlagwort „joy-riding" bekannt.[795] Die Täter werden auch „twocker" ge-

---

791   Northern Territory: Section 218 Criminal Code; Queensland: Section 408A Criminal Code; Australien Capital Territory: Section 318 Criminal Code 2002; South Australia: Section 86A Criminal Law Consolidation Act 1935.

792   Section 73 Abs. 14 Crimes Act 1958.

793   Western Australia: Section 371A Criminal Code Act Compilation Act 1913 „is said to steal that motor vehicle"; New South Wales: Section 154A Crimes Act 1900 „shall be deemed to be guilty of larceny".

794   Wenn im Folgenden von England bzw. dem englischen Recht oder englischen Rechtssytem die Rede ist, bezeichnet dies das Recht in England und Wales.

795   *Raphael* (2008) Crim LR 995, 996; Kommentar zu *Raphael*, (2008) Crim LR 997, 997; *Dine/Gobert/Wilson*, Criminal Law, S. 384; *Elliott/Quinn*, Criminal Law, S. 221; *Herring*, Criminal Law, Rn. 14.3; *Martin/Storey*, Criminal Law, Rn. 14.5.

nannt.[796] In England ist der bloße Gebrauchsdiebstahl – ebenso wie im deutschen Recht – grundsätzlich straflos.[797] Für den unbefugten Gebrauch von Fahrzeugen gibt es allerdings einen Straftatbestand. Section 12 Theft Act 1968 droht für den unbefugten Gebrauch von Fahrzeugen eine Geldstrafe von bis zu Level 5 auf der *standard scale* (GBP 5.000,-), eine Gefängnisstrafe bis zu sechs Monaten oder beides an. Zwar wäre – zumindest beim unbefugten Gebrauch von Kraftfahrzeugen – eine Bestrafung wegen Diebstahls am Benzin möglich,[798] diese wird jedoch – genau wie eine Bestrafung wegen Fahrens ohne Führerschein oder Fahrens ohne Versicherung – als nicht passend angesehen, da sie nicht das Unrecht der Tat widerspiegle.[799]

Der unbefugte Gebrauch von Landkraftfahrzeugen wurde in England erstmals 1930 durch Section 28 des Road Traffic Act 1930, der unbefugte Gebrauch von Wasserfahrzeugen erstmals 1967 durch Section 1 des Vessels Protection Act 1967 unter Strafe gestellt. Die heutige Vorschrift in Section 12 Theft Act 1968, die neben Landkraftfahrzeugen und Wasserfahrzeugen weitere Fahrzeugtypen erfasst, ist die Nachfolgevorschrift von Section 217 Road Traffic Act 1960.[800]

Die entscheidenden Absätze der Section 12 Theft Act 1968 lauten:[801]

(1) Subject to subsections (5) and (6) below, a person shall be guilty of an offence if, without having the consent of the owner or other lawful authority, he takes any conveyance for his own or another's use or, knowing that any conveyance has been taken without such authority, drives it or allows himself to be carried in or on it.

(2) A person guilty of an offence under subsection (1) above shall be liable on summary conviction to a fine not exceeding level 5 on the standard scale, to imprisonment for a term not exceeding six months or to both.

(3) – (4C) [...]

796 *Ormerod*, Smith and Hogan Criminal Law, Rn. 21.3; *Ormerod/Williams*, Smith's Law of Theft, Rn. 10.66; „Twocker" beruht auf der Abkürzung TWOC, was für „taking without the owner's consent" steht.

797 *Ashworth*, Criminal Law, S. 379; *Herring*, Criminal Law, Rn. 14.3; *Ormerod*, Smith and Hogan Criminal Law, S. 804.

798 *Card*, Card, Cross & Jones Criminal Law, Rn. 10.111; *Ormerod*, Smith and Hogan Criminal Law, Rn. 21.2, Fn. 22.

799 *Smith*, Property Offences, Rn. 9-02; vgl. auch *Reed/Fitzpatrick*, Criminal Law, Rn. 9-053: „hardly satisfactory". Vgl. dazu die Diskussion im deutschen Recht oben unter B. II. und C. IV. 4.

800 2005/06 gab es 203.560 Fälle von Fahrzeugdiebstahl und unbefugtem Fahrzeuggebrauch, *Ormerod /Williams*, Smith's Law of Theft, Rn. 10.28.

801 Die vollständige Vorschrift findet sich im Anhang unter III. 9.

(5) Subsection (1) above shall not apply in relation to pedal cycles; but, subject to subsection (6) below, a person who, without having the consent of the owner or other lawful authority, takes a pedal cycle for his own or another's use, or rides a pedal cycle knowing it to have been taken without such authority, shall be liable to a fine not exceeding level 3 on the standard scale.

(6) A person does not commit an offence under this section by anything done in the believe that he has lawful authority to do it or that he would have the owner's consent if the owner knew of his doing it and the circumstances of it.

(7) For purposes of the section –

    (a) „conveyance" means any conveyance constructed or adapted for the carriage of a person or persons whether by land, water or air, except that it does not include a conveyance constructed or adapted for use only under the control of a person not carried in or on it, and „drive" shall be construed accordingly; and

    (b) „owner", in relation to a conveyance which is the subject of a hiring agreement or hire-purchase agreement, means the person in possession of the conveyance under that agreement.

## a)    *Essence* der Section 12 Theft Act 1968

Fraglich ist, welches Rechtsgut Section 12 Theft Act 1968 schützt bzw. was das „Wesen" (*essence*) der Vorschrift ausmacht. Das *Criminal Law Revision Committee* ging davon aus, es sei das „Wesen" der Strafbarkeit der unbefugten Ingebrauchnahme, dass jemand eine Fahrt mit einem Fahrzeug stehle – „stealing a ride".[802] *Stealing a ride* ist allerdings auch möglich, ohne dass jemand ein Fahrzeug unbefugt in Gebrauch nimmt, z.B. durch eine Schwarzfahrt oder als blinder Passagier.[803] In der Literatur wird deshalb mehrheitlich vertreten, dass die Strafbarkeit der unbefugten Ingebrauchnahme den Berechtigten vor der Entziehung des Fahrzeugs schützen soll; die Vorschrift richte sich gegen die zeitweise[804] Fahrzeugentziehung.[805] Aber auch hiergegen lässt sich einwenden, dass die Vor-

---

802  So *Ormerod*, Smith and Hogan Criminal Law, Rn. 21.2.1.2 mit Verweis auf *Criminal Law Revision Committee*, Eighth Report on Theft and Related Offences, Cmnd. 2977 of 1966, § 84.

803  *Ormerod*, Smith and Hogan Criminal Law, Rn. 21.2.1.2.

804  Zur Frage, ob auch Fälle dauerhafter Entziehung unter Section 12 Theft Act 1968 subsumiert werden können, siehe unten unter D. II. 1. k).

805  Kommentar zu *Bow*, (1977) Crim LR 177, 178; Kommentar zu *Pearce*, (1973) Crim LR 321, 321; *Ormerod*, Smith and Hogan Criminal Law, Rn. 21.2.1.2; *Ormerod/Williams*, Smith's Law of Theft, Rn. 10.30.

schrift nur gegen einen Teil der Fälle der zeitweisen Entziehung eines Fahrzeugs schützt, nämlich nur gegen solche, in denen ein Fahrzeug unbefugt in Gebrauch genommen wird. Wird ein Fahrzeug z.b. nur um eine Ecke geschoben, um den Berechtigten glauben zu machen, es sei gestohlen worden, so liegt keine Straftat nach Section 12 Theft Act 1968 vor,[806] auch wenn dem Berechtigten dadurch ebenfalls (zeitweise) das Fahrzeug entzogen wird. Trotzdem ist der in der Literatur vertretenen Ansicht zuzustimmen: Das „Wesen" der Vorschrift ist die zeitweise Entziehung. Damit stellt sich als Schutzgut – wie nach richtiger Ansicht auch im Rahmen des § 248b[807] – das Gebrauchsrecht dar. Dieses wird jedoch lediglich gegen bestimmte Beeinträchtigungen geschützt.[808]

## b)   Tatobjekt

### aa)   Fahrzeug – conveyance

Gem. Section 12 Abs. 7 (a) Theft Act 1968 ist ein Fahrzeug i.S.d. Vorschrift jedes Fahrzeug, das zur Beförderung von Personen zu Land, Wasser oder Luft hergestellt oder später dazu gemacht wurde.[809] Fahrzeuge, die nur für die Benutzung unter der Kontrolle einer Person hergestellt oder gedacht sind, die sich nicht in oder auf dem Fahrzeug befindet, fallen nicht darunter.[810] Ein Fahrzeug i.S.d. Section 12 Theft Act 1968 kann nur etwas von Menschen oder Maschinen hergestelltes sein (contructed).[811] Tiere fallen deshalb nicht unter die Vorschrift, ein Pferd ist folglich kein Fahrzeug.[812]

---

806  So geschehen in *Stokes* (1982) Crim LR 695, 696.
807  Siehe dazu oben unter C. I.
808  Kritisch dazu *Ormerod*, Smith and Hogan Criminal Law, Rn. 21.2.1.2: Das Unrecht, gegen welches sich die Vorschrift richte, sei, dass der Gebrauch des Fahrzeugs dem Berechtigten unmöglich gemacht werde. Dabei sollte es keine Rolle spielen, was derjenige, der das Fahrzeug an sich nehme, mit dem Fahrzeug mache.
809  Aber auch Fahrzeuge wie bspw. Lastwagen, die zwar primär für den Transport von Waren gemacht sind, aber auch einen Fahrersitz haben, fallen unter diese Definition, *Smith*, Property Offences, Rn. 9-07.
810  Laut *Parry*, Offences against Property, Rn. 5.04 wurde diese Einschränkung vom *Criminal Law Revision Committee*, Eighth Report on Theft and Related Offences, Cmnd. 2977 of 1966, § 84 damit begründet, dass es bei Section 12 Theft Act 1968 um den „Diebstahl einer Fahrt" gehe („the essence of the offence is stealing a ride").
811  Vgl. *Neal v. Gribble* (1978) 68 Cr App R 9, 11; *Griew*, Theft Act, Rn. 6-05; *Ormerod/Williams*, Smith's Law of Theft, Rn. 10.39; *Smith*, Property Offences, Rn. 9-07.
812  Vgl. *Neal v. Gribble* (1978) 68 Cr App R 9, 12; *Allen*, Criminal Law, Rn. 11.5.2.1.1; *Herring*, Criminal Law, Rn. 14.3.1; *Ormerod*, Smith and Hogan Criminal Law, Rn. 21.2.1.7; *Parry*, Offences against Property, Rn. 5.03. Laut *Ormerod/Williams*, Smith's Law of Theft, Rn. 10.39 ist allerdings eine von einem Pferd gezogene Kutsche ein Fahrzeug i.S.d. Vorschrift.

Die Vorschrift der Section 12 Theft Act 1968 setzt voraus, dass das Fahrzeug wenigstens eine Art Kontrollmechanismus bzw. Steuerungsmöglichkeit besitzt.[813] Deshalb fallen z.B. Inlineskates und Ski nicht unter die Vorschrift.[814] Fahrzeuge i.S.d. Vorschrift sind demnach u.a. Autos, Motorräder, Mopeds, Boote (ob mit oder ohne Motor betrieben), Flugzeuge, Segelflugzeuge, Drachenflieger und Eisenbahnen.[815] Im Gegensatz zu § 248b ist der Begriff des Fahrzeugs i.S.d. Section 12 Theft Act 1968 weiter gefasst und schließt auch nicht motorisierte Fahrzeuge und an Schienen gebundene Landfahrzeuge mit ein.

*bb)     Fahrrad – pedal cycle*

Die Definition eines Fahrzeuges in Section 12 Abs. 7 (a) Theft Act 1968 erfasst ihrem Wortlaut nach auch Fahrräder. Allerdings werden Fahrräder gem. Section 12 Abs. 5 Theft Act 1968 explizit vom Anwendungsbereich der Section 12 Abs. 1 Theft Act 1968 ausgenommen, so dass es sich bei Fahrrädern nicht um Fahrzeuge i.S.d. Section 12 Abs. 7 (a) Theft Act 1968 handelt. Für den unbefugten Gebrauch von Fahrrädern enthält Section 12 Abs. 5 Theft Act 1968 eine eigene Strafvorschrift,[816] die im Gegensatz zum unbefugten Gebrauch von Fahrzeugen nur mit Geldstrafe bedroht ist.[817] Ein Fahrrad ist ein zwei-, drei- o-

---

813   *Allen*, Criminal Law, Rn. 11.5.2.1.1; *Heaton/de Than*, Criminal Law, Rn. 12.4.1.1; siehe auch *MacDonagh* (1974) 59 Cr App R 55, 55, ein Fall, der sich auf die Bedeutung von „fahren" (*driving*) i.S.d. Road Traffic Act bezieht: „Fahren" setze den Gebrauch des Kontroll- oder Steuerungsmechanismus des Fahrzeugs zum Zwecke der Lenkung voraus.

814   *Allen*, Criminal Law, Rn. 11.5.2.1.1; *Heaton/de Than*, Criminal Law, Rn. 12.4.1.1; **a.A.** *Smith*, Property Offences, Rn. 9-06, der davon ausgeht, dass alle Fahrzeuge unter die Vorschrift fallen, die gefahren werden können und zu diesem Zweck hergestellt worden seien. Darunter fallen laut *Smith* auch Inlineskates, Surfboards und Skateboards. *Card*, Card, Cross & Jones Criminal Law, Rn. 10.112, ist der Meinung, dass der Wortlaut Inlineskates, Ski, etc. erfasse, aber ein Gericht – falls es einen solchen Fall zu entscheiden hätte – Inlineskates nicht unter die Vorschrift fallen lassen würde.

815   Vgl. *Heaton/de Than*, Criminal Law, Rn. 12.4.1.1; *Herring*, Criminal Law, Rn. 14.3.1; *Martin/Storey*, Criminal Law, Rn. 14.5.3; *Smith*, Property Offences, Rn. 9-06; *Wilson*, Criminal Law, S. 420.

816   2006/07 wurden 110.531 solcher Taten aktkenkundig, *Ormerod*, Smith and Hogan Criminal Law, Rn. 21.2.4.

817   *Parry*, Offences against Property, Rn. 5.05 bezeichnet diese Regelung als „gesetzgeberische Diskriminierung" (*legislative discrimination*) gegen Fahrräder und ihre Halter. Laut *Parry* begründet das *Criminal Law Revision Committee*, Eighth Report on Theft and Related Offences, Cmnd. 2977 of 1966, § 84 sie damit, dass ein Strafmaß bis zu drei Jahren Gefängnis (seit 1988 nur noch bis zu sechs Monaten Gefängnis) für die unbefugte Ingebrauchnahme von Fahrrädern zu hoch sei, obwohl es andererseits aner-

der mehrrädriges Fahrzeug, das grundsätzlich durch Benutzen der Pedale betrieben wird.[818] Fraglich ist, ob ein Fahrrad mit (Hilfs-) Motor als Fahrrad i.S.v. Section 12 Abs. 5 Theft Act 1968 einzuordnen ist oder als Fahrzeug i.S.v. Section 12 Abs. 1 Theft Act 1968. Im Rahmen der „Vorgängervorschrift" der Section 12 Theft Act 1968 (Taking and Driving Away)[819], die sich nur auf Kraftfahrzeuge bezog, wurde ein Fahrrad mit (Hilfs-) Motor grundsätzlich als Kraftfahrzeug i.S.d. Vorschrift verstanden (auch wenn es tatsächlich durch Treten der Pedale, aber ohne Verwendung des Motors gefahren wurde). War der Motor allerdings aufgrund fehlender Teile nicht funktionsfähig, so galt das Fahrrad nicht als Kraftfahrzeug. Eine solche Unterscheidung könnte auch im Rahmen der Section 12 Theft Act 1968 vorgenommen werden.[820]

Während der Differenzierung zwischen Kraftfahrzeugen und Fahrrädern im deutschen Recht im Rahmen des § 248b keine inhaltliche Bedeutung zukommt, ist im englischen Recht die Unterscheidung zwischen Fahrzeugen i.S.d. Section 12 Abs. 1 Theft Act 1968 und Fahrrädern für den Strafrahmen bedeutsam.

---

kennt, dass die unbefugte Ingebrauchnahme von Fahrrädern ein ernsthaftes Problem darstelle. Da der unbefugte Gebrauch von Fahrrädern häufiger als der unbefugte Gebrauch von Kraftfahrzeugen als Diebstahl zu bewerten ist (dazu unten unter C. II. 1. k), stellt sich die gesetzgeberische Diskriminierung nicht ganz so gravierend dar, wie es auf den ersten Blick scheint. Allerdings gilt dies auch für Ruderboote und alle anderen Fahrzeuge, die kein amtlich registriertes Nummernschild haben. Diese fallen aber unter den Fahrzeugbegriff der Section 12 Abs. 7 (a) Theft Act 1968 und werden mit einer höheren Strafandrohung belegt.

818  *Card*, Card, Cross & Jones Criminal Law, Rn. 10.120; *Smith*, Property Offences, Rn. 9-57. *Parry*, Offences against Property, Rn. 5.05 zieht die Definition von „cycle" in Section 196 Abs. 1 Road Traffic Act 1972 heran, wonach ein „cycle" als Zweirad, Dreirad oder Fahrrad mit vier oder mehr Rädern, das kein Kraftfahrzeug (*motor vehicle*) ist, definiert wird („*cycle* means a bicycle, tricycle, or cycle having four or more wheels, not being in any case a motor vehicle").

819  Die „Taking and Driving Away" Vorschrift fand sich zunächst in Section 28 Road Traffic Act 1930 und dann in Section 217 Road Traffic Act 1960. Noch heute ist die Tathandlung in Schottland „taking and driving away".

820  *Griew*, Theft Act, Rn. 6-22. Ähnlich im Ergebnis auch *Smith*, Property Offences, Rn. 9-06, ohne allerdings auf die alte Rechtslage abzustellen. *Card*, Card, Cross & Jones Criminal Law, Rn. 10.120 lässt die Frage offen und meint, wenn ein Fahrrad mit (Hilfs-) Motor kein Fahrrad i.S.d. Vorschrift sei, dann eben ein Fahrzeug i.S.d. Vorschrift. Aufgrund des unterschiedlichen Strafmaßes kann diese Frage allerdings nicht offen bleiben. *Parry*, Offences against Property, Rn. 5.05 verweist darauf, dass nach den Sections 3 und 4 der Electrically Assisted Pedal Cycles Regulations 1983 (Statutory Instrument (SI) 1983, No. 1168) bestimmte Fahrräder mit elektrischen (Hilfs-) Motoren keine Kraftfahrzeuge i.S.d. Road Traffic Act (siehe Section 193 Abs. 1 (b)) seien und deshalb auch im Rahmen der Section 12 Theft Act 1968 als Fahrräder gelten sollten.

Der unbefugte Gebrauch von Fahrrädern ist lediglich mit einer Geldstrafe bis zu Level 3 auf der *standard scale* (GBP 3.000,-) bedroht, während der unbefugte Gebrauch von Fahrzeugen mit einer Geldstrafe bis zu Level 5 auf der *standard scale* (GBP 5.000,-), einer Freiheitsstrafe bis zu sechs Monaten oder mit beidem bestraft werden kann.

c)     Tathandlung

Nach Section 12 Abs. 1 Theft Act 1968 macht sich strafbar, wer ohne Einwilligung des Eigentümers oder rechtliche Befugnis ein Fahrzeug für sich selbst oder einen Dritten in Gebrauch nimmt oder, wissend dass ein Fahrzeug ohne Einwilligung oder Befugnis in Gebrauch genommen wurde, dieses Fahrzeug fährt oder sich darin mitnehmen lässt.[821] Der unbefugte Gebrauch eines Fahrzeuges nach Section 12 Abs. 1 Theft Act 1968 kann also durch drei verschiedene Handlungen verwirklicht werden.[822]

*aa)     Ingebrauchnehmen eines Fahrzeugs für eigene Zwecke oder die Zwecke eines Dritten ohne die Einwilligung des Berechtigten oder andere rechtliche Befugnis – taking a conveyance for his own or another's use without the owner's consent or lawful authority*

(1)     Ingebrauchnehmen – *taking*

Das Ingebrauchnehmen eines Fahrzeugs setzt die Bewegung des Fahrzeugs voraus. Dabei spielt es keine Rolle, wie lange oder über welche Entfernung hinweg das Fahrzeug bewegt wird. Der Täter nimmt ein Fahrzeug in Gebrauch, wenn er sich den Besitz oder die Kontrolle über das Fahrzeug anmaßt und es bewegt oder bewirkt, dass es bewegt wird.[823] Nicht ausreichend ist eine Bewegung des

---

821   Zur Frage, ob sich das Merkmal „ohne Einwilligung des Berechtigten oder sonstige rechtliche Befugnis" auch auf die Tatvarianten des „Fahrens" und des „Sichmitnehmenlassens" bezieht, siehe *Parry*, Offences against Property, Rn. 5.26. Im Ergebnis ist diese Frage zu bejahen.

822   *Ashworth*, Criminal Law, S. 380.

823   *Bogacki* (1973) 57 Cr App R 593, 598 f. („there was an unauthorised taking of possession or control of the vehicle by him adverse to the rights of the true owner or person otherwise entitled to such possession or control, coupled with some movement, however small [...] of that vehicle [...]"); *Allen*, Criminal Law, Rn. 11.5.2.1.2; *Card*, Card, Cross & Jones Criminal Law, Rn. 10.113; *Griew*, Theft Act, Rn. 6-06; *Heaton/de Than*, Criminal Law, Rn. 12.4.1.2; *Ormerod*, Smith and Hogan Criminal Law, Rn. 21.2.1.1; *Ormerod/Williams*, Smith's Law of Theft, Rn. 10.29, 10.31. **A.A.** *White*, (1980) Crim LR 609, 615, der davon ausgeht, dass die Entscheidung des Gerichts in *Bogacki*, dass die Ingebrauchnahme Bewegung voraussetze, falsch sei.

Fahrzeugs, die unabsichtlich erfolgt.[824] Das Erfordernis der Bewegung führt dazu, dass beispielsweise das Nächtigen in einem parkenden Pkw kein Ingebrauchnehmen i.S.d. Section 12 Theft Act 1968 darstellt.[825] Auch das bloße
Starten des Motors ist nicht ausreichend.[826] Das Fahrzeug muss aber nicht durch
die dafür vorgesehenen Antriebskräfte bewegt werden.[827] Während der Road
Traffic Act verlangte, dass der Täter mit dem Fahrzeug wegfährt (*drives a-
way*),[828] verzichtet Section 12 Theft Act 1968 auf dieses Erfordernis. Dies führt
dazu, dass auch Fälle unter Section 12 Theft Act 1968 fallen, in denen das Fahrzeug zwar bewegt, aber nicht „gefahren" wird.[829] Die Bewegung des Fahrzeugs
muss nicht den Transport einer Person in oder auf dem Fahrzeug beinhalten.[830]

    Fraglich ist, ob auch ein Fahrzeug i.S.d. Vorschrift in Gebrauch genommen
werden kann, dass der Täter bereits (rechtmäßig) in Besitz hat. Diese Frage stellt
sich vor allem bei angestellten Fahrern, sonstigen Arbeitnehmern und Entlei-
hern.[831] Die Rechtsprechung zu dieser Frage hat sich im Laufe der Zeit geändert.

---

824  *Blayney v. Knight* (1975) 60 Cr App R 269, 271 = (1975) Crim LR 237, 238; zustim-
    mender Kommentar zu *Blayney v. Knight*, (1975) Crim LR 238, 238; *Card*, Card, Cross
    & Jones Criminal Law, Rn. 10.113; *Griew*, Theft Act, Rn. 6-06; *Ormerod/Williams*,
    Smith's Law of Theft, Rn. 10.29; *Parry*, Offences against Property, Rn. 5.06; *Smith*,
    Property Offences, Rn. 9-11.
    Dieses Element gehört – zumindest nach deutscher Strafrechtsterminologie – zur sub-
    jektiven Seite der Tat. Aufgrund der Tatsache, dass es in der englischen Literatur meist
    im Rahmen der Tathandlung Erwähnung findet, wird es bereits an dieser Stelle genannt.
    *Herring*, Criminal Law, Rn. 14.3.6 und *Ormerod*, Smith and Hogan Criminal Law,
    Rn. 21.2.2 ordnen es – m.E. richtig – der *mens rea* zu.
825  *Elliott/Quinn*, Criminal Law, S. 221; *Ormerod*, Smith and Hogan Criminal Law,
    Rn. 21.2.1.1; *Ormerod/Williams*, Smith's Law of Theft, Rn. 10.31.
826  *Herring*, Criminal Law, Rn. 14.3.2.
827  Vgl. *Martin/Storey*, Criminal Law, Rn. 14.5.1.
828  Siehe zu den dafür nötigen Voraussetzungen *Roberts* (1965) 48 Cr App R 296, 299.
829  *Ormerod/Williams*, Smith's Law of Theft, Rn. 10.30. Siehe dazu insbes. *Pearce* (1973)
    Crim LR 321, 321: Der Täter nahm ein aufblasbares Gummiboot weg und transportierte
    es auf seinem Anhänger ab (um es später als Boot zu benutzen). Vgl. auch *Heaton/de
    Than*, Criminal Law, Rn. 12.4.1.2, die betonen, dass zur Begehung der Tat nicht das
    Fahren, Segeln oder Fliegen des Fahrzeuges notwendig sei, da der Strafgrund nicht im
    „Stehlen einer Fahrt" liege, sondern darin, dass dem Berechtigten zeitweise sein Fahr-
    zeug vorenthalten werde; anders bzgl. des Strafgrundes *Bow* (1977) 64 Cr App R 54,
    57: „the mischief at which this section is aimed has been appropriately defined as ,steal-
    ing a ride'"; *Wilson*, Criminal Law, S. 421.
830  *Smith*, Property Offences, Rn. 9-10.
831  Nicht hingegen bei Mietern im Rahmen eines Mietvertrages, da der Mieter gem. Sec-
    tion 12 Abs. 7 Theft Act 1968 als Berechtigter i.S.d. der Section 12 Theft Act 1968 gilt,
    *Ormerod*, Smith and Hogan Criminal Law, Rn. 21.2.1.3. Ob bzw. inwiefern ein Fahr-

In *Mowe v. Perraton*[832] wich ein Angestellter am Ende seines Arbeitstags von seiner vorgesehenen Route ab, um etwas bei einem Freund vorbeizubringen. Das Gericht verneinte eine Ingebrauchnahme des Fahrzeugs. Die Straftat könne nicht durch jemanden begangen werden, dem das Fahrzeug für einen bestimmten Zweck anvertraut worden sei und der es anschließend über diesen Zweck hinaus benutze.[833] Zwar sei das Verhalten des angestellten Fahrers – insbesondere gegenüber seinem Arbeitgeber – ein „unberechtigtes Verhalten" (*an unauthorised thing*), es erfülle aber nicht den Straftatbestand der unbefugten Ingebrauchnahme eines Fahrzeugs.[834] In *Wibberley*[835] wurde eine andere Ansicht vertreten. Anstatt das Fahrzeug seines Arbeitgebers nach der Arbeit auf dem Firmengrundstück abzustellen, fuhr der Täter damit nach Hause. Zwei Stunden später benutzte er das Fahrzeug für eine private Fahrt. Die Benutzung des Fahrzeugs nach Ende der Arbeitszeit und nach einer zeitlichen Unterbrechung wurde als erneute Ingebrauchnahme gewertet. In Bezug auf *Mowe v. Perraton* ging das Gericht davon aus, dass es sich in diesem Fall nur um eine geringfügige Abweichung von den Vorgaben während der Arbeitszeit gehandelt und dies deshalb keine Ingebrauchnahme des Fahrzeugs dargestellt habe.[836]

In *Phipps and McGill*[837] lieh sich der Täter ein Fahrzeug, um damit seine Frau zum Bahnhof zu bringen; er sollte das Fahrzeug noch am Abend zurückgeben. Anstatt das Fahrzeug zurückzubringen, setzte der Täter seine Fahrt fort; der Berechtigte erhielt das Fahrzeug erst drei Tage später zurück. Das Gericht entschied, dass der Täter das Fahrzeug in Gebrauch genommen habe, als er beschlossen habe, es nicht zurückzubringen, sondern es für seine eigenen Zwecke zu nutzen.[838] Dabei wurde nicht erwähnt, ob oder inwieweit es eine zeitliche Unterbrechung zwischen der Fahrt zum Bahnhof und der anschließenden Weiter-

---

zeug von jemandem unbefugt in Gebrauch genommen werden kann, der dieses aus anderen Gründen bereits in Besitz hat (z.B. wenn der Täter zwar im Besitz des Fahrzeugs ist, ihm aber kein Gebrauchsrecht zusteht), wird im englischen Recht nicht diskutiert. Es ist aber davon auszugehen, dass in einem solchen Fall eine unbefugte Ingebrauchnahme i.S.d. Section 12 Theft Act 1968 möglich ist.

832   *Mowe v. Perraton* (1952) 35 Cr App R 194 ff. Die Entscheidung *Mowe v. Perraton* erging zu Section 28 Road Traffic Act 1930.

833   *Smith*, Property Offences, Rn. 9-25.

834   *Mowe v. Perraton* (1952) 35 Cr App R 194, 195 f.

835   *Wibberley* (1965) 3 All ER 718 ff. Die Entscheidung *Wibberley* erging zu Section 217 Road Traffic Act 1960.

836   *Wibberley* (1965) 3 All ER 718, 719 f.; *Smith*, Property Offences, Rn. 9-26.

837   *Phipps and McGill* (1970) 54 Cr App R 300 ff.

838   *Phipps and McGill* (1970) 54 Cr App R 300, 304.

fahrt gab. Es ist deshalb davon auszugehen, dass das Gericht das in *Wibberley* entwickelte Kriterium der zeitlichen Unterbrechung aufgab.[839]

In *McKnight v. Davies*[840] hatte der Täter einen kleinen Unfall, als er gerade einen Lastwagen zum Firmengelände seines Arbeitgebers zurückfuhr. Anstatt den Lastwagen wie geplant zurückzubringen, fuhr er daraufhin in eine Gastwirtschaft. Nach dem Wirtshausbesuch machte er noch einige weitere Fahrten mit dem Lastwagen und brachte ihn schließlich am nächsten Tag zum Firmengelände zurück. Das Gericht entschied, dass der Täter den Lastwagen in Gebrauch genommen habe, als er von der Gastwirtschaft weggefahren sei. Gleichzeitig stellte es klar, dass „nicht jede kurze, unbefugte Abweichung eines angestellten Fahrers von der vorgegebenen Route während seines Arbeitstages notwendigerweise eine „Ingebrauchnahme" des Fahrzeugs darstellt." Nutze der Täter das Fahrzeug aber in einer Weise, die zeige, dass er die Rechte des Berechtigten nicht anerkenne, so nehme er das Fahrzeug i.S.d. Section 12 Theft Act 1968 in Gebrauch.[841]

Zusammengefasst werden kann die Rechtsprechung zur Frage, wann eine Ingebrauchnahme vorliegt, wenn der Täter bereits im Besitz des Fahrzeuges ist, folgendermaßen: Ob von einer Ingebrauchnahme i.S.d. Section 12 Theft Act 1968 durch den Arbeitnehmer gesprochen werden kann, hängt davon ab, wie weit dieser von der vorgegebenen Route oder Aufgabe abweicht;[842] nicht jede

---

839 *Smith*, Property Offences, Rn. 9-27.

840 *McKnight v. Davies* (1974) RTR 4 ff.

841 *McKnight v. Davies* (1974) RTR 4, 8. Ob dies dadurch begründet werden kann, dass ein Angestellter, der ein Fahrzeug seines Arbeitgebers im Rahmen seiner Arbeit gebraucht, keinen „Besitz" an dem Fahrzeug im rechtlichen Sinne hat, ist umstritten. *Ormerod/Williams*, Smith's Law of Theft, Rn. 10.32 gehen davon aus, dass der Arbeitgeber in einer solchen Situation rechtlich betrachtet den Besitz innehabe, während der Arbeitnehmer nur „custody" habe. Ändere der Angestellte nun die Art und Weise des Gebrauchs des Fahrzeugs ohne Einwilligung des Arbeitgebers so, dass der Gebrauch nicht mehr als von seiner Angestelltenstellung gedeckt angesehen werden könne, könne die Ingebrauchnahme des Fahrzeugs darin gesehen werden, dass er es rechtlich gesehen in Besitz nehme. *Smith*, Property Offences, Rn. 9-29 hingegen betont, dass es keinen rechtlichen Grundsatz gebe, der dem Arbeitnehmer den Besitz an Sachen des Arbeitgebers abspreche. Die Tatsache, dass die Regeln, wann eine Ingebrauchnahme i.S.d. Abschnitts 12 Theft Act 1968 vorliege, nicht nur für Arbeitnehmer, sondern auch für Entleiher (*bailees*) gelten, zeige, dass die vorstehende Argumentation falsch sei. Denn ein Entleiher habe unstreitig Besitz an der Sache (McGill in *Phipps and McGill* war Entleiher), könne ein Fahrzeug aber trotzdem i.S.d. Vorschrift in Gebrauch nehmen.

842 *McKnight v. Davies* (1974) RTR 4, 8; *McKnight v. Davies* aufgreifend: *McMinn v. McMinn* (2006) 3 All ER 87, 93; *Heaton/de Than*, Criminal Law, Rn. 12.4.1.2 („question of degree"); *Ormerod*, Smith and Hogan Criminal Law, Rn. 21.2.1.3; *Ormerod/Williams*, Smith's Law of Theft, Rn. 10.32.

Abweichung stellt eine Ingebrauchnahme i.S.d. Section 12 Theft Act 1968 dar.[843] Eine Ingebrauchnahme liegt wohl jedenfalls dann vor, wenn ein Arbeitnehmer nach Ende seines Arbeitstages das Fahrzeug für eigene Zwecke nutzt,[844] kann aber auch schon während der Arbeitszeit vorliegen.[845] Eine zeitliche Unterbrechung zwischen befugter Benutzung und unbefugter Ingebrauchnahme ist nicht notwendig.[846] Diese Regeln gelten auch für den Entleiher (*bailee*) eines Fahrzeugs; leiht dieser sich ein Fahrzeug für eine bestimmte Strecke oder einen bestimmten Zweck, gebraucht es aber über diesen Zweck hinaus, so stellt dieses Verhalten i.d.R. eine „Ingebrauchnahme" dar.[847]

Diese von der Rechtsprechung entwickelte Auslegung des Begriffs „Ingebrauchnehmen" ist nicht unumstritten. Ihr wird entgegengehalten, sie gerate mit der umgangssprachlichen Bedeutung des Wortes „Ingebrauchnehmen" (*to take*) in Konflikt. Des Weiteren sei fraglich, ob die durch diese Auslegung unter die Strafvorschrift der Section 12 Theft Act 1968 fallenden Fälle wirklich dazu gedacht seien, als unbefugter Fahrzeuggebrauch bestraft zu werden.[848] Zumindest ursprünglich sei die Bestrafung des unbefugten Fahrzeuggebrauchs nicht dazu gedacht gewesen, Fälle zu erfassen, in denen der Täter den Besitz (und die Gebrauchsbefugnis) rechtmäßig erlangt habe.[849] Außerdem führe diese Auslegung zu einer Diskrepanz zwischen den Fällen, in denen ein Fahrzeug über den vereinbarten Zweck hinaus gebraucht werde (strafbar) und den Fällen, in denen die Einwilligung zum Gebrauch durch Täuschung – teilweise über den Zweck des Gebrauchs – erlangt werde[850] (weitestgehend straflos).[851] Problematisch ist auch die nach der Rechtsprechung vorzunehmende Abgrenzung zwischen strafbaren

---

843  *McKnight v. Davies* (1974) RTR 4, 8: „Not every brief, unauthorised diversion from his proper route by an employed driver in the course of his working day will necessarily involve a ‚taking' of the vehicle for his own use."

844  *Wibberley* (1965) 3 All ER 718, 720; *Card*, Card, Cross & Jones Criminal Law, Rn. 10.114; *Ormerod/Williams*, Smith's Law of Theft, Rn. 10.33.

845  *Card*, Card, Cross & Jones Criminal Law, Rn. 10.114.

846  *Smith*, Property Offences, Rn. 9-27.

847  Vgl. *Phipps and McGill* (1970) 54 Cr App R 300, 300 ff.; *Allen*, Criminal Law, Rn. 11.5.2.1.2; *Card*, Card, Cross & Jones Criminal Law, Rn. 10.114; *Ormerod/Williams*, Smith's Law of Theft, Rn. 10.34. Dies gilt nicht für den Mieter eines Fahrzeugs, da dieser gem. Abschnitt 12 (7) (b) „owner" i.S.d. Vorschrift ist und es somit während der Dauer des Vertrages auf seinen Willen ankommt, *Card*, Card, Cross & Jones Criminal Law, Rn. 10.116.

848  *Griew*, Theft Act, Rn. 6-09.

849  *Whittaker v. Campell* (1983) 3 All ER 582, 587; *Smith*, Property Offences, Rn. 9-24. Siehe auch *Mowe v. Perraton* (1952) 35 Cr App R 194, 196.

850  Siehe dazu unten unter D. II. 1. c) aa) (3) (b).

851  *Griew*, Theft Act, Rn. 6-09.

und straflosen Abweichungen von der vorgegebenen Route oder dem vorgegebenen Zweck des Gebrauchs, da es an klaren Kriterien fehlt, was als „geringfügige" Abweichung anzusehen ist.

Die vorstehende Diskussion lässt sich nicht von der Frage trennen, inwiefern sich jemand nach Section 12 Theft Act 1968 strafbar macht, der sich die Einwilligung zum Gebrauch des Fahrzeugs durch Täuschung über den Zweck des Gebrauchs erschleicht; entsprechende Lösungsmöglichkeiten werden deshalb unten im Rahmen der Einwilligungsproblematik aufgezeigt.[852] Die Diskussion ist mit dem Streit im Rahmen des § 248b vergleichbar, ob die Ingebrauchnahme auch das Ingebrauchhalten erfasst[853] und ob die Überschreitung der Grenzen eines bestehenden Gebrauchsrechts unter den Tatbestand fällt[854].

(2)     Für eigene Zwecke oder die Zwecke eines Dritten – *for his own or another's use*

Die Ingebrauchnahme des Fahrzeugs muss für eigene Zwecke oder die Zwecke eines Dritten erfolgen; dies ist dann der Fall, wenn das Fahrzeug als Fortbewegungsmittel genutzt wird.[855] Zur Erfüllung des Tatbestandes ist es ausreichend, wenn der Täter sich die Kontrolle über das Fahrzeug anmaßt und es bewegt (z.B. durch Schieben oder Ziehen) – es folglich i.S.d. oben Gesagten „in Gebrauch nimmt" – ohne das Fahrzeug dabei als Fortbewegungsmittel zu benutzen, aber einen Gebrauch als Fortbewegungsmittel zu einem späteren Zeitpunkt beabsichtigt. Der beabsichtigte Gebrauch als Fortbewegungsmittel in der Zukunft ist somit ausreichend.[856] Dies wird zum einen damit begründet, dass der Wort-

---

852   Siehe dazu unten unter unter D. II. 1. c) aa) (3) (b).

853   Siehe dazu oben unter C. II. 2. a) aa).

854   Siehe dazu oben unter C. II. 2. b) bb) (4).

855   *Bow* (1977) 64 Cr App R 54, 57: „that the conveyance should have been used as a conveyance, i.e. should have been used as a means of transport"; *Allen*, Criminal Law, Rn. 11.5.2.1.2; *Card*, Card, Cross & Jones Criminal Law, Rn. 10115; *Griew*, Theft Act, Rn. 6-10.

856   *Marchant and McCallister* (1984) 80 Cr App R 361, 364; *Allen*, Criminal Law, Rn. 11.5.2.1.2; *Card*, Card, Cross & Jones Criminal Law, Rn. 10115; *Griew*, Theft Act, Rn. 6-11; *Herring*, Criminal Law, Rn. 14.3.3; so wohl auch in *Pearce* (1973) Crim LR 321, 321. Siehe auch Kommentar zu *Stokes*, (1982) Crim LR 695, 696.
      *Smith*, Property Offences, Rn. 9-13, weist darauf hin, dass in den Fällen, in denen ein Fahrzeug gebraucht werde, ohne es als Fortbewegungsmittel zu nutzen, der beabsichtigte Gebrauch als Fortbewegungsmittel in der Zukunft die Regel sei.
      Da der beabsichtigte Gebrauch des Fahrzeugs als Fortbewegungsmittel ausreichend ist, ist das Merkmal „for his own or another's use" – zumindest nach deutschem Verständnis – eher ein subjektives Merkmal. Die ganz herrschende Meinung (**a.A.** *White*, (1980) Crim LR 609, 611, 618 ff., siehe dazu auch unten unter D. II. 1. d) sieht es aber als Teil des *actus reus*, also des objektiven Teils der Tat. Siehe dazu auch *Parry*, Offences

laut „takes [...] for his own [...] use" und nicht „uses [...] for his own [...] use"
laute,[857] zum anderen damit, dass die Alternative „for [...] another's use" die Situation beschreibe, in der jemand ein Fahrzeug mit dem Vorsatz in Gebrauch
nehme, dass das Fahrzeug später von jemand anderem als Fortbewegungsmittel
gebraucht werde. Wenn für diese Alternative der beabsichtigte Gebrauch als
Fortbewegungsmittel in der Zukunft ausreiche, so genüge dies auch für „for his
own [...] use".[858]

Wird das Fahrzeug als Fortbewegungsmittel gebraucht, ist der Tatbestand
auch dann erfüllt, wenn das Motiv für den Gebrauch nicht in der Fortbewegung
besteht.[859] Wird das Fahrzeug allerdings nur versteckt, um den Berechtigten
glauben zu machen, es wurde gestohlen oder wird die Handbremse gelöst, um
das Fahrzeug eine abschüssige Straße hinunter fahren zu lassen, ohne dass sich
jemand in oder auf dem Fahrzeug befindet, so wird das Fahrzeug nicht als Fortbewegungsmittel gebraucht und der Tatbestand ist nicht erfüllt.[860]

Dass nach der Rechtsprechung das Fahren eines Fahrzeugs grundsätzlich
den Gebrauch eines Fahrzeugs zu Fortbewegungszwecken darstellt und das Fahren somit immer – unabhängig vom Motiv des Fahrenden – ein Gebrauch des
Fahrzeugs als Fortbewegungsmittel ist,[861] stößt teilweise auf Kritik.[862] In *Bow*

---

against Property, Rn. 5.08, der das Merkmal zwar nicht als subjektives bezeichnet, aber
meint, dass die Tatsache, dass „for his own or another's use" dann erfüllt sei, wenn der
Täter das Fahrzeug tatsächlich als Fortbewegungsmittel nutze, daher rühre, dass der tatsächliche Gebrauch als Fortbewegungsmittel der beste Beweis für die beabsichtigte
Nutzung als Fortbewegungsmittel sei.

857  *Smith*, Property Offences, Rn. 9-13, Fn. 40.
858  *Parry*, Offences against Property, Rn. 5.08.
859  So in *Bow* (1977) 64 Cr App R 54, 58.
860  Vgl. *Stokes* (1982) Crim LR 695, 696; *Card*, Card, Cross & Jones Criminal Law,
     Rn. 10115; *Griew*, Theft Act, Rn. 6-10; *Herring*, Criminal Law, Rn. 14.3.3.
861  *Bow* (1977) 64 Cr App R 54, 58.
862  Bereits kritisch dazu, dass die Ingebrauchnahme überhaupt zum Zwecke der Fortbewe-
     gung geschehen muss: Kommentar zu *Bow*, (1977) Crim LR 177, 178; *Ormerod*, Smith
     and Hogan Criminal Law, Rn. 21.2.1.2. *Ormerod* argumentiert, dass der Wortlaut von
     Section 12 Abs. 1 Theft Act 1968 nicht verlange, dass die Ingebrauchnahme zum Zwe-
     cke der Nutzung des Fahrzeugs als Fortbewegungsmittel erfolge. Die Rechtsprechung –
     und auch die herrschende Lehre – interpretiere die Vorschrift so, als ob die Worte „as a
     conveyance" direkt nach „use" stehen. Section 12 Theft Act 1968 solle dem Problem
     des zeitlich begrenzten Eigentumsentzug begegnen; das Unrecht sei, dass der Gebrauch
     des Fahrzeugs dem Berechtigten unmöglich gemacht werde. Dabei sollte es keine Rolle
     spielen, wofür der Täter das Fahrzeug in dieser Zeit nutze.
     Auch *Herring*, Criminal Law, Rn. 14.3.3 ist der Meinung, dass das Erfordernis, das
     Fahrzeug als Fortbewegungsmittel zu gebrauchen, eine übermäßig (*unduly*) restriktive
     Auslegung des Tatbestandes darstelle. Für das Opfer stelle sich der Verlust gleich dar –

blockierte ein Wildhüter mit seinem Fahrzeug das Fahrzeug des Täters, eines mutmaßlichen Wilddiebs. Der Täter setzte sich hinter das Steuer des Fahrzeugs des Wildhüters, löste die Handbremse und ließ es den Berg hinunterrollen. Sein Motiv bestand allein in der Beseitigung des fremden Fahrzeugs als Hindernis.[863] Die Rechtsprechung wertete die Handlung des Täters als Gebrauch des fremden Fahrzeugs als Fortbewegungsmittel. *Smith* hält dagegen, dass der Täter sich in diesem Fall zwar selbst mit dem Fahrzeug transportiere, da er im Wagen sitze; die eigene Fortbewegung sei aber kein Teil seines Handlungsziels. Der Täter beabsichtige nur, ein Hindernis aus dem Weg zu räumen. Hätte er das Fahrzeug von *außen* geschoben und gelenkt, so läge kein Gebrauch als Fortbewegungsmittel vor;[864] es sei davon auszugehen, dass die Tatsache, dass der Täter im vorliegenden Fall am Steuer gesessen habe, keinen Unterschied mache. Verstehe man bereits das bloße Fahren eines Fahrzeugs als „Ingebrauchnahme als Fortbewegungsmittel" i.S.v. „Ingebrauchnahme für eigene Zwecke", so komme dies einer Aufhebung des Erfordernisses „für eigene Zwecke" gleich.[865] Gehe man mit der Rechtsprechung davon aus, dass dem Motiv für den Gebrauch keine Bedeutung zukomme und deshalb ein Fahrzeug schon dann als Fortbewegungsmittel gebraucht werde, wenn es von einer Person in Bewegung gesetzt werde, die sich in oder auf dem Fahrzeug befinde, komme man zu dem „absurden" Ergebnis, dass es einen Unterschied mache, ob jemand ein Fahrzeug einfach durch Ausnutzen der Schwerkraft rollen lasse und dabei zusehe oder ob er es rollen lasse und im Fahrzeug sitze.[866]

Laut *Smith* ist eine Unterscheidung nach dem handlungsleitenden Motiv des Täters nötig. Dies gestaltet sich in vielen Fällen aber als schwierig und wirft neue Fragen auf: Gebraucht jemand einen Lastwagen als Fortbewegungsmittel, wenn er ihn aus Spaß am Fahren fährt? Oder wenn er den Lastwagen fährt, um diesen zu testen?[867] Wie *Smith* selbst an anderer Stelle erwähnt, sollte eine Vorschrift einfach und verständlich sein.[868] Eine Unterscheidung nach dem handlungsleitenden Motiv erfüllt diese Anforderungen sicherlich nicht.

---

egal, ob das Fahrzeug als Fortbewegungsmittel genutzt werde oder zu anderen Zwecken.

863  Siehe zum Sachverhalt *Bow* (1977) 64 Cr App R 54, 54 f.

864  Siehe dazu auch *Stokes* (1982) Crim LR 695, 696.

865  *Smith*, Property Offences, Rn. 9-15. Auch *Herring*, Criminal Law, Rn. 14.3.3 kritisiert die Rechtsprechung in *Bow* und nennt die Entscheidung fragwürdig (*dubious*).

866  *Smith*, Property Offences, Rn. 9-16. Zweifelnd an der Rechtsprechung in *Bow* auch *Ormerod/Williams*, Smith's Law of Theft, Rn. 10.37.

867  Beispiele von *Smith*, Property Offences, Rn. 9-16 selbst. Nach *Smith* ist dies kein Gebrauch als Fortbewegungsmittel.

868  Vgl. *Smith*, Property Offences, Rn. 9-23.

Nach der Rechtsprechung hingegen ist eine klare Abgrenzung möglich: Unabhängig vom handlungsleitenden Motiv des Täters erfüllt dieser den Tatbestand, wenn er das Fahrzeug als Fortbewegungsmittel gebraucht. Sitzt jemand in oder auf einem Fahrzeug und fährt dieses vorsätzlich, so bewegt er sich damit fort. Auch wenn das Ziel seiner Handlung nicht in der Fortbewegung besteht, so liegt sie doch faktisch vor und stellt zumindest auch ein bewusstes Zwischenziel dar.[869] Deshalb ist der Rechtsprechung zuzustimmen.

Auch im Rahmen des § 248b muss das Fahrzeug als Fortbewegungsmittel gebraucht werden. Dies ergibt sich allerdings direkt aus der Tathandlung „in Gebrauch nehmen"[870] und nicht aus einem zusätzlichen Merkmal wie „for his own or another's use". Die Frage, wie es sich verhält, wenn handlungsleitendes Motiv des Gebrauchs des Fahrzeugs nicht die Fortbewegung ist, sondern ein anderes Motiv, wird im deutschen Recht nicht diskutiert. Wie im englischen Recht ist das Motiv des Täters aber ohne Bedeutung; wenn das Fahrzeug faktisch als Fortbewegungsmittel gebraucht wird und dies vorsätzlich geschieht, erfüllt dies den Tatbestand des § 248b.

(3)    Ohne die Einwilligung des Berechtigten oder andere rechtliche Befugnis
       *– without the owner's consent or other lawful authority*

Die Ingebrauchnahme des Fahrzeugs muss ohne die Einwilligung des Berechtigten oder andere rechtliche Befugnis erfolgen. Wie die Formulierung „andere" zeigt, ist die Einwilligung des Berechtigten eine Form der rechtlichen Befugnis.[871] Die Erwähnung der Einwilligung des Berechtigten in Section 12 Abs. 1 Theft Act 1968 ist deshalb eigentlich überflüssig; sie erklärt sich dadurch, dass es sich bei der Einwilligung des Berechtigten um die wichtigste Form der rechtlichen Befugnis handelt, weshalb sie nachfolgend gesondert behandelt wird.

---

869    Vgl. die Argumentation in *Bow* (1977) 64 Cr App R 54, 58: „where [...] a conveyance is taken and moved in a way which necessarily involves its use as a conveyance, the taker cannot be heard to say that the taking was not for that use." Vgl. außerdem *Parry*, Offences against Property, Rn. 5.07; siehe auch *White*, (1980) Crim LR 609, 617 f., der im Fall von *Bow* davon ausgeht, dass von einem Gebrauch des Fahrzeugs als Fortbewegungsmittel gesprochen werden könne, da das Endziel des Täters zwar in der Hindernisbeseitigung bestanden habe, der Täter dieses Ziel aber über den Gebrauch des Fahrzeugs als Fortbewegungsmittel habe erreichen wollen. Allerdings widerspricht *White* einer Verallgemeinerung dieses Ergebnisses: Nur weil jemand ein Fahrzeug faktisch als Fortbewegungsmittel nutze, bedeute dies nicht, dass er das Fahrzeug i.S.d. der Section 12 Abs. 1 Theft Act 1968 als Fortbewegungsmittel gebrauche.

870    Siehe dazu oben unter C. II. 2. a).

871    *Smith*, Property Offences, Rn. 9-18; vgl. auch *Parry*, Offences against Property, Rn. 5.11.

(a)      Berechtigter – *owner*[872]

Berechtigter i.S.d. Section 12 Theft Act 1968 ist grundsätzlich der Eigentümer. Falls das Fahrzeug vermietet ist, ist Berechtigter gem. Section 12 Abs. 7 (b) Theft Act 1968 derjenige, der laut Mietvertrag zum Besitz des Fahrzeuges (wohl verbunden mit einem Recht zum Gebrauch als Fortbewegungsmittel) berechtigt ist.[873] Hierbei handelt es sich i.d.R. um den Mieter.

Ob auch der Eigentümer selbst Täter i.S.d. Section 12 Theft Act 1968 sein kann, wird in der Rechtsprechung gar nicht und in der Literatur kaum thematisiert. *Parry* geht davon aus, dass die Einwilligung des Eigentümers auch dann den Tatbestand ausschließe, wenn dieser kein (direktes) Recht zum Besitz des Fahrzeugs habe. Daraus folgert er, dass der Eigentümer selbst sich nicht wegen unbefugter Ingebrauchnahme strafbar mache, wenn er das Fahrzeug ohne die Einwilligung des Entleihers (*bailee*) in Gebrauch nehme.[874] Da Section 12 Abs. 1 Theft Act 1968 auf den „owner" und damit den Eigentümer abstellt und Section 12 Abs. 7 (b) Theft Act 1968 nur denjenigen erwähnt, dem im Rahmen eines Mietvertrages das Recht zum Besitz zusteht, ist davon auszugehen, dass der Eigentümer sich grundsätzlich nicht nach Section 12 Theft Act 1968 strafbar machen kann. Etwas anders gilt nur, wenn er das Fahrzeug ohne Einwilligung des Mieters in Gebrauch nimmt.

Das deutsche Recht enthält, anders als das englische Recht, keine Legaldefinition des „Berechtigten". Im Rahmen des § 248b ist Berechtigter derjenige, der kraft dinglichem, obligatorischem oder sonstigem Recht berechtigt ist, das Fahrzeug als Fortbewegungsmittel zu gebrauchen.[875] Steht das Recht zur Nutzung des Fahrzeugs als Fortbewegungsmittel nicht dem Eigentümer zu, nimmt er das Fahrzeug unbefugt in Gebrauch, wenn er es gegen den Willen des Berechtigten nutzt. Im Gegensatz zum englischen Recht erfasst der Begriff des Berechtigten einen größeren Kreis möglicher Berechtigter und die mögliche Strafbarkeit des Eigentümers ist deshalb wesentlich weiter.

(b)      Einwilligung – *consent*

Die Einwilligung des Berechtigten schließt die Tatbestandsmäßigkeit der Ingebrauchnahme aus. Sie muss zu dem Zeitpunkt vorliegen, in dem das Fahrzeug in Gebrauch genommen wird. Sagt der Berechtigte später aus, dass er die Einwilli-

---

872   Die Übersetzung des Wortes „owner" mit „Berechtigter" anstelle von „Eigentümer" erfolgt aufgrund der Regelung in Section 12 (7) (b) Theft Act 1968.

873   Section 12 Abs. 7 (b) lautet: „owner", in relation to a conveyance which is the subject of a hiring agreement or hire-purchase agreement, means the person in possession of the conveyance under that agreement.

874   *Parry*, Offences against Property, Rn. 5.11.

875   Siehe dazu oben unter C. II. 2. b) aa).

gung erteilt hätte, wenn er gefragt worden wäre, so ändert das nichts am Vorliegen einer Ingebrauchnahme *ohne Einwilligung* des Berechtigten.[876]

Eine durch Gewalt oder Drohung erlangte Einwilligung ist unwirksam.[877] Fraglich ist, ob eine Einwilligung wirksam ist, die durch Täuschung erlangt wurde. Dies ist umstritten und wird teilweise von der Art der Täuschung abhängig gemacht.[878]

Grundsätzlich berührt eine Täuschung die Wirksamkeit der Einwilligung des Berechtigten im Rahmen der Section 12 Theft Act 1968 nicht,[879] was darin begründet liegt, dass die Bestrafung des unbefugten Fahrzeuggebrauchs eingeführt wurde, um Fälle zu erfassen, in denen ein Fahrzeug gebraucht wird, ohne den Berechtigten überhaupt darüber zu informieren.[880] Die Regel, dass eine Täu-

---

876  *Ambler* (1979) RTR 217, 219 f.; *Card*, Card, Cross & Jones Criminal Law, Rn. 10116; *Griew*, Theft Act, Rn. 6-16; *Heaton/de Than*, Criminal Law, Rn. 12.4.1.3; *Ormerod/Williams*, Smith's Law of Theft, Rn. 10.42; *Parry*, Offences against Property, Rn. 5.11; *Smith*, Property Offences, Rn. 9-19.

Vgl. im deutschen Recht das Institut der hypothetischen Einwilligung, wonach ein Arzt sich bei einer nicht durch eine tatsächliche Einwilligung gedeckten Heilbehandlung (aufgrund unvollständiger Aufklärung des Patienten) nicht wegen Körperverletzung strafbar macht, wenn der Patient auch bei vollständiger Aufklärung eingewilligt hätte. Siehe dazu u.a. *Paeffgen*, in: NK, Vorbem. §§ 32 ff., Rn. 168a m.w.N. und Kritik zu dieser Rechtsfigur.

877  *Allen*, Criminal Law, Rn. 11.5.2.1.3; *Card*, Card, Cross & Jones Criminal Law, Rn. 10116; *Griew*, Theft Act, Rn. 6-19, der davon spricht, das eine Einwilligung aufgrund von Gewalt oder Drohung eher ein „Akt der Unterwerfung" (*act of submission*) als eine Einwilligung sei; *Heaton/de Than*, Criminal Law, Rn. 12.4.1.3; *Ormerod/Williams*, Smith's Law of Theft, Rn. 10.43; *Smith*, Property Offences, Rn. 9-22; vgl. *Hogdon* (1962) Crim LR 563, 564; siehe auch *Whittaker v. Campell* (1983) 3 All ER 582, 587, wo dieser Punkt allerdings nicht entschieden wird. Das Gericht deutet an, dass in den Fällen, in denen die Einwilligung durch Gewalt erlangt werde, anders zu entscheiden sein könnte als in solchen, in denen die Einwilligung durch eine Täuschung erlangt werde. *Parry*, Offences against Property, Rn. 5.14 geht davon aus, dass im Strafrecht zwischen verschiedenen Arten bzw. Graden einer Drohung unterschieden werden müsse. Während eine Drohung mit Gewalt eine Einwilligung unwirksam mache, gelte dies nicht ohne weiteres für andere Drohungen.

878  Siehe *Wilson*, Criminal Law, S. 421.

879  *Whittaker v. Campell* (1983) 3 All ER 582, 582 ff.; *Griew*, Theft Act, Rn. 6-17; *Parry*, Offences against Property, Rn. 5.12; *Smith*, Property Offences, Rn. 9-22. „Erschleicht" sich bspw. jemand die Einwilligung des Berechtigten zum Gebrauch eines Fahrzeugs mit der Aussage, sein eigenes Auto sei kaputt, obwohl dies nicht der Wahrheit entspricht, so erfüllt dies nicht den Tatbestand von Section 12 Theft Act 1968, *Wilson*, Criminal Law, S. 421.

880  *Peart* (1970) 2 All ER 823, 824; *Whittaker v. Campell* (1983) 3 All ER 582, 587; *Smith*, Property Offences, Rn. 9-22; vgl. auch *Mowe v. Perraton* (1952) 35 Cr App R 194, 196.

schung die Wirksamkeit der Einwilligung nicht berührt, wurde von der Recht-sprechung erstmals in der umstrittenen[881] Entscheidung *Peart*[882] aufgestellt. In *Peart* lieh sich der Angeklagte ein Auto mit der unwahren Aussage, er habe einen dringenden Termin in A. Statt dorthin zu fahren, fuhr er nach B. Das Gericht ging davon aus, dass die Ingebrauchnahme des Fahrzeugs mit der Einwilligung des Berechtigten erfolgt sei, da nur der Besitz des Fahrzeugs durch Täuschung erlangt worden sei, eine Einwilligung zum Gebrauch aber vorgelegen habe. Das Gericht äußerte sich allerdings nicht zu der Frage, ob eine Täuschung über grundlegendere Tatsachen als die Art oder Länge des Gebrauchs die Wirksamkeit der Einwilligung beeinträchtigen könnte. In *Whittaker v. Campell*[883] legte der Mieter bei Abschluss des Mietvertrages über ein Auto einen fremden Führerschein vor. Das Gericht entschied, dass dieses Verhalten keine Straftat nach Section 12 Theft Act 1968 darstelle. Section 12 Theft Act 1968 solle vor allem die Fälle erfassen, in denen der Täter gar keine Einwilligung des Berechtigten einhole.[884] Es gebe keinen generellen Rechtsgedanken, dass eine Täuschung zur Unwirksamkeit einer Einigung bzw. Einwilligung führe. Auch im Zivilrecht (*contract law*) führe eine Täuschung grundsätzlich nicht zur Nichtigkeit des Vertrages, sondern gebe der anderen Vertragspartei ein Anfechtungsrecht (*right to rescind*).[885] Etwas anderes gelte im Zivilrecht nur, wenn die durch die Täuschung bewirkte Fehlvorstellung der anderen Vertragspartei so wesentlich sei (*fundamental mistake*), dass das Zustandekommen einer objektiven Einigung verhindert werde.[886] Die Strafbarkeit solle aber nicht von einer solch schwierigen Abgrenzung abhängen, zumal es in Bezug auf das Unrecht der Tat – die Ingebrauchnahme eines Fahrzeugs ohne sich überhaupt um die Einwilligung des Berechtigten zu kümmern[887] – keinen Unterschied mache. Deshalb müsse auch

---

881 *Smith*, Property Offences, Rn. 9-22 stimmt der Entscheidung und der sich seiner Meinung daraus ergebenden Regel, dass jeder Gebrauch mit der Einwilligung des Berechtigten nicht unter Section 12 Theft Act 1968 falle, unabhängig davon, ob und ggf. welche Art der Täuschung zur Erlangung der Einwilligung benutzt worden sei, zu. Nach *Smith* kann sich der Täter in einem solchen Fall höchstens wegen Betruges (*obtaining services by deception*) oder Fälschung (*forgery*) strafbar machen. *Allen*, Criminal Law, Rn. 11.5.2.1.3 und *Ormerod/Williams*, Smith's Law of Theft, Rn. 10.45 ff. hingegen widersprechen der Entscheidung.
882 *Peart* (1970) 2 All ER 823 ff.
883 *Whittaker v. Campell* (1983) 3 All ER 582 ff.
884 *Whittaker v. Campell* (1983) 3 All ER 582, 587.
885 *Whittaker v. Campell* (1983) 3 All ER 582, 586.
886 *Whittaker v. Campell* (1983) 3 All ER 582, 587.
887 *Whittaker v. Campell* (1983) 3 All ER 582, 587: „It [= Section 12 Theft Act 1968] is directed against persons simply taking other person's vehicles for their own purposes, [...] without troubling to obtain the consent of the owner [...]."

nicht entschieden werden, ob es sich um einen Fall der Identitätstäuschung oder lediglich um einen Fall der Täuschung über eine Eigenschaft einer Person handle.[888]

*Parry* wendet gegen die Argumentation des Gerichts in *Whittaker v. Campell* ein, dass das Strafrecht nicht einfach die zivilrechtlichen Unterscheidungen zwischen verschiedenen Irrtümern ignorieren könne. Diese Unterscheidungen spiegeln die „grenzenlose Vielfalt des Lebens" wider.[889] Eine Täuschung bzgl. der Identität oder bestimmter Eigenschaften des Täuschenden führe nicht zur Unwirksamkeit der Einwilligung; berühre die Täuschung hingegen den Zweck des Fahrzeuggebrauchs selbst, so liege keine Einwilligung für den entgegen dem behaupteten Zweck vorgenommen Gebrauch vor.[890] Der Argumentation *Parrys* ist nicht zuzustimmen. Die schwierige Abgrenzung zwischen wesentlichen (*fundamental*) und unwesentlichen Fehlvorstellungen aus dem Zivilrecht in das Strafrecht zu übertragen, würde zu schwierigen Abgrenzungsfragen führen, die im Strafrecht aufgrund der erforderlichen Bestimmtheit problematisch sind. Das Strafrecht muss nicht alle Fälle erfassen, die zivilrechtlich unwirksam sind bzw. rückabzuwickeln wären.

Die Rechtsprechung zur Unbeachtlichkeit einer Täuschung in Bezug auf die Wirksamkeit der Einwilligung des Berechtigten gerät in Konflikt mit der oben dargestellten Rechtsprechung zur Strafbarkeit einer über den befugten Gebrauch hinausgehenden Ingebrauchnahme.[891] Fälle, in denen der Täter zwar die Einwilligung für die Ingebrauchnahme des Fahrzeugs besitzt, die Einwilligung aber auf einen bestimmten Zweck beschränkt ist und der Täter das Fahrzeug über diesen

---

888    Das Gericht selbst lässt erkennen, dass es von einer Täuschung über die Eigenschaft einer Person ausgeht, *Whittaker v. Campell* (1983) 3 All ER 582, 587 f. *Allen*, Criminal Law, Rn. 11.5.2.1.3, *Griew*, Theft Act, Rn. 6-17 und *Heaton/de Than*, Criminal Law, Rn. 12.4.1.3 gehen auch davon aus, dass es sich lediglich um eine Täuschung über die Eigenschaft einer Person handle. Der Vermieter wolle den Mietvertrag mit der Person abschließen, die vor ihm stehe und irre sich lediglich über eine Eigenschaft dieser Person. *Smith*, Property Offences, Rn. 9-23 hingegen geht davon aus, dass es sich um einen Identitätsirrtum handle, da die in dem vorlegten Führerschein genannte Person wirklich existiere und der Vermieter davon ausgehe, dass sein Gegenüber diese Person sei.

889    *Parry*, Offences against Property, Rn. 5.13.

890    *Parry*, Offences against Property, Rn. 5.16.

891    Siehe oben unter D. II. 1. c) aa) (1). *Ashworth*, Criminal Law, S. 380 spricht von einer „nicht überzeugenden Unterscheidung" (*unconvincing distinction*) in Bezug auf *Phipps and McGill* und *Peart*. *Parry*, Offences against Property, Rn. 5.16 widerspricht einem solchen Konflikt. Dies beruht allerdings darauf, dass *Parry* davon ausgeht, dass eine Täuschung bezogen auf Ziel und Zweck der Ingebrauchnahme dazu führe, dass der Berechtigte nur für das behauptete Ziel bzw. den Zweck einwillige. Jeder andere Gebrauch stelle dann eine Ingebrauchnahme ohne Einwilligung des Berechtigten dar.

vereinbarten Zweck hinaus nutzt (*Phipps and McGill*), sind strafbar, da der Gebrauch des Fahrzeugs nach Erreichung des vereinbarten Zwecks als erneute Ingebrauchnahme ohne Einwilligung des Berechtigten gewertet wird. Fälle hingegen, in denen die Einwilligung durch Täuschung über den Zweck erschlichen wird (*Peart*), sind straflos, weil die Täuschung die Wirksamkeit der Einwilligung unberührt lässt und somit eine Ingebrauchnahme mit Einwilligung des Berechtigten vorliegt. Während der Täter sich in *Phipps and McGill*[892] ein Auto lieh, um nach A zu fahren und – nachdem er nach A gefahren war – weiter nach B fuhr und das Gericht ab dem Losfahren in A von einer Ingebrauchnahme ohne Einwilligung des Berechtigten ausging, lieh sich der Täter in *Peart*[893] ein Auto, um nach A zu fahren, fuhr aber stattdessen nach B und wurde nicht wegen unbefugter Ingebrauchnahme eines Fahrzeugs bestraft. Diese Differenzierung überzeugt nicht: Es kann keinen Unterschied machen, ob der Täter den Berechtigten über den gesamten Gebrauch täuscht (dann nach *Peart* straflos) oder ob er den Berechtigten lediglich über einen Teil des Gebrauchs täuscht (dann nach *Phipps and McGill* strafbar).[894]

Zwar wurde in *Peart* die Frage, ob nach dem Beginn des Gebrauchs eine erneute Ingebrauchnahme stattfand (für die dann keine Einwilligung vorgelegen hätte), nicht der Jury vorgelegt,[895] so dass nicht sicher ist, ob es evt. zu einem anderen Ergebnis gekommen wäre. Allerdings wäre die Annahme einer erneuten Ingebrauchnahme eine reine Konstruktion, da faktisch nur eine Fahrt vorlag. Aber auch bei zwei (oder mehr) Fahrten wäre es schwierig zu begründen, warum die durch Täuschung erwirkte Einwilligung in Bezug auf die erste Fahrt wirksam sein sollte, für jede weitere Fahrt hingegen nicht und jede weitere Fahrt somit als erneute Ingebrauchnahme ohne wirksame Einwilligung angesehen

---

892  *Phipps and McGill* (1970) 54 Cr App R 300 ff.

893  *Peart* (1970) 2 All ER 823 ff.

894  So auch *Allen*, Criminal Law, Rn. 11.5.2.1.3 und *Heaton/de Than*, Criminal Law, Rn. 12.4.1.3. Letztere weisen darauf hin, dass das Ergebnis dieser Rechtsprechung darin bestehe, dass der Täter den Berechtigten besser über die gesamte Fahrt täuschen sollte als nur über einen Teil („the moral is to deceive V about the whole of the use rather than just part of it"). Vgl. zu einer ähnlichen Problematik im deutschen Recht § 243 Abs. 1 Nr. 2 a.F. Danach machte sich wegen schweren Diebstahls strafbar, wer aus einem Kfz mittels Einbruchs stahl; wer hingegen das gesamte Kfz stahl, machte sich nur wegen einfachen Diebstahls strafbar. *Maurach*, JZ 1962, 380, 381 riet deshalb in seinem „Besorgte[n] Brief an einen künftigen Verbrecher" potentiellen Dieben, lieber gleich das gesamte Kfz zu stehlen.

895  *Peart* (1970) 2 All ER 823, 824 f.: „[...] there was no issue left to them [= the jury] whether, in this particular case, there could have been a fresh taking, within the meaning of the 1968 Act, of this particular van, some time after it was originally driven away at 2.30 pm."

werden sollte. Die Täuschung bezog sich schließlich auf den gesamten Gebrauch.[896] Somit bleibt die Widersprüchlichkeit in jedem Fall bestehen.

Da das Ergebnis, dass es für den Täter vorteilhaft ist, über den gesamten Gebrauch zu täuschen statt nur über einen Teil des Gebrauchs, nicht begründbar ist, müssen Fälle wie *Peart* und *Phipps and McGill* einheitlich gelöst werden. Dies kann einerseits dadurch erreicht werden, dass eine Täuschung über Ziel oder Zweck der Fahrt grundsätzlich zur Unwirksamkeit der Einwilligung führt.[897] Dann läge in *Peart* keine wirksame Einwilligung vor und bereits der Beginn der Ingebrauchnahme würde den Tatbestand der Section 12 Theft Act 1968 erfüllen. Die Lösung in *Phipps and McGill* bliebe hingegen bestehen: Der Weitergebrauch nach Erreichung des vereinbarten Ziels oder Zwecks erfüllt den Tatbestand als erneute Ingebrauchnahme i.S.d. Vorschrift. Für eine solche Lösung spricht laut *Wilson* der „gesunde Menschenverstand".[898] Andererseits

---

896 So auch *Griew*, Theft Act, Rn. 6-18, insbes. Fn. 53. **A.A.** *Ormerod*, Smith and Hogan Criminal Law, Rn. 21.2.1.5; *Ormerod/Williams*, Smith's Law of Theft, Rn. 10.45, die davon ausgehen, dass der Täter in *Peart* sich *zumindest* in dem Moment, in dem er die Straße nach B statt die nach A eingeschlagen habe, strafbar gemacht habe. *Parry*, Offences against Property, Rn. 5.17 meint, auch wenn die Fahrt nach B den Täter niemals Richtung A gebracht habe, so sei doch der Beginn der Ingebrauchnahme von der Einwilligung des Berechtigten gedeckt gewesen, die Ankunft in B aber keinesfalls. Deshalb habe der Täter irgendwo zwischen dem Losfahren und der Ankunft in B die Gebrauchsbefugnis derart überschritten, dass der Gebrauch unbefugt sei. Es sei nicht nötig, den exakten Ort bzw. Zeitpunkt anzugeben. Diese Unbestimmtheit ist im Hinblick darauf, dass es um die Frage nach der *Strafbarkeit* einer Handlung geht, abzulehnen.

897 So im Ergebnis *Parry*, Offences against Property, Rn. 5.16. *Herring*, Criminal Law, Rn. 14.3.4 meint, dass Fälle, in denen der Täter über sein Alter oder ähnliches täusche, von denen zu unterscheiden seien, in denen sich die Täuschung auf den Zweck der Ingebrauchnahme beziehe. Täusche der Täter über den Zweck der Fahrt und gebe der Berechtigte daraufhin eine auf diesen speziellen Zweck gerichtete Einwilligung ab, so mache sich der Täuschende strafbar, wenn er das Fahrzeug für einen anderen Zweck benutze, weil dann für jede außerhalb des genannten Zwecks liegende Nutzung keine Einwilligung vorliege.

In *Singh v. Rathour (Northern Star Insurance Co. Ltd., Third Party)* (1988) 1 WLR 422, 425, einem zivilrechtlichen Fall, der sich auf die Wirksamkeit bzw. Reichweite einer Einwilligung im Rahmen einer Versicherung bezieht, geht das Gericht davon aus, dass zwischen generellen Einwilligungen und Einwilligungen, die zeitlich, geographisch oder in Bezug auf einen bestimmten Zweck beschränkt seien, zu unterscheiden sei.

898 Vgl. *Wilson*, Criminal Law, S. 421, der als Beispiel nennt, dass sich jemand ein Auto leiht, um seine schwangere Frau ins Krankenhaus zu fahren, stattdessen aber in ein Wirtshaus fährt. *Allen*, Criminal Law, Rn. 11.5.2.1.3 drückt sich sehr deutlich aus und bezeichnet die Entscheidung in *Peart* als „falsch". *Phipps and McGill* hingegen sei richtig entschieden.

könnte eine einheitliche Lösung auch dadurch erreicht werden, dass Fälle wie *Phipps and McGill* als Fälle der Täuschung über Ziel oder Zweck des Gebrauchs angesehen werden; diese Täuschung hätte dann wie in *Peart* keine Auswirkung auf die Wirksamkeit der Einwilligung und somit läge keine erneute Ingebrauchnahme ohne Einwilligung des Berechtigten vor. Für diese Lösung spricht, dass in beiden Fallgruppen nicht die typischen Gefahren des „joy-riding" auftreten, denen die Strafvorschrift vorbeugen soll.[899] Außerdem entsprechen solche Fallgestaltungen nicht dem ursprünglichen Sinn und Zweck der Vorschrift: Diese sollte den Gebrauch von Fahrzeugen verhindern, der gänzlich ohne Wissen oder Willen des Berechtigten erfolgte.[900] Des Weiteren wird argumentiert, dass in solchen Fällen die Strafbarkeit des Täters allein daraus hergeleitet werde, dass er über Ziel oder Zweck des Gebrauchs gelogen habe.[901] Eine solche Täuschung stehe der Strafbarkeit wegen Betruges aber näher als der wegen unbefugten Fahrzeuggebrauchs.[902]

Außerdem ist zu beachten, dass der schwere unbefugte Fahrzeuggebrauch nach Section 12A Theft Act 1968 lediglich voraussetzt, dass das Grunddelikt nach Section 12 Theft Act 1968 begangen wurde und einer der in Section 12A Abs. 2 Theft Act 1968 aufgezählten Umstände eingetreten ist. Eine solche erschwerte Haftung setzt kein Verschulden für den Eintritt einer der in Section 12A Abs. 2 Theft Act 1968 aufgezählten Umstände voraus.[903] Folglich wird der Täter der Gefahr einer sehr strengen, verschuldensunabhängigen Haftung ausgesetzt, wenn man Fälle, in denen die Einwilligung durch Täuschung erlangt wurde oder der Gebrauch nach Erreichung des vereinbarten Ziels oder Zwecks fortgesetzt wird, unter den Tatbestand der Section 12 Theft Act 1968 subsumiert.

Vor allem das Argument, dass eine Erfassung der genannten Fallkonstellationen nicht dem ursprünglichen Sinn und Zweck der Bestrafung der unbefugten Ingebrauchnahme entspricht und auch nicht die typischerweise damit verbunde-

---

899 Vgl. *Wilson*, Criminal Law, S. 421. Die Straftat wird typischerweise von jungen Leuten begangen, die schnelle Fahrzeuge als Tatobjekte auswählen und damit verantwortungslos fahren, *Smith*, Property Offences, Rn. 9-02.

900 *Peart* (1970) 2 All ER 823, 824; vlg. *Whittaker v. Campell* (1983) 3 All ER 582, 587; *Smith*, Property Offences, Rn. 9-22 und 9-24. Siehe außerdem *Martin/Storey*, Criminal Law, Rn. 14.5.2, die den Fall, dass jemand ein fremdes Fahrzeug, das auf der Straße oder einem Parkplatz steht, in Gebrauch nimmt, als den „typischen" (*usual*) Fall der Section 12 Theft Act 1968 beschreiben. Vgl. auch *Mowe v. Perraton* (1952) 35 Cr App R 194, 196.

901 *Wilson*, Criminal Law, S. 421.

902 *Griew*, Theft Act, Rn. 6-17.

903 Siehe dazu unten unter D. II. 1. g).

nen Gefahren birgt und die ansonsten bestehende Möglichkeit einer sehr strengen Haftung nach Section 12A Theft Act 1968, die für solche Fälle unangemessen erscheint, sprechen dafür, sowohl Fälle wie *Peart* als auch solche wie *Phipps and McGill* als Täuschung über Ziel oder Zweck des Gebrauchs anzusehen und dieser Täuschung keinen Einfluss auf die Wirksamkeit der Einwilligung beizumessen. Somit sind solche Fälle nicht nach Section 12 Theft Act 1968 strafbar.[904]

Im Gegensatz zu § 248b stellt Section 12 Theft Act 1968 nicht auf den entgegenstehenden Willen des Berechtigten, sondern auf dessen fehlende Einwilligung ab.[905] Die vorstehende Diskussion und die oben im Rahmen der Frage, ob auch ein Fahrzeug in Gebrauch genommen werden kann, das sich bereits im Besitz des Täters befindet, dargestellte Diskussion sind mit der Problematik im deutschen Recht vergleichbar, ob die Ingebrauchnahme auch das Ingebrauchhalten erfasst[906] und ob bzw. inwiefern die Überschreitung der Grenzen eines bestehenden Gebrauchsrechts zu einer Strafbarkeit nach § 248b führen kann[907].

Wie im Rahmen des § 248b ist für die Entscheidung der streitigen Fragen auch im englischen Recht letztendlich der Sinn und Zweck der Bestrafung der unbefugten Ingebrauchnahme wesentlich. Durch das Schlagwort des „joyriding" wird im englischen Recht der Sinn und Zweck der Strafvorschrift auf den Punkt gebracht: Section 12 Theft Act 1968 soll grundsätzlich Fälle erfassen, in denen der Täter sich gar nicht um eine Einwilligung des Berechtigten kümmert, sondern das Fahrzeug einfach so in Gebrauch nimmt. Die Überschreitung der Grenzen eines bestehenden Gebrauchsrechts – ob inhaltlicher oder zeitlicher Art – gehören nicht zu den vom Sinn und Zweck der Vorschrift erfassten Fällen. Fälle, in denen ein angestellter Fahrer oder sonstiger Arbeitnehmer ein Fahrzeug auch zu privaten Zwecken nutzt und solche, in denen die Einwilligung durch Täuschung über Ziel oder Zweck der Fahrt oder über eine Eigenschaft des Fahrers erlangt wird, sollten auf zivilrechtlicher Basis gelöst und nicht strafrechtlich verfolgt werden.

Die Problematik der Strafbarkeit der Rückführung eines Fahrzeugs[908] wird – soweit ersichtlich – im englischen Recht nicht diskutiert. Da Section 12 Abs. 1 Theft Act 1968 eine Ingebrauchnahme *ohne Einwilligung* des Berechtigten verlangt, kann davon ausgegangen werden, dass die Rückführung tatbestandsmäßig ist. Wenn keine Einwilligung für die Ingebrauchnahme eingeholt wurde, liegt

---

904 So im Ergebnis auch *Smith*, Property Offences, Rn. 9-31.
905 Zu den Unterschieden zwischen „gegen den Willen des Berechtigten" und „ohne Einwilligung des Berechtigten" siehe oben unter C. II. 2. b) bb) (1).
906 Dazu oben unter C. II. 2. a) aa).
907 Dazu oben unter C. II. 2. b) bb) (4).
908 Siehe dazu oben unter C. II. 2. b) bb) (5).

überhaupt keine Einwilligung des Berechtigten vor, auch nicht für die Rückführung. Zur Straflosigkeit der Rückführung kann dann allein Section 12 Abs. 6
Theft Act 1968 führen, falls der Täter davon ausgeht, dass er die Einwilligung
des Berechtigten hätte, wenn dieser von seinem Tun und den Umständen wüsste.[909]

(c)     Rechtliche Befugnis – *lawful authority*

Wie sich aus der Formulierung „ohne Einwilligung des Berechtigten oder andere
rechtliche Befugnis" ergibt, handelt es sich bei der „rechtlichen Befugnis" um
den Oberbegriff; die Einwilligung des Berechtigten ist eine Form der rechtlichen
Befugnis.[910] Eine rechtliche Befugnis kann sich außerdem aus einer gesetzlichen
Vorschrift (*statute*) oder aus dem *common law* ergeben.[911] Neben öffentlich-
rechtlichen Regelungen, wie beispielsweise der Entfernung eines Fahrzeugs, das
im Parkverbot steht,[912] kann sich die rechtliche Befugnis auch aus einer vertraglichen Vereinbarung ergeben[913] oder aufgrund eines Selbsthilferechts (*self-
defence*)[914].

Im Unterschied zum deutschen Recht führt eine rechtliche Befugnis hier
schon zur Tatbestandslosigkeit. Im Rahmen des § 248b ist allein der entgegenstehende Wille des Berechtigten entscheidend; hat der Berechtigte die Ingebrauchnahme aber zu dulden, so stellt das der Duldungspflicht korrespondierende Gebrauchsrecht einen Rechtfertigungsgrund dar.[915]

*bb)     Fahren eines Fahrzeugs, das unbefugt in Gebrauch genommen wurde –
          driving a conveyance that has been taken*

Nach Section 12 Abs. 1, 2. Var. Theft Act 1968 macht sich strafbar, wer ein
Fahrzeug fährt, das unbefugt in Gebrauch genommen wurde. Diese Tathandlung
setzt voraus, dass das Fahrzeug tatsächlich unbefugt in Gebrauch genommen
wurde; die unbefugte Ingebrauchnahme kann in Form eines Diebstahls oder ei-

---

909   Zu Section 12 Abs. 6 Theft Act 1968 siehe unten unter D. II. 1. d).
910   Vgl. *Smith*, Property Offences, Rn. 9-18.
911   *Smith*, Property Offences, Rn. 9-33. Eine rechtliche Befugnis kann sich bspw. aus dem
      *common law* ergeben, wenn ein fremdes Fahrzeug die Ein- oder Ausfahrt blockiert.
912   *Heaton/de Than*, Criminal Law, Rn. 12.4.1.3; *Ormerod/Williams*, Smith's Law of Theft,
      Rn. 10.48.
913   *Ormerod/Williams*, Smith's Law of Theft, Rn. 10.48.
914   *Ormerod*, Smith and Hogan Criminal Law, Rn. 21.2.1.6.
915   Zur Rechtfertigung aufgrund von Notwehr, rechtfertigendem Notstand, Selbsthilferecht
      und Festnahmerecht siehe oben unter C. III. 1. c) – f).

ner Straftat nach Section 12 Abs. 1, 1. Var. Theft Act 1968 vorliegen.[916] Außerdem muss das Fahrzeug bewegt werden.[917]

Section 12 Abs. 7 (a) Theft Act 1968 definiert, was ein Fahrzeug ist und ordnet anschließend an, dass „Fahren" i.S.d. Fahrzeugdefinition ausgelegt werden soll. Ein Fahrzeug i.S.d. Vorschrift ist jedes Fahrzeug, dass zur Beförderung von Personen zu Land, Wasser oder Luft hergestellt oder später dazu gemacht wurde. Fahrzeuge, die nur für die Benutzung unter der Kontrolle einer Person hergestellt oder gedacht sind, die sich nicht in oder auf dem Fahrzeug befindet, sind keine Fahrzeuge i.S.v. Section 12 Theft Act 1968. Ein Ruderboot kann folglich „gefahren" werden, indem es gerudert wird, ein Segelboot, indem es gesegelt wird. Ein motorisiertes Fahrzeug muss nicht mit Hilfe seines Motors bewegt werden, damit es „gefahren" wird.[918] Ein Fahrzeug kann allerdings nicht von einer Person „gefahren" werden, die das Fahrzeug von außen lenkt.[919]

Die Tatvariante des „Fahrens" wirft einige (Abgrenzungs-) Probleme auf. Fraglich ist zunächst, ob auch derjenige, der das Fahrzeug unbefugt in Gebrauch nimmt, sich wegen „Fahrens" eines unbefugt in Gebrauch genommenen Fahrzeugs nach Section 12 Abs. 1, 2. Var. Theft Act 1968 strafbar machen kann. Eine solche Bestrafung würde dazu führen, dass sich die beiden Tatvarianten in großen Teilen überschneiden.[920]

Außerdem ist die Fallkonstellation problematisch,[921] in der das unbefugt in Gebrauch genommene Fahrzeug ohne Einwilligung des „Ersttäters" gefahren

---

916  *Card*, Card, Cross & Jones Criminal Law, Rn. 10119; *Parry*, Offences against Property, Rn. 5.24; *Smith*, Property Offences, Rn. 9-43; vgl. auch *Tolley v. Giddings* (1964) 1 All ER 201, 204 (zu Section 17 (1) Road Traffic Act 1960); *Ormerod/Williams*, Smith's Law of Theft, Rn. 10.62;

917  Vgl. *Ormerod/Williams*, Smith's Law of Theft, Rn. 10.59.

918  *Smith*, Property Offences, Rn. 9-49.

919  *MacDonagh* (1974) 59 Cr App R 55, 55 bzgl. „fahren" i.S.d. Road Traffic Acts; *Parry*, Offences against Property, Rn. 5.21; kritisch zu dieser Einschränkung *Smith*, Property Offences, Rn. 9-51.

920  *Ormerod/Williams*, Smith's Law of Theft, Rn. 10.61 bejahen die Strafbarkeit des „Ersttäters" aus der zweiten Tatvariante. Siehe allgemein zur Frage, ob bzw. inwiefern sich derjenige, der das Fahrzeug i.S.d. der ersten Variante unbefugt in Gebrauch nimmt, auch wegen „Fahrens" eines unbefugt in Gebrauch genommenen Fahrzeugs strafbar machen kann *Smith*, Property Offences, Rn. 9-47 f., der im Ergebnis eine weite Auslegung favorisiert und deshalb ebenfalls ein „Fahren" bejaht. Als „Alternative" schlägt er vor, dass das erste „Fahren", das mit dem Beginn des unbefugten Gebrauchs zusammenfalle, kein „Fahren" i.S.d. zweiten Variante darstelle, aber jedes erneute Fahren nach einem Stopp.

921  Zu diesem „Problem" kommt man nur, wenn man mit *Ormerod/Williams*, Smith's Law of Theft, Rn. 10.53 davon ausgeht, dass derjenige, der ein Fahrzeug, das bereits unbe-

wird. Wenn derjenige, der mit dem Fahrzeug fährt, nicht weiß, dass das Fahrzeug bereits unbefugt in Gebrauch genommen wurde, so fehlt ihm bezüglich des „Fahrens" i.S.d. der zweiten Variante der Vorsatz. Falls nun die erste Variante, das Ingebrauchnehmen, nicht eingreifen würde, wäre das Verhalten tatbestandslos.[922] Bejaht man in einem solchen Fall allerdings die unbefugte Ingebrauchnahme i.S.d. der ersten Variante, so gelangt man zu einem Folgeproblem: Weiß der Täter, dass das Fahrzeug unbefugt in Gebrauch genommen wurde, so „fährt" er einerseits ein unbefugt in Gebrauch genommenes Fahrzeug, nimmt aber andererseits nach dem eben Gesagten ein Fahrzeug unbefugt in Gebrauch. Das Verhältnis der beiden Tatvarianten zueinander ist unklar.[923]

Diese problematischen Fallkonstellationen beruhen darauf, dass die zweite Variante der Section 12 Abs. 1 Theft Act 1968 eigentlich überflüssig ist. Die Aussage von *Ormerod/Williams*, dass derjenige, der ein unbefugt in Gebrauch genommenes Fahrzeug mit Einwilligung des „Ersttäters" fahre, sich nicht nach Section 12 Abs. 1, 1. Var. Theft Act 1968 strafbar mache,[924] überzeugt nicht. Denn auch in einem solchen Fall nimmt der Täter das Fahrzeug ohne Einwilligung des Berechtigten in Gebrauch. Nur weil der „Ersttäter" durch die Tat Besitz erlangt hat, wird er noch nicht zum Berechtigten. Somit stellt jeder Fall des „Fahrens" nach der zweiten Tatvariante auch einen Fall der unbefugten Ingebrauchnahme i.S.d. Section 12 Abs. 1, 1. Var. Theft Act 1968 dar.[925]

---

fugt in Gebrauch genommen wurde, mit Einwilligung des „Ersttäters" fährt, das Fahrzeug nicht i.S.d. Section 12 Abs. 1, 1. Var. Theft Act 1968 unbefugt in Gebrauch nimmt, sondern sich (ausschließlich) nach Section 12 Abs, 1, 2. Var. Theft Act 1968 strafbar macht. Dies begründen *Ormerod/Williams* damit, dass der „Ersttäter" durch seine Handlung Besitz an dem Fahrzeug erlangt habe (auch wenn dieser Besitz rechtswidrig ist). So auch der Kommenar zu *DPP v. Spriggs,* (1993) Crim LR 622, 623.

922   Dies kann im Ergebnis nicht gewollt sein, zumal die Handlung des „Zweit- bzw. Folgetäters" – neben der fehlenden Einwilligung des „Ersttäters" – ohne Einwilligung des Berechtigten erfolgt. Auch der Kommentar zu *DPP v. Spriggs,* (1992) Crim LR 622, 623 erkennt, dass die Ingebrauchnahme ohne Einwilligung des Berechtigten erfolgt („he is certainly doing so without the consent of the owner.").
      Siehe auch *Card,* Card, Cross & Jones Criminal Law, Rn. 10.113, der meint, dass es sehr „überraschend" wäre, wenn derjenige nicht nach Abschnitt 12 Theft Act 1968 strafbar wäre.

923   Siehe dazu Kommentar zu *DPP v. Spriggs,* (1993) Crim LR 622, 623; *Ormerod/Williams,* Smith's Law of Theft, Rn. 10.54 f.

924   *Ormerod/Williams,* Smith's Law of Theft, Rn. 10.53. So auch der Kommentar zu *DPP v. Spriggs,* (1993) Crim LR 622, 623. Siehe dazu oben in Fn. 921.

925   So auch *Parry,* Offences against Property, Rn. 5.21, der meint, dass derjenige, der ein Fahrzeug i.S.d. Section 12 Abs. 1, 2. Var. Theft Act 1968 „fahre", das Fahrzeug notwendigerweise auch in Gebrauch nehme und *Smith,* Property Offences, Rn. 9-41, der feststellt, dass die Tatvariante des „Fahrens" eigentlich nicht notwendig sei.

§ 248b enthält keine Tathandlung des „Fahrens" eines unbefugt in Gebrauch genommenen Fahrzeugs. Aber wie die vorstehenden Ausführungen zeigen, ist eine solche Tathandlung aufgrund der Tatsache, dass bereits die Tathandlung der unbefugten Ingebrauchnahme diese Fälle erfasst, überflüssig.[926]

cc) *Sich in oder auf einem Fahrzeug mitnehmen lassen, das unbefugt in Gebrauch genommen wurde – allowing himself to be carried in or on [a conveyance that has been taken]*

Nach Section 12 Abs. 1, 3. Var. Theft Act 1968 macht sich strafbar, wer sich in oder auf einem Fahrzeug mitnehmen lässt, dass unbefugt in Gebrauch genommen wurde. Auch diese Tathandlung setzt folglich voraus, dass das Fahrzeug tatsächlich unbefugt in Gebrauch genommen wurde – entweder in Form eines Diebstahls oder einer Straftat nach Section 12 Abs. 1, 1. Var. Theft Act 1968.[927] Außerdem muss sich das Fahrzeug bewegen. Der bloße Aufenthalt in einem Fahrzeug, das unbefugt in Gebrauch genommen wurde, ist nicht ausreichend.[928]

Fraglich ist, ob auch der Fahrer eines Fahrzeugs nach Section 12 Abs. 1, 3. Var. Theft Act 1968 strafbar sein kann. Da die Formulierung der Tathandlung lautet „allows himself to be carried" und nicht „is allowed to be carried", schließt der Wortlaut nicht aus, dass auch der Fahrer von der dritten Variante erfasst ist. Allerdings ist die Tathandlung von ihrem Sinn und Zweck her auf Passagiere ausgerichtet, die das Fahrzeug nicht selbst fahren. Außerdem wäre ein solcher Fall immer schon von der zweiten Variante und – da die Fallkonstellationen der zweiten Variante bereits von der ersten Variante erfasst werden – der ersten Variante erfasst. Deshalb besteht kein Bedürfnis, auch den Fahrer des Fahrzeugs unter die dritte Variante zu subsumieren; es ist davon auszugehen,

---

926  Allerdings würde die Tathandlung „Fahren" die Diskussion überflüssig machen, ob „Ingebrauchnehmen" nur den Beginn des Gebrauchs bezeichnet, da der Täter *jedenfalls* das Fahrzeug fährt (dies würde allerdings nur dann gelten, wenn die Tathandlung des Fahrens nicht voraussetzen würde, dass das Fahrzeug vorher unbefugt in Gebrauch genommen wurde). Siehe zu dieser Diskussion oben unter C. II. 2. a) aa).

927  *Tolley v. Giddings* (1964) 1 All ER 201, 204 (zu Section 17 (1) Road Traffic Act 1960); *Parry*, Offences against Property, Rn. 5.24; *Smith*, Property Offences, Rn. 9-43; vlg. auch *Ormerod/Williams*, Smith's Law of Theft, Rn. 10.62. Zur Frage, wie die unbefugte Ingebrauchnahme bewiesen werden muss bzw. kann siehe *DPP v. Parker* (2006) RTR 26, 325, 325 ff.

928  *Diggin* (1980) Crim LR 656, 656; *Miller* (1976) Crim LR 147, 147; *Allen*, Criminal Law, Rn. 11.5.2.1.5; *Card*, Card, Cross & Jones Criminal Law, Rn. 10119; *Herring*, Criminal Law, Rn. 14.3.2; *Ormerod*, Smith and Hogan Criminal Law, Rn. 21.2.3.1; *Ormerod/Williams*, Smith's Law of Theft, Rn. 10.58; *Parry*, Offences against Property, Rn. 5.22; *Smith*, Property Offences, Rn. 9-54.

dass der Fahrer selbst nicht von Section 12 Abs. 1, 3. Var. Theft Act 1968 erfasst wird.[929]

Weiß ein Passagier bei Beginn der Fahrt nicht, dass das Fahrzeug unbefugt in Gebrauch genommen wurde, erkennt er dies aber während der Fahrt, so ist er zumindest bis zu dieser Erkenntnis straflos. Fraglich ist, ob er sich nach Section 12 Abs. 1, 3. Var. Theft Act 1968 strafbar macht, wenn er das Fahrzeug trotz des Wissens um die unbefugte Ingebrauchnahme nicht verlässt. Eine Strafbarkeit in einem solchen Fall setzt voraus, dass den Passagier die Pflicht trifft, das Fahrzeug so bald wie möglich zu verlassen.[930] Eine solche Pflicht wird überwiegend bejaht.[931] Sie besteht allerdings nur, wenn der Passagier – auch in Bezug auf Umstände, Tageszeit, Geschlecht, etc. – die Möglichkeit hat, aus dem Auto auszusteigen ohne sich selbst in Gefahr zu bringen.[932]

Das Sichmitnehmenlassen wird oftmals auch als Teilnahme zur Ingebrauchnahme i.S.d. Section 12 Abs. 1, 1. Var. Theft Act 1968 zu bewerten sein. Allerdings ist für die Strafbarkeit des Sichmitnehmenlassens keine Hilfe, Unterstützung, Beratung oder Bereitstellung von Gegenständen (*aid, abet, counsel or procure*) nötig. Dem Täter muss folglich nicht nachgewiesen werden, dass er die Ingebrauchnahme irgendwie gefördert hat.[933]

Die Strafbarkeit des Sichmitnehmenlassens, ohne dass eine Förderung der Ingebrauchnahme vorliegen muss, zeigt, dass der Gesetzgeber davon ausgeht, dass Straftaten, an denen mehrere Personen beteiligt sind, oftmals schwerer wiegen und dass eine Gruppe dazu führen kann, dass Straftaten eher verübt werden.[934]

Im Rahmen des § 248b ist das Sichmitnehmenlassen keine eigene Tathandlung. Das Mitfahren als Passagier in einem unbefugt in Gebrauch genommenen Fahrzeug kann u.U. eine Beihilfe zum unbefugten Fahrzeuggebrauch darstellen;[935] dies setzt aber eine Förderung der Haupttat voraus. Wäre das Sichmit-

---

929 Siehe dazu *Smith*, Property Offences, Rn. 9-53. *Parry*, Offences against Property, Rn. 5.22 geht davon aus, dass jedes „Fahren" notwendigerweise auch ein „Sichmitnehmenlassen" beinhalte.

930 Vgl. *Smith*, Property Offences, Rn. 9-55.

931 *Boldizsar v. Knight* (1980) Crim LR 653, 653 (der Angeklagte bekannte sich in diesem Fall schuldig); *Ormerod/Williams*, Smith's Law of Theft, Rn. 10.58; vgl. auch *Parry*, Offences against Property, Rn. 5.22.

932 Kommentar zu *Boldizsar v. Knight*, (1980) Crim LR 653, 653; *Parry*, Offences against Property, Rn. 5.22; *Smith*, Property Offences, Rn. 9-55.

933 Vgl. *Ashworth*, Criminal Law, S. 380; *Ormerod/Williams*, Smith's Law of Theft, Rn. 10.57.

934 *Ashworth*, Criminal Law, S. 380.

935 Siehe zur Beihilfe im Rahmen des § 248b oben unter C. II. 3. b). Da es sich bei der unbefugten Ingebrauchnahme eines Fahrzeugs nicht um ein eigenhändiges Delikt handelt,

nehmenlassen eine eigene Tathandlung im deutschen Recht, so würde man von einer tatbestandlich verselbstständigten Beihilfehandlung, also einer zur Täterschaft erhobenen Beihilfehandlung sprechen, wie sie beispielsweise die Absatzhilfe im Rahmen des § 259 darstellt.[936]

## d)    Subjektiver Tatbestand – *mens rea*

Auch wenn der Begriff *mens rea* nicht gleichgesetzt werden kann mit dem im deutschen Strafrecht bekannten „subjektiven Tatbestand",[937] so beschreibt er doch die subjektive Seite einer Straftat, das „mental element".[938] Die subjektive Tatseite des unbefugten Fahrzeugbrauchs nach Section 12 Theft Act 1968 setzt im Gegensatz zum Diebstahl keine „Unehrlichkeit" (*dishonesty*) und keinen auf dauerhafte Enteignung des Berechtigten gerichteten Vorsatz voraus.[939]

Auf subjektiver Seite erfordert Section 12 Theft Act 1968 die vorsätzliche Bewegung des Fahrzeugs.[940] Ein spezieller Vorsatz ist allerdings in Bezug auf die Ingebrauchnahme ohne Einwilligung des Berechtigten oder sonstige rechtliche Befugnis – die erste Variante des Tatbestandes – nicht erforderlich; es handelt sich um eine Tat mit „basic intent".[941] Deshalb wird der subjektive Tatbestand nicht durch Trunkenheit oder Rausch des Täters ausgeschlossen, auch

---

kann ein mitfahrender Passagier auch Mittäter des § 248b sein, wenn die entsprechenden Voraussetzungen vorliegen. Siehe dazu oben unter C. II. 3. a).

936    Siehe zur Absatzhilfe als tatbestandlich verselbstständigter Beihilfehandlung *Stree/Hecker*, in: Schönke/Schröder, § 259, Rn. 21.

937    Siehe zum *Mens rea*-Konzept und seinem Verhältnis zum deutschen Strafrecht *Vogel*, in: LK, Vor § 15, Rn. 85 ff.

938    Siehe zu *mens rea* allgemein *Herring*, Criminal Law – Text, Cases and Materials, Kapitel 3; *Ormerod*, Smith and Hogan Criminal Law, Kapitel 5.

939    *Elliott/Quinn*, Criminal Law, S. 221; Section 1 Abs. 1 Theft Act 1968 lautet: A person is guilty of theft if he dishonestly appropriates property belonging to another with the intention of permanently depriving the other of it; [...].

940    *Blayney v. Knight* (1975) 60 Cr App R 269, 271 = (1975) Crim LR 237, 238; zustimmender Kommentar zu *Blayney v. Knight*, (1975) Crim LR 238; *Herring*, Criminal Law, Rn. 14.3.6; *Ormerod*, Smith and Hogan Criminal Law, Rn. 21.2.2.

941    *MacPherson* (1973) RTR 157, 160; *Griew*, Theft Act, Rn. 6-20; *Herring*, Criminal Law, Rn. 14.3.6; *Ormerod/Williams*, Smith's Law of Theft, Rn. 10.64; *Smith*, Property Offences, Rn. 9-40; **a.A.** *White*, (1980) Crim LR 609, 611, 618 ff., der davon ausgeht, dass es sich um eine Straftat mit „specific intent" handle: Die Voraussetzung, dass die Ingebrauchnahme „for his own or another's use" geschehen müsse, mache Abschnitt 12 Abs. 1 Theft Act 1968 zu einer Straftat mit „specific intent". Da der Tatbestand nicht zwingend voraussetzt, dass das Fahrzeug tatsächlich als Fortbewegungsmittel gebraucht wird, sondern die Absicht, das Fahrzeug in der Zukunft als Fortbewegungsmittel zu gebrauchen, ausreicht, gibt es durchaus Argumente, die für die Ansicht *Whites* sprechen, siehe dazu auch oben unter D. II. 1. c) aa) (2).

dann nicht, wenn die Trunkenheit oder der Rausch dazu führen, dass der Täter nicht erkennt, dass er das Fahrzeug ohne Einwilligung des Berechtigten oder sonstige rechtliche Befugnis in Gebrauch nimmt.[942]

In der zweiten und dritten Variante des Tatbestandes wird hingegen vorausgesetzt, dass der Täter weiß, dass das Fahrzeug ohne Einwilligung des Berechtigten oder sonstige rechtliche Befugnis in Gebrauch genommen wurde. Somit ist ein spezieller Vorsatz nötig, Trunkenheit oder Rausch können deshalb den Vorsatz ausschließen.[943] Dem Wissen steht die gewollte Unwissenheit (*wilful blindness*) gleich.[944]

Section 12 Abs. 6 Theft Act 1968[945] enthält eine besondere Regelung den subjektiven Tatbestand betreffend:[946] Der Tatbestand des unbefugten Fahrzeuggebrauchs ist nicht erfüllt, wenn der Täter meint, zu seiner Handlung befugt zu sein oder wenn er meint, er hätte die Einwilligung des Berechtigten, wenn dieser

---

942    Vgl. *Griew*, Theft Act, Rn. 6-20; *Ormerod*, Smith and Hogan Criminal Law, Rn. 21.2.2; *Ormerod/Williams*, Smith's Law of Theft, Rn. 10.64. **A.A.** *White*, (1980) Crim LR 609, 611, 618 ff., der – in logischer Fortführung seiner Ansicht, dass es sich bei Section 12 Theft Act 1968 um eine Straftat mit *specific intent* handle – davon ausgeht, dass Trunkenheit oder Rausch den subjektiven Tatbestand ausschließen können.

943    Vgl. *Griew*, Theft Act, Rn. 6-20; *Smith*, Property Offences, Rn. 9-44. Kritisch zur Unterscheidung zwischen der ersten Tatvariante als Tat mit *basic intent* und der zweiten und dritten Tatvariante als Taten mit *specific intent* und der daraus folgenden unterschiedlichen Behandlung von Vorstellungen aufgrund von Trunkenheit oder Rausch: Kommentar zu *Diggin*, (1980) Crim LR 656, 657.
Siehe allerdings zu Fehlvorstellungen über eine Gebrauchsbefugnis aufgrund eines Rauschzustands die Ausführungen zu Section 12 Abs. 6 Theft Act 1968 unten im selben Abschnitt.

944    *Allen*, Criminal Law, Rn. 11.5.2.1.5; *Card*, Card, Cross & Jones Criminal Law, Rn. 10119; *Ormerod*, Smith and Hogan Criminal Law, Rn. 21.2.3.3; *Smith*, Property Offences, Rn. 9-44, der aber darauf hinweist, dass das Wissen um die Möglichkeit oder auch Wahrscheinlichkeit der unbefugten Ingebrauchnahme des Fahrzeugs nicht ausreiche.

945    Section 12 Abs. 6 Theft Act 1968 lautet: "A person does not commit an offence under this section by anything done in the believe that he has lawful authority to do it or that he would have the owner's consent if the owner knew of his doing it and the circumstances of it."

946    Ob Section 12 Abs. 6 Theft Act 1968 wirklich die *mens rea*, also das subjektive Element der Straftat betrifft, oder aber zu den „defences" (Verteidigungen) zu zählen ist, die systematisch gesehen jenseits der Straftat als solcher liegen (dazu *Vogel*, in: LK, Vor § 15, Rn. 87), ist nicht klar ersichtlich. *Martin/Storey*, Criminal Law, Rn. 14.5 bspw. gehen davon aus, dass Absatz 6 sich auf die *mens rea* beziehe (so wohl auch *White*, (1980) Crim LR 609, 610), während *Smith*, Rn. 9-36 ff. im Zusammenhang mit Absatz 6 immer von „defence" spricht, Absatz 6 aber gleichzeitig unter der Überschrift „The mental element" prüft. Die vorliegende Arbeit behandelt es als Teil der *mens rea*.

von seinem Tun und den Umständen wüsste. Im Rahmen der Section 12 Abs. 6 Theft Act 1968 ist nicht entscheidend, ob der Täter die Befugnis zum Gebrauch hatte oder ob der Berechtigte tatsächlich eingewilligt hätte, sondern nur, ob der Täter von der Befugnis oder davon ausging, dass der Berechtigte eingewilligt hätte. Die Vorstellung muss nicht berechtigt oder nachvollziehbar sein.[947] Auch wenn der Täter aufgrund eines Rauschzustandes an eine bestehende Befugnis oder daran glaubt, dass der Berechtigte eingewilligt hätte, führt dies zur Tatbestandslosigkeit.[948]

Im Rahmen des § 248b muss sich der Vorsatz auf alle Merkmale des objektiven Tatbestandes beziehen. Das schließt insbesondere auch den entgegenstehenden Willen ein. Geht der Täter davon aus, dass die Ingebrauchnahme des Fahrzeugs nicht gegen den Willen des Berechtigten erfolgt – obwohl sie tatsächlich gegen seinen Willen erfolgt – , so fehlt es am erforderlichen Vorsatz und somit am subjektiven Tatbestand. Auch wenn der Täter aufgrund von Trunkenheit oder Rausch im Rahmen des § 248b nicht erkennt, dass er das Fahrzeug gegen den Willen des Berechtigten in Gebrauch nimmt,[949] fehlt ihm der Vorsatz bzgl. dieses objektiven Tatbestandsmerkmals; er unterliegt einem vorsatzausschließenden Tatbestandsirrtum nach § 16 Abs. 1 S. 1 und ist deshalb straflos.[950] Ansonsten können Trunkenheit oder Rausch je nach Intensität gem. § 20 zu Schuldunfähigkeit oder gem. § 21 zu verminderter Schuldfähigkeit führen. Anders als im Rahmen der Section 12 Abs. 1, 1. Var. Theft Act 1968 kann sich Trunkenheit oder Rausch folglich grundsätzlich auswirken.

e)     Teilnahme – *complicity and incitement*

Teilnahme an der Straftat des unbefugten Fahrzeuggebrauchs nach Section 12 Theft Act 1968 ist möglich. Unter „Teilnahme" i.S.v. *complicity* und *incitement*

---

947  *Card*, Card, Cross & Jones Criminal Law, Rn. 10118; *Parry*, Offences against Property, Rn. 5.18 und 5.19; *Smith*, Property Offences, Rn. 9-38; *White*, (1980) Crim LR 609, 609.

948  *Ormerod*, Smith and Hogan Criminal Law, Rn. 21.2.2; *Ormerod/Williams*, Smith's Law of Theft, Rn. 10.62; *Parry*, Offences against Property, Rn. 5.18; *Smith*, Property Offences, Rn. 9-38. In *Gannon* (1988) 87 Cr App R 254, 256 f. ließ das Gericht diesen Aspekt offen. Laut eigener Aussage war der Täter so betrunken, dass er sich an den gesamten Vorfall nicht erinnern konnte. Diese Aussage beinhalte keinen der beiden von Section 12 Abs. 6 Theft Act 1968 erfassten Fälle und deshalb müsse nicht entschieden werden, ob auch ein Glaube i.S.d. Section 12 Abs. 6 Theft Act 1968, der auf einem selbstverschuldeten Rauschzustand beruhe, ausreichend sei.

949  Z.B., wenn er das Fahrzeug aufgrund von Trunkenheit oder Rausch für sein eigenes Fahrzeug und sich selbst für den Berechtigten hält.

950  Siehe dazu oben unter C. II. 4.

sind Anstiftung and Beihilfe, aber auch bestimmte Formen der Mittäterschaft zu verstehen.

Gem. Section 8 Accessories and Abettors Act 1861[951] ist *aiding, abetting, counseling* und *procuring* bei der Begehung der Straftat eines anderen strafbar. Der Teilnehmer muss eine Hilfeleistung mit der erforderlichen *mens rea* durchführen. Im Rahmen des unbefugten Fahrzeuggebrauchs nach Section 12 Theft Act 1968 bedeutet dies, dass der Teilnehmer sich wissentlich an der Ingebrauchnahme beteiligen muss. Die bloße Anwesenheit während des unbefugten Gebrauchs durch den Haupttäter führt noch nicht zur strafbaren Teilnahme.[952] Auch das Sichmitnehmenlassen stellt nicht notwendigerweise eine Teilnahme am unbefugten Gebrauch eines Fahrzeugs dar, ist aber selbstständig nach der Section 12 Abs. 1, 3. Var. Theft Act 1968 strafbar.

Nach dem englischen Recht liegt eine Anstiftung (*incitement*) vor, wenn jemand einen anderen zu einer Straftat anregt, ihn bestärkt oder fördert. Die Strafbarkeit wegen Anstiftung besteht unabhängig davon, ob die angestiftete Person die Straftat begeht.[953] Wenn die Anstiftung in die entsprechende Straftat mündet, ist der Anstifter als Teilnehmer wegen *counseling* strafbar.[954]

Auch im Rahmen des § 248b ist die Teilnahme an der Tat strafbar. Im Gegensatz zum englischen Recht liegt Anstiftung aber nur vor, wenn die Haupttat auch tatsächlich begangen oder zumindest versucht[955] wird. Wird die Haupttat weder vollendet noch versucht, so liegt straflose versuchte Anstiftung vor.[956]

## f)    Versuch – *attempt*

Da Section 12 Theft Act 1968 eine „summary offence"[957] darstellt, ist der Versuch nicht strafbar.[958] Für die Abgrenzung zwischen Vollendung und Versuch ist es entscheidend, dass die Tathandlung der „Ingebrauchnahme" (*taking*) – und damit die Vollendung der Tat – eine Bewegung des Fahrzeugs voraussetzt. Für

---

951   Section 8 Accessories and Abettors Act 1861 findet sich im Anhang unter III. 1.
952   *Griew*, Theft Act, Rn. 6-12.
953   *Herring*, Criminal Law – Text, Cases and Materials, Kapitel 14, Rn. 3.1.
954   *Ashworth*, Criminal Law (5. Aufl.), S. 464.
955   Wird die unbefugte Ingebrauchnahme nur versucht, liegt Anstiftung zum Versuch vor.
956   Siehe zur Teilnahme zu § 248b oben unter C. II. 3. b).
957   Die Qualifizierung als „summary offence", „triable either way offence" oder „indictable offence" ist entscheidend dafür, welches Gericht in erster Instanz zuständig ist – der Magistrates' Court oder der Crown Court.
958   *Allen*, Criminal Law, Rn. 11.5.2.1; *Card*, Card, Cross & Jones Criminal Law, Rn. 10.111.

einen Versuch hingegen genügt die bloße Besitzverschaffung, soweit diese mit dem entsprechenden Vorsatz stattfindet.[959]

Der Versuch der Section 12 Theft Act 1968 selbst ist zwar nicht strafbar, aber der Criminal Attempts Act 1981 enthält in Section 9 die spezielle Strafvorschrift „Interference with vehicles".[960] Danach macht sich strafbar, wer u.a. an einem Landkraftfahrzeug oder Anhänger mit der Absicht „hantiert" (*interfere*), das Kraftfahrzeug oder den Anhänger zu stehlen oder eine Straftat nach Section 12 Abs. 1 Theft Act 1968 zu begehen.[961] Die Tathandlung – „to interfere" – deckt fast jede unbefugte Handlung im Zusammenhang mit einem Kraftfahrzeug ab. Das Einsteigen in ein Kfz fällt genauso darunter wie das Türöffnen und das Testen, ob die Tür sich öffnen lässt.[962] Auf der subjektiven Seite muss der Täter mit der Absicht handeln, das Kraftfahrzeug zu stehlen oder eine Straftat nach Section 12 Abs. 1 Theft Act 1968 zu begehen. Dringt jemand nur in ein Kfz ein, um dort zu übernachten, macht er sich folglich nicht nach Section 9 Criminal Attempts Act 1981 strafbar.

Zusammenfassend ist festzustellen, dass die versuchte Ingebrauchnahme eines Fahrzeugs zwar an sich nicht strafbar ist, über Section 9 Criminal Attempts Act 1981 aber faktisch in den Fällen mit Strafe bedroht ist, in denen es sich bei dem Tatobjekt um ein Landkraftfahrzeug handelt.[963]

Eine weitere Vorschrift, die eine Vorbereitungshandlung der unbefugten Ingebrauchnahme unter Strafe stellt und deshalb hier im Rahmen des Versuchs besprochen wird, ist Section 25 Theft Act 1968, „Going equipped".[964] Danach macht sich strafbar, wer – außerhalb seines Wohnsitzes – einen Gegenstand mit sich führt, den er für einen Einbruchsdiebstahl (*burglary*) oder Diebstahl oder im Zusammenhang mit einer solchen Tat nutzen möchte. Nach Section 25 Abs. 5 Theft Act 1968 wird die unbefugte Ingebrauchnahme nach Section 12 Abs. 1 Theft Act 1968 im Rahmen von Section 25 Theft Act 1968 wie ein Diebstahl

---

959    *Smith*, Property Offences, Rn. 9-10; nach *Smith* kann u.U. selbst das Berühren des Fahrzeugs – begleitet von dem entsprechenden Vorsatz – einen Versuch begründen.

960    Section 9 Criminal Attempts Act 1981 findet sich im Anhang unter III. 2.

961    Was ein „motor vehicle" i.S.d. Vorschrift ist, ist der Definition in Section 185 Abs. 1 Road Traffic Act 1988 zu entnehmen. Ein „motor vehicle" ist danach ein „mechanically propelled vehicle intended or adapted for use on roads", also ein mechanisch angetriebenes Fahrzeug, das für den Gebrauch auf Straßen hergestellt oder gedacht ist.

962    *Smith*, Property Offences, Rn. 9-62.

963    Siehe dazu *Smith*, Property Offences, Rn. 9-59, der meint, dass es sich bei der Straftat „Interference with vehicles" praktisch um eine Versuchsstrafe handle, die auf subjektiver Seite das gleiche erfordere, das für einen versuchten Diebstahl oder eine versuchte Ingebrauchnahme erforderlich sei.

964    Section 25 Theft Act 1968 findet sich im Anhang unter III. 9. Siehe allgemein zu Section 25 Theft Act 1968 *Ormerod*, Smith and Hogan Criminal Law, Rn. 26.5.

behandelt. Der Tatbestand erfasst somit in Bezug auf die unbefugte Ingebrauchnahme von Fahrzeugen Fälle, in denen jemand einen Gegenstand mitnimmt, mit
dem er ein Fahrzeug öffnen, eine Wegfahrsperre lösen oder ein Fahrzeug starten
möchte, um es ohne Einwilligung des Berechtigten oder sonstige rechtliche Befugnis in Gebrauch zu nehmen. Der Tatbestand ist sehr weit und erfasst auch
Fälle, die vor dem eigentlichen Versuchsstadium liegen. Das Strafmaß beträgt
gem. Section 25 Abs. 2 Theft Act 1968 Freiheitsstrafe bis zu drei Jahren. Im
Vergleich zum Strafrahmen der Section 12 Theft Act 1968 (Freiheitsstrafe bis
zu sechs Monaten, Geldstrafe bis zu Level 5 auf der *standard scale* oder beides)
ist die Höchststrafe im Rahmen der Section 25 Theft Act 1968 wesentlich höher.
Dies liegt allerdings nicht darin begründet, dass „Going equipped" als die gra-
vierendere Straftat angesehen wird, sondern darin, dass sich Section 25 Theft
Act 1968 in erster Linie auf Einbruchsdiebstahl und Diebstahl bezieht.[965]

Im Unterschied zum deutschen Recht enthält die Strafvorschrift über die unbefugte Ingebrauchnahme selbst keine Versuchsstrafbarkeit. Über Section 9
Criminal Attempts Act 1981 wird der Versuch zwar faktisch unter Strafe gestellt, dies gilt aber nur in Bezug auf Landkraftfahrzeuge. Eine Versuchsstrafbarkeit für Fahrräder, Flugzeuge, Motorboote und dergleichen fehlt hingegen.
Über Section 25 Theft Act 1968 werden aber sogar Handlungen vor dem Versuchsstadium unter Strafe gestellt, was im deutschen Recht im Rahmen des
§ 248b nicht möglich ist. Allerdings bezieht sich Section 25 Theft Act 1968 nur
auf Section 12 Abs. 1 Theft Act 1968 und somit nicht auf Fahrräder.

## g) Schwerer unbefugter Fahrzeuggebrauch – *Aggravated Vehicle Taking*

1992 wurde Section 12A Theft Act 1968 durch den Aggravated Vehicle-Taking
Act 1992 in den Theft Act 1968 eingefügt. Section 12A Theft Act 1968 stellt
eine mit der deutschen Rechtsfigur der Qualifikation vergleichbare Regelung
dar, die schwere Formen des unbefugten Fahrzeuggebrauchs mit erhöhter Strafe
bedroht. Die Vorschrift wurde erlassen, weil die Fälle des „joy-ridings" sich Anfang der 90er Jahre zu häufen begannen, oftmals gravierende Folgen hatten und
von Gruppen (meistens bestehend aus jungen, männlichen Tätern) begangen
wurden. Die Begehung durch Gruppen führte zu Schwierigkeiten beim Nachweis, wer das Fahrzeug beschädigt oder einen Unfall verursacht hatte.[966]

---

965  Der Strafrahmen für Einbruchsdiebstahl beträgt gem. Section 9 Abs. 3 Theft Act 1968
     bis zu vierzehn bzw. zehn Jahre und für Diebstahl gem. Section 7 Theft Act 1968 bis zu
     sieben Jahre. Die Höchststrafe der Section 25 Theft Act 1968 liegt somit weit unter der
     für Einbruchsdiebstahl oder Diebstahl.

966  Siehe *Allen*, Criminal Law, Rn. 11.5.2.2; *Ormerod/Williams*, Smith's Law of Theft,
     Rn. 10.67 f.

Die relevanten Abschnitte der Section 12A Theft Act 1968 lauten:[967]

(1) Subject to subsection (3) below, a person is guilty of aggravated taking of a vehicle if –

    (a) he commits an offence under section 12 (1) above (in this section referred to as a „basic offence") in relation to a mechanically vehicle; and

    (b) it is proved that, at any time after the vehicle was unlawfully taken (whether by him or another) and before it was recovered, the vehicle was driven, or injury or damage was caused, in one or more of the circumstances set out in paragraphs (a) to (d) of subsection (2) below.

(2) The circumstances referred to in subsection (1) (b) above are –

    (a) that the vehicle was driven dangerously on a road or other public place;

    (b) that, owing to the driving of the vehicle, an accident occurred by which injury was caused to any person;

    (c) that, owing to the driving of the vehicle, an accident occurred by which damage was caused to any property, other than the vehicle;

    (d) that damage was caused to the vehicle.

(3) A person is not guilty of an offence under this section if he proves that, as regards any such proven driving, injury or damage as is referred to in subsection (1) (b) above, either –

    (a) the driving, accident or damage referred to in subsection (2) above occurred before he committed the basic offence; or

    (b) he was neither in nor on nor in the immediate vicinity of the vehicle when that driving, accident or damage occurred.

(4) A person guilty of an offence under this section shall be liable on conviction on indictment to imprisonment for a term not exceeding two years or, if it is proved that, in circumstances falling within subsection (2) (b) above, the accident caused the death of the person concerned, fourteen years.

Im Gegensatz zu Section 12 Theft Act 1968 bezieht sich Section 12A Theft Act 1968 nur auf mechanisch betriebene Fahrzeuge, also Kraftfahrzeuge. Section 12A Theft Act 1968 setzt voraus, dass der Täter das Grunddelikt (Section 12 Abs. 1 Theft Act 1968) verwirklicht hat und zu irgendeinem Zeitpunkt, nachdem das Fahrzeug in Gebrauch genommen[968] und bevor es an den Berech-

---

967   Die vollständige Vorschrift findet sich im Anhang unter III. 9.

968   Da die Ingebrauchnahme die Bewegung des Fahrzeugs erfordert (siehe dazu oben unter D. II. 1. c) aa) (1)), kann das qualifizierende Element der Section 12A Theft Act 1968,

tigten zurückgeführt wurde,[969] das Fahrzeug gefährlich gefahren oder aufgrund des Fahrens des Fahrzeugs ein Unfall[970] verursacht wurde, bei dem eine Person oder eine andere Sache verletzt oder beschädigt oder das Fahrzeug selbst beschädigt wurde.

Section 12A Abs. 7 Theft Act 1968 definiert, was unter „gefährlichem Fahren" i.S.d. Vorschrift zu verstehen ist: Ein Kraftfahrzeug wird „gefährlich gefahren", wenn der Fahrstil bei weitem nicht dem eines geübten und vorsichtigen Fahrers entspricht und es für einen solchen Fahrer offensichtlich ist, dass ein solches Fahren gefährlich ist.[971] Das „gefährliche Fahren" muss nicht vorsätzlich erfolgen.[972]

Die in Section 12A Abs. 2 (b) – (c) Theft Act 1968 aufgezählten Umstände erfordern kein gefährliches Fahren und „aufgrund des Fahrens des Fahrzeugs" („owing to the driving of the vehicle") setzt kein Fehlverhalten in Bezug auf das Fahren voraus. Ausreichend ist die Kausalität des Fahrens für den Unfall.[973] Für

---

insbesondere der Schaden an dem Fahrzeug, nicht von einer Handlung herrühren, die vor dem Beginn des Gebrauchs stattfindet, wie bspw. der Schaden durch das unbefugte Öffnen der Fahrzeugtür, *Spencer*, (1992) Crim LR 699, 703.

969 Ein Fahrzeug gilt als zurückgeführt, wenn es in den Besitz des Berechtigten oder einer anderen rechtlich befugten Stelle zurückgelangt ist. Section 12A Abs. 8 Theft Act 1968 definiert dies wie folgt: „For the purposes of this section a vehicle is recovered when it is restored to its owner or to other lawful possession or custody; [...]."

970 Unter „Unfall" fällt auch ein vorsätzlich herbei geführtes Ereignis: *Branchfolwer* (2005) 1 Cr App R 140, 143 f. Anderenfalls würde derjenige, der einen Schaden herbeiführen wollte, besser gestellt als derjenige, der ohne Verschulden einen Schaden herbeiführt, *Allen*, Criminal Law, Rn. 11.5.2.2; *Ormerod*, Smith and Hogan Criminal Law, Rn. 21.3, Fn. 85.

971 Section 12A Abs. 7 Theft Act 1968 lautet: For the purposes of this section a vehicle is driven dangerously if -
(a) it is driven in a way which falls far below what would be expected of a competent and careful driver; and
(b) it would be obvious to a competent and careful driver that driving the vehicle in that way would be dangerous.
„Gefährliches Fahren" wird somit anhand eines objektivierten Standards definiert, *Martin/Storey*, Criminal Law, Rn. 14.6.1.

972 *Herring*, Criminal Law, Rn. 14.4.

973 *Marsh* (1997) Crim LR 205, 205; *Allen*, Criminal Law, Rn. 11.5.2.2; *Card*, Card, Cross & Jones Criminal Law, Rn. 10.122; *Herring*, Criminal Law, Rn. 14.4; *Martin/Storey*, Criminal Law, Rn. 14.6.2; *Ormerod*, Smith and Hogan Criminal Law, Rn. 21.3; *Ormerod/Williams*, Smith's Law of Theft, Rn. 10.71; *Reed/Fitzpatrick*, Criminal Law, Rn. 9-053. Kritisch zu dieser Interpretation von „owing to the driving of the vehicle" Kommentar zu *Marsh*, (1997) Crim LR 205, 206.

Section 12A Abs. 2 (d) Theft Act 1968 genügt es, dass das Fahrzeug beschädigt wurde – ob durch das Fahren oder durch etwas anderes.[974]
     Section 12A Abs. 2 Theft Act 1968 führt somit zu einer sehr strengen Haftung des betroffenen Täters. Da das Grunddelikt (Section 12 Abs. 1 Theft Act 1968) auch von lediglich mitfahrenden Passagieren begangen werden kann, werden auch diese von der strengen Haftung der Section 12A Theft Act 1968 erfasst. Selbst wenn ein Passagier gegen das Fahren, das den Unfall verursacht bzw. zu dem Schaden geführt hat, protestiert, ist er nach Section 12A Theft Act 1968 strafbar.[975]
     Falls gefährliches Fahren, ein Unfall mit Personen- oder Sachschäden oder Schäden an dem Fahrzeug selbst im Zeitraum zwischen dem Beginn der Ingebrauchnahme und der Rückführung des Fahrzeugs an den Berechtigten auftreten, haftet der Täter des Grunddelikts grundsätzlich nach Section 12A Theft Act 1968. Section 12A Abs. 3 Theft Act 1968 bietet ihm allerdings eine Möglichkeit, der Haftung zu entgehen: Wenn er nachweisen kann, dass das gefährliche Fahren, der Unfall oder der Schaden stattfanden, bevor er das Grunddelikt begangen hat oder wenn er nachweisen kann, dass er sich weder in noch auf dem Fahrzeug oder in der unmittelbaren Umgebung befunden hat, als das gefährliche Fahren, der Unfall oder der Schaden stattfand. Entscheidend ist, dass der Täter diesen Nachweis zu erbringen hat, wie Section 12A Abs. 3 Theft Act 1968 deutlich macht.
     Fraglich ist, ob es eine versuchte schwere Ingebrauchnahme gibt. Section 12A Theft Act 1968 ist „triable either way" und eine „indictable offence"; eine solche Straftat ist grundsätzlich als Versuch strafbar.[976] Section 12A Theft Act 1968 setzt aber voraus, dass das Grunddelikt der Section 12 Theft Act 1968 begangen wurde. Das Grunddelikt ist eine „summary offence" und deshalb nicht

---

Wenn bspw. ein Auto mit der erforderlichen Sorgfalt gefahren wird, ein Kind plötzlich vor das Auto läuft und – unausweichlich – verletzt wird, so geschieht dieser Unfall „aufgrund des Fahrens", *Ormerod/Williams*, Smith's Law of Theft, Rn. 10.71.

974  *Dawes v. DPP* (1995) 1 Cr App R 65, 72; *Ormerod*, Smith and Hogan Criminal Law, Rn. 21.3.

975  *Herring*, Criminal Law, Rn. 14.4; vgl. auch *Dawes v. DPP* (1995) 1 Cr App R 65, 72; *Allen*, Criminal Law, Rn. 11.5.2.2. Siehe auch das Beispiel bei *Ormerod*, Smith and Hogan Criminal Law, Rn. 21.3: Wenn einer der Täter des Grunddelikts zwischen Beginn der Ingebrauchnahme und der Rückführung an den Berechtigten die Sitze des Fahrzeugs mutwillig zerstört, so haftet jeder Täter des Grunddelikts nach Section 12A Theft Act 1968, auch wenn der entsprechende Grunddeliktstäter versucht, den anderen von der Zerstörung der Sitze abzuhalten.

976  *Spencer*, Crim LR 1992, 699, 701.

als Versuch strafbar.[977] Laut *Spencer* folgt daraus die „logische Schlussfolge-rung", dass es keinen strafbaren Versuch der schweren unbefugten Ingebrauch-nahme gebe.[978] *Ormerod/Williams* hingegen gehen davon aus, dass die schwere unbefugte Ingebrauchnahme in bestimmten Fällen bereits im Versuch strafbar sei, nicht aber grundsätzlich.[979] Die Problematik der Versuchsstrafbarkeit im Rahmen einer Erfolgsqualifikation[980] scheint im englischen Recht nicht bzw. kaum diskutiert zu werden.[981] Aufgrund der fehlenden Versuchsstrafbarkeit des Grunddelikts ist ein strafbarer Versuch der schweren unbefugten Ingebrauch-nahme abzulehnen, wenn das Grunddelikt nicht vollendet wurde.[982] Allerdings spricht nichts dagegen, wegen versuchter schwerer unbefugter Ingebrauchnahme zu bestrafen, wenn das Grunddelikt voll verwirklicht, der erschwerende Um-stand nach Section 12A Abs 2 Theft Act 1968 aber nur versucht wurde.

Durch Section 12A Theft Act 1968 wird dem Täter des Grunddelikts eine „strict liability" auferlegt. „Strict liability" ist im englischen Recht durchaus verbreitet.[983] Die strenge Form der Haftung in Section 12A Theft Act 1968 geht aber über die gewöhnlichen Grenzen von „strict liability" hinaus;[984] ohne dass ein zusätzliches Verschulden auf Seiten des Täters des Grunddelikts vorhanden

---

977 Die versuchte Ingebrauchnahme ist nur strafbar, wenn sie unter Section 9 Criminal At-tempts Act 1981 (*Interference with vehicles*) oder unter Section 25 Theft Act 1968 (*Going equipped*) fällt. Dabei handelt es sich aber um eigene Tatbestände, nicht um die Versuchsstrafbarkeit der Section 12 Theft Act 1968 (siehe dazu oben unter D. II. 1. f). Diese Tatbestände gelten *nicht* als Grunddelikte im Rahmen der Section 12A Theft Act 1968.

978 *Spencer*, Crim LR 1992, 699, 701 f. *Spencer* gibt aber zu bedenken, dass ein Gericht dies aufgrund der Tatsache, dass es sich bei Section 12A Theft Act 1968 um eine „in-dictable offence" handle, anders sehen könnte.

979 Siehe *Ormerod/Williams*, Smith's Law of Theft, Rn. 10.73, die als Beispiel den Fall nennen, dass jemand festgenommen wird, als er versucht, in ein leistungsstarkes Auto einzubrechen und gesteht, dass er vorhatte, mit dem Auto ein Autorennen gegen seine Freunde zu fahren. So auch *Ormerod*, Smith and Hogan Criminal Law, Rn. 21.3.

980 Nach deutscher Strafrechtsterminologie stellt Section 12A Theft Act 1968 eine Erfolgs-qualifikation dar.

981 Die Erkenntnisse aus dem deutschen Strafrecht zur Strafbarkeit des Versuchs der Er-folgsqualifikation und des erfolgsqualifizierten Versuchs lassen sich aufgrund der unter-schiedlichen Konzeption nicht (ohne weiteres) auf das englische Recht übertragen.

982 Somit liegt gerade in dem von *Ormerod/Williams*, Smith's Law of Theft, Rn. 10.73 ge-schilderten Beispiel (Fn. 979) kein strafbarer Versuch der schweren unbefugten Inge-brauchnahme vor.

983 Vgl. *Vogel*, in: LK, Vor § 15, Rn. 86. Siehe zu *strict liability* allgemein *Herring*, Crimi-nal Law – Text, Cases and Materials, Kapitel 4; *Ormerod*, Smith and Hogan Criminal Law, Kapitel 7.

984 *Ashworth*, Criminal Law, S. 381.

sein muss, wird die Höchststrafe auf zwei bzw. vierzehn Jahre angehoben. Eine solche „strict liability" ist schwierig zu begründen.[985] Die strenge Gestaltung der Section 12A Theft Act 1968 beruht auf den Beweisschwierigkeiten, die für „joyriding"-Fälle typisch sind: Da die Straftat oftmals von Gruppen begangen wird, ist es schwierig zu beweisen, wer das Fahrzeug beschädigt oder einen Unfall verursacht hat. Jeder der Beteiligten behauptet später, der Schaden bzw. der Unfall sei aufgetreten, bevor er hinzu kam oder nachdem das Fahrzeug bereits stehen gelassen wurde.[986] Andererseits sind solche Beweisprobleme nicht nur in diesem Fall vorzufinden und deshalb ist es fraglich, ob Beweisschwierigkeiten alleine eine solch strenge Haftung rechtfertigen.[987] Dies gilt insbesondere für Passagiere, die u.U. mit dem Fahrstil des Fahrers gar nicht einverstanden waren. *Allen* ist der Ansicht, der Gesetzgeber sei in Bezug auf die Passagiere zu weit gegangen; er hätte zumindest eine Form von „Komplizenschaft" verlangen sollen, um einen Mitfahrer nach Section 12A Theft Act 1968 zu bestrafen.[988]

Im Ergebnis können die Beweisschwierigkeiten eine solch strenge Haftung, wie sie Section 12A Theft Act 1968 den Tätern auferlegt, nicht rechtfertigen. Der Gesetzgeber schien Anfang der 90er Jahre angesichts der als „Epidemie" empfundenen Häufung von erschwerten Formen der unbefugten Ingebrauchnahme einerseits ein Zeichen setzen zu wollen, dass er das Problem gesehen und sich diesem angenommen habe und andererseits durch die strenge Haftung eine abschreckende Wirkung auf potenzielle Täter erzielen zu wollen.[989] Das englische Recht hat aber Verkehrs-,[990] Körperverletzungs- bzw. Tötungs- und Sachbeschädigungsdelikte, mit denen eine angemessene Bestrafung solcher Fälle möglich erscheint.[991] Die Einführung einer solch strengen Haftung wirkt des-

---

985 *Ormerod/Williams*, Smith's Law of Theft, Rn. 10.71.
986 *Ormerod/Williams*, Smith's Law of Theft, Rn. 10.68. Vgl. auch *Allen*, Criminal Law, Rn. 11.5.2.2; *Ashworth*, Criminal Law, S. 382;
987 *Ashworth*, Criminal Law, S. 382.
    Vgl. im deutschen Recht die Vorschrift des § 231, die die Beteiligung an einer Schlägerei unter Strafe stellt, wenn durch die Schlägerei (oder den Angriff) der Tod eines Menschen oder eine schwere Körperverletzung verursacht wurde. Die Vorschrift stellt die bloße Beteiligung unter Strafe, weil von Schlägereien eine große Gefährlichkeit ausgeht und es schwierig ist, die Einzelverantwortlichkeit der Beteiligten für schwere Folgen aufzuklären, *Fischer*, § 231, Rn. 1; siehe auch BGHSt 14, 132, 134 f.
988 *Allen*, Criminal Law, Rn. 11.5.2.2.
989 Siehe dazu auch *Spencer*, Crim LR 1992, 699, 705.
990 Siehe insbesondere „Causing Death by Dangerous Driving" und „Dangerous Driving" (Section 1 Road Traffic Act 1991, die Sections 1 und 2 des Road Traffic Act 1988 geändert haben).
991 *Ormerod*, Smith and Hogan Criminal Law, Rn. 21.3, insbes. Fn. 81, der darauf hinweist, dass das Problem der schweren Fälle der unbefugten Ingebrauchnahme nicht

halb, insbesondere im Hinblick auf die Haftung auch für mitfahrende Passagiere, unangemessen und ist nicht notwendig.[992]

Das deutsche Recht kennt im Gegensatz zum englischen Recht keine erschwerte Form des unbefugten Fahrzeuggebrauchs. Allerdings reicht der Strafrahmen des § 248b mit Freiheitsstrafe bis zu drei Jahren über den Strafrahmen der Section 12A Theft Act 1968 hinaus,[993] so dass vom Strafrahmen her das im englischen Recht durch eine Qualifikation erfasste Unrecht im deutschen Recht bereits durch den Strafrahmen des Grunddelikts erfasst werden kann. Wird während des unbefugten Gebrauchs eines Fahrzeugs ein anderer Mensch verletzt oder getötet oder eine andere Sache oder das Fahrzeug selbst beschädigt, stehen die Vorschriften über Körperverletzung, Tötung und Sachbeschädigung zur Verfügung.

## h) Strafmaß

Das Grunddelikt kann mit Freiheitsstrafe bis zu sechs Monaten oder Geldstrafe (bis zu Level 5 auf der *standard scale*; das sind GBP 5.000,-) oder beidem bestraft werden; der unbefugte Gebrauch von Fahrrädern kann gar nicht mit Freiheitsstrafe belegt werden, sondern nur mit Geldstrafe bis zu Level 3 auf der *standard scale* (GBP 3.000,-). Der im Vergleich zum Grunddelikt erhöhte Strafrahmen der Section 12A Theft Act 1968 sieht eine Freiheitsstrafe bis zu zwei Jahren vor.[994] Etwas anderes gilt nur für den Fall, dass jemand zu Tode kommt;

---

durch eine bestimmte Strafandrohung gelöst werde, aber dass die Strafrahmen, die das englische Recht für „driving offences and ordinary criminal charges for damage and injury inflicted" bereithalte, im Verhältnis zur Straftat angemessen seien.

Falls trotzdem ein höherer Strafrahmen speziell für die unbefugte Ingebrauchnahme von Fahrzeugen vom Gesetzgeber gewünscht war, hätte dies auch mit einer Erhöhung des Strafrahmens des Grunddelikts erreicht werden können; vgl. dazu *Spencer*, Crim LR 1992, 699, 705: Dies sei der Vorschlag einiger Abgeordneter während des Gesetzgebungsverfahrens gewesen.

992 Kritisch auch *Ashworth*, Criminal Law, S. 381 f.; *Ormerod*, Smith and Hogan Criminal Law, Rn. 21.3.

993 Mit Ausnahme der Freiheitsstrafe bis zu vierzehn Jahren, falls ein Mensch zu Tode kommt.

994 Falls die erschwerenden Umstände i.S.d. Section 12A Theft Act 1968 lediglich einen Schaden an dem Fahrzeug selbst oder einer anderen Sache betreffen, der GBP 5.000,- nicht übersteigt, so muss die Tat wie eine „summary offence" behandelt werden (Section 22 Magistrates' Courts Act 1980, Schedule 2). Das Strafmaß beträgt dann, wie für das Grunddelikt, Freiheitsstrafe bis zu sechs Monaten, Geldstrafe bis zu Level 5 auf der *standard scale* (GBP 5.000,-) oder beides.

die Höchststrafe beträgt in einem solchen Fall bis zu vierzehn Jahre Freiheits-strafe.[995]

Ursprünglich sah das englische Recht eine Freiheitsstrafe von bis zu zwölf Monaten vor (Section 28 Abs. 1 (b) Road Traffic Act 1930). Als Section 12 Theft Act 1968 in Kraft trat, enthielt er einen Strafrahmen von bis zu drei Jahren Freiheitsstrafe. 1988 wurde die unbefugte Ingebrauchnahme durch Section 37 Abs. 1 Criminal Justice Act 1988 eine „summary offence" – davor handelte es sich um eine „triable either way offence"[996] – und der heutige Strafrahmen von Freiheitsstrafe bis zu sechs Monaten, Geldstrafe bis zu Level 5 auf der *standard scale* oder beides wurde eingeführt.[997]

Im Unterschied zum deutschen Recht ist der Strafrahmen im englischen Recht sehr niedrig. Selbst der erhöhte Strafrahmen der schweren unbefugten Ingebrauchnahme reicht mit Freiheitsstrafe bis zu zwei Jahren nicht an den Strafrahmen des § 248b (Freiheitsstrafe bis zu drei Jahren) heran. Eine Ausnahme gilt nur für den Fall, dass jemand bei einem Unfall zu Tode kommt.[998]

Eine Straftat nach Section 12A Theft Act 1968 führt gem. dem Road Traffic Offenders Act 1988[999] zu einem Fahrverbot (*disqualification*) von mindestens zwölf Monaten,[1000] einem Vermerk (*endorsement*) und 3 bis 11 Strafpunkten (*penalty points*).[1001] Bei einer Straftat nach Section 12 Theft Act 1968, die sich

---

995   Section 12A Abs. 4 Theft Act 1968 sah ursprünglich einen Strafrahmen von bis zu fünf Jahren Freiheitsstrafe für den Fall vor, dass jemand bei einem Unfall zu Tode kommt. Der Strafrahmen wurde 2003 durch Section 285 Abs. 1 Criminal Justice Act 2003 auf Freiheitsstrafe bis zu vierzehn Jahren angehoben.
996   Siehe zu den Begriffen oben unter D. II. 1. f).
997   Siehe dazu auch *Smith*, Property Offences, Rn. 9-04; *Spencer*, Crim LR 1992, 699, 700;
998   Im deutschen Recht käme in einem solchen Fall fahrlässige Tötung (§ 222) oder ggf. Körperverletzung mit Todesfolge (§ 227), Totschlag (§ 212) oder Mord (§ 211) in Betracht. Der Strafrahmen des § 212 beträgt Freiheitsstrafe von fünf bis fünfzehn Jahren, der des § 211 lebenslange Freiheitsstrafe und der des § 222 Freiheitsstrafe bis zu fünf Jahren oder Geldstrafe. Ursprünglich sah auch Section 12A Abs. 4 nur einen Strafrahmen von Freiheitsstrafe bis zu fünf Jahren für den Fall vor, dass ein Unfall zum Tode eines Dritten führt, siehe dazu oben Fn. 995.
999   Section 34 Abs. 1, Schedule 2, Part II Road Traffic Offenders Act 1988.
1000  Dies gilt gem. Section 34 Abs. 1 Road Traffic Offenders Act 1988 nicht, falls „spezielle Gründe" vorliegen, die dagegen sprechen. Die Tatsache, dass der Täter das Fahrzeug nicht gefahren hat, ist laut Section 34 Abs. 1A Road Traffic Offenders Act 1988 kein „spezieller Grund".
1001  Siehe zur „disqualification" auch *Smith*, Property Offences, Rn. 9-04, der anmerkt, dass die Gerichte normalerweise kein Fahrverbot erteilen, das zeitlich gesehen weit über die Freiheitsstrafe hinausgehe.

auf ein Kraftfahrzeug bezieht, steht es im Ermessen des Gerichts, ob ein Fahrverbot verhängt wird.[1002]

*Smith* hält es für fraglich, ob ein Fahrverbot die richtige Reaktion auf „joyriding" Fälle darstelle. Ein Fahrverbot mache es dem Täter unmöglich, seine Fahrleidenschaft auf legale Weise auszuleben; es bringe ihn deshalb in einen „Teufelskreis der Illegalität". Andererseits gebe es durchaus Fälle, in denen ein Fahrverbot die angemessene Reaktion sei. Das Gesetz unterscheide aber nicht zwischen den verschiedenen Arten von Tätern.[1003] *Smith* ist insofern zuzustimmen, als es gerade bei jungen Tätern, bei denen die unbefugte Ingebrauchnahme auf ihrer Begeisterung für Autos und ihrer Fahrleidenschaft beruht, problematisch ist, ihnen ein Fahrverbot zu erteilen, weil ein Fahrverbot ihnen die Möglichkeit nimmt, legal ein Kraftfahrzeug zu fahren. Andererseits gibt es auch unter diesen Tätern Fälle, in denen ein Fahrverbot eine angemessene Reaktion darstellt. Dieses Problem könnte dadurch gelöst werden, dass die Frage, ob ein Fahrverbot verhängt wird, auch im Rahmen der Section 12A Theft Act 1968 ins Ermessen des Gerichts gestellt wird.

Auch im deutschen Recht kann ein Fahrverbot verhängt oder die Entziehung der Fahrerlaubnis angeordnet werden.[1004] Die Verhängung eines Fahrverbots steht im Ermessen des Gerichts, während die Entziehung der Fahrerlaubnis anzuordnen ist, wenn sich aus der Tat ergibt, dass der Täter „zum Führen von Kraftfahrzeugen ungeeignet ist". Das deutsche Recht bietet somit bzgl. des „ob" des Fahrverbots mehr Flexibilität als das englische Recht in Bezug auf Section 12A Theft Act 1968 und enthält bzgl. der Entziehung der Fahrerlaubnis eine Bedingung – das Abstellen auf die Ungeeignetheit –, die das englische Recht nicht beinhaltet.

i)   Verjährung

Eine Verfolgung der Straftat aus Section 12 Abs. 1 Theft Act 1968 kann gem. Section 12 Abs. 4A Theft Act 1968 in Bezug auf Kraftfahrzeuge (*mechanically propelled vehicles*) nur bis zu drei Jahre nach der Tat eingeleitet werden. Sind der Strafverfolgungsbehörde ausreichende Beweise bekannt, so ist die Einleitung der Strafverfolgung nur sechs Monate ab Bekanntwerden dieser Beweise möglich.

---

1002   Section 34 Abs. 1, Schedule 2, Part II Road Traffic Offenders Act 1988.

1003   *Smith*, Property Offences, Rn. 9-04.

1004   Ein Fahrverbot kann nach § 44 verhängt werden; nach den §§ 69 ff. kann die Entziehung der Fahrerlaubnis angeordnet werden. Siehe dazu oben unter C. VI.

Im deutschen Recht beträgt die Verjährungsfrist für Taten nach § 248b gem. § 78 Abs. 3 Nr. 4 fünf Jahre und ist somit zwei Jahre länger als im englischen Recht.[1005]

## j)    Ähnliche bzw. verwandte Straftaten

Neben der Möglichkeit des Diebstahls von Fahrzeugen, des unbefugten Gebrauchs nach Section 12 Theft Act 1968 und des schweren unbefugten Gebrauchs nach Section 12A Theft Act 1968 gibt es noch weitere Straftaten, die sich auf den unbefugten „Gebrauch" von Fahrzeugen – im weiteren Sinne – beziehen.

Neben der bereits erwähnten Tat „Interference with vehicles" nach Section 9 Criminal Attempts Act 1981,[1006] ist „Tampering with motor vehicles" nach Section 25 Road Traffic Act 1988 zu nennen.[1007] Nach dieser Vorschrift wird bestraft, wer in ein Kraftfahrzeug, während es sich auf der Straße oder einem öffentlichen Parkplatz befindet, eindringt oder die Bremsen oder andere Teile der Mechanik des Kraftfahrzeugs beeinflusst, ohne dass er rechtlich dazu befugt ist oder einen begründeten Anlass dazu hat. Zur Beeinflussung der Mechanik reicht das Berühren, das Öffnen der Türen und das Rütteln am Fahrzeug nicht aus; notwendig ist vielmehr ein Eingriff in die Mechanik des Fahrzeugs.[1008]

Auch „Holding or getting on to vehicle in order to be towed or carried" nach Section 26 Road Traffic Act 1988 stellt eine verwandte Straftat dar.[1009] Danach macht sich strafbar, wer unbefugt zum Zwecke der Fortbewegung ein Fahrzeug (oder einen Anhänger) in Besitz nimmt, anhält oder in dieses einsteigt, während es am Straßenverkehr teilnimmt.

---

1005  Siehe dazu oben unter C. VII.
1006  Siehe dazu oben unter D. II. 1. f).
1007  Section 25 Road Traffic Act 1988 lautet:
      If, while a motor vehicle is on a road or on a parking place provided by a local authority, a person –
      (a) gets on to the vehicle, or
      (b) tampers with the brake or other part of its mechanism,
      without lawful authority or reasonable cause he is guilty of an offence.
1008  *Smith*, Property Offences, Rn. 9-65.
1009  Section 26 Road Traffic Act 1988 lautet:
      (1) If, for the purpose of being carried, a person without lawful authority or reasonable cause takes or retains hold of, or gets on to, a motor vehicle or trailer while in motion on a road he is guilty of an offence.
      (2) If, for the purpose of being drawn, a person takes or retains hold of a motor vehicle or trailer while in motion on a road he is guilty of an offence.

Eine andere Tat ist „Use of firearm to resist arrest": Nach Section 17 Abs. 2 Firearms Act 1968[1010] wird mit bis zu lebenslanger Freiheitsstrafe[1011] bestraft, wer zum Zeitpunkt der Begehung einer Tat nach Section 12 Abs. 1 Theft Act 1968 oder der Verhaftung aufgrund einer solchen Tat eine Schusswaffe oder ein Schusswaffenimitat in seinem Besitz hat, wenn er nicht nachweisen kann, dass er die Schusswaffe oder das Schusswaffenimitat für einen rechtmäßigen Zweck in seinem Besitz hatte.

Mit den genannten englischen Strafvorschriften direkt vergleichbare Normen gibt es im deutschen Recht nicht.[1012]

## k)    Abgrenzung bzw. Konkurrenzverhältnis zum Diebstahl

Gem. Section 1 Abs. 1 Theft Act 1968 macht sich wegen Diebstahls strafbar, wer unehrlich (*dishonestly*) eine fremde Sache mit der Absicht in Besitz nimmt, sie dem Berechtigten dauerhaft zu entziehen.[1013] Der entscheidende Unterschied zur *bloßen* unbefugten Ingebrauchnahme eines Fahrzeugs besteht damit, neben der Notwendigkeit von *dishonesty,* im Enteignungsvorsatz. Dieser Vorsatz muss auf dauerhafte Enteignung des Berechtigten angelegt sein. Nach Section 6 Abs. 1 Theft Act 1968[1014] steht dem auf dauerhafte Enteignung gerichte-

---

1010    Section 17 Abs. 2 Firearms Act 1968 lautet:
        If a person, at the time of his committing or being arrested for an offence specified in Schedule 1 to this Act, has in his possession a firearm or imitation firearm, he shall be guilty of an offence under this subsection unless he shows that he had it in his possession for a lawful object.
        Schedule 1, Unterpunkt 4 zählt u.a. Section 12 Abs. 1 Theft Act 1968 auf.

1011    Schedule 6 Firearms Act 1968: Life imprisonment or a fine; or both.

1012    Liegt im deutschen Recht ein Fahrzeugdiebstahl vor, ist § 244 Abs. 1 Nr. 1 a) mit Section 17 Abs. 2 Firearms Act 1968 vergleichbar, wobei der Täter die Waffe oder das gefährliche Werkzeug bei der Begehung der Tat bei sich führen muss (ein Beisichführen bei der Verhaftung ist nicht ausreichend).

1013    Section 1 Abs. 1 Theft Act 1968 lautet: A person is guilty of theft if he dishonestly appropriates property belonging to another with the intention of permanently depriving the other of it; [...].

1014    Section 6 Theft Act 1968 lautet:
        (1) A person appropriating property belonging to another without meaning the other permanently to lose the thing itself is nevertheless to be regarded as having the intention of permanently depriving the other of it if his intention is to treat the thing as his own to dispose of regardless of the other's rights; and a borrowing or lending of it may amount to so treating it if, but only if, the borrowing or lending is for a period and in circumstances making it equivalent to an outright taking or disposal.
        (2) Without prejudice to the generality of subsection (1) above, where a person, having possession or control (lawfully or not) of property belonging to another, parts with the property under a condition as to its return which he may not be able to perform, this (if

ten Vorsatz gleich, wenn der Täter zwar nicht beabsichtigt, dass der Berechtigte die Sache selbst dauerhaft verliert, aber beabsichtigt, die Sache wie seine eigene zu behandeln und ohne Rücksicht auf die Rechte des Berechtigten über sie zu verfügen. Nimmt folglich jemand ein fremdes Fahrzeug unehrlich (*dishonestly*) in Gebrauch und beabsichtigt dabei, das Fahrzeug dem Berechtigten dauerhaft zu entziehen oder i.S.d. Section 6 Abs. 1 Theft Act 1968 darüber zu verfügen, so begeht er einen Diebstahl an dem Fahrzeug. Die Anforderungen an den Enteignungsvorsatz sind dabei aber – auch unter Einbeziehung der Section 6 Abs. 1 Theft Act 1968[1015] – wesentlich höher als im deutschen Recht. Während im Rahmen des § 242 *dolus eventualis* bzgl. der Enteignungskomponente ausreichend ist und der Täter deshalb schon dann mit Enteignungsvorsatz handelt, wenn er die dauernde Enteignung des Berechtigten für möglich hält und sie billigend in Kauf nimmt, was die Rechtsprechung regelmäßig annimmt, wenn das Fahrzeug nach der Ingebrauchnahme irgendwo stehen gelassen wird,[1016] reicht im englischen Recht das Fürmöglichhalten und Billigendinkaufnehmen der dauerhaften Enteignung des Eigentümers zur Erfüllung des Merkmals *intention of permanently depriving* nicht aus.[1017] Zwar schließt die spätere Aufgabe des Besitzes den auf dauerhafte Enteignung gerichteten Vorsatz nicht grundsätzlich aus,[1018] aber er bedarf einer genauen Prüfung. Da registrierte Fahrzeuge aufgrund ihres Nummernschildes, nachdem sie nach Ende des Gebrauchs irgendwo stehen gelassen wurden, relativ einfach wieder an den Berechtigten zurückgeführt werden können – was in den meisten Fällen auch zeitnah geschieht – und diese Tatsache auch hinreichend bekannt ist, haben die meisten Täter in solchen

---

done for purposes of his own and without the other's authority) amounts to treating the property as his own to dispose of regardless of the other's rights.

1015  Siehe zur Bedeutung der Section 6 Abs. 1 Theft Act 1968 bzgl. eines Fahrzeugs als Tatobjekt *Raphael* (2008) Crim LR 995, 996 und Kommentar zu *Raphael*, (2008) Crim LR 997, 997 f.

1016  Siehe zum Vorsatz im Rahmen des § 248b oben unter C. II. 4. und zum Konkurrenzverhältnis zwischen Diebstahl und unbefugter Ingebrauchnahme oben unter C. IV. 3.

1017  Einen mit dem *dolus eventualis* im deutschen Recht vergleichbaren Eventualvorsatz gibt es im englischen Recht in Bezug auf „intention of permanently depriving" anscheinend nicht; diese Problematik wird soweit ersichtlich in der Litertur – zumindest im Rahmen des unbefugten Fahrzeuggebrauchs – nicht diskutiert. Schon auf abstrakter Ebene werden deshalb an den Enteignungsvorsatz im englischen Recht höhere Anforderungen als im deutschen Recht gestellt. Hinzu kommt, dass eine mit der österreichischen Rechtsprechung vergleichbare Tendenz besteht, davon auszugehen, dass der Täter den Berechtigten nicht dauerhaft habe enteignen wollen, wenn er ein registriertes Fahrzeug nach dem Gebrauch auf einer öffentlichen Verkehrsfläche zurücklasse. Vgl. zum österreichischen Recht oben unter D. I. 1. a) und unten unter D. III. 6.

1018  *Loveless*, Criminal Law, S. 598.

Fällen keinen auf dauerhafte Enteignung gerichteten Vorsatz i.S.d. englischen Rechts.[1019] Da unbefugte Ingebrauchnahme von registrierten Fahrzeugen deshalb in der Praxis sehr selten als Diebstahl bestraft wird, kann in solchen Fällen auch (fast) nie Raub oder Einbruchsdiebstahl (*burglary*) vorliegen, weil diese Tatbestände Diebstahl voraussetzen.[1020]

Im Rahmen der unbefugten Ingebrauchnahme von Fahrrädern und anderen nicht registrierten Fahrzeugen stellt sich die Lage etwas anders dar: Da die spätere Besitzaufgabe einen auf dauerhafte Enteignung gerichteten Vorsatz nicht ausschließt[1021] und nicht registrierte Fahrzeuge oftmals nicht an den Berechtigten zurückgebracht werden – was den Tätern auch bekannt ist – handelt der Täter in solchen Fällen häufiger mit Enteignungsvorsatz.[1022] Somit liegt bei der unbefugten Ingebrauchnahme von Fahrrädern und anderen nicht registrierten Fahrzeugen im Vergleich zu Kraftfahrzeugen häufiger Diebstahl vor.

Die Strafbarkeit wegen Diebstahls oder Raubs schließt aber die Strafbarkeit wegen unbefugter Ingebrauchnahme eines Fahrzeugs nach Section 12 Theft Act 1968 nicht aus. Theoretisch kann ein Täter deshalb aufgrund beider Delikte verurteilt werden, dies geschieht aber in der Praxis nicht. Selbst wenn ein Täter aber wegen beider Delikte verurteilt werden würde, so würde dies nicht das konkrete Strafmaß erhöhen.[1023]

## 2. Zusammenfassende Betrachtung der Unterschiede und Gemeinsamkeiten

Zusammenfassend bestehen die Unterschiede zwischen der Strafbarkeit der unbefugten Ingebrauchnahme im deutschen und im englischen Recht vor allem darin, dass der Kreis der Tatobjekte, wenn auch ähnlich, so doch nicht identisch ist, Fahrräder im englischen Recht einer gesonderten Behandlung unterliegen,

---

1019 Vgl. *Mowe v. Perraton* (1952) 35 Cr App R 194, 196; *Allen*, Criminal Law, Rn. 11.5.2; *Allen/Cooper*, Elliott and Wood's Criminal Law, S. 667; *Elliot/Quinn*, Criminal Law, S. 221; *Loveless*, Criminal Law, S. 598; *Martin/Storey*, Criminal Law, Rn. 14.5; *Ormerod*, Smith and Hogan Criminal Law, Rn. 21.2; *Reed/Fitzpatrick*, Criminal Law, Rn. 9-053; *Smith*, Property Offences, Rn. 9-56.
1020 Siehe dazu *Williams*, Crim LR 1981, 129, 131. Beachte auch die dort aufgeworfene Frage, ob man in Fällen wie bspw. dem Einbruch in eine Garage, um das dort befindliche Kraftfahrzeug in Gebrauch zu nehmen, wieder – wie teilweise vor der Möglichkeit der Bestrafung des unbefugten Gebrauchs von Fahrzeugen – auf das mitverbrauchte Benzin abstellen sollte und somit über den Benzindiebstahl zu Einbruchsdiebstahl (*burglary*) bzw. in anderen denkbaren Fällen zu Raub gelangt.
1021 *Loveless*, Criminal Law, S. 598.
1022 Vgl. *Smith*, Property Offences, Rn. 9-56.
1023 *Smith*, Property Offences, Rn. 9-03.

Section 12 Theft Act 1968 ein Handeln *ohne* Einwilligung des Berechtigten verlangt, während § 248b ein Handeln *gegen* den Willen des Berechtigten voraussetzt,[1024] Section 12 Theft Act 1968 nicht im Versuch strafbar ist, der Strafrahmen im englischen Recht im Gegensatz zu § 248b sehr niedrig ausfällt, das englische Recht mit Section 12A Theft Act 1968 eine schwere unbefugte Ingebrauchnahme kennt und der Anwendungsbereich der Strafvorschrift über die unbefugte Ingebrauchnahme im Vergleich zu der des Diebstahls im englischen Recht wesentlich größer als im deutschen Recht ist.

Trotz dieser Unterschiede überwiegen vor allem die Gemeinsamkeiten. Obwohl das deutsche Strafrecht, das in erster Linie auf dem Strafgesetzbuch (StGB) mit seinem allgemeinen und besonderen Teil aufgebaut ist, und das englische Strafrecht, das nur teilweise kodifiziert ist und in dem die vorhandenen Kodifizierungen sich in vielen unterschiedlichen Gesetzen (*Statutes* bzw. *Acts*) befinden, sehr unterschiedlich sind, haben sie beide eine kodifizierte Regelung über den unbefugten Gebrauch von Fahrzeugen, die systematisch im Umfeld des Diebstahls eingeordnet ist. Diese Regelungen ähneln sich – trotz der oben beschriebenen Unterschiede – sehr. Die Frage ist nun, welche Erkenntnisse aus dem Blick auf die englische Rechtslage für das deutsche Recht gewonnen werden können. Insbesondere der unterschiedliche Anwendungsbereich der Section 12 Theft Act 1968 im Verhältnis zu den Sections 1 ff. Theft Act 1968 (Diebstahl) einerseits und der des § 248b im Verhältnis zu § 242 (oder ggf. § 246) andererseits ist von Interesse. Während im englischen Recht bei der unbefugten Ingebrauchnahme eines registrierten Fahrzeuges grundsätzlich davon ausgegangen wird, dass der Täter ohne Enteignungsvorsatz handelt, weil er aufgrund des amtlich registrierten Kennzeichens davon ausgehen kann und erfahrungsgemäß auch davon ausgeht, dass er dem Berechtigten das Fahrzeug durch den unbefugten Gebrauch nicht dauerhaft entzieht,[1025] geht das deutsche Recht (und insbesondere die Rechtsprechung) davon aus, dass bei der unbefugten Ingebrauchnahme eines registrierten Fahrzeugs auch die Enteignungskomponente der Zueignungsabsicht erfüllt ist, da der Täter in Bezug auf die dauerhafte Verdrängung des Berechtigten aus dessen Eigentümerstellung zumindest mit *dolus eventualis* handelt, weil er diese dauerhafte Verdrängung – trotz amtlich registrierter Kennzeichen – für möglich hält und billigend in Kauf nimmt. Durch diese unterschiedliche Behandlung der Enteignungskomponente kommt der Strafvorschrift über die unbefugte Ingebrauchnahme im englischen Recht in der

---

1024  Zu den Unterschieden von „ohne Einwilligung" und „gegen den Willen" siehe oben unter C. II. 2. b) bb) (1).

1025  Ein mit dem deutschen *dolus eventualis* vergleichbarer Vorsatz ist bezüglich der „intention of permanently depriving" anscheinend nicht ausreichend, siehe dazu bereits oben unter D. II. 1. k).

Praxis in Bezug auf registrierte Fahrzeuge – also (die meisten) Kraftfahrzeuge, nicht hingegen Fahrräder – ein wesentlich größerer Anwendungsbereich zu als § 248b im deutschen Recht. Aus dem praktischen Anwendungsbereich der Vorschrift über den unbefugten Gebrauch von Fahrzeugen im englischen Recht kann für das deutsche Recht abgeleitet werden, dass die Begründung der Zueignungsabsicht mehr erfordert, als festzustellen, der Täter habe bzgl. der Enteignungskomponente mit *dolus eventualis* gehandelt, da er das Fahrzeug an einem anderen als dem Wegnahmeort stehen gelassen und dem Zugriff Dritter preisgegeben habe. Statt einer solchen formelhaften Begründung muss vielmehr der Einzelfall betrachtet und – insbesondere in Bezug auf amtlich registrierte Fahrzeuge – festgestellt werden, ob der konkrete Täter die dauernde Enteignung des Berechtigten für möglich gehalten und billigend in Kauf genommen hat oder ob er aufgrund der amtlichen Registrierung und der tatsächlichen Verhältnisse dachte, dass der Berechtigte das Fahrzeug zurückerhalten werde.[1026] Die deutsche Rechtsprechung weist teilweise selbst daraufhin, dass das Stehenlassen eines Fahrzeugs an einer Stelle, an der es dem Zugriff Dritter preisgegeben sei, nur ein Beweisanzeichen darstelle und nicht „im Einzelfall eine umfassende Prüfung der inneren Tatseite" entbehrlich mache.[1027] Auch im Schrifttum findet sich die Mahnung, nicht aus Beweisanzeichen – ohne Prüfung des konkreten Falles – auf die Enteignungskomponente zu schließen.[1028]

Außerdem kann der Strafrahmen der Section 12 Theft Act 1968 als Beispiel dafür angesehen werden, dass das von § 248b vorgesehene Strafmaß von Freiheitsstrafe bis zu drei Jahren nicht notwendig ist,[1029] zumal § 248b einen wesentlich kleineren praktischen Anwendungsbereich hat als Section 12 Theft Act 1968.

## III. Gemeinsamkeiten und Differenzen zu § 248b

Nach der überblickartigen Darstellung der Regelungen bezüglich der Strafbarkeit des unbefugten Gebrauchs von Fahrzeugen in Österreich, der Schweiz, Frankreich, Spanien, Italien, Schweden, Finnland, den USA, Kanada, Neuseeland und Australien, mit einem Schwerpunkt auf Österreich und der Schweiz, und einer ausführlicheren Darstellung der englischen Regelungen, erfolgt nun eine zusammenfassende Darstellung der Unterschiede und Gemeinsamkeiten der Strafbarkeit der unbefugten Ingebrauchnahme in den erwähnten Ländern. Von besonderem Interesse ist dabei, ob überhaupt eine entsprechende Regelung in

---

1026  Siehe dazu bereits oben unter C. IV. 3.
1027  So BGH NStZ 1987, 71, 72.
1028  Vgl. *Geppert*, JK 1987, StGB, § 248b/2; *Keller*, JR 1987, 343, 343; *Schaudwet*, JR 1965, 413, 414; *Wessels/Hillenkamp*, BT II, Rn. 158.
1029  Siehe dazu auch oben unter C. VI. und unten unter E. I. 2. und F. I.

den Ländern existiert, welche Tatobjekte sie erfasst, was die Tathandlung ist, ob es eine Qualifikation des Grunddelikts gibt, welcher Strafrahmen vorgesehen ist und wie sich der Anwendungsbereich bzw. das Konkurrenzverhältnis zum Diebstahl darstellt.

## 1. Gesonderte Kodifizierung oder Verzicht auf spezielle Strafvorschrift?

Von Frankreich[1030] und Italien[1031] abgesehen, bestehen in allen oben erwähnten Ländern spezielle Regelungen in Bezug auf die Strafbarkeit des unbefugten Gebrauchs von Fahrzeugen. Wie im deutschen Recht verlangt der Tatbestand des Diebstahls in den meisten Ländern, dass der Täter mit dem Vorsatz handelt, den Berechtigten dauerhaft aus dessen Eigentümerstellung zu verdrängen.[1032] Deshalb kann der *bloße* unbefugte Gebrauch von Fahrzeugen grundsätzlich nicht als Diebstahl bestraft werden. In den meisten Ländern wird der unbefugte Gebrauch von Fahrzeugen durch eine spezielle Strafvorschrift unter Strafe gestellt. In einzelnen Staaten Australiens hingegen setzt Diebstahl zwar grundsätzlich auch einen „intent to permanently deprive the owner of the thing"[1033], also einen auf dauernde Enteignung gerichteten Vorsatz voraus, die *bloße* Gebrauchsanmaßung von Fahrzeugen ist aber trotzdem als Diebstahl strafbar: In Western Australia und in New South Wales wird die unbefugte Ingebrauchnahme eines Fahrzeugs dem Diebstahl gleich gesetzt;[1034] in Victoria gilt der Nachweis, dass jemand ein Fahrzeug unbefugt in Gebrauch genommen hat, als „zwingender Beweis" (*conclusive evidence*) dafür, dass er mit Enteignungsvorsatz handelte.[1035]

---

1030 In Frankreich kann das *furtum usus* allerdings unter die Diebstahlsvorschrift gefasst werden, *Walter*, Betrugsstrafrecht, S. 339. Siehe dazu oben unter D. I. 2.

1031 Auch in Italien kann die *bloße* Gebrauchsanmaßung als Diebstahl bestraft werden, *Vogel*, in: LK, Vor §§ 242 ff., Rn. 72. Siehe dazu oben unter D. I. 2.

1032 Einige Einzelstaaten der USA – wie bspw. Florida – und Kanada verlangen keinen auf dauerhafte Enteignung gerichteten Vorsatz. In Kanada ist der Willen des Täters, den Berechtigten vorübergehend oder dauerhaft von dessen Sache auszuschließen (*to deprive, temporarily or absolutely, the owner of it [= the thing]*), ausreichend. Wie gerade erwähnt, verlangen auch die Diebstahlsvorschriften in Frankreich und Italien keinen auf dauerhafte Enteignug bzw. Entziehung gerichteten Vorsatz.

1033 So Section 371 Abs. 2 (a) Criminal Code Act Compilation Act 1913 (Western Australia); ähnlich Section 72 Abs. 1 Crimes Act (Victoria). Die australischen Strafvorschriften finden sich im Anhang unter I.

1034 Section 371A Abs. 1 Criminal Code Act Compilation Act 1913 (Western Australia); Section 154A Abs. 1 Crimes Act 1900 (New South Wales).

1035 Section 73 Abs. 14 Crimes Act (Victoria).

## 2. Die Tatobjekte

Kraftfahrzeuge und Fahrräder sind taugliche Tatobjekte im Rahmen des § 248b. Alle untersuchten Regelungen zum unbefugten Gebrauch von Fahrzeugen erfassen als Tatobjekt Kraftfahrzeuge. Wie sich aus der oftmals zusätzlichen Nennung von Wasserfahrzeugen ergibt,[1036] sind unter Kraftfahrzeugen in erster Linie Landkraftfahrzeuge zu verstehen.[1037] Wasserfahrzeuge und Flugzeuge[1038] werden häufig extra genannt.[1039] Den weitesten Kreis möglicher Tatobjekte deckt Section 12 Theft Act 1968 für das englische Recht ab. Die Motorisierung ist dort keine Voraussetzung für ein „Fahrzeug" (*conveyance*) i.S.d. Vorschrift. § 248b ist neben Art. 94 i.V.m. Art. 7 SVG (Schweiz) die einzige spezielle Strafvorschrift, die an Schienen gebundene Landkraftfahrzeuge explizit als Tatobjekte ausschließt.

Das deutsche Recht, das schweizerische Recht, das englische Recht und das Recht in New South Wales (Australien) beziehen auch Fahrräder speziell in die Strafbarkeit der unbefugten Ingebrauchnahme von Fahrzeugen mit ein. In Neuseeland gilt auch ein Pferd als taugliches Tatobjekt, während in allen anderen erwähnten Ländern Tiere generell nicht unter die Vorschriften zur Strafbarkeit des unbefugten Gebrauchs fallen. Im Northern Territory und in New South Wales (beides Australien) fallen auch Anhänger unter die Strafvorschrift, wenn sie dazu bestimmt sind, an ein Kraftfahrzeug gehängt zu werden.

Zusammenfassend lässt sich sagen, dass sich die Vorschriften zur Bestrafung des unbefugten Gebrauchs von Fahrzeugen v.a. auf motorisierte Fahrzeuge

---

1036  So in Kanada und den australischen Staaten Queensland, Victoria und Northern Territory und in Neuseeland.

1037  Siehe dazu insbes. die schweizerische Regelung (Art. 94 SVG), nach der taugliche Tatobjekte Motorfahrzeuge sind. Art. 7 Abs. 1 SVG definiert Motorfahrzeuge i.S.d. SVG als Fahrzeuge mit eigenem Antrieb, durch den sie auf dem Erdboden unabhängig von Schienen fortbewegt werden. Wasser- und Luftkraftfahrzeuge sind somit explizit keine Motorfahrzeuge i.S.d. SVG und deshalb keine tauglichen Tatobjekte.

1038  Für Flugzeuge gib es manchmal gesonderte Strafvorschriften, wie bspw. im Northern Territory (Australien) Section 216 und 217 Criminal Code Act, die den unbefugten Gebrauch von Flugzeugen unter Strafe stellen, während Section 218 Criminal Code sich auf Wasserfahrzeuge, Landkraftfahrzeuge, Wohnmobile und Anhänger bezieht und in New South Wales (Australien) Section 154B Crimes Act 1900, der den Flugzeugdiebstahl und den unbefugten Gebrauch eines Flugzeugs unter Strafe stellt und letzteren mit einem höheren Strafmaß bedroht als den unbefugten Gebrauch von Land- und Wasserfahrzeugen in Section 154A Crimes Act 1900.

1039  So in Neuseeland, Queensland (Australien), Northern Territory (Australien), Kanada (auf Wasserfahrzeuge bezogen) und Victoria (Australien; auf Flugzeuge bezogen). Anders bspw. in Österreich.

beziehen und dort in erster Linie auf Landkraftfahrzeuge. Aber auch Wasserfahrzeuge und Flugzeuge werden in vielen Vorschriften genannt.

## 3.    Vergleich der strafbaren Handlung

In Deutschland ist die Tathandlung des § 248b die Ingebrauchnahme eines Kraftfahrzeugs oder Fahrrads gegen den Willen des Berechtigten. Die Ingebrauchnahme bezeichnet dabei die Nutzung des Fahrzeugs zu seinem bestimmungsgemäßen Zweck als Fortbewegungsmittel. Neben dem Beginn des Gebrauchs fällt grundsätzlich auch das Inganghalten unter § 248b.[1040] In Österreich ist die Tathandlung ebenfalls die Ingebrauchnahme; allerdings muss sie nicht *gegen* den Willen des Berechtigten erfolgen, sondern *ohne* Einwilligung.[1041] Auch in England und einzelnen Staaten Australiens (Australian Capital Territory, Queensland, New South Wales und South Australia) wird auf die fehlende Einwilligung abgestellt. In England muss der Gebrauch des Fahrzeugs – wie in Deutschland – zum Zwecke der Fortbewegung erfolgen. In der Schweiz ist für die Strafbarkeit der „Entwendung zum Gebrauch" eines Motorfahrzeugs ein Gewahrsamsbruch nötig.

In South Australia (Australien) ist die Tathandlung sehr weit formuliert: Wer ein Fahrzeug „fährt, gebraucht oder an ihm hantiert" (*drives, uses or interferes*) macht sich wegen unbefugten Gebrauchs strafbar; umfasst ist folglich nicht nur die Ingebrauchnahme zum Zwecke der Fortbewegung.[1042]

Während das bloße Mitfahren nach deutschem Recht nicht den Tatbestand des § 248b erfüllt,[1043] ist das Mitfahren bzw. das Sichmitnehmenlassen in England, Kanada, den australischen Staaten Australian Capital Territory und New South Wales und der Schweiz als eigene Tathandlung in den Tatbestand aufgenommen und strafbar.

---

1040   Siehe zur Tathandlung des § 248b oben unter C. II. 2.

1041   Siehe zum Unterschied zwischen gegen den Willen und ohne den Willen bzw. ohne Einwilligung oben unter C. II. 2. b) bb) (1).

1042   Section 86A Abs. 1 Criminal Law Consolidation Act 1935.

1043   U.U. kann auch im Rahmen des § 248b der Mitfahrer Täter bzw. Mittäter oder mittelbarer Täter sein (siehe dazu oben unter C. II. 3. a)); in einem solchen Fall liegt aber kein *bloßes* Mitfahren vor. Unterstützt der Mitfahrer die Haupttat, kann er als Gehilfe nach §§ 248b, 27 strafbar sein; der Mitfahrer kann, wenn die entsprechenden Voraussetzungen vorliegen, auch Anstifter (§ 26) sein. Auch in Österreich erfüllt das bloße Mitfahren nicht den Tatbestand des unbefugten Fahrzeuggebrauchs, *Fabrizy*, öStGB, § 136, Rn. 3a.

## 4. Qualifikationsmöglichkeiten

Im deutschen Recht gibt es keine Qualifikation des § 248b in Form einer schweren oder gefährlichen unbefugten Ingebrauchnahme. Anders sieht es in Österreich, England, Schweden, Finnland und einzelnen australischen Staaten aus.[1044] Dabei wird häufig darauf abgestellt, dass das Fahrzeug „gefährlich" gefahren wird,[1045] dass durch die Tat jemand verletzt wird[1046] oder ein Schaden an dem Fahrzeug selbst[1047] oder an einer anderen Sache[1048] entsteht. Teilweise liegt eine schwere unbefugte Ingebrauchnahme vor, wenn der Täter absichtlich die Mechanik oder andere Teile des Fahrzeugs zerstört, beschädigt oder entfernt[1049] oder wenn der Wert des gebrauchten Fahrzeugs eine bestimmte Summe übersteigt.[1050] In Finnland ist der Qualifikationstatbestand erfüllt, wenn der Täter einen beträchtlichen finanziellen Vorteil erstrebt oder wenn dem Opfer ein erheblicher Verlust oder Nachteil entsteht und der unbefugte Gebrauch als ganzes „schwer wiegt".[1051] In Österreich und New South Wales (Australien) kann die

---

1044 Florida (USA) hat zwar keinen Grundtatbestand der unbefugten Fahrzeugingebrauchnahme, aber einen Sondertatbestand, der das sog. „Carjacking" unter Strafe stellt. „Carjacking" ist gem. Section 812.133 Criminal Code der unbefugte Gebrauch eines Fahrzeugs – mit oder ohne auf dauerhafte Enteignung des Berechtigten gerichtetem Vorsatz –, bei dem im Rahmen der Weg- bzw. Ingebrauchnahme Druck, Gewalt, tätliche Beleidigung oder Drohung (*use of force, violence, assault or putting fear*) ausgeübt wird. Damit stellt der Tatbestand einen schweren Fall des unbefugten Gebrauchs eines Fahrzeugs unter Strafe.

1045 So in Section 12A Abs. 2 (a) Theft Act 1968 in England; Section 778 Abs. 2 Criminal Code Act Compilation Act 1913 in Western Australia (mit Verweis auf den Tatbestand „reckless driving", Section 60 Road Traffic Act 1974 und „dangerous driving", Section 61 Road Traffic Act 1974).

1046 So Section 12A Abs. 2 (b) Theft Act 1968 in England; Section 218 Abs. 2 (a) Criminal Code Act im Northern Territory (Australien).

1047 Siehe dazu insbesondere § 136 Abs. 3 öStGB, der einen durch die Tat verursachten Schaden am Fahrzeug, an der Ladung oder durch den Verbrauch von Betriebsmitteln, der insgesamt EUR 3.000,- bzw. 50.000,- übersteigt, als qualifizierendes Merkmal nennt. Außerdem Section 12A Abs. 2 (d) Theft Act 1968 in England; Section 218 Abs. 2 (c) Criminal Code Act im Northern Territory (Australien).

1048 Section 12A Abs. 2 (c) Theft Act 1968 in England.

1049 So in Queensland (Australien), Section 408A Abs. 1B Criminal Code Act 1899.

1050 Im Northern Territory greift die Qualifikation der Section 218 Abs. 2 (b) Criminal Code Act, wenn der Wert des unbefugt gebrauchten Fahrzeugs AUD 20.000,- oder mehr beträgt (AUD 20.000,- entsprechen in etwa EUR 15.000,-).

1051 Kapitel 28, § 9b Abs. 1 des finnischen StGB.

Art und Weise, wie der Täter sich die Gewalt über das Fahrzeug verschafft hat, eine Qualifikation darstellen.[1052]

Weitere Qualifikationsmerkmale sind die Ingebrauchnahme, während sich eine andere Person im Fahrzeug befindet,[1053] die Absicht, das Fahrzeug zur Begehung einer anderen Straftat zu verwenden[1054] und der Umstand, dass dem Berechtigten aufgrund des unbefugten Gebrauchs der Aufenthaltsort des Fahrzeugs 48 Stunden oder länger unbekannt bleibt.[1055]

Das schwedische und das finnische Strafgesetzbuch enthalten neben einem qualifizierenden unbefugten Fahrzeuggebrauch auch einen geringfügigen Fall des unbefugten Gebrauchs von Fahrzeugen, der jeweils nur mit Geldstrafe bedroht ist.[1056]

## 5.		Das Strafmaß im internationalen Vergleich

Die Strafrahmen des unbefugten Fahrzeuggebrauchs fallen in den verschiedenen Ländern sehr unterschiedlich aus. § 248b sieht eine Geldstrafe oder eine Freiheitsstrafe bis zu drei Jahren vor und liegt damit im Mittelfeld der untersuchten Länder. Während die Strafrahmen für das Grunddelikt in England, Kanada und Österreich bei einer Freiheitsstrafe bis zu sechs Monaten liegen, sieht Victoria (Australien) einen Strafrahmen bis zu zehn Jahren Freiheitsstrafe vor.

---

1052	Verschafft sich der Täter die Gewalt über das Fahrzeug durch eine der in den §§ 129 bis 131 öStGB (Diebstahl durch Einbruch oder mit Waffen, gewerbsmäßiger Diebstahl und Diebstahl im Rahmen einer kriminellen Vereinigung, räuberischer Diebstahl) geschilderten Handlungen, so erfüllt er in Österreich die Qualifikation des § 136 Abs. 2 öStGB.
	In New South Wales erfüllt der Täter den Qualifikationstatbestand der Section 154C Abs. 1 (a) Crimes Act 1900, wenn er eine andere Person tätlich angreift, um ein Fahrzeug in Gebrauch zu nehmen und dieses dann auch unbefugt in Gebrauch nimmt.

1053	So in New South Wales (Austalien), Section 154C Abs. 1 (b) Crimes Act 1900.
	In New South Wales gibt es außerdem eine „Qualifikation der Qualifikation": Begeht jemand eine schwere unbefugte Ingebrauchnahme nach Section 154C Abs. 1 Crimes Act 1900 und verwirklicht dabei einen der in Abs. 3 aufgezählten erschwerenden Umstände, so macht er sich gem. Section 154C Abs. 2 Crimes Act 1900 wegen einer qualifizierten schweren unbefugten Ingebrauchnahme strafbar

1054	So in den australischen Staaten Queensland und Northern Territory, Section 408A Abs. 1A Criminal Code Act 1899 und Section 218 Abs. 2 (d) Criminal Code Act.

1055	So im Northern Territory, Section 218 Abs. 2 (e) Criminal Code Act.

1056	Kapitel 8, § 7 Abs. 1 a.E. des schwedischen StGB und Kapitel 28, § 9c des finnischen StGB.

In den Ländern, die neben dem Grunddelikt Qualifikationstatbestände aufweisen, enthalten letztere teilweise eine wesentliche höhere Strafandrohung als der Grundtatbestand. So beträgt bspw. der Strafrahmen in Schweden für das Grunddelikt bis zu zwei Jahre Freiheitsstrafe, für die schwere unbefugte Ingebrauchnahme liegt er hingegen bei bis zu vier Jahren Freiheitsstrafe. In Queensland (Australien) erhöht sich der Strafrahmen von bis zu sieben Jahren Freiheitsstrafe auf bis zu zehn bzw. zwölf Jahre Freiheitsstrafe, in England von bis zu sechs Monaten Freiheitsstrafe auf bis zu zwei bzw. vierzehn Jahre Freiheitsstrafe. Auch in Österreich fällt der Strafrahmen der Qualifikationen deutlich höher als der des Grunddelikts aus: Während letzteres eine Freiheitsstrafe bis zu sechs Monaten vorsieht, sind es im Rahmen der Qualifikationen bis zu zwei bzw. drei Jahren Freiheitsstrafe.

Während im Rahmen des § 248b Kraftfahrzeuge und Fahrräder gemeinsam behandelt werden, regeln die Schweiz und England die Strafbarkeit bzgl. eines Fahrrads als Tatobjekt in eigenen Absätzen. Der Strafrahmen ist wesentlich niedriger als der des „Grunddelikts", dem unbefugten Gebrauch von (Kraft-) Fahrzeugen.[1057]

Im deutschen Recht kann neben einer Geld- oder Freiheitsstrafe auch ein Fahrverbot nach § 44 verhängt und die Entziehung der Fahrerlaubnis nach den §§ 69 ff. angeordnet werden. Auch in anderen Ländern kann bzw. muss teilweise ein Fahrverbot verhängt und/oder die Fahrerlaubnis entzogen werden. In England,[1058] der Schweiz[1059] und South Australia[1060] bspw. ist eine solche Folge obligatorisch.

---

1057  In der Schweiz beträgt der Strafrahmen des „Grunddelikts" (d.h. für Motorfahrzeuge als Tatobjekte) gem. Art. 94 Abs. 1 S. 1 SVG bis zu drei Jahren Freiheitsstrafe, der Strafrahmen für die unbefugte Nutzung eines Fahrrads sieht gem. Art. 94 Abs. 3 S. 1 SVG lediglich Buße vor. In England ist der Strafrahmen des „Grunddelikts" gem. Section 12 Abs. 2 Theft Act 1968 Freiheitsstrafe bis zu sechs Monaten, Geldstrafe bis zu GBP 5.000,- oder beides. Der unbefugte Gebrauch von Fahrrädern hingegen kann gem. Section 12 Abs. 5 Theft Act 1968 nur mit Geldstrafe bis zu GBP 3.000,- bestraft werden.

1058  Section 34 Abs. 1, Schedule 2, Part II Road Traffic Offenders Act 1988 sieht ein Fahrverbot (*disqualification*) von mindestens 12 Monaten vor, wenn eine Straftat nach Section 12A Theft Act 1968 vorliegt.

1059  Art. 16b Abs. 1 d) SVG ordnet für die Fälle der Entwendung eines Motorfahrzeugs zum Gebrauch einen obligatorischen Enzug des Führerscheins an.

1060  Section 86A Abs. 2 Criminal Law Consolidation Act 1935 sieht eine Entziehung der Fahrerlaubnis bzw. das Verbot, eine solche zu erwerben, für 12 Monate vor. Absatz 4 stellt klar, dass diese Regelung obligatorisch ist und durch nichts anderes ersetzt werden kann.

## 6.  Die jeweilige Abgrenzung des Anwendungsbereichs im Verhältnis zum Diebstahl

§ 248b ist im Verhältnis zum Diebstahl (und allen anderen mit höherer Strafe bedrohten Vorschriften)[1061] subsidiär. Nimmt jemand ein fremdes Fahrzeug mit Zueignungsabsicht weg, indem er es in Gebrauch nimmt, sind sowohl der Tatbestand des Diebstahls (§ 242) als auch der der unbefugten Ingebrauchnahme (§ 248b) erfüllt, aufgrund der Subsidiaritätsklausel wird der Täter aber nur wegen Diebstahls bestraft. Auch in Schweden und Neuseeland ist die Strafbarkeit der unbefugten Ingebrauchnahme eines Fahrzeugs ausdrücklich subsidiär gegenüber der Strafbarkeit wegen Diebstahls (und ggf. anderer Vorschriften).

Der praktische Anwendungsbereich der Sondervorschriften über die Strafbarkeit des unbefugten Gebrauchs von Fahrzeugen ist in der Schweiz, in Österreich, in England und in Neuseeland im Falle des unbefugten Gebrauchs eines amtlich registrierten Fahrzeugs, wie z.B. eines Kraftfahrzeugs mit amtlichem Kennzeichen, wesentlich größer als der Anwendungsbereich des § 248b in Deutschland, da in den genannten Ländern in diesen Fällen selten Diebstahl (bzw. Unterschlagung, unberechtigte Aneignung oder (dauernde) Sachenziehung) vorliegt. Der Grund für das seltene Vorliegen von Diebstahl liegt darin, dass aufgrund der Registrierung das Fahrzeug meistens innerhalb kurzer Zeit nach der „Aussetzung" an den Berechtigten zurückgelangt und dies dem Täter auch bekannt ist. Aufgrund dieser Tatsache fehlt dem Täter der für den Diebstahl nötige Wille, den Berechtigten dauerhaft zu enteignen. Im deutschen Recht wird hingegen – allerdings nicht unwidersprochen – davon ausgegangen, dass ein Täter, der das registrierte Fahrzeug nach Ende des Gebrauchs auf irgendeiner öffentlichen Straße stehen lässt und es dem Zugriff Dritter preisgibt, es zumindest für möglich hält, dass der Berechtigte dauerhaft enteignet wird und diese Möglichkeit auch billigend in Kauf nimmt.[1062] Damit handelt er zumindest mit *dolus eventualis* bzgl. der Enteignungskomponente der Zueignung (-sabsicht) und macht sich deshalb wegen Diebstahls (bzw. Unterschlagung) strafbar.[1063]

---

1061  Siehe zu dem Streit, ob die Subsidiaritätsklausel des § 248b eine relative oder eine absolute ist, oben unter C. IV. 1.

1062  *Schaffstein*, GA 1964, 97, 100: Der Berechtigte erhalte das Fahrzeug zwar oft, aber nicht immer zurück und deshalb sei die dauerhafte Enteignung des Berechtigten zwar nicht sicher, aber möglich. Dem Täter sei diese „Erfahrungstatsache des Lebens bewusst".

1063  Explizit die deutsche Praxis zur Bejahung der Enteignungskomponente in den Fällen, in denen das Fahrzeug dem Zugriff Dritter preisgegeben und es dem Zufall überlassen wird, ob der Eigentümer es zurück erlangt, kritisierend: *Niggli*, in: Basler Kommentar, Art. 137, Rn. 29. Siehe auch *Wessels/Hillenkamp*, BT II, Rn. 158, wo angemahnt wird, dass die Bejahung der Enteignungskomponente und damit des Diebstahls (bzw. der

Auch im österreichischen Recht ist es im Rahmen der dauernden Sachentziehung nach § 135 öStGB bzgl. des Moments der Dauerhaftigkeit ausreichend, wenn der Täter die dauernde Entziehung „ernstlich für möglich hält und sich mit ihr abfindet" (§ 5 Abs. 1 öStGB). Aber auch diese Form des Vorsatzes (*dolus eventualis*) wird in der Praxis i.d.R. verneint, wenn ein Kraftfahrzeug unbefugt gebraucht und nach Ende des Gebrauchs auf einer öffentlichen Verkehrsfläche stehen gelassen wird. Der Täter dürfe in solchen Fällen „zu Recht darauf vertrauen, dass die Polizei den Berechtigten" ermitteln und dieser das Kraftfahrzeug zurückerlangen werde. Sein Verhalten (das Stehenlassen des Fahrzeugs auf einer öffentlichen Verkehrsfläche) lege „den Schluss nahe", dass er auch genau darauf vertraut habe.[1064] Dies gelte unabhängig vom Aussetzungsort[1065] und der Frage, ob der Täter das Fahrzeug unverschlossen zurücklasse. Umstritten ist lediglich, ob das Austauschen bzw. Abmontieren der amtlichen Kennzeichen für den Vorsatz der dauernden Entziehung spricht.[1066] Während, wie oben dargestellt,[1067] die Begründung für das Vorliegen des Enteignungsvorsatzes im deutschen Recht oftmals floskelhaft unter Zuhilfenahme des Indizes der späteren Aussetzung (die praktisch immer als Zeichen für den Vorsatz der dauernden Enteignung gilt, unabhängig davon, wo oder unter welchen Umständen die Aussetzung stattfindet) erfolgt, erscheint der Nachweis des auf dauernde Entziehung gerichteten Vorsatzes im östereichischen Recht bei Fahrzeugen, die nach Ende des Gebrauchs ausgesetzt werden, geradezu unmöglich. Sowohl die deutsche als auch die österreichische Vorgehensweise gehen dabei zu wenig auf den individuellen Sachverhalt ein, sondern arbeiten mit Verallgemeinerungen.

## 7.  Zusammenfassung

Der Rechtsvergleich zeigt, dass fast alle der erwähnten Länder spezielle Strafvorschriften bzgl. des unbefugten Gebrauchs von Fahrzeugen haben; die Existenz des § 248b stellt somit keine Einzelerscheinung dar. Wie im deutschen

---

Unterschlagung) im Urteil der Begründung anhand *konkreter* Feststellungen bedürfe. (Hervorhebung nicht im Originaltext).

1064  So *Wach*, in: Salzburger Kommentar, § 135, Rn. 28 f.

1065  Genannt werden bspw. Pannenstreifen an der Autobahn, Parkplätze und Waldwege. *Bertel*, in: Wiener Kommentar, § 136, Rn. 26; *Wach*, in: Salzburger Kommentar, § 135, Rn. 29.

1066  *Wach*, in: Salzburger Kommentar, § 135, Rn. 29. Nach *Bertel*, in: Wiener Kommentar, § 136, Rn. 26, ist ein Austauschen der Fahrzeugkennzeichen „heute für die Polizei kein wesentliches Hindernis, den Berechtigten ausfindig zu machen". Deshalb mache es keinen Unterschied, ob der Täter das Fahrzeug mit Originalkennzeichen, mit neuen Kennzeichen oder ohne Kennzeichen stehen lasse.

1067  Siehe dazu oben unter C. IV. 3.

Recht setzt der Tatbestand des Diebstahls in den meisten Ländern einen auf dauerhafte Enteignung gerichteten Vorsatz voraus. Um auch Fälle der *bloßen* unbefugten Ingebrauchnahme zu erfassen, in denen es gerade an diesem Vorsatz fehlt, sind spezielle Vorschriften erlassen worden. Für das deutsche Strafrecht bietet der Rechtsvergleich in den oben genannten Punkten folgende Erkenntnis: Eine Beschränkung der Tatobjekte auf bestimmte Fahrzeuge ist „normal"; sie findet sich auch in anderen Ländern. Der Kreis möglicher Tatobjekte ist im Ergebnis unterschiedlich, erfasst sind aber jedenfalls Landkraftfahrzeuge. Auch dass die Tathandlung im deutschen Recht die Nutzung des Fahrzeugs zu Fortbewegungszwecken verlangt, ist kein Einzelfall.[1068] Mehrere Länder stellen allerdings auch das Sichmitnehmenlassen – als eigene Tathandlung – unter Strafe. Diese Ausweitung der Tathandlung und damit der Strafbarkeit erscheint – zumindest im deutschen Recht – nicht notwendig; die mögliche strafrechtliche Erfassung des Mitfahrers als Mittäter, mittelbarer Täter, Anstifter oder Gehilfe ist ausreichend. Interessant ist, dass viele Länder auch einen qualifizierten Fall der unbefugten Ingebrauchnahme kennen.[1069] Im Rahmen der Qualifikation wird häufig darauf abgestellt, dass das unbefugt in Gebrauch genommene Fahrzeug gefährlich gefahren wird oder dass ein Schaden an dem Fahrzeug entsteht. § 248b kennt eine solche Qualifikation nicht und aufgrund der Möglichkeit, qualifizierende Umstände – zumindest teilweise – als Verkehrsdelikte, (fahrlässige) Körperverletzungs- bzw. Tötungsdelikte oder Sachbeschädigung zu erfassen, ist eine qualifizierte unbefugte Ingebrauchnahme im deutschen Recht nicht nötig. Die Strafrahmen in den unterschiedlichen Ländern variieren sehr; Deutschland liegt mit einem Strafmaß bis zu drei Jahren Freiheitsstrafe im Mittelfeld. Es ist allerdings ungewöhnlich, dass das deutsche Recht für den unbefugten Gebrauch von Kraftfahrzeugen und Fahrrädern den gleichen Strafrahmen vorsieht. In anderen Ländern ist der Strafrahmen für den unbefugten Gebrauch von Fahrrädern im Vergleich zum Strafrahmen für den unbefugten Gebrauch von (Kraft-) Fahrzeugen wesentlich niedriger, was – zusammen mit der Tatsache, dass viele Länder den unbefugten Fahrradgebrauch gar nicht unter Strafe stellen – zeigt, dass der unbefugte Gebrauch von Fahrrädern als weniger strafbedürftig und strafwürdig angesehen wird. Der praktische Anwendungsbereich der Sondervorschriften über den unbefugten Fahrzeuggebrauch ist in den meisten Ländern in Bezug auf registrierte Fahrzeuge wesentlich größer als der des § 248b, da in die-

---

1068 Allerdings ist die Tathandlung im Gegensatz zum deutschen Recht oftmals als Ingebrauchnahme „ohne Einwilligung" des Berechtigten formuliert und wird dann folgerichtig – anders als im Rahmen des § 248b – so ausgelegt, dass der Tatbestand bereits erfüllt ist, wenn keine Einwilligung des Berechtigten vorliegt.

1069 Schweden und Finnland haben neben einem qualifizierten auch einen privilegierten Fall der Ingebrauchnahme, der nur mit Geldstrafe bedroht ist.

sen Fällen oftmals der für die Strafbarkeit wegen Diebstahls nötige, auf dauerhafte Enteignung bzw. Entziehung gerichtete Vorsatz verneint wird.

# E.  Die Frage nach der Daseinsberechtigung des § 248b StGB

Grundsätzlich ist die bloße Gebrauchsanmaßung im deutschen Recht straflos. Der unbefugte Gebrauch von Kraftfahrzeugen und Fahrrädern ist neben dem unbefugten Gebrauch von Pfandsachen durch öffentliche Pfandleiher (§ 290) der einzige Fall, in dem das *furtum usus* mit Strafe bedroht wird. Auch in Bezug auf andere Gegenstände – wie beispielsweise Computer oder Ruderboote[1070] – ist ein unbefugter Gebrauch möglich, aber nicht mit Strafe bedroht. Aufgrund dieser Ausgangslage stellt sich die Frage nach der Daseinsberechtigung des § 248b: Warum ist gerade der unbefugte Gebrauch von Kraftfahrzeugen und Fahrrädern besonders mit Strafe bedroht? Ist er strafbedürftig und strafwürdig? Und falls die Strafbedürftigkeit und Strafwürdigkeit zu bejahen sind, gilt dies nicht auch für den unbefugten Gebrauch von anderen Gegenständen? Besteht ein Bedürfnis, das *furtum usus* allgemein unter Strafe zu stellen oder zumindest – neben Kraftfahrzeugen und Fahrrädern – auch anderen speziellen Tatobjekten einen strafrechtlichen Schutz in Bezug auf deren unbefugten Gebrauch zukommen zu lassen? Lässt sich die Beschränkung der Strafbarkeit des *furtum usus* auf die Tatobjekte des § 248b begründen?

Zur Beantwortung dieser Fragen soll zunächst untersucht werden, inwiefern die Bestrafung des unbefugten Gebrauchs von Kraftfahrzeugen und Fahrrädern strafbedürftig und strafwürdig ist, inwieweit der Staat u.U. sogar eine Pönalisierungspflicht in Bezug auf diese Form des unbefugten Gebrauchs hat und ob bzw. wie sich die Beschränkung der Strafbarkeit des *furtum usus* auf die in § 248b und § 290 genannten Tatobjekte erklären lässt. Außerdem soll ein Blick auf andere Rechtsordnungen helfen, die aufgeworfenen Fragen zu beantworten.

---

1070  Letztere sind kein taugliches Tatobjekt i.S.d. § 248b, da sie aufgrund ihrer fehlenden Motorisierung keine Kraftfahrzeuge sind und auch keine Fahrräder darstellen.

# I. Strafbedürftigkeit und Strafwürdigkeit[1071] des unbefugten Gebrauchs

Aufgabe des Rechts, und damit auch des Strafrechts, ist es, menschliche Beziehungen zu regeln und das Sozialgebilde zu ordnen.[1072] Das Strafrecht soll sozialschädliches Verhalten verhindern.[1073] Ein Verhalten wird als sozialschädlich angesehen, wenn es Rechtsgüter verletzt oder gefährdet.[1074] Nach herrschender Meinung bezweckt das Strafrecht deshalb, wie bereits oben festgestellt, Rechtsgüterschutz.[1075] Was ein Rechtsgut ist, wird sehr unterschiedlich definiert:[1076]

---

1071  Nicht immer werden Strafbedürftigkeit und Strafwürdigkeit als zwei unterschiedliche Kriterien angesehen. Für diese Unterscheidung aber *Amelung*, JZ 1982, 617, 618: „strafbares (strafwürdiges und strafbedürftiges) Unrecht"; *Hillenkamp*, Vorsatztat und Opferverhalten, S. 172 ff.; *Otto*, in: GS H. Schröder, 53, 54 ff., 68. Nach *Schmidhäuser*, AT, 2/14 bedeutet die Strafwürdigkeit „zugleich die Feststellung der kriminalpolitischen Notwendigkeit der Bestrafung der Tat"; er scheint folglich die Strafbedürftigkeit als Teil der Strafwürdigkeit anzusehen; so wohl auch *Baumann/Weber/Mitsch*, AT, § 3, Rn. 19. Nach *Sax*, in: Bettermann/Nipperdey/Scheuner, Die Grundrechte, Bd. III/2, 909, 924 umfasst die Strafwürdigkeit als Oberbegriff das „Strafe-Verdienen" und das „Der-Strafe-Bedürfen"; *Sax* sieht folglich die Strafbedürftigkeit als Teil der Strafwürdigkeit. *Sax* folgend *Hamann*, Grundgesetz und Strafgesetzgebung, S. 25 ff. „Der-Strafe-Bedürfen" und „Strafe-Verdienen" kann aber letztendlich mit Strafwürdigkeit und Strafbedürftigkeit gleichgesetzt werden.

1072  *Baumann/Weber/Mitsch*, AT, § 3, Rn. 4; *Jescheck/Weigend*, AT, § 1, S. 2; vgl. auch BVerfGE 88, 203, 257, wo die Aufgabe des Strafrechts als Schutz der „Grundlagen eines geordneten Gemeinschaftslebens" definiert wird und *Maurach/Zipf*, AT I, § 19, Rn. 4, wo von der „Aufgabe des Rechtsfriedensschutzes" gesprochen wird.

1073  *Rudolphi*, in: SK, Vor § 1, Rn. 1; *ders.*, in: FS Honig, 151, 166; *Wessels/Beulke*, AT, Rn. 4. Siehe auch *Hassemer/Neumann*, in: NK, Vor § 1, Rn. 108, wo von der „Begrenzung des Strafrechts auf sozialschädliches Verhalten" die Rede ist. Zur Kritik an dem Kriterium der Sozialschädlichkeit siehe *Appel*, Verfassung und Strafe, S. 392 ff.

1074  *Günther*, JuS 1978, 8, 9; vgl. auch *Rudolphi*, in: FS Honig, 151, 166.

1075  *Baumann/Weber/Mitsch*, AT, § 3, Rn. 10 ff.; *Freund*, in: MüKo, Vorbem. §§ 13 ff., Rn. 42; *Günther*, JuS 1978, 8, 9; *Hassemer*, in: AK, Vor § 1, Rn. 255 ff.; *Heinrich*, in: FS Roxin, 131, 132; *Jescheck/Weigend*, AT, § 1, S. 7; *Kindhäuser*, AT, § 2, Rn. 6; *Lampe*, in: FS Schmitt, 77, 84; *Maurach/Zipf*, AT I, § 19, Rn. 4; *Polaino Navarette*, in: FS Roxin, 169, 182; *Roxin*, AT I, § 2, Rn. 1, 7; *Rudolphi*, in: SK, Vor § 1, Rn. 2; *ders.*, in: FS Honig, 151, 163; *Sax*, in: Bettermann/Nipperdey/Scheuner, Die Grundrechte, Bd. III/2, 909, 911; *Spendel*, in: FS Weber, 3, 3; *Wessels/Beulke*, AT, Rn. 6 ff.

1076  Siehe *Heinrich*, in: FS Roxin, 131, 132, der feststellt, dass es „bislang noch nicht gelungen [ist], den Begriff des „Rechtsguts" einer allseits anerkannten Definition zuzuführen"; außerdem *Rönnau*, JuS 2009, 209, 210; *Roxin*, AT I, § 2, Rn. 2. Zur Geschichte des Rechtsgutsbegriffs siehe *Amelung*, Rechtsgüterschutz, S. 15 ff.

Als „rechtlich geschützter ideeller Wert der Sozialordnung",[1077] als ein „Gut, das für das menschliche Zusammenleben wichtig ist",[1078] als „werthafter Zustand, als Kanon von Daseins- und Entfaltungsbedingungen",[1079] als „werthafte soziale Funktionseinseinheit"[1080] und als „vergeistigter ideeller Wert."[1081] *Roxin* versteht unter Rechtsgütern „alle Gegebenheiten oder Zwecksetzungen [...], die für die freie Entfaltung des Einzelnen, die Verwirklichung seiner Grundrechte und das Funktionieren eines auf dieser Zielvorstellung aufbauenden staatlichen Systems notwendig sind."[1082] Einigkeit besteht hingegen (weitgehend) darüber, dass das Rechtsgut von dem realen Handlungs- bzw. Angriffsobjekt zu unterscheiden ist.[1083] § 248b schützt das Nutzungs- und Gebrauchsrecht an Kraftfahrzeugen und Fahrrädern. Dieses Recht wird unabhängig vom Eigentum geschützt und ist somit alleiniges Schutzgut des § 248b.[1084] Es erfüllt – unabhängig davon, welche Definition man dem Rechtsgutsbegriff zugrunde legt – jedenfalls die Voraussetzungen eines „Guts" i.S.e. „positiv bewertete[n] Sachverhalt[s]". Zu einem Rechtsgut wird ein Gut – und damit auch das Nutzungs- und Gebrauchsrecht an Kraftfahrzeugen und Fahrrädern – dadurch, dass ihm rechtlicher Schutz zukommt,[1085] was durch die Strafvorschrift des § 248b geschieht. Fraglich ist allerdings, ob dem Begriff des Rechtsguts auch – neben einer systemimmanenten Funktion[1086] – eine strafrechtsbegrenzende Funktion zukommt, so dass der Gesetzgeber „in der Wahl der von ihm positiv bewerteten Sachverhalte" nicht frei

---

1077  *Walter*, in: LK, Vor § 13, Rn. 13.

1078  *Walter*, in: LK, Vor § 13, Rn. 13.

1079  *Frisch*, in: FS Stree/Wessels, 69, 70. *Frisch* selbst bescheinigt dem Rechtsgutsbegriff allerdings nur eine „eher bescheidene[...] Leistungsfähigkeit" (S. 73).

1080  *Rudolphi*, in: FS Honig, 151, 164; siehe auch *ders.*, in: SK, Vor § 1, Rn. 8.

1081  *Baumann/Weber/Mitsch*, AT, § 3, Rn. 18.

1082  *Roxin*, AT I, § 2, Rn. 7; zustimmend *Rössner*, in: HK-GS, Vorbem. § 1, Rn. 18. Siehe die Zusammenstellung von unterschiedlichen Rechtsgutsdefinitionen bei *Stratenwerth*, in: FS Lenckner, 377, 378; *Stratenwerth* selbst kommt zu dem Ergebnis, dass „[e]ine allumfassende materiale Definition des Rechtsguts [...] die Quadratur des Zirkels" sei (S. 388).

1083  *Baumann/Weber/Mitsch*, AT, § 3, Rn. 18; *Hassemer*, in: AK, Vor § 1, Rn. 263 f.; *Lenckner/Eisele*, in: Schönke/Schröder, Vorbem. §§ 13 ff., Rn. 9; *Maurach/Zipf*, AT I, § 19, Rn. 14 ff.; *Roxin*, AT I, § 2, Rn. 65; *Tiedemann*, Tatbestandsfunktionen, S. 116; *Walter*, in: LK, Vor § 13, Rn. 14; *Weigend*, in: LK, Einl., Rn. 8; *Wessels/Beulke*, AT, Rn. 8. Siehe auch *Amelung*, Rechtsgüterschutz, S. 198 ff.

1084  Siehe dazu auch oben unter C. I.

1085  Vgl. *Jakobs*, AT, 2. Abschn., Rn. 12; Rönnau, JuS 2009, 209, 211.

1086  Siehe zu den systemimmanenten Funktionen des Rechtsgutsbegriffs *Walter*, in: LK, Vor § 13, Rn. 8 m.w.N., der von der auslegungsleitenden Funktion, der Systematisierungsfunktion, der konkurrenzdogmatischen Funktion und der Einwilligungsfunktion spricht.

ist und folglich nicht selbst bestimmen kann, welche(r) Sachverhalt, Wert, Zustand, Gegebenheit, Funktionseinheit oder Position ein Rechtsgut i.S.d. Strafrechts ist, sondern „eine ihm vorgegebene Rechtsgüterordnung vorfindet".[1087] Diese vorgegebene Rechtsgüterordnung soll eine „natürliche, vorpositive Werteordnung", ein „an den jeweils geltenden sozialen Verhältnissen orientiertes Wertemodell" oder eine „Ausrichtung [...] an den Wertvorgaben der jeweils geltenden Verfassung" sein.[1088] Die Gegenauffassung geht davon aus, dass der Rechtsgutsbegriff nicht zur Begrenzung des Strafrechts tauge.[1089] Eine Strafnorm sei an der Verfassung zu messen; der durch die Strafvorschrift bewirkte Eingriff in ein spezielles Freiheitsgrundrecht oder die allgemeine Handlungsfreiheit (Art. 2 Abs. 1 GG) des Betroffenen und bei Androhung einer Freiheitsstrafe in das Grundrecht auf Freiheit der Person (Art. 2 Abs. 2 S. 2 GG)[1090] bedürfe einer verfassungsmäßigen gesetzlichen Grundlage. In materieller Hinsicht

---

1087 Siehe *Günther*, JuS 1978, 8, 9; *Rönnau*, JuS 2009, 209, 211. Für eine systemkritische Funktion des Rechtsgutsbegriffs: *Freund*, in: MüKo, Vorbem. §§ 13 ff., Rn. 135; *Hassemer*, in: AK, Vor § 1, Rn. 255 ff.; *Hassemer/Neumann*, in: NK, Vor § 1, Rn. 115; *Rössner*, in: HK-GS, Vorbem. § 1, Rn. 18; *Roxin*, AT I, § 2, Rn. 7 ff; *ders.*, JuS 1966, 377, 381 f.; *Rudolphi*, in: SK, Vor § 1, Rn 2 ff.; *ders.*, in: FS Honig, 151, 158 ff.; *Spendel*, in: FS Weber, 3, 3.

1088 Siehe dazu und zu der Kritik an diesen möglichen Maßstäben *Swoboda*, ZStW 122 (2010), 24, 35 f. m.w.N. Außerdem *Appel*, Krit. Vj. 82 (1999), 278, 288 ff. m.w.N., der die möglichen Maßstäbe als „Ausrichtung an außerrechtlichen Werteordnungen", „Anbindung an die tatsächliche Struktur und die Systembedingungen der Gesellschaft" und „Anknüpfung an die Wert(e)ordnung des Grundgesetzes" beschreibt.

1089 BVerfGE 120, 224, 241 f. (siehe zur Haltung des BVerfG *Hefendehl*, JA 2011, 401, 403, der den „Umgang des BVerfG mit dem Topos des Rechtsguts und seiner Relevanz für die Überprüfung einer Strafrechtsnorm an den Maßstäben des Grundgesetzes" als „von offener Ablehnung und starken Widersprüchlichkeiten gekennzeichnet" beschreibt; *Roxin*, StV 2009, 544, 550, der ebenfalls die Widersprüchlichkeit der Entscheidung des BVerfG betont: Einerseits bestreite das BVerfG die verfassungsrechtliche Relevanz des Rechtsgutsbegriffs, andererseits stütze es „seine Begründung ganz überwiegend auf vermutete Rechtsgutsbeeinträchtigungen."); *Appel*, Krit. Vj. 82 (1999), 278, 296 ff.; *ders.*, Verfassung und Strafe, S. 381 ff. (laut *Appel* ist der „Rechtsgutsbgriff als Strafbarkeitsgrenze [...] ebenso systemwidrig wie überflüssig", S. 390); *Frisch*, in: FS Stree/Wessels, 69, 76; *Lagodny*, Strafrecht vor den Schranken der GR, S. 143 ff.; *Romano*, in: FS Roxin, 155, 158 ff.; *Stratenwerth*, in: FS Lenckner, 377, 388 ff.; *Volk*, in: FS Roxin, 215, 215 ff.; *Weigend*, in: LK, Einl., Rn. 7 („das Wort „Rechtsgut" erlaubt allenfalls eine politisch-moralische Argumentation mit letztendlich unklarem Bezugspunkt").

1090 Bzgl. einer Geldstrafe ist die allgemeine Handlungsfreiheit nach Art. 2 Abs. 1 GG das betroffene Grundrecht, *Appel*, Verfassung und Strafrecht, S. 591.

sei insbesondere die Wahrung des Verhältnismäßigkeitsgrundsatzes entscheidend.[1091]

Die Frage, ob dem Rechtsgutsbegriff eine strafrechtsbegrenzende Funktion zukommt, kann hier letztendlich offen bleiben, da § 248b auch nach der Ansicht, die dem Rechtsgutsbegriff eine solche Funktion beimisst, ein (legitimes) Rechtsgut schützt. Denn § 248b schützt mit dem Nutzungs- und Gebrauchsrecht ein von der Gesellschaft und von der übrigen Rechtsordnung „anerkannte[s] wertvolle[s] Interesse[...]"[1092] und stellt nicht „nur moralisch anstößiges Verhalten oder die Verletzung von Gefühlen" unter Strafe.[1093] Der Begriff des Rechtsguts setzt dem Gesetzgeber somit bezüglich der Strafvorschrift des § 248b keine Grenze, weil das Nutzungs- und Gebrauchsrecht zum Kreis der möglichen Schutzgüter gehört; trotzdem ist zu untersuchen, ob der Schutz dieses Rechtsguts strafbedürftig und strafwürdig ist, denn nicht jedes rechtsgutsverletzende

---

1091   BVerfGE 120, 224, 239. Siehe ausführlich dazu *Appel*, Verfassung und Strafe, S. 569 ff., der im Rahmen der verfassungsrechtlichen Anforderungen an eine strafbewehrte Verhaltensnorm drei unterschiedliche Grundrechtseingriffe und damit verbunden drei unterschiedliche Eingriffsrechtfertigungen, insbes. Verhältnismäßigkeitsprüfungen, unterscheidet: Die Verfassungsmäßigkeit der Verhaltensnorm und die der strafrechtlichen Sanktionsnorm, wobei letztere in eine Primärsanktion (die Strafbewehrung an sich) und eine Sekundärsanktion (das „auferlegte materielle Übel") unterteilt wird. Im Rahmen der Verfassungsmäßigkeit der Verhaltensnorm sei insbes. die Verhältnismäßigkeit des mit der Verhaltensnorm bewirkten Eingriffs in ein spezielles Freiheitsrecht oder die allgemeine Handlungsfreiheit zu untersuchen. Für die Verfassungsmäßigkeit der Primärsanktion sei hingegen insbes. entscheidend, ob der damit verbundene Eingriff in das allgemeine Persönlichkeitsrecht (Art. 2 Abs. 1 i.V.m. Art. 1 Abs. 1 GG) – durch die mit der Strafandrohung verbundene staatliche Wertung des Verhaltens des Betroffenen – verhältnismäßig sei. Im Rahmen der Verfassungsmäßigkeit der Sekundärsanktion gehe es um die Rechtfertigung des Eingriffs in das Recht auf Freiheit der Person (Art. 2 Abs. 2 S. 2 GG) – bei einer Freiheitsstrafe – oder in die allgemeine Handlungsfreiheit (Art. 2 Abs. 1 GG) – bei einer Geldstrafe. Siehe auch *Stächelin*, Strafgesetzgebung im Verfassungsstaat, S. 111 ff., der ebenfalls drei verschiedene Grundrechtseingriffe unterscheidet, wobei er die Formulierungen „Verhaltensvorschrift" und „Rechtsfolge" verwendet und letztere in die „strafrechtliche Qualität des Vorwurfs" und die „Sanktion selbst" unterteilt.

1092   Auch die Frage, ob dieses „anerkannte wertvolle Interesse" nur ein menschliches Individualinteresse sein kann (so *Hassemer/Neumann*, in: NK, Vor § 1, Rn. 131 ff.), kann offen bleiben, da das Nutzungs- und Gebrauchsrecht an Fahrzeugen ein solches Individualinteresse ist.

1093   Vgl. *Rönnau*, JuS 2009, 209, 211. Siehe die bei *Roxin*, AT I, § 2, Rn. 13 ff. aufgezählten Beispiele, bei denen es sich laut ihm nicht um Rechtsgüter handelt.

oder –gefährdende Verhalten ist strafbedürftig und strafwürdig.[1094] Vielmehr darf das Strafrecht als *ultima ratio* im gesetzgeberischen Maßnahmenkatalog nur dann eingesetzt werden, wenn weniger einschneidende Mittel für einen wirksamen Rechtsgutsschutz nicht ausreichen.[1095] Außerdem müssen „Anlass und staatliche Reaktion" in einem angemessenen Verhältnis stehen.[1096] Somit sind im Rahmen der Strafbedürftigkeits- und Strafwürdigkeitsprüfung die verfassungsrechtlichen Aspekte des Strafrechtsschutzes zu berücksichtigen.

Misst man dem Rechtsgutsbegriff keine strafrechtsbegrenzende Funktion bei, sondern überprüft eine Strafnorm auf ihre Verfassungsmäßigkeit, so ist im Rahmen der Verhältnismäßigkeitsprüfung ein legitimer Zweck von Nöten, der mit der Strafnorm verfolgt wird.[1097] Das Bundesverfassungsgericht verlangt, dass eine Strafvorschrift „dem Schutz anderer oder der Allgemeinheit dient".[1098] Dieser legitime Zweck ist letztendlich das oben entwickelte Rechtsgut.[1099] Der Schutz des Nutzungs- und Gebrauchsrechts ist somit der legitime Zweck im Rahmen der Verhältnismäßigkeitsprüfung.[1100] Neben der Prüfung der Erforderlichkeit und der Angemessenheit der Strafvorschrift ist im Rahmen der Verhält-

---

1094   Vgl. *Günther*, JuS 1978, 8, 12. Siehe auch *Hassemer/Neumann*, in: NK, Vor § 1, Rn. 147, die hervorheben, dass die Verletzung oder Gefährdung eines Rechtsguts durch eine bestimmte Handlung „lediglich eine notwendige, nicht aber eine hinreichende Bedingung der Kriminalisierung dieses Verhaltens" darstelle. Die Rechtsgutslehre lasse vielmehr „Raum für ergänzende Prinzipien"; sie sei „auf diese Prinzipien zur Komplettierung eines Freiheit sichernden kriminalpolitischen Programms angewiesen."

1095   *Wessels/Beulke*, AT, Rn. 9.

1096   *Günther*, JuS 1978, 8, 13.

1097   Siehe allgemein zur legitimen Zwecksetzung im Rahmen der Verhältnismäßigkeitsprüfung *Manssen*, Staatsrecht II, Rn. 170 ff. Der verfolgte Zweck darf nicht verfassungsrechtlich unzulässig sein.

1098   BVerfGE 120, 224, 239.

1099   Siehe dazu *Hefendehl*, JA 2011, 401, 404, der feststellt, dass „die Definition des Strafrechts als Schutzrecht für ein Rechtsgut [...] überhaupt erst die Möglichkeit eröffnet, eine Verhältnismäßigkeitsprüfung durchzuführen", da dies den „mit der Einschränkung verfolgten Zweck" darstelle. Vgl. auch *Appel*, Verfassung und Strafe, S. 572, der betont, dass „[j]ede Verhaltensnorm, die in Grundrechte eingreift, [...] einem nach der Verfassung zulässigen Zweck dienen" müsse. Diese Anforderung an eine Verhaltensnorm besteht unabhängig von einer Strafbewehrung.

1100   Führt man wie *Appel*, Verfassung und Strafe, S. 569 ff. (dazu oben Fn. 1091) drei Verhältnismäßigkeitsprüfungen durch, so ist der Schutz des Nutzungs- und Gebrauchsrechts nur der Zweck der Verhaltensnorm, nicht der strafrechtlichen Sanktionsnorm (Zweck der Primärsanktion ist der Schutz und die Rehabilitation der Verhaltensnorm, Zweck der Sekundärsanktion die Rehabilitation der Verhaltensnorm und „der damit verbundene symbolische Ausgleich des erlangten ‚Freiheitsvorteils'").

nismäßigkeit auch die Geeignetheit der Strafnorm zu prüfen. Laut dem BVerfG ist ein Mittel und somit eine Strafnorm bereits dann geeignet, wenn es nicht „objektiv untauglich" oder „schlechthin ungeeignet" ist,[1101] „wenn mit seiner Hilfe der gewünschte Erfolg gefördert werden kann"; dem Gesetzgeber wird dabei ein weiter Beurteilungsspielraum zugestanden.[1102] Da zumindest die Möglichkeit besteht, dass § 248b den Schutz des Nutzungs- und Gebrauchsrechts fördert und die Strafnorm deshalb zur Erreichung dieses Zwecks nicht „schlechthin ungeeignet" ist, ist die Geeignetheit zu bejahen.

## 1.   Zur Strafbedürftigkeit

Das Strafrecht ist das schärfste Mittel im gesetzgeberischen Maßnahmenkatalog;[1103] es ist als *ultima ratio*[1104] unter den dem Gesetzgeber zur Verfügung stehenden Mitteln zu verstehen[1105] und deshalb gegenüber anderen Mitteln (z.B. dem Zivilrecht) subsidiär.[1106] Diese Subsidiarität lässt sich aus dem verfassungsrechtlichen Verhältnismäßigkeitsprinzip ableiten: Nur wenn dem Gesetzgeber kein anderes, gleich wirksames, aber weniger belastendes Mittel zur Verfügung

---

1101  BVerfGE 16, 147, 181; 19, 119, 126 f.; 30, 250, 263; siehe auch BVerfGE 17, 306, 317.
1102  BVerfGE 120, 224, 240 (bereits „die Möglichkeit der Zweckerreichung genügt."). Der dem Gesetzgeber zugestandene Beurteilungsspielraum im Rahmen der Geeignetheit eines Mittels umfasst auch die in „diesem Zusammenhang vorzunehmenden Einschätzung[en] und Prognose[n]".
1103  BVerfGE 32, 98, 109 („der schärfsten der Gesellschaft zu Gebote stehenden Waffe, dem Strafrecht ..."); *Gallas*, in: Gallas, Verbrechenslehre, 1, 6; *Günther*, JuS 1978, 8, 11; *Kühl*, ZStW 116 (2004), 870, 876. Siehe aber *Tiedemann*, Verfassungsrecht und Strafrecht, S. 52, der davon ausgeht, dass das Strafrecht unter bestimmten Umständen milder sein könne als bspw. „die Errichtung eines umfassenden verwaltungsrechtlichen Kontrollnetzes." So auch *Appel*, Verfassung und Strafe, S. 402, der betont, dass der Einzelne dem strafrechtlichen Eingriff „durch normkonformes Verhalten ausweichen kann", nicht aber verwaltungsrechtlichen Kontrollpflichten.
1104  Kritisch zum *ultima ratio*-Prinzip *Appel*, Verfassung und Strafe, S. 404 ff., insbes. S. 408 f.
1105  BVerfGE 39, 1, 47; 88, 203, 258; *Baumann*, in: GS Noll, 27, 29 und 35; *Baumann/Weber/Mitsch*, AT, § 3, Rn. 19; *Blei*, in: FS Henkel, 109, 109; *Günther*, JuS 1978, 8, 11; *Hassemer*, in: BVerfGE 120, 224, 256; *Jescheck/Weigend*, AT, § 1, S. 3; *Roxin*, AT I, § 2, Rn. 97; *Weigend*, in: LK, Einl., Rn. 1. Ebenso für das schweizerische Strafrecht *Niggli*, AJP 2010, 1155, 1160.
1106  *Baumann/Weber/Mitsch*, AT, § 3, Rn. 19; *Kühl*, in: FS Tiedemann, 29, 41; *Rudolphi*, in: SK, Vor § 13, Rn. 14; *Schmidhäuser*, AT, 1/5; *Schünemann*, ZStW 90 (1978), 11, 32. Zum Begriff und zur Bedeutung der Subsidiarität siehe *Kaufmann*, in: FS Henkel, 89, 89 ff.

steht, darf er das Strafrecht einsetzen,[1107] denn nur in einem solchen Fall ist eine Kriminalstrafe erforderlich.[1108] Ein Verhalten ist folglich nur dann strafbedürftig, wenn das Strafrecht das einzige Mittel darstellt, mit dem die Gemeinschaftsordnung hinreichend geschützt werden kann.[1109]

Im Folgenden muss deshalb untersucht werden, ob nichtstrafrechtliche Maßnahmen zur Bekämpfung von (bloßem) unbefugten Gebrauch von Kraftfahrzeugen und Fahrrädern und dem damit verbundenen Schutz des Nutzungs- und Gebrauchsrechts ausreichen. Im Hinblick auf den unbefugten Fahrzeuggebrauch geht es (insbesondere) um die Frage, ob das Zivil- oder Ordnungswidrigkeitenrecht einen ausreichenden Schutz gegen unbefugte Eingriffe in das Gebrauchsrecht bietet.[1110] Die Wirkungen solcher nichtstrafrechtlicher Maßnahmen

---

1107   *Otto*, in: GS H. Schröder, 53, 57; *Roxin*, AT, § 2, Rn. 98.

1108   BVerfGE 120, 224, 240. Siehe zur Erforderlichkeit *Appel*, Verfassung und Strafe, S. 571 ff., demzufolge die Erforderlichkeitsprüfung der Verhaltensnorm unproblematisch durchgeführt werden könne, aber die Prüfung der Erforderlichkeit der eigentlichen strafrechtlichen Sanktionsnorm (hier: der Primärsanktion; siehe dazu Fn. 1091) Probleme mit sich bringe, da die Strafbewehrung nicht mit anderen Schutzinstrumenten vergleichbar sei.

1109   *Jescheck/Weigend*, AT, § 7, S. 50; *Sax*, in: Bettermann/Nipperdey/Scheuner, Die Grundrechte, Bd. II/2, 909, 925.

1110   Darüber hinaus wird diskutiert, ob auch in den Fällen, in denen das Opfer sich selbst schützen kann, das Strafbedürfnis mangels Erforderlichkeit strafrechtlichen Schutzes entfällt (siehe *Kühl*, in: FS Tiedemann, 29, 45; *Schünemann*, ZStW 90 (1978), 11, 32 f., 54 ff.; kritisch dazu *Hillenkamp*, Vorsatztat und Opferverhalten, insbes. S. 172 ff.).
In diesem Zusammenhang ist insbesondere die Möglichkeit des Ab- bzw. Verschließens von Fahrzeugen (Pkw, Lkw, Motorräder, aber auch Fahrräder) zu erwähnen. Unabhängig davon, ob man einen Ausschluss des Strafbedürfnisses für den Fall möglicher (und zumutbarer) Selbstschutzmaßnahmen der potentiellen Opfer bejaht oder nicht, wird von diesen Selbstschutzmaßnahmen in der Praxis weitgehend Gebrauch gemacht; trotzdem lag die Zahl der Fahrzeugentwendungen unter erschwerenden Umständen, wozu u.a. die Überwindung einer „Schutzvorrichtung gegen Wegnahme" (§ 243 Abs. 1 Nr. 2) zählt, im Jahr 2010 bei 317.198, wohingegen die Anzahl der Fahrzeugentwendungen ohne erschwerende Umstände „nur" bei 72.841 lag (PKS 2010 Zusammenfassung, S. 42 f.). Somit kommt der Möglichkeit des Ab- bzw. Verschließens von Fahrzeugen nur eine sehr begrenzte Wirkung zu und es ist davon auszugehen, dass diese Maßnahme jedenfalls nicht gleich geeignet ist.
In Bezug auf die Sicherung von Kraftfahrzeugen besteht außerdem die Möglichkeit von Wegfahrsperren; deren Einführung hat zu einem erkennbaren Rückgang der Kraftfahrzeugentwendungen geführt (*Stächelin*, Strafgesetzgebung im Verfassungsstaat, S. 140). Der Gesetzgeber hat in diesem Bereich die technische Prävention gesetzlich vorgeschrieben: Pkw, Lkw (bis 3,5 t) und Motorräder müssen gem. § 38a Abs. 1 und 2 StVO mit einer Sicherheitseinrichtung gegen unbefugte Benutzung ausgestattet sein

müssen mit denen verglichen werden, die eine Kriminalisierung des unbefugten Fahrzeuggebrauchs hat.[1111] Problematisch bei einem solchen Vergleich ist, dass sowohl die Wirkungen des Strafrechts als auch die des Zivil- und Ordnungswidrigkeitenrechts „mit kaum evaluierbaren Prämissen zu kämpfen haben."[1112]

## a)    Hinreichender Schutz durch das Zivilrecht?

Das Verbot der Ingebrauchnahme eines Kraftfahrzeugs oder Fahrrads gegen den Willen des Berechtigten ergibt sich bereits aus dem Zivilrecht. Ist der Eigentümer der Berechtigte, ergibt es sich aus § 903 S. 1 BGB, dem Herausgabeanspruch nach § 985 BGB und den Schadens- und Nutzungsersatzansprüchen nach den §§ 987 ff. BGB, u.U. auch § 823 Abs. 1 BGB und § 280 BGB. Steht das Recht zum Gebrauch des Fahrzeugs als Fortbewegungsmittel jemand anderem zu, so ergibt sich das Verbot der Nutzung gegen dessen Willen aus dem Schadensersatzanspruch nach § 823 Abs. 1 BGB, dem Eigentümer gegenüber im Rahmen eines Vertrages auch aus § 280 BGB und ggf. aus speziellen Normen wie beispielsweise § 535 Abs. 1 BGB.[1113]

Unter der Prämisse, dass dem Strafrecht und der Strafe eine präventive Wirkung – insbesondere i.S.d. negativen Generalprävention – zukommt,[1114] kommt jedenfalls dem bloßen Verbot der unbefugten Ingebrauchnahme, wie es sich je nach Sachverhalt z.B. aus § 903 Abs. 1 BGB oder § 535 Abs. 1 BGB ergibt, nicht die gleiche Wirksamkeit zu wie der strafrechtlichen Sanktionsnorm des § 248b. Dem Berechtigten i.S.v. § 248b stehen aber neben dem zivilrechtlichen Verbot u.U. mehrere zivilrechtliche Ansprüche gegen den unbefugten Benutzer

---

und Pkw zusätzlich mit einer Wegfahrsperre (das Erfordernis einer Wegfahrsperre gilt für alle ab dem 1. Januar 1998 neu zugelassenen Pkw, § 72 Abs. 2 StVO). Die Präventionsmaßnahmen richten sich in erster Linie an die Hersteller der Kraftfahrzeuge, nicht an die potentieller Opfer von unbefugtem Kraftfahrzeuggebrauch, so dass auch in diesem Rahmen nicht diskutiert werden muss, inwiefern Selbstschutzmöglichkeiten die Strafbedürftigkeit überhaupt ausschließen können.

1111    Vgl. *Günther*, JuS 1978, 8, 12.

1112    Siehe dazu *Hefendehl*, JA 2011, 401, 404.

1113    Siehe zu diesen Normen und den Anspruchsvoraussetzungen u.a. die Kommentierungen im MüKo-BGB und im Palandt. Zu § 280 BGB: *Ernst*, in: MüKo-BGB, § 280, Rn. 1 ff.; *Grüneberg*, in: Palandt, § 280, Rn. 1 ff.; zu § 535 BGB: *Häublein*, in: MüKo-BGB, § 535, Rn. 1 ff., insbes. 65 ff., 132 ff.; *Weidenkaff*, in: Palandt, § 535, Rn. 1 ff., insbes. 14 ff.; zu § 823 BGB: *Sprau*, in: Palandt, § 823, Rn. 1 ff.; *Wagner*, in: MüKo-BGB, § 823, Rn. 1 ff.; zu § 903 BGB: *Bassenge*, in: Palandt, § 903, Rn. 1 ff.; *Säcker*, in: MüKo-BGB, § 903, Rn. 1 ff.; zu § 985 ff.: *Baldus*, in: MüKo-BGB, §§ 985 ff., jeweils Rn. 1 ff.; *Bassenge*, in: Palandt, §§ 985 ff., jeweils Rn. 1 ff.

1114    Siehe zu den Straftheorien *Roxin*, AT I, § 3, Rn. 1 ff. m.w.N., insbes. zur Generalprävention Rn. 21 ff.

zu. Fraglich ist, ob diese zivilrechtlichen Ansprüche ein gleich wirksames Mittel für den Schutz des Nutzungs- und Gebrauchsrechts darstellen wie die Pönalisierung des unbefugten Fahrzeuggebrauchs. Der Herausgabeanspruch erschöpft sich in der Wiederherstellung des rechtmäßigen Zustands und ist deshalb im Vergleich zu einer präventiv wirkenden Strafnorm kein gleich wirksames Mittel. Die Schadens- und Nutzungsersatzansprüche gewährleisten dem Berechtigten einen finanziellen Ausgleich für den erlittenen Schaden bzw. Nutzungsausfall.[1115] Neben der Ausgleichsfunktion ist davon auszugehen, dass sie auch eine präventive Wirkung entfalten, indem der Täter zur Verantwortung gezogen wird.[1116] Zu beachten ist in diesem Zusammenhang, dass die zivilrechtlichen Mittel zum Schutz des Nutzungs- und Gebrauchsrechts gegen den unbefugten Gebrauch grundsätzlich als ausreichend angesehen werden.[1117] Bis auf § 248b und § 290 ist der *bloße* unbefugte Gebrauch im deutschen Recht nicht mit Strafe bedroht. Dies spricht dafür, dass das Zivilrecht einen wirksamen Schutz gegen Gebrauchsanmaßungen – auch von Kraftfahrzeugen und Fahrrädern – bietet. Versteht man die Anforderungen an die Strafbedürftigkeit allerdings sehr eng im Hinblick darauf, dass die zivilrechtlichen Mittel – als mildere Mittel im Vergleich zum Strafrecht – das Verbot des unbefugten Fahrzeuggebrauchs und den dahinterstehenden Schutz des Nutzungs- und Gebrauchsrechts *gleich wirksam* gewährleisten müssen wie eine entsprechende Strafnorm, so ist diese gleiche Wirksamkeit wohl zu verneinen, da davon ausgegangen werden kann, dass es „stets einen mehr oder weniger großen Kreis von Personen" gibt, „die durch die Strafdrohung – aller Voraussicht nach – zusätzlich angesprochen werden und deren Motivation durch den Wegfall der Strafe verringert würde."[1118] Ein solch enges Verständnis würde aber dazu führen, dass – eine generalpräventive Wirkung des Strafrechts vorausgesetzt – ein Strafbedürfnis praktisch immer zu bejahen wäre. Dies kann nicht gewollt sein. Ein Strafbedürfnis besteht deshalb dann nicht, wenn ein *hinreichender* Schutz des Nutzungs- und Gebrauchsrechts

---

1115  Die zivilrechtlichen Ansprüche bringen in ihrer Durchsetzung allerdings Probleme mit sich: Im Prozess kann der Eigentümer seine Ansprüche nur durchsetzen, wenn er die Täterschaft des unbefugten Benutzers kennt und beweisen kann. Ein solcher Beweis ist ohne die Ermittlungen der Strafverfolgungsorgane oftmals schwer zu erbringen. Dies allein kann allerdings nicht die Strafbedürftigkeit des unbefugten Gebrauchs von Kraftfahrzeugen und Fahrrädern begründen, da Beweisschwierigkeiten im Zivilprozess ein allgemeines Problem darstellen.

1116  *Stächelin*, Strafgesetzgebung im Verfassungsstaat, S. 145.

1117  So schon die Motive zum Entwurf eines Strafgesetzbuches für die Staaten des Norddeutschen Bundes, *Motive*, Zu No. 5, S. 138 f.

1118  Vgl. *Appel*, Verfassung und Strafe, S. 403 f.

an Fahrzeugen durch das Zivilrecht erreicht wird.[1119] Dies ist zumindest im Hinblick auf die vielfach vertretene Ansicht, dass auch die zeitliche und inhaltliche Überschreitung eines Gebrauchsrechts an einem Fahrzeug unter § 248b zu subsumieren sei,[1120] anzunehmen. Richtigerweise ist die zeitliche und inhaltliche Überschreitung bereits nicht tatbestandsmäßig. Die Überschreitung eines bestehenden Gebrauchsrechts in inhaltlicher oder zeitlicher Weise stellt eine typische Vertragsverletzung dar.[1121] Sieht man in der Überschreitung eines Gebrauchsrechts eine Ingebrauchnahme gegen den Willen des Berechtigten i.S.d. § 248b Abs. 1, so eröffnet die Strafbarkeit einer solchen Überschreitung dem Berechtigten daher die Möglichkeit, seine zivilrechtlichen Ansprüche gegenüber seinem Vertragspartner unter Androhung strafrechtlicher Sanktionen durchzusetzen.[1122] Dies entspricht nicht dem Sinn des § 248b. Die zivilrechtlichen Möglichkeiten bieten in diesen Fällen einen hinreichenden Schutz; eine Strafbedürftigkeit besteht daher nicht und die Kriminalisierung dieses typischen zivilrechtlichen Unrechts ist abzulehnen. Auch in Bezug auf den unbefugten Fahrzeuggebrauch außerhalb der zeitlichen oder inhaltlichen Überschreitung eines Nutzungsrechts wird ein hinreichender Schutz des Nutzungs- und Gebrauchsrechts durch das Zivilrecht gewährleistet. Zwar handelt es sich in diesen Fällen des bloßen unbefugten Gebrauchs nicht um typische Vertragsverletzungen, aber die zivilrechtlichen Herausgabe-, Schadens- und Nutzungsersatzansprüche bieten

---

1119 Laut *Amelung*, JZ 1982, 617, 618 konstituiert sich strafrechtliches Unrecht (verstanden als strafwürdiges und strafbedürftiges Unrecht) im Vergleich zum rein zivilrechtlichen Unrecht bzw. einer rein zivilrechtlichen Reaktion im Bereich der Verletzung oder Gefährdung von Individualinteressen durch folgende Aspekte: Die Sicherstellung der Generalprävention, die Notwendigkeit resozialisierender oder sichernder Maßnahmen und die Notwendigkeit einer Sanktionierung unter Zuhilfenahme des Strafverfolgungsapparates, weil eine Tat meistens anonym, heimlich oder listig begangen werde.
1120 Siehe dazu oben unter C. II. 2. b) bb) (4).
1121 In solchen Fällen gibt es auch nicht die gerade erwähnten Durchsetzungsschwierigkeiten bei den zivilrechtlichen Ansprüchen, denn der Vertragspartner ist i.d.R. bekannt.
1122 Vgl. *Maurach/Schroeder/Maiwald*, BT I, § 37, Rn. 9, die aus diesem Grund („[§ 248b] ist kein Instrument zur Durchsetzung der Rückgabeansprüche von Autoverleihern") gegen eine Einbeziehung solcher Fälle in den Tatbestand des § 248b plädieren. Siehe auch *Ebert*, DAR 1954, 291, 292, der meint, dass „der Gesetzgeber keinen Anlass hatte, die Erfüllung der bürgerlich-rechtlichen Herausgabepflicht des Mieters oder sonst obligatorisch Berechtigten, dessen Besitz rechtmäßig begründet wurde, durch Strafandrohung zu sichern, [...]." *Bockelmann*, BT I, § 6, Anm. II. 2. d) sieht zwar die zeitliche Überschreitung eines Gebrauchsrecht als von § 248b erfasst an, stellt aber fest, dass dies bedeute, dass „§ 248b die Nichterfüllung der bürgerlich-rechtlichen Herausgabepflicht des Fahrzeugbenutzers, ja schon den bloßen Verzug pönalisiert."

hier – wie auch in sonstigen Fällen der Gebrauchsanmaßung – einen ausreichenden Schutz, so dass auch diesbezüglich die Strafbedürftigkeit abzulehnen ist.

## b)    Die Schutzwirkung des Ordnungswidrigkeitenrechts

Neben dem Zivilrecht bietet sich auch das Ordnungswidrigkeitenrecht als nichtstrafrechtliche Maßnahme zur Bekämpfung des (bloßen) unbefugten Gebrauchs von Kraftfahrzeugen und Fahrrädern an.[1123] Eine Ordnungswidrigkeit ist gem. § 1 Abs. 1 OWiG „eine rechtswidrige und vorwerfbare Handlung, die den Tatbestand eines Gesetzes verwirklicht, das die Ahndung mit einer Geldbuße zulässt". § 118 Abs. 1 OWiG besagt, dass ordnungswidrig handelt, wer eine grob ungehörige Handlung vornimmt, die geeignet ist, die Allgemeinheit zu belästigen oder zu gefährden und die öffentliche Ordnung zu beeinträchtigen. Unabhängig von der Frage, ob der unbefugte Gebrauch eines Kraftfahrzeugs oder Fahrrads in einem konkreten Fall eine Ordnungswidrigkeit nach § 118 OWiG darstellen kann, ist er jedenfalls nicht grundsätzlich eine grob ungehörige Handlung, die dazu geeignet ist, die Allgemeinheit zu belästigen oder zu gefährden und die öffentliche Ordnung zu beeinträchtigen.[1124] Die grundsätzliche Ahndung des unbefugten Gebrauchs von Kraftfahrzeugen und Fahrrädern als Ordnungswidrigkeit nach § 118 OWiG als nichtstrafrechtliche Maßnahme kommt deshalb nicht in Betracht.

Möglich wäre allerdings die Schaffung eines eigenen ordnungswidrigkeitenrechtlichen Tatbestandes. Der eben wiedergegebenen Definition einer Ordnungswidrigkeit nach § 1 Abs. 1 OWiG ist nichts über den materiellen Gehalt einer Ordnungswidrigkeit zu entnehmen.[1125] Zu klären ist insbesondere, wie sich die Ordnungswidrigkeit materiell von einer Straftat unterscheidet.[1126] Fraglich

---

1123  Das Ordnungswidrigkeitenrecht ist im Vergleich zum Strafrecht milder, weil es auf der Rechsfolgenseite „nicht das Übel des Freiheitsentzugs" enthält, sondern die Sanktion ein Bußgeld ist. Aber vor allem ist es deshalb milder, weil in der Verhängung eines Bußgelds – im Vergleich zur Verhängung einer Strafe – „keine sozialethische Missbilligung zum Ausdruck" kommt, *Kühl*, in: FS Tiedemann, 29, 42. Siehe auch *Stächelin*, Strafgesetzgebung im Verfassungsstaat, S. 154 f.

1124  Siehe zu den Voraussetzungen des § 118 OWiG u.a. *Bohnert*, OWiG, § 118, Rn. 4 ff.; *Gürtler*, in: Göhler, OWiG, § 118, Rn. 3 ff.; *Senge*, in: KK-OWiG, § 118, Rn. 4 ff.

1125  Vgl. *Jescheck/Weigend*, AT, § 7, S. 58.

1126  Da sowohl die Straftat als auch die Ordnungswidrigkeit normverletzendes menschliches Verhalten darstellen, das sich in die drei Elemente Tatbestand, Rechtswidrigkeit und Schuld bzw. Vorwerfbarkeit aufgliedert, kann die Abgrenzung auf formaler Ebene nur auf der Rechtsfolgenseite erfolgen: Während eine Straftat mit strafrechtlichen Sanktionen wie insbes. Strafen und Maßregeln der Besserung und Sicherung bedacht wird, wird eine Ordnungswidrigkeit mit Geldbuße geahndet. Siehe dazu *Mitsch*, O-WiR, § 3, Rn. 3 f.

ist, ob diese Unterscheidung qualitativer[1127] oder quantitativer Natur ist. Einerseits könnte man davon ausgehen, dass Ordnungswidrigkeiten sich qualitativ von Straftaten unterscheiden, da sie keine Rechtsgüter, sondern Verwaltungsgüter betreffen und ihrem Wesen nach nur „in dem bloßen Ungehorsam gegen einen Verwaltungsbefehl" bestehen.[1128] Andererseits könnte man einen quantitativen Unterschied derart annehmen, dass Ordnungswidrigkeiten einen geringeren Unrechtsgehalt als Straftaten aufweisen.[1129] Folgt man der ersten Ansicht, erscheint eine Klassifizierung des unbefugten Fahrzeuggebrauchs als Ordnungswidrigkeit schwierig, weil es um die Verletzung eines klassischen Individualrechtsguts – dem Nutzungs- und Gebrauchsrecht – geht.[1130] Geht man hingegen davon aus, dass zwischen einer Ordnungswidrigkeit und einer Straftat ein Unterschied quantitativer Natur besteht, so ist festzustellen, dass auch der Unrechtsgehalt des unbefugten Gebrauchs von Kraftfahrzeugen und Fahrrädern sehr hoch sein kann; dies gilt allerdings nicht für den Fall des *bloßen* unbefugten Fahrzeuggebrauchs.[1131] Dieser unterscheidet sich im Unrechtsgehalt grundsätzlich von dem einer Straftat; er stellt geringeres Unrecht dar.[1132] Eine Klassifizierung als Ordnungswidrigkeit – in Form eines neu zu schaffenden Tatbestandes – wäre danach also grundsätzlich möglich. Zum selben Ergebnis kommt man, wenn man der vorzugswürdigen, vom Bundesverfassungsgericht vertretenen „gemischt qualitativ-quantitativen Betrachtungsweise" folgt, wonach bei der Zu-

---

1127   Anstatt die Formulierung eines „qualitativen" Unterschieds zwischen Ordnungswidrigkeit und Straftat zu verwenden, kann auch davon gesprochen werden, dass die Ordnungswidrigkeit nach der Art der Rechtsverletzung ein „aliud" gegenüber der Straftat darstellt, siehe *Gürtler*, in: Göhler, OWiG, Vor § 1, Rn. 3; *Mitsch*, OWiR, § 3, Rn. 7.

1128   Siehe dazu BGHSt 11, 263, 264: „Das Kriminalunrecht unterliegt einem besonderen ethischen Unwerturteil, das Verwaltungsunrecht erschöpft sich in dem bloßen Ungehorsam gegen einen Verwaltungsbefehl."

1129   Siehe zu dieser Diskussion *Bohnert*, in: KK-OWiG, Einl., Rn. 50 ff.; *Gürtler* in: Göhler, OWiG, Vor § 1, Rn. 3 ff.; *Klesczewski*, OWiR, Rn. 5 ff.; *Mitsch*, OWiR, § 3, Rn. 7 ff., jeweils m.w.N.

1130   Sieht man entgegen der vorzugswürdigen Ansicht die allgemeine Verkehrssicherheit als das geschützte Rechtsgut (siehe dazu oben unter C. I.), wäre eine Klassifizierung als Ordnungswidrigkeit u.U. auch dann vertretbar, wenn man von einem qualitativen Unterschied zwischen Straftat und Ordnungswidrigkeit ausgeht.

1131   Fälle, in denen es sich nicht um den *bloßen* unbefugten Gebrauch eines Fahrzeugs handelt, sondern die Gebrauchsentwendung mit Zueignungsabsicht geschieht oder eine Zueignung des Fahrzeugs vorliegt, weisen aufgrund des Zusammenspiels von Aneignungs- und Enteignungskomponente einen im Vergleich zum *bloßen* unbefugten Gebrauch höheren Unrechtsgehalt auf. Sie können, wie oben im Rahmen der Konkurrenzen unter C. IV. 3. dargestellt, unter die Tatbestände des Diebstahls oder der Unterschlagung subsumiert werden.

1132   Siehe dazu die Ausführungen zur Strafwürdigkeit unten unter E. I. 2.

ordnung eines Verhaltens zum Kernbereich des Strafrechts ein qualitativer Unterschied zur Ordnungswidrigkeit besteht, im Grenzbereich aber eine quantitative Unterscheidung erfolgt.[1133] Der unbefugte Gebrauch von Kraftfahrzeugen und Fahrrädern fällt nicht in der Kernbereich des Strafrechts.[1134]

Da auch das Ordnungswidrigkeitenrecht eine spezial- und generalpräventive Funktion besitzt, indem es den Täter für die Zukunft zur Pflichteneinhaltung anhalten[1135] und andere davon abhalten soll, (gleichartige) Zuwiderhandlungen zu begehen,[1136] ist davon auszugehen, dass eine Klassifizierung als Ordnungswidrigkeit ein gleich wirksames Mittel für den Schutz des aus dem Eigentum abgeleiteten Nutzungs- und Gebrauchsrechts darstellen würde wie die Pönalisierung des unbefugten Fahrzeuggebrauchs. Ob es einer solchen ordnungswidrigkeitenrechtlichen Lösung als Alternative zu einer strafrechtlichen Regelung bedarf,[1137] kann hier vorerst dahin stehen. Jedenfalls spricht die Möglichkeit einer ordnungswidrigkeitenrechtlichen Lösung gegen die Strafbedürftigkeit des unbefugten Gebrauchs von Kraftfahrzeugen und Fahrrädern.

c)     Fazit

Sowohl nichtstrafrechtliche Maßnahmen des Zivilrechts als auch solche des Ordnungswidrigkeitenrechts bieten einen ausreichenden Schutz gegen den unbefugten Gebrauch von Kraftfahrzeugen und Fahrrädern und den damit verbundenen Eingriff in das Nutzungs- und Gebrauchsrecht des Berechtigten. Da diese Maßnahmen insbesondere aufgrund des fehlenden „massiven sozialethischen Vorwurf[s]"[1138] bzw. des fehlenden „ehrenrührige[n] Unwerturteil[s]"[1139] milder sind als strafrechtliche Mittel, sprechen gute Gründe dafür, die Strafbedürftigkeit zu verneinen. Der Frage nach dem Unrechtsgehalt einer Tat liegt aber auch immer eine Wertung zugrunde und der Unterschied zwischen Straftaten und Ordnungswidrigkeiten, aber auch der zwischen Straftaten bzw. Ordnungswidrigkeiten und Sanktionsfreiheit einzelner Handlungen ist außerhalb des Kernbe-

---

1133   Vgl. BVerfGE 45, 272, 289; 51, 60, 74; *Bohnert*, in: KK-OWiG, Vor § 1, Rn. 2 (kritisch *ders.*, in: KK-OWiG, Einl., Rn. 108 ff.); *Gürtler*, in: Göhler, OWiG, Vor § 1, Rn. 5 f.; *Mitsch*, OWiR, § 3, Rn. 11; *Roxin*, AT I, § 2, Rn. 132 f.

1134   Dieser Kernbereich ist laut dem BVerfG „an Hand der grundgesetzlichen Wertordnung mit hinreichender Bestimmtheit zu ermitteln", BVerfGE 27, 18, 29. Dass der unbefugte Gebrauch von Kraftfahrzeugen und Fahrrädern nicht in den Kernbereich des Strafrechts fällt, zeigt sich bereits an der grundsätzlichen Straflosigkeit des *furtum usus*.

1135   Siehe dazu BVerfGE 27, 18, 33; 45, 272, 289: „eine nachdrückliche Pflichtenanmahnung".

1136   *Bohnert*, OWiR, Rn. 162; *Mitsch*, in: KK-OWiG, § 17, Rn. 9.

1137   Dazu unten unter F. I.

1138   So *Freund*, in: MüKo, Vorbem. §§ 13 ff., Rn. 280 zur Strafe.

1139   So BVerfGE 27, 18, 33 zur Strafe.

reichs des Strafrechts ein „Grad-, nicht Wesensunterschied". Deshalb kann der Gesetzgeber „außerhalb des dem Strafrecht vorbehaltenen Kernbereichs nach pragmatischen Gesichtspunkten entscheiden [...], in welchen Teil des Sanktionsrechts eine Zuwiderhandlung einzuordnen ist oder ob sie ganz ohne repressive Sanktion bleibt."[1140] So bindet der Verhältnismäßigkeitsgrundsatz den Gesetzgeber zwar verfassungsrechtlich, aber ihm wird bei der Entscheidung über die Einordnung eines Verhaltens als Straftat, als Ordnungswidrigkeit oder als sanktionslos eine Einschätzungsprärogative zugebilligt.[1141] Die Bejahung der Strafbedürftigkeit des unbefugten Gebrauchs von Kraftfahrzeugen und Fahrrädern liegt noch innerhalb dieser dem Gesetzgeber zustehenden Einschätzungsprärogative.

## 2. Zur Frage nach der Strafwürdigkeit[1142]

Neben der Strafbedürftigkeit ist zu untersuchen, ob der unbefugte Gebrauch von Kraftfahrzeugen und Fahrrädern strafwürdiges Unrecht darstellt. Im Rahmen der Strafwürdigkeit geht es um die Frage, ob der unbefugte Gebrauch von Kraftfahrzeugen und Fahrrädern grundsätzlich Strafe verdient.[1143] Strafwürdig ist ein

---

1140 *Jescheck/Weigend*, AT, § 7, S. 59. Zur Befugnis des Gesetzgebers, die Einordnung einer Zuwiderhandlung als Straftat oder Ordnungswidrigkeit im Grenzbereich zwischen dem Kernbereich des Strafrechts und dem Bereich der bloßen Ordnungswidrigkeiten vorzunehmen: BVerfGE 27, 18, 29 f.; 45, 272, 288; 51, 60, 74 („nur graduelle Unterschiede").

1141 *Roxin*, AT I, § 2, Rn. 101, der folgert, dass das Subsidiaritätsprinzip deshalb „mehr ein kriminalpolitisches Postulat als eine bindende Regel" sei (zustimmend *Kühl*, in: FS Tiedemann, 29, 46). Die Frage, inwieweit der Gesetzgeber Straftaten in Ordnungswidrigkeiten umwandle oder ganz entkriminalisiere, sei eine „sozialpolitische Entscheidung". Siehe zum gesetzgeberischen Ermessen für die Grenzziehung zwischen Straftaten und Ordnungswidrigkeiten auch *Mitsch*, OWiR, § 3, Rn. 13 und *Roxin*, AT I, § 2, Rn. 133.

1142 Das Kriterium der Strafwürdigkeit entspricht verfassungsrechtlich der Angemessenheit (Verhältnismäßigkeit im engeren Sinne) im Rahmen der Verhältnismäßigkeitsprüfung, *Appel*, Verfassung und Strafe, S. 397. *Appel* selbst steht dem Begriff der Strafwürdigkeit als strafrechtsbegrenzendem Kriterium kritisch gegenüber (S. 395 ff.) und kommt zu dem Schluss, dass die Strafwürdigkeit „als kriminalpolitischer Richtpunkt eine gewisse Bedeutung haben [mag], als [...] Grenze für die Strafbarkeit [...] jedoch weitgehend ungeeignet" sei.

1143 Siehe *Schmidhäuser*, AT, 2/16, der verschiedene Ebenen der Strafwürdigkeitsprüfung unterscheidet: Sowohl der Gesetzgeber, als auch die Strafverfolgungsorgane und der Strafrichter bzw. die Strafrichterin urteilen über die Strafwürdigkeit. Die Beurteilung der Strafwürdigkeit durch die Strafverfolgungsorgane und die Gerichte geschehe auf einer anderen Stufe als die gesetzgeberische Beurteilung, ob ein Verhalten strafwürdig sei.

Verhalten, wenn sein Unrechtsgehalt, sein sozialethischer Unwert besonders groß ist, wenn eine gravierende Rechtsgutsverletzung oder -gefährdung vorliegt,[1144] wenn die Tat im Rahmen einer Gesamtabwägung in einem angemessenen Verhältnis zur Bestrafung steht.[1145]

Rechtsgütern kommt nicht immer ein umfassender Schutz zu, sondern sie werden oft nur gegen einzelne Angriffsarten geschützt. Auf Grund dieser „Lücken" spricht man vom fragmentarischen Charakter des Strafrechts.[1146] Nicht schon jedes rechtsgutsverletzende oder –gefährdende Verhalten ist deshalb strafwürdig,[1147] sondern nur solches, das ein „erhebliches Maß an Sozialschädlichkeit" aufweist.[1148] Das Grundgesetz – und vor allem der an den Anfang des Grundgesetzes gestellte Grundrechtskatalog – verkörpert eine „objektive Wertordnung, die als verfassungsrechtliche Grundentscheidung für alle Bereiche des Rechts" zu verstehen ist.[1149] Deshalb wird teilweise davon ausgegangen, dass

---

1144  Vgl. BGHSt 24, 318, 319 (Schutz der sozialen Ordnung vor „groben Störungen und Belästigungen"); *Gallas*, in: Gallas, Verbrechenslehre, 1, 16 („so gefährlich und verwerflich, so unerträglich als Beispiel sozialwidrigen Verhaltens"; *Gallas* zustimmend *Lackner*, in: FS Gallas, 117, 118); *Günther*, JuS 1978, 8, 12; *Hillenkamp*, Vorsatztat und Opferverhalten, S. 174 f.; *Maiwald*, in: FS Maurach, 9, 11 („ein erhebliches Maß an Sozialschädlichkeit"); *Otto*, in: GS H. Schröder, 53, 54 f.

1145  Vgl. BVerfGE 120, 224, 241.

1146  *Baumann/Weber/Mitsch*, AT, § 3, Rn. 11; *Gallas*, in: Gallas, Verbrechenslehre, 1, 16; *Jescheck/Weigend*, AT, § 7, S. 52; *Kindhäuser*, AT, § 2, Rn. 6; *Roxin*, AT I, § 2, Rn. 97; *Wessels/Beulke*, AT, Rn. 9. Ebenso für das schweizerische Strafrecht *Niggli*, AJP 2010, 1155, 1160, der betont, dass Straflosigkeit „nicht per se als Strafbarkeitslücke zu verstehen, sondern gewollte Eigenschaft des Strafrechtssystems" sei. Siehe zum fragmentarischen Charakter des Strafrechts und dessen Berechtigung *Maiwald*, in: FS Maurach, 9 ff. Die Möglichkeiten des strafrechtlichen Schutzumfangs reichen „von einer „Rundumverteidigung" [...] bis zum Schutz nur gegen ganz bestimmte Angriffsarten [...] oder ab einer bestimmten Einwirkungsintensität", *Maurach/Zipf*, AT I, § 19, Rn. 7. Der Ausdruck des „fragmentarischen Charakters" des Strafrechts wird allgemein auf *Binding*, BT I, § 6 (S. 20 ff.) zurückgeführt.
      Kritisch zum Begriff des fragmentarischen Charakters des Strafrechts *Appel*, Verfassung und Strafe, S. 409 ff., der den Begriff als „zu vage" kritisiert (es sei nicht klar, „ob die Strafbewehrung nur einen geringen Bruchteil, weniger als die Hälfte oder schlichtweg nur nicht alle [...] Verhaltensnormen erfassen soll"), ihm eine normative Verbindlichkeit abspricht (der fragmentarische Charakter lasse sich weder aus der Verfassung herleiten, noch zwingend aus dem strafrechtlichen System begründen) und zu dem Schluss kommt, dass er lediglich „die empirische Beschreibung des Zustands des Strafrechts" darstelle.

1147  *Günther*, JuS 1978, 8, 12.

1148  *Maiwald*, in: FS Maurach, 9, 11; vgl. auch *Schmidhäuser*, AT 2/14.

1149  Vgl. BVerfGE 7, 198, 205; 21, 362, 372; 35, 79, 114; 37, 57, 65; 39, 1, 41.

der Wert, den das Grundgesetz einem Rechtsgut zumesse, (mit)entscheidend für die Strafwürdigkeit sei. Je höher der Wert sei, den das Grundgesetz einem Rechtsgut beimesse, desto eher könne die Strafwürdigkeit von Handlungen, die das betroffene Rechtsgut verletzen oder gefährden, bejaht werden und das betroffene Rechtsgut könne weitestgehend lückenlos strafrechtlich geschützt werden. Je geringer der verfassungsrechtliche Wert eines Rechtsguts hingegen eingestuft werde, desto eher sei ein lediglich lückenhafter, fragmentarischer strafrechtlicher Schutz dieses Rechtsguts ausreichend und damit die Strafwürdigkeit von Handlungen, die dieses Rechtsgut verletzen oder gefährden, nicht grundsätzlich gegeben.[1150] Dem steht allerdings entgegen, dass sich dem Grundgesetz keine generelle Rangordnung von Werten bzw. Gütern entnehmen lässt: „Welcher Rang und welche Bedeutung einem Verfassungsgut zukommt und ob es sich im einzelnen durchzusetzen vermag, lässt sich nicht statisch und [...] generell sagen, sondern ist das Ergebnis oft schwieriger Wertungs- und Abwägungsvorgänge."[1151] Außerdem ist nur ein „kleiner Bereich" der strafrechtlichen Rechtsgüterordnung mit den „verfassungsrechtlichen Grundwerten weitgehend identisch".[1152] Das Verfassungsrecht allein kann folglich nicht den Aufgabenbereich des Strafrechts bestimmen und den Schutzumfang der Rechtsgüter festlegen.[1153] Teilweise wird die Schutzwürdigkeit und der damit verbundene Schutzumfang eines Rechtsguts von der Bedeutung des betroffenen Rechtsguts im Sozialleben abhängig gemacht.[1154] Unabhängig davon, ob man den Wert eines Rechtsguts aus der Verfassung oder aus einer sozialen Rangordnung entnimmt oder die abstrakte Festlegung einer Rangordnung ablehnt,[1155] ist das geschützte

---

1150  Vgl. *Günther*, JuS 1978, 8, 13; *Otto*, in: GS H. Schröder, 53, 56; vgl. auch *Peters*, ZStW 77 (1965), 470, 475, der allerdings darauf abstellt, wie stark eine Handlung „Grundwerte der Menschlichkeit berührt".

1151  *Appel*, Krit. Vj. 82 (1999), 278, 297; siehe auch *ders.*, Verfassung und Strafe, S. 381 f.

1152  *Tiedemann*, Verfassungsrecht und Strafrecht, S. 53; vgl. auch *Tiedemann*, Tatbestandsfunktionen, S. 29 f.

1153  Vgl. *Hefendehl*, JA 2011, 401, 403. Vgl. auch *Romano*, in: FS Roxin, 155, 160, demzufolge ein „direkt[er]" Bezug zur Verfassung das Strafrecht zu sehr einschränke, mit einem „indirekt[en] oder mittelbar[en]" Bezug zur Verfassung hingegen der „reale Informationsgehalt" des verfassungsrechtlichen Bezuges verloren gehe.

1154  *Maiwald*, in: FS Maurach, 9, 11. Vgl. auch *Gallas*, in: Gallas, Verbrechenslehre, 1, 7 f., der auf die „soziale[...] Rangordnung der Güter" abstellt.

1155  Im Ergebnis ist es richtig, dass weder dem Grundgesetz noch dem Sozialleben eine absolute Rangordnung von Gütern bzw. Werten zu entnehmen ist, da im Einzelfall eine Abwägung stattfindet, deren Ergebnis nicht von vornherein aufgrund eines Ranges des betroffenen Guts feststeht. Allerdings lässt sich sowohl dem Grundgesetz (für den Bereich, in dem die verfassungsrechtlichen Werte mit den strafrechtlichen Rechtsgütern identisch sind) als auch dem Sozialleben eine „Grundwertung" von Gütern und

Rechtsgut bzw. dessen Wert jedenfalls nicht alleine für die Strafwürdigkeit eines Verhaltens entscheidend. Vielmehr sind (auch) die Gefährlichkeit des Angriffs i.S.e. bestimmten Angriffsmodalität und subjektive Aspekte auf Seiten des Täters entscheidend.[1156] Die Strafwürdigkeit eines Verhaltens wird somit durch den Erfolgs- und den Handlungsunwert bestimmt.[1157] In der Verletzung oder Gefährdung des Rechtsguts liegt der Erfolgsunwert, in der verletzenden oder gefährdenden Handlung selbst der Handlungsunwert.[1158] Erfolgs- und Handlungsunwert stehen dabei in Beziehung zueinander: Je größer der Erfolgsunwert ist, desto geringer muss der Handlungsunwert sein, um die Strafwürdigkeit zu begründen. Umgekehrt gilt: Je geringer der Erfolgsunwert, desto größer muss der Handlungsunwert sein.[1159]

Zunächst ist der Erfolgsunwert, also die Verletzung oder Gefährdung des Rechtsguts, im Falle des unbefugten Gebrauchs[1160] von Kraftfahrzeugen und Fahrrädern genauer zu betrachten. Das Rechtsgut – das Nutzungs- und Gebrauchsrecht – wird durch den *bloßen* unbefugten Gebrauch verletzt, indem dem Berechtigten die Gebrauchsmöglichkeit gegen seinen Willen genommen wird. Verglichen mit dem Diebstahl eines Kraftfahrzeugs oder Fahrrads unterscheidet sich der Erfolgsunwert auf den ersten Blick nicht, weil durch die für den Diebstahlstatbestand erforderliche Wegnahme dem Berechtigten ebenfalls die Gebrauchsmöglichkeit genommen wird. Allerdings wird durch den Diebstahl auch das Eigentum verletzt, was zwar nicht notwendig bereits mit der Wegnahme ge-

---

damit eine gewisse Rangfolge entnehmen. So wird bspw. dem Leben sowohl im Grundgesetz als auch im Sozialleben grundsätzlich ein höherer Wert beigemessen als der allgemeinen Handlungsfreiheit (für das Grundgesetz ergibt sich diese Wertung aus den Schranken der entsprechenden Grundrechte).

1156 Vgl. *Hillenkamp*, Vorsatztat und Opferverhalten, S. 174; *Jescheck/Weigend*, AT, § 7, S. 51, die jeweils von drei „Variablen" der Strafwürdigkeit ausgehen: dem Wert des geschützten Rechtsguts, der Gefährlichkeit des (der) Angriffs(-weise) und der Verwerflichkeit der Tätergesinnung; *Maiwald*, in: FS Maurach, 9, 9 spricht davon, dass viele Tatbestände neben dem Betroffensein des geschützten Rechtsguts „bestimmte Angriffsmodalitäten oder auf Seiten des Täters gewisse Absichten, Gesinnungen und Tendenzen" voraussetzen.

1157 *Günther*, JuS 1978, 8, 13; *Otto*, in: GS H. Schröder, 53, 56 und 64.

1158 *Jescheck/Weigend*, AT, § 1, Rn. 8

1159 *Günther*, JuS 1978, 8, 13.

1160 Im Folgenden geht es nur um den *bloßen* unbefugten Gebrauch von Kraftfahrzeugen und Fahrrädern, obwohl § 248b auch Gebrauchsanmaßungen erfasst, die mit Zueignungsabsicht begangen werden bzw. eine Zueignung darstellen (dazu oben unter C. IV. 3.). Letztere werden allerdings bereits durch die Diebstahls- und Unterschlagungsvorschriften erfasst, so dass für diese Fälle die Vorschrift des § 248b nicht notwendig wäre.

schieht, aber zumindest in ihr angelegt ist; mit der Wegnahme liegt damit jedenfalls eine Eigentumsgefährdung vor. Deshalb unterscheiden sich Diebstahl und bloßer unbefugter Gebrauch bereits im Erfolgsunwert.

Der Handlungsunwert – die verletzende oder gefährdende Handlung – liegt beim unbefugten Gebrauch eines Kraftfahrzeugs oder Fahrrads in der vorsätzlichen Ingebrauchnahme des Tatobjekts gegen den Willen des Berechtigten. Die äußere Tathandlung unterscheidet sich beim bloßen unbefugten Fahrzeuggebrauch i.d.R. nicht von der des Diebstahls oder der Unterschlagung, soweit die Wegnahme im Rahmen des Diebstahls bzw. die Zueignung im Rahmen der Unterschlagung unter Ingebrauchnahme des Fahrzeugs erfolgt. Aber auf der subjektiven Seite „fehlt" beim *bloßen* unbefugten Gebrauch die Enteignungskomponente, da das Moment der Dauerhaftigkeit der Enteignung nicht gegeben ist.[1161] Der Handlungsunwert ist somit weniger hoch als der der Zueignungsdelikte.

Allein die Tatsache, dass der Erfolgs- und der Handlungsunwert beim *bloßen* unbefugten Gebrauch von Kraftfahrzeugen und Fahrrädern niedriger sind als die des Fahrzeugdiebstahls bzw. der Fahrzeugunterschlagung, belegt nur, dass der Unrechtsgehalt der bloßen unbefugten Ingebrauchnahme nicht den der Zueignungsdelikte erreicht, spricht aber noch nicht grundsätzlich gegen eine Strafwürdigkeit des unbefugten Fahrzeuggebrauchs.

Die Strafwürdigkeit eines Verhaltens setzt voraus, dass „Anlass und staatliche Reaktion" verhältnismäßig (im engeren Sinne) sind.[1162] Laut dem Bundesverfassungsgericht wird eine Strafnorm dem Verhältnismäßigkeitsgrundsatz nur gerecht, „wenn ein bestimmtes Verhalten über sein Verbotensein hinaus in besonderer Weise sozialschädlich und für das geordnete Zusammenleben der Menschen unerträglich, seine Verhinderung daher besonders dringlich ist."[1163] Allerdings räumt das Bundesverfassungsgericht dem Gesetzgeber für die Beurteilung, ob der Grundsatz der Verhältnismäßigkeit gewahrt ist, eine weite Einschätzungsprärogative ein.[1164]

Zu prüfen ist in diesem Zusammenhang, ob die Belastungen der potentiellen Täter durch die Bestrafung in einem angemessen Verhältnis zu ihrer Tat stehen. Eine Bestrafung hat als „sozialethische Missbilligung" weitreichende soziale

---

1161   Dauert der unbefugte Gebrauch sehr lange an oder geht er gar in einen Verbrauch über (indem das Fahrzeug solange unbefugt gebraucht wird, wie es als Fahrzeug überhaupt verwendet werden kann), so stellt er u.U. einen Diebstahl oder eine Unterschlagung dar, siehe dazu oben unter unter C. IV. 3.

1162   *Günther*, JuS 1978, 8, 13; vgl. auch *Rudolphi*, in: SK, Vor § 1, Rn. 15.

1163   BVerfGE 88, 203, 258.

1164   BVerfGE 120, 224, 240 f.

und gesellschaftliche Folgen für den Betroffenen[1165] und greift durch ihren Charakter als staatliches „Unwerturteil"[1166] in das allgemeine Persönlichkeitsrecht (Art. 2 Abs. 1 i.V.m. Art. 1 Abs. 1 GG) des Betroffenen ein.[1167] Daneben kann außerdem u.U. – § 248b sieht die Möglichkeit einer Freiheitsstrafe bis zu drei Jahren vor – ein Eingriff in sein Recht auf körperliche Freiheit (Art. 2 Abs. 2 S. 2 GG) vorliegen.[1168] Durch das strafrechtliche Verbot des unbefugten Fahrzeuggebrauchs wird nur ein kleiner Lebensbereich des Betroffenen berührt, der bereits durch die zivilrechtlichen Regelungen (zivilrechtliches Verbot des unbefugten Gebrauchs, Herausgabe-, Schadens- und Nutzungsersatzansprüche) eingeschränkt ist. Seine allgemeine Handlungsfreiheit aus Art. 2 Abs. 1 GG wird hier durch die allgemeine Handlungsfreiheit des Berechtigten (ggf. durch sein Eigentumsrecht aus Art. 14 GG) in angemessener Weise eingeschränkt. Fraglich ist aber, ob diese Einschränkung der allgemeinen Handlungsfreiheit, die sich ja bereits aus den zivilrechtlichen Regelungen ergibt, zulässigerweise strafbewehrt erfolgt und dadurch auch noch in das allgemeine Persönlichkeitsrecht (Art. 2 Abs. 1 i.V.m. Art. 1 Abs. 1 GG) des Betroffenen eingreift und dessen Recht auf körperliche Freiheit aus Art. 2 Abs. 2 S. 2 GG berührt. Insbesondere, wenn man entgegen der vorzugswürdigen Ansicht auch die zeitliche oder inhaltliche Überschreitung eines Gebrauchsrechts unter den Tatbestand des § 248b subsumiert,[1169] stellt sich die Frage nach der Angemessenheit des § 248b. Der Berechtigte schränkt sein Nutzungs- und Gebrauchsrecht in solchen Fällen selbst ein, indem er einem anderen dieses Recht für eine bestimmte Zeit bzw. in einem bestimmtem Umfang überträgt. Die strafrechtliche Ahndung der Verletzung dieser inhaltlichen oder zeitlichen Beschränkung und die damit verbundenen Grundrechtseingriffe sind nicht angemessen.[1170]

---

1165  BVerfGE 22, 49, 79; 27, 18, 33; 45, 272, 288; *Freund*, in: MüKo, Vorbem. §§ 13 ff., Rn. 280; *Gallas*, in: Gallas, Verbrechenslehre, 1, 16; *Kühl*, in: FS Tiedemann, 29, 42; *ders.*, ZStW 116 (2004), 870, 876; *Stächelin*, Strafgesetzgebung im Verfassungsstaat, S. 112; *Weigend*, in: LK, Einl., Rn. 1. Siehe zur Missbilligungsfunktion der Strafe auch *Kühl*, in: FS Eser, 149, 153 ff.

1166  BVerfGE 27, 18, 33: „[M]it der Verhängung einer Kriminalstrafe [ist] ein ehrenrühriges, autoritatives Unwerturteil über eine Verhaltensweise des Täters" verbunden.

1167  Siehe dazu *Appel*, Verfassung und Strafe, S. 575; *Stächelin*, Strafgesetzgebung im Verfassungsstaat, S. 113.

1168  Eine Geldstrafe hingegen betrifft die allgemeine Handlungsfreiheit (Art. 2 Abs. 1 GG) des Betroffenen.

1169  Siehe zu dem Streitstand oben unter C. II. 2. b) bb) (4).

1170  Vgl. dazu auch *Lampe*, in: Strafrechtsdogmatik und Kriminalpolitik, 59, 78 f., der im Rahmen der Frage, ob das Eigentum auch gegen dinglich oder obligatorisch Berechtigte strafrechtlich geschützt werden solle, feststellt, dass die „bloße Überschreitung vertraglicher Rechte [...] kein strafwürdiges Unrecht" darstelle.

Aufgrund des oben erwähnten qualitativen Unterschieds im Erfolgs- und Handlungsunwert zu den Zueignungsdelikten und den im Verhältnis zum Anlass – der *bloßen* unbefugten Ingebrauchnahme eines Kraftfahrzeugs oder Fahrrads – schwerwiegenden Belastungen des Täters – neben der konkreten Strafe auch die „Brandmarkung" als Straftäter – sprechen gute Gründe dafür, auch für die sonstigen Fälle des bloßen unbefugten Fahrzeuggebrauchs von der Unangemessenheit der Strafandrohung auszugehen. Die Entscheidung des Gesetzgebers, den unbefugten Fahrzeuggebrauch unter Strafe zu stellen und die damit verbundene Bejahung der Strafwürdigkeit hält sich allerdings für diese sonstigen Fälle im Rahmen der dem Gesetzgeber zustehenden Einschätzungsprärogative.[1171]

Ein weiterer im Rahmen der Verhältnismäßigkeit einer Strafnorm zu beachtender Aspekt ist die Sanktion selbst und in diesem Zusammenhang insbesondere die Höhe der Strafandrohung.[1172] Diese muss in einem angemessenen Verhältnis zur Schwere der Tat stehen. Die Strafandrohung des § 248b lautet Geldstrafe oder Freiheitsstrafe bis zu drei Jahren. Im Hinblick darauf, dass das Strafmaß des § 248b nur bei *bloßen* Gebrauchsanmaßungen zur Anwendung kommt – wenn also kein Zueignungsdelikt vorliegt – scheint dies nicht in einem angemessenen Verhältnis zur Schwere der Tat – der Verletzung des Nutzungs- und Gebrauchsrechts – zu stehen. Zwar steht dem Gesetzgeber in Bezug auf die Höhe des (abstrakten) Strafmaßes ein „erheblicher Spielraum" zu, von ihrem Gewicht her muss sich die vorgesehene Strafe aber „in den bestehenden Bezugsrahmen anderer Strafnormen einfügen."[1173] Insbesondere die Tatsache, dass § 246 Abs. 1 das gleiche Strafmaß für die einfache Unterschlagung enthält, die in ihrem Unrechtsgehalt den bloßen unbefugten Gebrauch übersteigt, aber auch die Nähe zu den Strafrahmen des Diebstahls und der veruntreuenden Unterschlagung sind in diesem Zusammenhang problematisch.[1174] Auch aus dem Vergleich mit der Strafvorschrift der Sachbeschädigung (§ 303) ergeben sich Bedenken bzgl. der Verhältnismäßigkeit der Höhe des Strafmaßes des § 248b: Wer

---

Siehe außerdem *Schmidhäuser*, NStZ 1990, 341, 341, der im Zusammenhang mit der zeitlichen Überschreitung eines Gebrauchsrechts anmerkt, dass die Qualität des Unwerts in einem solchen Fall nicht mit Fällen vergleichbar sei, in denen der Täter ein Fahrzeug von Anfang an gegen den Willen des Berechtigten gebrauche.

1171   Siehe dazu allgemein BVerfGE 120, 224, 240 f., 250; siehe auch *Weigend*, in: LK, Einl., Rn. 2, der darlegt, dass die Entscheidung, „wann gerade von dem Mittel des Strafrechts Gebrauch zu machen ist, [...] grundsätzlich dem demokratisch legitimierten Gesetzgeber" obliege.

1172   Vgl. BVerfGE 120, 224, 252; *Appel*, Verfassung und Strafe, S. 590 ff.; *Stächelin*, Strafgesetzgebung im Verfassungsstaat, S. 114 f.

1173   *Appel*, Verfassung und Strafe, S. 593 f.

1174   Siehe dazu auch unten unter F. I.

ein Kraftfahrzeug oder Fahrrad beschädigt oder gar zerstört und damit dem Berechtigten die Gebrauchsmöglichkeit teilweise oder sogar vollständig und dauerhaft entzieht, wird mit Geldstrafe oder Freiheitsstrafe bis zu zwei Jahren bestraft. Nimmt der Täter das Fahrzeug aber gegen den Willen des Berechtigten in Gebrauch, so ist er einem Strafmaß von bis zu drei Jahren Freiheitsstrafe ausgesetzt. Zwar enthält § 248b im Gegensatz zu § 303 eine „egoistische" Komponente (Aneignungskomponente), da der Täter das Fahrzeug für sich nutzen möchte,[1175] dafür fehlt es aber an der bei § 303 u.U. vorhandenen Enteignungskomponente, da der Täter eines *bloßen* unbefugten Fahrzeuggebrauchs den Berechtigten nicht dauerhaft aus dessen Stellung verdrängen möchte.[1176]

Im Ergebnis bestehen erhebliche Zweifel an der Strafwürdigkeit des *bloßen* unbefugten Fahrzeuggebrauchs; eine Bestrafung dieses Verhaltens erscheint nicht angemessen, kann aber als Reaktion auf solches Verhalten im Rahmen der dem Gesetzgeber zustehenden Einschätzungsprärogative grundsätzlich noch bejaht werden. Zwar erreicht der Unrechtsgehalt des bloßen unbefugten Gebrauchs nicht den eines Zueignungsdelikts, der Unwertgehalt erlangt aber trotzdem ein Maß, dass das „Strafe-Verdienen" nicht ausschließt. Dies gilt allerdings nicht für die zeitliche oder inhaltliche Überschreitung eines bestehenden Gebrauchsrechts. Außerdem ist die Höhe der Strafandrohung unverhältnismäßig.[1177] Inwieweit im Rahmen der Strafbarkeit des unbefugten Gebrauchs das Herausgreifen bestimmter Tatobjekte – Kraftfahrzeuge und Fahrräder – zulässig ist, wird noch zu klären sein.[1178]

## 3. Das Fehlen einer Pönalisierungspflicht

Ob und gegebenenfalls unter welchen Voraussetzungen der Staat über Art. 26 Abs. 1 GG hinaus verpflichtet sein kann, rechtsgüterverletzendes oder -gefährdendes Verhalten strafrechtlich zu sanktionieren, kann offen bleiben, da eine solche Pflicht jedenfalls nicht für den Schutz des Nutzungs- und Ge-

---

1175 Zweifelnd dazu, dass der egoistische Aspekt im Rahmen der Sachbeschädigung fehlt *Wallau*, JA 2000, 248, 254 ff.

1176 Vgl. die Kritik von *Bohnert*, JR 1988, 446, 447 f. an der Diskrepanz der Strafrahmen der Sachbeschädigung und des Diebstahls. Siehe zu den unterschiedlichen Strafrahmen von Sachbeschädigung, Diebstahl und Unterschlagung *Disse*, Privilegierung der Sachbeschädigung, S. 362 f., 368 ff.

1177 Siehe dazu auch oben unter C. VI. und unten unter F. I.
§ 244 E 1962 sah statt bis zu drei Jahren nur bis zu zwei Jahren Freiheitsstrafe bzw. Gefängnis vor. Die Absenkung des Strafrahmens wurde u.a. damit begründet, dass Freiheitsstrafe bzw. Gefängnis bis zu zwei Jahren „angemessen" erscheine, E 1962, S. 413.

1178 Siehe dazu unten unter E. II.

brauchsrechts an Kraftfahrzeugen und Fahrrädern angenommen werden kann. Auch wenn man aus der objektiven Wertordnung der Verfassung unter bestimmten Voraussetzungen Schutzpflichten für einzelne Güter ableitet, so ergibt sich daraus zwar u.U. eine Verpflichtung des Gesetzgebers zum Handeln, wie diese Pflicht umzusetzen ist – ob mit strafrechtlichen Mitteln –, ist damit aber noch nicht gesagt.[1179] Selbst wenn man folglich in Bezug auf das Nutzungs- und Gebrauchsrecht an Kraftfahrzeugen und Fahrrädern von dem Bestehen einer solchen Schutzpflicht ausgeht, so ist festzustellen, dass dieses Recht bereits durch das Zivilrecht geschützt wird.[1180] Die Strafbedürftigkeit und Strafwürdigkeit des *bloßen* unbefugten Fahrzeuggebrauchs können zwar, wie gerade dargestellt, im Rahmen der dem Gesetzgeber zustehenden Einschätzungsprärogative bejaht werden, eine Pönalisierungs*pflicht* ergibt sich daraus aber nicht.[1181]

## II. Zur Begründung der Beschränkung der Tatobjekte in den §§ 248b und 290

Wie bereits oben im Rahmen der Strafwürdigkeit erwähnt,[1182] hat das Strafrecht fragmentarischen Charakter. Dieser fragmentarische Charakter zeigt sich in mehrfacher Weise. Einmal schützt das Strafrecht Rechtsgüter nicht lückenlos, sondern nur gegen bestimmte Angriffsarten und verbunden mit bestimmten Tä-

---

1179 *Appel*, Verfassung und Strafe, S. 71.

1180 Siehe dazu oben unter E. I. 1. a).

1181 Das BVerfG geht davon aus, dass es „grundsätzlich Sache des Gesetzgebers [ist], den Bereich strafbaren Handelns verbindlich festzulegen" (so BVerfGE 120, 224, 240). In seiner Entscheidung zum Schwangerschaftsabbruch hat das BVerfG ein Pönalisierungsgebot des Gesetzgebers für den Fall bejaht, dass der durch die Verfassung gebotene Schutz des ungeborenen Lebens auf keine andere Weise erreicht werden könne (BVerfGE 39, 1, 47). *Roxin*, AT I, § 2, Rn. 96 bejaht eine Pönalisierungspflicht des Staates für den Fall der Zerstörung fundamentaler Rechtsgüter. *Tiedemann*, Tatbestandsfunktionen, S. 30 und *ders.*, Verfassungsrecht und Strafrecht, S. 53 nimmt an, dass dem Staat für den „kleine[n] Bereich", in dem die strafrechtliche Rechtsgüterordnung „mit den verfassungsrechtlichen Grundwerten weitgehend identisch" sei, „eine aus den Grundrechten und der durch sie verkörperten Wertordnung ableitbare strafrechtliche Schutzpflicht" obliege. Siehe auch *Appel*, Verfassung und Strafe, S. 67 ff. zu möglichen bestehenden verfassungsrechtlichen Schutzpflichten. *Appel* geht davon aus, dass das BVerfG zwar aus der objektiven Wertordnung der Verfassung das Bestehen einer Schutzpflicht für einen kleinen Bereich dieser Ordnung ableite, sich die Frage, „wie" diese Schutzpflicht zu erfüllen sei, aber nicht aus der Verfassung ergebe. Dem Gesetzgeber verbleibe ein weiter Spielraum im Hinblick auf die einzusetzenden Mittel.

1182 Siehe dazu oben unter E. I. 2.

tergesinnungen.[1183] Außerdem wird nur „ein winziger Ausschnitt", von dem, was in unserer Rechtsordnung als rechtswidrig gilt, überhaupt strafrechtlich geschützt.[1184] Das Fragmentarische des strafrechtlichen Schutzes führt dazu, dass Handlungen, die in einem Straftatbestand genannt bzw. beschrieben sind und die u.U. den gleichen Unwert wie andere Handlungen aufweisen, die nicht in einem Straftatbestand genannt sind, strafbar sind, während letztere trotz gleichen Unwertgehalts straflos bleiben.[1185] Dabei gibt es aber eine Grenze, ab der das Fragmentarische und die sich daraus ergebende unterschiedliche Behandlung von Handlungen, die den gleichen Unwert haben, nicht mehr hingenommen werden kann.[1186] Der unbefugte Gebrauch von Kraftfahrzeugen und Fahrrädern stellt neben dem unbefugten Gebrauch von Pfandsachen durch öffentliche Pfandleiher den einzigen Fall dar, in dem die bloße Gebrauchsanmaßung im deutschen Strafrecht mit Strafe bedroht wird. Zu untersuchen ist deshalb, ob die unterschiedliche Behandlung des unbefugten Gebrauchs von Kraftfahrzeugen und Fahrrädern im Vergleich mit der des unbefugten Gebrauchs anderer Tatobjekte mit dem fragmentarischen Charakter des Strafrechts begründet bzw. ob sie

---

1183  Vgl. *Jescheck/Weigend*, AT, § 7, S. 51; *Maiwald*, in: FS Maurach, 9, 9. Siehe dazu und zum fragmentarischen Charakter des Strafrechts allgemein bereits oben unter E. I. 2.

1184  *Maiwald*, in: FS Maurach, 9, 10. *Maiwald* führt als dritte „Ungerechtigkeit" des fragmentarischen Charakters des Strafrechts dessen Verhältnis zu den als bloße „unmoralische Handlungen" bezeichneten Verhaltensweisen auf.

1185  *Maiwald*, in: FS Maurach, 9, 9.

1186  *Maiwald*, in: FS Maurach, 9, 16; *Maiwald* nennt als Beispiel den schweren Diebstahl in § 243 a.F. Nach § 243 Abs. 1 Nr. 2 a.F. machte sich wegen schweren Diebstahls strafbar, wer aus einem Gebäude oder umschlossenen Raum mittels Einbruchs stahl. Somit machte sich derjenige, der einen Diebstahl aus einem Kfz mittels Einbruchs beging, wegen schweren Diebstahls strafbar. Derjenige, der Diebstahl an dem ganzen – zuvor aufgebrochenen – Kfz beging, machte sich hingegen nur wegen einfachen Diebstahls strafbar, weil er nicht aus einem umschlossenen Raum stahl. Dies wurde laut *Maiwald* als „kriminalpolitisch unerträglich erscheinende Diskrepanz" empfunden. Deshalb wurde in § 243 Abs. 1 Nr. 1 der Fall eingefügt, dass der Täter zum Zwecke des Diebstahls in einen umschlossenen Raum einbricht. Siehe dazu auch *Maurach*, JZ 1962, 380, 381, der in seinem „Besorgte[n] Brief an einen künftigen Verbrecher" potentiellen Dieben rät, „aufs Ganze" zu gehen und das gesamte Kfz zu stehlen. Siehe auch BVerfGE 39, 1, 45, wo das BVerfG im Zusammenhang mit der Frage nach dem strafrechtlichen Schutz des ungeborenen Lebens darauf hinweist, dass eine „Gesamtbetrachung" nötig sei, die „den Wert des verletzten Rechtsguts und das Maß der Sozialschädlichkeit der Verletzungshandlung" auch „im Vergleich mit anderen unter Strafe gestellten und sozialethisch etwa gleich bewerteten Handlungen" beurteile. Im vorliegenden Rahmen geht es um einen Vergleich der straflosen Gebrauchsanmaßung anderer möglicher Tatobjekte mit dem unter Strafe gestellten unbefugten Gebrauch von Kraftfahrzeugen und Fahrrädern.

hingenommen werden kann. Fraglich ist, ob nicht die besseren Argumente für eine allgemeine Strafbarkeit des unbefugten Gebrauchs sprechen oder ob zumindest auch der unbefugte Gebrauch anderer spezieller Tatobjekte mit Strafe bedroht werden sollte. In Bezug auf § 248b stellt sich die Frage, warum beispielsweise der unbefugte Gebrauch eines Motorboots oder eines Fahrrads strafbar ist, der eines Ruderboots aber nicht; genereller stellt sich die Frage, warum z.B. der unbefugte Gebrauch eines Computers nicht strafbar ist, während der eines Kfz mit Strafe bedroht ist.

## 1. Historische Entwicklung und Diskussion (der Reichweite) der Strafbarkeit des *furtum usus*

Während im römischen Recht die Strafbarkeit des *furtum* neben dem heutigen Diebstahl auch die bloße Gebrauchsanmaßung umfasste,[1187] war das nach dem „deutschrechtliche[n] Diebstahlsbegriff" nicht der Fall.[1188] Auch das Strafgesetzbuch für die Staaten des Norddeutschen Bundes und nachfolgend das Reichsstrafgesetzbuch stellten den unbefugten Gebrauch nicht unter Strafe. In den Motiven zum Entwurf eines Strafgesetzbuches für den Norddeutschen Bund heißt es dazu, dass der vertragswidrige Gebrauch einer fremden Sache nur zivilrechtliche Folgen auslöse. Der unbefugte Gebrauch sei nur dann strafbar, wenn er in einen Verbrauch der Sache übergehe oder sonst durch den Hinzutritt anderer, eine Strafbarkeit begründender Umstände, in ein anderes Delikt übergehe.[1189] Im Rahmen der Strafbarkeit des unbefugten Gebrauchs einer Pfandsache durch den öffentlichen Pfandleiher bilde der „Mi[ss]brauch des öffentlichen Vertrauens", nicht der unbefugte Gebrauch an sich, das „strafbare Moment".[1190] Bereits im 19. Jahrhundert gab es aber auch Stimmen, die eine allgemeine Strafbarkeit des *furtum usus* forderten.[1191] Nach *Hoppe* zeigte sich „ein Bedürfnis nach einer allgemeinen Strafvorschrift" damals beispielsweise in Fällen des unbefugten Gebrauchs eines Pferdes oder einer Zahnbürste. Sein Vorschlag für eine allgemeine Strafvorschrift bezieht sich auf eine Erweiterung des § 303 (Sachbeschädigung). Dem § 303 solle der Absatz „In gleicher Weise wird auf Antrag bestraft, wer rechtswidrig eine fremde Sache gebraucht." hinzugefügt werden.[1192] *Ten Hompel* legt in seinem Aufsatz zehn Paragraphen vor, durch die

---

1187   Siehe dazu oben unter B. I.
1188   Begriff von *Maiwald*, Zueignungsbegriff, S. 19.
1189   *Motive*, Zu No. 5, S. 138.
1190   *Motive*, Zu No. 5, S. 139.
1191   *Hoppe*, DJZ 1897, 58, 59; *ten Hompel*, ZStW 19 (1899), 795, 804 und 817.
1192   *Hoppe*, DJZ 1897, 58, 59. Gegen diesen Vorschlag wendet sich *Noetzel*, Gebrauchsdiebstahl, S. 17: Die Einfügung der Strafbarkeit des *furtum usus* in den Straftatbestand

das *furtum usus* (inklusive qualifizierter Fälle) unter Strafe gestellt werden soll. Diese Paragraphen seien dem 25. Abschnitt des StGB als §§ 290, 290a, b, c u.s.w. einzufügen.[1193] *Ten Hompel* übt auch explizit Kritik an den in den Motiven genannten Gründen für die Straflosigkeit des *furtum usus*: Ein Übergang des *furtum usus* in ein strafbares Delikt sei „viel seltener, als man allgemein annimmt".[1194] In Bezug auf die Begründung der Strafbarkeit des *furtum usus* durch den öffentlichen Pfandleiher wendet er ein, dass es noch weitere Fälle gebe, in denen der Täter durch den unbefugten Gebrauch einer Sache das öffentliche Vertrauen missbrauche.[1195] Diese Fälle blieben aber straflos. Dies ließe sich nur dann erklären, wenn der öffentliche Pfandleiher „ein besonders geartetes, hervorragendes öffentliches Vertrauen" genösse, was aber nicht der Fall sei.[1196] Deshalb sei die Beschränkung der Strafbarkeit des *furtum usus* auf den öffentlichen Pfandleiher eine „offenbare Inkonsequenz" des Gesetzgebers.[1197]

Die Kritik an der grundsätzlichen Straflosigkeit des *furtum usus* setzte sich auch im 20. Jahrhundert fort. *Harburger* geht – mit Verweis auf *Hoppe* und *ten Hompel* – davon aus, dass aufgrund der „Schnelllebigkeit unserer Zeit" die zeitweise Entziehung des Gebrauchs einer Sache einen großen Schaden für den Berechtigten darstellen könne und deshalb die allgemeine Bestrafung des unbefugten Gebrauchs in Erwägung gezogen werden solle.[1198] *Elster* formuliert wesentlich deutlicher: „die Straflosigkeit des Gebrauchsdiebstahls [ist] ein logischer

---

der Sachbeschädigung sei nicht „zweckmäßig", da die Fälle des unbefugten Gebrauchs und die der Sachbeschädigung „keine allzu große Verwandtschaft" aufwiesen.

1193 *Ten Hompel*, ZStW 19 (1899), 795, 824 f. *Noetzel*, Gebrauchsdiebstahl, S. 18 hält *ten Hompels* Vorschlag für „sehr gut durchdacht", meint aber, dass sich die „viele Unterteilung in Paragraphen [...] bei einer Anwendung durch die Gerichte als allzu umständlich und schwerfällig" erweisen würde.

1194 *Ten Hompel*, ZStW 19 (1899), 795, 804. Zustimmend *Noetzel*, Gebrauchsdiebstahl, S. 16, demzufolge man „diejenigen Fälle regelrecht suchen" müsse, bei denen ein solcher Übergang möglich sei bzw. stattfinde.

1195 Hier zählt *ten Hompel* u.a. den Garderobenwärter und den Beamten im öffentlichen Museum auf, ZStW 19 (1899), 795, 802.

1196 *Ten Hompel*, ZStW 19 (1899), 795, 802.

1197 *Ten Hompel*, ZStW 19 (1899), 795, 803. *Ten Hompel* schlägt eine neue Formulierung des § 290 vor: „Wer durch Gebrauchsdiebstahl das ihm kraft seines Amtes, Gewerbes, seiner Stellung oder Beschäftigung geschenkte öffentliche Vertrauen missbraucht, wird mit [...] bestraft." Diese Formulierung entspreche dem in den Motiven formulierten Grund, das *furtum usus* wegen des Missbrauchs des öffentlichen Vertrauens zu bestrafen. Nach *ten Hompel*, ZStW 19 (1899), 795, 803 f. sollte das durch den Missbrauch öffentlichen Vertrauens begangene *furtum usus* allerdings nicht der einzige strafbare Fall des *furtum usus* sein, sondern ein qualifizierter Fall des generell strafbaren *furtum usus*.

1198 *Harburger*, in: VDB VI, 183, 321.

und ethischer Fehler".[1199] Der Begriff der Zueignung solle nicht „von dem Moment der Dauer abhängig gemacht werden".[1200] Die Rechtsgutsverletzung auf Seiten des Berechtigten könne im Falle einer auf zeitweilige Entziehung gerichteten Wegnahme der Sache die gleiche sein, wie bei einer auf dauerhafte Entziehung gerichteten Wegnahme.[1201] Die Einführung der Strafbarkeit des unbefugten Gebrauchs von Kraftfahrzeugen und Fahrrädern durch die NotVO vom 20. Oktober 1932 sieht *Elster* als „eine selbstverständliche Kodifikation eines sich aufdrängenden Gedankens, als die regelrechte Gewinnung einer totreifen Frucht" an.[1202] Bei dieser Vorschrift handle es sich mehr um „eine deklaratorische als eine konstitutive", mehr um „eine Bestätigung einer nur zuvor nicht mutig genug gewagten Auslegung als etwa einen neuen, das Strafrecht verschärfenden Gedanken."[1203] *Elster* plädiert für eine Gleichstellung von „Gegenstandsdiebstahl"[1204] und „Gebrauchsdiebstahl"[1205]; die Unterscheidung zwischen Gegenstands- und Gebrauchsdiebstahl beruhe auf einer Überschätzung des „Materielle[n]", des „Gegenständliche[n]" und unterschätze dabei das „Funktionelle", das „Dynamische" des Eigentums und Besitzes.[1206] Daraus zieht er den Schluss, dass auch der Gebrauchsdiebstahl strafbar sein sollte, entweder im Wege einer „Neukodifikation des Strafrechts" oder durch eine erweiterte Auslegung des Begriffs der Zueignung.[1207]

Nicht nur in Deutschland stieß die fehlende generelle Strafbarkeit des *furtum usus* auf Kritik. In England wurde insbesondere im Zusammenhang mit dem „Eighth Report on Theft and Related Offences" des *Criminal Law Revision Committee* über die generelle Strafbarkeit des unbefugten Gebrauchs diskutiert, weil das *Criminal Law Revision Committee* dieses Thema selbst aufgegriffen

---

1199  *Elster*, ZStW 53 (1934), 442, 443.
1200  *Elster*, ZStW 53 (1934), 442, 443 f. So auch die überwiegenden Vorschläge in England (dazu später im selben Abschnitt); dort wird für die Streichung des Merkmals „permanently" (*intention of permanently depriving*) im Rahmen der Diebstahlsvorschrift plädiert. Siehe zum Zueignungsbegriff oben unter C. IV. 3.
1201  *Elster*, ZStW 53 (1934), 442, 444.
1202  *Elster*, ZStW 53 (1934), 442, 445.
1203  *Elster*, ZStW 53 (1934), 442, 445.
1204  Gegenstandsdiebstahl bzw. Gebrauchsgegenstandsdiebstahl bezeichnet nach *Elster* den klassischen Diebstahl, bei dem eine Zueignung (i.S.d. der herrschende Meinung) des Gegenstandes vorliegt, vgl. *Elster*, ZStW 53 (1934), 442, 446.
1205  Gebrauchsdiebstahl ist nach *Elster* Gebrauchsanmaßung in Form von Gebrauchsentwendung (mit dem Element der Wegnahme), vgl. *Elster*, ZStW 53 (1934), 442, 446.
1206  *Elster*, ZStW 53 (1934), 442, 446. *Elster* geht noch weiter und meint, dass sich in der Gebrauchsmöglichkeit der Sache der eigentliche Wert der Sache beinahe erschöpfe, wenn die Sache nicht als „toter Besitz" betrachtet werde.
1207  *Elster*, ZStW 53 (1934), 442, 446 f.

hatte. Dabei ging es um die Frage, ob in der Diebstahlsvorschrift (Section 1 Theft Act 1968) das Element der Dauerhaftigkeit im Rahmen des Enteignungsvorsatzes – „intention of *permanently* depriving the other of [the property]" – gestrichen[1208] bzw. durch das Erfordernis eines auf dauerhafte oder zeitweise Enteignung gerichteten Vorsatzes (*permanently or temporarily*) ersetzt[1209] werden sollte. Das *Criminal Law Revision Committee* führte an, dass eine solche Änderung eine immense Ausweitung der Strafbarkeit bedeuten würde, für die es keinen praktischen Grund (*no exististing serious evil*) gebe.[1210] Eine solche Ausweitung könne ungewollte soziale Konsequenzen nach sich ziehen: Streitende Nachbarn, Familienmitglieder und Mitbewohner könnten sich gegenseitig mit einem strafrechtlichen Verfahren drohen, wenn eine Sache unbefugt gebraucht werde.[1211] Die Polizei müsste viele Fälle ohne eigentliche strafrechtliche Relevanz bearbeiten.[1212] Eine Formulierung der möglichen Strafvorschrift, die diese Probleme vermeiden und Bagatellfälle ausschließen würde, sei praktisch schwierig.[1213] Außerdem widerspreche es der Rechtstradition, ein zeitweises unbefugtes „Ausleihen" (*borrowing*) als „Diebstahl" (*stealing*) zu bezeichnen.[1214] Die Befürworter einer Erweiterung der Diebstahlsvorschrift argumentieren hingegen, dass bereits Section 6 Theft Act 1968 zeige,[1215] dass das Konzept der Dauerhaftigkeit der Enteignung nicht durchzuhalten sei.[1216] Auch Section 5 Abs. 1 Theft Act 1968 belege dies, denn er enthalte einen Widerspruch, indem er den Diebstahl von einem zeitweiligen Besitzer zulasse.[1217] Dem Argu-

---

1208  So *Williams*, (1981) Crim LR, 129, 139.

1209  So im kanadischen Recht: Section 322 Abs. 1 a Criminal Code. Section 322 Criminal Code findet sich im Anhang unter VII.

1210  *Criminal Law Revision Committee*, Eighth Report on Theft and Related Offences, Cmnd. 2977 of 1966, § 56.

1211  *Criminal Law Revision Committee*, Eighth Report on Theft and Related Offences, Cmnd. 2977 of 1966, § 56.

1212  *Criminal Law Revision Committee*, Eighth Report on Theft and Related Offences, Cmnd. 2977 of 1966, § 56.

1213  *Criminal Law Revision Committee*, Eighth Report on Theft and Related Offences, Cmnd. 2977 of 1966, § 56.

1214  So *Samuels*, NLJ 118 (1968), 281, 281, der selbst einen anderen Standpunkt vertritt.

1215  Siehe zu Section 6 Theft Act 1968 oben unter D. II. 1. k) und unten unter E. III. 4. Section 6 Theft Act 1968 findet sich im Anhang unter III. 9.

1216  *Samuels*, NLJ 118 (1968), 281, 281.

1217  *Williams*, (1981) Crim LR, 129, 136. Section 5 Abs. 1 Theft Act 1968 definiert, was „belonging to another" (einem anderen gehörend bzw. fremd) in der Diebstahlsdefinition der Section 1 Theft Act 1968 bedeutet. Danach gehört eine Sache demjenigen, der sie in Besitz hat, unter dessen Kontrolle sie steht oder der ein gesetzlich geschütztes Recht oder Interesse an ihr hat. Aufgrund dieser Definition von „belonging to another"

ment der Gegenseite, Nachbarn und Familienmitglieder würden sich gegenseitig mit strafrechtlichen Verfahren drohen, wird entgegnet, die Polizei könne in solchen Fällen nach ihrem Ermessen entscheiden, ob sie die Fälle verfolge bzw. anklage (*prosecute*).[1218] Außerdem wird angeführt, dass die zivilrechtlichen Ansprüche gegen den unberechtigten Nutzer nicht ausreichend seien;[1219] insbesondere, falls dieser mittellos sei und deshalb nicht zahlen könne, stellen sie eine „unzureichende Strafe" dar.[1220] Die zeitweise Entziehung einer Sache könne oftmals die gleiche Wirkung wie eine dauerhafte Entziehung entfalten.[1221] Der Berechtigte könne die Sache während der Zeit, in der sie von jemand anderem unbefugt gebraucht werde, nicht nutzen[1222] und es mache in diesem Zeitraum für den Berechtigten keinen Unterschied, ob der andere mit dem Vorsatz handle, ihm die Sache dauerhaft zu entziehen.[1223] Der Wert vieler Sachen liege in ihrem Gebrauch[1224] bzw. in der Möglichkeit, sie zu einer bestimmten Zeit zu benut-

---

kann sich auch der Eigentümer wegen Diebstahls strafbar machen, der dem Mieter die Sache in der Absicht wegnimmt, sie diesem dauerhaft zu entziehen, auch wenn der Mietvertrag bspw. nur für die Dauer von einer Woche geschlossen wurde und der Eigentümer dem Mieter deshalb den befugten Besitz an der Sache nur für eine Woche entzieht. Der Eigentümer habe in einem solchen Fall die Absicht, dem Berechtigten die Sache dauerhaft zu entziehen. *Williams* selbst steht dieser Regelung kritisch gegenüber. Section 5 Theft Act 1968 findet sich im Anhang unter III. 9.

1218   *Samuels*, NLJ 118 (1968), 281, 281.

1219   *Samuels*, NLJ 118 (1968), 281, 281.

1220   *Williams*, (1981) Crim LR, 129, 132: „an insufficient penalty".

1221   *Hadden*, NLJ 118 (1968), 305, 305. *Hadden* möchte nicht nur das Moment der Dauerhaftigkeit der Enteignung im Diebstahlstatbestand streichen, sondern diesen komplett umformulieren. Section 1 Theft Act soll danach lauten: „A person is guilty of theft if he dishonestly appropriates property belonging to another [...]." „Appropriation" soll gem. Section 3 Theft Act u.a. „any dealing with or use of it [= property belonging to another] in a manner inconsistent with the rights of the owner or possessor of it" umfassen und somit jede Verwendung und jeden Gebrauch der fremden Sache, die im Widerspruch zu den Rechten des Berechtigten steht, *Hadden*, NLJ 118 (1968), 305, 306.

1222   Dies stellt laut *Williams*, (1981) Crim LR, 129, 135 einen „unmittelbaren Verlust" (*immediate loss*) dar.

1223   *Jefferson*, Criminal Law, S. 593.

1224   *Williams*, (1981) Crim LR, 129, 135. Dies zeigt sich laut *Williams* inbesondere darin, dass Sachen immer häufiger nicht aufgrund der Eigentumsposition, sondern aufgrund eines Mietverhältnisses etc. im rechtmäßigen Besitz einer Person seien und aufgrund dieses Rechts gebraucht werden. Außerdem hätten viele Sachen ein vergleichsweise „kurzes nutzbares Dasein" (*short useful lives*). Dem Berechtigten eine solche Sache auch nur kurzfristig zu entziehen, bedeute, ihm einen beträchtlichen Teil der Gebrauchsmöglichkeit insgesamt zu entziehen.

zen.[1225] Außerdem beinhalte jeder unbefugte Gebrauch einer Sache das Risiko, dass der Berechtigte die Sache nicht zurückerlange; die Höhe dieses Risikos variiere nur mit den Umständen, unter denen die Sache in Gebrauch genommen werde und der Beschaffenheit der Sache.[1226]

Aber auch die Argumentation des *Criminal Law Revision Committee* gegen eine generelle Strafbarkeit des *furtum usus* hat Anhänger gefunden. Um die Reichweite der von den Kritikern des *Criminal Law Revision Committee* geforderten Ausweitung der Strafbarkeit zu zeigen, nennt *Smith* den Fall, dass jemand seine aus der Bücherei entliehenen Bücher wissentlich und willentlich einen Tag länger behält, als es die Leihfrist vorsieht. Ein solches Verhalten wäre dann als Diebstahl an den Büchern strafbar.[1227] Weiter argumentiert er, dass die Befürworter der Strafbarkeitsausweitung davon auszugehen scheinen, dass ein Verhalten mit Strafe bedroht werden sollte, weil es eine andere Person (in ihren Rechten) verletze. Dies tue aber u.a. jede unerlaubte Handlung und jeder Vertragsbruch, die auch nicht grundsätzlich bestraft würden.[1228] Eine generelle Strafbarkeit des *furtum usus* führe dazu, dass die meisten Fälle, die unter diese Vorschrift fallen würden, Bagatellfälle wären.[1229] Die generelle Strafbarkeit solcher Bagatellfälle würde zu einer geringeren Akzeptanz des Strafrechts in der

---

1225 *Jefferson*, Criminal Law, S. 593. *Jefferson* meint, manche Sachen seien nur eine zeitlang „in" und danach praktisch wertlos (*some items are fashionable at one time but not trendy after*).

1226 *Williams*, (1981) Crim LR, 129, 135. Nimmt jemand eine fremde Sache unbefugt in Gebrauch und hat dabei den Vorsatz, diese Sache nach Ende des Gebrauchs unter Umständen auszusetzen, die ein hohes Risiko des endgültigen Verlusts für den Berechtigten in sich tragen (*risky abandonment*), so kann dies als Diebstahl strafbar sein. Der Grund liegt laut *Williams* darin, dass der Berechtigte mutwillig dem Risiko ausgesetzt werde, seine Sache nicht zurückzuerlangen. Dies sei aber bei jedem unbefugten Gebrauch der Fall, auch wenn die Höhe dieses Risiko von Fall zu Fall unterschiedlich zu beurteilen sei.

1227 *Smith*, NLJ 118 (1968), 401, 401. Der Täter könne in einem solchen Fall der Strafbarkeit auch nicht dadurch entgehen, dass er argumentiere, er sei davon ausgegangen, der Berechtigte sei mit dem weiteren Gebrauch einverstanden, denn gerade in einem Fall wie dem Ausleihen von Büchern aus der Bücherei wisse der Täter, dass der Berechtigte die Bücher spätestens am Ende der Leihfrist zurückhaben wolle und mit einem weiteren Gebrauch gerade nicht mehr einverstanden sei.

1228 *Smith*, NLJ 118 (1968), 401, 402.

1229 *Smith*, NLJ 118 (1968), 401, 402. Zwar gebe es auch nach geltendem Recht Bagatellfälle, die formal vom Diebstahlstatbestand erfasst seien, wie bspw. den Fall des Jungen, der einen fremden Apfel von der Wiese an sich nehme, aber diese Tatsache spreche nicht dafür, das Strafrecht so zu erweitern, dass die meisten Fälle, die von einem Tatbestand erfasst werden würden, Bagatellfälle wären.

Gesellschaft führen.[1230] Dem Argument, die Polizei könne in solchen Fällen nach ihrem Ermessen entscheiden, eine Straftat nicht zu verfolgen, wird entgegengehalten, es könne nicht der Polizei überlassen werden zu entscheiden, welches Verhalten als kriminell verfolgt werde und welches nicht.[1231] Noch heute enthält die Diebstahlsvorschrift in England die Formulierung, dass der Täter die Absicht haben muss, dem Berechtigten die Sache dauerhaft zu entziehen (*intention of permanently depriving the other of [the property]*). Im englichen Recht haben sich somit die Befürworter einer generellen Strafbarkeit des unbefugten Gebrauchs nicht durchgesetzt.

## 2.  Zur Frage der Rechtfertigung einer allgemeinen Strafbarkeit des *furtum usus*

Auch im deutschen Recht stellen § 248b und § 290 nach wie vor die einzigen beiden Fälle dar, in denen der bloße unbefugte Gebrauch mit Strafe bedroht ist; eine allgemeine Strafbarkeit des *furtum usus* gibt es nicht. Für die Frage, ob die Existenz dieser Sonderfälle, insbesondere die des § 248b, für eine allgemeine Strafbarkeit des *furtum usus* spricht, ist das von § 248b (und § 290) geschützte Rechtsgut entscheidend: Handelt es sich dabei um ein vom Eigentum losgelöstes Nutzungsrecht oder das Eigentum selbst, so liegt bei anderen Sachen eine ähnliche Gefährdungslage bzgl. des unbefugten Gebrauchs vor; handelt es sich hingegen um die Verkehrssicherheit oder um den Schutz des öffentlichen Vertrauens, das dem öffentlichen Pfandleiher entgegengebracht wird, so gelten diese Argumente nicht (zwangsläufig) für andere Sachen. Letzteres spräche folglich gegen eine allgemeine Ausweitung,[1232] wobei zu untersuchen wäre, ob auch bei anderen Tatobjekten (und ggf. bei welchen genau) die Verkehrssicherheit oder das öffentliche Vertrauen in den Verwahrer betroffen sind, wenn diese unbefugt gebraucht werden (dies würde dann für eine Ausweitung auf die ebenfalls betroffenen Tatobjekte sprechen). Wie oben bereits festgestellt, schützt § 248b nicht die Verkehrssicherheit,[1233] sondern ein vom Eigentum verselbstständigtes Nutzungs- und Gebrauchsrecht.[1234] Würde § 248b hingegen die allgemeine Ver-

---

1230   *Smith*, NLJ 118 (1968), 401, 402: „That is the way to devalue the moral effect of law."
Diebstahl werde als ernste (*serious*) Straftat verstanden und solle auch so verstanden werden; dies würde sich ändern, wenn durch die Streichung des Moments der Dauerhaftigkeit der Enteignung in der Diebstahlsvorschrift (oder durch das hinzufügen von „or temporarily") der Diebstahl so viele Bagatellfälle erfassen würde, vgl. *Smith*, NLJ 118 (1968), 401, 402.

1231   *Smith*, NLJ 118 (1968), 401, 402.

1232   Vgl. auch *Noetzel*, Gebrauchsdiebstahl, S. 40.

1233   So ganz deutlich *Bockelmann*, BT I, § 6, Anm. II. 2. c).

1234   Siehe dazu oben unter C. I.

kehrssicherheit schützen, so könnte dies die Beschränkung der Strafbarkeit des unbefugten Gebrauchs auf Kraftfahrzeuge und Fahrräder u.U. erklären.[1235] Dazu müsste die Vorschrift als abstraktes Gefährdungsdelikt zum Schutz der Verkehrssicherheit ausgestaltet werden. Der Schutz der Verkehrssicherheit durch eine solche Strafvorschrift setzt voraus, dass der unbefugte Gebrauch von Kraftfahrzeugen und Fahrrädern die Verkehrssicherheit verletzt oder gefährdet. *Wagner* geht in Bezug auf den Erlass der NotVO von 1932 davon aus, dass mit dem unbefugten Gebrauch „geradezu zwangsläufig gefahrerhöhende Umstände" verbunden seien, wie schnelles, unbesonnenes Fahren und Trunkenheit am Steuer.[1236] Auch andere verweisen auf die besonderen Gefahren des unbefugten Fahrzeuggebrauchs: Die unbefugten Fahrten würden häufig durch „des Fahrens mehr oder weniger unkundige Personen" begangen und seien deshalb eine besondere Gefahr für die Allgemeinheit.[1237] Auch der BGH geht davon aus, dass die Zahl der Verkehrsunfälle beim unbefugten Fahrzeuggebrauch besonders hoch sei.[1238] Diese Behauptung wird allerdings vom BGH nicht empirisch belegt. Ein Blick auf die Anzahl der Straßenverkehrsunfälle und die Anzahl der dabei getöteten Personen zeigt, dass auf den Gebrauch von Kraftfahrzeugen *allgemein* bezogen, die Gefahren im Straßenverkehr seit den 30er Jahren verglichen mit dem Bestand an motorisierten Fahrzeugen erheblich abgenommen haben.[1239] Falls folglich die von *Wagner* behauptete Unfallträchtigkeit des unbefugten Fahrzeuggebrauchs zur Zeit des Erlasses der NotVO zutreffend war,

---

1235 Siehe *Lampe*, in: Strafrechtsdogmatik und Kriminalpolitik, 59, 95, Fn. 140, der davon ausgeht, dass nur der unbefugte Gebrauch eines Kraftfahrzeugs strafwürdig sei (nicht hingegen der eines Fahrrads) und dies damit begründet, dass durch den unbefugten Kraftfahrzeuggebrauch die „Sicherheit des Straßenverkehrs" gefährdet werde.

1236 *Wagner*, Komm. NotVO, S. 15 ff.

1237 *Rohling*, DJ 1938, 301, 303. Siehe auch *König*, in: Hentschel/Dauer/König, § 248b, Rn. 1, demzufolge die Fahrer im Falle eines unbefugten Fahrzeuggebrauchs die Fahrten oftmals ohne oder nach entzogener Fahrerlaubnis unternehmen. Wie *König* selbst feststellt, gilt dies allerdings nicht für die ebenfalls unter § 248b fallenden Fahrräder.

1238 BGHSt 11, 47, 49. Siehe auch *Janiszewski*, Verkehrsstrafrecht, Rn. 572, 573, der von „unfallträchtigen" Fahrten spricht.

1239 Während im Jahr 1936 (für das Jahr 1932 selbst liegen keine Zahlen bzgl. der Verkehrsunfälle vor) bei einem Bestand von 2.474.591 motorisierten Fahrzeugen 267.444 Verkehrsunfälle von der Polizei erfasst wurden, bei denen 8.388 Personen getötet wurden, waren es im Jahr 2010 bei einem Bestand von 52.288.623 motorisierten Fahrzeugen 2.411.271 polizeilich erfasste Unfälle, bei denen 3.648 Personen getötet wurden. Das heißt, dass im Jahr 1936 auf 100 motorisierte Fahrzeuge 10,81 Verkehrsunfälle kamen und auf 100 Verkehrsunfälle 3,14 Tote. 2010 kamen auf 100 motorisierte Fahrzeuge nur noch 4,61 Verkehrsunfälle und auf 100 Verkehrsunfälle 0,15 Tote. Siehe zu den absoluten Zahlen Verkehrsunfälle 2010, S. 12.

spricht viel dafür, dass diese ebenso wie die allgemeine Unfallgefahr abgenommen hat. Den besonderen Gefahren, die mit Fahrten in alkoholisiertem Zustand oder ohne die erforderliche Fahrerlaubnis verbunden sind, wird bereits durch die Straftatbestände des § 316 StGB und des § 21 StVG begegnet.[1240] Würde die Strafbarkeit des unbefugten Fahrzeuggebrauchs als abstraktes Gefährdungsdelikt ausgestaltet, wäre insbesondere zu hinterfragen, inwiefern Fahrräder die Verkehrssicherheit in einem strafbedürftigen und strafwürdigen Maße gefährden. Der Verkehrssicherheit als geschütztem Rechtsgut widerspricht ein Antragserfordernis, so dass dieses gestrichen werden müsste. Auch die systematische Einordnung der Norm wäre zu überdenken. Passender wäre eine Stellung im 28. Abschnitt des StGB im Rahmen der Verkehrsdelikte (§§ 315 ff.). Auch könnte über die Schaffung einer Erfolgsqualifikation für die Fälle nachgedacht werden, in denen sich die – noch nachzuweisende – abstrakte Gefahr des unbefugten Gebrauchs verwirklicht. Ob ein solcher Tatbestand zum Schutze der Verkehrssicherheit erforderlich ist, soll und kann hier nicht geklärt werden. Wie die Ausführungen aber gezeigt haben, ist dies zumindest zweifelhaft. Festgestellt werden soll lediglich, dass eine solche Schutzrichtung die Beschränkung auf die genannten Tatobjekte erklären könnte.

Der Strafgrund des § 290 ist laut den Motiven zum Entwurf eines Strafgesetzbuchs für den Norddeutschen Bund der Missbrauch des öffentlichen Vertrauens, das dem Pfandleiher entgegengebracht wird.[1241] Das öffentliche Ver-

---

1240  Insbesondere § 21 StVG dürfte einen großen gemeinsamen Anwendungsbereich mit dem unbefugten Kraftfahrzeuggebrauch nach § 248b haben, da 24,97 % der nach § 248b Abgeurteilten und 21,26 % der Verurteilten Jugendliche und damit unter 18 Jahren sind. Diese besitzen jedenfalls keine Fahrerlaubnis für Pkw. Bei 23,2 % der Abgeurteilten und bei 22,34 % der Verurteilten handelt es sich um Heranwachsende, die u.U. ebenfalls noch keine Fahrerlaubnis besitzen, zumindest aber über keine große Fahrpraxis verfügen, so dass sich gefahrerhöhende Faktoren evt. eher aus der Unerfahrenheit der Fahrer als aus der Unbefugtheit des Gebrauchs ergeben. Siehe Strafverfolgungsstatistik 2010, S. 34 f.

1241  *Motive*, Zu No. 5, S. 139; siehe *Schünemann*, in: LK, § 290, Rn. 1, der dem in den Motiven genannten Strafgrund zustimmt, aber meint, dass auf den Missbrauch des öffentlichen Vertrauens bereits mit gewerberechtlichen Maßnahmen (vgl. §§ 34, 35, 144 GewO) reagiert werden könne und deshalb kein Strafbedürfnis für § 290 bestehe; § 290 solle deshalb gestrichen werden. *Roth*, Eigentumsschutz, S. 28 kommt zum gleichen Ergebnis, lehnt aber gerade deshalb (= dem Missbrauch des öffentlichen Vertrauens könne mit den §§ 34, 35, 144 GewO begegnet werden) den Missbrauch dieses Vertrauens als Strafgrund ab. Auch er plädiert für eine Streichung der Vorschrift; für eine Streichung auch *Wohlers*, in: NK, § 290, Rn. 1, Fn. 2. *Mitsch*, BT 2/2, § 5, Rn. 184 bezeichnet die Vorschrift des § 290 als „in Praxis und Prüfung bedeutungslos[...]".

trauen ist aber nicht geschütztes Rechtsgut des § 290, sondern wird lediglich als Rechtsreflex mittelbar mitgeschützt.[1242] Geschütztes Rechtsgut ist „das Recht des Eigentümers der Pfandsache, andere Personen vom Umgang mit der Sache auszuschließen,"[1243] also letztendlich das Recht, über das Gebrauchsrecht an der Sache zu verfügen.

Folglich schützen sowohl § 248b als auch § 290 Nutzungs- und Gebrauchsrechte bzw. die Verfügungsbefugnis über solche und ihr Ausnahmecharakter im Hinblick auf die Strafbarkeit des *furtum usus* kann deshalb nicht über ihr geschütztes Rechtsgut erklärt werden. Damit spricht eigentlich allein die Existenz dieser Sondervorschriften dafür, dass der Gesetzgeber die Gebrauchsanmaßung als strafbedürftig und strafwürdig empfindet, dies bisher aber lediglich in Sonderfällen in Strafvorschriften umgesetzt hat. Folgerichtig müsste die Gebrauchsanmaßung eigentlich allgemein unter Strafe gestellt werden.

Die Ausweitung der Strafbarkeit des *furtum usus* ist aber abzulehnen. Zwar gibt es – und gab es schon immer – Gründe, die für die Einführung einer generellen Strafbarkeit des *furtum usus* sprechen, da das Gebrauchs- und Nutzungsrecht des Berechtigten durch den unbefugten Gebrauch verletzt wird und insbesondere in der heutigen Zeit viele Sachen ihren (besonderen) Wert für den Einzelnen dadurch erlangen, dass sie jederzeit zum sofortigen Gebrauch verfügbar sind.[1244] Ausschlaggebend für die Ablehung einer generellen Strafbarkeit des *furtum usus* ist aber, dass die generelle Bestrafung der Gebrauchsanmaßung eine gravierende Ausweitung der Strafbarkeit bedeuten würde. Die Strafbarkeit des *furtum usus* würde neben u.U. als strafbedürftig und strafwürdig zu bewertenden Fällen eine Vielzahl von Bagatellfällen erfassen. Zwar erfassen auch viele geltende Strafvorschriften Bagatellfälle,[1245] die generelle Strafbarkeit des *furtum usus* würde aber mehrheitlich Bagatellfälle erfassen, weil die meisten der unter eine solche Strafvorschrift zu subsumierenden Fälle lediglich solche mit geringem Unrechtsgehalt und somit mit Bagatellcharakter wären. Diesem Problem

---

Siehe auch *Goldammer*, Materialien, S. 308, wo in Bezug auf die entsprechende Vorschrift im Preußischen Strafgesetzbuch (§ 265) die Strafbarkeit des *furtum usus* gerade durch den öffentlichen Pfandleiher damit begründet wird, dass in diesem Fall „eine besondere unter öffentlicher Autorität übernommene Verpflichtung" verletzt werde.

1242   Vgl. *Wohlers*, in: NK, § 290, Rn. 1; siehe auch *Maier*, in: MüKo, § 290, Rn. 1, der meint, Strafrund sei *daneben* (d.h. neben dem geschützten Rechtsgut) der Missbrauch des öffentlichen Vertrauens.

1243   *Hoyer*, in: SK, § 290, Rn. 1; *Wohlers*, in: NK, § 290, Rn. 1; ähnlich auch *Heine*, in: Schönke/Schröder, § 290, Rn. 1; *Maier*, in: MüKo, § 290, Rn. 1.

1244   Vgl. dazu *Ormerod*, Smith and Hogan Criminal Law, Rn. 21 (S. 804).

1245   Siehe dazu das bereits oben genannte Beispiel des Jungen, der einen Diebstahl begeht, indem er einen fremden Apfel von der Obstwiese eines Bauern wegnimmt.

kann auch nicht mit strafverfolgungs- und strafverfahrensrechtlichen Lösungen begegnet werden,[1246] da diese nicht verhindern könnten, dass die Strafbarkeit einer solchen Vielzahl von Bagatellfällen zu einer geringeren Akzeptanz der betroffenen Vorschrift und damit zu einer geringeren Akzeptanz des Strafrechts selbst in der Gesellschaft führen würde.[1247] Würde ein solcher Tatbestand neben der Gebrauchsentwendung auch unterschlagungsanaloge Fälle erfassen, könnten vertragliche Herausgabeansprüche generell unter Androhung strafrechtlicher Sanktionen durchgesetzt werden. Eine solche Kriminalisierung typischen zivilrechtlichen Unrechts ist weder notwendig noch wünschenswert. Außerdem dürften bloße Gebrauchsanmaßungen bei zahlreichen Tatobjekten – wie bspw. Kleidungsstücken[1248] – praktisch kaum vorkommen und die Inkriminierung solcher Gebrauchsrechtsverletzungen wäre eher symbolischer Natur. Die generelle Strafbarkeit des *furtum usus* ist deshalb im Ergebnis abzulehnen.

## 3.  In Bezug auf ein *furtum usus* besonders zu schützende Tatobjekte

Unabhängig von der Frage, welche Gründe dafür sprechen, gerade in den Fällen des § 248b und des § 290 den bloßen unbefugten Gebrauch unter Strafe zu stel-

---

1246  Wie bspw. einem Antragserfordernis (wie es ja auch § 248b in Absatz 3 vorsieht) oder den §§ 153, 153a StPO auf prozessrechtlicher Seite. Über eine solche prozessrechtliche Konzeption, u.U. verbunden mit einem Antragserfordernis, wird im deutschen Recht die Problematik von sog. Bagatelldelikten, d.h. Taten, „die zwar nach ihrem Typus strafwürdig sind, nach den Umständen des Einzelfalls aber einer Kriminalstrafe nicht bedürfen", gelöst. Siehe dazu *Lackner/Kühl*, Vor § 13, Rn. 5a m.w.N. zur Diskussion im Rahmen dieser Problematik, insbes. im Bereich des Laden- und Betriebsdiebstahls.
        Es wäre denkbar, eine allgemeine Strafvorschrift für die Gebrauchsanmaßung bereits in ihrem Wortlaut einzuschränken. Z.B. könnte einer solchen Vorschrift eine objektive Bedingung der Strafbarkeit hinzugefügt werden, die bspw. den Eintritt eines Schadens in einer bestimmten Höhe voraussetzt. Es ist allerdings fraglich, ob dies eine Einschränkung auf die als strafbedürftig und strafwürdig empfundenen Fälle gewährleisten würde.

1247  Vgl. *Smith*, NLJ 118 (1968), 401, 402: „That is the way to devalue the moral effect of law." Siehe auch *Roxin*, JuS 1966, 377, 382, der meint, dass „nichts die Kriminalität so sehr [fördert] wie die Pönalisierung jeglichen Bagatellunrechts." Vgl. außerdem *Peters*, ZStW 77 (1965), 470, 470 f., der feststellt, dass die „ständige Bestrafung verhältnismäßig unbedeutender und sozialethisch unerheblicher Vorgänge im Wege der Kriminalstrafrechtspflege [...] die Überzeugungskraft des strafrechtlichen Unwerturteils" mindere.

1248  Siehe aber z.B. *Hoppe*, DJZ 1897, 58, 59, der ein Strafbedürfnis in Bezug auf das *furtum usus* u.a. darin sieht, dass der unbefugte Gebrauch einer Zahnbürste nicht straflos bleiben solle.

len, stellt sich – neben der Frage nach der allgemeinen Strafbarkeit der Gebrauchsanmaßung, die, wie eben dargestellt, zu verneinen ist – die Frage, ob bzw. inwieweit andere spezielle Tatobjekte strafrechtlichen Schutzes gegen die bloße Gebrauchsanmaßung bedürfen. Diskutiert wird die Strafbarkeit des sog. „Zeitdiebstahls"[1249] in Bezug auf den unbefugten Gebrauch von EDV-Anlagen. Dieser kann in den meisten Fällen unter keinen Straftatbestand subsumiert werden[1250] und ist daher straflos. Der Zeitdiebstahl im Rahmen der unbefugten Nutzung von EDV-Anlagen kann auf Seiten des Täters zu einer erheblichen Bereicherung führen und gleichzeitig eine erhebliche Schädigung des Berechtigten bedeuten. Dies ergibt sich nicht aus dem dabei verursachten verhältnismäßig geringen Stromverbrauch und der Abnutzung der Anlage, sondern aus den dem Berechtigten entgangenen Nutzungsgebühren, die dem Täter zugute kommen.[1251] *Sieber* merkt an, dass solche Fälle nicht nur die unbefugte Nutzung von EDV-Anlagen betreffen und dass sich die Diskussion um die Strafbarkeit des Zeitdiebstahls daher nicht auf die Frage der Strafwürdigkeit des unbefugten Gebrauchs von EDV-Anlagen beschränken dürfe, sondern sich auf die Strafwürdigkeit der Gebrauchsanmaßung von Industriegütern generell erstrecken müsse.[1252] Ihm ist insofern zuzustimmen, als eine Diskussion um die Strafbarkeit des unbefugten Gebrauchs von EDV-Anlagen alleine schwer begründbar ist, da sich dann die Frage nach der Berechtigung der Beschränkung der Strafbarkeit des

---

1249   So *Lampe*, GA 1975, 1, 23; *v. z. Mühlen*, Computer-Kriminalität, S. 103; *Sieber*, Computerkriminalität, S. 191; *Tiedemann*, WM 1983, 1326, 1328.

1250   Nach *Lampe*, GA 1975, 1, 23; *Sieber*, Computerkriminalität, S. 109 und *Tiedemann*, WM 1983, 1326, 1329 können Einzelfälle als Untreue nach § 266 strafbar sein. Siehe zur möglichen Strafbarkeit auch *Sieber*, Informationstechnologie, S. 59.

1251   Vgl. *Lampe*, GA 1975, 1, 23; *v. z. Mühlen*, Computer-Kriminalität, S. 103; *Tiedemann*, WM 1983, 1326, 1329. *Lampe*, GA 1975, 1, 23 ist der Meinung, dass Fälle, in denen der Schaden für den Berechtigten nur in dem verhältnismäßig geringen Stromverbrauch und der Abnutzung der Anlage liege, weil die unbefugt gebrauchte Kapazität der EDV-Anlage sonst ungenutzt bleiben würde, nicht als „Gebrauchsdiebstahl" zu bezeichnen seien. Das entscheidende Moment sei hier nicht die Schädigung fremden Vermögens, sondern die ungerechtfertigte Bereicherung des Täters. Eine solche Tat stehe der Leistungserschleichung des § 265a näher als der Gebrauchsanmaßung; deshalb sei zu überlegen, für solche Fälle eine Strafbestimmung in diesem Bereich zu schaffen. Dieser Gedanke muss nach *Lampe* – übertragen auf die generelle Strafbarkeit des unbefugten Gebrauchs – für alle Tatobjekte gelten, mit Ausnahme von wertvollen Industriegütern, bei denen von einer vollen Kapazitätsauslastung auszugehen sei. Nach *Lampe* sollte eine allgemeine Strafvorschrift bzgl. des *furtum usus* folglich i.S.d. Strafbarkeit der Leistungserschleichung nach § 265a formuliert sein, nicht i.S.d. unbefugten Fahrzeuggebrauchs nach § 248b.

1252   *Sieber*, Computerkriminalität, S. 109.

*furtum usus* auf solche Fälle stellen würde. Allerdings zeigt die Diskussion, dass der unbefugte Gebrauch nicht nur bei Kraftfahrzeugen und Fahrrädern (und bei Pfandsachen durch öffentliche Pfandleiher) als Problem gesehen wird. In Bezug auf andere Tatobjekte gibt es aber, soweit ersichtlich, keine konkrete Forderung nach der Strafbarkeit der (bloßen) Gebrauchsanmaßung.

## 4. Rechtfertigung der Ungleichbehandlung der verschiedenen Tatobjekte

Die Nichtstrafbarkeit der Gebrauchsanmaßung von Tatobjekten wie EDV-Anlagen oder Industriegütern im Allgemeinen stellt nicht die einzige „Lücke" im strafrechtlichen Schutzsystem dar. Im Rahmen des Schutzes des Nutzungs- und Gebrauchsrechts gibt es viele „Lücken", wie auch in Bezug auf den Schutz anderer Rechtsgüter. Diese „Lücken" ergeben sich aus Beschränkungen der Strafbarkeit auf bestimmte Tatobjekte, bestimmte Angriffsweisen und bestimmte Tätergesinnungen.

Die Vorschrift des § 248b ist in zweifacher Hinsicht beschränkt: hinsichtlich der geschützten Tatobjekte und hinsichtlich der Tathandlung.[1253] Hinsichtlich der geschützten Tatobjekte ist die Strafbarkeit des unbefugten Gebrauchs nach § 248b auf Kraftfahrzeuge und Fahrräder beschränkt, hinsichtlich der Tathandlung auf die Ingebrauchnahme, d.h. den Gebrauch zum Zwecke der Fortbewegung dieser Fahrzeuge.[1254] Das Rechtsgut „Nutzungs- und Gebrauchsrecht" erfährt damit nach § 248b strafrechtlichen Schutz nur, wenn als Tatobjekt ein Kraftfahrzeug oder Fahrrad betroffen ist und wenn dieses unbefugt in Gebrauch genommen wird.

Auch andere Strafvorschriften sind beschränkt und gewähren nur punktuellen strafrechtlichen Schutz. Im Hinblick auf den Schutz des Rechtsguts Eigentum, durch dessen Schutz auch das Gebrauchsrecht – mittelbar – geschützt wird, ist beispielsweise die Wegnahme einer fremden beweglichen Sache in Zueignungsabsicht in § 242 als Diebstahl unter Strafe gestellt. Die Diebstahlsvorschrift ist danach in dreifacher Hinsicht beschränkt: Tatobjekt kann nur eine fremde bewegliche Sache sein, Tathandlung die Wegnahme und der Täter muss mit Zueignungsabsicht handeln. Die bloße Sachentziehung und der „Diebstahl" geistigen Eigentums fallen hingegen nicht unter § 242.[1255]

---

1253 *Eser*, StR IV, Nr. 6, Rn. A 5.

1254 Siehe zur Tathandlung oben unter C. II. 2. a).

1255 Bei der bloßen Sachentziehung fehlt es im Rahmen der Zueignungsabsicht speziell an der Aneignungskomponente; geistiges Eigentum ist keine bewegliche Sache und deshalb kein taugliches Tatobjekt.

Zwischen Diebstahl und bloßer Sachentziehung besteht allerdings ein qualitativer Unterschied: Dem bloßen „Sachentzieher" fehlt die Zueignungsabsicht. Auch zwischen bloßem unbefugtem Gebrauch und Diebstahl besteht ein solcher qualitativer Unterschied, da auch hier bei ersterem die Zueignungsabsicht fehlt.[1256] Beim Diebstahl liegt somit ein „Mehr" im Vergleich zur Sachentziehung oder zur Gebrauchsanmaßung vor.

Die Beschränkung des Diebstahls auf fremde bewegliche Sachen hingegen kann nicht mit einem qualitativen Unterschied erklärt werden, wohl aber mit dem geschützten Rechtsgut und dem historischen Bezug des Tatbestands.[1257] Das Merkmal der Fremdheit erfährt seine Berechtigung dadurch, dass der Diebstahlstatbestand das Rechtsgut Eigentum schützt und der Eigentümer selbst deshalb nicht Täter sein kann. Die Beschränkung auf bewegliche Sachen liegt in der Tathandlung des Diebstahls – der Wegnahme – begründet. Die Wegnahme (in Zueignungsabsicht) stellt bereits seit Jahrhunderten eine typische Verletzungsweise des Rechtsguts Eigentum dar. „Wegnahme" setzt nach dem natürlichen Sprachverständnis voraus, dass das Tatobjekt beweglich ist und eine gewisse Körperlichkeit aufweist.

Fraglich ist, ob auch zwischen dem grundsätzlich straflosen bloßen „allgemeinen" unbefugten Gebrauch und dem unbefugten Gebrauch speziell von Kraftfahrzeugen und Fahrrädern[1258] ein qualitativer Unterschied besteht oder ob die unterschiedliche strafrechtliche Behandlung sich zumindest historisch oder mit empirisch-quantitativen Gründen erklären lässt.

Zwischen der bloßen unbefugten Ingebrauchnahme eines Kraftfahrzeugs oder Fahrrads und der eines Ruderboots oder eines Computers besteht kein solch qualitativer Unterschied wie zwischen dem Diebstahl und der bloßen Gebrauchsanmaßung einer fremden beweglichen Sache. In beiden Fällen nimmt der Täter eine Sache gegen den Willen des Berechtigten in Gebrauch, ohne dabei mit Zueignungsabsicht zu handeln. Mit dem „historischen Bezug" der Tatbestände lässt sich nur die Beschränkung der Tathandlung erklären – die Ingebrauchnahme zum Zwecke der Fortbewegung ist der bestimmungsgemäße Gebrauch eines Fahrzeugs und damit auch die typische Begehungsmodalität des

---

1256  Bei der bloßen Gebrauchsanmaßung fehlt es nicht an der Aneignungsabsicht, sondern am Enteignungsvorsatz.

1257  Die einzelnen Tatbestände weisen oftmals einen starken historischen Bezug auf, indem sie Verhaltensweisen unter Strafe stellen, die bereits seit Jahrhunderten als typische Verletzungs- oder Gefährdungsmodalitäten bestimmter Rechtsgüter vorkommen, so *Maiwald*, in: FS Maurach, 9, 13.

1258  Auf § 290 soll hier nicht näher eingegangen werden. Siehe dazu oben unter E. II. 2.

unbefugten Gebrauchs.[1259] Diese Einschränkung ist nicht zwingend, lässt sich aber erklären und könnte auch auf andere Tatobjekte übertragen werden (Strafbarkeit des unbefugten Gebrauchs i.S.d. unbefugten bestimmungsgemäßen Gebrauchs). Auch der „historische Bezug" kann aber nicht die Beschränkung auf die Tatobjekte „Kraftfahrzeug" und „Fahrrad" erklären. Wird einerseits ein Kraftfahrzeug und andererseits ein Computer gegen den Willen des Berechtigten in Gebrauch genommen, so besteht der Unterschied nur im konkreten Tatobjekt, nicht hingegen im betroffenen Rechtsgut oder der Art des Tatobjekts. Sowohl die unbefugte Ingebrauchnahme eines Kraftfahrzeugs oder Fahrrads als auch die eines Computers betreffen dasselbe Rechtsgut – das Gebrauchsrecht an der Sache – und auch die gleiche Art von Tatobjekt – eine bewegliche Sache. Noch deutlicher wird es, wenn man die unbefugte Ingebrauchnahme eines Kraftfahrzeugs oder Fahrrads mit der eines Ruderboots vergleicht: Hier unterscheiden sich die Tatobjekte noch nicht einmal von der Art her (es handelt sich jeweils um „Fahrzeuge" bzw. „Fortbewegungsmittel"), sondern nur in ihrer ganz konkreten Fahrzeugart.[1260]

Auch die Tathandlung des § 248b verlangt nicht – wie die „Wegnahme" im Rahmen des Diebstahls – eine Beschränkung auf diese speziellen Tatobjekte. Nach dem natürlichen Sprachverständnis können auch andere (bewegliche) Sachen unbefugt in Gebrauch genommen werden.

Fraglich ist, ob der Staat diese Fälle unterschiedlich behandeln darf, obwohl kein qualitativer Unterschied bzgl. des Unwerts der unbefugten Ingebrauchnahme eines Kraftfahrzeugs oder Fahrrads und der einer anderen beweglichen Sache besteht oder ob hier die oben erwähnte Grenze erreicht ist, ab der eine unterschiedliche Behandlung nicht mehr hingenommen werden kann. Laut *Maiwald* hat der Gesetzgeber außerhalb des Bereichs der „Rundumverteidigung" eines Rechtsguts[1261] die strafrechtlichen Tatbestände „nach der empirisch-

---

1259  Vgl. dazu die Situation beim Diebstahl: Die Tathandlung des § 242 ist die Wegnahme (einer fremden beweglichen Sache). Die Tathandlung ist damit auf die Wegnahme beschränkt; diese Beschränkung lässt sich historisch erklären. Siehe dazu *Maiwald*, in: FS Maurach, 9, 13 f.

1260  *Lampe*, in: Strafrechtsdogmatik und Kriminalpolitik, 59, 95, Fn. 140 vergleicht den unbefugten Gebrauch eines Fahrrads mit dem unbefugten Gebrauch von Mobiliar und kommt zu dem Ergebnis, dass nicht zu erkären sei, warum ersteres strafwürdig sei, letzteres hingegen nicht. Seiner Meinung nach sind beide Fälle nicht strafwürdig. In Bezug auf den unbefugten Gebrauch von Kraftfahrzeugen kommt er aufgrund der Verkehrssicherheit zu einem anderen Ergebnis (siehe zur Erklärung der Beschränkung der Tatobjekte aufgrund der möglichen Ausgestaltung des § 248b als Delikt gegen die Verkehrssicherheit oben unter E. II. 2.).

1261  Mit „Rundumverteidigung" bezeichnet *Maiwald* einen lückenlosen Schutz des betroffenen Rechtsguts, siehe *Maiwald*, in: FS Maurach, 9, 9.

quantitativen Bedeutung der Begehungsweisen" zu bilden.[1262] Folgt man dieser Argumentation, stellt sich die Frage, ob § 248b mit der „empirisch-quantitativen Bedeutung der Begehungsweise" erklärt werden kann. Wie bereits die geschichtliche Entwicklung der Bestrafung des unbefugten Gebrauchs von Kraftfahrzeugen und Fahrrädern zeigt, kamen solche Fälle schon Anfang des 20. Jahrhunderts vermehrt vor.[1263] Allerdings geht es im Rahmen der Bestrafung des unbefugten Gebrauchs von Kraftfahrzeugen und Fahrrädern nicht darum, eine bestimmte Angriffsmodalität oder eine bestimmte Gesinnung auf Seiten des Täters aufgrund der Häufigkeit ihres Vorkommens in einem Tatbestand unter Strafe zu stellen, wie das z.B. beim Diebstahl der Fall ist, der durch die Wegnahme (einer fremden beweglichen Sache) in Zueignungsabsicht gekennzeichnet ist.[1264] In letzterem Fall kann man sagen, dass der Angriff auf das Rechtsgut Eigentum in Form der Wegnahme in Zueignungsabsicht empirisch-quantitativ eine sehr bedeutende Begehungsweise darstellt, die schon seit Jahrhunderten als typische Verletzung des Rechtsguts Eigentum vorkommt.[1265] Im Rahmen des § 248b interessiert aber nicht die Beschränkung auf eine bestimmte Begehungsmodalität,[1266] sondern die Beschränkung der Strafbarkeit des unbefugten Gebrauchs auf einen ganz bestimmten Kreis von Tatobjekten. Falls man auch diese Beschränkung mit dem Stichwort der „empirisch-quantitativen Bedeutung der Begehungsweise" erklären möchte, indem man argumentiert, Kraftfahrzeuge und Fahrräder könnten aufgrund der Tatsache, dass sie häufig auf öffentlichen Straßen oder Plätzen abgestellt werden, besonders leicht gegen den Willen des Berechtigten in Gebrauch genommen werden,[1267] stellt sich die Frage, warum die Tathandlung des § 248b dann nicht eine Wegnahme erfordert.[1268] Das Erfor-

---

1262 *Maiwald*, in: FS Maurach, 9, 22.

1263 Siehe dazu oben unter B. II. bis IV.

1264 Die Beschränkung des Diebstahls hinsichtlich der Tatobjekte auf (fremde) *bewegliche Sache* beruht dabei, wie oben bereits dargestellt, auf der Tathandlung der „Wegnahme".

1265 Vgl. *Maiwald*, in: FS Maurach, 9, 13 f.

1266 Siehe dazu oben im selben Abschnitt: § 248b stellt nur den unbefugten Gebrauch eines Fahrzeugs zum Zwecke der Fortbewegung unter Strafe. Dies lässt sich aber gerade mit der „empirisch-quantitativen Bedeutung der Begehungsweise" erklären: Der bestimmungsgemäße Gebrauch eines Fahrzeugs ist die typische Begehungsmodalität des unbefugten Gebrauchs.

1267 Vgl. dazu BGHSt 11, 44, 45 f. Siehe auch *Figgener*, Akzeptanz neuerer Strafnormen durch die Rspr., S. 10, der davon ausgeht, die Tatsache, dass „viele Fahrzeuge nachts unbeaufsichtigt auf den Straßen stehen", sei eine der Ursachen „für die hohe Zahl der Fahrzeugentwendungen".

1268 *Schmidhäuser*, NStZ 1986, 460, 461 geht davon aus, dass die Ingebrauchnahme i.S.d. § 248b Abs. 1 einen Gewahrsamsbruch voraussetze. Dabei sei es allerdings nicht er-

dernis einer Wegnahme im Rahmen der Tathandlung des § 248b könnte die Beschränkung der möglichen Tatobjekte auf Kraftfahrzeuge und Fahrräder erklären.[1269] Da ein solches Erfordernis nach richtiger und nahezu unbestrittener Ansicht nicht besteht,[1270] kann die Beschränkung der möglichen Tatobjekte nicht durch die „empirisch-quantitative Bedeutung der Begehungsweise" begründet werden.

Da sich die Beschränkung der Strafbarkeit des *furtum usus* auf die in § 248b genannten Fälle nicht hinreichend begründen lässt, stellt sich die Frage, ob der Staat aufgrund des verfassungsrechtlichen Gleichheitsgrundsatzes dazu gehalten sein könnte, gleich Unwertiges – den unbefugten Gebrauch anderer Sachen – auch gleich behandeln zu müssen.[1271] *Maiwald* verneint bereits die Möglichkeit, dass der Gesetzgeber dazu gehalten sein könnte, dies zu tun, da der verfassungsrechtliche Gleichheitsgrundsatz nicht verlange, dass gleich Unwertiges gleich zu

---

forderlich, dass der Täter des § 248b den Gewahrsam selbst breche; es reiche aus, wenn er im Bewusstsein des vorausgegangen Gewahrsambruchs handle. In NStZ 1990, 341, 341 korrigiert *Schmidhäuser* seine Ansicht dahingehend, dass ein Gewahrsamsbruch zur Erfüllung des Tatbestandes des § 248b Abs. 1 nicht grundsätzlich notwendig sei. Auch *Figgener*, Akzeptanz neuerer Strafnormen durch die Rspr., S. 46 ff. verlangt für die unbefugte Ingebrauchnahme gem. § 248b einen Gewahrsamsbruch. „Ingebrauchnahme" sei gleichbedeutend mit „Wegnahme zum Gebrauch."
Siehe zur Frage, ob § 248b einen Gewahrsamsbruch voraussetzt auch oben unter C. II. 2. a).

1269  Allerdings könnte auch das Erfordernis einer Wegnahme grundsätzlich nicht die Einschränkung auf *Kraftfahrzeuge und Fahrräder* erklären; vielmehr müssten dann auch bspw. Ruderboote erfasst sein, die ebenfalls oftmals leicht zugänglich vertäut werden. Diese Einschränkung könnte aber wohl mit der häufigen unbefugten Ingebrauchnahme gerade von Kraftfahrzeugen und Fahrrädern und damit mit der „empirisch-quantitativen Bedeutung der Begehungsweise" gerade der unbefugten Ingebrauchnahme *dieser* Fahrzeuge erklärt werden.

1270  OLG Schleswig NStZ 1990, 340, 340; *Kindhäuser*, in: NK, § 248b, Rn. 6; *ders.*, BT II, § 9, Rn. 7; *König*, in: Hentschel/König/Dauer, § 248b, Rn. 7; *Maurach/Schroeder/Maiwald*, BT I, § 37, Rn. 9; *Vogel*, in: LK, § 248b, Rn. 6; *Wessels/Hillenkamp*, BT II, Rn. 435; *Wittig*, in: BK, § 248b, Rn. 3. **A.A.** *Figgener*, Akzeptanz neuerer Strafnormen durch die Rspr., S. 46 ff.

1271  Vgl. *Maiwald*, in: FS Maurach, 9, 20 ff. Neben dem verfassungsrechtlichen Gleichheitssatz stellt *Maiwald* auch auf die Menschenwürde ab, verneint aber eine daraus resultierende Verpflichtung zur gleichen Behandlung von gleich Unwertigem mit Verweis auf *Sax* (Sax, in: Bettermann/Nipperdey/Scheuner, Die Grundrechte, Bd. III/2, 909, 959). Gerade die Menschenwürde gebiete es, die Anzahl der strafrechtlichen Eingriffe gering zu halten und „auf das unbedingt Notwendige zu beschränken". „Unbedingt" notwendig seien strafrechtliche Eingriffe zur Aufrechterhaltung der Funktionsfähigkeit der sozialen Ordnung.

behandeln sei. Dies würde voraussetzen, dass es „Aufgabe des Staates sei, Gerechtigkeit zu realisieren"; Aufgabe des Staates sei aber die Aufrechterhaltung der sozialen Ordnung, nicht die Realisierung von Gerechtigkeit.[1272] Das Bundesverfassungsgericht geht davon aus, dass eine Strafnorm grundsätzlich nicht deshalb als verfassungswidrig angesehen werden könne, weil „bestimmte besonders gelagerte Sachverhalte, die einen entsprechenden Unrechtsgehalt aufweisen, von ihr nicht erfasst werden."[1273] Es gebe keine „Gleichheit im Unrecht": Der Gleichheitssatz gebiete es nicht, „an sich strafwürdige und zu Recht mit Strafe bedrohte Handlungen deswegen straffrei zu lassen," weil andere, u.U. gleich zu bewertende Sachverhalte von der entsprechenden Strafnorm nicht erfasst seien.[1274] Der Gesetzgeber sei in Bezug auf die Festlegung strafbarer Handlungen „in weitem Umfang zu Differenzierungen berechtigt."[1275] Eine Grenze sieht das Bundesverfassungsgericht nur, wenn das Herausgreifen eines strafbaren Verhaltens „willkürlich" ist.[1276] Diese Grenze sei dann erreicht, „wenn für eine von [dem Gesetzgeber] getroffene Differenzierung sachlich einleuchtende Gründe schlechterdings nicht mehr erkennbar sind."[1277] Grundsätzlich verstößt damit die Strafbarkeit nur eines bestimmten Falls der Gebrauchsanmaßung – nämlich der der unbefugten Ingebrauchnahme von Kraftfahrzeugen und Fahrrädern – nicht gegen den verfassungsrechtlichen Gleichheitssatz. Nur, wenn die beschriebene Grenze durch die unterschiedliche strafrechtliche Behandlung der Gebrauchsanmaßung von bestimmten Fahrzeugen einerseits und anderen möglichen Tatobjekten andererseits überschritten ist, kann dies anders zu beurteilen sein. Auch wenn sich die Beschränkung der möglichen Tatobjekte, wie oben dargestellt, nur mit der „empirisch-quantitativen Bedeutung der Begehungsweise" erklären ließe, wenn § 248b die Wegnahme des Kfz oder Fahrrads voraussetzen würde, so ist doch das Herausgreifen von Kraftfahrzeugen und Fahrrädern als Tatobjekte einer unbefugten Ingebrauchnahme gem. § 248b aufgrund der Tatsache, dass sie im Vergleich zu anderen Sachen oftmals für Unbefugte sehr leicht zugänglich sind, nicht als „willkürlich" zu beurteilen. Die Differen-

1272  *Maiwald*, in: FS Maurach, 9, 23.
1273  BVerfGE 50, 142, 166; 120, 224, 250.
1274  BVerfGE 50, 142, 166.
1275  BVerfGE 120, 224, 250.
1276  Vgl. BVerfGE 50, 142, 166. Siehe auch *Maiwald*, in: FS Maurach, 9, 13, der meint, dass die strafrechtlichen Tatbestände (auch) den Zweck verfolgen, „die mit ihnen implizit aufgestellten Wertmaßstäbe der Gesellschaft in Erinnerung zu rufen" und diese auf diesem Weg im Sinne eines „Minimum[s] an sittlichen Vorstellungen lebendig zu erhalten." Dieser Zweck werde durch das „willkürlich[e]" Herausgreifen und Unter-Strafe-Stellen von bestimmten Handlungen vereitelt.
1277  BVerfGE 120, 224, 250.

zierung des Gesetzgebers bzgl. der möglichen Tatobjekte einer strafbaren Gebrauchsanmaßung liegt deshalb im Ergebnis nicht außerhalb des ihm zustehenden „weiten Gestaltungsspielraums".[1278]

## III. Eine rechtsvergleichende Betrachtung zur Daseinsberechtigung

Bei der Beantwortung der Frage nach der Daseinsberechtigung des § 248b kann auch ein Blick auf andere Rechtsordnungen helfen. Diesmal geht es dabei nicht – wie oben im Rahmen der rechtsvergleichenden Betrachtung unter D. – um die Frage, welche Fahrzeuge andere ausländische Strafvorschriften über den unbefugten Gebrauch genau erfassen oder wie hoch das Strafmaß ausfällt, sondern inwiefern man dem Recht der anderen Länder entnehmen kann, ob speziell der unbefugte Gebrauch von Fahrzeugen als strafbedürftig und strafwürdig angesehen wird und ob die Bestrafung des unbefugten Gebrauchs auf Fahrzeuge beschränkt bleibt und wenn ja, auf welchen Gründen diese Beschränkung beruht.

Von Frankreich und Italien abgesehen,[1279] bestehen in den oben erwähnten Ländern Sondervorschriften in Bezug auf die Strafbarkeit des unbefugten Gebrauchs von Fahrzeugen – sei es in Form von speziellen Strafvorschriften oder in Form von Modifizierungen allgemeiner Strafvorschriften. Dies lässt darauf schließen, dass der unbefugte Gebrauch von Fahrzeugen dort als strafbedürftig und strafwürdig angesehen wird. Fraglich ist nun, ob in diesen Ländern nur der unbefugte Gebrauch von Fahrzeugen unter Strafe gestellt wird und wenn ja, ob bzw. wie sich dies begründen lässt.

### 1. Der deutsche Rechtskreis

In Österreich gibt es keine Strafnorm, die die Gebrauchsanmaßung generell unter Strafe stellt. Die Gebrauchsanmaßung kann aber u.U. als Sachentziehung gem. § 135 öStGB oder als Diebstahl gem. § 127 öStGB bestraft werden. § 135 öStGB sieht vor, dass derjenige sich strafbar macht, der einen anderen dadurch schädigt, dass er eine fremde bewegliche Sache aus dessen Gewahrsam dauernd entzieht, ohne sie sich oder einem Dritten zuzueignen. Da der Tatbestand eine *dauernde* Sachentziehung verlangt, kann die vorübergehende Gebrauchsanmaßung nicht darunter subsumiert werden, wenn der Täter nicht davon ausgeht, dass dem Berechtigten der Gewahrsam dauernd entzogen wird. Obwohl für den Vorsatz des Täters, dem Berechtigten die Sache dauerhaft zu

---

1278  Zum „weiten Gestaltungsspielraum" BVerfGE 120, 224, 250.

1279  Auch einige Staaten in den USA haben keine speziellen Strafvorschriften für den unbefugten Gebrauch von Fahrzeugen, so bspw. Florida.

entziehen, *dolus eventualis* ausreichend ist,[1280] liegt gerade in Bezug auf den unbefugten Gebrauch von Kraftfahrzeugen i.d.R. keine Sachentziehung gem. § 135 öStGB vor. In Österreich wird davon ausgegangen, dass ein auf einer öffentlichen Verkehrsfläche abgestelltes Fahrzeug an den Berechtigten zurückgelangt;[1281] die Wiederherstellung des Gewahrsams des Berechtigten muss dabei nicht durch den Täter selbst erfolgen, sondern kann auch durch Dritte oder die Polizei geschehen.[1282] Dabei macht es keinen Unterschied, ob sich der Ort, an dem das Fahrzeug abgestellt wird, in Österreich oder einem anderen Land befindet, solange der Täter davon ausgeht, dass auch in dem anderen Land „realistischerweise Nachforschungen zwecks Rückstellung" zu erwarten sind.[1283] Auch spielt es keine Rolle, ob das Fahrzeug verschlossen oder unverschlossen zurückgelassen wird oder ob die Kennzeichen abmontiert oder ausgetauscht wurden.[1284] Etwas anders kann dann gelten, wenn der Täter das Fahrzeug nach Beendigung des Gebrauchs in einem Wald, einem „mit Gebüsch verwachsenen Graben" oder in einem Versteck abstellt,[1285] weil er dann i.d.R. davon ausgeht, dass der Berechtigte dauerhaft vom Gewahrsam des Wagens ausgeschlossen wird.[1286]

Diebstahl nach § 127 öStGB setzt die Wegnahme einer fremden beweglichen Sache mit dem Vorsatz voraus, sich oder einen Dritten durch die Zueig

---

1280   *Wach*, in: Salzburger Kommentar, § 135, Rn. 28. *Dolus eventualis* wird in § 5 Abs. 1 öStGB definiert als ernstliches für möglich Halten und sich damit Abfinden.

1281   OGH SSt. XXVIII 6, S. 21, 22; *Bertel*, in: Wiener Kommentar, § 136, Rn. 28; *Wach*, in: Salzburger Kommentar, § 135, Rn. 29.

1282   OGH SSt. XXVIII 6, S. 21, 22; *Fabrizy*, öStGB, § 136, Rn. 2.

1283   So *Wach*, in: Salzburger Kommentar, § 135, Rn. 29. *Bertel*, in: Wiener Kommentar, § 136, Rn. 25 nennt Frankreich, Deutschland, die Schweiz und Italien.

1284   *Bertel*, in: Wiener Kommentar, § 136, Rn. 26. Der letztgenannte Aspekt (Abmontieren oder Austausch von Kennzeichen) ist allerdings laut *Wach*, in: Salzburger Kommentar, § 135, Rn. 29 umstritten.

1285   *Bertel*, in: Wiener Kommentar, § 136, Rn. 27; *Wach*, in: Salzburger Kommentar, § 135, Rn. 29 („in einem schwer erreichbaren Graben mitten im Wald, [...] mit Ästen getarnt").

1286   Streitig ist, ob der Täter sich nur nach § 136 öStGB strafbar macht, wenn er während oder nach Ende des Gebrauchs den Beschluss fasst, das Fahrzeug dem Berechtigten auf Dauer zu entziehen (vgl. dazu *Bertel*, in: Wiener Kommentar, § 136, Rn. 29) oder ob in einem solchen Fall § 135 öStGB mit § 136 öStGB konkurriert (so *Fabrizy*, öStGB, § 135, Rn. 7; § 136, Rn. 2a). Da der objektive Tatbestand des § 135 öStGB einen Gewahrsamsbruch voraussetzt, ist richtigerweise in einem solchen Fall nur eine Strafbarkeit nach § 136 öStGB gegeben, da der spätere Entschluss, dem Berechtigten das Fahrzeug dauerhaft zu entziehen, nicht den fehlenden Vorsatz der dauerhaften Entziehung während des Gewahrsamsbruchs ersetzen kann; so auch *Wach*, in: Salzburger Kommentar, § 135, Rn. 44 i.V.m. Rn. 3 ff.

nung dieser Sache unrechtmäßig zu bereichern. Dies bedeutet, dass der Täter neben dem Vorsatz i.S.d. § 5 Abs. 1 öStGB den Vorsatz haben muss, sich (oder einen Dritten) um den Wert der Sache zu bereichern (sog. Bereicherungsvorsatz).[1287] Durch den Begriff der Zueignung wird der Diebstahl auf der subjektiven Seite von der Gebrauchsanmaßung abgegrenzt.[1288] Zwar setzt Diebstahl nicht voraus, dass der Täter den Vorsatz hat, dem Berechtigten eine fremde bewegliche Sache dauerhaft zu entziehen, aber es ist ein „auf nicht bloß vorübergehende [...] Entziehung" gerichteter Vorsatz nötig.[1289] Die bloß vorübergehende Gebrauchsanmaßung – auch bzw. gerade die eines Kraftfahrzeugs[1290] – stellt somit grundsätzlich keinen Diebstahl gem. § 127 öStGB dar.[1291]

Der unbefugte Gebrauch eines registrierten Fahrzeugs kann in Österreich nur in seltenen Fällen als Diebstahl oder dauernde Sachentziehung bestraft werden. Ohne die Sondervorschrift des § 136 öStGB wäre der unbefugte Gebrauch von Kraftfahrzeugen auch in solchen Fällen i.d.R. straflos, in denen er nach deutschem Recht als Diebstahl oder Unterschlagung strafbar ist.[1292] Die Sondervorschrift gewinnt ihre Daseinsberechtigung folglich aus diesem Umstand. Dabei erfasst § 136 öStGB als Tatobjekte nur Kraftfahrzeuge, nicht hingegen Fahrräder. Der unbefugte Gebrauch von Fahrrädern kann aber aufgrund der – i.d.R. –

---

1287 *Fabrizy*, öStGB, § 127, Rn. 2.

1288 *Bertel*, in: Wiener Kommentar, § 127, Rn. 34; *Fabrizy*, öStGB, § 127, Rn. 2.

1289 *Fabrizy*, öStGB, § 127, Rn. 7. Siehe *Bertel*, in: Wiener Kommentar, § 127, Rn. 34, der davon ausgeht, dass der auf vorübergehenden Gebrauch gerichtete Vorsatz nur bei „kurzlebigen Konsumgütern" einen Zueignungsvorsatz darstelle.

1290 *Bertel*, in: Wiener Kommentar, § 127, Rn. 34 f.: Kraftfahrzeuge seien keine „kurzlebigen Konsumgüter"; nur bei diesen sei aber der Vorsatz des vorübergehenden Gebrauchs ein Zueignungsvorsatz i.S.d. Diebstahlsvorschrift. Auch der auf Nutzung des Kraftfahrzeugs für Fahrten von mehreren tausend Kilometern gerichtete Vorsatz sei deshalb kein Zueignungsvorsatz. Da eine Abnutzung und Wertminderung mit jedem unbefugten Gebrauch verbunden sei, stelle auch die „spürbar[e]" Abnutzung eines Kraftfahrzeugs keine Zueignung dar.

1291 Auch im Rahmen des § 127 öStGB gilt das gerade zu § 135 öStGB Gesagte: In Österreich geht man davon aus, dass registrierte Fahrzeuge, nachdem sie auf einer öffentlichen Verkehrsfläche stehen gelassen wurden, nach kurzer Zeit wieder an den Berechtigten zurückgelangen und der Täter auch damit rechnet.

1292 Siehe dazu insbes. die Schilderung von *Bertel*, in: Wiener Kommentar, § 136, Rn. 25: Dauernde Sachentziehung nach § 135 öStGB sei immer dann zu verneinen, wenn der Täter bei der Wegnahme des Fahrzeugs den Vorsatz habe, das Fahrzeug nach Ende des Gebrauchs „auf einer öffentlichen Verkehrsfläche im Inland, in Frankreich, Deutschland, der Schweiz, Italien oder in einem Land mit vergleichbaren Sicherheitsverhältnissen stehen zu lassen. In diesen Ländern kann man damit rechnen, dass die Polizei jedes verloren gemeldete Fahrzeug früher oder später findet und dem Berechtigten zurückgibt." Außerdem *Wach*, in: Salzburger Kommentar, § 135, Rn. 29.

fehlenden Registrierung häufiger als dauernde Sachentziehung[1293] bestraft werden, als dies bei Kraftfahrzeugen der Fall ist.

Auch in der Schweiz gibt es keine generelle Vorschrift, die die Gebrauchsanmaßung unter Strafe stellt. Allerdings kann auch hier die Gebrauchsanmaßung u.U. als Sachentziehung gem. Art. 141 sStGB oder als Diebstahl gem. Art. 139 sStGB bzw. als unrechtmäßige Aneignung gem. Art. 137 sStGB strafbar sein. Nach Art. 141 sStGB macht sich wegen Sachentziehung strafbar, wer dem Berechtigten ohne Aneignungsabsicht eine bewegliche Sache entzieht und ihm dadurch einen erheblichen Nachteil zufügt. Da Art. 141 sStGB nicht die Fremdheit der Sache voraussetzt, ist Sachentziehung auch an der *eigenen* Sache möglich; der Eigentümer kann folglich Täter sein.[1294] Der Entzug einer Sache umfasst die Wegnahme und das Vorenthalten der Sache;[1295] er kann dauernder oder nur vorübergehender Natur sein.[1296] Die Gebrauchsanmaßung in Form der Gebrauchsentwendung gilt als Wegnahme und damit als Entzug i.S.d. Art. 141 sStGB.[1297] Durch die Entziehung der Sache muss dem Berechtigten ein erheblicher Nachteil zugefügt werden. Ein solcher Nachteil kann materieller oder immaterieller Natur sein.[1298] Eine Gebrauchsanmaßung, die durch Wegnahme oder Vorenthalten der Sache verwirklicht wird, ist somit nach Art. 141 sStGB strafbar, wenn sie zu einem erheblichen Nachteil des Berechtigten führt. Im schweizerischen Recht können deshalb viele Fälle der (bloßen) Gebrauchsanmaßung unter Art. 141 sStGB subsumiert und folglich bestraft werden. Grundsätzlich könnte auch die unbefugte Ingebrauchnahme von Fahrzeugen über die Vorschrift des Art. 141 sStGB bestraft werden; dies ist nur deshalb nicht möglich, weil Art. 94 SVG die Unanwendbarkeit des Art. 141 sStGB

---

1293  Eine Bestrafung wegen Diebstahls gem. § 127 öStGB ist hingegen bei der vorübergehenden Gebrauchsanmaßung von Fahrrädern problematisch, wenn man im Rahmen des Diebstahls mit *Bertel*, in: Wiener Kommentar, § 127, Rn. 34 davon ausgeht, dass ein Zueignungsvorsatz bei einem bloß vorübergehenden Gebrauch nur bei „kurzlebigen Konsumgütern" vorliege.

1294  *Trechsel/Crameri*, in: Trechsel, Art. 141, Rn. 3.

1295  *Trechsel/Crameri*, in: Trechsel, Art. 141, Rn. 5; *Weissenberger*, in: Basler Kommentar, Art. 141, Rn. 11.
Siehe zur umstrittenen Frage, ob die Verletzung einer Rückgabepflicht (z.B. die Rückgabe nach Ablauf eines Mietvertrages) ein Vorenthalten i.S.d. Art. 141 sStGB darstellt *Weissenberger*, in: Basler Kommentar, Art. 141, Rn. 16. Der vertragswidrige Gebrauch einer Sache stellt kein Vorenthalten i.S.d. Art. 141 sStGB dar, ebenda, Rn. 19.

1296  *Weissenberger*, in: Basler Kommentar, Art. 141, Rn. 12.

1297  *Trechsel/Crameri*, in: Trechsel, Art. 141, Rn. 5; *Weissenberger*, in: Basler Kommentar, Art. 141, Rn. 12.

1298  *Weissenberger*, in: Basler Kommentar, Art. 141, Rn. 20. Das Erfordernis der Erheblichkeit soll Bagatelldelikte ausschließen, ebenda, Rn. 23.

für Fälle der Gebrauchsentwendung von Kraftfahrzeugen und Fahrrädern anordnet. Im Falle des unbefugten Gebrauchs eines Fahrzeugs wäre das Erfordernis des erheblichen Nachteils i.d.R. erfüllt, da dem Berechtigten die Nutzungsmöglichkeit an einem für ihn wichtigen Gegenstand – seinem Fahrzeug – entzogen wird. Auch die Strafrahmen des Art. 94 SVG und des Art. 141 sStGB sind gleich hoch (Geldstrafe oder Freiheitsstrafe bis zu drei Jahren).[1299] Allerdings kann die Sachentziehung nach Art. 141 sStGB nur auf Antrag verfolgt werden. Art. 94 SVG wurde deshalb erlassen, damit die Strafverfolgung des unbefugten Fahrzeuggebrauchs nicht auf Antrag, sondern „im Interesse der Verkehrssicherheit" von Amts wegen verfolgt werden kann.[1300]

Zu untersuchen ist noch, ob die Gebrauchsanmaßung auch als Diebstahl gem. Art. 139 sStGB oder als unrechtmäßige Aneignung gem. Art. 137 sStGB bestraft werden kann. Einen Diebstahl begeht, wer eine fremde bewegliche Sache zur Aneignung wegnimmt, um sich oder einen anderen damit unrechtmäßig zu bereichern, eine unrechtmäßige Aneignung, wer sich eine fremde bewegliche Sache aneignet, um sich oder einen anderen damit unrechtmäßig zu bereichern.[1301] Art. 139 sStGB setzt Aneignungsabsicht, Art. 137 sStGB Aneignung voraus.[1302] Aneignungsabsicht und Aneignung bestehen aus zwei Elementen: der

---

1299 Dies gilt nicht für den Strafrahmen bzgl. des unbefugten Gebrauchs von Fahrrädern; der unbefugte Fahrradgebrauch wird gem. Art. 94 Ziff. 3 SVG nur mit Buße bestraft. Art. 94 SVG führt folglich dazu, dass der unbefugte Gebrauch von Fahrrädern in Bezug auf den Strafrahmen im Vergleich zur Sachentziehung gem. Art 141 sStGB privilegiert wird.

1300 *Weissenberger*, SVG, Art. 94, Rn. 1.

1301 Art. 137 sStGB ist gegenüber dem Diebstahlstatbestand (Art. 139 sStGB) gem. Art. 137 Abs. 1 sStGB ausdrücklich subsidiär.
Die Anwendbarkeit der Art. 139 und 137 sStGB im Falle eines unbefugten Fahrzeuggebrauchs setzt – wie im deutschen Recht im Rahmen des § 242 bzw. § 246 – voraus, dass es sich um ein *fremdes* Fahrzeug handelt.

1302 Daneben setzen beide Tatbestände voraus, dass der Täter handelt, „um sich oder einen anderen damit unrechtmäßig zu bereichern." Bereicherung ist dabei jeder Vermögensvorteil, auch ein bloß vorübergehender. Der Gebrauch eines Fahrzeugs stellt eine Bereicherung in diesem Sinne dar. Unrechtmäßig ist die beabsichtigte Bereicherung, wenn sie vom Recht missbilligt wird. Siehe dazu *Niggli*, in: Basler Kommetar, Vor Art. 137, Rn. 68, 75; *Trechsel/Crameri*, in: Trechsel, Vor Art. 137, Rn. 12, 15. Umstritten ist, ob Absicht direkten Vorsatz ersten Grades bezeichnet (so *Niggli*, in: Basler Kommentar, Vor Art. 137, Rn. 64) oder ob Absicht alle Vorsatzformen und damit auch Eventualvorsatz umfasst (so *Trechsel/Crameri*, in: Trechsel, Vor Art. 137, Rn. 11).

Zueignung und der Enteignung.[1303] Die Zueignung kann auch nur vorübergehend sein, während die Enteignung auf Dauer angelegt sein muss.[1304] Die Gebrauchsanmaßung fällt folglich nur unter Art. 139 oder Art. 137 sStGB, wenn
der Täter den Berechtigten dauerhaft enteignen will; die *bloße* Gebrauchsanmaßung kann deshalb mangels der für die Aneignungsabsicht bzw. Aneignung nötigen Enteignungskomponente weder als Diebstahl noch als unrechtmäßige Aneignung bestraft werden.[1305] Gerade in Bezug auf den unbefugten Gebrauch von
Kraftfahrzeugen geht man in der Schweiz – wie in Österreich – wesentlich häufiger als in Deutschland davon aus, dass lediglich eine *bloße* Gebrauchsanmaßung vorliegt. Es sei hinlänglich bekannt, dass ein kurz nach dem Gebrauch auf
einer öffentlichen Straße stehen gelassenes Fahrzeug regelmäßig an den Berechtigten zurückgelange.[1306] Die Sondernorm für die Strafbarkeit des unbefugten
Gebrauchs von Fahrzeugen gewinnt also ihre Daseinsberechtigung gegenüber
Art. 139 und Art. 137 sStGB dadurch, dass der unbefugte Gebrauch von registrierten Fahrzeugen sehr selten als Diebstahl oder unrechtmäßige Aneignung
bestraft werden kann.

## 2.  Der romanische Rechtskreis

In Frankreich kann nach der neueren Rechtsprechung und der heute herrschenden Lehre auch das *furtum usus* unter den Tatbestand des Diebstahls subsumiert
werden.[1307] Eine Sondervorschrift betreffend den unbefugten Fahrzeuggebrauch
oder die Gebrauchsanmaßung allgemein gibt es nicht. Der unbefugte Gebrauch
von Fahrzeugen wird folglich nicht als strafbedürftiger und strafwürdiger angesehen als das *furtum usus* im Allgemeinen.

Auch in Italien fällt die Gebrauchsanmaßung generell unter die Diebstahlsvorschrift des Art. 624 Codice Penale.[1308] Der unbefugte Fahrzeuggebrauch wird
strafrechtlich nicht anderes beurteilt als die Gebrauchsanmaßung anderer frem-

---

1303  *Niggli*, in: Basler Kommentar, Art. 137, Rn. 25. Anders als in der deutschen Termino-
       logie ist die Aneignung der Oberbegriff; sie besteht aus einem Zueignungs- und einem
       Enteignungselement.
1304  *Niggli*, in: Basler Kommentar, Art. 137, Rn. 25; *Niggli/Riedo*, in: Basler Kommentar,
       Art. 139, Rn. 67.
1305  Vgl. *Weissenberger*, SVG, Art. 94, Rn. 2.
1306  Siehe dazu das bereits oben erwähnte Zitat des Obersten Gerichtshofs in BGE 85 IV,
       17, 21: „Übrigens weiss jedermann, dass ein entwendetes Fahrzeug, das nach kurzem
       Gebrauch auf öffentlicher Strasse stehen gelassen wird, regelmäßig wieder in die Ver-
       fügungsgewalt des Berechtigten gelangt, und damit rechnet der Strolchenfahrer auch."
       Vgl. auch *Niggli*, in: Basler Kommentar, Art. 137, Rn. 25. Kritisch zu dieser Recht-
       sprechung *Weissenberger*, SVG, Art. 94, Rn. 2.
1307  *Walter*, Betrugsstrafrecht, S. 339.
1308  Siehe dazu oben unter D. I. 2.

der Sachen; er wird somit nicht als strafwürdiger angesehen als andere Fälle der Gebrauchsanmaßung.

In Spanien ist die bloße Gebrauchsanmaßung grundsätzlich straflos.[1309] Art. 244 des spanischen Código Penal enthält einen Sondertatbestand (*robo y hurto de uso de vehículos*), der die Fälle des unbefugten Fahrzeuggebrauchs unter Strafe stellt, in denen es an der Zueignungsabsicht (*ánimo de apropiarselo*) fehlt.[1310] Diese Regelung zeigt, dass die Gebrauchsanmaßung von Fahrzeugen als strafbedürftiger und strafwürdiger angesehen wird als das *furtum usus* in Bezug auf andere Tatobjekte.

## 3.   Der skandinavische Rechtskreis

Das schwedische Recht stellt die Sachentziehung bzw. die Gebrauchsanmaßung in Form der Gebrauchsentwendung generell unter Strafe: Gem. Kapitel 8, § 8 des schwedischen StGB macht sich wegen „unrechtmäßiger Besitzentziehung" (*egenmäktigt förfarande*) strafbar, wer unrechtmäßig eine Sache wegnimmt und gebraucht oder sonst wie in Besitz nimmt. Außerdem macht sich strafbar, wer den Berechtigten in der Ausübung des Besitzes an einer Sache unrechtmäßig stört, ohne die Sache dabei in Besitz zu nehmen und wer den Berechtigten durch Gewalt oder die Androhung von Gewalt an der Ausübung seiner Rechte in Bezug auf die Sache hindert. Der unbefugte Gebrauch von Kraftfahrzeugen in Form der Gebrauchsentwendung stellt eine „unrechtmäßige Besitzentziehung" dar, fällt aber nicht unter diese Vorschrift, weil diese nur dann Anwendung findet, wenn die Handlung nicht bereits durch eine der speziellen Vorschriften in Kapitel 8 unter Strafe gestellt ist. Da Kapitel 8, § 7 des schwedischen StGB den unbefugten Gebrauch von Kraftfahrzeugen regelt, fällt dieser Fall nicht unter die generelle Strafvorschrift des Kapitels 8, § 8. Ginge es nur um die Bestrafung des unbefugten Kraftfahrzeuggebrauchs, wäre eine Sonderregelung im schwedischen Recht also nicht notwendig. Ein Vergleich der Strafrahmen zeigt aber, dass der unbefugte Kraftfahrzeuggebrauch als schwerwiegender angesehen wird als der unbefugte Gebrauch anderer Sachen: Kapitel 8, § 7 des schwedischen StGB sieht Gefängnisstrafe bis zu zwei Jahren vor,[1311] Kapitel 8, § 8 hingegen

---

1309  Die Straflosigkeit des *furtum usus* wird dadurch erreicht, dass die Tathandlung des Diebstahls – das Nehmen (*tomar*) – als Aneignen (*apropiarse*) verstanden wird. Eine andere Ansicht begründet die Straflosigkeit mit der fehlenden Gewinn- oder Vorteilsabsicht im technischen Sinne. Siehe dazu *Vogel*, in: LK, Vor §§ 242 ff., Rn. 73

1310  *Vogel*, in: LK, Vor §§ 242 ff., Rn. 73.

1311  Wenn ein schwerer Fall der unbefugten Fahrzeugingebrauchnahme vorliegt, beträgt der Strafrahmen Freiheitsstrafe von mindestens sechs Monaten und höchstens vier Jahren. Ist die Tat hingegen als geringfügig zu bewerten, so ist nur die Verhängung einer Geldstrafe möglich.

nur eine Gefängnisstrafe bis zu sechs Monaten.[1312] Der unbefugte Fahrzeugge-brauch wird somit in Schweden grundsätzlich als strafwürdiger angesehen als die Gebrauchsanmaßung anderer Sachen. Dies gilt allerdings nur für den unbe-fugten Gebrauch von Kraftfahrzeugen, nicht hingegen für den von Fahrrädern. Für letzteren gilt die allgemeine Vorschrift des Kapitel 8, § 8 des schwedischen StGB; die Gebrauchsanmaßung von Fahrrädern wird im schwedischen Recht folglich nicht als strafwürdiger erachtet als der unbefugte Gebrauch anderer Sa-chen.

In Finnland wird die Gebrauchsanmaßung gem. Kapital 28, § 7 des finni-schen StGB generell unter Strafe gestellt. Wer eine fremde Sache ohne Berech-tigung gebraucht, macht sich wegen „unbefugten Gebrauchs" (*luvattomasta käytöstä*) strafbar und wird mit einer Geldstrafe oder einer Freiheitsstrafe bis zu einem Jahr bestraft. Kapitel 28, § 8 droht für schwere Fälle des unbefugten Ge-brauchs Geldstrafe oder Freiheitsstrafe bis zu zwei Jahren an, Kapitel 28, § 9 sieht vor, dass geringfügige Fälle nur mit Geldstrafe bestraft werden. Einer Son-dervorschrift für die Strafbarkeit des unbefugten Gebrauchs von Fahrzeugen be-dürfte es somit eigentlich nicht. Da Kapitel 28, § 9a des finnischen StGB aber bestimmt, dass sich derjenige, der ein fremdes Kraftfahrzeug ohne Berechtigung gebraucht, wegen „Diebstahls eines Kraftfahrzeugs zum vorübergehenden Ge-brauch" (*moottorikulkuneuvon käyttövarkaudesta*) strafbar macht, fällt die Ge-brauchsanmaßung von Kraftfahrzeugen nicht unter die Grundnormen der Kapi-tel 28, §§ 7 bis 9. Auch hier zeigt ein Vergleich der Strafrahmen, dass der Ge-setzgeber den unbefugten Fahrzeuggebrauch grundsätzlich als strafwürdiger er-achtet als die Gebrauchsanmaßung anderer Sachen: § 9a des finnischen StGB sieht für den unbefugten Gebrauch von Kraftfahrzeugen einen Strafrahmen bis zu achtzehn Monaten Freiheitsstrafe vor, für den unbefugten Gebrauch von an-deren Sachen nach § 7 gilt ein Strafrahmen von Freiheitsstrafe bis zu einem Jahr.[1313] Fahrräder werden von den Sondervorschriften der Kapitel 28, §§ 9a bis 9c des finnischen StGB nicht erfasst, so dass für sie die allgemeinen Strafvor-schriften der Kapitel 28, §§ 7 bis 9 gelten. Wie im schwedischen Recht wird

---

1312    Liegt ein schwerer Fall einer unbefugten Ingebrauchnahme vor, so kann bis zu zwei Jahren Freiheitsstrafe verhängt werden.

1313    Jeweils werden geringfügige Fälle nur mit Geldstrafe bedroht (so Kapitel 28, § 9 des finnischen StGB für den allgemeinen unbefugten Gebrauch und Kapitel 28, § 9c für den unbefugten Kraftfahrzeuggebrauch) und qualifizierte Fälle mit einer schwereren Strafe (Kapitel 28, § 8 des finnischen StGB für den allgemeinen unbefugten Gebrauch: Geldstrafe oder Freiheitsstrafe bis zu zwei Jahren; Kapitel 28, § 9b für den unbefugten Kraftfahrzeuggebrauch: Freiheitsstrafe von mindestens vier Monaten, höchstens vier Jahren).

folglich der unbefugte Gebrauch von Fahrrädern nicht als strafwürdiger angesehen als die Gebrauchsanmaßung anderer Sachen.

## 4.  Der *common law* - Rechtskreis

Das englische Recht sowie das Recht einiger australischer Staaten beinhaltet zwar keine allgemeine Strafvorschrift in Bezug auf die Gebrauchsanmaßung, aber es gibt Regelungen, die den auf dauernde Enteignung gerichteten Vorsatz im Rahmen des Diebstahltatbestands modifizieren. Nach Section 6 Abs. 1 Theft Act 1968[1314] wird jemand, der sich fremdes Eigentum aneignet, ohne zu beabsichtigen, dass der Berechtigte die Sache selbst dauerhaft verliert, trotzdem so behandelt, als hätte er einen auf dauerhafte Enteignung gerichteten Vorsatz, wenn er beabsichtigt, die Sache wie seine eigene zu behandeln und ohne Rücksicht auf die Rechte des Berechtigten darüber zu verfügen. Das „Ausleihen" (*borrowing or lending*) einer Sache stellt ein solches Verhalten dar, wenn das Ausleihen für eine Zeitdauer und unter Umständen geschieht, die es einer Wegnahme oder Verfügung gleichstellen. Section 6 Theft Act 1968 definiert nicht, was unter einem auf dauerhafte Enteignung gerichteten Vorsatz i.S.v. Section 1 Theft Act 1968 zu verstehen ist, sondern erweitert einen solchen Vorsatz auf Fälle, in denen der Täter eigentlich nicht die dauerhafte Enteignung des Berechtigten anstrebt.[1315] Allerdings soll Section 6 Theft Act 1968 diesen Vorsatz nicht wesentlich erweitern, sondern dem Umgang mit „einer kleinen Anzahl schwieriger Fälle" dienen.[1316] Während der erste Halbsatz von Section 6 Abs. 1 Theft Act 1968 vor allem auf Fälle zielt, in denen der Täter dem Berechtigten eine weggenommene Sache zum Kauf anbietet,[1317] zielt der zweite Halbsatz auf Fälle, in denen sich jemand so lange eine Sache „ausleiht"[1318] bis sie keinen Wert

---

1314   Die vergleichbaren Regelungen im australischen Recht sind Section 306 Criminal Code 2002 (Australian Capital Territory), Section 209 Abs. 1 Criminal Code (Northern Territory), Section 73 Abs. 12 Crimes Act 1958 (Victoria) und Section 134 Abs. 2 Criminal Law Consolidation Act 1935 (South Australia). Diese Vorschriften finden sich im Anhang unter I.
Siehe zu Section 6 Theft Act 1968 bereits oben unter D. II. 1. k).

1315   *Jefferson*, Criminal Law, S. 594.

1316   *Mitchell* (2008) EWCA Crim 850, Rn. 29; *Clarkson/Keating/Cunningham*, Clarkson and Keating Criminal Law, S. 787.

1317   *Lloyd* (1985) QB 829, 836; *Mitchell* (2008) EWCA Crim 850, Rn. 29; *Clarkson/Keating/Cunningham*, Clarkson and Keating Criminal Law, S. 787.

1318   „Ausleihen" (*borrowing*) bezieht sich dabei (auch) auf Fälle, in denen der Berechtigte der „Leihe" nicht zugestimmt hat, *Jefferson*, Criminal Law, S. 595.

mehr hat.[1319] Der klassische Fall ist das „Ausleihen" eines Saisontickets, das der Täter benutzt und am Ende der Saison zurückgibt.[1320] Der *bloße* unbefugte Gebrauch fremder Sachen kann folglich nur in Ausnahmefällen über den durch Section 6 Theft Act 1968 erweiterten Vorsatz als Diebstahl bestraft werden. Grundsätzlich bleibt der unbefugte Gebrauch straflos. Der „Grundfall" des Diebstahl setzt gem. Section 1 Theft Act 1968 voraus, dass der Täter mit dem Vorsatz handelt, den Berechtigten dauerhaft zu enteignen (*intention of permanently depriving the other of [the property]*). Dieser Vorsatz kann grundsätzlich auch bei einem vorübergehenden unbefugten Gebrauch vorliegen, wenn der Täter von Anfang an vorhat, die fremde Sache nach dem Gebrauch irgendwo stehen zu lassen, sie dem Zugriff beliebiger Dritter preiszugeben und dabei davon ausgeht, dass der Berechtigte die Sache aufgrund der Preisgabe nicht zurückerlangt.[1321] Im Falle des unbefugten Gebrauchs von registrierten Fahrzeugen ist diese Voraussetzung allerdings in der Praxis (fast) nie erfüllt, da solche Fahrzeuge aufrund ihrer Registrierung nach der Preisgabe relativ einfach und schnell an den Berechtigten zurückgeführt werden können, dies in der Praxis auch meistens geschieht und diese Tatsache auch den Tätern hinreichend bekannt ist. Die meisten Täter haben deshalb beim unbefugten Gebrauch eines registrierten Fahrzeugs keinen auf dauerhafte Enteignung gerichteten Vorsatz i.S.d. Section 1 (evt. i.V.m. Section 6) Theft Act 1968.[1322] Ohne die Sondernorm der Section 12 Theft Act 1968 wäre deshalb der unbefugte Gebrauch registrierter Fahrzeuge – insbesondere also von Pkw und Lkw – weitestgehend straflos. Die Daseinsberechtigung von Section 12 (und 12A) Theft Act 1968 ergibt sich somit aus dieser Problematik.[1323]

---

1319   Vgl. *Lloyd* (1985) QB 829, 836, wo das Gericht – in Bezug auf den unbefugten Gebrauch von Filmen – Diebstahl verneint, weil „[t]he goodness, the virtue, the practical value of the films to the owners has not gone out of that article."

1320   *Clarkson/Keating/Cunnigham*, Clarkson and Keating Criminal Law, S. 787; *Jefferson*, Criminal Law, S. 595; siehe auch *Mitchell* (2008) EWCA Crim 850, Rn. 29, wo das Gericht als Beispiele die Tageszeitung, die erst am Folgetag, das Ticket, das nach Gebrauch bzw. Verbrauch und den Scheck, der nach Nutzung als Zahlungsmittel zurückgegeben wird, aufzählt.

1321   Vgl. *Loveless*, Criminal Law, S. 598.

1322   Vgl. *Mowe v. Perraton* (1952) 35 Cr App R 194, 196; *Allen*, Criminal Law, Rn. 11.5.2; *Allen/Cooper*, Elliott and Wood's Criminal Law, S. 667; *Elliot/Quinn*, Criminal Law, S. 221; *Loveless*, Criminal Law, S. 598; *Martin/Storey*, Criminal Law, Rn. 14.5; *Ormerod*, Smith and Hogan Criminal Law, Rn. 21.2; *Reed/Fitzpatrick*, Criminal Law, Rn. 9-053; *Smith*, Property Offences, Rn. 9-56.

1323   Die Einbeziehung anderer Fahrzeuge in den Tatbestand der Section 12 Theft Act 1968, die grds. nicht registriert sind – wie bspw. Fahrräder – ist damit nicht zu erklären. Allerdings kann die Tatsache, dass der unbefugte Gebrauch von Fahrrädern aufgrund de-

In New South Wales (Australien) wird deutlich, dass die Gebrauchsanma-ßung von Fahrzeugen mit und ohne Enteignungsvorsatz als strafwürdiger ange-sehen wird, als die Gebrauchsanmaßung anderer Sachen. Nicht nur dass – wie oben bereits erwähnt – der *bloße* unbefugte Gebrauch eines Fahrzeugs dem Diebstahl (*larceny*) gleichgesetzt wird.[1324] Neben dem Straftatbestand des Dieb-stahls (*larceny*)[1325] gibt es einen speziellen Straftatbestand für den Diebstahl von Landkraftfahrzeugen und Wasserfahrzeugen (*stealing motor vehicle or ves-sel*).[1326] Letzterer enthält eine höhere Strafandrohung: Während der sonstige Diebstahl mit bis zu fünf Jahren Freiheitsstrafe bedroht ist,[1327] ist der Fahrzeug-diebstahl mit bis zu zehn Jahren Freiheitsstrafe bedroht.

In Kanada gibt es zwar keine allgemeine Strafvorschrift für die Gebrauchs-anmaßung, dies ist aber auch nicht nötig, da die Diebstahlsvorschrift auch die *bloße* Gebrauchsanmaßung erfasst:[1328] Diebstahl setzt gem. Sec-tion 322 Abs. 1 (a) Criminal Code voraus, dass der Täter mit dem Willen han-delt, „to deprive, temporarily or absolutely, the owner of [the thing]", also den Eigentümer vorübergehend oder dauerhaft von dessen Sache auszuschließen. Durch die Einbeziehung des Vorsatzes der vorübergehenden Enteignung fällt auch die *bloße* Gebrauchsanmaßung unter Section 322 Criminal Code, wenn die sonstigen Voraussetzungen der Section 322 Criminal Code erfüllt sind. Die Sondervorschrift für die Strafbarkeit des unbefugten Kraftfahrzeuggebrauchs der Section 335 Criminal Code findet deshalb nur Anwendung, wenn es an einer der sonstigen Voraussetzungen des Diebstahltatbestandes fehlt.[1329] Dass der unbe-fugte Gebrauch von bestimmten Fahrzeugen trotz der grundsätzlichen Möglich-keit, diesen auch bei fehlendem Enteignungsvorsatz unter die Diebstahlsvor-schrift zu subsumieren, in einer speziellen Vorschrift mit Strafe bedroht wird,

---

ren i.d.R. fehlender Registrierung häufiger als der unbefugte Gebrauch von Kraftfahr-zeugen als Diebstahl bestraft werden kann, den für den unbefugten Fahrradgebrauch gem. Section 12 Abs. 5 Theft Act 1968 im Vergleich zu Section 12 Abs. 1 Theft Act 1968 niedrigeren Strafrahmen (nur Geldstrafe) erklären.

1324  Section 154A Abs. 1 Crimes Act 1900 (New South Wales): „Any person who without having the consent of the owner [...] takes and drives [a conveyance] [...] shall be deemed to be deemed to be guilty of larceny [...]."

1325  Section 116 Crimes Act 1900, abgedruckt im Anhang unter I. 2.

1326  Section 154F Crimes Act 1900, abgedruckt im Anhang unter I. 2.

1327  Section 117 Crimes Act 1900, abgedruckt im Anhang unter I. 2.

1328  So auch in Florida (USA): Nach Section 812.014 Criminal Code setzt Diebstahl dort voraus, dass der Täter mit dem Vorsatz handelt, „temporarily or permanently, deprive the other person of a right to the property or a benefit from the property".

1329  Dies kann u.a. das arglistige bzw. betrügerische Element des Diebstahltatbestandes sein: Section 322 Abs. 1 Criminal Code setzt voraus, dass der Täter „fraudulantly and without colour of right" handelt.

zeigt, dass der unbefugte Fahrzeuggebrauch im Vergleich zum allgemeinen unbefugten Sachgebrauch als besonders strafbedürftig und strafwürdig angesehen wird. Allerdings zeigt das Strafmaß für den unbefugten Fahrzeuggebrauch, dass ein großer Unterschied zwischen Fahrzeugdiebstahl nach Section 322 Criminal Code und unbefugtem Fahrzeuggebrauch nach Section 335 Criminal Code gemacht wird: Während Diebstahl mit bis zu fünf Jahren Freiheitsstrafe bedroht ist,[1330] wird der unbefugte Fahrzeuggebrauch nur als „summary conviction" behandelt und ist mit Geldstrafe bis zu CAD 5.000,-, Freiheitsstrafe bis zu sechs Monaten oder beidem bedroht.[1331]

## 5.  Fazit

Im Ergebnis ist festzustellen, dass Schweden und Finnland nicht nur den unbefugten Gebrauch von Kraftfahrzeugen unter Strafe stellen, sondern jeweils den unbefugten Gebrauch fremder Sachen generell bestrafen. D.h., dass die Gebrauchsanmaßung in den beiden Ländern allgemein als strafbedürftig und strafwürdig angesehen wird. Aber beide Länder haben trotz ihrer generellen Strafvorschriften zusätzlich Sondervorschriften für die Gebrauchsanmaßung von Kraftfahrzeugen. Diese Sondervorschriften enthalten jeweils höhere Strafandrohungen als die generellen Strafvorschriften und gehen den generellen Vorschriften vor. In der Schweiz wird zwar explizit nur der unbefugte Gebrauch von Fahrzeugen unter Strafe gestellt; eine Strafnorm, die die Gebrauchsanmaßung generell unter Strafe stellt, gibt es nicht. Fälle der Gebrauchsanmaßung können aber häufig unter die Strafvorschrift der Sachentziehung subsumiert werden. Da diese nicht das Moment der Dauer enthält, kann auch die bloße Gebrauchsanmaßung als Sachentziehung strafbar sein. In Frankreich, Italien und Kanada fällt die Gebrauchsanmaßung grundsätzlich unter den Diebstahlstatbestand (soweit die weiteren Voraussetzungen erfüllt sind), da keine dauernde Enteignung verlangt wird. In Österreich und England wird die Gebrauchsanmaßung nicht generell unter Strafe gestellt und kann bei fehlender Dauerhaftigkeit der Enteignung bzw. eines darauf gerichteten Vorsatzes auch nicht unter andere Strafnormen subsumiert werden. Folglich ist in diesen beiden Ländern nur der unbefugte Gebrauch von Fahrzeugen entsprechend den Sondervorschriften strafbar.

Auch in Deutschland gibt es weder eine Strafvorschrift, die die Gebrauchsanmaßung generell unter Strafe stellt, noch eine Strafvorschrift, die die – vorübergehende – Sachentziehung bestraft. Allerdings lassen sich im deutschen

---

1330  Section 322 Criminal Code i.V.m Section 743 Criminal Code, abgedruckt im Anhang unter VII.
1331  Section 335 Criminal Code i.V.m. Section 787 Abs. 1 Criminal Code, abgedruckt im Anhang unter VII.

Recht – anders als z.B. in Österreich oder England – die meisten Fälle des unbefugten Gebrauchs von Kraftfahrzeugen und Fahrrädern unter den Tatbestand des Diebstahls (§ 242) oder den der Unterschlagung (§ 246) subsumieren. Dies liegt, wie oben bereits dargelegt,[1332] darin begründet, dass für die Enteignungskomponente im Rahmen der Zueignungsabsicht bzw. für den auf Zueignung gerichteten Vorsatz *dolus eventualis* ausreichend ist. Hält der Täter es für möglich, dass der Berechtigte dauerhaft enteignet wird und nimmt diese Möglichkeit billigend in Kauf, so ist dies ausreichend. Lässt der Täter das Fahrzeug nach Ende des Gebrauchs auf einer öffentlichen Straße stehen und gibt es dem Zugriff Dritter preis, so hält er es i.d.R. für möglich, dass der Berechtigte das Fahrzeug nicht zurückerhält und nimmt diese Möglichkeit billigend in Kauf.[1333] Auch wenn der Täter das Fahrzeug dem Berechtigten nicht dauerhaft entziehen, sondern es nach Ende des unbefugten Gebrauchs an diesen zurückführen will, kann aufgrund der Dauer oder der Intensität der Nutzung die Zueignung (-sabsicht) zu bejahen sein.[1334] Die Vorschrift des § 248b hat deshalb einen verhältnismäßig kleinen Anwendungsbereich, da sie aufgrund ihrer Subsidiarität nur zur Anwendung kommt, wenn kein Diebstahl und keine Unterschlagung vorliegen. Dies ist nur dann der Fall, wenn der Täter fest damit rechnet, dass der Berechtigte das Fahrzeug zurückerhält, was *praktisch* nur dann vorkommt, wenn sein Vorsatz darauf gerichtet ist, das Fahrzeug an den Wegnahmeort, an den Wohn- oder Arbeitsort oder an eine Polizeidienststelle (zurück) zu bringen.

In anderen Ländern (namentlich in Österreich und England) ist der Anwendungsbereich der entsprechenden Sondernorm für die Bestrafung des unbefugten Fahrzeuggebrauchs wesentlich größer. Wird dort ein amtlich registriertes Fahrzeug, wie beispielsweise ein Kraftfahrzeug mit amtlichem Kennzeichen, unbefugt gebraucht, liegt nur selten Diebstahl (oder Unterschlagung oder unberechtigte Aneignung) vor. Aufgrund der Registrierung der Fahrzeuge gelangen diese meistens innerhalb kürzester Zeit nach dem Ende des unbefugten Gebrauchs an den Berechtigten zurück.[1335] Dabei wird davon ausgegangen, dass diese Erfah-

---

1332  Siehe dazu oben unter C. IV. 3.

1333  Siehe dazu *Schaffstein*, GA 1964, 97, 100, der feststellt, dass der dauernde Verlust des Fahrzeugs „zwar keineswegs sicher, aber wohl möglich ist und da[ss] dem Täter in der Regel diese Erfahrungstatsache des Lebens bewu[ss]t" sei.

1334  Vgl. BGHSt 34, 309, 312; OLG Hamm VRS 23 (1962), 125, 126 f.; *Fricke*, MDR 1988, 538, 539 f.; *Schmitz*, in: MüKo, § 242, Rn. 120, 125 f.; *Wessels/Hillenkamp*, BT II, Rn. 162; *Wittig*, in: BK, § 242, Rn. 33.

1335  Auch in Deutschland dürften amtlich registrierte Fahrzeuge, die unbefugte in Gebrauch genommen und nach Ende des Gebrauchs auf einer öffentlichen Verkehrsfläche stehen gelassen werden, meistens innerhalb von kurzer Zeit an den Berechtigten zurückgelangen.

rungstatsache auch den Tätern bekannt ist und ihnen deshalb der Wille fehlt, den Berechtigten dauerhaft zu enteignen.[1336] Somit fallen Fälle, die nach deutschem Recht als Diebstahl gem. § 242 strafbar sind, in anderen Rechtsordnungen „nur" unter die spezielle Gebrauchsstrafbarkeitsvorschrift. Deren praktischer Anwendungsbereich ist dadurch wesentlich größer als der des § 248b in Deutschland. Gäbe es bspw. in England Section 12 Theft Act 1968 nicht, so könnte der unbefugte Gebrauch eines registrierten Fahrzeugs, auch wenn er mit einer Wegnahme verbunden ist und das Fahrzeug später am anderen Ende des Landes in einer kleinen öffentlichen Straße abgestellt wird, nicht bestraft werden. Im Gegensatz zum unbefugten Gebrauch anderer beweglicher Sachen, bei denen aufgrund ihrer fehlenden Registrierung nicht mit der Rückführung an den Eigentümer gerechnet werden kann, wenn sie dem Zugriff Dritter preisgegeben werden, und deren unbefugter Gebrauch deshalb in solchen Fällen i.d.R. als Diebstahl strafbar ist, wäre der unbefugte Gebrauch von registrierten Fahrzeugen weitgehend straflos. Aus dieser Problematik ergibt sich in diesen Ländern die Daseinsberechtigung der Sondervorschriften für den unbefugten Gebrauch von Fahrzeugen.[1337] Anders als in Deutschland also, wo der Erlass der NotVO und des § 248b in erster Linie darauf beruhen, dass Fahrzeuge besonders leicht zugänglich sind und deshalb oft unbefugt in Gebrauch genommen werden,[1338] ist der Grund für die Sondervorschriften über den unbefugten Fahrzeuggebrauch in anderen Rechtsordnungen vor allem darin zu sehen, dass ein solches Verhalten ansonsten oftmals gar nicht strafbar wäre.

1336 In Österreich gilt dies, obwohl dort auch *dolus eventualis* ausreichend ist, siehe dazu oben unter D. I. 1. a) und E. III. 1.
1337 Die teilweise Erfassung von Fahrrädern und anderen, i.d.R. nicht registrierten Fahrzeugen kann dadurch allerdings nicht erklärt werden.
1338 Vgl. BGHSt 11, 44, 45 f.

# F. Würdigung

Wie die vorangegangenen Ausführungen gezeigt haben, ist die Strafbarkeit des unbefugten Gebrauchs von Kraftfahrzeugen und Fahrrädern ein Thema, das trotz des Fehlens einer aktuellen Debatte in der strafrechtlichen Literatur einige diskussionswürdige Aspekte aufweist. Im Rahmen der Strafvorschrift des § 248b gibt es viele strittige bzw. auslegungsbedürftige Aspekte. Besonders streitig sind die Fragen, welches Rechtsgut die Vorschrift überhaupt schützt – und damit verbunden die Frage, ob der Eigentümer des betroffenen Fahrzeugs Täter des § 248b sein kann –, ob die Ingebrauchnahme nur den Beginn des Gebrauchs erfasst, wie die Formulierung „gegen den Willen" zu verstehen ist, ob die zeitliche oder inhaltliche Überschreitung eines bestehenden Gebrauchsrechts einen unbefugten Gebrauch i.S.d. § 248b darstellen kann und ob die Rückführung des Fahrzeugs tatbestandsmäßig ist. Im Rahmen der Konkurrenzen sind vor allem die Reichweite der Subsidiaritätsklausel und das Verhältnis des unbefugten Fahrzeuggebrauchs zu den Zueignungsdelikten umstritten.

Der Rechtsvergleich zeigt, dass auch in vielen anderen Ländern vergleichbare Vorschriften existieren und welche Besonderheiten diese gegenüber der deutschen Regelung aufweisen. Im Rahmen der Frage nach der Daseinsberechtigung des § 248b wurde dargestellt, dass Strafbedürftigkeit und Strafwürdigkeit des unbefugten Fahrzeuggebrauchs nach § 248b sich nur mit einiger Mühe mit der dem Gesetzgeber zustehenden Einschätzungsprärogative begründen lassen. Zweifelhaft bleibt vor allem die Berechtigung der Beschränkung der Strafbarkeit des *furtum usus* auf die Tatobjekte „Kraftfahrzeuge und Fahrräder" (neben der Strafvorschrift des § 290). In anderen Ländern lässt sich diese Beschränkung aufgrund des Anwendungsbereichs der dortigen Diebstahlsvorschriften leichter erklären.

Nachfolgend wird Stellung dazu genommen, ob im deutschen Strafrecht eine Vorschrift über die Strafbarkeit des unbefugten Gebrauchs von Kraftfahrzeugen und Fahrrädern notwendig und wünschenswert erscheint und ob bzw. welche Entwicklungen in Zukunft in diesem Rechtsbereich zu erwarten sind.

## I. Stellungnahme

Es sprechen gute Gründe dafür, § 248b ersatzlos zu streichen. Eine Strafrechtsnorm bedarf der Begründung, „nicht ist umgekehrt die Streichung einer Strafrechtsnorm oder die sonstige Reduzierung des Strafrechtsumfanges begründungspflichtig."[1339] Diese Aussage vorangestellt, werden im Folgenden trotzdem Gründe für die Streichung dargelegt.

§ 248b kommt kaum eine praktische Bedeutung zu, da die meisten Fälle des unbefugten Gebrauchs von Kraftfahrzeugen und Fahrrädern bereits durch die Strafbarkeit des Diebstahls und der Unterschlagung erfasst werden.[1340] Die geringe praktische Relevanz zeigt auch ein Blick in die amtlichen Statistiken: Zwar wurden im Jahr 2009 in der PKS 433.039 „Fahrzeugentziehungsdelikte" (Fahrzeugdiebstahl und unbefugter Fahrzeuggebrauch gem. § 248) erfasst,[1341] es gab im Jahr 2010 aber lediglich 649 Verurteilungen wegen eines Vergehens nach § 248b.[1342] Da die PKS die Fälle des Fahrzeugdiebstahls und die des unbefugten Fahrzeuggebrauchs nach § 248b zusammenfasst und die Strafverfolgungsstatistik zwar die nach § 248b Verurteilten einzeln erfasst, die wegen Diebstahls Verurteilten aber nur insgesamt, nicht hingegen gesondert für die Fälle des Fahrzeugdiebstahls aufführt, ist ein direkter Vergleich des zahlenmäßigen Verhältnisses von Fahrzeugdiebstahl und Taten nach § 248b nicht möglich. Es ist aber davon auszugehen, dass die Fälle des Fahrzeugdiebstahls deutlich überwiegen, was sich insbesondere aus der geringen Anzahl der nach § 248b Verurteilten ergibt. Auch die Tatsache, dass der Anteil jugendlicher und

---

1339   *Baumann/Weber/Mitsch*, AT, § 3, Rn. 23. **A.A.** wohl BVerfGE 88, 203, 257 f., wo das BVerfG im Hinblick auf eine „elementare staatliche Schutzaufgabe" (der Schutz des menschlichen Lebens vor Tötung) zu dem Schluss kommt, dass „es das Untermaßverbot nicht zu[lässt], auf den Einsatz auch des Strafrechts [...] frei zu verzichten." Das BVerfG hält den Verzicht auf strafrechtlichen Schutz folglich im Bereich „elementare[r]" Schutzpflichten für rechtfertigungsbedürftig. Unabhängig davon, ob man dieser Rechtsprechung zustimmt (die Rechtsprechung ablehnend *Appel*, Verfassung und Strafe, S. 72 f.), ist jedenfalls der Schutz des Nutzungs- und Gebrauchsrechts von Kraftfahrzeugen und Fahrrädern nicht mit dem Schutz des menschlichen Lebens vor Tötung vergleichbar. Jedenfalls bei ersterem handelt es sich nicht um eine „elementare staatliche Schutzaufgabe", die nur mit den Mitteln des Strafrechts erreicht werden kann.

1340   Siehe dazu oben unter C. IV. 3. Siehe die Rechtsprechungsanalyse bei *Figgener*, Akzeptanz neuerer Strafnormen durch die Rspr., S. 21 ff. Das Ergebnis dieser Analyse lasse „eine zahlenmäßig geringe Anwendung des § 248b StGB durch das Reichsgericht und den BGH erkennen." Nur in einer von 21 untersuchten Entscheidungen nahm der BGH – *in dubio pro reo* – eine Strafbarkeit nach § 248b an (in 15 Fällen hingegen bestätigte er die Bestrafung nach § 242, in 5 Fällen reichten dem BGH die Sachverhaltsfeststellungen für eine Verurteilung wegen Diebstahls nicht aus – es müsse eine umfassende Prüfung der subjektiven Tatseite erfolgen – und er verwies die Fälle zurück). Das Fazit *Figgeners* (S. 199) fällt – aus seiner Sicht – ernüchternd aus: „§ 248b StGB scheint leerzulaufen."

1341   PKS 2009, S. 174.

1342   Im Jahr 2009 waren es 657 Verurteilte, Lange Reihen Strafverfolgungsstatistik 2010, S. 5.

heranwachsender Täter an den nach § 248b Abgeurteilten im Jahr 2010 bei 48,17 % lag,[1343] spricht für eine Abschaffung der Vorschrift. Diese Zahl zeigt, dass es sich beim unbefugten Fahrzeuggebrauch um eine typische Jugendverfehlung handelt, die eher Bagatellcharakter hat und eine gewisse Episodenhaftigkeit aufweist.

Das Verbot des unbefugten Gebrauchs ergibt sich außerdem bereits aus dem Zivilrecht und es stehen zivilrechtliche Abwehr- und Schadensersatzansprüche bereit.[1344] Des Weiteren lässt sich die Beschränkung der Strafbarkeit des unbefugten Gebrauchs auf die Tatobjekte „Kraftfahrzeuge und Fahrräder"[1345] nicht überzeugend begründen.[1346] In anderen Ländern, wie beispielsweise England und Österreich, ergibt sich die Daseinsberechtigung der entsprechenden Sondervorschriften für die Strafbarkeit des *furtum usus* von Fahrzeugen daraus, dass der unbefugte Gebrauch von registrierten Fahrzeugen in den wenigsten Fällen als Diebstahl oder Sachziehung bestraft werden kann.[1347]

Es bleibt im deutschen Recht die Frage, ob die im Rahmen der Strafbarkeit des unbefugten Gebrauchs von Kraftfahrzeugen und Fahrrädern nach Anwen-

---

1343 Der Anteil der Jugendlichen und Heranwachsenden an den Verurteilten lag im Jahr 2010 bei 43,8 %, Strafverfolgungsstatistik 2010, S. 34 f. Der Anteil der Kinder, Jugendlichen und Heranwachsenden an den Tatverdächtigen lässt sich nur für Diebstahl und Taten nach § 248b zusammen beziffern: Im Jahr 2009 lag er in Bezug auf Kraftwagen bei 39,9 %, in Bezug auf Mopeds und Krafträder bei 77,5 % und in Bezug auf Fahrräder bei 59,1 %. Die PKS geht dabei davon aus, dass es sich bei der hohen Zahl Jugendlicher im Rahmen der Tatverdächtigen von „Kraftwagenentwendungen" (19,1 % der Tatverdächtigen waren speziell Jugendliche) „meist um Gebrauchsentwendungen (Spritztour als Freizeitvergnügen)" handle, PKS 2009, S. 175. Dies dürfte jedenfalls auch für die Hohe Zahl von Kindern und Jugendlichen im Rahmen der Tatverdächtigen bzgl. „Moped- und Kraftradentziehungen" (54,9 %) und wohl auch in Bezug auf „Fahrradentwendungen" (41,3 %) gelten.
1344 Siehe dazu oben unter E. I. 1. a).
1345 Außerdem wird das *furtum usus*, wie bereits oben dargestellt, noch in § 290 mit Strafe bedroht.
1346 Siehe dazu auch oben unter E. II.
1347 Siehe dazu ausführlich oben unter E. III. *Gilka*, Diebstahl und Gebrauchsentwendung von Kfz, S. 107 ist der Meinung, dass auch in Deutschland die Erfahrung lehre, dass registrierte Fahrzeuge nach dem Ende des unbefugten Gebrauchs meistens innerhalb kurzer Zeit an den Berechtigten zurückgelangen und diese Erfahrungstatsache auch dem Täter bekannt sei. Deshalb liege in fast allen Fällen der Kraftfahrzeugentwendung kein Diebstahl, sondern lediglich ein unbefugter Gebrauch nach § 248b vor und § 248b sei aus diesem Grund „auch de lege ferenda unentbehrlich". Auch *Figgener*, Akzeptanz neuerer Strafnormen durch die Rspr., S. 37 geht davon aus, dass „beim Stehenlassen auf öffentlichen Plätzen und Straßen [...] anzunehmen ist," „dass mit einem baldigen Wiederauffinden des Fahrzeugs durch den Eigentümer zu rechnen ist".

dung der Diebstahls- und Unterschlagungsvorschriften verbleibende „Lücke"
mit dem Tatbestand des § 248b zu schließen oder ob diese „Lücke" nicht vielmehr in Kauf zu nehmen ist[1348] und dieser Bereich ausschließlich dem Zivilrecht
überlassen werden sollte. Im Rahmen der Einschätzungsprärogative des Gesetzgebers kann die Strafbedürftigkeit und Strafwürdigkeit des unbefugten Gebrauchs von Kraftfahrzeugen und Fahrrädern zwar bejaht werden.[1349] Dies allein
spricht aber nicht dafür, die eben genannte „Lücke" mit der Vorschrift des
§ 248b zu schließen. Ein Merkmal des fragmentarischen Strafrechts ist, dass es
„Lücken bewusst in Kauf" nimmt.[1350] Dies ist eine „gewollte Eigenschaft des
Strafrechtssystems". Lückenlosigkeit wird überhaupt nicht angestrebt und bereits der Begriff der „Lücke" ist deshalb irreführend.[1351]

Fraglich ist außerdem, ob es sich bei § 248b nicht um eine Art „Verdachtsstrafe[...] im materiellen Gewand"[1352] handelt. Eine Verdachtsstrafe ist eine au-
ßerordentliche Strafe (*poena extraordinaria*), die verhängt wird, wenn eine
Straftat nicht vollständig bewiesen werden kann, aber ein starker Verdacht besteht, dass der Betroffene die Tat begangen hat. Sie fällt in der Regel milder aus
als das für die Straftat angedrohte Strafmaß. Verdachtsstrafen sind im deutschen
Strafrecht unzulässig und werden seit dem 19. Jahrhundert nicht mehr verhängt.[1353] Der Tatbestand des § 248b enthält im Gegensatz zu den Zueignungsdelikten keine Enteignungskomponente. Ein Grund für die Schaffung der Not-
VO von 1932 und des nachfolgenden § 248b bestand darin, Fälle zu erfassen, in
denen die Zueignungsabsicht zwar vermutet, aber nicht nachgewiesen werden
konnte: Behauptete der Täter, der ein Fahrzeug unbefugt in Gebrauch nahm,
unwiderlegbar, er hätte lediglich eine Spazierfahrt machen und das Kraftfahrzeug danach wieder zurückgeben wollen, so ging er straflos aus.[1354] Bereits
*Wagner* bemerkte 1932, dass die Strafbarkeit des unbefugten Fahrzeugge-

---

1348   Siehe dazu *Gallas*, in: Gallas, Verbrechenslehre, 1, 16, der feststellt, dass die „Verbre-
       chenstypen [...] in ihrer Gesamtheit kein geschlossenes System eines vollständigen
       Schutzes von Gütern [...] bieten und ein solches auch nicht bilden sollen und können".

1349   Siehe dazu oben unter E. I.

1350   Siehe *Kühl*, in: FS Tiedemann, 29, 31. Zum fragmentarischen Charakter des Straf-
       rechts oben unter E. I. 2. und E. II.

1351   Siehe dazu *Niggli*, AJP 2010, 1155, 1160, der betont, dass „Straflosigkeit nicht per se
       als Strafbarkeitslücke zu verstehen" sei.

1352   *Hillenkamp*, in: FS Wassermann, 861, 863.

1353   Siehe zur Verdachtsstrafe ausführlich *Balogh*, Verdachtsstrafe, S. 9 ff.; *Schaffstein*,
       ZStW 101 (1989), 493, 493 ff. Siehe außerdem *Hillenkamp*, in: FS Wassermann, 861,
       862 f.; zur Unzulässigkeit auch *Arzt/Weber*, BT I, Bem. 22.

1354   Im Zusammenhang mit dem unbefugten Gebrauch von Kraftfahrzeugen ist hier aber zu
       beachten, dass die Täter teilweise wegen Diebstahls am Benzin oder anderer Treibstof-
       fe bestraft wurden. Siehe dazu oben unter B. II.

brauchs „zu einem wesentlichen Teil" dazu diene, „in allen Fällen, in denen die
diebische Absicht zwar wahrscheinlich, aber nicht nachweisbar" sei, die Be-
weisschwierigkeiten zu umgehen und „bequeme Ausreden abzuschneiden".[1355]
Auch im Rahmen der Frage nach dem Zweck des § 248b wird häufig auf die
Beweisschwierigkeiten bei den §§ 242, 246 und die Funktion des § 248b als
„Auffangtatbestand" für Fälle der nicht nachweisbaren Zueignungsabsicht ver-
wiesen.[1356] Die Vorschrift des § 248b stellt damit – zumindest zum Teil – eine
Verlagerung der Verdachtsstrafe ins materielle Recht dar, indem das materielle
Recht so ausgestaltet wird, dass die Beweisschwierigkeiten auf prozessualer
Ebene im Rahmen der Zueignungsdelikte vermieden werden.[1357] Einem solchen
Vorgehen stehen grundsätzlich rechtsstaatliche Bedenken entgegen, da es eine
Umgehung des *in dubio pro reo* - Grundsatz darstellen könnte. Aber jedenfalls
dann, wenn die Beweisschwierigkeiten im Rahmen des subjektiven Tatbestan-
des nicht der einzige oder zumindest nicht der Hauptgrund für den Erlass einer
Strafvorschrift sind, ist ein solches Vorgehen rechtsstaatlich gesehen – ganz im
Gegensatz zur klassischen Verdachtsstrafe – zulässig. Auch wenn in Bezug auf
die Strafbarkeit des unbefugten Gebrauchs von Kraftfahrzeugen und Fahrrädern
die Beweisschwierigkeiten im Rahmen der Zueignungsdelikte genannt werden,
so ist dies jedenfalls nicht der einzige Grund für den Erlass dieser Vorschrift[1358]
und deshalb gerät die Vorschrift des § 248b nicht in Konflikt mit dem *in dubio
pro reo* - Grundsatz. Die rechtsstaatliche Zulässigkeit des Vorgehens spricht
aber nicht zwingend dafür, dass ein solches Vorgehen wünschenswert ist. Vor
allem ist zu beachten, dass durch die Verlagerung prozessualer Beweisschwierigkeiten ins materielle Recht immer auch Fälle erfasst werden, in denen nicht
der Verdacht einer anderen Straftat besteht.[1359] Im Rahmen des § 248b bedeutet
dies, dass durch die Vorschrift nicht nur die Fälle erfasst werden, in denen der
Verdacht des Fahrzeugdiebstahls oder der Fahrzeugunterschlagung besteht, son-

---

1355  *Wagner*, JR 1932, 253, 254.

1356  Vgl. *Gössel*, BT II, § 18, Rn. 18; *Heghmanns*, BT, Rn. 1173; *Janiszewski*, Verkehrs-
      strafrecht, Rn. 572; *Joecks*, § 248b, Rn. 2 („Auffangtatbestand"); *König*, in: Hent-
      schel/König/Dauer, § 248b, Rn. 1; *Maurach/Schroeder/Maiwald*, BT I, § 37, Rn. 7.

1357  Siehe zur Problematik der Verlagerung der Verdachtsstrafe ins materielle Recht allge-
      mein *Arzt/Weber*, BT I, Bem. 22 ff.; *Hillenkamp*, in: FS Wassermann, 861, 863 ff.,
      speziell zu § 248b S. 869 f. *Arzt/Weber*, BT III, Bem. 241 meinen, dass der Gesetzge-
      ber mit § 248b das Ziel verfolge, „den Gerichten die Möglichkeit zu eröffnen, eine
      Verdachtsstrafe wegen Diebstahls zu verhängen."

1358  *Wagner*, Komm. NotVO, S. 15 ff. erwähnt u.a. den Schutz der unbeteiligten Öffent-
      lichkeit vor den Betriebsgefahren des Kraftfahrzeugverkehrs und Schutz des öffentli-
      chen Vertrauens. Siehe dazu oben unter B. III. und C. I. 2.

1359  *Hillenkamp*, in: FS Wassermann, 861, 873; vgl. auch *Tiedemann*, ZStW 87 (1975),
      253, 275 f.

dern auch solche, in denen offensichtlich ist, dass ein *bloßer* unbefugter Gebrauch vorliegt. Gerade diese Fälle reichen aber in ihrer Strafbedürftigkeit und Strafwürdigkeit nicht an die „Verdachtsfälle" heran, sie sollten daher nicht mit Strafe bedroht werden. Es sollte deshalb in Kauf genommen werden, dass Fälle, in denen der Verdacht des Fahrzeugdiebstahls oder der Fahrzeugunterschlagung besteht, dieser aber nicht unwiderleglich nachgewiesen werden kann, straffrei bleiben. Wie die Rechtsprechung – vor allem die des BGH – zeigt, sind solche Fälle selten. In der Praxis wird der Täter oftmals wegen Diebstahls, ggf. wegen Unterschlagung, verurteilt.[1360] In allen anderen Fällen liegt entweder *bloßer* unbefugter Gebrauch vor, für dessen Ahndung die Mittel des Zivilrechts ausreichend sind oder es bleibt unklar, ob *bloßer* unbefugter Gebrauch oder ein Zueignungsdelikt vorliegen und der Täter ist nach dem Grundsatz *in dubio pro reo* freizusprechen.

Wenn die Strafvorschrift des § 248b nicht – wie empfohlen – abgeschafft wird, so ist zumindest eine Absenkung des Strafrahmens wünschenswert. Für die Höhe des Strafrahmens sind der Wert des geschützten Rechtsguts, das Ausmaß der Verletzung oder Gefährdung des Rechtsguts, die Gefährlichkeit der Angriffsmittel und der „Grad der Verwerflichkeit der Tätergesinnung" entscheidend.[1361] Wie oben bereits dargestellt, schützt § 248b ein gegenüber dem Eigentum verselbstständigtes Nutzungs- und Gebrauchsrecht. Dieses Recht erfährt keinen strafrechtlichen Rundumschutz, wie sich bereits daraus ergibt, dass es als solches nur ausnahmsweise strafrechtlichen Schutz erfährt und auch der mittelbare Schutz über die Eigentumsdelikte des Diebstahls und der Unterschlagung nur beschränkt gegen bestimmte Angriffsarten gewährt wird. Das Ausmaß der Verletzung des Rechtsguts ist im Falle des *bloßen* unbefugten Gebrauchs[1362] re-

---

1360 Siehe u.a. RGSt 64, 259, 260; BGHSt 5, 205, 206; 13, 43, 44; 16, 190, 192; 22, 45, 46; BGH NJW 1953, 1880, 1880; BGH VRS 19 (1960), 441, 441; OLG Celle VRS 41 (1971), 271, 272. Siehe außerdem oben unter C. IV. 3.
1361 *Jescheck/Weigend*, AT, § 7, S. 52.
1362 Die Strafandrohung des § 248b wird nur in den Fällen relevant, in denen ein *bloßer* unbefugter Gebrauch vorliegt. Handelt der Täter hingegen mit Zueignungsabsicht oder eignet er sich das Fahrzeug in veruntreuender Form vorsätzlich zu, so ist der Tatbestand des § 248b zwar auch erfüllt, er tritt aber als subsidiär hinter § 242 oder § 246 Abs. 2 zurück. Im Schuldspruch des Urteils erscheint § 248b nicht (vgl. *Wessels/Beulke*, AT, Rn. 792); die Strafe richtet sich in einem solchen Fall nach der Strafandrohung des § 242 oder § 246 Abs. 2. Liegt eine einfache Unterschlagung nach § 246 Abs. 1 vor, so tritt § 248b im Wege der Konsumtion hinter § 246 Abs. 1 zurück, wenn sich die Tat gegen den Eigentümer richtet; auch hier erscheint § 248b nicht im Schuldspruch des Urteils und die Strafe bestimmt sich nach § 246 Abs. 1. In den sonstigen Fällen besteht Tateinheit zwischen § 248b und § 246 Abs. 1. Siehe zu den allgemeinen Konkurrenzen oben unter C. IV. 2.

lativ gering, da es am Moment der Dauerhaftigkeit der (angestrebten) Enteignung fehlt. Dem Berechtigten wird die Gebrauchsmöglichkeit i.d.R. nur vorübergehend entzogen. Ein besonderes Tatmittel ist zur Begehung des § 248b nicht erforderlich. Auch in Bezug auf die Verwerflichkeit der Tätergesinnung gilt das eben zum Ausmaß der Verletzung des Rechtsguts Gesagte:[1363] Der Täter strebt nicht die dauernde Enteignung des Berechtigten an, sondern möchte das Fahrzeug nur vorübergehend nutzen. Der Grad an Verwerflichkeit bleibt somit beispielsweise deutlich hinter dem des Diebstahls zurück. Dies alles spricht bereits für einen relativ niedrigen Strafrahmen. Außerdem ist zu bedenken, dass die Höchststrafe (Freiheitsstrafe bis zu drei Jahren) zwar nur für die „denkbar schwerste Verwirklichungsform der Straftat" gedacht ist[1364] und deshalb nur „bei denkbar schwerster Schuld" verhängt werden darf,[1365] ein solcher Fall aber auch praktisch „denkbar" sein sollte. Im Rahmen des § 248b ist eine Fallkonstellation, in der die Schuld des Täters als Strafbemessungsgrundlage so groß ist, dass eine Freiheitsstrafe von drei Jahren angemessen erscheint, schwer vorstellbar.[1366] Der relativ hohe Strafrahmen, der mit seinem Höchstmaß nur zwei Jahre unter dem des Diebstahls nach § 242 und der veruntreuenden Unterschlagung nach § 246 Abs. 2 liegt und sich mit der einfachen Unterschlagung nach § 246 Abs. 1 sogar deckt,[1367] lädt geradezu dazu ein, den oben erwähnten Verdacht des Zueignungsdelikts in der Strafbemessung zu berücksichtigen.[1368] Daraus ergibt sich, dass der Strafrahmen des § 248b mit Freiheitsstrafe bis zu drei Jahren zu hoch ausfällt.[1369]

Zuletzt ist noch kurz die Frage aufzuwerfen, ob als Alternative zu einer Strafbarkeit des unbefugten Gebrauchs von Kraftfahrzeugen und Fahrrädern die Schaffung eines neuen Ordnungswidrigkeitentatbestandes wünschenswert ist. Die Behandlung des unbefugten Fahrzeuggebrauchs als Ordnungswidrigkeit

---

1363　Vgl. *Geerds*, Kriminalistik 14 (1960), 171, 174, der meint, dass die „kriminelle Intensität" „durchweg recht gering" sei. *Geerds* bezieht dies auf den unbefugten Gebrauch von Fahrzeugen und auf Fahrzeugdiebstahl (allerdings nicht die Art von Fahrzeugdiebstahl, in der das Fahrzeug als Vermögensobjekt dient; siehe dazu unten unter F. II.).

1364　*Bohnert*, JR 1988, 446, 446.

1365　*Fischer*, § 46, Rn. 16.

1366　Im Jahr 2010 wurden 64 Personen nach allgemeinem Strafrecht aufgrund von § 248b zu einer Freiheitsstrafe verurteilt. 37 Personen davon wurden zu einer Freiheitsstrafe unter sechs Monaten verurteilt, zwei Personen zu einer Freiheitsstrafe von mehr als einem Jahr bis einschließlich zwei Jahren (das genaue Strafmaß ergibt sich nicht aus der Strafverfolgungsstatistik). Keine einzige Person wurde hingegen zu einer Freiheitsstrafe über zwei Jahren verurteilt, Strafverfolgungsstatistik 2010, S. 164 f.

1367　Siehe dazu bereits oben unter E. I. 2.

1368　Siehe zu dieser Problematik allgemein *Hillenkamp*, in: FS Wassermann, 861, 873.

1369　Siehe zum Strafmaß allgemein oben unter C. VI.

würde die oben genannten Bedenken im Rahmen der Strafwürdigkeit ausräu-
men, da eine Ordnungswidrigkeit gerade keine Straftat darstellt und keine sozialethische Missbilligung enthält. Allerdings wäre auch in diesem Zusammenhang zu untersuchen, inwiefern eine Ahndung des unbefugten Fahrzeuggebrauchs als Ordnungswidrigkeit erforderlich ist. Dies ließe sich jedenfalls im
Hinblick auf die Einschätzungsprärogative des Gesetzgebers bejahen. Die Behandlung als Ordnungswidrigkeit könnte allerdings nicht die Beschränkung der
Strafbarkeit des unbefugten Gebrauchs auf die von § 248b erfassten Tatobjekte
erklären. Dies wäre nur möglich, wenn eine solche Ordnungswidrigkeit so ausgestaltet würde, dass sie dem Schutz der Verkehrssicherheit dienen oder aber
das Erfordernis der Wegnahme enthalten würde.[1370] Die Ahndung des unbefugten Fahrzeuggebrauchs als Ordnungswidrigkeit begegnet somit weniger Bedenken als die Kriminalisierung dieses Verhaltens, ist aber – zumindest in der Fassung des heutigen § 248b – im Ergebnis auch abzulehnen.[1371]

---

1370 Siehe dazu oben unter E. II. 2 und 4.
1371 Zu beachten wäre bei einer Umwandlung des unbefugten Fahrzeuggebrauchs von einer
Straftat in eine Ordnungswidrigkeit, dass eine Ordnungswidrigkeit als Rechtsfolge
Geldbuße nach sich zieht (§ 1 Abs. 1 OWiG). D.h., dass die flexiblen Folgen des Jugendstrafrechts nicht zur Anwendung kommen. Im Jahr 2010 standen 389 nach allgemeinen Strafrecht gem. § 248b Verurteilten 260 nach Jugenstrafrecht Verurteilte (138
Jugendliche und 122 Heranwachsende) gegenüber. Gegen 218 der letztgenannten
Gruppe wurden Zuchtmittel verhängt (178 Auflagen (davon 141 Arbeitsleistungen), 92
Verwarnungen und 47 mal Jugendarrest) und gegen 93 Erziehungsmaßregeln (teilweise neben Zuchtmitteln). Solche differenzierten Rechtsfolgen wären bei einer Ahndung
als Ordnungswidrigkeit nicht möglich. Zwar kann gem. § 98 Abs. 1 OWiG einem Jugendlichen oder Heranwachsenden (§ 98 Abs 1 i.V.m. Abs. 4 OWiG) auferlegt werden, anstelle der Geldbuße eine Arbeitsleistung zu erbringen, den Schaden wiedergut-
zumachen, an einem Verkehrsunterricht teilzunehmen (bei Verletzung von Verkehrs-
vorschriften) und sonst eine bestimmte Leistung zu erbringen. Dies ist aber nur möglich, wenn der Jugendliche die Geldbuße auch nach Ablauf der in § 95 Abs. 1 OWiG
bestimmten Frist nicht gezahlt hat. Somit schränkt das Ordnungswidrigkeitenrecht die
Reaktionsmöglichkeit auf die (verhältnismäßig häufig vorkommenden) Taten von Jugendlichen und ggf. Heranwachsenden ein. Dies gilt natürlich für alle Ordnungswidrigkeiten und bedeutet nicht, dass deshalb eine Beurteilung einer Handlung als Straftat
vorzugswürdig ist. Es sollte aber bei einer Tat, bei der 48,17 % der Abgeurteilten Jugendliche oder Heranwachsende sind (von letzteren werden 84,26 % nach Jugendstraf-
recht abgeurteilt), zumindest bedacht werden. Siehe zu den Zahlen Strafverfolgungsstatistik 2010, S. 34 f., 312 f. Siehe zu „Autodiebstahlsdelikte[n]" Jugendlicher aus
kriminologischer Sicht *Munkwitz/Neulandt*, Dt. Z. f. gerichtl. Medizin 46 (1957), 555,
555 ff.

# II.  Ausblick

Als letztes ist ein Blick auf die zukünftige Entwicklung der Strafbarkeit des unbefugten Gebrauchs von Kraftfahrzeugen und Fahrrädern zu werfen. Eine Streichung der Vorschrift des § 248b, wie sie diese Arbeit vorschlägt, steht wohl
nicht unmittelbar bevor.[1372]

§ 248b in seiner jetzigen Fassung würde obsolet werden, falls eine generelle
Vorschrift für die Bestrafung des *furtum usus* eingeführt würde. Der unbefugte
Gebrauch von Kraftfahrzeugen und Fahrrädern wäre dann vollständig von dieser
Vorschrift umfasst. Ein eigener Anwendungsbereich würde nur verbleiben, falls
die allgemeine Vorschrift einen anderen Strafrahmen enthielte. Hätte die allgemeine Strafvorschrift einen höheren Strafrahmen als § 248b, so würde § 248b in
Bezug auf den unbefugten Gebrauch von Kraftfahrzeugen und Fahrrädern privilegierende Wirkung entfalten. Wäre die allgemeine Gebrauchsanmaßung hingegen mit einem niedrigeren Strafrahmen bedroht, so hätte § 248b strafschärfende
Wirkung.[1373] Die Einführung der generellen Strafbarkeit des *furtum usus* erscheint in absehbarer Zeit allerdings unwahrscheinlich, da es keine aktuelle Diskussion zu diesem Thema gibt.[1374] Sie wäre außerdem aus den oben genannten
Gründen abzulehnen.[1375]

---

1372  Auch wird eine Streichung des § 248b im Schrifttum nicht gefordert. Anders verhält es
      sich mit dem anderen Fall, in dem das deutsche Strafrecht das *furtum usus* unter Strafe
      stellt: Im Hinblick auf § 290, der den unbefugten Gebrauch eines Pfandgegenstandes
      durch einen öffentlichen Pfandleiher unter Strafe stellt, wird von mehreren Autoren die
      Streichung der Vorschrift gefordert, insbesondere von *Schünemann*, in: LK, § 290,
      Rn. 1. Zustimmend *Wohlers*, in: NK, § 290, Rn. 1, Fn. 2. Ebenfalls für eine Streichung
      *Roth*, Eigentumsschutz, S. 28, Fn. 25.
1373  So bspw. in Schweden und Finnland. Die „unrechtmäßige Besitzentziehung" nach Ka-
      pitel 8, § 8 des schwedischen StGB, unter die auch die Gebrauchsanmaßung fällt, kann
      in Schweden mit Freiheitsstrafe bis zu sechs Monaten bestraft werden, während der
      unbefugte Fahrzeuggebrauch nach Kapitel 8, § 7 mit Freiheitsstrafe bis zu zwei Jahren
      bestraft werden kann. In Finnland kann der „unbefugte Gebrauch" nach Kapitel 28, § 7
      des finnischen StGB mit Freiheitsstrafe bis zu einem Jahr bestraft werden, der unbe-
      fugte Gebrauch von Fahrzeugen nach Kapitel 28, § 9a hingegen mit Freiheitsstrafe bis
      zu 18 Monaten. Siehe dazu auch oben unter E. III.
1374  Anders in England, wo es zumindest in den 70er Jahren eine rege Diskussion über die
      Einführung einer solchen Vorschrift bzw. die Streichung des Moments der Dauerhaf-
      tigkeit der Enteignung im Diebstahlstatbestand gab. Siehe dazu insbes. *Criminal Law
      Revision Committee*, Eighth Report on Theft and Related Offences, Cmnd. 2977 of
      1966, § 56; *Hadden*, NLJ 118 (1968), 305, 305; *Samuals*, NLJ 118 (1968), 281, 281;
      *Smith*, NLJ 118 (1968), 401, 401 f. Außerdem oben unter E. II. 2.
1375  Siehe dazu oben unter E. II. 2.

Falls die Strafbarkeit der bloßen Sachentziehung eingeführt würde, hätte das
Folgen für die Strafbarkeit des bloßen *furtum usus* und damit auch für die Strafbarkeit des bloßen unbefugten Gebrauchs von Kraftfahrzeugen und Fahrrädern,
wenn der Tatbestand der Sachentziehung nicht das Merkmal der Dauerhaftigkeit
enthalten würde.[1376] Die Große Strafrechtskommission hat die Einführung einer
solchen Vorschrift diskutiert.[1377] Im Rahmen der Diskussion wurde auch erwo-
gen, ob die Dauerhaftigkeit eine Voraussetzung der Vorschrift sein sollte.[1378]
Weder im Zuge der Großen Strafrechtsreform noch in späteren Jahren ist eine
Vorschrift zur Strafbarkeit der Sachentziehung in das StGB aufgenommen wor-
de. Es erscheint auch nicht wahrscheinlich, dass dies in absehbarer Zeit geschieht.

Eine weitere Möglichkeit, die Auswirkungen auf die Strafbarkeit des unbefugten Gebrauchs von Kraftfahrzeugen und Fahrrädern haben könnte, ist die von
*Geerds* vorgeschlagene Gesetzesänderung: *Geerds* möchte die Strafbarkeit des
*furtum usus* weder generell noch speziell ausweiten, sondern einen neuen Tatbestand schaffen, in dem unbefugter Gebrauch von Fahrzeugen und Fahrzeugdiebstahl vereint werden. Dies begründet er damit, dass die meisten Fälle von
Gebrauchsentwendungen von Fahrzeugen, die strafrechtlich als Diebstahl zu
beurteilen seien, sich vom Sachverhalt her „wesentlich" vom Diebstahl unterscheiden.[1379] Die Abgrenzung zwischen Fahrzeugdiebstahl und unbefugtem Gebrauch durch das Merkmal der Zueignungsabsicht sei kriminologisch gesehen

---

1376   Siehe dazu bspw. die Strafvorschrift der Sachentziehung in der Schweiz: Die Sachent-
       ziehung nach Art. 141 sStGB kann auch vorübergehender Natur sein. Die Sachentzie-
       hung nach § 135 öStGB in Österreich muss hingegen eine „dauernde" Sachentziehung
       sein. Siehe dazu auch *Bloy*, in: FS Oehler, 559, 559 ff.

1377   Siehe dazu Niederschriften Große Strafrechtskommission, Bd. 6, S. 100 ff. zu § 425a
       des Entwurfes.

1378   *Dreher*, in: Niederschriften Große Strafrechtskommission, Bd. 6, S. 100 hält das Krite-
       rium der Dauerhaftigkeit für eine „zu weitgehende Einschränkung", während *Gallas*,
       in: Niederschriften Große Strafrechtskommission, Bd. 6, S. 101 dieses Kriterium be-
       fürwortet.
       Der Enwurf von 1962 enthielt in § 251 E 1962 eine Strafvorschrift der Sachentzie-
       hung, die kein Erfordernis der Dauerhaftigkeit beinhaltete. *Maiwald*, Zueignungsbe-
       griff, S. 133 begrüßt das Fehlen des Erfordernisses der Dauerhaftigkeit. Er weist aber
       darauf hin, dass – wenn unter der Tathandlung des Entziehens neben der Besitzstörung
       auch das Vorenthalten zu verstehen sei – die Strafbarkeit zu weit gehe da sie „[j]ede
       vertragswidrige Verzögerung der Rückgabe einer Sache" erfasse, *Maiwald*, ebenda,
       S. 135 f. Siehe den eigenen Formulierungsvorschlag von *Maiwald*, ebenda, S. 139 für
       eine Strafvorschrift der Sachentziehung, der neben der dauerhaften und vorübergehen-
       den Sachentziehung auch die Sachbeschädigung erfasst.

1379   *Geerds*, Kriminalistik 14 (1960), 171, 174.

„und damit von der Strafzumessung her" oftmals „zufällig"; aus kriminologischer Sicht sei die Sachlage in diesen Fällen weitestgehend gleich.[1380] Daher solle man die Kraftfahrzeugdiebstähle aus dem allgemeinen Diebstahlstatbestand herausnehmen und gemeinsam mit dem (bloßen) unbefugten Gebrauch zu einem Sondertatbestand zusammenfassen. Die bisherige Differenzierung sei bedenklich, weil sie bei Kraftfahrzeugdiebstählen häufig zu einer „sachlich falschen Behandlung verleite[...]". Der zu schaffende Sondertatbestand solle als „teils privilegierender und teils ergänzender Sondertatbestand zum Diebstahl" verstanden werden.[1381] Der Vorschlag von *Geerds* ist abzulehnen. Zwar ist *Geerds* insofern zuzustimmen, als die strafrechtliche Erfassung des unbefugten Fahrzeuggebrauchs einerseits als Diebstahl und andererseits als unbefugter Gebrauch nach § 248b aufgrund des Vorhandenseins oder Nichtvorhandenseins der Zueignungsabsicht[1382] kriminologisch gesehen oftmals zufällig geschieht. Dies ergibt sich aber aus dem herrschenden (und zutreffenden) Verständnis der Zueignungsabsicht, nach dem für die Enteignungskomponente keine Absicht im technischen Sinne (*dolus directus* ersten Grades) erforderlich ist, sondern Eventualvorsatz ausreicht. Dass es aufgrund dieses Verständnisses der Zueignungsabsicht zu unterschiedlichen strafrechtlichen Beurteilungen ähnlich gelagerter Fälle kommen kann, ist hinzunehmen. Den Kraftfahrzeugdiebstahl aufgrund dieses Ergebnisses aus dem normalen Diebstahlstatbestand herauszunehmen und in einem Sondertatbestand mit dem unbefugten Gebrauch von Fahrzeugen zusammenzufassen, stellt keine adäquate Lösung dieses *tatsächlichen* Problems dar. Abgesehen davon, dass dem Vorschlag *Geerds* folglich nicht zuzustimmen ist, ist auch nicht damit zu rechnen, dass er in der Zukunft umgesetzt wird.

Auch *Figgener* schlägt eine Gesetzesänderung vor; allerdings bezieht sich seine Idee auf eine Neufassung des § 248b. Der unbefugte Fahrzeuggebrauch

---

1380  *Geerds*, Kriminalistik 14 (1960), 212, 213.

1381  *Geerds*, Kriminalistik 14 (1960), 212, 213 f. Für die Fälle, in denen das Fahrzeug als Vermögensobjekt dient (v.a. Fälle, in denen das Fahrzeug oder einzelne Teile davon veräußert werden), soll diese Privilegierung laut *Geerds* nicht gelten. Diese Fälle könnten durch die Fassung des Sondertatbestandes ausgeschlossen werden (z.B. durch die Formulierung: „Wer ein Kfz ohne Willen des Berechtigten in Gebrauch nimmt und dabei nicht in der Absicht handelt, es durch Veräußerung als solches oder seiner Teile zu verwerten, ...", *Geerds*, Kriminalistik 14 (1960), 212, 213, Fn. 95) oder im Sondertatbestand selbst könnte, wie von *Geerds* favorisiert, auf die allgemeine Diebstahlsvorschrift verwiesen werden (*Geerds* Formulierungsvorschlag für eine solche Vorschrift lautet: „Wer handelt, um sich das Fahrzeug dadurch zuzueignen, dass er es als solches oder in Teilen veräußert, wird nach den allgemeinen Vorschriften über Diebstähle bestraft.", *Geerds*, Kriminalistik 14 (1960), 212, 214, Fn. 98).

1382  § 248b liegt auch dann vor, wenn der Täter mit Zueignungsabsicht handelt; § 248b tritt aber in solchen Fällen als subsidiär hinter § 242 zurück. Siehe dazu oben unter C. IV.

nach § 248b und der Fahrzeugdiebstahl nach § 242 sollen sich danach bereits im objektiven Tatbestand unterscheiden und so voneinander abgegrenzt werden können. Entscheidendes Kriterium solle eine „erhebliche Wertminderung" des Fahrzeugs sein. Nehme der Täter ein Fahrzeug „ohne erhebliche Wertminderung in Gebrauch", so mache er sich nach § 248b strafbar. Überschreite er hingegen die „quantitative Grenze der unerheblichen Wertminderung", so sei er nach § 242 strafbar. Daneben sei die Aufnahme des Erfordernisses des Gewahrsamsbruchs in den Tatbestand des § 248b von Nöten. Aus diesen Kriterien ergibt sich laut *Figgener* folgende Tatbestandsneufassung des § 248b: „Wer ein Kraftfahrzeug oder ein Fahrrad nach Wegnahme in Gebrauch nimmt, ohne dadurch dessen Wert erheblich zu mindern, wird mit Freiheitsstrafe bis zu drei Jahren oder mit Geldstrafe bestraft, wenn die Tat nicht in anderen Vorschriften mit schwererer Strafe bedroht ist."[1383] Abgesehen davon, dass diese Tatbestandsfassung die Probleme im Rahmen des § 248b nicht löst,[1384] wirft sie neue Probleme auf, wie beispielsweise die Frage, wie die Grenze der unerheblichen Wertminderung zu bestimmen ist und wie die (praktisch häufige) Fallkonstellation zu behandeln ist, in der die Wegnahme *durch* Ingebrauchnahme erfolgt.[1385] Der Vorschlag *Figgeners* hat keine Anhänger gefunden und es ist nicht zu erwarten, dass er vom Gesetzgeber umgesetzt wird.

Große Änderungen im praktischen Anwendungsbereich des § 248b würden sich ergeben, falls bezüglich der Enteigungskomponte der Zueignungsabsicht im Rahmen des Diebstahls *dolus eventualis*[1386] nicht mehr genügen würde oder falls die Anforderungen an den Eventualvorsatz erhöht würden.[1387] Eine solche Ände-

---

1383 *Figgener*, Akzeptanz neuerer Strafnormen durch die Rspr., S. 220 ff.
1384 Sie stellt allerdings klar, dass Fälle der zeitlichen oder inhaltlichen Überschreitung eines bestehenden Gebrauchsrechts nicht von § 248b erfasst sind.
1385 Gerade diesen Fall möchte *Figgener* mit dem Tatbestand des § 248b erfassen (siehe dazu *Figgener*, Akzeptanz neuerer Strafnormen durch die Rspr., S. 46 ff.) und die Aufnahme des Tatbestandsmerkmals der Wegnahme soll das eigentlich sicherstellen. Dies misslingt aber aufgrund der Formulierung „*nach* Wegnahme in Gebrauch nimmt".
1386 Siehe *Schmitz*, in: FS Otto, 759, 773 ff.; *Seelmann*, JuS 1985, 454, 454 f., die *dolus eventualis* bzgl. der Enteignungskomponente der Zueignungsabsicht nicht für ausreichend halten. Auch *Vogel*, in: LK, § 242, Rn. 144 m.w.N. steht dem Ausreichen des Eventualvorsatzes – insbes. in Bezug auf die Dauerhaftigkeit der Enteignung – kritisch gegenüber.
1387 In Österreich ist im Rahmen der Strafbarkeit der dauernden Sachentziehung nach § 135 öStGB für den Vorsatz des Täters, dem Berechtigten die Sache *dauerhaft* zu entziehen, *dolus eventualis* ausreichend (siehe zu dieser Vorsatzform § 5 Abs. 1 öStGB, abgedruckt im Anhang unter IX). Trotzdem wird in Österreich davon ausgegangen, dass das Stehenlassen des Fahrzeugs auf einer öffentlichen Ver-

rung würde dazu führen, dass die „typischen" Fälle des unbefugten Fahrzeuggebrauchs, die richtigerweise nach der heutigen Rechtsprechung und herrschenden Lehre als Fahrzeugdiebstähle zu qualifizieren sind,[1388] nicht mehr unter die Vorschrift des § 242 subsumiert werden könnten. Gemeint sind die Fälle, in denen jemand ein auf der Straße oder einem Platz abgestelltes Fahrzeug im Wege der Ingebrauchnahme wegnimmt und es nach Ende des Gebrauchs an einem anderen Ort stehen und dort dem Zugriff Dritter überlässt. Auf subjektiver Seite hält er dabei zwar die dauernde Enteigung des Berechtigten für möglich und nimmt sie billigend in Kauf, ist sich aber nicht sicher, dass dies geschieht und verfolgt dieses Ergebnis auch nicht, da es ihm egal ist, ob der Berechtigte den Wagen zurückerhält. Da in Deutschland – wie z.B. auch in der Schweiz und in Österreich[1389] – in solchen Fällen amtlich registrierte Fahrzeuge meistens innerhalb kurzer Zeit an den Berechtigten zurückgelangen und dies hinlänglich bekannt ist,[1390] wäre eine Bestrafung wegen Diebstahls mangels Zueignungsabsicht nicht möglich, wenn für die Enteignungskomponente Eventualvorsatz nicht ausreichen oder wenn an diesen so hohe Anforderungen gestellt würden, dass die beschriebene Situation diesen nicht genügen würde. Auch wenn eine solche Situation bspw. in England besteht,[1391] ist nicht zu erwarten, dass sich die Anforderungen an die Zueignungsabsicht oder an den *dolus eventualis* generell in absehbarer Zeit so verändern, dass eine Subsumtion der geschilderten Fälle unter die Diebstahlsvorschrift nicht mehr möglich ist.

Zusammenfassend lässt sich sagen, dass es zwar mehrere mögliche Entwicklungen – sowohl durch den Gesetzgeber als auch durch die Rechtsprechung – gibt, die die Strafbarkeit des unbefugten Gebrauchs von Kraftfahrzeugen und

---

kehrsfläche nach Ende des unbefugten Gebrauchs als Indiz für das Fehlen des auf dauernde Entziehung gerichteten Vorsatzes zu werten sei, da der Täter „zu Recht darauf vertraue[...], dass die Polizei den Berechtigten ermitteln werde und dieser die Sache zurückerlange." Siehe dazu *Wach*, in: Salzburger Kommentar, § 135, Rn. 29. Außerdem D. I. 1. a) und E. III.

1388 Siehe dazu oben unter C. IV. 3.

1389 BGE 85 IV, 17, 21; *Bertel*, in: Wiener Kommentar, § 136, Rn. 25; *Niggli*, in: Basler Kommentar, Art. 137, Rn. 29; *Wach*, in: Salzburger Kommentar, § 135, Rn. 29.

1390 So *Gilka*, Diebstahl und Gebrauchsentwendung von Kfz, S. 13 f.; *Schaudwet*, JR 1965, 413, 414; 96; *Vogel*, in: LK, § 242, Rn. 160. *Bertel*, in: Wiener Kommentar, § 136, Rn. 25 nimmt dies auch für in Österreich unbefugt in Gebrauch genommene Fahrzeuge an, die nach Ende des Gebrauchs auf einer öffentlichen Verkehrsfläche in Deutschland stehen gelassen werden.

1391 In England muss der Täter des Diebstahls nach Section 1 Theft Act 1968 mit der Absicht handeln, den Eigentümer dauerhaft zu enteignen (*intention of permanently depriving the other of [the property]*). Siehe dazu oben unter D. II. 1. k) und E. III. 4.

Fahrrädern betreffen; keine dieser Möglichkeiten stellt aber – zumindest in absehbarer Zeit – eine realistische Entwicklung in diesem Bereich dar.

## III. Schlusswort

Für das derzeit bestehende System, in dem § 248b Bestandteil des StGB ist, sollten im Umgang mit Auslegung und Anwendung die oben im ersten Teil erarbeiteten Grundsätze beachtet werden. Insbesondere ist noch einmal darauf hinzuweisen, dass die Überschreitung eines bestehenden Gebrauchsrechts in zeitlicher oder inhaltlicher Sicht keine unbefugte Ingebrauchnahme i.S.d. § 248b darstellt. Des Weiteren ist darauf hinzuweisen, dass die floskelhafte Begründung von Diebstahl oder Unterschlagung gefährlich ist. Stattdessen muss in jedem einzelnen Fall geprüft werden, ob der Täter mit dem Vorsatz gehandelt hat, den Berechtigten *dauerhaft* zu enteignen.

# Literaturverzeichnis

| | |
|---|---|
| *Allen*, Michael | Textbook on Criminal Law<br>10. Aufl., Oxford 2009<br>zit.: *Allen*, Criminal Law |
| *Allen*, Michael<br>*Cooper*, Simon | Elliot and Wood's Cases and Materials on Criminal Law<br>10. Aufl., London 2010<br>zit.: *Allen/Cooper*, Elliot and Wood's Criminal Law |
| *Amelung*, Knut | Anmerkung zu OLG Zweibrücken, NStZ 1985, 456<br>NStZ 1985, S. 457 – 458<br>zit.: *Amelung*, NStZ 1985 |
| *ders.* | Grundsätzliches zur Freiwilligkeit der Einwilligung des Verletzten<br>NStZ 2006, S. 317 – 320<br>zit.: *Amelung*, NStZ 2006 |
| *ders.* | Rechtsgüterschutz und Schutz der Gesellschaft<br>Diss. Göttingen; Frankfurt 1972<br>zit: *Amelung*, Rechtsgüterschutz |
| *ders.* | Zur Kritik des kriminalpolitischen Strafrechtssystems von Roxin<br>JZ 1982, S. 617 – 622<br>zit.: *Amelung*, JZ 1982 |
| *Amelung*, Knut<br>*Schall*, Hero | Zum Einsatz von Polizeispitzeln: Hausfriedensbruch und Notstandsrechtfertigung, Wohnungsgrundrecht und Durchsuchungsbefugnis – OLG München, DVBl. 1973, 221<br>JuS 1975, S. 565 – 572<br>zit.: *Amelung/Schall*, JuS 1975 |
| *Appel*, Ivo | Rechtsgüterschutz durch Strafrecht? – Anmerkungen aus verfassungsrechtlicher Sicht<br>Krit. Vj. 82 (1999), S. 278 – 311<br>zit.: *Appel*, Krit. Vj. 82 (1999) |
| *ders.* | Verfassung und Strafe – Zu den verfassungsrechtlichen Grenzen staatlichen Strafens<br>Diss. Freiburg i. Br.; Berlin 1998<br>zit.: *Appel*, Verfassung und Strafe |
| *Arndt*, Herbert | Der Kraftwagendiebstahl<br>DAR 1954, S. 30 – 32<br>zit.: *Arndt*, DAR 1954 |

*Arzt*, Gunther
*Weber*, Ulrich

Strafrecht Besonderer Teil
LH 1: Delikte gegen die Person
2. Aufl., Bielefeld 1981
zit.: *Arzt/Weber*, BT I

*dies.*

Strafrecht Besonderer Teil
LH 3: Vermögensdelikte (Kernbereich)
2. Aufl., Bielefeld 1986
zit.: *Arzt/Weber*, BT III

*Arzt*, Gunther
*Weber*, Ulrich
*Heinrich*, Bernd
*Hilgendorf*, Eric

Strafrecht Besonderer Teil
Bielefeld 2009
zit.: *Arzt/Weber/Heinrich/Hilgendorf*, BT

*Ashworth*, Andrew

Principles of Criminal Law

6. Aufl., Oxford 2009
zit.: *Ashworth*, Criminal Law

5. Aufl., Oxford 2006
zit.: *Ashworth*, Criminal Law (5. Aufl.)

*Bachner-Foregger*,
Helene

Strafgesetzbuch
23. Aufl., Wien 2010
zit.: *Bachner-Foregger*, öStGB

*Balogh*, Elemér

Die Verdachtsstrafe als Erscheinungsform der
Schuldvermutung – Das Problem der Verdachtsstrafe nach der Abschaffung der Folter bis zur Einführung freier Beweiswürdigung
Diss Freiburg i. Br. 1992; Szeged 1993
zit.: *Balogh*, Verdachtsstrafe

*Baumann*, Jürgen

Strafe als soziale Aufgabe
in: Gedächtnisschrift für Peter Noll
Hrsg: Hauser, Robert; Rehberg, Jörg; Stratenwerth,
Günter
Zürich 1984
S. 27 – 36
zit.: *Baumann*, in: GS Noll

*Baumann*, Jürgen
*Weber*, Ulrich
*Mitsch*, Wolfgang

Strafrecht Allgemeiner Teil
11. Aufl., Bielefeld 2003
zit.: *Baumann/Weber/Mitsch*, AT

*Bernsmann*, Klaus

Der Verzicht auf Feststellungen bei § 142 StGB
NZV 1989, S. 49 – 58
zit.: *Bernsmann*, NZV 1989

| | |
|---|---|
| *ders.* | Tatbestandsprobleme des Hausfriedensbruchs (2. Teil)<br>Jura 1981, S. 403 – 410<br>zit.: *Bernsmann*, Jura 1981 |
| *Beulke*, Werner | Strafprozessrecht<br>11. Aufl., Heidelberg 2010<br>zit.: *Beulke*, StPO |
| *Binding*, Karl | Lehrbuch des gemeinen deutschen Strafrechts<br>Besonderer Teil, Bd. 1<br>2. Aufl., Leipzig 1902 (Nachdruck Aalen 1969)<br>zit.: *Binding*, BT I |
| *Birkmeyer*, Karl<br>*Calker*, Fritz van<br>*Frank*, Reinhard<br>*Hippel*, Robert von<br>*Kahl*, Wilhelm<br>*Lilienthal*, Karl von<br>*Wach*, Adolf (Hrsg.) | Vergleichende Darstellung des deutschen und ausländischen Strafrechts<br>Besonderer Teil, Bd. VI<br>Berlin 1907<br>zit.: *Bearbeiter*, in: VDB VI |
| *Blei*, Hermann | Strafschutzbedürfnis und Auslegung<br>in: Grundfragen der gesamten Strafrechtswissenschaft, Festschrift für Heinrich Henkel zum 70. Geburtstag<br>Hrsg.: Roxin, Claus; Bruns, Hans-Jürgen; Jäger, Herbert<br>Berlin, New York 1974<br>S. 109 – 123<br>zit.: *Blei*, in: FS Henkel |
| *Bloy*, René | Die Behandlung der Sachentziehung im deutschen, österreichischen und schweizerischen Strafrecht<br>in: Festschrift für Dietrich Oehler zum 70. Geburtstag<br>Hrsg.: Herzberg, Rolf Dietrich<br>S. 559 - 579<br>Köln, Berlin, Bonn, München 1985<br>zit.: *Bloy*, in: FS Oehler |
| *Bockelmann*, Paul | Strafrecht Besonderer Teil/1<br>2. Aufl., München 1982<br>zit.: *Bockelmann*, BT I |

*Bohnert*, Joachim — Die Willensbarriere als Tatbestandsmerkmal des Hausfriedensbruchs
GA 1983, S. 1 – 21
zit.: *Bohnert*, GA 1983

*ders.* — Ordnungswidrigkeitengesetz – Kommentar
3. Aufl., München 2010
zit.: *Bohnert*, OWiG

*ders.* — Ordnungswidrigkeitenrecht
4. Aufl., München 2010
zit.: *Bohnert*, OWiR

*ders.* — Strafmaßdiskrepanzen bei den Sachbeschädigungsdelikten
JR 1988, S. 446 – 448
zit.: *Bohnert*, JR 1988

*Bülte*, Jens — § 127 Abs. 1 Satz 1 StPO als Eingriffsbefugnis für den Bürger und als Rechtfertigungsgrund
ZStW 121 (2009), S. 377 – 415
zit.: *Bülte*, ZStW 121 (2009)

*Cantzler*, Constantin — Gelöste, ungelöste und neugeschaffene Probleme bei der Unterschlagung (§ 246 StGB) nach dem 6. StRG
JA 2001, S. 567 – 573
zit.: *Cantzler*, JA 2001

*Cantzler*, Constantin
*Zauner*, Bernd — Die Subsidiaritätsklausel in § 246 StGB: Zugleich eine Anmerkung zum Urteil des BGH vom 6. Februar 2002 – 1 StR 513/01
Jura 2003, S. 483 – 488
zit.: *Cantzler/Zauner*, Jura 2003

*Card*, Richard — Card, Cross & Jones Criminal Law
7. Aufl., Oxford 2010
zit.: *Card*, Card, Cross & Jones Criminal Law

*Clarkson*, C.M.V.
*Keating*, H.M.
*Cunningham*, S.R. — Clarkson and Keating Criminal Law
7. Aufl., London 2010
zit.: *Clarkson/Keating/Cunningham*, Clarkson and Keating Criminal Law

*Criminal Law Revision*  Eighth Report on Theft and Related Offences
*Committee*               Cmnd. 2977 of 1966, § 56
                          abgedruckt in: Allen, Michael; Cooper, Simon – El-
                          liot and Wood's Cases and Materials on Criminal
                          Law, 10. Aufl., London 2010, S. 665
                          zit.: *Criminal Law Revision Committee*, Eighth Re-
                          port on Theft and Related Offences, Cmnd. 2977 of
                          1966, § 56

*Dencker*, Friedrich      Zueignungsabsicht und Vorsatz der Zueignung
                          in: Festschrift für Hans-Joachim Rudolphi zum 70.
                          Geburtstag
                          Hrsg.: Rogall, Klaus; Puppe, Ingeborg; Stein, Ul-
                          rich; Wolter, Jürgen
                          S. 425 - 443
                          Neuwied 2004
                          zit.: *Dencker*, in: FS Rudolphi

*Dine*, Janett            Cases and Materials on Criminal Law
*Gobert*, James           6. Aufl., Oxford 2011
*Wilson*, William         zit.: *Dine/Gobert/Wilson*, Criminal Law

*Disput*, Anja            Die (mutmaßliche) Zustimmung des Rechtsgutsträ-
                          gers und deren Auswirkungen auf die Erfüllung des
                          strafrechtlichen Tatbestandes
                          Diss. Frankfurt a.M.; Frankfurt a.M. 2009
                          zit.: *Disput*, (Mutmaßliche) Zustimmung des
                          Rechtsgutsträgers

*Disse*, Eva Sybille      Die Privilegierung der Sachbeschädigung
                          (§ 303 StGB) gegenüber Diebstahl (§ 242 StGB)
                          und Unterschlagung (§ 246 StGB)
                          Diss. Erlangen-Nürnberg 1981; Köln, Bonn, Berlin
                          München 1982
                          zit.: *Disse*, Privilegierung der Sachbeschädigung

*Dölling*, Dieter         Gesamtes Strafrecht
*Duttge*, Gunnar          Handkommentar
*Rössner*, Dieter         2. Aufl., Baden-Baden 2011
(Hrsg.)                   zit.: *Bearbeiter*, in: HK-GS

*Duttge*, Gunnar          Die vier Probleme bei der Auslegung des § 246
*Sotelsek*, Marc          StGB – Eine Bestandsaufnahme vier Jahre nach
                          dem 6. Strafrechtsreformgesetz
                          Jura 2002, S. 526 – 534
                          zit.: *Duttge/Sotelsek*, Jura 2002

| | |
|---|---|
| *dies.* | „Freifahrtschein" für Unterschlagungstäter?<br>NJW 2002, S. 3756 – 3758<br>zit.: *Duttge/Sotelsek*, NJW 2002 |
| *Ebert*, Arnold | Zur Strafbarkeit ungetreuer Kraftfahrzeugmeister<br>DAR 1954, S. 291 – 292<br>zit.: *Ebert*, DAR 1954 |
| *Eisele*, Jörg | Strafrecht Besonderer Teil I<br>Stuttgart 2008<br>zit.: *Eisele*, BT I |
| *ders.* | Strafrecht Besonderer Teil II<br>Stuttgart 2009<br>zit.: *Eisele*, BT II |
| *Eisenberg*, Ulrich | Jugendgerichtsgesetz – Kommentar<br>15. Aufl., München 2012<br>zit.: *Eisenberg*, JGG |
| *Elliot*, Catherine<br>*Quinn*, Frances | Criminal Law<br>8. Aufl., Harlow 2010<br>zit.: *Elliot/Quinn*, Criminal Law |
| *Elster*, Alexander | Gebrauchsdiebstahl von Geistesgut<br>ZStW 53 (1934), S. 442 – 457<br>zit.: *Elster*, ZStW 53 (1934) |
| *Entwurf eines Strafge-<br>setzbuches* | Entwurf eines Strafgesetzbuches (StGB) E 1962<br>(mit Begründung)<br>– Bundestagsvorlage –<br>Bonn 1962<br>zit.: E 1962 |
| *Eser*, Albin | Strafrecht IV<br>Schwerpunkt Vermögensdelikte<br>4. Aufl., München 1983<br>zit.: *Eser*, StR IV |
| *Fabrizy*, Ernst Eugen | Strafgesetzbuch samt ausgewählten Nebengesetzen<br>Kurzkommentar<br>10. Aufl., Wien 2010<br>zit.: *Fabrizy*, öStGB |
| *Fahl*, Christian | Freiheitsberaubende Kindesentziehung ohne Straf-<br>antrag?<br>GA 1996, S. 476 – 489<br>zit.: *Fahl*, GA 1996 |

| | |
|---|---|
| *Figgener*, Stefanus | Die Akzeptanz neuerer Strafnormen durch die Rechtsprechung – Versuch einer Typisierung in bezug auf die §§ 248b, 263a und 265a StGB<br>Diss. München; München 1996<br>zit.: *Figgener*, Akzeptanz neuerer Strafnormen durch die Rspr. |
| *Fischer*, Thomas | Strafgesetzbuch und Nebengesetze – Kommentar<br>58. Aufl., München 2011<br>zit.: *Fischer* |
| *Foregger*, Egmont<br>*Kodek*, Gerhard | Strafgesetzbuch – Kommentar<br>6. Aufl., Wien 1997 (Vorauflage zu *Fabrizy*, öStGB)<br>zit.: *Foregger/Kodek* (6. Aufl.), öStGB |
| *Frank*, Reinhard | Das Strafgesetzbuch für das Deutsche Reich – Kommentar<br>18. Aufl., Tübingen 1931<br>zit.: *Frank* |
| *Franke*, Dietmar | Zur unberechtigten Ingebrauchnahme eines Fahrzeugs (§ 248b)<br>NJW 1974, S. 1803 – 1805<br>zit.: *Franke*, NJW 1974 |
| *Freund*, Georg | Strafrecht Allgemeiner Teil<br>2. Aufl., Berlin, Heidelberg 2009<br>zit.: *Freund*, AT |
| *Freund*, Georg<br>*Putz*, Sarah Antonia | Materiellrechtliche Strafbarkeit und formelle Subsidiarität der Unterschlagung (§ 246 StGB) wörtlich genommen<br>NStZ 2003, S. 242 – 247<br>zit.: *Freund/Putz*, NStZ 2003 |
| *Fricke*, Torsten | Wertminderung oder Teilfunktionsentzug als Voraussetzung der Enteignungskomponente bei der Zueignungsabsicht in § 242 StGB?<br>MDR 1988, S. 538 – 540<br>zit.: *Fricke*, MDR 1988 |

| | |
|---|---|
| *Frisch*, Wolfgang | An den Grenzen des Strafrechts<br>in: Beiträge zur Rechtswissenschaft – Festschrift für Walter Stree und Johannes Wessels zum 70. Geburtstag<br>Hrsg.: Küper, Wilfried; Welp, Jürgen<br>S. 69 – 106<br>Heidelberg 1993<br>zit: *Frisch*, in: FS Stree/Wessels |
| *Gallas*, Wilhelm | Gründe und Grenzen der Strafbarkeit<br>in: Beiträge zur Verbrechenslehre<br>Hrsg.: Gallas, Wilhelm<br>S. 1 – 18<br>Berlin 1968<br>zit.: *Gallas*, in: Verbrechenslehre |
| *Geerds*, Friedrich | Einwilligung und Einverständnis des Verletzten im Strafrecht<br>GA 1954, S. 262 – 269<br>zit.: *Geerds*, GA 1954 |
| *ders.* | Über Diebstahl und unbefugten Gebrauch von Kraftfahrzeugen<br>Kriminalistik 14 (1960), S. 106 – 109, 171 – 174, 212 – 214<br>zit.: *Geerds*, Kriminalistik 14 (1960) |
| *Geilen*, G. | Diebstahl durch eigenmächtige Benutzung eines Kfz<br>JK 1983, StGB § 242/3<br>zit.: *Geilen*, JK 1983, StGB § 242/3 |
| *Geppert*, Klaus | Die Beihilfe (§ 27 StGB)<br>Jura 1999, S. 266 – 274<br>zit.: *Geppert*, Jura 1999 |
| *ders.* | Grundzüge der Konkurrenzlehre (§§ 52 – 55 StGB)<br>Jura 1982, S. 418 – 429<br>zit.: *Geppert*, Jura 1982 |
| *ders.* | Zu einigen immer wiederkehrenden Streitfragen im Rahmen des Hausfriedensbruchs (§ 123 StGB)<br>Jura 1989, S. 378 – 383<br>zit.: *Geppert*, Jura 1989 |
| *ders.* | Zur Abgrenzung von Diebstahl und unbefugtem Gebrauch eines Kraftfahrzeuges<br>JK 1987, StGB § 248b/2<br>zit.: *Geppert*, JK 1987, StGB § 248b/2 |

| | |
|---|---|
| *ders.* | Zur Abgrenzung von Vorsatz und Fahrlässigkeit, insbesondere bei Tötungsdelikten<br>Jura 2001, S. 55 – 59<br>zit.: *Geppert*, Jura 2001 |
| *Giger*, Hans | SVG – Strassenverkehrsgesetz<br>Kommentar<br>7. Aufl., Zürich 2008<br>zit.: *Giger*, SVG |
| *Gilka*, Leo | Die Abgrenzung zwischen Diebstahl und Ge-brauchsentwendung von Kraftfahrzeugen<br>Diss. Köln; Köln 1959<br>zit.: *Gilka*, Diebstahl und Gebrauchsentwendung von Kfz |
| *Göhler*, Erich<br>*Gürtler*, Franz<br>*Seitz*, Helmut | Gesetz über Ordnungswidrigkeiten – Kommentar<br>15. Aufl., München 2009<br>zit.: *Bearbeiter*, in: Göhler OWiG |
| *Gössel*, Heinz | Abtreibung als Verwaltungsunrecht?<br>JR 1976, S. 1 – 7<br>zit.: *Gössel*, JR 1976 |
| *Gössel*, Karl Heinz | Strafrecht Besonderer Teil<br>Bd. 2<br>Heidelberg 1996<br>zit.: *Gössel*, BT II |
| *ders.* | Sukzessive Mittäterschaft und Tatherrschaftstheo-rien<br>in: Festschrift für Hans-Heinrich Jescheck zum 70. Geburtstag, Erster Halbband<br>Hrsg.: Vogler, Theo; u.a.<br>S. 537 – 557<br>Berlin 1985<br>zit.: *Gössel*, in: FS Jescheck |
| *Goltdammer* | Die Materialien zum Strafgesetzbuche für die Preu-ßischen Staaten – Kommentar<br>Theil II<br>Berlin 1852<br>zit.: *Goltdammer*, Materialien |
| *Gribbohm*, Günter | Verwendung fremder Sachen zum Zwecke der Täu-schung des Eigentümers<br>NJW 1966, S. 191 – 192<br>zit.: *Gribbohm*, NJW 1966 |

*Griew*, Edward                The Theft Act
                               7. Aufl., London 1995
                               zit.: *Griew*, Theft Act

*Gropp*, Walter                Anmerkung zu BGH JR 1985, 517
                               JR 1985, S. 518 – 521
                               zit.: *Gropp*, JR 1985

*ders.*                        Der Diebstahlstatbestand unter besonderer Berück-
                               sichtigung der Regelbeispiele
                               JuS 1999, S. 1041 – 1051
                               zit.: *Gropp*, JuS 1999

*ders.*                        Strafrecht Allgemeiner Teil
                               3. Aufl., Berlin, Heidelberg 2005
                               zit.: *Gropp*, AT

*Große Strafrechtskom-*        Niederschriften über die Sitzungen der Großen
*mission*                      Strafrechtskommission
                               6. Bd., Besonderer Teil, 59. bis 66. Sitzung
                               Bonn 1958
                               zit.: *Bearbeiter*, in: Niederschriften Große Straf-
                               rechtskommission, Bd. 6

*Große Strafrechtskom-*        Entwurf eines Strafgesetzbuchs nach den Beschlüs-
*mission*                      sen der Großen Strafrechtskommission in erster Le-
                               sung zusammengestellt und überarbeitet vom Bun-
                               desministerium der Justiz
                               in: Niederschriften über die Sitzungen der Großen
                               Strafrechtskommission
                               12. Bd., Zweite Lesung des Entwurfs – Allgemeiner
                               Teil
                               Anhang B
                               Bonn 1959
                               zit.: E 1959

*Günther*, Hans-Ludwig         Die Genese eines Straftatbestandes – Eine Einfüh-
                               rung in Fragen der Strafgesetzgebungslehre
                               JuS 1978, S. 8 – 14
                               zit.: *Günther*, JuS 1978

*Haft*, Fritjof                Strafrecht Besonderer Teil I
*Hilgendorf*, Eric             Vermögensdelikte
                               9. Aufl., München 2009
                               zit.: *Haft/Hilgendorf*, BT I

*Hamann*, Andreas              Grundgesetz und Strafgesetzgebung
                               Neuwied, Berlin 1963
                               zit.: *Hamann*, Grundgesetz und Strafgesetzgebung

| | |
|---|---|
| *Hanack*, Ernst-Walter | Hausfriedensbruch durch Testkäufer – LG Frankfurt, NJW 1963, 1022<br>JuS 1964, S. 352 – 355<br>zit.: *Hanack*, JuS 1964 |
| *Hartung*, F. | Anmerkung zu BayObLG JR 1963, 428<br>JR 1963, S. 428 – 429<br>zit.: *Hartung*, JR 1963 |
| *Heaton*, Russel<br>*De Than*, Claire | Criminal Law<br>3. Aufl., Oxford 2011<br>zit.: *Heaton/de Than*, Criminal Law |
| *Heghmanns*, Michael | Die Subsidiarität der Unterschlagung – BGHSt 47, 243<br>JuS 2003, S. 954 – 958<br>zit.: *Heghmanns*, JuS 2003 |
| *ders.* | Strafrecht für alle Semester<br>Besonderer Teil<br>Berlin, Heidelberg 2009<br>zit.: *Heghmanns*, BT |
| *Hefendehl*, Roland | Der fragmentarische Charakter des Strafrechts<br>JA 2011, S. 401 – 406<br>zit.: *Hefendehl*, JA 2011 |
| *Heinrich*, Bernd | Der Umfang der Ausübung des Hausrechts in einer Wohnung bei mehreren Berechtigten im Rahmen des § 123 StGB<br>JR 1997, S. 89 – 96<br>zit.: *Heinrich*, JR 1997 |
| *ders.* | Strafrecht Allgemeiner Teil I<br>2. Aufl., Stuttgart 2010<br>zit.: *Heinrich*, AT I |

*Heinrich*, Manfred | Strafrecht als Rechtsgüterschutz – ein Auslaufmodell?
– Zur Unverbrüchlichkeit des Rechtsgutsdogmas
in: Strafrecht als Scientia Universalis – Festschrift für Claus Roxin zum 80. Geburtstag
Bd. 1
Hrsg.: Heinrich, Manfred; Jäger, Christian; Achenbach, Hans; Amelung, Knut; Bottke, Wilfried; Haffke, Benrhard; Schünemann, Bernd; Wolter, Jürgen
Berlin, New York 2011
S. 131 – 154
zit.: *Heinrich*, in: FS Roxin

*Heintschell-Heinegg*, Bernd von | Die Konsumtion als eigenständige Form der Gesetzeskonkurrenz
in: Festschrift für Günther Jakobs zum 70. Geburtstag
Hrsg.: Pawlik, Michael; Zaczyk, Rainer
Köln, Berlin, München 2007
S. 131 – 145
zit.: *v. Heintschell-Heinegg*, in: FS Jakobs

*ders.* (Hrsg.) | Beck'scher Onlinekommentar Strafgesetzbuch
Stand: 15.08.2011, 16. Edition
zit.: Bearbeiter, in: BK

*Hentschel*, Peter
*König*, Peter
*Dauer*, Peter | Straßenverkehrsrecht
Kommentar
41. Aufl., München 2011
zit.: Bearbeiter, in: *Hentschel/König/Dauer*

*Herring*, Jonathan | Criminal Law
6. Aufl., Basingstoke 2009
zit.: *Herring*, Criminal Law

*ders.* | Criminal Law – Texts, Cases and Materials
4. Aufl., Oxford 2010
zit.: *Herring*, Criminal Law – Texts, Cases and Materials

*Herzberg*, Rolf Dietrich | Tanken ohne zu zahlen – Zivil- und strafrechtliche Probleme beim Barkauf durch unredliche Käufer
JA 1980, S. 385 – 392
zit.: *Herzberg*, JA 1980

*Herzberg*, Rolf Dietrich  Irrtümer eines Hotelgastes – Ein Bericht über eine
*Hardtung*, Bernhard  strafrechtliche Hausarbeit
JuS 1994, S. 492 – 496
zit.: *Herzberg/Hardtung*, JuS 1994

*Heubel*, Horst  Grundprobleme des Diebstahltatbestandes
JuS 1984, S. 445 – 451
zit.: *Heubel*, JuS 1984

*Hillenkamp*, Thomas  Beweisnot und materielles Recht
in: Festschrift für Rudolf Wassermann zum 60. Geburtstag
Hrsg.: Broda, Christian; Deutsch, Erwin; Schreiber, Hans-Ludwig; Vogel, Hans-Jochen
Neuwied Darmstadt 1985
S. 861 – 874
zit.: *Hillenkamp*, in: FS Wassermann

*ders.*  Vorsatztat und Opferverhalten
Göttingen 1981
zit.: *Hillenkamp*, Vorsatztat und Opferverhalten

*ders.*  32 Probleme aus dem Strafrecht Allgemeiner Teil
13. Aufl., München 2010
zit.: *Hillenkamp*, AT

*His*, Rudolf  Das Strafrecht des deutschen Mittelalters
Zweiter Teil: Die einzelnen Verbrechen
Weimar 1935
zit.: *His*, StR Mittelalter II

*Höpfel*, Frank  Wiener Kommentar zum Strafgesetzbuch
*Ratz*, Eckart  Wien, Loseblattsammlung, Stand 2011
zit.: *Bearbeiter*, in: Wiener Kommentar

*Hohmann*, Olaf  Strafrecht Besonderer Teil I
*Sander*, Günther M.  3. Aufl., München 2011
zit.: *Hohmann/Sander*, BT I

*Honsell*, Heinrich  Römisches Recht
7. Aufl., Berlin, Heidelberg 2010
zit.: *Honsell*, Römisches Recht

*Hoppe*,  Diebstahl an Elektrizität
DJZ 1897, S. 58 – 59
zit.: *Hoppe*, DJZ 1897

*Hoyer*, Andreas  Anmerkung zu BGH JR 2002, 516
JR 2002, S. 517 – 518
zit.: *Hoyer*, JR 2002

| | |
|---|---|
| *Hufen*, Friedhelm | In dubio pro dignitate – Selbstbestimmungsrecht und Grundrechtsschutz am Ende des Lebens<br>NJW 2001, S. 849 – 857<br>zit.: *Hufen*, NJW 2001 |
| *Jäger*, Christian | Unterschlagung nach dem 6. Strafrechtsreformgesetz – Ein Leitfaden für Studium und Praxis<br>JuS 2000, S. 1167 – 1172<br>zit.: *Jäger*, JuS 2000 |
| *Jähnke*, Burkhard<br>*Laufhütte*, Heinrich<br>Wilhelm<br>*Odersky*, Walter | Strafgesetzbuch<br>Leipziger Kommentar<br>6. Bd. (§§ 223 – 263a StGB)<br>11. Aufl., Berlin 2005 (Stand 1994 – 2001)<br>zit.: *Bearbeiter*, in: LK (11. Aufl.) |
| *Jagusch*, Heinrich<br>*Mezger*, Edmund<br>*Schaefer*, August<br>*Werner*, Wolfhart | Strafgesetzbuch<br>Leipziger Kommentar<br>2. Bd. (§§ 153 – 370 StGB)<br>8. Aufl., Berlin 1958<br>zit.: *Bearbeiter*, in: LK (8. Aufl.) |
| *Jakobs*, Günther | Strafrecht Allgemeiner Teil<br>2. Aufl., Berlin, New York 1991<br>zit.: *Jakobs*, AT |
| *Janiszewski*, Horst | Überblick über neue Entscheidungen in Verkehrsstraf- und Bußgeldsachen – Überblick I/1987<br>NStZ 1987, S. 112 – 117<br>zit.: *Janiszewski*, NStZ 1987 |
| *ders.* | Verkehrsstrafrecht<br>5. Aufl., München 2004<br>zit.: *Janiszewski*, Verkehrsstrafrecht |
| *Janiszewski*, Udo | Eindringen durch Unterlassen?<br>JA 1985, S. 570 – 572<br>zit.: *Janiszewski*, JA 1985 |
| *Janzarik*, Werner | Vorrechtliche Aspekte des Vorsatzes<br>ZStW 104 (1992), S. 65 – 81<br>zit.: *Janzarik*, ZStW 104 (1992) |
| *Jefferson*, Michael | Criminal Law<br>9. Aufl., Harlow 2009<br>zit.: *Jefferson*, Criminal Law |

| | |
|---|---|
| *Jescheck*, Hans-Heinrich | Wesen und rechtliche Bedeutung der Beendigung der Straftat<br>in: Festschrift für Hans Welzel zum 70. Geburtstag<br>Hrsg.: Stratenwerth, Günter; Kaufmann, Armin; Geilen, Gerd; Hirsch, Hans Joachim; Schreiber, Hans-Ludwig; Jakobs, Günther; Loos, Fritz<br>Berlin New York 1974<br>S. 683 – 699<br>zit.: *Jescheck*, in: FS Welzel |
| *Jescheck*, Hans-Heinrich<br>*Weigend*, Thomas | Lehrbuch des Strafrechts Allgemeiner Teil<br>5. Aufl., Berlin 1996<br>zit.: *Jescheck/Weigend*, AT |
| *Joecks*, Wolfgang | Strafgesetzbuch<br>Studienkommentar<br>9. Aufl., München 2010<br>zit.: *Joecks* |
| *Joecks*, Wolfgang<br>*Miebach*, Klaus<br>(Hrsg.) | Münchener Kommentar zum Strafgesetzbuch<br>Bd. 1 (§§ 1 – 51 StGB)<br>München 2003<br><br>Bd. 2/2 (§§ 80 – 184f StGB)<br>München 2005<br><br>Bd. 3 (§§ 185 – 262 StGB)<br>München 2003<br><br>Bd. 4 (§§ 263 – 358 StGB)<br>München 2006<br><br>zit.: *Bearbeiter*, in: MüKo |
| *Kareklás*, Stéphanos Emm. | „Eindringen" durch Unterlassen: Die dogmatische Begründung der Rechtsfigur bei § 123 StGB und ihre Fallkonstellationen<br>In: Festschrift für Theodor Lenckner zum 70. Geburtstag<br>Hrsg.: Eser, Albin; Schittenhelm, Ulrike; Schumann, Heribert<br>S. 459 – 476<br>München 1998<br>zit: *Kareklás*, in: FS Leckner |

| | |
|---|---|
| *Kargl*, Walter | Gesinnung und Erfolg im Unterschlagungstatbestand – Die Manifestation der Zueignung ZStW 103 (1991), S. 136 – 185 zit.: *Kargl*, ZStW 103 (1991) |
| *Kaufmann*, Arthur | Subsidiaritätsprinzip und Strafrecht in: Grundfragen der gesamten Strafrechtswissenschaft – Festschrift für Heinrich Henkel zum 70. Geburtstag Hrsg.: Roxin, Claus; Bruns, Hans-Jürgen; Jäger, Herbert Berlin 1974 S. 89 – 107 zit.: *Kaufmann*, in: FS Henkel |
| *Keller*, R. | Anmerkung zu BGH JR 1987, 342 JR 1987, S. 343 – 343 zit.: *Keller*, JR 1987 |
| *Kindhäuser*, Urs | Gegenstand und Kriterien der Zueignung beim Diebstahl in: Kriminalistik und Strafrecht – Festschrift für Friedrich Geerds zum 70. Geburtstag Hrsg.: Schlüchter, Ellen S. 655 – 674 Lübeck 1995 zit.: *Kindhäuser*, in: FS Geerds |
| *ders.* | Strafgesetzbuch – Lehr- und Praxiskommentar 4. Aufl., Baden-Baden 2010 zit.: *Kindhäuser*, LPK |
| *ders.* | Strafrecht Allgemeiner Teil 4. Aufl., Baden-Baden 2009 zit.: *Kindhäuser*, AT |
| *ders.* | Strafrecht Besonderer Teil II 6. Aufl., Baden-Baden 2011 zit.: *Kindhäuser*, BT II |
| *Kindhäuser*, Urs *Neumann*, Ulfrid *Paeffgen*, Hans-Ulrich (Hrsg.) | Nomos Kommentar Strafgesetzbuch Bd. 1 (§§ 1 – 145d StGB) 3. Aufl., Baden-Baden 2010 |
| | Bd. 2 (§§ 146 – 358 StGB) 3. Aufl., Baden-Baden 2010 |
| | zit.: *Bearbeiter*, in: NK |

| | |
|---|---|
| *Kleinknecht*, Th.<br>*Müller*, H.<br>*Reitberger*, L.<br>(Hrsg.) | Kommentar zur Strafprozessordnung<br>Bd. 2 (§§ 94 – 150 StPO)<br>Köln, Loseblattsammlung, Stand 2011<br>zit.: *Bearbeiter*, in: KMR-StPO |
| *Klesczewski*, Diethelm | Ordnungswidrigkeitenrecht<br>München 2010<br>zit.: *Klesczewski*, OWiR |
| *König*, Peter | Kann einem ominimodo facturus Beihilfe geleistet<br>werden?<br>NJW 2002, S. 1623 – 1625<br>zit.: *König*, NJW 2002 |
| *Krack*, Ralf | Handeltreiben mit Betäubungsmitteln nach deren<br>Sicherstellung – BGH NJW 1994, 2162<br>JuS 1995, S. 585 – 589<br>zit.: *Krack*, JuS 1995 |
| *Kretschmer*, Joachim | Der Begriff der Gefahr in § 34 StGB<br>Jura 2005, S. 662 – 666<br>zit.: *Kretschmer*, Jura 2005 |
| *Krey*, Volker<br>*Hellmann*, Uwe | Strafrecht Besonderer Teil II<br>15. Aufl., Stuttgart 2008<br>zit.: *Krey/Hellmann*, BT II |
| *Kühl*, Kristian | Die Beendigung des vollendeten Delikts<br>in: Festschrift für Claus Roxin zum 70. Geburtstag<br>Hrsg.: Schünemann, Bernd; Bottke, Wilfried;<br>Achenbach, Hans; Haffke, Bernhard; Rudolphi,<br>Hans-Joachim<br>Berlin, New York 2001<br>S. 665 – 687<br>zit.: *Kühl*, in: FS Roxin |
| *ders.* | Die ethisch-moralischen Grundlagen des Strafrechts<br>– Eine Vergewisserung an Hand des „Lehrbuchs des<br>Strafrechts. Allgemeiner Tei" von Hans-Heinrich<br>Jescheck<br>ZStW 116 (2004), S. 870 – 890<br>zit.: *Kühl*, ZStW 116 (2004) |

| | |
|---|---|
| *ders.* | Fragmentarisches und subsidiäres Strafrecht<br>in: Festschrift für Klaus Tiedemann zum 70. Geburtstag<br>Hrsg.: Sieber, Ulrich; Dannecker, Gerhard; Kindhäuser, Urs; Vogel, Joachim; Walter, Tonio<br>Köln, München 2008<br>S. 29 – 46<br>zit.: *Kühl*, in: FS Tiedemann |
| *ders.* | Strafgesetzbuch – Kommentar<br>27. Aufl., München 2011<br>zit.: *Lackner/Kühl* |
| *ders.* | Strafrecht Allgemeiner Teil<br>6. Aufl., München 2008<br>zit.: *Kühl*, AT |
| *ders.* | Vollendung und Beendigung bei den Eigentums- und Vermögensdelikten<br>JuS 2002, S. 729 – 736<br>zit.: *Kühl*, JuS 2002 |
| *ders.* | Zum Missbilligungscharakter der Strafe<br>in: Menschengerechtes Strafrecht – Festschrift für Albin Eser zum 70. Geburtstag<br>Hrsg: Arnold, Jörg; Burkhard, Björn; Gropp, Walter; Heine, Günter; Koch, Hans-Georg; Lagodny, Otto; Perron, Walter; Walther, Susanne<br>S. 149 – 161<br>München 2005<br>zit.: *Kühl*, in: FS Eser |
| *Kühne*, H. H. | Die strafrechtliche Relevanz eines auf Fehlvorstellungen gegründeten Rechtsgutsverzichts<br>JZ 1979, S. 241 – 246<br>zit.: *Kühne*, JZ 1979 |
| *Küper*, Wilfried | Strafrecht Besonderer Teil<br>7. Aufl., Heidelberg 2008<br>zit.: *Küper*, BT |
| *Küpper*, Georg | Anmerkung zu BGH JZ 2002, 1114<br>JZ 2002, S. 1115 – 1116<br>zit.: *Küpper*, JZ 2002 |

*Lackner*, Karl             § 13 StGB – eine Fehlleistung des Gesetzgebers?
                            in: Festschrift für Wilhelm Gallas zum 70. Geburts-
                            tag
                            Hrsg.: Lackner, Karl; Leferenz, Heinz; Schmidt,
                            Eberhard; Welp, Jürgen; Wolff, Ernst Amadeus
                            Berlin, New York 1973
                            S. 117 – 136
                            zit.: *Lackner*, in: FS Gallas

*Lagodny*, Otto             Strafrecht vor den Schranken der Grundrechte
                            – Die Ermächtigung zum strafrechtlichen Vorwurf
                            im Lichte der Grundrechtsdogmatik dargestellt am
                            Beispiel der Vorfeldkriminalisierung
                            Tübingen 1996
                            zit.: *Lagodny*, Strafrecht vor den Schranken der GR

*Lampe*, Ernst-Joachim      Die strafrechtliche Behandlung der sog. Computer-
                            Kriminalität
                            GA 1975, S. 1 – 23
                            zit.: *Lampe*, GA 1975

*ders.*                     Eigentumsschutz im künftigen Strafrecht
                            in: Strafrechtsdogmatik und Kriminalpolitik
                            Hrsg.: Müller-Dietz, Heinz
                            S. 59 – 104
                            Köln, Berlin, Bonn, München 1971
                            zit.: *Lampe*, in: Strafrechtsdogmatik und Kriminal-
                            politik

*ders.*                     Gedanken zum materiellen Straftatbegriff
                            in: Festschrift für Rudolf Schmitt zum 70. Geburts-
                            tag
                            Hrsg.: Geppert, Klaus; Bohnert, Joachim; Rengier,
                            Rudolf
                            Tübingen 1992
                            S. 77 – 94
                            zit.: *Lampe*, in: FS Schmitt

*Laufhütte*, Heinrich        Strafgesetzbuch
Wilhelm                      Leipziger Kommentar
*Rissing-van Saan*, Ruth     12. Aufl.
*Tiedemann*, Klaus
(Hrsg.)                      1. Bd. (§§ 1 – 31 StGB)
                             Berlin 2007

                             2. Bd. (§§ 32 – 55 StGB)
                             Berlin 2006

                             3. Bd. (§§ 56 – 79b StGB)
                             Berlin 2008

                             5. Bd. (§§ 110 – 145d StGB)
                             Berlin 2009

                             8. Bd. (§§ 242 – 262 StGB)
                             Berlin 2010

                             10. Bd. (§§ 284 – 305a StGB)
                             Berlin 2008

                             11. Bd. (§§ 306 – 323 StGB)
                             Berlin 2008

                             zit.: *Bearbeiter*, in: LK
*Lenckner*, Theodor          Die Einwilligung Minderjähriger und deren gesetz-
                             licher Vertreter
                             ZStW 72 (1960), S. 446 – 463
                             zit.: *Lenckner*, ZStW 72 (1960)
*Lichtigfeld*, Adolf         Die Schwarzfahrt
                             Diss. Köln; Düsseldorf 1931
                             zit.: *Lichtigfeld*, Schwarzfahrt
*Linien*, Richard Th.        Mißbräuchliche Benutzung von Kraftfahrzeugen
                             und Strafrechtsreform
                             NJW 1960, S. 1438 – 1439
                             zit.: *Linien*, NJW 1960
*Liszt*, Franz von           Lehrbuch des Deutschen Strafrechts
                             20. Aufl., Berlin 1914
                             zit.: *Liszt*, StR

| | |
|---|---|
| *Loveless*, Janet | Criminal Law<br>2. Aufl., Oxford 2010<br>zit.: *Loveless*, Criminal Law |
| *Ludwig*, Ingo<br>*Lange*, Jérôme | Mutmaßliche Einwilligung und willensbezogene<br>Delikte – Gibt es ein mutmaßliches Einverständnis?<br>JuS 2000, S. 446 – 450<br>zit.: Ludwig/Lange, JuS 2000 |
| *Maiwald*, Manfred | Der Zueignungsbegriff im System der Eigentumsde-<br>likte<br>Heidelberg 1970<br>zit.: *Maiwald*, Zueignungsbegriff |
| *ders.* | Zum fragmentarischen Charakter des Strafrechts<br>in: Festschrift für Reinhart Maurach zum 70. Ge-<br>burtstag<br>Hrsg.: Schroeder, Friedrich-Christian; Zipf, Heinz<br>Karlsruhe 1972<br>S. 9 – 23<br>zit.: *Maiwald*, in: FS Maurach |
| *Manssen*, Gerrit | Staatsrecht II – Grundrechte<br>8. Aufl., München 2011<br>zit.: *Manssen*, Staatsrecht II |
| *Marlie*, Marcus | Zum mutmaßlichen Einverständnis<br>JA 2007, S. 112 – 117<br>zit.: *Marlie*, JA 2007 |
| *Martin*, Jacqueline<br>*Storey*, Tony | Unlocking Criminal Law<br>3. Aufl., London 2010<br>zit.: *Martin/Storey*, Criminal Law |
| *Maurach*, Reinhart | Besorgter Brief an einen künftigen Verbrecher<br>JZ 1962, S. 380 – 382<br>zit.: *Maurach*, JZ 1962 |
| *Maurach*, Reinhart<br>*Zipf*, Heinz | Strafrecht Allgemeiner Teil, Teilband 1<br>8. Aufl., Heidelberg 1992<br>zit.: *Maurach/Zipf*, AT I |
| *Maurach*, Reinhart<br>*Schroeder*, Friedrich-<br>Christian<br>*Maiwald*, Manfred | Strafrecht Besonderer Teil, Teilband 1<br>10. Aufl., Heidelberg 2009<br>zit.: *Maurach/Schroeder/Maiwald*, BT I |
| *Meili*, Fr. | Die Kodifikation des Automobilrechts<br>Wien 1907<br>zit.: *Meili*, Automobilrecht |

| | |
|---|---|
| *Mitsch*, Wolfgang | Die Vermögensdelikte im Strafgesetzbuch nach dem 6. Strafrechtsreformgesetz<br>ZStW 111 (1999), S. 65 – 122<br>zit.: *Mitsch*, ZStW 111 (1999) |
| *ders.* | Recht der Ordnungswidrigkeiten<br>2. Aufl., Berlin, Heidelberg 2005<br>zit.: *Mitsch*, OWiR |
| *ders.* | Strafrecht Besonderer Teil 2<br>Vermögensdelikte (Kernbereich), Teilband 1<br>2. Aufl., Berlin, Heidelberg 2003<br>zit.: *Mitsch*, BT 2/1 |
| *ders.* | Strafrecht Besonderer Teil 2<br>Vermögensdelikte (Randbereich), Teilband 2<br>Berlin, Heidelberg 2001<br>zit.: *Mitsch*, BT 2/2 |
| *Motive* zu dem Entwurfe eines Strafgesetzbuchs für den Norddeutschen Bund | Motive zu dem Entwurfe eines Strafgesetzbuchs für den Norddeutschen Bund<br>in: Sammlung sämmtlicher Drucksachen des Reichstages des Norddeutschen Bundes im Jahre 1870<br>Bd. I<br>Berlin 1870<br>zit.: *Motive* |
| *Mühlen*, Rainer A.H. von zur | Computer-Kriminalität – Gefahren und Abwehrmaßnahmen<br>Neuwied, Berlin 1972<br>zit.: *v. z. Mühlen*, Computer-Kriminalität |
| *Munkwitz*, Werner<br>*Neulandt*, Günter | Autodiebstahlsdelikte Jugendlicher<br>Dt. Z. f. gerichtl. Medizin 46 (1957), S. 555 – 568<br>zit.: *Minkwitz/Neulandt*, Dt. Z. f. gerichtl. Medizin 46 (1957) |
| *Mylonopoulos*, Christos | Die Endgültigkeit der Enteignung als Merkmal des Unterschlagungstatbestandes – Versuch einer dispositionellen Erklärung<br>in: Festschrift für Claus Roxin zum 70. Geburtstag<br>Hrsg.: Schünemann, Bernd; Achenbach, Hans; Bottke, Wilfried; Haffke, Bernhard; Rudolphi, Hans-Joachim<br>S. 917 – 925<br>Berlin, New York 2001<br>zit.: *Mylonopoulos*, in: FS Roxin |

*Niggli*, Marcel Alexander
Der Wunsch nach lückenloser Strafbarkeit, fragmentarischer Charakter des Strafrechts und die Tücken des Zusammenspiels von Zivil- und Strafrecht – Zur geplanten Revision von Art. 141 StGB
AJP 2010, S. 1155 – 1163
zit.: *Niggli*, AJP 2010

*Niggli*, Marcal Alexander
*Wiprächtiger*, Hans
Basler Kommentar
Strafrecht II: Art. 111 – 392 StGB
2. Aufl., Basel 2007
zit.: *Bearbeiter*, in: Basler Kommentar

*Nitz*, Holger
Anmerkung zu BGH JR 1998, 209
JR 1998, S. 211 – 213
zit.: *Nitz*, JR 1998

*Noetzel*, Annemarie
Der Gebrauchsdiebstahl an körperlichen Gegenständen im geltenden und zukünftigen Recht
Diss. Köln; Düsseldorf 1935
zit.: *Noetzel*, Gebrauchsdiebstahl

*Odenwald*, Steffen
Die Einwilligungsfähigkeit im Strafrecht unter besonderer Hervorhebung ärztlichen Handels
Diss. Heidelberg; Frankfurt a.M. 2004
zit.: *Odenwald*, Einwilligungsfähigkeit

*Olshausen*, J. von
Die Strafbarkeit der unberechtigten Benutzung von Automobilen
DJZ 1907, S. 1072 – 1074
zit.: *Olshausen*, DJZ 1907

*ders.*
(Hrsg.)
Olshausen's Kommentar zum Strafgesetzbuch für das Deutsche Reich
11. Aufl., Berlin 1927
zit.: *Bearbeiter*, in: Olshausen

*Ormerod*, David
Smith and Hogan Criminal Law
12. Aufl., Oxford 2009
zit.: *Ormerod*, Smith and Hogan Criminal Law

*Ormerod*, David
*Williams*, David Huw
Smith's Law of Theft
9. Aufl., Oxford 2007
zit.: *Ormerod/Williams*, Smith's Law of Theft

*Otto*, Harro
Die neuere Rechtsprechung zu den Vermögensdelikten – Teil 1
JZ 1993, S. 559 – 570
zit.: *Otto*, JZ 1993

*ders.*        Einverständnis, Einwilligung und eigenverantwort-
               liche Selbstgefährdung
               in: Kriminalistik und Strafrecht – Festschrift für
               Friedrich Geerds zum 70. Geburtstag
               Hrsg.: Ellen Schlüchter
               S. 603 – 622
               Lübeck 1995
               zit.: *Otto*, in: FS Geerds

*ders.*        Grundkurs Strafrecht – Die einzelnen Delikte
               7. Aufl., Berlin 2005
               zit.: *Otto*, StR

*ders.*        Rückführungs-, Gebrauchs- und Zueignungswille
               JK 1996, StGB § 248b/3
               zit.: *Otto*, JK 1996, StGB § 248b/3

*ders.*        Strafrechtliche Aspekte des Eigentumsschutzes (II)
               – Diebstahl, Unterschlagung und Sachbeschädigung
               in der neueren Lehre und Rechtsprechung –
               Jura 1989, S. 200 – 208
               zit.: *Otto*, Jura 1989

*ders.*        Strafwürdigkeit und Strafbedürftigkeit als eigen-
               ständige Deliktskategorien? – Überlegungen zum
               Deliktsaufbau
               in: Gedächtnisschrift für Horst Schröder
               Hrsg.: Stree, Walter; Lenckner, Theodor; Cramer,
               Peter; Eser, Albin
               S. 53 – 71
               München 1978
               zit.: *Otto*, in: GS H. Schröder

*ders.*        Subsidiarität der Unterschlagung
               NStZ 2003, S. 87 – 88
               zit.: *Otto*, NStZ 2003

*ders.*        Täterschaft, Mittäterschaft, mittelbare Täterschaft
               Jura 1987, S. 246 – 258
               zit.: *Otto*, Jura 1987

*ders.*        Unbefugter Gebrauch eines Kfz durch Rückführung
               des Fahrzeugs zum Eigentümer?
               JK 1986, StGB § 248b/1
               zit.: *Otto*, JK 1986, StGB § 248b/1

| | |
|---|---|
| *ders.* | Zueignungsabsicht – Abgrenzung zur Gebrauchs- und bloßen Schädigungsabsicht<br>JK 1985, StGB § 242/4<br>zit.: *Otto*, JK 1985, StGB § 242/4 |
| *Palandt*, Otto | Bürgerliches Gesetzbuch – Kommentar<br>70. Aufl., München 2011<br>zit.: *Bearbeiter*, in: Palandt |
| *Parry*, Jacques | Offences against Property<br>London 1989<br>zit.: *Parry*, Offences against Property |
| *Paulus*, Rainer | Der strafrechtliche Begriff der Sachzueignung<br>Neuwied, Berlin 1968<br>zit.: *Paulus*, Sachzueignung |
| *Peters*, Karl | Beschränkung der Tatbestände im Besonderen Teil<br>ZStW 77 (1965), S. 470 – 505<br>zit.: *Peters*, ZStW 77 (1965) |
| *Petters*, Walter<br>*Preisendanz*, Holger | Strafgesetzbuch – Kommentar<br>25. Aufl., Berlin 1965<br>zit.: *Petters/Preisendanz* |
| *Polaino Navarrete*, Miguel | Rechtsgüterschutz versus Bestätigung der Normgeltung?<br>in: Strafrecht als Scientia Universalis – Festschrift für Claus Roxin zum 80. Geburtstag<br>Bd. 1<br>Hrsg.: Heinrich, Manfred; Jäger, Christian; Achenbach, Hans; Amelung, Knut; Bottke, Wilfried; Haffke, Benrhard; Schünemann, Bernd; Wolter, Jürgen<br>Berlin, New York 2011<br>S. 169 – 182<br>zit.: *Polaino Navarrete*, in: FS Roxin |
| *Polizeiliche Kriminalstatistik* | Polizeiliche Kriminalstatistik 2009<br>57. Ausgabe<br>Hrsg.: Bundeskriminalamt<br>Wiesbaden 2010<br>zit.: PKS 2009 |
| *Polizeiliche Kriminalstatistik* | Polizeiliche Kriminalstatistik 2010<br>Informationsbroschüre<br>Bundesministerium des Inneren<br>Berlin 2011<br>zit.: PKS 2010 Zusammenfassung |

| | |
|---|---|
| *Ranft*, Otfried | Grundfälle aus dem Bereich der Vermögensdelikte (2. Teil)<br>JA 1984, S. 277 – 287<br>zit.: *Ranft*, JA 1984 |
| *Reed*, Alan<br>*Fitzpatrick*, Ben | Criminal Law<br>4. Aufl., London 2009<br>zit.: *Reed/Fitzpatrick*, Criminal Law |
| *Rengier*, Rudolf | Strafrecht Allgemeiner Teil<br>3. Aufl., München 2011<br>zit.: *Rengier*, AT |
| *ders.* | Strafrecht Besonderer Teil I<br>13. Aufl., München 2011<br>zit.: *Rengier*, BT I |
| *ders.* | Strafrecht Besonderer Teil II<br>12. Aufl., München 2011<br>zit.: *Rengier*, BT II |
| *Richter*, R. | Anmerkung zu RG JW 1935, 3389<br>JW 1935, S. 3389 – 3389<br>zit.: *Richter*, JW 1935 |
| *Rönnau*, Thomas | Grundwissen – Strafrecht: Der strafrechtliche Rechtsgutsbegriff<br>JuS 2009, S. 209 – 211<br>zit: *Rönnau*, JuS 2009 |
| *ders.* | Grundwissen – Strafrecht: Gewahrsam<br>JuS 2009, S. 1088 – 1090<br>zit.: *Rönnau*, JuS 2009 |
| *ders.* | Voraussetzungen und Grenzen der Einwilligung im Strafrecht<br>Jura 2002, S. 665 – 675<br>zit.: *Rönnau*, Jura 2002 |
| *Rohling*, Walter | Diebstahl oder unbefugte Ingebrauchnahme eines Fahrzeugs?<br>DJ 1938, S. 301 – 303<br>zit.: *Rohling*, DJ 1938 |

| | |
|---|---|
| *Romano*, Mario | Zur Legitimation der Strafgesetze – Zu Fähigkeit und Grenzen der Rechtsgutstheorie<br>in: Strafrecht als Scientia Universalis – Festschrift für Claus Roxin zum 80. Geburtstag<br>Bd. 1<br>Hrsg.: Heinrich, Manfred; Jäger, Christian; Achenbach, Hans; Amelung, Knut; Bottke, Wilfried; Haffke, Benrhard; Schünemann, Bernd; Wolter, Jürgen<br>Berlin, New York 2011<br>S. 155 – 168<br>zit.: *Romano*, in: FS Roxin |
| *Roth*, Gerald | Eigentumsschutz nach der Realisierung von Zueignungsunrecht – Eine Neuorientierung im System der Vermögensdelikte<br>Diss. Kiel; Berlin 1986<br>zit.: *Roth*, Eigentumsschutz |
| *Roxin*, Claus | Sinn und Grenzen staatlicher Strafe<br>JuS 1966, S. 377 – 387<br>zit.: *Roxin*, JuS 1966 |
| *ders.* | Strafrecht Allgemeiner Teil<br>Bd. I<br>4. Aufl., München 2006<br>zit.: *Roxin*, AT I |
| *ders.* | Strafrecht Allgemeiner Teil<br>Bd. II<br>München 2003<br>zit.: *Roxin*, AT II |
| *ders.* | Unterlassung, Vorsatz und Fahrlässigkeit, Versuch und Teilnahme im Strafgesetzbuch<br>JuS 1973, S. 329 – 337<br>zit.: *Roxin*, JuS 1973 |
| *ders.* | Zur Strafbarkeit des Geschwisterinzests<br>– Zur verfassungsrechtlichen Überprüfung materiellrechtlicher Strafvorschriften –<br>StV 2009, S. 544 – 550<br>zit.: *Roxin*, StV 2009 |
| *Rudolphi*, Hans-Joachim | Anmerkung zu BGH JZ 1998, 470<br>JZ 1998, S. 471 – 472<br>zit.: *Rudolphi*, JZ 1998 |

*ders.*   Der Begriff der Zueignung
GA 1965, S. 33 – 56
zit.: *Rudolphi*, GA 1965

*ders.*   Die verschiedenen Aspekte des Rechtsgutsbegriffs
in: Festschrift für Richard M. Honig zum 80. Geburtstag
Hrsg.: Juristische Fakultät der Universität Göttingen u.a.
S. 151 – 167
Göttingen 1970
zit.: *Rudolphi*, in: FS Honig

*ders.*   Die zeitlichen Grenzen des sukzessiven Beihilfe
in: Festschrift für Hans-Heinrich Jescheck zum 70. Geburtstag, Erster Halbband
Hrsg.: Vogler, Theo; u.a.
S. 559 – 579
Berlin 1985
zit.: *Rudolphi*, in: FS Jescheck

*ders.*   Literaturbericht (Strafrecht – Allgemeiner Teil)
ZStW 86 (1974), S. 68 – 97
zit.: *Rudolphi*, ZStW 86 (1974)

*ders.*   Zur Tatbestandsbezogenheit des Tatherrschaftsbegriffs bei der Mittäterschaft
in: Festschrift für Paul Bockelmann zum 70. Geburtstag
S. 369 – 387
Hrsg: Kaufmann, Arthur; Bemmann, Günter; Krauss, Detlef; Volk, Klaus
München 1979
zit.: *Rudolphi*, in: FS Bockelmann

*Rudolphi*, Hans-
Joachim
*Horn*, Eckhard
*Samson*, Erich
*Günther*, Hans-Ludwig
(Hrsg.)

Systematischer Kommentar – Strafgesetzbuch
Köln, Loseblattsammlung, Stand 2011
Bd. 1 (§§ 1 – 37 StGB)

Bd. 2 (§§ 38 – 79b StGB)

Bd. 3 (§§ 80 – 200 StGB)

Bd. 4 (§§ 201 – 266b StGB)

Bd. 5 (§§ 267 – 358 StGB)

zit.: Bearbeiter, in: SK

*Säcker*, Franz Jürgen
*Rixecker*, Roland
(Hrsg.)

Münchener Kommentar zum Bürgerlichen Gesetzbuch

Bd. 2 (§§ 242 – 432 BGB)
5. Aufl., München 2007

Bd. 3 (§§ 433 – 610 BGB)
5. Aufl., München 2008

Bd. 5 (§§ 705 – 853 BGB)
5. Aufl., München 2009

Bd. 6 (§§ 854 – 1296 BGB)
5. Aufl., München 2009

zit.: *Bearbeiter*, in: MüKo-BGB

*Samson*, Erich

Der praktische Fall – Strafrecht: Der entführte Jagu-
ar
JuS 2003, S. 263 – 265
zit.: *Samson*, JuS 2003

*ders.*

Grundprobleme des Diebstahls
JA 1980, S. 285 – 292
zit.: *Samson*, JA 1980

*Sander*, Günther M.
*Hohmann*, Olaf

Sechstes Gesetz zur Reform des Strafrechts (6.
StrRG): Harmonisiertes Strafrecht?
NStZ 1998, S. 273 – 279
zit.: *Sander/Hohmann*, NStZ 1998

| | |
|---|---|
| *Satzger*, Helmut<br>*Schmitt*, Bertram<br>*Widmaier*, Gunter<br>(Hrsg.) | Strafgesetzbuch Kommentar<br>Köln 2009<br>zit.: *Bearbeiter*, in: Satzger/Schmitt/Widmaier |
| *Sax*, Walter | Grundsätze der Strafrechtspflege<br>in: Die Grundrechte, Bd. 3, 2. Halbband<br>Hrsg.: Bettermann, Karl August; Nipperdey, Hans<br>Carl; Scheuner, Ulrich<br>S. 909 – 1014<br>Berlin 1959<br>zit.: *Sax*, in: Bettermann/Nipperdey/Scheuner, Die<br>Grundrechte, Bd. III/2 |
| *Schaffhauser*, René | Grundriss des schweizerischen Strassenverkehrs-<br>rechts<br>Bd. III: Die Administrativmaßnahmen<br>Bern 1995<br>zit.: *Schaffhauser*, Strassenverkehrsrecht III |
| *Schaffstein*, Friedrich | Verdachtsstrafe, außerordentliche Strafe und Siche-<br>rungsmittel im Inquisitionsprozeß des 17. und 18.<br>Jahrhunderts<br>ZStW 101 (1989), S. 493 – 515<br>zit.: *Schaffstein*, ZStW 101 (1989) |
| *ders.* | Zur Abgrenzung von Diebstahl und Gebrauchsan-<br>maßung, insbesondere beim Kraftfahrzeugdiebstahl<br>GA 1964, S. 97 – 110<br>zit.: *Schaffstein*, GA 1964 |
| *Schaudwet*, Manfred | Die Kraftfahrzeugentwendung in der Rechtspre-<br>chung<br>JR 1965, S. 413 – 415<br>zit.: *Schaudwet*, JR 1965 |
| *Scheil*, Andreas | Zur Einwilligung beim Unbefugten Gebrauch von<br>Fahrzeugen nach § 136 StGB<br>ZVR 1984, S. 129 – 138<br>zit.: *Scheil*, ZVR 1984 |
| *Schmidhäuser*, Eber-<br>hard | Anmerkung zu AG München NStZ 1986, 458<br>NStZ 1986, S. 460 – 461<br>zit.: *Schmidhäuser*, NStZ 1986 |
| *ders.* | Anmerkung zu OLG Schleswig NStZ 1990, 340<br>NStZ 1990, S. 341 – 341<br>zit.: *Schmidhäuser*, NStZ 1990 |

*ders.*                Strafrecht Allgemeiner Teil
                       2. Aufl., Tübingen 1970
                       zit.: *Schmidhäuser*, AT
*ders.*                Strafrechtlicher Vorsatzbegriff und Alltagssprach-
                       gebrauch
                       in: Festschrift für Dietrich Oehler zum 70. Geburts-
                       tag
                       Hrsg.: Herzberg, Rolf Dietrich
                       S. 135 – 161
                       Köln, Berlin, Bonn, München 1985
                       zit.: *Schmidhäuser*, in: FS Oehler
*ders.*                Über die Zueignungsabsicht als Merkmal der Eigen-
                       tumsdelikte
                       in: Festschrift für Hans-Jürgen Bruns zum 70. Ge-
                       burtstag
                       Hrsg.: Frisch, Wolfgang; Schmid, Werner
                       S. 345 – 364
                       Köln, Berlin, Bonn, München 1978
                       zit.: *Schmidhäuser*, in: FS Bruns
*Schmitz*, Roland      Altes und Neues zum Merkmal der Zueignungsab-
                       sicht in § 242 StGB
                       in: Festschrift für Harro Otto zum 70. Geburtstag
                       Hrsg.: Dannecker, Gerhard; Langer, Winrich; Ranft,
                       Ottfried; Schmitz, Roland; Brammsen, Joerg
                       S. 759 – 775
                       Köln, Berlin, München 2007
                       zit.: *Schmitz*, in: FS Otto
*Schönke*, Adolf       Strafgesetzbuch Kommentar
*Schröder*, Horst      28. Aufl., München 2010
                       zit.: *Bearbeiter*, in: Schönke/Schröder
*Schramm*, Edward      Grundfälle zum Diebstahl
                       JuS 2008, S. 773 – 779
                       zit.: *Schramm*, JuS 2008
*Schröder*, Horst      Anmerkung zu BayObLG JR 1969, 466
                       JR 1969, S. 467 – 468
                       zit.: *Schröder*, JR 1969
*ders.*                Anmerkung zu BGH JR 1965, 26
                       JR 1965, S. 27 – 28
                       zit.: *Schröder*, JR 1965

*ders.*            Anmerkung zu BGH JR 1967, 303
                   JR 1967, S. 304 – 306
                   zit.: *Schröder*, JR 1967

*ders.*            Anmerkung zu HansOLG JR 1964, 228
                   JR 1964, S. 229 – 230
                   zit.: *Schröder*, JR 1964

*ders.*            Die sogenannte Rückkehrpflicht bei § 142 StGB
                   NJW 1966, S. 1001 – 1004
                   zit.: *Schröder*, NJW 1966

*Schünemann*, Bernd   Der strafrechtliche Schutz von Privatgeheimnissen
                   ZStW 90 (1978), S. 11 – 63
                   zit.: *Schünemann*, ZStW 90 (1978)

*Schwab*, Siegfried   Abgrenzung zwischen Diebstahl und unbefugter In-
                   gebrauchnahme eines Kraftfahrzeuges, Vollendung
                   – §§ 242, 248b, 22 StGB
                   DAR 1983, S. 388 – 388
                   zit.: *Schwab*, DAR 1983

*Schwarz*, Otto       Strafgesetzbuch – Kommentar
                   22. Aufl., München, Berlin 1959
                   zit.: *Schwarz*

*Seelmann*, Kurt      Grundfälle zu den Eigentumsdelikten
                   2. Teil Diebstahl (§ 242 StGB)
                   JuS 1985, S. 288 – 291
                   zit.: *Seelmann*, JuS 1985

*ders.*            Grundfälle zu den Eigentumsdelikten
                   2. Teil Diebstahl (§ 242 StGB) [Fortsetzung] und 3.
                   Teil Diebstahl mit Waffen; Bandendiebstahl
                   (§ 244 StGB)
                   JuS 1985, S. 454 – 457
                   zit.: *Seelmann*, JuS 1985

*Seelmann*, Kurt      Gewahrsam bei Bewußtlosigkeit bis zum Eintritt
*Pfohl*, Andreas      des Todes? – BGH, NJW 1985, 1911
                   JuS 1987, S. 199 – 202
                   zit.: *Seelmann/Pfohl*, JuS 1987

*Seher*, Gerhard      Grundfälle zur Beihilfe
                   JuS 2009, S. 793 – 797
                   zit.: *Seher*, JuS 2009

*ders.*            Zur strafrechtlichen Konkurrenzlehre – Dogmati-
                   sche Strukturen und Grundfälle
                   JuS 2004, S. 482 – 484
                   zit.: *Seher*, JuS 2004

*Seibert*, Claus            Unbefugter Fahrzeuggebrauch
                            NJW 1958, S. 1222 – 1222
                            zit.: *Seibert*, NJW 1958

*ders.*                     Zur Frage des unbefugten Gebrauchs von Fahrzeu-
                            gen
                            DAR 1955, S. 298 – 300
                            zit.: *Seibert*, DAR 1955

*Seier*, Jürgen             Die Gesetzeseinheit und ihre Rechtsfolgen
                            Jura 1983, S. 225 – 237
                            zit.: *Seier*, Jura 1983

*ders.*                     Problemfälle des § 123 StGB
                            JA 1978, S. 622 – 625
                            zit.: *Seier*, JA 1978

*Senge*, Lothar             Karlsruher Kommentar zum Gesetz über Ord-
(Hrsg.)                     nungswidrigkeiten
                            3. Aufl., München 2006
                            zit.: *Bearbeiter*, in: KK-OWiG

*Siebdrat*, Gustav Albert   Strafgesetzbuch des Königreichs Sachsen vom 11.
                            August 1855 mit den damit in Verbindung stehen-
                            den Gesetzen bis zum Schlusse des Jahres 1861 und
                            durchlaufenden Kommentare zum Handgebrauche
                            beim gerichtlichen Verfahren, sowie für Universitä-
                            ten
                            Leipzig 1862
                            zit.: *Siebdrat*, Komm. Sachsen StGB

*Sieber*, Ulrich            Computerkriminalität und Strafrecht
                            2. Aufl., Köln, Berlin, Bonn, München 1980
                            zit.: *Sieber*, Computerkriminalität

*ders.*                     Informationstechnologie und Strafrechtsreform –
                            Zur Reichweite des künftigen Zweiten Gesetzes zur
                            Bekämpfung der Wirtschaftskriminalität
                            Köln, Berlin, Bonn, München 1985
                            zit.: *Sieber*, Informationstechnologie

*Spencer*, J.N.             The Aggravated Vehicle-Taking Act 1992
                            Crim LR 1992, S. 699 – 705
                            zit.: *Spencer*, (1992) Crim LR

*Spendel*, Günter            Der Begriff des Unrechts im Verbrechenssystem
                            in: Festschrift für Ulrich Weber zum 70. Geburtstag
                            Hrsg.: Heinrich, Bernd; Hilgendorf, Eric; Mitsch,
                            Wolfgang; Sternberg-Lieben, Detlev
                            S. 3 – 16
                            Bielefeld 2004
                            zit.: *Spendel*, in: FS Weber

*Smith*, A.T.H.             Property Offences – The Protection of Property
                            through the Criminal Law
                            London 1994
                            zit.: *Smith*, Property Offences

*Stächelin*, Gregor         Strafgesetzgebung im Verfassungsstaat
                            Diss. Frankfurt a.M.; Berlin 1998
                            zit.: *Stächelin*, Strafgesetzgebung im Verfassungs-
                            staat

*Strafverfolgungsstatistik*  Strafverfolgungsstatistik 2010
                            Fachserie 10, Reihe 3
                            Rechtspflege: Strafverfolgung
                            Hrsg.: Statistisches Bundesamt
                            Wiesbaden 2011
                            zit.: Strafverfolgungsstatistik 2010

*Strafverfolgungsstatistik*  Lange Reihen zur Strafverfolgungsstatistik 2010
                            II. 2 Verurteilte nach ausgewählten Straftaten, Ge-
                            schlecht und Altersgruppen (Deutschland seit 2007)
                            Hrsg.: Statistisches Bundesamt
                            Wiesbaden 2011
                            zit.: Lange Reihen Strafverfolgungsstatistik 2010

*Strafverfolgungsstatistik*  Lange Reihen zur Strafverfolgungsstatistik 2010
                            II. 1 Verurteilte nach ausgewählten Straftaten, Ge-
                            schlecht und Altersgruppen (Früheres Bundesgebiet
                            einschl. Berlin-West, seit 1995 einschl. Gesamt-
                            Berlin)
                            Hrsg.: Statistisches Bundesamt
                            Wiesbaden 2011
                            zit.: Lange Reihen Strafverfolgungsstatistik (frühe-
                            res Bundesgebiet) 2010

*Straßenverkehrsunfälle,*  Straßenverkehrsunfälle, Verunglückte, Bestand an
*Verunglückte, Bestand*  motorisierten Fahrzeugen und Bevölkerung 1906 –
*an motorisierten Fahr-*  2010
*zeugen und Bevölke-*  in: Verkehrsunfälle, Zeitreihen 2010
*rung*  Hrsg.: Statistisches Bundesamt
    S. 12 – 14
    Wiesbaden 2011
    zit.: Verkehrsunfälle 2010

*Stratenwerth*, Günter  Zum Begriff des „Rechtsgutes"
    in: Festschrift für Theodor Lenckner zum 70. Ge-
    burtstag
    Hrsg.: Eser, Albin; Schittenhelm, Ulrike; Schu-
    mann, Heribert
    S. 377 – 391
    München 1998
    zit.: *Stratenwerth*, in: FS Lenckner

*Stratenwerth*, Günter  Strafrecht Allgemeiner Teil
*Kuhlen*, Lothar  6. Aufl., München 2011
    zit.: *Stratenwerth/Kuhlen*, AT

*Swoboda*, Sabine  Die Lehre vom Rechtsgut und ihre Alternativen
    ZStW 122 (2010), S. 24 – 50
    zit.: *Swoboda*, ZStW 122 (2010)

*Ten Hompel*, Adolf  Das furtum usus de lege ferenda
    ZStW 19 (1899), S. 795 – 828
    zit.: *ten Hompel*, ZStW 19 (1899)

*Tenckhoff*, Jörg  Der Zueignungsbegriff bei Diebstahl und Unter-
    schlagung
    JuS 1980, S. 723 – 727
    zit.: *Tenckhoff*, JuS 1980

*Tiedemann*, Klaus  Computerkriminalität und Mißbrauch von Banko-
    maten
    WM 1983, S. 1326 – 1331
    zit.: *Tiedemann*, WM 1983

*ders.*  Der Entwurf eines Ersten Gesetzes zur Bekämpfung
    der Wirtschaftskriminalität
    ZStW 87 (1975), S. 253 – 296
    zit.: *Tiedemann*, ZStW 87 (1975)

| | |
|---|---|
| *ders.* | Tatbestandsfunktionen im Nebenstrafrecht<br>– Untersuchungen zu einem rechtsstaatlichen Tatbestandsbegriff, entwickelt am Problem des Wirtschaftsstrafrechts<br>Tübingen 1969<br>zit.: *Tiedemann*, Tatbestandsfunktionen |
| *ders.* | Verfassungsrecht und Strafrecht<br>Heidelberg 1991<br>zit.: *Tiedemann*, Verfassungsrecht und Strafrecht |
| *Trechsel*, Stefan (Hrsg.) | Schweizerisches Strafgesetzbuch Praxiskommentar<br>Zürich, St. Gallen 2008<br>zit.: *Bearbeiter*, in: Trechsel |
| *Triffterer*, Otto<br>*Rosbaud*, Christian<br>*Hinterhof*, Hubert (Hrsg.) | Salzburger Kommentar zum Strafgesetzbuch<br>Wien, Loseblattsammlung, Stand 2010<br>zit: *Bearbeiter*, in: Salzburger Kommentar |
| *Ulsenheimer*, Klaus | Der Zueignungsbegriff im Strafrecht<br>Jura 1979, S. 169 – 179<br>zit.: *Ulsenheimer*, Jura 1979 |
| *Vogler*, Theo | Funktion und Grenzen der Gesetzeseinheit<br>in: Festschrift für Paul Bockelmann<br>Hrsg.: Kaufmann, Arthur; Bemmann, Günter; Krauss, Detlef; Volk, Klaus<br>S. 715 – 736<br>München 1979<br>zit.: *Vogler*, in: FS Bockelmann |
| *Volk*, Klaus | Gefühlte Rechtsgüter?<br>in: Strafrecht als Scientia Universalis – Festschrift für Claus Roxin zum 80. Geburtstag<br>Bd. 1<br>Hrsg.: Heinrich, Manfred; Jäger, Christian; Achenbach, Hans; Amelung, Knut; Bottke, Wilfried; Haffke, Benrhard; Schünemann, Bernd; Wolter, Jürgen<br>S. 215 – 225<br>Berlin, New York 2011<br>zit.: *Volk*, in: FS Roxin |

| | |
|---|---|
| *Wagner*, Heinz | Zur Subsidiaritätsklausel in § 246 StGB neuer Fassung<br>in: Festschrift für Gerald Grünewald<br>Hrsg.: Samson, Erich; Dencker, Friedrich; Frisch, Peter; Frister, Helmut; Reiß, Wolfram<br>S. 797 – 810<br>Baden-Baden 1999<br>zit.: *Wagner*, in: FS Grünewald |
| *Wagner*, Otto | Die Verordnung des Reichspräsidenten gegen unbefugten Gebrauch von Kraftfahrzeugen und Fahrrädern vom 20. Oktober 1932<br>Kommentar<br>Berlin 1932<br>zit.: *Wagner*, Komm. NotVO |
| *ders.* | Die Verordnung des Reichspräsidenten gegen unbefugten Gebrauch von Kraftfahrzeugen und Fahrrädern vom 20. Oktober 1932 (RGBl. I, 496)<br>JW 1932, S. 3679 – 3682<br>zit.: *Wagner*, JW 1932 |
| *ders.* | Die VO. gegen unbefugten Gebrauch von Kraftfahrzeugen und Fahrrädern v. 20. Oktober 1932 (RGBl. I S. 496)<br>JR 1932, S. 253 – 256<br>zit.: *Wagner*, JR 1932 |
| *Wallau*, Rochus | Sachbeschädigung als Zueignung?<br>JA 2000, S. 248 – 256<br>zit.: *Wallau*, JA 2000 |
| *Walter*, Tonio | Betrugsstrafrecht in Frankreich und Deutschland<br>Diss. Freiburg i. Br.; Heidelberg 1999<br>zit.: *Walter*, Betrugsstrafrecht |
| *Warda*, Günter | Grundfragen der strafrechtlichen Konkurrenzlehre<br>JuS 1964, S. 81 – 93<br>zit.: *Warda*, JuS 1964 |
| *Wassermann*, Rudolf (Hrsg.) | Kommentar zum Strafgesetzbuch<br>Reihe Alternativkommentare<br>Bd. 1 (§§ 1 – 21 StGB)<br>Neuwied 1990<br>zit.: *Bearbeiter*, in: AK |

*Weissenberger*, Philippe    Kommentar zum Strassenverkehrsgesetz – Bundes-
gerichtspraxis
St. Gallen, Zürich 2011
zit.: *Weissenberger*, SVG

*Welzel*, Hans    Das Deutsche Strafrecht
11. Aufl., Berlin 1969
zit.: *Welzel*, StR

*Wersdörfer*, Rudolf    Unbefugter Fahrzeuggebrauch und Strafantrag
NJW 1958, S. 1031 – 1032
zit.: *Wersdörfer*, NJW 1958

*Wessels*, Johannes    Zueignung, Gebrauchsanmaßung und Sachentziehung
NJW 1965, S. 1153 – 1158
zit.: *Wessels*, NJW 1965

*Wessels*, Johannes    Strafrecht Allgemeiner Teil
*Beulke*, Werner    41. Aufl., Heidelberg 2011
zit.: *Wessels/Beulke*, AT

*Wessels*, Johannes    Strafrecht Besonderer Teil I
*Hettinger*, Michael    35. Aufl., Heidelberg 2011
zit.: *Wessels/Hettinger*, BT I

*Wessels*, Johannes    Strafrecht Besonderer Teil II
*Hillenkamp*, Thomas    34. Aufl., Heidelberg 2011
zit.: *Wessels/Hillenkamp*, BT II

*White*, Stephen    Taking the Joy Out of Joy-Riding: The Mental Element of Taking a Conveyance Without Authority
Crim LR 1980, S. 609 – 620
zit.: *White*, (1980) Crim LR

*Williams*, Glanville    Temporary Appropriation should be Theft
Crim LR 1981, S. 129 – 141
zit.: *Williams*, (1981) Crim LR

*Wilson*, William    Criminal Law – Doctrine and Theory
3. Aufl., Harlow 2008
zit.: *Wilson*, Criminal Law

# Abkürzungsverzeichnis

| | |
|---|---|
| a.A. | andere Ansicht |
| Abs. | Absatz/Absätze |
| Abschn. | Abschnitt |
| a.E. | am Ende |
| a.F. | alte Fassung |
| AG | Amtsgericht |
| AJP | Aktuelle juristische Praxis |
| AK | Alternativkommentar zum Strafgesetzbuch |
| AktG | Aktiengesetz |
| All ER | All England Law Reports |
| ALR | Allgemeines Landrecht für die Preußischen Staaten |
| Alt. | Alternative |
| a.M. | am Main |
| Anm. | Anmerkung |
| Art. | Artikel |
| AT | Allgemeiner Teil (Strafrecht) |
| AUD | Australian Dollar (Australischer Dollar) |
| Aufl. | Auflage |
| BayObLG | Bayerisches Oberstes Landesgericht |
| BayObLGSt | Entscheidungen des Bayerischen Obersten Landesgerichts in Strafsachen |
| Bd. | Band |
| Bem. | Bemerkung |
| BGB | Bürgerliches Gesetzbuch |
| BGBl. | Bundesgesetzblatt |
| BGE | Bundesgerichtsentscheidungen (Schriftensammlung über Entscheidungen des schweizerischen Bundesgerichtshofs) |
| BGH | Bundesgerichtshof |
| BGHR | Rechtsprechungssammlung des Bundesgerichtshofs |
| BGHSt | Entscheidungen des Bundesgerichtshofs in Strafsachen |
| BGHZ | Entscheidungen des Bundesgerichtshofs in Zivilsachen |
| BK | Beck'scher Onlinekommentar zum Strafgesetzbuch |
| BT | Besonderer Teil (Strafrecht) |
| BT-Drucks. | Bundestagsdrucksache |
| bspw. | beispielsweise |

| | |
|---|---|
| BVerfG | Bundesverfassungsgericht |
| BVerfGE | Entscheidungen des Bundesverfassungsgerichts |
| bzgl. | bezüglich |
| bzw. | beziehungsweise |
| CAD | Canadian Dollar (Kanadischer Dollar) |
| Cr App R | Criminal Appeal Reports |
| Crim LR | The Criminal Law Review |
| DAR | Deutsches Autorecht |
| DDR | Deutsche Demokratische Republik |
| ders. | derselbe |
| d.h. | das heißt |
| dies. | dieselbe/n |
| Diss. | Dissertation |
| DJ | Deutsche Justiz |
| DJZ | Deutsche Juristen Zeitung |
| Dt. Z. f. gerichtl. Medizin | Deutsche Zeitschrift für gerichtliche Medizin |
| DVBl. | Deutsches Verwaltungsblatt |
| E | Entwurf |
| Einl. | Einleitung |
| etc. | et cetera |
| EUR | Euro |
| EWCA Crim | Court of Appeal Criminal Division |
| FS | Festschrift |
| f. | folgende |
| ff. | folgende |
| Fn. | Fußnote |
| GA | Goltdammer's Archiv für Strafrecht |
| GBP | Great Britain Pound (Britisches Pfund, Pfund Sterling) |
| Gen. | Genossen |
| GG | Grundgesetz |
| ggf. | gegebenenfalls |
| GR | Grundrechte |
| GS | Gedächtnisschrift |
| HansOLG | Hanseatisches Oberlandesgericht |
| h.M. | herrschende Meinung |

| | |
|---|---|
| Hrsg. | Herausgeber |
| i. Br. | im Breisgau |
| i.E. | im Ergebnis |
| i.e. | id est (that is = das heißt) |
| i.H.v | in Höhe von |
| insbes. | insbesondere |
| i.S.d. | im Sinne der/des |
| i.S.e. | im Sinne eines/einer |
| i.S.v. | im Sinne von |
| i.w.S. | im weiteren Sinne |
| JA | Juristische Arbeitsblätter |
| JGG | Jugendgerichtsgesetz |
| JK | Jura-Kartei |
| JMBl. NRW | Justizministerialblatt für das Land Nordrhein-Westfalen |
| JR | Juristische Rundschau |
| Jura | Juristische Ausbildung |
| JuS | Juristische Schulung |
| JW | Juristische Wochenschrift |
| JZ | Juristenzeitung |
| KK | Karlsruher Kommentar zum Ordnungswidrigkeitengesetz |
| Kfz | Kraftfahrzeug/e |
| km | Kilometer |
| KMR-StPO | Kommentar zur Strafprozessordnung von Kleinknecht, Müller, Reitberger |
| Komm. | Kommentar |
| Krit. Vj. | Kritische Vierteljahreszeitschrift für Gesetzgebung und Rechtswissenschaft |
| LG | Landgericht |
| LK | Leipziger Kommentar zum Strafgesetzbuch |
| Lkw | Lastkraftwagen |
| LPK | Strafgesetzbuch – Lehr- und Praxiskommentar |
| MDR | Monatsschrift für Deutsches Recht |
| m.E. | meines Erachtens |
| MüKo | Münchener Kommentar zum Strafgesetzbuch |
| MüKo-BGB | Münchener Kommentar zum Bürgerlichen Gesetzbuch |
| m.w.N. | mit weiteren Nachweisen |
| NJW | Neue Juristische Wochenschrift |

| | |
|---|---|
| NK | Nomos Kommentar zum Strafgesetzbuch |
| NotVO | Notverordnung |
| No. | Number |
| Nr. | Nummer |
| NStZ | Neue Zeitschrift für Strafrecht |
| NStZ-RR | NStZ-Rechtssprechungs-Report |
| öStGB | Strafgesetzbuch von Österreich |
| OGH | Oberster Gerichtshof (Österreich) |
| OGH SSt. | Entscheidungen des Obersten Gerichtshofs in Strafsachen |
| OLG | Oberlandesgericht |
| OLGSt | Entscheidungen der Oberlandesgerichte in Strafsachen |
| OWiG | Ordnungswidrigkeitengesetz |
| OWiR | Ordnungswidrigkeitenrecht |
| Pkw | Personenkraftwagen |
| RG | Reichsgericht |
| RGBl. | Reichsgesetzblatt |
| RGSt | Entscheidungen des Reichsgerichts in Strafsachen |
| Rn. | Randnummer |
| Rspr. | Rechtsprechung |
| RT-Drucks. | Reichstagsdrucksache |
| RTR | Road Traffic Reports |
| QB | Law Reports, Queen's Bench |
| S. | Satz, Seite/n |
| SK | Systematischer Kommentar zum Strafgesetzbuch |
| sog. | so genannt |
| sStGB | Strafgesetzbuch der Schweiz |
| StG | ehemaliges Strafgesetzbuch von Österreich |
| StGB | Strafgesetzbuch |
| StGB-DDR | Strafgesetzbuch der (ehemaligen) DDR |
| StPO | Strafprozessordnung |
| StR | Strafrecht |
| StRÄndG | Strafrechtsänderungsgesetz |
| StrRG | Gesetz zur Reform des Strafrechts (Strafrechtsreformgesetz) |
| StV | Strafverteidiger |
| StVG | Straßenverkehrsgesetz |
| StVO | Straßenverkehrsordnung |
| SVG | Strassenverkehrsgesetz (Schweiz) |

| | |
|---|---|
| u.a. | unter anderem |
| US | United States (of America) |
| u.U. | unter Umständen |
| v. | von, versus |
| Var. | Variante |
| VDB | Vergleichende Darstellung des deutschen und ausländischen Strafrechts Besonderer Teil |
| VerkMitt | Verkehrsrechtliche Mitteilungen |
| VersR | Versicherungsrecht |
| vgl. | vergleiche |
| VO | Verordnung |
| Vor/Vorbem. | Vorbemerkung |
| wistra | Zeitschrift für Wirtschafts- und Steuerstrafrecht |
| WM | Wertpapier-Mitteilungen |
| WLR | Weekly Law Reports |
| WRV | Weimarer Reichsverfassung |
| z. | zur |
| z.B. | zum Beispiel |
| Ziff. | Ziffer |
| zit. | zitiert |
| ZStW | Zeitschrift für die gesamte Strafrechtswissenschaft |
| ZVR | Zeitschrift für Verkehrsrecht |

# Anhang

Der Anhang gibt sämtliche im Haupttext erwähnten Strafvorschriften der australischen Staaten, der DDR, Englands, Finnlands, Frankreichs, Italiens, Kanadas,
Neuseelands, Österreichs, Schwedens, der Schweiz, Spaniens und der US-
amerikanischen Staaten wieder. Abgedruckt sind insbesondere die (Sonder-)
Vorschriften über die Strafbarkeit des unbefugten Gebrauchs von Fahrzeugen;
außerdem die Diebstahlsvorschriften bzw. andere relevante Vorschriften der
entsprechenden Länder.

# Anhangsverzeichnis

# I.  Australien

## 1. Australien Capital Territory

## Criminal Code 2002

*Section 306: Intention of permanently depriving*

(1) A person (*A*) has the intention of permanently depriving someone else (*B*) of property belonging to B if —

(a) A appropriates property belonging to B without meaning B to permanently lose the property; and

(b) A intends to treat the property as A's own to dispose of regardless of B's rights.

(2) For subsection (1), if A borrows or lends property belonging to B, the borrowing or lending may amount to treating the property as A's own to dispose of regardless of B's rights if, but only if, the borrowing or lending is for a period, and in circumstances, making it equivalent to an outright taking or disposal.

(3) Without limiting this section, if —

(a) A has possession or control (lawfully or not) of property belonging to B; and

(b) A parts with the property under a condition about its return that A may not be able to carry out; and

(c) the parting is done for A's own purposes and without B's authority;

the parting amounts to treating the property as A's own to dispose of regardless of B's rights.

(4) This section does not limit the circumstances in which a person can be taken to have the intention of permanently depriving someone else of property.

*Section 308: Theft*

A person commits an offence (*theft*) if the person dishonestly appropriates property belonging to someone else with the intention of permanently depriving the other person of the property.

Maximum penalty: 1 000 penalty units, imprisonment for 10 years or both.

*Section 315: Going equipped for theft etc.*

A person commits an offence if the person, in any place other than the person's home, has with the person an article with intent to use it in the course of or in relation to theft or a related offence.

Maximum penalty: 300 penalty units, imprisonment for 3 years or both.

In this section: *related offence* means any of the following:

(a) robbery;

(b) aggravated robbery;

(c) burglary;

(d) aggravated burglary;

(e) an offence against section 318 (Taking etc motor vehicle without consent);

(f) obtaining property by deception.

*Section 318: Taking etc motor vehicle without consent*

(1) A person commits an offence if the person—

(a) dishonestly takes a motor vehicle belonging to someone else; and

(b) does not have consent to take the vehicle from a person to whom it belongs.

Maximum penalty: 500 penalty units, imprisonment for 5 years or both.

(2) A person commits an offence if—

(a) the person dishonestly drives or rides in or on a motor vehicle belonging to someone else; and

(b) the vehicle was dishonestly taken by someone without the consent of a person to whom it belongs.

Maximum penalty: 500 penalty units, imprisonment for 5 years or both.

(3) In this section:
*car* - see the *Road Transport (Vehicle Registration) Regulation 2000*, dictionary.
*car derivative* - see the *Road Transport (Vehicle Registration) Regulation 2000*, dictionary.
*motorbike* - see the *Road Transport (Vehicle Registration) Regulation 2000*, dictionary.
*motor vehicle* means a car, car derivative or motorbike.

# 2. New South Wales

## Crimes Act 1900

*Section 116: All larcenies to be of same nature*

Every larceny, whatever the value of the property stolen, shall be deemed to be of the same nature, and shall be subject to the same incidents in all respects, as grand larceny was before the passing of the Act seventh and eighth George the Fourth, chapter twenty-nine.

*Section 117: Punishment for larceny*

Whosoever commits larceny, or any indictable offence by this Act made punishable like larceny, shall, except in the cases hereinafter otherwise provided for, be liable to imprisonment for five years.

*Section 118: Intent to return property no defence*

Where, on the trial of a person for larceny, it appears that the accused appropriated the property in question to the accused's own use, or for the accused's own benefit, or that of another, but intended eventually to restore the same, or in the case of money to return an equivalent amount, such person shall not by reason only thereof be entitled to acquittal.

*Section 154A: Taking a conveyance without consent of owner*

(1) Any person who:

(a) without having the consent of the owner or person in lawful possession of a conveyance, takes and drives it, or takes it for the purpose of driving it, or secreting it, or obtaining a reward for its restoration or pretended restoration, or for any other fraudulent purpose, or

(b) knowing that any conveyance has been taken without such consent, drives it or allows himself or herself to be carried in or on it,

shall be deemed to be guilty of larceny and liable to be indicted for that offence.

(2) For the purposes of this section *conveyance* means any cart, wagon, cab, carriage, motor car, caravan, trailer, motor lorry, tractor, earth moving equipment, omnibus, motor or other bicycle, tank or other military vehicle, or any ship, or vessel, used or intended for navigation, and *drive* shall be construed accordingly.

*Section 154B: Stealing aircraft and unlawfully taking or exercising control of aircraft*

(1) Whosoever steals any aircraft shall be liable to imprisonment for ten years.

(2) Whosoever without lawful excuse takes or exercises control, whether direct or through another person, of an aircraft shall be deemed to be guilty of larceny and be liable to imprisonment for seven years.

(3) Whosoever without lawful excuse takes or exercises control, whether direct or through another person, of an aircraft while another person, not being an accomplice of the first-mentioned person, is on board the aircraft shall be deemed to be guilty of larceny and be liable to imprisonment for fourteen years.

(4) Whosoever without lawful excuse, by force or violence or threat of force or violence, or by any trick or false pretence, takes or exercises control, whether direct or through another person, of an aircraft while another person, not being an accomplice of the first-mentioned person, is on board the aircraft shall be deemed to be guilty of larceny and be liable to imprisonment for twenty years.

*Section 154C: Taking motor vehicle or vessel with assault or with occupant on board*

(1) A person who:

(a) assaults another person with intent to take a motor vehicle or vessel and, without having the consent of the owner or person in lawful possession of it, takes and drives it, or takes it for the purpose of driving it, or

(b) without having the consent of the owner or person in lawful possession of a motor vehicle or vessel, takes and drives it, or takes it for the purpose of driving it, when a person is in or on it, is liable to imprisonment for 10 years.

(2) A person is guilty of an offence under this subsection if the person commits an offence under subsection (1) in circumstances of aggravation. A person convicted of an offence under this subsection is liable to imprisonment for 14 years.

(3) In this section:

*circumstances of aggravation* means circumstances involving any one or more of the following:

(a) the alleged offender is in the company of another person or persons,

(b) the alleged offender is armed with an offensive weapon or instrument,

(c) the alleged offender intentionally or recklessly inflicts actual bodily harm on any person.

*drive* includes operate.

*motor vehicle* means a motor vehicle within the meaning of the *Road Transport (General) Act 2005*.

*vessel* means a vessel within the meaning of the *Marine Safety Act 1998*.

*Section 154E: Definitions*

(1) In this Division:

*interfere* with a thing includes alter, deface, remove, obliterate, conceal or add anything to the thing.

*motor vehicle* means:

(a) a motor vehicle within the meaning of the *Road Transport (General) Act 2005* (whether or not the vehicle contains the motor intended to form part of it), or

(b) a motor intended to form part of, or capable of forming part of, any such motor vehicle, or

(c) any part of any such motor vehicle containing, or consisting of, an identification plate for a vehicle under the *Motor Vehicle Standards Act 1989* of the Commonwealth.

[...]

*vessel* means a vessel within the meaning of the *Marine Safety Act 1998*.

(2) For the purposes of this Division, a *part* of a motor vehicle or vessel includes a thing (such as a key) manufactured in connection with the motor vehicle or vessel that enables the operation of the motor vehicle or vessel or prevents the unauthorised operation of the motor vehicle or vessel.

*Section 154F: Stealing motor vehicle or vessel*

A person who steals a motor vehicle or vessel is guilty of an offence.

Maximum penalty: imprisonment for 10 years.

# 3. Northern Territory

## Criminal Code Act

*Section 209: Definition of stealing and interpretation*

(1) In this Division:

*appropriates* means assumes the rights of the owner of the property and includes, where the person has come by the property without stealing it, any later assumption of a right to it by keeping or dealing with it as owner.

*depriving* means permanently depriving and appropriating or borrowing property without meaning the person to whom it belongs permanently to lose the property if the intention of the person appropriating or borrowing it is to treat the property as his own to dispose of (including to dispose of by lending or under a condition as to its return that he may not be able to perform) regardless of the rights of the person to whom it belongs.

*steals* means unlawfully appropriates property of another with the intention of depriving that person of it whether or not at the time of the appropriation the person appropriating the property was willing to pay for it, but does not include the appropriation of property by a person with the reasonable belief that such property has been lost and the owner thereof cannot be discovered.

(2) – (6) [...]

*Section 210: General punishment of stealing*

(1) Any person who steals is guilty of a crime and is liable, if no other punishment is provided, to imprisonment for 7 years.

(2) If the thing stolen is a testamentary instrument, whether the testator is living or dead, or if the thing stolen has a value of $100,000 or more, the offender is liable to imprisonment for 14 years.

*Section 216: Unlawfully taking control of aircraft*

(1) Any person who unlawfully, directly or indirectly, takes control of an aircraft from its pilot is guilty of a crime and is liable to imprisonment for 7 years.

(2) If another person not being an accomplice of the offender is on board the aircraft, the offender is liable to imprisonment for 14 years.

(3) If the offender immediately before, at or immediately after the time of taking such control, uses or threatens to use violence to any person or property in order to take control of the aircraft or to prevent or overcome resistance to such control being taken, or is armed with a firearm or other dangerous or offensive wea-

pon, or is in company with one or more person or persons, he is liable to imprisonment for life.

*Section 217: Unlawful use of aircraft*

Any person who unlawfully uses an aircraft is guilty of a crime and is liable to
imprisonment for 7 years.

*Section 218: Unlawful use of vessel, motor vehicle, caravan or trailer*

(1) Any person who unlawfully uses a vessel or motor vehicle, or a caravan or
trailer designed to be attached to a motor vehicle, is guilty of an offence and is
liable to imprisonment for 2 years.

(2) If:

(a) in the course of such unlawful use the offender causes any injury to any person or any danger to the lives or safety of the public or any member of it;

(b) the property unlawfully used is of the value of $20,000 or more;

(c) the property unlawfully used is damaged by the offender and the cost of repairing or compensating for the same is $1,000 or more, or its value as the result
of his use of it is reduced by $1,000 or more;

(d) the vessel, motor vehicle, caravan or trailer is taken with the intention of u-
sing it for or in connection with the commission of an offence other than a regu-
latory offence; or

(e) as a result of such unlawful use the whereabouts of the vessel, motor vehicle,
caravan or trailer remain unknown to the person entitled to lawful possession of
it for 48 hours or longer,

he is guilty of a crime and is liable to imprisonment for 7 years.

# 4. Queensland

## Criminal Code Act 1899

*Section 391: Definition of stealing*

(1) A person who fraudulently takes anything capable of being stolen, or fraudulently converts to the person's own use or to the use of any other person anything capable of being stolen, is said to steal that thing.

(2) A person who takes or converts anything capable of being stolen is deemed to do so fraudulently if the person does so with any of the following intents, that is to say —

(a) an intent to permanently deprive the owner of the thing of it;

(b) an intent to permanently deprive any person who has any special property in the thing of such property;

(c) an intent to use the thing as a pledge or security;

(d) an intent to part with it on a condition as to its return which the person taking or converting it may be unable to perform;

(e) an intent to deal with it in such a manner that it can not be returned in the condition in which it was at the time of the taking or conversion;

(f) in the case of money—an intent to use it at the will of the person who takes or converts it, although the person may intend to afterwards repay the amount to the owner.

(2AA) In this section—

*special property* includes any charge or lien upon the thing in question, and any right arising from or dependent upon holding possession of the thing in question, whether by the person entitled to such right or by some other person for the other person's benefit.

(2A) A person who has taken possession of anything capable of being stolen in such circumstances that the thing thereupon is not identifiable is deemed to have taken or converted the thing fraudulently notwithstanding that the property in the thing has passed to the person if, at the time the person transports the thing away, the person has not discharged or made arrangements with the owner or previous owner of the thing for discharging the person's indebtedness in respect of the thing.

(2B) The presumption provided for by subsection (2A) is rebuttable.

(3) The taking or conversion may be fraudulent, although it is effected without secrecy or attempt at concealment.

(4) In the case of conversion, it is immaterial whether the thing converted is taken for the purpose of conversion, or whether it is at the time of the conversion in the possession of the person who converts it.

(4A) It is also immaterial that the person who converts the property is the holder of a power of attorney for the disposition of it, or is otherwise authorised to dispose of the property.

(5) When a thing converted has been lost by the owner and found by the person who converts it, the conversion is not deemed to be fraudulent if at the time of the conversion the person taking or converting the thing does not know who is the owner, and believes, on reasonable grounds, that the owner can not be discovered.

(6) The act of stealing is not complete until the person taking or converting the thing actually moves it or otherwise actually deals with it by some physical act.

(7) In this section—

*owner* includes the owner, any part owner, or any person having possession or control of, or a special property in, the thing in question.

### Section 398: Punishment of stealing

Any person who steals anything capable of being stolen is guilty of a crime, and is liable, if no other punishment is provided, to imprisonment for 5 years.

### Section 408A: Unlawful use or possession of motor vehicles, aircraft or vessels

(1) A person who—

(a) unlawfully uses any motor vehicle, aircraft or vessel without the consent of the person in lawful possession thereof; or

(b) has in the person's possession any motor vehicle, aircraft or vessel without the consent of the person in lawful possession thereof with intent to deprive the owner or person in lawful possession thereof of the use and possession thereof either temporarily or permanently;

is guilty of a crime and is liable to imprisonment for 7 years.

(1A) If the offender uses or intends to use the motor vehicle, aircraft or vessel for the purpose of facilitating the commission of an indictable offence, the offender is liable to imprisonment for 10 years.

(1B) If the offender—

(a) wilfully destroys, damages, removes or otherwise interferes with the mechanism (or part thereof) or other part of or equipment attached to the motor vehicle, aircraft or vessel; or

(b) intends to destroy, damage, remove or otherwise interfere with the mechanism (or part thereof) or other part of or equipment attached to the motor vehicle, aircraft or vessel;

the offender is liable to imprisonment for 12 years.

(1C) It is a defence to a charge of an offence defined in subsections (1) to (1B) to prove that the accused person had the lawful consent of the owner of the motor vehicle, aircraft or vessel to its use or possession by the accused person.

(2) This section applies without prejudice to any provision of any other Act relating to the unlawful use or possession of motor vehicles, aircraft or vessels save that an offender shall not be liable to be convicted under both this section and such other provision in respect of any one and the same unlawful use or possession of any motor vehicle, aircraft or vessel.

(3) In this section—

*vessel means* every kind of vessel designed for use on or in water, not propelled exclusively by oars.

## 5. South Australia

## Criminal Law Consolidation Act 1935

*Section 86A: Using motor vehicle without consent*

(1) A person who, on a road or elsewhere, drives, uses or interferes with a motor vehicle without first obtaining the consent of the owner of the vehicle is guilty of an offence.

Penalty: For a first offence — imprisonment for 2 years;

For a subsequent offence — imprisonment for not less than 3 months and not more than 4 years.

(2) Where an adult court finds a person guilty of an offence against this section, the court must (whether or not it convicts the person of the offence and in addition to any other order that it may make in relation to the person) order that the person be disqualified from holding or obtaining a driver's licence for a period of 12 months.

(3) Notwithstanding the Children's Protection and Young Offenders Act 1979 where the Children's Court finds a charge of an offence against this section proved against a child, the Court must (whether or not it convicts the child of the offence and in addition to any other order that it may make in relation to the child) order that the child be disqualified from holding or obtaining a driver's licence for a period of 12 months (commencing, in the case of a child who has not attained the qualifying age for a driver's licence, not earlier than when the child attains that age).

(4) The disqualification prescribed by subsection (2) or (3) cannot be reduced or mitigated in any way or be substituted by any other penalty or sentence.

(5) The court may, in addition to imposing a penalty under this section, order the defendant to pay to the owner of the motor vehicle driven, used or interfered with in contravention of this section such sum as the court thinks proper by way of compensation for loss or damage suffered by the owner.

(6) Subsections (1) and (5) do not apply to any person acting in the exercise of any power conferred, or the discharge of any duty imposed, under the *Road Traffic Act 1961* or any other Act.

(7) In this section— *drive, driver's licence, motor vehicle, road* and *owner* have the same meanings as in the *Road Traffic Act 1961*.

*Section 134: Theft (and receiving)*

(1) A person is guilty of theft if the person deals with property —

(a) dishonestly; and

(b) without the owner's consent; and

(c) intending —

(i) to deprive the owner permanently of the property; or

(ii) to make a serious encroachment on the owner's proprietary rights.

Maximum penalty: Imprisonment for 10 years.

(2) A person intends to make a serious encroachment on an owner's proprietary rights if the person intends —

(a) to treat the property as his or her own to dispose of regardless of the owner's rights; or

(b) to deal with the property in a way that creates a substantial risk (of which the person is aware) —

(i) that the owner will not get it back; or

(ii) that, when the owner gets it back, its value will be substantially impaired.

(3) It is possible to commit theft as follows:

(a) a person may commit theft of property that has come lawfully into his or her possession;

(b) a person may commit theft of property by the misuse of powers that are vested in the person as agent or trustee or in some other capacity that allows the person to deal with the property.

[...]

(4) If a person honestly believes that he or she has acquired a good title to property, but it later appears that the title is defective because of a defect in the title of the transferor or for some other reason, the later retention of the property, or any later dealing with the property, by the person cannot amount to theft.

(5) – (6) [...]

## 6. Victoria

## Crimes Act 1958 (No. 6231 of 1958)

*Section 72: Basic definition of theft*

(1) A person steals if he dishonestly appropriates property belonging to another with the intention of permanently depriving the other of it.

(2) A person who steals is guilty of theft; and "thief" shall be construed accordingly.

*Section 73: Further explanation of theft*

(1) This section has effect as regards the interpretation and operation of section 72 and, except as otherwise provided in this Division, shall apply only for the purposes of that section and not otherwise.

(2) A person's appropriation of property belonging to another is not to be regarded as dishonest —

(a) if he appropriates the property in the belief that he has in law the right to deprive the other of it, on behalf of himself or of a third person; or

(b) if he appropriates the property in the belief that he would have the other's consent if the other knew of the appropriation and the circumstances of it; or

(c) (except where the property came to him as trustee or personal representative) if he appropriates the property in the belief that the person to whom the property belongs cannot be discovered by taking reasonable steps.

(3) A person's appropriation of property belonging to another may be dishonest notwithstanding that he is willing to pay for the property.

(4) Any assumption by a person of the rights of an owner amounts to an appropriation, and this includes, where he has come by the property (innocently or not) without stealing it, any later assumption of a right to it by keeping or dealing with it as owner.

(5) Where property or a right or interest in property is or purports to be transferred for value to a person acting in good faith, no later assumption by him of rights which he believed himself to be acquiring shall, by reason of any defect in the transferor's title, amount to theft of the property.

(6) – (11) [...]

(12) A person appropriating property belonging to another without meaning the other permanently to lose the thing itself is nevertheless to be regarded as having the intention of permanently depriving the other of it if his intention is to treat the thing as his own to dispose of regardless of the other's rights; and a borrowing or lending of it may amount to so treating it if, but only if, the borrowing or lending is for a period and in circumstances making it equivalent to an outright taking or disposal.

(13) Without prejudice to the generality of subsection (12) where a person, having possession or control (lawfully or not) of property belonging to another, parts with the property under a condition as to its return which he may not be able to perform, this (if done for purposes of his own and without the other's authority) amounts to treating the property as his own to dispose of regardless of the other's rights.

(14) Notwithstanding anything contained in subsection (12) in any proceedings—

(a) for stealing a motor vehicle or an aircraft proof that the person charged took or in any manner used the motor vehicle or aircraft without the consent of the owner or person in lawful possession thereof shall be conclusive evidence that the person charged intended to permanently deprive the owner of it; and

(b) for attempting to steal a motor vehicle or an aircraft proof that the person charged attempted to take or in any manner use the motor vehicle or aircraft without the consent of the owner or person in lawful possession thereof shall be conclusive evidence that the person charged intended to permanently deprive the owner of it.

*Section 74: Theft*

(1) A person guilty of theft is guilty of an indictable offence and liable to level 5 imprisonment (10 years maximum).

(2) Section 80A applies as if the reference in that section to sections 81 – –87 (both inclusive) were a reference to this section.

*Section 80: Unlawfully taking control of an aircraft*

(1) A person who without lawful excuse takes or exercises control, whether direct or through another person, of an aircraft while another person not being an accomplice to the first-mentioned person is on board the aircraft shall be guilty of an indictable offence and shall be liable to level 4 imprisonment (15 years maximum).

(2) A person who without lawful excuse, by force or violence or threat of force or violence or by any trick of false pretence, takes or exercises control, whether direct or through another person, of an aircraft while another person not being an accomplice of the first-mentioned person is on board the aircraft shall be guilty of an indictable offence and shall be liable to level 3 imprisonment (20 years maximum).

# 7. Western Australia

## Criminal Code Act Compilation Act 1913

*Section 371: Term used: steal*

(1) A person who fraudulently takes anything capable of being stolen, or fraudulently converts to his own use or to the use of any other person any property, is said to steal that thing or that property.

(2) A person who takes anything capable of being stolen or converts any property is deemed to do so fraudulently if he does so with any of the following intents, that is to say —

(a) An intent to permanently deprive the owner of the thing or property of it or any part of it;

(b) An intent to permanently deprive any person who has any special property in the thing or property of such special property;

(c) An intent to use the thing or property as a pledge or security;

(d) An intent to part with it on a condition as to its return which the person taking or converting it may be unable to perform;

(e) An intent to deal with it in such a manner that it cannot be returned in the condition in which it was at the time of the taking or conversion;

(f) In the case of money, an intent to use it at the will of the person who takes or converts it although he may intend to afterwards repay the amount to the owner.

The term *special property* includes any charge or lien upon the thing or property in question, and any right arising from or dependent upon holding possession of the thing or property in question, whether by the person entitled to such right or by some other person for his benefit.

(3) The taking or conversion may be fraudulent, although it is effected without secrecy or attempt at concealment.

(4) In the case of conversion, it is immaterial whether the property converted is taken for the purpose of conversion or whether it is at the time of the conversion in the possession, control or management of the person who converts it. It is also immaterial that the person who converts the property is the holder of a power of attorney for the disposition of it, or is otherwise authorised to dispose of the property.

(5) When the property converted has been lost by the owner and found by the person who converts it, the conversion is not deemed to be fraudulent if at the time of the conversion the person taking or converting the property does not know who is the owner, and believes, on reasonable grounds, that the owner cannot be discovered.

(6) The act of stealing is not complete until the person taking or converting the thing actually moves it or otherwise actually deals with it by some physical act.

(7) In this section, *property* includes any description of real and personal property, money, debts, bank credits, and legacies and all deeds and instruments relating to or evidencing the title or right to any property or giving a right to recover or receive any money or goods and also includes not only such property as has been originally in the possession or in the control of any person but also any property in which or for which it has been converted or exchanged and anything acquired by the conversion or exchange, whether immediately or otherwise.

*Section 371A: Special case: motor vehicles*

(1) A person who unlawfully —

(a) uses a motor vehicle; or

(b) takes a motor vehicle for the purposes of using it; or

(c) drives or otherwise assumes control of a motor vehicle,

without the consent of the owner or the person in charge of that motor vehicle, is said to steal that motor vehicle.

(2) This section has effect in addition to section 371 and does not prevent section 371 from applying to motor vehicles.

# II.  DDR

## Strafgesetzbuch der DDR

*§ 158: Diebstahl sozialistischen Eigentums*

(1) Wer Sachen wegnimmt, die sozialistisches Eigentum sind, um sie sich oder anderen rechtswidrig zuzueignen, oder wer solche ihm übergebene oder auf andere Weise in seinen Besitz gelangte Sachen sich oder anderen rechtswidrig zueignet, wird wegen Diebstahls zum Nachteil sozialistischen Eigentums zur Verantwortung gezogen.

(2) Der Versuch ist strafbar.

*§ 177: Diebstahl persönlichen oder privaten Eigentums*

(1) Wer Sachen wegnimmt, die persönliches oder privates Eigentum sind, um sie sich oder anderen rechtswidrig zuzueignen, oder wer solche ihm übergebene oder auf andere Weise in seinen Besitz gelangte Sachen sich oder anderen rechtswidrig zueignet, wird wegen Diebstahls zum Nachteil persönlichen oder privaten Eigentums zur Verantwortung gezogen.

(2) Der Versuch ist strafbar.

*§ 201: Unbefugte Benutzung von Fahrzeugen*

(1) Wer Kraftfahrzeuge, Wasser-, Luft- oder Schienenfahrzeuge, zu deren Führung eine Erlaubnis erforderlich ist, gegen den Willen des Berechtigten benutzt, wird von einem gesellschaftlichen Organ der Rechtspflege zur Verantwortung

gezogen oder mit öffentlichem Tadel, Geldstrafe, Verurteilung auf Bewährung oder mit Freiheitsstrafe bis zu einem Jahr bestraft.

(2) Wurde der Täter bereits wegen unbefugter Benutzung von Fahrzeugen bestraft oder innerhalb des letzten Jahres von einem gesellschaftlichen Organ der Rechtspflege strafrechtlich zur Verantwortung gezogen, kann er mit Freiheitsstrafe bis zu zwei Jahren bestraft werden.

(3) Der Versuch ist strafbar.

# III. England

## 1. Accessories and Abettors Act 1861

*Section 8: Abettors in misdemeanors*

Whosoever shall aid, abet, counsel, or procure the commission of any indictable offence, whether the same be an offence at common law or by virtue of any Act passed or to be passed, shall be liable to be tried, indicted, and punished as a principle offender.

## 2. Criminal Attempts Act 1981

*Section 9: Interference with vehicles*

(1) A person is guilty of the offence of vehicle interference if he interferes with a motor vehicle or trailer or with anything carried in or on a motor vehicle or trailer with the intention that an offence specified in subsection (2) below shall be committed by himself or some other person.

(2) The offences mentioned in subsection (1) above are—

    (a) theft of the motor vehicle or trailer or part of it;

    (b) theft of anything carried in or on the motor vehicle or trailer; and

    (c) an offence under section 12 (1) of the Theft Act 1968 (taking and driving away without consent);

    and, if it is shown that a person accused of an offence under this section intended that one of those offences should be committed, it is immaterial that it cannot be shown which it was.

(3) A person guilty of an offence under this section shall be liable on summary conviction to imprisonment for a term not exceeding three months or to a fine not exceeding level 4 on the standard scale or to both.

(4) [aufgehoben durch Police and Criminal Evidence Act 1984]

(5) In this section "motor vehicle" and "trailer" have the meanings assigned to them by section 185(1) of the Road Traffic Act 1988.

## 3. Criminal Justice Act 2003

*Section 285: Increase in penalties for certain driving-related offences*

(1) In section 12A of the Theft Act 1968 (c. 60) (aggravated vehicle-taking), in subsection (4), for "five years" there is substituted " fourteen years".

(2) – (8) [...]

## 4. Firearms Act 1968

*Section 17: Use of firearm to resist arrest*

(1) It is an offence for a person to make or attempt to make any use whatsoever of a firearm or imitation firearm with intent to resist or prevent the lawful arrest or detention of himself or another person.

(2) If a person, at the time of his committing or being arrested for an offence specified in Schedule 1 to this Act, has in his possession a firearm or imitation firearm, he shall be guilty of an offence under this subsection unless he shows that he had it in his possession for a lawful object.

(3) [aufgehoben durch Theft Act 1968]

(4) For purposes of this section, the definition of "firearm" in section 57 (1) of this Act shall apply without paragraphs (b) and (c) of that subsection, and "imitation firearm" shall be construed accordingly.

(5) [...]

*Schedule 1 of the Firearms Act 1968: Offences to which section 17 (2) applies*

*Section 4:*

Theft, robbery burglary, blackmail and any offence under section 12 (1) (taking of motor vehicle or other conveyance without owner's consent) of the Theft Act 1968.

*Schedule 6 of Firearms Act 1968: Prosecution and Punishment of Offences*

*Part I: Table of Punishment*

Section of this Act creating offence: Section 17 Abs. 1

General nature of offence: Use of firearms to resist arrest

Mode of prosecution: On indictment

Punishment: Life imprisonment or a fine; or both

Section of this Act creating offence: Section 17 Abs. 2

General nature of offence: Possessing firearm while committing an offence specified in Schedule 1 [...]

Mode of prosecution: On indictment

Punishment: Life imprisonment or a fine; or both

# 5. Magistrates' Courts Act 1980

*Section 22: Certain offences triable either way to be tried summarily if value involved is small*

(1) If the offence charged by the information is one of those mentioned in the first column of Schedule 2 to this Act (in this section referred to as "scheduled offences") then, the court shall, before proceeding in accordance with section 19 above, consider whether, having regard to any representations made by the prosecutor or the accused, the value involved (as defined in subsection (10) below) appears to the court to exceed the relevant sum.

For the purposes of this section the relevant sum is £ 5,000.

(2) If, where subsection (1) above applies, it appears to the court clear that, for the offence charged, the value involved does not exceed the relevant sum, the court shall proceed as if the offence were triable only summarily, and sections 19 to 21 above shall not apply.

(3) – (12) [...]

*Schedule 2 of Magistrates' Courts Act 1980: Offences for which the value involved is relevant to the mode of trial*

(1) – (2) [...]

(3) Offences under section 12A of the Theft Act 1968 (aggravated vehicle-taking) where no allegation is made under subsection (1)(b) other than of damage, whether to the vehicle or other property or both.

# 6. Road Traffic Act 1972

*Section 193: Certain vehicles not to be treated as motor vehicles*

(1) For the purposes of this Act—

(a) a mechanically propelled vehicle being an implement for cutting grass which is controlled by a pedestrian and is not capable of being used or adapted for any Other purpose, and

(b) any other mechanically propelled vehicle controlled by a pedestrian which may be specified by regulations made by the Secretary of State for the purposes of this section and section 103 of the Road Traffic Regulation Act 1967, shall be treated as not being a motor vehicle.

(2) [...]

Zu Section 193 Abs. 1 (b) siehe Sections 3 und 4 der *Electrically Assisted Pedal Cycles Regulations 1983 – Statutory Instrument (SI) 1983, No. 1168:*

*Section 3:*

The class of electrically assisted pedal cycles prescribed for the purposes of section 103 of the Road Traffic Regulation Act 1967 and section 193 of the Road Traffic Act 1972 consists of bicycles or tricycles which comply with the requirements specified in Regulation 4 below.

*Section 4:*

The requirements referred to in Regulation 3 above are that the vehicle shall:

(a) have a kerbside weight not exceeding

(i) in the case of a bicycle, other than a tandem bicycle, 40 kilograms, and

(ii) in the case of a tandem bicycle and a tricycle, 60 kilograms;

(b) be fitted with pedals by means of which it is capable of being propelled; and

(c) be fitted with no motor other than an electric motor which

(i) has a continuous rated output which, when installed in the vehicle with the nominal voltage supplied, does not exceed

(A) in the case of a bicycle, other than a tandem bicycle, 0.2 kilowatts,

(B) in the case of a tandem bicycle and a tricycle, 0.25 kilowatts; and

(ii) cannot propel the vehicle when it is travelling at more than 15 miles per hour.

# 7. Road Traffic Act 1988

*Section 1: Causing death by dangerous driving*

A person who causes the death of another person by driving a mechanically propelled vehicle dangerously on a road or other public place is guilty of an offence.

*Section 2: Dangerous driving*

A person who drives a mechanically propelled vehicle dangerously on a road or other public place is guilty of an offence.

*Section 2A: Meaning of dangerous driving*

(1) For the purposes of sections 1 and 2 above a person is to be regarded as driving dangerously if (and, subject to subsection (2) below, only if)—(a)the way he drives falls far below what would be expected of a competent and careful driver, and(b)it would be obvious to a competent and careful driver that driving in that way would be dangerous.

(2) A person is also to be regarded as driving dangerously for the purposes of sections 1 and 2 above if it would be obvious to a competent and careful driver that driving the vehicle in its current state would be dangerous.

(3) In subsections (1) and (2) above "dangerous" refers to danger either of injury to any person or of serious damage to property; and in determining for the purposes of those subsections what would be expected of, or obvious to, a competent and careful driver in a particular case, regard shall be had not only to the circumstances of which he could be expected to be aware but also to any circumstances shown to have been within the knowledge of the accused.

(4) In determining for the purposes of subsection (2) above the state of a vehicle, regard may be had to anything attached to or carried on or in it and to the manner in which it is attached or carried.

*Section 25: Tampering with motor vehicles*

If, while a motor vehicle is on a road or on a parking place provided by a local authority, a person –

(a) gets on to the vehicle, or

(b) tampers with the brake or other part of its mechanism,

without lawful authority or reasonable cause he is guilty of an offence.

*Section 26: Holding or getting on to vehicle in order to be towed or carried*

(1) If, for the purpose of being carried, a person without lawful authority or reasonable cause takes or retains hold of, or gets on to, a motor vehicle or trailer while in motion on a road he is guilty of an offence.

(2) If, for the purpose of being drawn, a person takes or retains hold of a motor vehicle or trailer while in motion on a road he is guilty of an offence.

*Section 185: Meaning of "motor vehicle" and other expressions relating to vehicles*

(1) In this Act —

"heavy locomotive" means a mechanically propelled vehicle which is not constructed itself to carry a load other than any of the excepted articles and the weight of which unladen exceeds 11690 kilograms,

"heavy motor car" means a mechanically propelled vehicle, not being a motor car, which is constructed itself to carry a load or passengers and the weight of which unladen exceeds 2540 kilograms,

"invalid carriage" means a mechanically propelled vehicle the weight of which unladen does not exceed 254 kilograms and which is specially designed and constructed, and not merely adapted, for the use of a person suffering from some physical defect or disability and is used solely by such a person,

"light locomotive" means a mechanically propelled vehicle which is not constructed itself to carry a load other than any of the excepted articles and the weight of which unladen does not exceed 11690 kilograms but does exceed 7370 kilograms, "motor car" means a mechanically propelled vehicle, not being a motor cycle or an invalid carriage, which is constructed itself to carry a load or passengers and the weight of which unladen —

(a) if it is constructed solely for the carriage of passengers and their effects, is adapted to carry not more than seven passengers exclusive of the driver and is fitted with tyres of such type as may be specified in regulations made by the Secretary of State, does not exceed 3050 kilograms,

(b) if it is constructed or adapted for use for the conveyance of goods or burden of any description, does not exceed 3050 kilograms, or 3500 kilograms if the vehicle carries a container or containers for holding for the purposes of its propulsion any fuel which is wholly gaseous at 17.5 degrees Celsius under a pressure of 1.013 bar or plant and materials for producing such fuel,

(c) does not exceed 2540 kilograms in a case not falling within sub-paragraph (a) or (b) above,

"motor cycle" means a mechanically propelled vehicle, not being an invalid carriage, with less than four wheels and the weight of which unladen does not exceed 410 kilograms,

"motor tractor" means a mechanically propelled vehicle which is not constructed itself to carry a load, other than the excepted articles, and the weight of which unladen does not exceed 7370 kilograms,

"motor vehicle" means, subject to section 20 of the M1Chronically Sick and Disabled Persons Act 1970 (which makes special provision about invalid carriages, within the meaning of that Act), a mechanically propelled vehicle intended or adapted for use on roads, and

"trailer" means a vehicle drawn by a motor vehicle.

(2) In subsection (1) above "excepted articles" means any of the following: water, fuel, accumulators and other equipment used for the purpose of propulsion, loose tools and loose equipment.

# 8. Road Traffic Offenders Act 1988

*Section 34: Disqualification for certain offences*

(1) Where a person is convicted of an offence involving obligatory disqualification, the court must order him to be disqualified for such period not less than twelve months as the court thinks fit unless the court for special reasons thinks

fit to order him to be disqualified for a shorter period or not to order him to be disqualified.

(1A) Where a person is convicted of an offence under section 12A of the Theft Act 1968 (aggravated vehicle-taking), the fact that he did not drive the vehicle in question at any particular time or at all shall not be regarded as a special reason for the purposes of subsection (1) above.

(2) – (6) [...]

*Schedule 2, Part II Road Traffic Offenders Act 1988:*

Offence: An offence under section 12A of the Theft Act 1968 (aggraveted vehicle-taking)

Disqualification: Obligatory

Endorsement: Obligatory

Offence: Stealing or attempting to steal a motor vehicle

Disqualification: Discretionary

Offence: An offence or attempt to commit an offence in respect of a motor vehicle under section 12 of the Theft Act 1968 (taking conveyance without consent of owner etc. or, knowing it has been so taken, driving it or allowing oneself to be carried in it)

Disqualification: Discretionary

Offence: An offence under section 25 of the Theft Act 1968 (going equipped for stealing, etc.) committed with reference to the theft or taking of motor vehicles

Disqualification: Discretionary

# 9. Theft Act 1968

*Section 1: Basic definition of theft*

(1) A person is guilty of theft if he dishonestly appropriates property belonging to another with the intention of permanently depriving the other of it; and "thief" and "steal" shall be construed accordingly.

(2) It is immaterial whether the appropriation is made with a view to gain, or is made for the thief's own benefit.

(3) The five following sections of this Act shall have effect as regards the interpretation and operation of this section (and, except as otherwise provided by this Act, shall apply only for purposes of this section).

*Section 5: "Belonging to another"*

(1) Property shall be regarded as belonging to any person having possession or control of it, or having in it any proprietary right or interest (not being an equitable interest arising only from an agreement to transfer or grant an interest).

(2) Where property is subject to a trust, the persons to whom it belongs shall be regarded as including any person having a right to enforce the trust, and an intention to defeat the trust shall be regarded accordingly as an intention to deprive of the property any person having that right.

(3) Where a person receives property from or on account of another, and is under an obligation to the other to retain and deal with that property or its proceeds in a particular way, the property or proceeds shall be regarded (as against him) as belonging to the other.

(4) Where a person gets property by another's mistake, and is under an obligation to make restoration (in whole or in part) of the property or its proceeds or of the value thereof, then to the extent of that obligation the property or proceeds shall be regarded (as against him) as belonging to the person entitled to restoration, and an intention not to make restoration shall be regarded accordingly as an intention to deprive that person of the property or proceeds.

(5) Property of a corporation sole shall be regarded as belonging to the corporation notwithstanding a vacancy in the corporation.

*Section 6: „With the intention pf permanently depriving the other of it"*

(1) A person appropriating property belonging to another without meaning the other permanently to lose the thing itself is nevertheless to be regarded as having

the intention of permanently depriving the other of it if his intention is to treat the thing as his own to dispose of regardless of the other's rights; and a borrowing or lending of it may amount to so treating it if, but only if, the borrowing or lending is for a period and in circumstances making it equivalent to an outright taking or disposal.

(2) Without prejudice to the generality of subsection (1) above, where a person, having possession or control (lawfully or not) of property belonging to another, parts with the property under a condition as to its return which he may not be able to perform, this (if done for purposes of his own and without the other's authority) amounts to treating the property as his own to dispose of regardless of the other's rights.

*Section 7: Theft*

A person guilty of theft shall on conviction on indictment be liable to imprisonment for a term not exceeding seven years.

*Section 9: Burglary*

(1) A person is guilty of burglary if—

(a) he enters any building or part of a building as a trespasser and with intent to commit any such offence as is mentioned in subsection (2) below; or

(b) having entered any building or part of a building as a trespasser he steals or attempts to steal anything in the building or that part of it or inflicts or attempts to inflict on any person therein any grievous bodily harm.

(2) The offences referred to in subsection (1)(a) above are offences of stealing anything in the building or part of a building in question, of inflicting on any person therein any grievous bodily harm therein, and of doing unlawful damage to the building or anything therein.

(3) A person guilty of burglary shall on conviction on indictment be liable to imprisonment for a term not exceeding—

(a) where the offence was committed in respect of a building or part of a building which is a dwelling, fourteen years;

(b) in any other case, ten years.

(4) References in subsections (1) and (2) above to a building, and the reference in subsection (3) above to a building which is a dwelling, shall apply also to an inhabited vehicle or vessel, and shall apply to any such vehicle or vessel at times

when the person having a habitation in it is not there as well as at times when he is.

*Section 12: Taking motor vehicle or other conveyance without authority*

(1) Subject to subsections (5) and (6) below, a person shall be guilty of an offence if, without having the consent of the owner or other lawful authority, he takes any conveyance for his own or another's use or, knowing that any conveyance has been taken without such authority, drives it or allows himself to be carried in or on it.

(2) A person guilty of an offence under subsection (1) above shall be liable on summary conviction to a fine not exceeding level 5 on the standard scale, to imprisonment for a term not exceeding six months, or to both.

(3) [aufgehoben durch den Police and Criminal Evidence Act 1984]

(4) If on the trial of an indictment for theft the jury are not satisfied that the accused committed theft, but it is proved that the accused committed an offence under subsection (1) above, the jury may find him guilty of the offence under subsection (1) and if he is found guilty of it, he shall be liable as he would have been liable under subsection (2) above on summary conviction.

(4A) Proceedings for an offence under subsection (1) above (but not proceedings of a kind falling within subsection (4) above) in relation to a mechanically propelled vehicle—

(a) shall not be commenced after the end of the period of three years beginning with the day on which the offence was committed; but

(b) subject to that, may be commenced at any time within the period of six months beginning with the relevant day.

(4B) In subsection (4A) (b) above "the relevant day" means —

(a) in the case of a prosecution for an offence under subsection (1) above by a public prosecutor, the day on which sufficient evidence to justify the proceedings came to the knowledge of any person responsible for deciding whether to commence any such prosecution;

(b) in the case of a prosecution for an offence under subsection (1) above which is commenced by a person other than a public prosecutor after the discontinuance of a prosecution falling within paragraph (a) above which relates to the same facts, the day on which sufficient evidence to justify the proceedings came to the knowledge of the person who has decided to commence the prosecution or (if later) the discontinuance of the other prosecution;

(c) in the case of any other prosecution for an offence under subsection (1) above, the day on which sufficient evidence to justify the proceedings came to the knowledge of the person who has decided to commence the prosecution.

(4C) For the purposes of subsection (4A) (b) above a certificate of a person responsible for deciding whether to commence a prosecution of a kind mentioned in subsection (4B) (a) above as to the date on which such evidence as is mentioned in the certificate came to the knowledge of any person responsible for deciding whether to commence any such prosecution shall be conclusive evidence of that fact.

(5) Subsection (1) above shall not apply in relation to pedal cycles; but, subject to subsection (6) below, a person who, without having the consent of the owner or other lawful authority, takes a pedal cycle for his own or another's use, or rides a pedal cycle knowing it to have been taken without such authority, shall on summary conviction be liable to a fine not exceeding level 3 on the standard scale.

(6) A person does not commit an offence under this section by anything done in the belief that he has lawful authority to do it or that he would have the owner's consent if the owner knew of his doing it and the circumstances of it.

(7) For purposes of this section—

(a) "conveyance" means any conveyance constructed or adapted for the carriage of a person or persons whether by land, water or air, except that it does not include a conveyance constructed or adapted for use only under the control of a person not carried in or on it, and "drive" shall be construed accordingly; and

(b) "owner", in relation to a conveyance which is the subject of a hiring agreement or hire-purchase agreement, means the person in possession of the conveyance under that agreement.

*Section 12A: Aggravated vehicle-taking*

(1) Subject to subsection (3) below, a person is guilty of aggravated taking of a vehicle if —

(a) he commits an offence under section 12 (1) above (in this section referred to as a "basic offence") in relation to a mechanically propelled vehicle; and

(b) it is proved that, at any time after the vehicle was unlawfully taken (whether by him or another) and before it was recovered, the vehicle was driven, or injury or damage was caused, in one or more of the circumstances set out in paragraphs (a) to (d) of subsection (2) below.

(2) The circumstances referred to in subsection (1) (b) above are—

(a) that the vehicle was driven dangerously on a road or other public place;

(b) that, owing to the driving of the vehicle, an accident occurred by which injury was caused to any person;

(c) that, owing to the driving of the vehicle, an accident occurred by which damage was caused to any property, other than the vehicle;

(d) that damage was caused to the vehicle.

(3) A person is not guilty of an offence under this section if he proves that, as regards any such proven driving, injury or damage as is referred to in subsection (1) (b) above, either —

(a) the driving, accident or damage referred to in subsection (2) above occurred before he committed the basic offence; or

(b) he was neither in nor on nor in the immediate vicinity of the vehicle when that driving, accident or damage occurred.

(4) A person guilty of an offence under this section shall be liable on conviction on indictment to imprisonment for a term not exceeding two years or, if it is proved that, in circumstances falling within subsection (2) (b) above, the accident caused the death of the person concerned, fourteen years.

(5) If a person who is charged with an offence under this section is found not guilty of that offence but it is proved that he committed a basic offence, he may be convicted of the basic offence.

(6) If by virtue of subsection (5) above a person is convicted of a basic offence before the Crown Court, that court shall have the same powers and duties as a magistrates' court would have had on convicting him of such an offence.

(7) For the purposes of this section a vehicle is driven dangerously if —

(a) it is driven in a way which falls far below what would be expected of a competent and careful driver; and

(b) it would be obvious to a competent and careful driver that driving the vehicle in that way would be dangerous.

(8) For the purposes of this section a vehicle is recovered when it is restored to its owner or to other lawful possession or custody; and in this subsection "owner" has the same meaning as in section 12 above.

*Section 25: Going equipped for stealing, etc.*

(1) A person shall be guilty of an offence if, when not at his place of abode, he has with him any article for use in the course of or in connection with any burglary or theft.

(2) A person guilty of an offence under this section shall on conviction on indictment be liable to imprisonment for a term not exceeding three years.

(3) Where a person is charged with an offence under this section, proof that he had with him any article made or adapted for use in committing a burglary or theft shall be evidence that he had it with him for such use.

(4) aufgehoben durch Serious Organised Crime and Police Act 2005

(5) For purposes of this section an offence under section 12 (1) of this Act of taking a conveyance shall be treated as theft.


# IV.  Finnland

## Finnisches Strafgesetzbuch (*Rikoslaki*)
## Kapitel 28

## 1. Originalsprache

*§ 1: Varkaus*

(1) Joka anastaa toisen hallusta irtainta omaisuutta, on tuomittava *varkaudesta* sakkoon tai vankeuteen enintään yhdeksi vuodeksi kuudeksi kuukaudeksi.

(2) Yritys on rangaistava.

*§ 7: Luvaton käyttö*

(1) Joka luvattomasti käyttää toisen irtainta omaisuutta taikka kiinteää konetta tai laitetta, on tuomittava *luvattomasta käytöstä* sakkoon tai vankeuteen enintään yhdeksi vuodeksi.

(2) Yritys on rangaistava.

(3) Luvattomana käyttönä ei pidetä suojaamattoman langattoman tietoverkkoyhteyden kautta muodostetun internet-yhteyden käyttämistä.

*§ 8: Törkeä luvaton käyttö*

(1) Jos luvattomassa käytössä

1) tavoitellaan huomattavaa taloudellista hyötyä tai

2) aiheutetaan rikoksen uhrille tämän olot huomioon ottaen erityisen tuntuvaa vahinkoa tai haittaa

ja luvaton käyttö on myös kokonaisuutena arvostellen törkeä, rikoksentekijä on tuomittava *törkeästä luvattomasta käytöstä* sakkoon tai vankeuteen enintään kahdeksi vuodeksi.

(2) Yritys on rangaistava.

*§ 9: Lievä luvaton käyttö*

Jos luvaton käyttö, huomioon ottaen se, että rikos ei ole omiaan aiheuttamaan merkittävää vahinkoa tai haittaa, tai muut rikokseen liittyvät seikat, on kokonaisuutena arvostellen vähäinen, rikoksentekijä on tuomittava *lievästä luvattomasta käytöstä* sakkoon.

*§ 9 a: Moottorikulkuneuvon käyttövarkaus*

(1) Joka ottaa luvattomasti käyttöönsä toisen moottorikäyttöisen kulkuneuvon, on tuomittava *moottorikulkuneuvon käyttövarkaudesta* sakkoon tai vankeuteen enintään yhdeksi vuodeksi kuudeksi kuukaudeksi.

(2) Yritys on rangaistava.

*§ 9 b: Törkeä moottorikulkuneuvon käyttövarkaus*

(1) Jos moottorikulkuneuvon käyttövarkaudessa

1) tavoitellaan huomattavaa taloudellista hyötyä tai

2) aiheutetaan rikoksen uhrille tämän olot huomioon ottaen tai muuten erityisen tuntuvaa vahinkoa tai haittaa

ja moottorikulkuneuvon käyttövarkaus on myös kokonaisuutena arvostellen törkeä, rikoksentekijä on tuomittava *törkeästä moottorikulkuneuvon käyttövarkaudesta* vankeuteen vähintään neljäksi kuukaudeksi ja enintään neljäksi vuodeksi.

(2) Yritys on rangaistava.

*§ 9 c: Lievä moottorikulkuneuvon käyttövarkaus*

Jos moottorikulkuneuvon käyttövarkaus, huomioon ottaen se, että rikos ei ole omiaan aiheuttamaan merkittävää vahinkoa tai haittaa, tai muut rikokseen liittyvät seikat, on kokonaisuutena arvostellen vähäinen, rikoksentekijä on tuomittava *lievästä moottorikulkuneuvon käyttövarkaudesta* sakkoon.

## 2. Englische Übersetzung

(Quelle: www.finlex.fi/pdf/saadkaan/E8890039.PDF)

*Section 1: Theft*

(1) A person who appropriates movable property from the possession of another shall be sentenced for theft to a fine or to imprisonment for at most one year and six month.

(2) An attempt is punishable.

*Section 7: Unauthorised Use*

(1) A person who without authorisation uses the movable property or the non-movable machine or equipment of another shall be sentenced for unauthorised use to a fine or to imprisonment for at most one year.

(2) An attempt is punishable.

*Section 8: Aggravated unauthorised use*

(1) If in the unauthorised use

1) considerable financial benefit is sought or

2) very significant loss or inconvenience is caused to the victim of the offence, in view of the victim's circumstances,

and the unauthorised use is aggravated also when assessed as a whole, the offender shall be sentenced for aggravated unauthorised use to a fine or to imprisonment for at most two years.

(2) An attempt is punishable.

*Section 9: Petty unauthorised use*

If the unauthorised use, when assessed as a whole, with due consideration to the fact that the offence is not conductive to causing significant loss or inconvenience, or to the other circumstances connected with the offence, is to be deemed petty, the offender shall be sentences for petty unauthorised use to a fine.

*Section 9 a: Stealing of a motor vehicle for temporary use*

(1) A person who without authorisation uses a motor vehicle of another shall be sentenced for stealing of a motor vehicle for temporary use to a fine or to imprisonment for at most one year six months.

(2) An attempt is punishable.

*Section 9 b: Aggravated stealing of a motor vehicle for temporary use*

(1) If in the stealing of a motor vehicle for temporary use

1) considerable financial benefit is sought or

2) very significant loss or inconvenience is caused to the victim of the offence, in view of the victim's circumstances

and the stealing of the motor vehicle for temporary use is aggravated also when assessed as a whole, the offender shall be sentenced for aggravated stealing of a motor vehicle for temporary use to imprisonment for at least four months and at most four years.

(2) An attempt is punishable.

*Section 9 c: Petty stealing of a motor vehicle for temporary use*

If the stealing of a motor vehicle for temporary use, when assessed as a whole, with due consideration to the fact that the offence is not conductive to causing significant loss or inconvenience, or to the other circumstances connected with the offence, is to be deemed petty, the offender shall be sentenced for petty stealing of a motor vehicle for temporary use to a fine.

# V.   Frankreich

## Französisches Strafgesetzbuch (*Code Pénal*)

*Art. 311-1*

Le vol est la soustraction frauduleuse de la chose d'autrui.

*Art. 311-3*

Le vol est puni de trois ans d'emprisonnement et de 45000 euros d'amende.

# VI.  Italien

Italienisches Strafgesetzbuch (*Codice Penale*)

*Art. 624: Furto*

Chiunque s'impossessa della cosa mobile altrui, sottraendola a chi la detiene, al fine di trarne profitto per sé o per altri, è punito con la reclusione da sei mesi a tre anni e con la multa da euro 154 a euro 516. Agli effetti della legge penale, si considera cosa mobile anche l'energia elettrica e ogni altra energia che abbia un valore economico. Il delitto è punibile a querela della persona offesa, salvo che ricorra una o più delle circostanze di cui agli articoli 61, numero 7), e 625.

*Art. 626: Furti punibili a querela dell'offeso*

Si applica la reclusione fino a un anno ovvero la multa fino a euro 206, e il delitto è punibile a querela della persona offesa:

1. se il colpevole ha agito al solo scopo di fare uso momentaneo della cosa sottratta, e questa, dopo l'uso momentaneo, è stata immediatamente restituita;

2. se il fatto è commesso su cose di tenue valore, per provvedere a un grave ed urgente bisogno;

3. se il fatto consiste nello spigolare, rastrellare o raspollare nei fondi altrui, non ancora spogliati interamente dal raccolto. Tali disposizioni non si applicano se concorre taluna delle circostanze indicate nei numeri 1, 2, 3 e 4 dell'articolo precedente.

# VII.  Kanada

Kanadisches Strafgesetzbuch (*Criminal Code*)

*Section 322: Theft*

(1) Every one commits theft who fraudulently and without colour of right takes, or fraudulently and without colour of right converts to his use or to the use of another person, anything, whether animate or inanimate, with intent

(a) to deprive, temporarily or absolutely, the owner of it, or a person who has a special property or interest in it, of the thing or of his property or interest in it;

(b) to pledge it or deposit it as security;

(c) to part with it under a condition with respect to its return that the person who parts with it may be unable to perform; or

(d) to deal with it in such a manner that it cannot be restored in the condition in which it was at the time it was taken or converted.

*Time when theft completed*

(2) A person commits theft when, with intent to steal anything, he moves it or causes it to move or to be moved, or begins to cause it to become movable.

*Secrecy*

(3) A taking or conversion of anything may be fraudulent notwithstanding that it is effected without secrecy or attempt at concealment.

*Purpose of taking*

(4) For the purposes of this Act, the question whether anything that is converted is taken for the purpose of conversion, or whether it is, at the time it is converted, in the lawful possession of the person who converts it is not material.

*Wild living creature*

(5) For the purposes of this section, a person who has a wild living creature in captivity shall be deemed to have a special property or interest in it while it is in captivity and after it has escaped from captivity.

*Section 335: Taking motor vehicle or vessel or found therein without consent*

(1) Subject to subsection (1.1), every one who, without the consent of the owner, takes a motor vehicle or vessel with intent to drive, use, navigate or operate it or cause it to be driven, used, navigated or operated, or is an occupant of a motor vehicle or vessel knowing that it was taken without the consent of the owner, is guilty of an offence punishable on summary conviction.

*Exception*

(1.1) Subsection (1) does not apply to an occupant of a motor vehicle or vessel who, on becoming aware that it was taken without the consent of the owner, attempted to leave the motor vehicle or vessel, to the extent that it was feasible to do so, or actually left the motor vehicle or vessel.

*Definition of "vessel"*

(2) For the purposes of subsection (1), "vessel" has the meaning assigned by section 214.

*Section 743: Imprisonment*

Everyone who is convicted of an indictable offence for which no punishment is specially provided is liable to imprisonment for a term not exceeding five years.

*Section 787: Punishment (Summary Convictions)*

(1) Unless otherwise provided by law, everyone who is convicted of an offence punishable on summary conviction is liable to a fine of not more than five thousand dollars or to a term of imprisonment not exceeding six months or to both.

Imprisonment in default where not otherwise specified

(2) Where the imposition of a fine or the making of an order for the payment of money is authorized by law, but the law does not provide that imprisonment may be imposed in default of payment of the fine or compliance with the order, the court may order that in default of payment of the fine or compliance with the order, as the case may be, the defendant shall be imprisoned for a term not exceeding six months.

# VIII.    Neuseeland

## Crimes Act 1961 No. 43

*Section 219: Theft or stealing*

(1) Theft or stealing is the act of, —

(a) dishonestly and without claim of right, taking any property with intent to deprive any owner permanently of that property or of any interest in that property; or

(b) dishonestly and without claim of right, using or dealing with any property with intent to deprive any owner permanently of that property or of any interest in that property after obtaining possession of, or control over, the property in whatever manner.

(2) An intent to deprive any owner permanently of property includes an intent to deal with property in such a manner that —

(a) the property cannot be returned to any owner in the same condition; or

(b) any owner is likely to be permanently deprived of the property or of any interest in the property.

(3) In this section, *taking* does not include obtaining ownership or possession of, or control over, any property with the consent of the person from whom it is obtained, whether or not consent is obtained by deception.

(4) For tangible property, theft is committed by a taking when the offender moves the property or causes it to be moved.

*Section 223: Punishment of theft*

Every one who commits theft is liable as follows:

(a) in the case of any offence against section 220 (= Theft by person in a spezial relationship), to imprisonment for a term not exceeding 7 years; or

(b) if the value of the property stolen exceeds $ 1,000, to imprisonment for a term not exceeding 7 years; or

(c) if the value of the property stolen exceeds $ 500 but does not exceed $ 1,000, to imprisonment for a term not exceeding 1 year; or

(d) if the value of the property stolen does not exceed $ 500, to imprisonment for a term not exceeding 3 months.

*Section 226: Conversion of vehicle or other conveyance*

(1) Every one is liable to imprisonment for a term not exceeding 7 years who, dishonestly and without claim of right, but not so as to be guilty of theft, takes or uses for his or her own purposes or another person's purposes—

(a) any vehicle, ship, or aircraft;

(b) or any part of any vehicle, ship, or aircraft;

(c) or any horse.

(2) Every one is liable to imprisonment for a term not exceeding 2 years who attempts to commit the offence in subsection (1) or who, dishonestly and without claim of right, interferes with, or gets into or upon, any vehicle, ship, or aircraft.

# IX. Österreich

## Österreichisches Strafgesetzbuch

*§ 5: Vorsatz*

(1) Vorsätzlich handelt, wer einen Sachverhalt verwirklichen will, der einem gesetzlichen Tatbild entspricht; dazu genügt es, daß der Täter diese Verwirklichung ernstlich für möglich hält und sich mit ihr abfindet.

(2) Der Täter handelt absichtlich, wenn es ihm darauf ankommt, den Umstand oder Erfolg zu verwirklichen, für den das Gesetz absichtliches Handeln voraussetzt.

(3) Der Täter handelt wissentlich, wenn er den Umstand oder Erfolg, für den das Gesetz Wissentlichkeit voraussetzt, nicht bloß für möglich hält, sondern sein Vorliegen oder Eintreten für gewiß hält.

*§ 8: Irrtümliche Annahme eines rechtfertigenden Sachverhaltes*

Wer irrtümlich einen Sachverhalt annimmt, der die Rechtswidrigkeit der Tat ausschließen würde, kann wegen vorsätzlicher Begehung nicht bestraft werden. Er ist wegen fahrlässiger Begehung zu bestrafen, wenn der Irrtum auf Fahrlässigkeit beruht und die fahrlässige Begehung mit Strafe bedroht ist.

*§ 12: Behandlung aller Beteiligter als Täter*

Nicht nur der unmittelbare Täter begeht die strafbare Handlung, sondern auch jeder, der einen anderen dazu bestimmt, sie auszuführen, oder der sonst zu ihrer Ausführung beiträgt.

*§ 125: Sachbeschädigung*

Wer eine fremde Sache zerstört, beschädigt, verunstaltet oder unbrauchbar macht, ist mit Freiheitsstrafe bis zu sechs Monaten oder mit Geldstrafe bis zu 360 Tagessätzen zu bestrafen.

*§ 126: Schwere Sachbeschädigung*

(1) Mit Freiheitsstrafe bis zu zwei Jahren oder mit Geldstrafe bis zu 360 Tagessätzen ist zu bestrafen, wer eine Sachbeschädigung begeht

1. – 6. [...]

7. durch die der Täter an der Sache einen 3 000 Euro übersteigenden Schaden herbeiführt.

(2) Wer durch die Tat an der Sache einen 50 000 Euro übersteigenden Schaden herbeiführt, ist mit Freiheitsstrafe von sechs Monaten bis zu fünf Jahren zu bestrafen.

*§ 127: Diebstahl*

Wer eine fremde bewegliche Sache einem anderen mit dem Vorsatz wegnimmt, sich oder einen Dritten durch deren Zueignung unrechtmäßig zu bereichern, ist mit Freiheitsstrafe bis zu sechs Monaten oder mit Geldstrafe bis zu 360 Tagessätzen zu bestrafen.

*§ 134: Unterschlagung*

(1) Wer ein fremdes Gut, das er gefunden hat oder das durch Irrtum oder sonst ohne sein Zutun in seinen Gewahrsam geraten ist, sich oder einem Dritten mit dem Vorsatz zueignet, sich oder den Dritten dadurch unrechtmäßig zu bereichern, ist mit Freiheitsstrafe bis zu sechs Monaten oder mit Geldstrafe bis zu 360 Tagessätzen zu bestrafen.

(2) Ebenso ist zu bestrafen, wer ein fremdes Gut, das er ohne Zueignungsvorsatz in seinen Gewahrsam gebracht hat, unterschlägt.

(3) Wer ein fremdes Gut unterschlägt, dessen Wert 3 000 Euro übersteigt, ist mit Freiheitsstrafe bis zu zwei Jahren oder mit Geldstrafe bis zu 360 Tagessätzen, wer ein fremdes Gut im Wert von mehr als 50 000 Euro unterschlägt, mit Freiheitsstrafe von sechs Monaten bis zu fünf Jahren zu bestrafen.

*§ 135: Dauernde Sachentziehung*

(1) Wer einen anderen dadurch schädigt, daß er eine fremde bewegliche Sache aus dessen Gewahrsam dauernd entzieht, ohne die Sache sich oder einem Dritten zuzueignen, ist mit Freiheitsstrafe bis zu sechs Monaten oder mit Geldstrafe bis zu 360 Tagessätzen zu bestrafen.

(2) Wer die Tat an einer der im § 126 Abs. 1 Z. 1 bis 6 genannten Sachen oder an einer Sache begeht, deren Wert 3 000 Euro übersteigt, ist mit Freiheitsstrafe bis zu zwei Jahren oder mit Geldstrafe bis zu 360 Tagessätzen, wer die Tat an einer Sache begeht, deren Wert 50 000 Euro übersteigt, mit Freiheitsstrafe von sechs Monaten bis zu fünf Jahren zu bestrafen.

*§ 136: Unbefugter Gebrauch von Kraftfahrzeugen*

(1) Wer ein Fahrzeug, das zum Antrieb mit Maschinenkraft eingerichtet ist, ohne Einwilligung des Berechtigten in Gebrauch nimmt, ist mit Freiheitsstrafe bis zu sechs Monaten oder mit Geldstrafe bis zu 360 Tagessätzen zu bestrafen.

(2) Wer die Tat begeht, indem er sich die Gewalt über das Fahrzeug durch eine der in den §§ 129 bis 131 geschilderten Handlungen verschafft, ist mit Freiheitsstrafe bis zu zwei Jahren zu bestrafen.

(3) Mit Freiheitsstrafe bis zu zwei Jahren ist der Täter zu bestrafen, wenn der durch die Tat verursachte Schaden am Fahrzeug, an der Ladung oder durch den Verbrauch von Betriebsmitteln insgesamt 3 000 Euro übersteigt; wenn jedoch der Schaden 50 000 Euro übersteigt, ist der Täter mit Freiheitsstrafe bis zu drei Jahren zu bestrafen.

(4) Der Täter ist nicht zu bestrafen, wenn die Berechtigung, über das Fahrzeug zu verfügen, seinem Ehegatten, einem Verwandten in gerader Linie, seinem Bruder oder seiner Schwester oder einem anderen Angehörigen zusteht, sofern er mit diesem in Hausgemeinschaft lebt, oder wenn ihm das Fahrzeug von seinem dazu berechtigten Dienstgeber anvertraut war. Eine bloß vorübergehende Berechtigung kommt nicht in Betracht. An einer solchen Tat Beteiligte (§ 12) sind ebenfalls nicht zu bestrafen.

# X.   Schweden

Schwedisches Strafgesetzbuch (*Brottsbalk*)
Kapitel 8

# 1. Originalsprache

*§ 1*

Den som olovligen tager vad annan tillhör med uppsåt att tillägna sig det, dömes, om tillgreppet innebär skada, för stöld till fängelse i högst två år.

*§ 7*

Tager och brukar någon olovligen motorfordon eller annat motordrivet
fortskaffningsmedel, som tillhör annan, dömes, om gärningen ej är belagd med
straff enligt vad förut i detta kapitel är sagt, för tillgrepp av fortskaffningsmedel
till fängelse i högst två år eller, om brottet är ringa, till böter.

Är brottet grovt, dömes till fängelse, lägst sex månader och högst fyra år.

*§ 8*

Den som, i annat fall än särskilt i detta kapitel omförmäles, olovligen tager och
brukar eller eljest tillgriper något, dömes för egenmäktigt förfarande till böter
eller fängelse i högst sex månader. Detsamma skall gälla om någon utan tillgrepp, genom att anbringa eller bryta lås eller annorledes, olovligen rubbar ann-
ans besittning eller ock med våld eller hot om våld hindrar annan i utövning av
rätt att kvarhålla eller taga något.

Är brottet grovt, dömes till fängelse i högst två år.

# 2. Englische Übersetzung

(Quelle: http://www.sweden.gov.se/sb/d/3926/a/27777)

*Section 1*

A person who unlawfully takes what belongs to another with intent to acquire it,
shall, if the appropriation involves loss, be sentenced for theft to imprisonment
for at most two years.

*Section 7*

A person who unlawfully takes or uses a motor vehicle or other motor-driven
conveyance belonging to another, shall, unless the crime is punishable under the

previous provisions of this Chapter, be sentenced for vehicle theft to imprisonment for at most two years or, if the crime is of a petty nature, to a fine.

If the crime is gross, imprisonment for at least six months and at most four years shall be imposed.

*a)    Section 8*

If a person, in a case other than those specially provided for in this Chapter, unlawfully takes and uses or otherwise appropriates something, a fine or imprisonment for at most six months shall be imposed for unlawful dispossession. The same shall apply to a person who, without any appropriation, by fitting or breaking a lock or by other means unlawfully disturbs another's possession or by violence or threat of violence prevents another from exercising his right to retain or take something.

If the crime is gross, imprisonment for at most two years shall be imposed.

# XI.  Schweiz

## 1. Schweizer Strafgesetzbuch

*Art. 110*

(1) *Angehörige* einer Person sind ihr Ehegatte, ihre eingetragene Partnerin oder ihr eingetragener Partner, ihre Verwandten gerader Linie, ihre vollbürtigen und halbbürtigen Geschwister, ihre Adoptiveltern, ihre Adoptivgeschwister und Adoptivkinder.

(2) *Familiengenossen* sind Personen, die in gemeinsamem Haushalt leben.

(3) – (7) [...]

*Art. 137: Unrechtmässige Aneignung*

1. Wer sich eine fremde bewegliche Sache aneignet, um sich oder einen andern damit unrechtmässig zu bereichern, wird, wenn nicht die besonderen Voraussetzungen der Artikel 138–140 zutreffen, mit Freiheitsstrafe bis zu drei Jahren oder Geldstrafe bestraft.

2. Hat der Täter die Sache gefunden oder ist sie ihm ohne seinen Willen zugekommen,

handelt er ohne Bereicherungsabsicht oder handelt er zum Nachteil eines Angehörigen oder Familiengenossen, so wird die Tat nur auf Antrag verfolgt.

### Art. 139: Diebstahl

1. Wer jemandem eine fremde bewegliche Sache zur Aneignung wegnimmt, um sich oder einen andern damit unrechtmässig zu bereichern, wird mit Freiheitsstrafe bis zu fünf Jahren oder Geldstrafe bestraft.

2. Der Dieb wird mit Freiheitsstrafe bis zu zehn Jahren oder Geldstrafe nicht unter 90 Tagessätzen bestraft, wenn er gewerbsmässig stiehlt.

3. Der Dieb wird mit Freiheitsstrafe bis zu zehn Jahren oder Geldstrafe nicht unter 180 Tagessätzen bestraft,

wenn er den Diebstahl als Mitglied einer Bande ausführt, die sich zur fortgesetzten Verübung von Raub oder Diebstahl zusammengefunden hat,

wenn er zum Zweck des Diebstahls eine Schusswaffe oder eine andere gefährliche Waffe mit sich führt oder

wenn er sonst wie durch die Art, wie er den Diebstahl begeht, seine besondere Gefährlichkeit offenbart.

4. Der Diebstahl zum Nachteil eines Angehörigen oder Familiengenossen wird nur auf Antrag verfolgt.

### Art. 141: Sachentziehung

Wer dem Berechtigten ohne Aneignungsabsicht eine bewegliche Sache entzieht und ihm dadurch einen erheblichen Nachteil zufügt, wird, auf Antrag, mit Freiheitsstrafe bis zu drei Jahren oder Geldstrafe bestraft.

## 2. Schweizer Strassenverkehrsgesetz (SVG)

### Art. 7 SVG: Motorfahrzeuge

(1) Motorfahrzeug im Sinne dieses Gesetzes ist jedes Fahrzeug mit eigenem Antrieb, durch den es auf dem Erdboden unabhängig von Schienen fortbewegt wird.

(2) Trolleybusse und ähnliche Fahrzeuge unterstehen diesem Gesetz nach Massgabe der Gesetzgebung über die Trolleybusunternehmungen.

*Art. 16b: Führerausweisentzug nach einer mittelschweren Widerhandlung*

(1) Eine mittelschwere Widerhandlung begeht, wer:

a. – c. [...]

d. ein Motorfahrzeug zum Gebrauch entwendet hat.

(2) Nach einer mittelschweren Widerhandlung wird der Lernfahr- oder Führerausweis entzogen für:

a. mindestens einen Monat;

b. mindestens vier Monate, wenn in den vorangegangenen zwei Jahren der Ausweis einmal wegen einer schweren oder mittelschweren Widerhandlung entzogen war;

c. mindestens neun Monate, wenn in den vorangegangenen zwei Jahren der Ausweis zweimal wegen mindestens mittelschweren Widerhandlungen entzogen war;

d. mindestens 15 Monate, wenn in den vorangegangenen zwei Jahren der Ausweis zweimal wegen schweren Widerhandlungen entzogen war;

e. unbestimmte Zeit, mindestens aber für zwei Jahre, wenn in den vorangegangenen zehn Jahren der Ausweis dreimal wegen mindestens mittelschweren Widerhandlungen entzogen war; auf diese Massnahme wird verzichtet, wenn die betroffene Person während mindestens fünf Jahren nach Ablauf eines Ausweisentzugs keine Widerhandlung, für die eine Administrativmassnahme ausgesprochen wurde, begangen hat;

f. immer, wenn in den vorangegangenen fünf Jahren der Ausweis nach Buchstabe e oder Artikel 16c Absatz 2 Buchstabe d entzogen war.

*Art. 94: Entwendung zum Gebrauch*

1. Wer ein Motorfahrzeug zum Gebrauch entwendet und wer ein solches Fahrzeug führt oder darin mitfährt, obwohl er bei Antritt der Fahrt von der Entwendung Kenntnis hatte, wird mit Freiheitsstrafe bis zu drei Jahren oder Geldstrafe bestraft.

Ist einer der Täter ein Angehöriger oder Familiengenosse des Halters und hatte der Führer den erforderlichen Führerausweis, so erfolgt die Bestrafung nur auf Antrag; die Strafe ist Busse.

2. Wer ein ihm anvertrautes Motorfahrzeug zu Fahrten verwendet, zu denen er offensichtlich nicht ermächtigt ist, wird auf Antrag mit Busse bestraft.

3. Wer ein Fahrrad unberechtigt verwendet, wird mit Busse bestraft. Ist der Täter ein Angehöriger oder Familiengenosse des Besitzers, so erfolgt die Bestrafung nur auf Antrag.

4. Der Artikel 141 des Strafgesetzbuches findet in diesen Fällen keine Anwendung.

*Art. 100: Strafbarkeit*

1. Bestimmt es dieses Gesetz nicht ausdrücklich anders, so ist auch die fahrlässige Handlung strafbar.

In besonders leichten Fällen wird von der Strafe Umgang genommen.

2. – 4. [...]

# XII. Spanien

## Spanisches Strafgesetzbuch (*Código Penal*)

*Artículo 234*

El que, con ánimo de lucro, tomare las cosas muebles ajenas sin la voluntad de su dueño será castigado, como reo de hurto, con la pena de prisión de seis a dieciocho meses si la cuantía de lo sustraído excede de 400 euros.

Con la misma pena se castigará al que en el plazo de un año realice tres veces la acción descrita en el apartado 1 del artículo 623 de este Código, siempre que el montante acumulado de las infracciones sea superior al mínimo de la referida figura del delito.

*Artículo 244: Del robo y hurto de uso de vehículos*

1. El que sustrajere o utilizare sin la debida autorización un vehículo a motor o ciclomotor ajenos, cuyo valor excediere de 400 euros, sin ánimo de apropiárselo, será castigado con la pena de trabajos en beneficio de la comunidad de 31 a 90 días o multa de seis a 12 meses si lo restituyera, directa o indirectamente, en un plazo no superior a 48 horas, sin que, en ningún caso, la pena impuesta pueda ser igual o superior a la que correspondería si se apropiare definitivamente del vehículo.

Con la misma pena se castigará al que en el plazo de un año realice cuatro veces la acción descrita en el artículo 623.3 de este Código, siempre que el montante acumulado de las infracciones sea superior al mínimo de la referida figura del delito.

2. Si el hecho se ejecutare empleando fuerza en las cosas, la pena se aplicará en su mitad superior.

3. De no efectuarse la restitución en el plazo señalado, se castigará el hecho como hurto o robo en sus respectivos casos.

4. Si el hecho se cometiere con violencia o intimidación en las personas, se impondrán, en todo caso, las penas del artículo 242.

# XIII.   USA

## 1. Alabama

### Criminal Code

*Section 13A-8-1: Definitions generally*

The following definitions are applicable in this article unless the context otherwise requires:

(1) DECEPTION occurs when a person knowingly:

a. Creates or confirms another's impression which is false and which the defendant does not believe to be true; or

b. Fails to correct a false impression which the defendant previously has created or confirmed; or

c. Fails to correct a false impression when the defendant is under a duty to do so; or

d. Prevents another from acquiring information pertinent to the disposition of the property involved; or

e. Sells or otherwise transfers or encumbers property, failing to disclose a lien, adverse claim, or other legal impediment to the enjoyment of the property when the defendant is under a duty to do so, whether that impediment is or is not valid, or is not a matter of official record; or

f. Promises performance which the defendant does not intend to perform or knows will not be performed. Failure to perform, standing alone, however, is not proof that the defendant did not intend to perform.

The term "deception" does not, however, include falsity as to matters having no pecuniary significance, or puffing by statements unlikely to deceive ordinary persons. "Puffing" means an exaggerated commendation of wares or services.

(2) To "DEPRIVE ..." means:

a. To withhold property or cause it to be withheld from a person permanently or for such period or under such circumstances that all or a portion of its use or benefit would be lost to him or her; or

b. To dispose of the property so as to make it unlikely that the owner would recover it; or

c. To retain the property with intent to restore it to the owner only if the owner purchases or leases it back, or pays a reward or other compensation for its return; or

d. To sell, give, pledge, or otherwise transfer any interest in the property; or

e. To subject the property to the claim of a person other than the owner.

(3) – (5) [...]

(6) OBTAINS. Such term means:

a. In relation to property, to bring about a transfer or purported transfer of a legally recognized interest in the property, whether to the obtainer or another; or

b. In relation to labor or service, to secure performance thereof.

(7) OBTAINS OR EXERTS CONTROL or OBTAINS OR EXERTS UNAUTHORIZED CONTROL over property includes but is not necessarily limited to the taking, carrying away, or the sale, conveyance, or transfer of title to, or interest in, or possession of, property, and includes but is not necessarily limited to conduct heretofore defined or known as common law larceny by trespassory taking, common law larceny by trick, larceny by conversion, embezzlement, extortion, or obtaining property by false pretenses.

(8) OWNER. A person, other than the defendant, who has possession of or any other interest in the property involved, even though that interest or possession is unlawful, and without whose consent the defendant has no authority to exert control over the property.

A secured party, as defined in Section 7-9A-102(a)(72), is not an owner in relation to a defendant who is a debtor, as defined in Section 7-9A-102(a)(28), in respect of property in which the secured party has a security interest, as defined in Section 7-1-201(37).

(9) PROPELLED VEHICLE. Any propelled device in, upon, or by which any person or property is transported on land, water, or in the air, and such term includes motor vehicles, motorcycles, motorboats, aircraft, and any vessel propelled by machinery, whether or not that machinery is the principal source of propulsion.

(10) PROPERTY. Any money, tangible or intangible personal property, property (whether real or personal) the location of which can be changed (including things growing on, affixed to, or found in land and documents, although the rights represented hereby have no physical location), contract right, chose-in-action, interest in a claim to wealth, credit, or any other article or thing of value of any kind.

Commodities of a public utility nature, such as gas, electricity, steam, and water, constitute property, but the supplying of such a commodity to premises from an outside source by means of wires, pipes, conduits, or other equipment shall be deemed a rendition of a service rather than a sale or delivery of property.

(11) RECEIVING. Such term includes, but is not limited to, acquiring possession, control, or title and taking a security interest in the property.

(12) STOLEN. Obtained by theft, theft by appropriating lost property, robbery, or extortion.

(13) THREAT. A menace, however communicated, to:

a. Cause physical harm to the person threatened or to any other person; or

b. Cause damage to property; or

c. Subject the person threatened or any other person to physical confinement or restraint; or

d. Engage in other conduct constituting a crime; or

e. Accuse any person of a crime or cause criminal charges to be instituted against any person; or

f. Expose a secret or publicize an asserted fact, whether true or false, tending to subject any person to hatred, contempt, or ridicule; or

g. Reveal any information sought to be concealed by the person threatened; or

h. Testify or provide information or withhold testimony or information with respect to another's legal claim or defense; or

i. Take action as an official against anyone or anything, or withhold official action, or cause such action or withholding; or

j. Bring about or continue a strike, boycott, or other similar collective action to obtain property which is not demanded or received for the benefit of the group which the actor purports to represent; or

k. Do any other act which would not in itself substantially benefit the actor but which is calculated to harm substantially another person with respect to his or her health, safety, business, calling, career, financial condition, reputation, or personal relationships.

(14) [...]

*Section 13A-8-2: Theft of property – Definition*

A person commits the crime of theft of property if he or she:

(1) Knowingly obtains or exerts unauthorized control over the property of another, with intent to deprive the owner of his or her property;

(2) Knowingly obtains by deception control over the property of another, with intent to deprive the owner of his or her property;

(3) Knowingly obtains or exerts control over property in the custody of a law enforcement agency which was explicitly represented to the person by an agent of the law enforcement agency as being stolen; or

(4) Knowingly obtains or exerts unauthorized control over any donated item left on the property of a charitable organization or in a drop box or trailer, or within 30 feet of a drop box or trailer, belonging to a charitable organization.

*Section 13A-8-11: Unauthorized use of vehicle; unlawful breaking and entering a vehicle*

(a) A person commits the crime of unauthorized use of a vehicle if:

(1) Knowing that he does not have the consent of the owner, he takes, operates, exercises control over or otherwise uses a propelled vehicle; or

(2) Having custody of propelled vehicle pursuant to an agreement between himself or another and the owner thereof whereby the actor or another is to perform for compensation a specific service for the owner involving the maintenance, repair or use of the vehicle, he intentionally uses or operates it, without the consent of the owner, for his own purpose in a manner constituting a gross deviation from the agreed purpose; or

(3) Having custody of a propelled vehicle pursuant to an agreement with the owner thereof whereby it is to be returned to the owner at a specified time, he knowingly retains or withholds possession thereof, without the consent of the owner, for so lengthy a period beyond the specified time as to render the retention or possession a gross deviation from the agreement.

(4) Unauthorized use of a vehicle is a Class A misdemeanor, except that if a person by force or threat of force takes, operates, usurps or exercises control over a propelled vehicle with an operator or one or more passengers aboard he is guilty of a Class B felony.

(b) [...]

## 2. Arizona

## Criminal Code

*Section 13-702: First time felony offenders; sentencing; definition*

A. Unless a specific sentence is otherwise provided, the term of imprisonment for a first felony offense shall be the presumptive sentence determined pursuant to subsection D of this section. Except for those felonies involving a dangerous offense or if a specific sentence is otherwise provided, the court may increase or reduce the presumptive sentence within the ranges set by subsection D of this section. Any reduction or increase shall be based on the aggravating and mitigating circumstances listed in section 13-701, subsections D and E and shall be within the ranges prescribed in subsection D of this section.

B. – C. [...]

D. The term of imprisonment for a presumptive, minimum, maximum, mitigated or aggravated sentence shall be within the range prescribed under this subsection. The terms are as follows:

| Felony | Mitigated | Minimum | Presumptive | Maximum | Aggravated |
|--------|-----------|---------|-------------|---------|------------|
| Class 2 | 3 years | 4 years | 5 years | 10 years | 12.5 years |
| Class 3 | 2 years | 2.5 years | 3.5 years | 7 years | 8.75 years |
| Class 4 | 1 year | 1.5 years | 2.5 years | 3 years | 3.75 years |
| Class 5 | .5 years | .75 years | 1.5 years | 2 years | 2.5 years |
| Class 6 | .33 years | .5 years | 1 year | 1.5 years | 2 years |

E. – F. [...]

*Section 13-1801: Definitions*

A. In this chapter, unless the context otherwise requires:

1. [...]

2. "Control" or "exercise control" means to act so as to exclude others from using their property except on the defendant's own terms.

3. [...]

4. "Deprive" means to withhold the property interest of another either permanently or for so long a time period that a substantial portion of its economic value or usefulness or enjoyment is lost, to withhold with the intent to restore it only on payment of any reward or other compensation or to transfer or dispose of it so that it is unlikely to be recovered.

5. – 7. [...]

8. "Material misrepresentation" means a pretense, promise, representation or statement of present, past or future fact that is fraudulent and that, when used or communicated, is instrumental in causing the wrongful control or transfer of property or services. The pretense may be verbal or it may be a physical act.

9. "Means of transportation" means any vehicle.

10. "Obtain" means to bring about or to receive the transfer of any interest in property, whether to a defendant or to another, or to secure the performance of a service or the possession of a trade secret.

11. [...]

12. "Property" means any thing of value, tangible or intangible, including trade secrets.

13. "Property of another" means property in which any person other than the defendant has an interest on which the defendant is not privileged to infringe, including property in which the defendant also has an interest, notwithstanding the fact that the other person might be precluded from civil recovery because the property was used in an unlawful transaction or was subject to forfeiture as contraband. Property in possession of the defendant is not deemed property of another person who has only a security interest in the property, even if legal title is in the creditor pursuant to a security agreement.

14. "Services" includes labor, professional services, transportation, cable television, computer or communication services, gas or electricity services, accommodation in hotels, restaurants or leased premises or elsewhere, admission to exhibitions and use of vehicles or other movable property.

15. "Value" means the fair market value of the property or services at the time of the theft. The value of ferrous metal or nonferrous metal, as defined in section 44-1641, is the average fair market value of the metal as scrap metal in the local area together with the repair or replacement value of any property from which the scrap metal was removed at the time of the theft. Written instruments that do not have a readily ascertained market value have as their value either the face amount of indebtedness less the portion satisfied or the amount of economic loss involved in deprivation of the instrument, whichever is greater. When property has an undeterminable value the trier of fact shall determine its value and, in reaching its decision, may consider all relevant evidence, including evidence of the property's value to its owner.

B. In determining the classification of the offense, the state may aggregate in the indictment or information amounts taken in thefts committed pursuant to one scheme or course of conduct, whether the amounts were taken from one or several persons.

*Section 13-1802: Theft; classification; definitions*

A. A person commits theft if, without lawful authority, the person knowingly:

1. Controls property of another with the intent to deprive the other person of such property; or

2. Converts for an unauthorized term or use services or property of another entrusted to the defendant or placed in the defendant's possession for a limited, authorized term or use; or

3. Obtains services or property of another by means of any material misrepresentation with intent to deprive the other person of such property or services; or

4. Comes into control of lost, mislaid or misdelivered property of another under circumstances providing means of inquiry as to the true owner and appropriates such property to the person's own or another's use without reasonable efforts to notify the true owner; or

5. Controls property of another knowing or having reason to know that the property was stolen; or

6. Obtains services known to the defendant to be available only for compensation without paying or an agreement to pay the compensation or diverts another's services to the person's own or another's benefit without authority to do so.

B. – F. [...]

G. Theft of property or services with a value of twenty-five thousand dollars or more is a class 2 felony. Theft of property or services with a value of four thousand dollars or more but less than twenty-five thousand dollars is a class 3 felony. Theft of property or services with a value of three thousand dollars or more but less than four thousand dollars is a class 4 felony, except that theft of any vehicle engine or transmission is a class 4 felony regardless of value. Theft of property or services with a value of two thousand dollars or more but less than three thousand dollars is a class 5 felony. Theft of property or services with a value of one thousand dollars or more but less than two thousand dollars is a class 6 felony. Theft of any property or services valued at less than one thousand dollars is a class 1 misdemeanor, unless the property is taken from the person of another, is a firearm or is an animal taken for the purpose of animal fighting in violation of section 13-2910.01, in which case the theft is a class 6 felony.

H. – J. [...]

K. For the purposes of this section:

1. – 4. [...]

5. "Property" includes all forms of real property and personal property.

6. [...]

*Section 13-1803: Unlawful use of means of transportation; classification*

A. A person commits unlawful use of means of transportation if, without intent permanently to deprive, the person either:

1. Knowingly takes unauthorized control over another person's means of transportation.

2. Knowingly is transported or physically located in a vehicle that the person knows or has reason to know is in the unlawful possession of another person pursuant to paragraph 1 or section 13-1814.

B. A violation of subsection A, paragraph 1 of this section is a class 5 felony.

C. A violation of subsection A, paragraph 2 of this section is a class 6 felony.

*Section 13-1806: Unlawful failure to return rented or leased property; notice; classification*

A. A person commits unlawful failure to return rented property if, without notice to and permission of the lessor of the property, the person knowingly fails without good cause to return the property within seventy-two hours after the time provided for return in the rental agreement.

B. If the property is not leased on a periodic tenancy basis, the person who rents out the property shall include the following information, clearly written as part of the terms of the rental agreement:

1. The date and time the property is required to be returned.

2. The maximum penalties if the property is not returned within seventy-two hours of the date and time listed in paragraph 1.

C. If the property is leased on a periodic tenancy basis without a fixed expiration or return date the lessor shall include within the lease clear written notice that the lessee is required to return the property within seventy-two hours from the date and time of the failure to pay any periodic lease payment required by the lease.

D. It is a defense to prosecution under this section that the defendant was physically incapacitated and unable to request or obtain permission of the lessor to retain the property or that the property itself was in such a condition, through no fault of the defendant, that it could not be returned to the lessor within such time.

E. Unlawful failure to return rented or leased property is a class 1 misdemeanor.

*Section 13-1814: Theft of means of transportation; affidavit; classification*

A. A person commits theft of means of transportation if, without lawful authority, the person knowingly does one of the following:

1. Controls another person's means of transportation with the intent to permanently deprive the person of the means of transportation.

2. Converts for an unauthorized term or use another person's means of transportation that is entrusted to or placed in the defendant's possession for a limited, authorized term or use.

3. Obtains another person's means of transportation by means of any material misrepresentation with intent to permanently deprive the person of the means of transportation.

4. Comes into control of another person's means of transportation that is lost or misdelivered under circumstances providing means of inquiry as to the true owner and appropriates the means of transportation to the person's own or another's use without reasonable efforts to notify the true owner.

5. Controls another person's means of transportation knowing or having reason to know that the property is stolen.

B. – C. [...]

D. Theft of means of transportation is a class 3 felony.


## 3. Connecticut

### General Statutes of Connecticut, Volume 13
### Title 53 a: Penal Code

*Section 53a-119: Larceny defined*

A person commits larceny when, with intent to deprive another of property or to appropriate the same to himself or a third person, he wrongfully takes, obtains or withholds such property from an owner. Larceny includes, but is not limited to:

(1) Embezzlement. A person commits embezzlement when he wrongfully appropriates to himself or to another property of another in his care or custody.

(2) – (9) [...]

(10) Conversion of a motor vehicle.

A person is guilty of conversion of a motor vehicle who, after renting or leasing a motor vehicle under an agreement in writing which provides for the return of such vehicle to a particular place at a particular time, fails to return the vehicle to such place within the time specified, and who thereafter fails to return such vehicle to the agreed place or to any other place of business of the lessor within one hundred twenty hours after the lessor shall have sent a written demand to him for the return of the vehicle by registered mail addressed to him at his address as shown in the written agreement or, in the absence of such address, to his last-known address as recorded in the records of the motor vehicle department of the state in which he is licensed to operate a motor vehicle. It shall be a complete defense to any civil action arising out of or involving the arrest or detention of any person to whom such demand was sent by registered mail that he failed to return the vehicle to any place of business of the lessor within one hundred twenty hours after the mailing of such demand.

(11) – (12) [...]

(13) Conversion of leased property.

(A) A person is guilty of conversion of leased personal property who, with the intent of converting the same to his own use or that of a third person, after renting or leasing such property under an agreement in writing which provides for the return of such property to a particular place at a particular time, sells, conveys, conceals or aids in concealing such property or any part thereof, and who thereafter fails to return such property to the agreed place or to any other place of business of the lessor within one hundred ninety-two hours after the lessor shall have sent a written demand to him for the return of the property by registered or certified mail addressed to him at his address as shown in the written agreement, unless a more recent address is known to the lessor.

(B) Any person, being in possession of personal property other than wearing apparel, received upon a written lease, who, with intent to defraud, sells, conveys, conceals or aids in concealing such property, or any part thereof, shall be prima facie presumed to have done so with the intention of converting such property to his own use.

(C) A person who uses a false or fictitious name or address in obtaining such leased personal property shall be prima facie presumed to have obtained such leased personal property with the intent of converting the same to his own use or that of a third person.

(D) "Leased personal property", as used in this subdivision, means any personal property received pursuant to a written contract, by which one owning such property, the lessor, grants to another, the lessee, the right to possess, use and enjoy such personal property for a specified period of time for a specified sum.

(14) – (15) [...]

*Section 53a-119b: Using motor vehicle or vessel without owner's permission. Interfering or tampering with a motor vehicle. First offense: Class A misdemeanor. Subsequent offense: Class D felony.*

(a) A person is guilty of using a motor vehicle without the owner's permission when: (1) He operates or uses, or causes to be operated or used, any motor vehicle unless he has the consent of the owner; or (2) he obtains the consent of the owner to the use of his motor vehicle by fraud or fraudulent means, statement or representations.

(b) A person is guilty of using a vessel, as defined in section 15-127, without the owner's permission when:

(1) He operates or uses, or causes to be operated or used, any vessel unless he has the consent of the owner; or

(2) he obtains the consent of the owner to the use of his vessel by fraud or fraudulent means, statement or representations.

(c) A person is guilty of interfering or tampering with a motor vehicle when:

(1) He puts into motion the engine of any motor vehicle while it is standing without the permission of the owner except that a property owner or his agent may remove any motor vehicle left without authorization on such owner's property in accordance with section 14-145; or

(2) with intent and without right to do so, he damages any motor vehicle or damages or removes any of its parts or components.

(d) Using a motor vehicle or a vessel without the owner's permission or interfering or tampering with a motor vehicle is a class A misdemeanor for a first offense and a class D felony for each subsequent offense.

# 4. Florida

## Criminal Code

*Section 812.014: Theft*

(1) A person commits theft if he or she knowingly obtains or uses, or endeavors to obtain or to use, the property of another with intent to, either temporarily or permanently:

(a) Deprive the other person of a right to the property or a benefit from the property.

(b) Appropriate the property to his or her own use or to the use of any person not entitled to the use of the property.

(2) (a)

1. If the property stolen is valued at $100,000 or more or is a semitrailer that was deployed by a law enforcement officer; or

2. If the property stolen is cargo valued at $50,000 or more that has entered the stream of interstate or intrastate commerce from the shipper's loading platform to the consignee's receiving dock; or

3. If the offender commits any grand theft and:

a. In the course of committing the offense the offender uses a motor vehicle as an instrumentality, other than merely as a getaway vehicle, to assist in committing the offense and thereby damages the real property of another; or

b. In the course of committing the offense the offender causes damage to the real or personal property of another in excess of $1,000,

the offender commits grand theft in the first degree, punishable as a felony of the first degree, as provided in s. 775.082, s. 775.083, or s. 775.084.

(b) 1. If the property stolen is valued at $20,000 or more, but less than $100,000;

2. The property stolen is cargo valued at less than $50,000 that has entered the stream of interstate or intrastate commerce from the shipper's loading platform to the consignee's receiving dock;

3. The property stolen is emergency medical equipment, valued at $300 or more, that is taken from a facility licensed under chapter 395 or from an aircraft or vehicle permitted under chapter 401; or

4. [...]

(c) It is grand theft of the third degree and a felony of the third degree, punishable as provided in s. 775.082, s. 775.083, or s. 775.084, if the property stolen is:

1. Valued at $300 or more, but less than $5,000.

2. Valued at $5,000 or more, but less than $10,000.

3. Valued at $10,000 or more, but less than $20,000.

4. A will, codicil, or other testamentary instrument.

5. A firearm.

6. A motor vehicle, except as provided in paragraph (a).

7. Any commercially farmed animal, including any animal of the equine, bovine, or swine class, or other grazing animal, and including aquaculture species raised at a certified aquaculture facility. If the property stolen is aquaculture species raised at a certified aquaculture facility, then a $10,000 fine shall be imposed.

8. Any fire extinguisher.

9. Any amount of citrus fruit consisting of 2,000 or more individual pieces of fruit.

10. Taken from a designated construction site identified by the posting of a sign as provided for in s. 810.09(2)(d).

11. Any stop sign.

12. [...]

(d) It is grand theft of the third degree and a felony of the third degree, punishable as provided in s. 775.082, s. 775.083, or s. 775.084, if the property stolen is valued at $ 100 or more, but less than $ 300, and is taken from a dwelling as defined in s. 810.011(2) or from the unenclosed curtilage of a dwelling pursuant to s. 810.09(1).

(e) Except as provided in paragraph (d), if the property stolen is valued at $100 or more, but less than $300, the offender commits petit theft of the first degree, punishable as a misdemeanor of the first degree, as provided in s. 775.082 or s. 775.083.

(3) (a) Theft of any property not specified in subsection (2) is petit theft of the second degree and a misdemeanor of the second degree, punishable as provided in s. 775.082 or s. 775.083, and as provided in subsection (5), as applicable.

(b) A person who commits petit theft and who has previously been convicted of any theft commits a misdemeanor of the first degree, punishable as provided in s. 775.082 or s. 775.083.

(c) A person who commits petit theft and who has previously been convicted two or more times of any theft commits a felony of the third degree, punishable as provided in s. 775.082 or s. 775.083.

(d) [...]

(4) Failure to comply with the terms of a lease when the lease is for a term of 1 year or longer shall not constitute a violation of this section unless demand for the return of the property leased has been made in writing and the lessee has failed to return the property within 7 days of his or her receipt of the demand for return of the property. A demand mailed by certified or registered mail, evidenced by return receipt, to the last known address of the lessee shall be deemed sufficient and equivalent to the demand having been received by the lessee, whether such demand shall be returned undelivered or not.

(5) (a) No person shall drive a motor vehicle so as to cause it to leave the premises of an establishment at which gasoline offered for retail sale was dispensed into the fuel tank of such motor vehicle unless the payment of authorized charge for the gasoline dispensed has been made.

(b) In addition to the penalties prescribed in paragraph (3)(a), every judgment of guilty of a petit theft for property described in this subsection shall provide for the suspension of the convicted person's driver's license. The court shall forward the driver's license to the Department of Highway Safety and Motor Vehicles in accordance with s. 322.25.

1. The first suspension of a driver's license under this subsection shall be for a period of up to 6 months.

2. The second or subsequent suspension of a driver's license under this subsection shall be for a period of 1 year.

(6) [...]

*Section 812.133: Carjacking*

(1) "Carjacking" means the taking of a motor vehicle which may be the subject of larceny from the person or custody of another, with intent to either permanently or temporarily deprive the person or the owner of the motor vehicle, when in the course of the taking there is the use of force, violence, assault, or putting in fear.

(2) (a) If in the course of committing the carjacking the offender carried a firearm or other deadly weapon, then the carjacking is a felony of the first degree, punishable by imprisonment for a term of years not exceeding life imprisonment or as provided in s. 775.082, s. 775.083, or s. 775.084.

(b) If in the course of committing the carjacking the offender carried no firearm, deadly weapon, or other weapon, then the carjacking is a felony of the first degree, punishable as provided in s. 775.082, s. 775.083, or s. 775.084.

(3) (a) An act shall be deemed "in the course of committing the carjacking" if it occurs in an attempt to commit carjacking or in flight after the attempt or commission.

(b) An act shall be deemed "in the course of the taking" if it occurs either prior to, contemporaneous with, or subsequent to the taking of the property and if it and the act of taking constitute a continuous series of acts or events.

*Section 812.155: Hiring, leasing, or obtaining personal property or equipment with the intent to defraud; failing to return hired or leased personal property or equipment; rules of evidence*

(1) – (2) [...]

(3) FAILURE TO REDELIVER HIRED OR LEASED PERSONAL PROPERTY.—Whoever, after hiring or leasing any personal property or equipment under an agreement to redeliver the same to the person letting such personal property or equipment or his or her agent at the termination of the period for which

it was let, shall, without the consent of such person or persons knowingly abandon or refuse to redeliver the personal property or equipment as agreed, shall, upon conviction, be guilty of a misdemeanor of the second degree, punishable as provided in s. 775.082 or s. 775.083, unless the value of the personal property or equipment is of a value of $300 or more; in that event the violation constitutes a felony of the third degree, punishable as provided in s. 775.082, s. 775.083, or s. 775.084.

(4) EVIDENCE.—

(a) In prosecutions under this section, obtaining the property or equipment under false pretenses; absconding without payment; or removing or attempting to remove the property or equipment from the county without the express written consent of the lessor, is evidence of fraudulent intent.

(b) In a prosecution under subsection (3), failure to redeliver the property or equipment within 5 days after receipt of, or within 5 days after return receipt from, the certified mailing of the demand for return is evidence of abandonment or refusal to redeliver the property. Notice mailed by certified mail, return receipt requested, to the address given by the renter at the time of rental shall be deemed sufficient and equivalent to notice having been received by the renter, should the notice be returned undelivered.

(c) In a prosecution under subsection (3), failure to pay any amount due which is incurred as the result of the failure to redeliver property after the rental period expires, and after the demand for return is made, is evidence of abandonment or refusal to redeliver the property. Amounts due include unpaid rental for the time period during which the property or equipment was not returned and include the lesser of the cost of repairing or replacing the property or equipment if it has been damaged.

(5) DEMAND FOR RETURN.—Demand for return of overdue property or equipment and for payment of amounts due may be made in person, by hand delivery, or by certified mail, return receipt requested, addressed to the lessee's address shown in the rental contract.

(6) NOTICE REQUIRED.—As a prerequisite to prosecution under this section, the following statement must be contained in the agreement under which the owner or person lawfully possessing the property or equipment has relinquished its custody, or in an addendum to that agreement, and the statement must be initialed by the person hiring or leasing the rental property or equipment:

Failure to return rental property or equipment upon expiration of the rental period and failure to pay all amounts due (including costs for damage to the property or equipment) are evidence of abandonment or refusal to redeliver the property, punishable in accordance with section 812.155, Florida Statutes.

# 5. Virginia

## Code of Virginia
## Title 18.2: Crimes and Offences Generally

*§ 18.2-95: Grand larceny defined; how punished*

Any person who (i) commits larceny from the person of another of money or other thing of value of $ 5 or more, (ii) commits simple larceny not from the person of another of goods and chattels of the value of $ 200 or more, or (iii) commits simple larceny not from the person of another of any firearm, regardless of the firearm's value, shall be guilty of grand larceny, punishable by imprisonment in a state correctional facility for not less than one nor more than twenty years or, in the discretion of the jury or court trying the case without a jury, be confined in jail for a period not exceeding twelve months or fined not more than $ 2,500, either or both.

*§ 18.2-96: Petit larceny defined; how punished*

Any person who:

1. Commits larceny from the person of another of money or other thing of value of less than $5, or

2. Commits simple larceny not from the person of another of goods and chattels of the value of less than $200, except as provided in subdivision (iii) of § 18.2-95, shall be deemed guilty of petit larceny, which shall be punishable as a Class 1 misdemeanor.

*§ 18.2-102: Unauthorized use of animal, aircraft, vehicle or boat; consent; accessories or accomplices*

Any person who shall take, drive or use any animal, aircraft, vehicle, boat or vessel, not his own, without the consent of the owner thereof and in the absence of the owner, and with intent temporarily to deprive the owner thereof of his possession thereof, without intent to steal the same, shall be guilty of a Class 6 felony; provided, however, that if the value of such animal, aircraft, vehicle, boat or vessel shall be less than $200, such person shall be guilty of a Class 1 misdemeanor. The consent of the owner of an animal, aircraft, vehicle, boat or vessel to its taking, driving or using shall not in any case be presumed or implied because of such owner's consent on a previous occasion to the taking, driving or using of such animal, aircraft, vehicle, boat or vessel by the same or a different person. Any person who assists in, or is a party or accessory to, or an accomplice in, any such unauthorized taking, driving or using shall be subject to the same punishment as if he were the principal offender.

## 6. Wisconsin

## Criminal Code

*Section 943.20: Theft*

(1) Whoever does any of the following may be penalized as provided in subsection (3):

(a) Intentionally takes and carries away, uses, transfers, conceals, or retains possession of movable property of another without the other's consent and with intent to deprive the owner permanently of possession of such property.

[...]

(e) Intentionally fails to return any personal property which is in his or her possession or under his or her control by virtue of a written lease or written rental agreement after the lease or rental agreement has expired. This paragraph does not apply to a person who returns personal property, except a motor vehicle, which is in his or her possession or under his or her control by virtue of a written lease or written rental agreement, within 10 days after the lease or rental agreement expires.

*Section 943.23: Operating vehicle without owner's consent*

(1) In this section:

(a) "Drive" means the exercise of physical control over the speed and direction of a vehicle while it is in motion.

(b) "Major part of a vehicle" means any of the following:

1. The engine.

2. The transmission.

3. Each door allowing entrance to or egress from the passenger compartment.

4. The hood.

5. The grille.

6. Each bumper.

7. Each front fender.

8. The deck lid, tailgate or hatchback.

9. Each rear quarter panel.

10. The trunk floor pan.

11. The frame or, in the case of a unitized body, the supporting structure which serves as the frame.

12. Anypartnotlistedundersubds.1.to11.whichhasavalue exceeding $500.

(c) "Operate" includes the physical manipulation or activation of any of the controls of a vehicle necessary to put it in motion.

(1g) Whoever, while possessing a dangerous weapon and by the use of, or the threat of the use of, force or the weapon against another, intentionally takes any vehicle without the consent of the owner is guilty of a Class C felony.

(2) Except as provided in sub. (3m), whoever intentionally takes and drives any vehicle without the consent of the owner is guilty of a Class H felony.

(3) Except as provided in sub. (3m), whoever intentionally drives or operates any vehicle without the consent of the owner is guilty of a Class I felony.

(3m) It is an affirmative defense to a prosecution for a violation of sub. (2) or (3) if the defendant abandoned the vehicle with- out damage within 24 hours after the vehicle was taken from the possession of the owner. An affirmative defense under this sub- section mitigates the offense to a Class A misdemeanor. A defend- ant who raises this affirmative defense has the burden of proving the defense by a preponderance of the evidence.

(4m) Whoever knows that the owner does not consent to the driving or operation of a vehicle and intentionally accompanies, as a passenger in the vehicle, a person while he or she violates sub. (1g), (2), (3), or (3m) is guilty of a Class A misdemeanor.

(5) Whoever intentionally removes a major part of a vehicle without the consent of the owner is guilty of a Class I felony. Who- ever intentionally removes any other part or component of a vehicle without the consent of the owner is guilty of a Class A mis- demeanor.

(6) (a) In this subsection, "pecuniary loss" has the meaning described in s. 943.245 (1).

(b) In addition to the other penalties provided for violation of this section, a judge may require a violator to pay restitution to or on behalf of a victim regardless of whether the violator is placed on probation under s. 973.09. If restitution is ordered, the court shall consider the financial resources and future ability of the vio- lator to pay and shall determine the method of payment. Upon the application of any interested party, the court may schedule and hold an evidentiary hearing to determine the value of the victim's pecuniary loss resulting from the offense.

## SCHRIFTEN ZUM STRAFRECHT UND STRAFPROZESSRECHT

Herausgegeben von Manfred Maiwald und Carsten Momsen

Band 67 Bettina Noltenius: Kriterien der Abgrenzung von Anstiftung und mittelbarer Täterschaft. Ein Beitrag auf der Grundlage einer personalen Handlungslehre. 2003.

Band 68 Bettina Kraft: Tendenzen in der Entwicklung des Jugendstrafrechts seit der Jugendgerichtsbewegung. 2004.

Band 69 Jessica Däbritz: Die Bestimmung strafbaren fahrlässigen Verhaltens in der Forschung am Beispiel ärztlicher Humanerprobungen. Ein Beitrag zur methodischen Ermittlung und inhaltlichen Bestimmung von Sorgfaltspflichten in der Humanforschung. 2004.

Band 70 Maike Steenbock: Über die Unfallflucht als Straftat. Eine kritische Untersuchung zum Zusammenhang der Strafbarkeit der Unfallflucht mit den Besonderheiten des Straßenverkehrs. 2004.

Band 71 Holger Mann: Beschleunigungspotential im Jugendstrafverfahren. 2004.

Band 72 Dorothee Krutisch: Strafbarkeit des unberechtigten Zugangs zu Computerdaten und -systemen. 2004.

Band 73 Heinz-Helmut Fuhrmann: Das Begehen der Straftat gem. § 25 Abs. 1 StGB. Unter besonderer Berücksichtigung der sogenannten "eigenhändigen" Delikte. 2004.

Band 74 Gerwin M. Moldenhauer: Eine Verfahrensordnung für Absprachen im Strafverfahren durch den Bundesgerichtshof? 2004.

Band 75 Dirk Busch: Konzernuntreue. Eine Untersuchung spezifischer Untreuestrafbarkeit innerhalb von Konzernverbindungen mit Aktiengesellschaften und Gesellschaften mit beschränkter Haftung. 2004.

Band 76 Mitsuru Iijima: Die Entwicklung des strafrechtlichen Unrechtsbegriffs in Japan. Eine kritische Betrachtung aus strafrechtsdogmatischer und rechtsphilosophischer Perspektive. 2004.

Band 77 Lena Barbara Kötter: Private Elemente in der Strafvollstreckung. Zur Privatisierung von Bewährungshilfe, Gerichtshilfe und gemeinnütziger Arbeit. 2004.

Band 78 Martin Maria Laufen: Der Wucher (§ 291 Abs. 1 Satz 1 StGB). Systematische Einordnung und dogmatische Struktur. 2004.

Band 79 Maike Aselmann: Die Selbstbelastungs- und Verteidigungsfreiheit. Ein Beitrag zu den Garantiewirkungen von Verfahrensrechten im Hinblick auf die Beweiswürdigung, Strafzumessung und Strafbarkeit des Beschuldigten im Strafprozess. 2004.

Band 80 Ingmar Wolf: Graffiti als kriminologisches und strafrechtsdogmatisches Problem. 2004.

Band 81 Misuk Son: Straftatfolgen im deutschen und koreanischen Strafrecht. Ein prinzipieller Vergleich. 2004.

Band 82 Matthias Saal: Die Beteiligung an einer Schlägerei (§ 231 StGB). Ein Plädoyer für die Streichung der schweren Folge. 2004.

Band 83 Michael Stüber: Die Entwicklung des Prinzips der Unmittelbarkeit im deutschen Strafverfahren. 2005.

Band 84 Patrick Gerberding: Das Rechtsmittelsystem im US-amerikanischen Strafverfahren. Eine rechtsvergleichende Betrachtung. 2005.

Band 85 Rouven Seeberg: Aufgedrängte Nothilfe, Notwehr und Notwehrexzess. 2005.

Band 86 Andre Knoerchen: Schadenswiedergutmachung über anwaltliche Schlichtungsstellen. Rechtsökonomische Analyse eines Modellprojekts. 2005.

Band 87 Andreas Quante: Sanktionsmöglichkeiten gegen juristische Personen und Personenvereinigungen. 2005.

Band 110 Johannes Altenburg: Die Unlauterkeit in § 299 StGB. Ein Beitrag zur Harmonisierung von Strafrecht und Wettbewerbsrecht. 2012.

Band 111 Christoph Skoupil: Handeltreiben mit Betäubungsmitteln. Strafbarkeitsvorverlagerungen vor und nach der Entscheidung des Großen Senats für Strafsachen vom 26.10.2005. 2012.

Band 112 Frederike Wewerka: Internal Investigations. Private Ermittlungen im Spannungsfeld von strafprozessualen Grundsätzen und Anforderungen eines globalisierten Wirtschaftsstraf-verfahrens. Eine Problemanalyse unter besonderer Berücksichtigung des Falles Siemens. 2012.

Band 113 Lena Witzmann: Die gemeinsame Verhandlung. Eine Untersuchung des Öffentlichkeits-grundsatzes, des Opportunitätsprinzips, des Anwesenheitsrechts und des Fairnessgrund-satzes im verbundenen Verfahren. 2012.

Band 114 Lea Boller: Der unbefugte Gebrauch von Kraftfahrzeugen und Fahrrädern – § 248b StGB. 2013.

www.peterlang.de